해커스인강

KB132727

나에게 딱 맞는 맞춤 학습플랜 추천으로 토익 만점 도전!

인공지능 토익튜터 APP

해커스토익 빅플 ⓑ

1 19년 연속 토익 베스트셀러 1위
해커스토익 콘텐츠 압축!

2 성적분석, 취약유형 심층분석으로
내 점수 올려줄 맞춤문제 추천!

3 내 점수 향상에 꼭 필요한
맞춤 강의로 실시간 학습!

해커스토익 빅플을 무료로 이용하고 싶다면 | 해커스인강 ▼ | 검색

빅플
다운받기 ▶

해커스 토익 LC

실전 1000제 2 LISTENING

해설집

해커스 어학연구소

최신 토익 경향을 완벽하게 반영한

해커스 토익 실전 1000제 2 LISTENING 해설집을 내면서

해커스 토익이 항상 독보적인 베스트셀러의 자리를 지킬 수 있는 것은 **늘 처음과 같은 마음으로** 더 좋은 책을 만들기 위해 고민하고, **최신 경향을 반영하기 위해 끊임없이 노력**하기 때문입니다.

그리고 이러한 노력 끝에 최신 토익 경향을 반영한 《해커스 토익 실전 1000제 2 Listening 해설집》(최신개정판)을 출간하게 되었습니다.

최신 출제 경향의 문제 이해로 실전 완벽 대비!

최신 토익 출제 경향이 완벽 반영된 《해커스 토익 실전 1000제 2 Listening 문제집》의 모든 문제 유형을 세분화하고, 각 유형에 따른 명쾌한 해설로 문제를 제대로 이해하고 풀 수 있도록 하였습니다. 이러한 문제 이해를 바탕으로 실전에 보다 철저하게 대비할 수 있으며, 나아가 토익 리스닝 실력 또한 향상시킬 수 있도록 하였습니다.

상세한 해설과 문제 풀이 전략 적용을 통한 고득점 달성!

모든 문제에 대한 스크립트, 해석, 정답에 대한 해설은 기본이고, 오답까지 상세하게 분석한 해설과 중요 어휘를 수록하여 문제를 확실하게 이해하고 학습할 수 있습니다. 또한, 모든 문제에 난이도를 표시하여 자신의 실력과 학습 목표에 따라 학습할 수 있을 뿐만 아니라, 지문에서 정답의 단서가 되는 부분이 질문이나 정답 보기에서 어떻게 바뀌어 표현되었는지를 한눈에 확인할 수 있는 '바꾸어 표현하기' 등 문제 풀이에 실질적으로 도움이 되는 구성도 함께 수록하여 실전 고득점 달성이 가능합니다.

《해커스 토익 실전 1000제 2 Listening 해설집》이 여러분의 토익 목표 점수 달성에 확실한 해결책이 되고 영어 실력 향상, 나아가 여러분의 꿈을 향한 길에 믿음직한 동반자가 되기를 소망합니다.

해커스 어학연구소

CONTENTS

TEST 01

TEST 02

TEST 03

PART 1 해설 미리보기

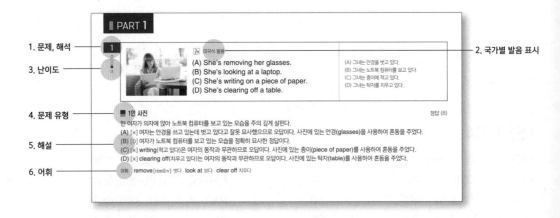

- 1. 문제, 해석
- 3. 난이도
- 4. 문제 유형
- 5. 해설
- 6. 어휘
- 2. 국가별 발음 표시

PART 2 해설 미리보기

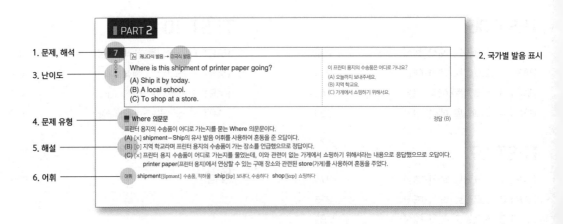

- 1. 문제, 해석
- 3. 난이도
- 4. 문제 유형
- 5. 해설
- 6. 어휘
- 2. 국가별 발음 표시

PART 1 & 2

1. 문제, 해석

최신 출제 경향과 난이도가 반영된 문제를 해설집에도 그대로 수록하였습니다. 해설을 보기 전에, 문제를 다시 한 번 풀어보며 자신이 어떤 과정으로 정답을 선택했는지 되짚어보고, 함께 수록된 정확한 해석을 보며 문제를 확실히 이해하고 문장 구조를 꼼꼼하게 파악합니다.

2. 국가별 발음 표시

문제의 음성이 미국·캐나다·영국·호주식 영어 발음 중 어떤 발음인지를 표시하였습니다. 국가별 발음 표시를 통해 아는 단어인데도 국가별 발음 차이 때문에 잘 들리지 않았던 발음과 취약했던 발음 등을 파악하여 집중 연습할 수 있도록 합니다.

3. 난이도

사전 테스트를 거쳐 검증된 문제별 난이도를 '하, 중, 상, 최상'의 4단계로 나누어 각 문제 번호 아래에 표시하였습니다. 각 문제별 난이도를 참고하여 자신의 실력과 학습 목표에 따라 학습할 수 있습니다.

4. 문제 유형

자주 틀리는 문제 유형을 쉽게 파악할 수 있도록 모든 문제마다 문제 유형을 제시하였습니다. 문제 유형은 모두 《해커스 토익 Listening》의 목차 목록과 동일하여, 특정 유형에 대해 추가 학습이 필요할 경우 쉽게 참고할 수 있도록 하였습니다.

5. 해설

문제 유형별로 가장 효과적인 해결 방법을 제시하였을 뿐만 아니라, 오답 보기가 오답이 되는 이유까지도 상세하게 설명하였습니다. 이와 함께, 문제 풀이에 도움이 되는 사항을 추가로 제공하였습니다.

6. 어휘

문제 풀이 시 사전을 찾는 불편을 덜 수 있도록 문제에서 사용된 단어나 어구의 뜻을 발음 기호와 함께 수록하였습니다. 또한, 영국·호주식 발음으로 들려준 지문문제에서 어휘의 국가별 발음이 다를 경우, 미국·영국식 발음 기호를 모두 수록하여 국가별 발음 차이까지 익힐 수 있도록 하였습니다.

PART 3 & 4　해설 미리보기

1. 지문, 문제, 해석

4. 정답의 단서

5. 어휘

6. 문제 유형

3. 난이도

8. 바꾸어 표현하기

2. 국가별 발음 표시

4. 정답의 단서

7. 해설

■ PART 3

```
32
33   Questions 32-34 refer to the following conversation.
34
```

🔊 미국식 발음 → 캐나다식 발음

W: Hello. My name is Vanessa Johnson, and I'm calling because I want to report an error in your newspaper.
M: What mistake did you discover, Ms. Johnson?
W: Well . . . ³²I'm the owner of the vitamin and supplement store called Lancaster Health and Nutrition. Yesterday, ³³you published an article about our new branch that's going to open in Dalton Plaza next week. But the article said it's opening next month.
M: Oh, I'm very sorry. ³⁴I'll be certain to notify our news editor immediately. Once he verifies the misprint, I'm sure he'll arrange for a correction to be posted in tomorrow's edition.

32　Who is the woman?
(A) A newspaper editor
(B) A television reporter
(C) A health-care worker
(D) A store owner

33　What information was incorrectly printed?
(A) The location of a branch
(B) The date of an opening
(C) The name of a company
(D) The price of a product

34　What does the man offer to do?
(A) Reprint an advertisement
(B) Proofread a newspaper article
(C) Inform a coworker of a mistake
(D) Transfer the woman's call

32-34번은 다음 대화에 관한 문제입니다.

W: 안녕하세요. 제 이름은 Vanessa Johnson이고, 귀사의 신문에 있는 오류를 알리고 싶어 전화드립니다.
M: 무슨 오류를 발견하셨나요, Ms. Johnson?
W: 음... 저는 Lancaster Health and Nutrition이라는 비타민 및 영양 보충제 가게의 주인이에요. 어제, 귀사에서 다음 주에 Dalton Plaza에 개장하는 저희의 새로운 지점에 관한 기사를 실었어요. 하지만 기사에는 그곳이 다음 달에 개장할 것이라고 쓰여 있었어요.
M: 아, 정말 죄송합니다. 저희의 신문 편집자에게 반드시 바로 알리도록 하겠습니다. 그가 오자를 확인하자마자, 분명히 내일 신문에 게재되도록 수정 기사를 준비할 겁니다.

32. 여자는 누구인가?
(A) 신문 편집자
(B) 텔레비전 리포터
(C) 의료계 종사자
(D) 가게 주인

33. 어떤 정보가 잘못 인쇄되었는가?
(A) 지점 위치
(B) 개점 날짜
(C) 회사 이름
(D) 제품 가격

34. 남자는 무엇을 해주겠다고 제안하는가?
(A) 광고물을 다시 인쇄한다.
(B) 신문 기사를 교정본다.
(C) 동료에게 오류를 알려준다.
(D) 여자의 전화를 바꿔준다.

지문　report[ripɔ́ːrt] 알리다, 보고하다　supplement[sʌ́pləmənt] 영양 보충제, 보완물　notify[nóutifài] 알리다, 통보하다
verify[vérifài] 확인하다, 입증하다　misprint[misprint] 오자, 오식　arrange[əréindʒ] 준비하다
32　health-care[hélθkɛ̀ər] 의료, 보건
34　proofread[prúːfrìːd] 교정보다　transfer[trænsfə́r] 바꾸다

32　■ 전체 대화 관련 문제　화자　정답 (D)
여자의 신분을 묻는 문제이므로, 신분 및 직업과 관련된 표현을 놓치지 않고 듣는다. 여자가 "I'm the owner of the vitamin and supplement store called Lancaster Health and Nutrition."이라며 자신이 Lancaster Health and Nutrition이라는 비타민 및 영양 보충제 가게의 주인이라고 하였다. 따라서 정답은 (D) A store owner이다.

33　■ 세부 사항 관련 문제　특정 세부 사항　정답 (B)
잘못 인쇄된 정보를 묻는 문제이므로, 질문의 핵심어구(incorrectly printed)와 관련된 내용을 주의 깊게 듣는다. 여자가 "you published an article about our new branch that's going to open in Dalton Plaza next week. But the article said it's opening next month."라며 남자의 회사에서 다음 주에 Dalton Plaza에 개장하는 새로운 지점에 관한 기사를 실었는데, 기사에는 그곳이 다음 달에 개장할 것이라고 쓰여 있었다고 한 말을 통해 개점 날짜가 잘못 인쇄되었음을 알 수 있다. 따라서 정답은 (B) The date of an opening이다.

34　■ 세부 사항 관련 문제　제안　정답 (C)
남자가 해주겠다고 제안하는 것을 묻는 문제이므로, 남자의 말에서 여자를 위해 해주겠다고 언급한 내용을 주의 깊게 듣는다. 남자가 "I'll be certain to notify our news editor immediately."라며 신문 편집자에게 반드시 바로 알리겠다고 하였다. 따라서 정답은 (C) Inform a coworker of a mistake이다.

바꾸어 표현하기
notify 알리다 → Inform 알리다

PART 3 & 4

1. 지문, 문제, 해석

최신 출제 경향과 난이도가 반영된 지문 및 문제를 해설집에도 그대로 수록하였습니다. 해설을 보기 전에, 문제를 다시 한번 풀어보며 자신이 어떤 과정으로 정답을 선택했는지 되짚어보고, 함께 수록된 정확한 해석을 보며 문제를 확실히 이해하고 문장 구조를 꼼꼼하게 파악합니다.

2. 국가별 발음 표시

문제의 음성이 미국·캐나다·영국·호주식 영어 발음 중 어떤 발음인지를 표시하였습니다. 아는 단어인데도 국가별 발음 차이 때문에 잘 들리지 않았던 발음과 취약했던 발음 등을 파악하여 집중 연습할 수 있도록 합니다.

3. 난이도

사전 테스트를 거쳐 검증된 문제별 난이도를 '하, 중, 상, 최상'의 4단계로 나누어 각 문제 번호 아래에 표시하였습니다. 각 문제별 난이도를 참고하여 자신의 실력과 학습 목표에 따라 학습할 수 있습니다.

4. 정답의 단서

정답을 선택하는 데 결정적인 단서가 되는 부분을 자주색으로 표시하였습니다. 해설을 읽기 전에 먼저 대화/지문에서 자주색으로 표시된 단서를 찾고, 정답을 선택하는 연습을 합니다.

5. 어휘

문제 풀이 시 사전을 찾는 불편을 덜 수 있도록 지문 및 문제에서 사용된 단어나 어구의 뜻을 발음 기호와 함께 수록하였습니다. 국가별로 발음에 차이가 있는 경우, 미국·영국식 발음 기호를 모두 수록하여 국가별 발음 차이까지 익힐 수 있도록 하였습니다.

6. 문제 유형

모든 문제에 세분화된 유형을 표시하여 해설에서 출제 유형에 따른 문제 풀이 방법을 익힐 수 있도록 하였습니다. 문제 유형은 모두 《해커스 토익 Listening》의 목차 목록과 동일하여, 특정 유형에 대해 추가 학습이 필요할 경우 쉽게 참고할 수 있도록 하였습니다.

7. 해설

질문 유형별로 가장 효율적인 해결 방법이 적용된 문제 풀이 방법을 제시하였습니다. 대화/지문에서 주의 깊게 들어야 할 부분이나 파악해야 할 사항을 확인하는 단계부터 대화/지문을 들으며 정답을 선택하는 문제 풀이 과정을 읽는 것만으로도 자연스럽게 Part 3·4의 문제 풀이 전략을 익힐 수 있습니다.

8. 바꾸어 표현하기

대화/지문의 내용이 질문이나 정답 보기에서 바꾸어 표현된 경우, [대화/지문의 표현 → 정답 보기의 표현] 혹은 [질문의 표현 → 대화/지문의 표현]으로 정리하여 한눈에 확인할 수 있도록 하였습니다. 이를 통해 Part 3·4 풀이 전략을 익히고 나아가 고득점 달성이 가능하도록 하였습니다.

토익 소개 및 시험장 Tips

토익이란 무엇인가?

TOEIC은 **Test Of English for International Communication**의 약자로 영어가 모국어가 아닌 사람들을 대상으로 언어 본래의 기능인 '커뮤니케이션' 능력에 중점을 두고 일상생활 또는 국제 업무 등에 필요한 실용영어 능력을 평가하는 시험입니다. 토익은 일상생활 및 비즈니스 현장에서 필요로 하는 내용을 평가하기 위해 개발되었고 다음과 같은 실용적인 주제들을 주로 다룹니다.

- ▌협력 개발: 연구, 제품 개발
- ▌재무 회계: 대출, 투자, 세금, 회계, 은행 업무
- ▌일반 업무: 계약, 협상, 마케팅, 판매
- ▌기술 영역: 전기, 공업 기술, 컴퓨터, 실험실
- ▌사무 영역: 회의, 서류 업무
- ▌물품 구입: 쇼핑, 물건 주문, 대금 지불

- ▌식사: 레스토랑, 회식, 만찬
- ▌문화: 극장, 스포츠, 피크닉
- ▌건강: 의료 보험, 병원 진료, 치과
- ▌제조: 생산 조립 라인, 공장 경영
- ▌직원: 채용, 은퇴, 급여, 진급, 고용 기회
- ▌주택: 부동산, 이사, 기업 부지

토익의 파트별 구성

구성		내용	문항 수	시간	배점
Listening Test	Part 1	사진 묘사	6문항 (1번~6번)	45분	495점
	Part 2	질의 응답	25문항 (7번~31번)		
	Part 3	짧은 대화	39문항, 13지문 (32번~70번)		
	Part 4	짧은 담화	30문항, 10지문 (71번~100번)		
Reading Test	Part 5	단문 빈칸 채우기 (문법/어휘)	30문항 (101번~130번)	75분	495점
	Part 6	장문 빈칸 채우기 (문법/어휘/문장 고르기)	16문항, 4지문 (131번~146번)		
	Part 7	지문 읽고 문제 풀기(독해) - 단일 지문 (Single Passage) - 이중 지문 (Double Passages) - 삼중 지문 (Triple Passages)	54문항, 15지문 (147번~200번) - 29문항, 10지문 (147번~175번) - 10문항, 2지문 (176번~185번) - 15문항, 3지문 (186번~200번)		
Total		7 Parts	200문항	120분	990점

토익 접수 방법 및 성적 확인

1. 접수 방법

· 접수 기간을 TOEIC위원회 인터넷 사이트(www.toeic.co.kr) 혹은 공식 애플리케이션에서 확인하고 접수합니다.
· 접수 시 jpg형식의 사진 파일이 필요하므로 미리 준비합니다.

2. 성적 확인

· 시험일로부터 약 10일 이후 TOEIC위원회 인터넷 사이트(www.toeic.co.kr) 혹은 공식 애플리케이션에서 확인합니다. (성적 발표 기간은 회차마다 상이함)
· 시험 접수 시, 우편 수령과 온라인 출력 중 성적 수령 방법을 선택할 수 있습니다.
  * 온라인 출력은 성적 발표 즉시 발급 가능하나, 우편 수령은 약 7일가량의 발송 기간이 소요될 수 있습니다.

시험 당일 준비물

| 신분증 | 연필&지우개 | 시계 | 수험번호를 적어둔 메모 | 오답노트&단어암기장 |

* 시험 당일 신분증이 없으면 시험에 응시할 수 없으므로, 반드시 ETS에서 요구하는 신분증(주민등록증, 운전면허증, 공무원증 등)을 지참해야 합니다. ETS에서 인정하는 신분증 종류는 TOEIC위원회 인터넷 사이트(www.toeic.co.kr)에서 확인 가능합니다.

시험 진행 순서

정기시험/추가시험(오전)	추가시험(오후)	진행내용	유의사항
AM 9:30 - 9:45	PM 2:30 - 2:45	답안지 작성 오리엔테이션	10분 전에 고사장에 도착하여, 이름과 수험번호로 고사실을 확인합니다.
AM 9:45 - 9:50	PM 2:45 - 2:50	쉬는 시간	준비해간 오답노트나 단어암기장으로 최종 정리를 합니다. 시험 중간에는 쉬는 시간이 없으므로 화장실에 꼭 다녀오도록 합니다.
AM 9:50 - 10:10	PM 2:50 - 3:10	신분 확인 및 문제지 배부	
AM 10:10 - 10:55	PM 3:10 - 3:55	Listening Test	Part 1과 Part 2는 문제를 풀면서 정답을 바로 답안지에 마킹합니다. Part 3와 Part 4는 문제의 정답 보기 옆에 살짝 표시해두고, Listening Test가 끝난 후 한꺼번에 마킹합니다.
AM 10:55 - 12:10	PM 3:55 - 5:10	Reading Test	각 문제를 풀 때 바로 정답을 마킹합니다.

* 추가시험은 토요일 오전 또는 오후에 시행되므로 이 사항도 꼼꼼히 확인합니다.
* 당일 진행 순서에 대한 더 자세한 내용은 해커스토익(Hackers.co.kr) 사이트에서 확인할 수 있습니다.

파트별 형태 및 전략

▌Part 1 사진 묘사 (6문제)

사진을 가장 잘 묘사한 문장을 4개의 보기 중에서 고르는 유형

문제 형태

문제지	음성
1. 	Number 1. Look at the picture marked number 1 in your test book. (A) He is writing on a sheet of paper. (B) He is reaching for a glass. (C) He is seated near a window. (D) He is opening up a laptop computer.

해설 남자가 창문 근처에 앉아 있는 모습을 seated near a window(창문 근처에 앉아 있다)로 묘사한 (C)가 정답이다.

문제 풀이 전략

1. 보기를 듣기 전에 사진을 묘사할 수 있는 표현을 미리 연상합니다.

보기를 듣기 전에 사진을 보면서 사용 가능한 주어와 등장 인물의 동작이나 사물을 나타내는 동사 및 명사를 미리 연상합니다. 표현을 미리 연상하는 과정에서 사진의 내용을 정확하게 확인하게 되며, 연상했던 표현이 보기에서 사용될 경우 훨씬 명확하게 들을 수 있어 정답 선택이 수월해집니다.

2. 사진을 완벽하게 묘사한 것이 아니라 가장 적절하게 묘사한 보기를 선택합니다.

Part 1은 사진을 완벽하게 묘사한 보기가 아니라 가장 적절하게 묘사한 보기를 선택해야 합니다. 이를 위해 Part 1의 문제를 풀 때 O, ×를 표시하면서 보기를 들으면 오답 보기를 확실히 제거할 수 있어 정확히 정답을 선택할 수 있습니다. 특별히 Part 1에서 자주 출제되는 오답 유형을 알아두면 ×를 표시하면서 훨씬 수월하게 정답을 선택할 수 있습니다.

Part 1 빈출 오답 유형
- 사진 속 사람의 동작을 잘못 묘사한 오답
- 사진에 없는 사람이나 사물을 언급한 오답
- 사진 속 사물의 상태나 위치를 잘못 묘사한 오답
- 사물의 상태를 사람의 동작으로 잘못 묘사한 오답
- 사진에서는 알 수 없는 사실을 진술한 오답
- 혼동하기 쉬운 어휘를 이용한 오답

* 실제 시험을 볼 때, Part 1 디렉션이 나오는 동안 Part 5 문제를 최대한 많이 풀면 전체 시험 시간 조절에 도움이 됩니다. 하지만 "Now, Part 1 will begin"이라는 음성이 들리면 바로 Part 1으로 돌아가서 문제를 풀도록 합니다.

Part 2 질의 응답 (25문제)

영어로 된 질문을 듣고 가장 적절한 응답을 3개의 보기 중에서 고르는 유형

문제 형태

문제지	음성
7. Mark your answer on your answer sheet.	Number 7. When is the presentation going to be held? (A) I'm going to discuss sales levels. (B) Sometime on Tuesday. (C) He handled the preparations.

해설 의문사 When을 이용하여 발표가 진행될 시기를 묻고 있는 문제이므로 Sometime on Tuesday라는 시점을 언급한 (B)가 정답이다.

문제 풀이 전략

1. 질문의 첫 단어는 절대 놓치지 않도록 합니다.

Part 2의 문제 유형은 질문의 첫 단어로 결정되므로 절대 첫 단어를 놓치지 않아야 합니다. Part 2에서 평균 11문제 정도 출제되는 의문사 의문문은 첫 단어인 의문사만 들으면 대부분 정답을 선택할 수 있습니다. 그리고 다른 유형의 문제도 첫 단어를 통하여 유형, 시제, 주어 등 문제 풀이와 관련된 기본적인 정보를 파악할 수 있습니다.

2. 오답 유형을 숙지하여 오답 제거 방법을 100% 활용하도록 합니다.

Part 2에서는 오답의 유형이 어느 정도 일정한 패턴으로 사용되고 있습니다. 따라서 오답 유형을 숙지해두어 문제를 풀 때마다 오답 제거 방법을 최대한 활용하도록 합니다. 이를 위해 Part 2의 문제를 풀 때 O, ×를 표시하면서 보기를 들으면 오답 보기를 확실히 제거할 수 있어 정확히 정답을 선택할 수 있습니다.

Part 2 빈출 오답 유형

· 질문에 등장한 단어를 반복하거나, 발음이 유사한 어휘를 사용한 오답
· 동의어, 관련 어휘, 다의어를 사용한 오답
· 주체나 시제를 혼동한 오답
· 정보를 묻는 의문사 의문문에 Yes/No로 응답한 오답

* 실제 시험을 볼 때, Part 2 디렉션이 나오는 동안 Part 5 문제를 최대한 많이 풀면 전체 시험 시간 조절에 도움이 됩니다. 하지만 "Now, let us begin with question number 7"이라는 음성이 들리면 바로 Part 2로 돌아가서 문제를 풀도록 합니다.

Part 3 짧은 대화 (39문제)

· 2~3명이 주고받는 짧은 대화를 듣고 관련 질문에 대한 정답을 고르는 유형
· 구성: 총 13개의 대화에 39문제 출제 (한 대화 당 3문제, 일부 대화는 3문제와 함께 시각 자료가 출제)

문제 형태

문제지	음성
32. What are the speakers mainly discussing? (A) Finding a venue (B) Scheduling a renovation (C) Choosing a menu (D) Organizing a conference 33. What does the woman offer to do? (A) Visit a nearby event hall (B) Revise a travel itinerary (C) Make a booking (D) Contact a facility manager 34. What does the woman mean when she says, "we're all set"? (A) Some furniture will be arranged. (B) Some memos will be circulated. (C) An update will be installed. (D) An area will be large enough.	Questions 32 through 34 refer to the following conversation. W: Joseph, I'm worried it'll be too chilly for the outdoor luncheon we've planned for Wednesday. M: I agree. We'd better book an event hall instead. W: How about Wolford Hall? I'm looking at its Web site now, and it appears to be available. M: Oh, that'd be ideal. That place is near our office, so staff won't have to travel far. W: I can book the hall now, if you want. We need it from 11 A.M. to 2 P.M., right? M: Yeah. Just make sure it can accommodate 50 people. W: It says it'll hold up to 70, so we're all set. M: Perfect. I'll send staff an e-mail with the updated details. Number 32. What are the speakers mainly discussing? Number 33. What does the woman offer to do? Number 34. What does the woman mean when she says, "we're all set"?

해설 32. 대화의 주제를 묻는 문제이다. 여자가 it'll be too chilly for the outdoor luncheon이라며 야외 오찬을 하기에는 날씨가 너무 쌀쌀할 것 같다고 하자, 남자가 We'd better book an event hall instead라며 대신 행사장을 예약하는 것이 낫겠다고 한 뒤, 행사를 위한 장소를 찾는 것에 관한 내용으로 대화가 이어지고 있다. 따라서 정답은 (A)이다.

33. 여자가 해주겠다고 제안하는 것을 묻는 문제이다. 여자가 I can book the hall now라며 지금 자신이 그 행사장을 예약할 수 있다고 하였다. 따라서 정답은 (C)이다.

34. 여자가 하는 말의 의도를 묻는 문제이다. 남자가 Just make sure it[hall] can accommodate 50 people이라며 행사장이 50명의 사람들을 수용할 수 있는지 확인하라고 하자, 여자가 it'll hold up to 70, so we're all set이라며 그것은 70명까지 수용할 것이니 우리는 준비가 다 되었다고 한 말을 통해 행사장의 공간이 충분히 클 것임을 알 수 있다. 따라서 정답은 (D)이다.

문제 풀이 전략

1. 대화를 듣기 전에 반드시 질문과 보기를 먼저 읽어야 합니다.

① Part 3의 디렉션을 들려줄 때 32번부터 34번까지의 질문과 보기를 읽으면, 이후 계속해서 대화를 듣기 전에 질문과 보기를 미리 읽을 수 있습니다.

② 질문을 읽을 때에는 질문 유형을 파악한 후, 해당 유형에 따라 어느 부분을 들을지와 어떤 내용을 들을지 듣기 전략을 세웁니다. 시각 자료가 출제된 대화의 경우, 시각 자료를 함께 확인하면서 시각 자료의 종류와 그 내용을 파악합니다.

③ 보기를 읽을 때에는 각 보기를 다르게 구별해주는 어휘를 선택적으로 읽어야 합니다. 특별히 보기가 문장일 경우, 주어가 모두 다르면 주어를, 주어가 모두 같으면 동사 또는 목적어 등의 중요 어휘를 키워드로 결정합니다.

2. 대화를 들으면서 동시에 정답을 선택합니다.

① 질문과 보기를 읽으며 세운 듣기 전략을 토대로, 대화를 들으면서 동시에 각 문제의 정답을 선택합니다.

② 3인 대화의 경우, 대화가 시작하기 전에 "Questions ~ refer to the following conversation with three speakers."라는 음성이 재생되므로 각 대화별 디렉션에도 집중해야 합니다.

③ 대화가 끝난 후 관련된 3개의 질문을 읽어줄 때 다음 대화와 관련된 3개의 질문과 보기를 재빨리 읽으면서 듣기 전략을 다시 세워야 합니다.

④ 만약 대화가 다 끝났는데도 정답을 선택하지 못했다면 가장 정답인 것 같은 보기를 선택하고, 곧바로 다음 대화에 해당하는 질문과 보기를 읽기 시작하는 것이 오답률을 줄이는 현명한 방법입니다.

3. 대화의 초반은 반드시 들어야 합니다.

① 대화에서 초반에 언급된 내용 중 80% 이상이 문제로 출제되므로 대화의 초반은 반드시 들어야 합니다.

② 특별히 대화의 주제를 묻는 문제, 대화자의 직업, 대화의 장소를 묻는 문제에 대한 정답의 단서는 대부분 대화의 초반에 언급됩니다.

③ 초반을 듣지 못하고 놓칠 경우 대화 후반에서 언급된 특정 표현을 사용한 보기를 정답으로 선택하는 오류를 범할 수 있으므로 각별히 주의해야 합니다.

Part 4 짧은 담화 (30문제)

· 짧은 담화를 듣고 관련 질문에 대한 정답을 고르는 유형
· 구성: 총 10개의 지문에 30문제 출제 (한 지문 당 3문제, 일부 지문은 3문제와 함께 시각 자료가 출제)

문제 형태

문제지	음성

문제지

Department	Manager
Accounting	Janet Lee
Sales	Sarah Bedford
Human Resources	David Weber
Marketing	Michael Brenner

95. What is the purpose of the announcement?

(A) To explain a new project
(B) To describe a job opening
(C) To discuss a recent hire
(D) To verify a policy change

96. Look at the graphic. Which department will Shannon Clark manage?

(A) Accounting
(B) Sales
(C) Human Resources
(D) Marketing

97. What will probably happen on September 1?

(A) A job interview
(B) A product launch
(C) A staff gathering
(D) An employee evaluation

음성

Questions 95 through 97 refer to the following announcement and list.

May I have your attention, please? I just received an e-mail from David Weber in human resources regarding a new manager. Shannon Clark will begin working here next month. Ms. Clark has over a decade of experience working for multinational corporations, so she brings a wealth of knowledge to our company. She will be replacing Michael Brenner, who is retiring this month. One of the other department managers . . . um, Janet Lee . . . has arranged a get-together on September 1 to introduce Ms. Clark. Food and beverages will be provided. Please give her a warm welcome.

Number 95.
What is the purpose of the announcement?

Number 96.
Look at the graphic. Which department will Shannon Clark manage?

Number 97.
What will probably happen on September 1?

해설 95. 공지의 목적을 묻는 문제이다. I just received an e-mail ~ regarding a new manager. Shannon Clark will begin working here next month라며 새로운 관리자에 관련된 이메일을 방금 받았으며, Shannon Clark가 다음 달에 이곳에서 근무를 시작할 것이라고 하였다. 따라서 정답은 (C)이다.

96. Shannon Clark가 관리할 부서를 묻는 문제이다. She[Shannon Clark] will be replacing Michael Brenner, who is retiring this month라며 Shannon Clark은 이달에 은퇴하는 Michael Brenner를 대신할 것이라고 하였으므로, Michael Brenner가 관리자로 일하던 마케팅 부서를 관리하게 될 것임을 표에서 알 수 있다. 따라서 정답은 (D)이다.

97. 9월 1일에 일어날 일을 묻는 문제이다. Janet Lee ~ has arranged a get-together on September 1라며 Janet Lee가 9월 1일에 열릴 모임을 마련했다고 하였다. 따라서 정답은 (C)이다.

문제 풀이 전략

1. 지문을 듣기 전에 반드시 질문과 보기를 먼저 읽어야 합니다.

① Part 4의 디렉션을 들려줄 때 71번부터 73번까지의 질문과 보기를 읽으면, 이후 계속해서 지문을 듣기 전에 질문과 보기를 미리 읽을 수 있습니다.

② 질문을 읽을 때에는 질문 유형을 파악한 후, 해당 유형에 따라 어느 부분을 들을지와 어떤 내용을 들을지 듣기 전략을 세웁니다. 시각 자료가 출제된 담화의 경우, 시각 자료를 함께 확인하면서 시각 자료의 종류와 그 내용을 파악합니다.

③ 보기를 읽을 때에는 각 보기를 다르게 구별해주는 어휘를 선택적으로 읽어야 합니다. 특별히 보기가 문장일 경우, 주어가 모두 다르면 주어를, 주어가 모두 같으면 동사 또는 목적어 등의 중요 어휘를 키워드로 결정합니다.

2. 지문을 들으면서 동시에 정답을 선택합니다.

① 질문과 보기를 읽으며 세운 듣기 전략을 토대로, 지문을 들으면서 동시에 각 문제의 정답을 곧바로 선택합니다.

② 지문의 음성이 끝날 때에는 세 문제의 정답 선택도 완료되어 있어야 합니다.

③ 지문의 음성이 끝난 후 관련된 3개의 질문을 읽어줄 때 다음 지문과 관련된 3개의 질문과 보기를 재빨리 읽으면서 듣기 전략을 다시 세워야 합니다.

④ 만약 지문이 다 끝났는데도 정답을 선택하지 못했다면 가장 정답인 것 같은 보기를 선택하고, 곧바로 다음 지문에 해당하는 질문과 보기를 읽기 시작하는 것이 오답률을 줄이는 현명한 방법입니다.

3. 지문의 초반은 반드시 들어야 합니다.

① 지문에서 초반에 언급된 내용 중 80% 이상이 문제로 출제되므로 지문의 초반을 반드시 들어야 합니다.

② 특별히 지문의 주제/목적 문제나 화자/청자 및 담화 장소 문제처럼 전체 지문 관련 문제에 대한 정답의 단서는 대부분 지문의 초반에 언급됩니다.

③ 초반을 듣지 못하고 놓칠 경우 더 이상 관련된 내용이 언급되지 않아 정답 선택이 어려워질 수 있으므로 주의해야 합니다.

수준별 맞춤 학습 플랜

TEST 01을 마친 후 자신의 환산 점수에 맞는 학습 플랜을 선택하여 매일매일 박스에 체크하며 공부합니다. 각 TEST를 마친 후, 다양한 자료를 활용하여 각 테스트를 꼼꼼하게 리뷰합니다.

* 각 테스트를 마친 후, 해당 테스트의 점수를 문제집 앞쪽에 있는 [토익 Listening 목표 달성기]에 기록하여 자신의 점수 변화를 확인할 수 있습니다.

400점 이상
2주 완성 학습 플랜
· 2주 동안 매일 테스트 1회분을 문제집 뒤의 Answer Sheet(p.229)를 활용하여 실전처럼 풀어본 후 꼼꼼하게 리뷰합니다.
· 틀렸던 문제와 난이도 최상 문제를 다시 한번 풀어보며 완벽하게 이해합니다.
· 틀린 문제는 정답 및 오답 해설을 보며 오답이 오답인 이유까지 확실하게 파악합니다.

	Day 1	Day 2	Day 3	Day 4	Day 5
Week 1	☐ Test 01 풀기 및 리뷰	☐ Test 02 풀기 및 리뷰	☐ Test 03 풀기 및 리뷰	☐ Test 04 풀기 및 리뷰	☐ Test 05 풀기 및 리뷰
Week 2	☐ Test 06 풀기 및 리뷰	☐ Test 07 풀기 및 리뷰	☐ Test 08 풀기 및 리뷰	☐ Test 09 풀기 및 리뷰	☐ Test 10 풀기 및 리뷰

300~395점
3주 완성 학습 플랜
· 3주 동안 첫째 날, 둘째 날에 테스트 1회분씩을 풀어본 후 꼼꼼하게 리뷰하고, 셋째 날에는 2회분에 대한 심화 학습을 합니다.
· 자신이 틀렸던 문제와 난이도 상 이상의 문제를 다시 한번 풀어보며 완벽하게 이해합니다.
· 틀린 문제는 정답 및 오답 해설을 보며 오답이 오답인 이유까지 확실하게 파악합니다.
· 모든 문제마다 표시된 문제 유형을 보고 자신이 자주 틀리는 문제 유형을 파악하고 보완합니다.
· 대화/지문에 자주색으로 표시된 정답의 단서를 보고 정답을 선택해보며 문제 풀이 노하우를 파악합니다.

	Day 1	Day 2	Day 3	Day 4	Day 5
Week 1	☐ Test 01 풀기 및 리뷰	☐ Test 02 풀기 및 리뷰	☐ Test 01&02 심화 학습	☐ Test 03 풀기 및 리뷰	☐ Test 04 풀기 및 리뷰
Week 2	☐ Test 03&04 심화 학습	☐ Test 05 풀기 및 리뷰	☐ Test 06 풀기 및 리뷰	☐ Test 05&06 심화 학습	☐ Test 07 풀기 및 리뷰
Week 3	☐ Test 08 풀기 및 리뷰	☐ Test 07&08 심화 학습	☐ Test 09 풀기 및 리뷰	☐ Test 10 풀기 및 리뷰	☐ Test 09&10 심화 학습

295점 이하
4주 완성 학습 플랜

· 4주 동안 이틀에 걸쳐 테스트 1회분을 풀고 꼼꼼하게 리뷰합니다.
· 틀렸던 문제와 난이도 중 이상의 문제를 다시 한번 풀어보며 완벽하게 이해합니다.
· 틀린 문제는 정답 및 오답 해설을 보며 오답을 고른 이유를 확실하게 파악합니다.
· 모든 문제마다 표시된 문제 유형을 보고 자신이 자주 틀리는 문제 유형을 파악하고 보완합니다.
· 대화/지문에 자주색으로 표시된 정답의 단서를 보고 정답을 선택해보며 문제 풀이 노하우를 파악합니다.
· Part 3·4의 중요한 바꾸어 표현하기를 정리하고 암기합니다.

	Day 1	Day 2	Day 3	Day 4	Day 5
Week 1	☐ Test 01 풀기	☐ Test 01 리뷰	☐ Test 02 풀기	☐ Test 02 리뷰	☐ Test 03 풀기
Week 2	☐ Test 03 리뷰	☐ Test 04 풀기	☐ Test 04 리뷰	☐ Test 05 풀기	☐ Test 05 리뷰
Week 3	☐ Test 06 풀기	☐ Test 06 리뷰	☐ Test 07 풀기	☐ Test 07 리뷰	☐ Test 08 풀기
Week 4	☐ Test 08 리뷰	☐ Test 09 풀기	☐ Test 09 리뷰	☐ Test 10 풀기	☐ Test 10 리뷰

해커스와 함께라면 여러분의 목표를 더 빠르게 달성할 수 있습니다!
자신의 점수에 맞춰 아래 해커스 교재로 함께 학습하시면 더욱 빠르게 여러분이 목표한 바를 달성할 수 있습니다.

400점 이상	300~395점	295점 이하
《해커스 토익 Listening》	《해커스 토익 750+ LC》	《해커스 토익 스타트 Listening》

TEST 01

PART 1	스크립트·해석·해설
PART 2	스크립트·해석·해설
PART 3	스크립트·해석·해설
PART 4	스크립트·해석·해설

 TEST 01.mp3

실전용·복습용 문제풀이 MP3 무료 다운로드 및 스트리밍 바로듣기 (HackersIngang.com)
* 실제 시험장의 소음까지 재현해 낸 고사장 소음/매미 버전 MP3, 영국식·호주식 발음 집중 MP3, 고속 버전 MP3까지
  구매하면 실전에 더욱 완벽히 대비할 수 있습니다.

무료MP3 바로듣기

1
○○○○●
하

🔊 미국식 발음

(A) She's watering a plant.
(B) She's cooking a meal.
(C) She's wiping a stove.
(D) She's washing a dish.

(A) 그녀는 식물에 물을 주고 있다.
(B) 그녀는 식사를 요리하고 있다.
(C) 그녀는 스토브를 닦고 있다.
(D) 그녀는 접시를 씻고 있다.

■ 1인 사진   정답 (C)

한 여자가 주방에서 스토브를 닦고 있는 모습을 확인한다.
(A) [×] watering a plant(식물에 물을 주고 있다)는 여자의 동작과 무관하므로 오답이다. 사진에 있는 식물(plant)을 사용하여 혼동을 주었다.
(B) [×] cooking a meal(식사를 요리하고 있다)은 여자의 동작과 무관하므로 오답이다. 사진의 장소인 주방과 관련 있는 meal(식사)을 사용하여 혼동을 주었다.
(C) [○] 여자가 스토브를 닦고 있는 모습을 정확히 묘사한 정답이다.
(D) [×] washing a dish(접시를 씻고 있다)는 여자의 동작과 무관하므로 오답이다. 사진의 장소인 주방과 관련 있는 dish(접시)를 사용하여 혼동을 주었다.

어휘   plant[plænt] 식물   meal[mi:l] 식사   wipe[waip] 닦다

2
○○○●
중

🔊 캐나다식 발음

(A) One of the women is holding a document.
(B) There is a curtain covering a glass door.
(C) A man is reaching for a cup.
(D) There is furniture lined up against a wall.

(A) 여자들 중 한 명이 서류를 들고 있다.
(B) 커튼이 유리문을 덮고 있다.
(C) 한 남자가 컵을 향해 손을 뻗고 있다.
(D) 가구가 벽에 기대어 늘어서 있다.

■ 2인 이상 사진   정답 (A)

테이블 주위에 모여 앉아 있는 사람들의 모습과 주변 사물의 상태를 주의 깊게 살핀다.
(A) [○] 여자들 중 한 명이 서류를 들고 있는 모습을 정확히 묘사한 정답이다.
(B) [×] 사진에 커튼(curtain)이 없으므로 오답이다. 사진에 있는 유리문(glass door)을 사용하여 혼동을 주었다.
(C) [×] 사진에 손을 뻗고 있는(reaching) 남자가 없으므로 오답이다. 사진에 있는 컵(cup)을 사용하여 혼동을 주었다.
(D) [×] 가구가 벽에 기대어 늘어서 있는 상태가 아니므로 오답이다. There is furniture(가구가 있다)까지만 듣고 정답으로 선택하지 않도록 주의한다.

어휘   document[미 dάkjumənt, 영 dɔ́kjumənt] 서류   reach[ri:tʃ] 손을 뻗다   against[əgénst] ~에 기대어

3
○○○●
상

🔊 영국식 발음

(A) Streetlights are being installed.
(B) Doors have been left open.
(C) Cars are stopped at an intersection.
(D) A parking space is unoccupied.

(A) 가로등이 설치되고 있다.
(B) 문들이 열린 채로 있다.
(C) 차들이 교차로에 멈춰 서 있다.
(D) 주차 공간이 비어 있다.

■ 사물 및 풍경 사진   정답 (D)

주차장에 몇몇 차들이 주차되어 있는 모습과 주변의 전반적인 풍경을 확인한다.
(A) [×] 사진에서 가로등(Streetlights)은 보이지만 설치되고 있는(being installed) 모습은 아니므로 오답이다.
(B) [×] 문들이 닫혀 있는데 열린 채로 있다고 잘못 묘사했으므로 오답이다.
(C) [×] 사진에서 차들(Cars)은 보이지만 교차로에 멈춰 서 있는(stopped at an intersection) 모습은 아니므로 오답이다.
(D) [○] 주차 공간이 비어 있는 모습을 정확히 묘사한 정답이다.

어휘   streetlight[strí:tlàit] 가로등   intersection[미 ìntərsékʃən, 영 ìntəsékʃən] 교차로   unoccupied[미 ʌnάːkjupaid, 영 ʌnɔ́kjupaid] 비어 있는

4
●●●○
상

🔊 호주식 발음

(A) People are putting on work gloves.
(B) A flowerpot has been placed on a windowsill.
(C) People are moving monitors across the floor.
(D) Some chairs have been pushed in under the tables.

(A) 사람들이 작업용 장갑을 착용하고 있다.
(B) 화분이 창틀에 놓여 있다.
(C) 사람들이 바닥을 가로질러 모니터들을 옮기고 있다.
(D) 몇몇 의자들이 탁자 밑으로 밀려들어 가 있다.

■ 2인 이상 사진   정답 (D)

사무실을 청소하고 있는 사람들의 모습과 주변 사물의 상태를 주의 깊게 살핀다.
(A) [×] 사람들이 이미 작업용 장갑을 착용한 상태인데 착용하고 있다는 동작으로 잘못 묘사했으므로 오답이다. 장갑을 착용한 상태를 나타내는 wearing과 착용하고 있다는 동작을 나타내는 putting on을 혼동하지 않도록 주의한다.
(B) [×] 사진에서 화분은 보이지만 창틀에 놓여 있는(placed on a windowsill) 상태는 아니므로 오답이다.
(C) [×] moving monitors(모니터들을 옮기고 있다)는 사람들의 동작과 무관하므로 오답이다. 사진에 있는 모니터들(monitors)을 사용하여 혼동을 주었다.
(D) [○] 몇몇 의자들이 탁자 밑으로 밀려들어 가 있는 모습을 정확히 묘사한 정답이다.

어휘   windowsill [미 wíndousil, 영 wíndəsil] 창틀

5
●●○○
중

🔊 영국식 발음

(A) One of the women is looking out a window.
(B) They are standing in a lobby.
(C) The man is leaning on a bicycle.
(D) They are entering a building.

(A) 여자들 중 한 명이 창밖을 내다보고 있다.
(B) 그들은 로비에 서 있다.
(C) 남자가 자전거에 기대어 있다.
(D) 그들은 건물에 들어가고 있다.

■ 2인 이상 사진   정답 (C)

사람들이 야외에서 전자 기기를 보고 있는 모습을 확인한다.
(A) [×] 사진에 창밖을 내다보고 있는(looking out a window) 여자가 없으므로 오답이다.
(B) [×] 사람들이 건물 밖에 서 있는데 로비에(in a lobby) 서 있다고 잘못 묘사했으므로 오답이다. They are standing(그들은 서 있다)까지만 듣고 정답으로 선택하지 않도록 주의한다.
(C) [○] 남자가 자전거에 기대어 있는 모습을 정확히 묘사한 정답이다.
(D) [×] entering a building(건물에 들어가고 있다)은 사람들의 동작과 무관하므로 오답이다.

6
●●●○
상

🔊 캐나다식 발음

(A) A power cord is being packed in a box.
(B) The man is operating a computer.
(C) A device is being disassembled.
(D) The man is repairing a lamp.

(A) 전선이 상자에 포장되고 있다.
(B) 남자가 컴퓨터를 조작하고 있다.
(C) 기기가 분해되고 있다.
(D) 남자가 전등을 수리하고 있다.

■ 1인 사진   정답 (C)

한 남자가 기기를 수리하고 있는 모습과 주변 사물의 상태를 주의 깊게 살핀다.
(A) [×] 사진에서 전선은 보이지만 포장되고 있는(is being packed) 모습은 아니고, 사진에 상자(box)가 없으므로 오답이다.
(B) [×] operating(조작하고 있다)은 남자의 동작과 무관하므로 오답이다. 사진에 있는 컴퓨터(computer)를 사용하여 혼동을 주었다.
(C) [○] 기기가 분해되고 있는 모습을 가장 잘 묘사한 정답이다.
(D) [×] 남자가 기기를 수리하고 있는데 전등을 수리하고 있다고 잘못 묘사했으므로 오답이다. The man is repairing(남자가 수리하고 있다)까지만 듣고 정답으로 선택하지 않도록 주의한다.

어휘   power cord 전선   pack [pæk] 포장하다   operate [미 ápərèit, 영 ɔ́pəreit] 조작하다   disassemble [dìsəsémbl] 분해하다

PART 2

7
○○○○●
중

🔊 캐나다식 발음 → 미국식 발음

Which printer should we buy?

(A) I printed out several copies.
(B) We may not return this purchase.
(C) Maybe the most expensive one.

우리는 어떤 프린터를 사야 하나요?

(A) 제가 몇 부를 인쇄했어요.
(B) 우리는 이 구입품을 환불하지 않을 수도 있어요.
(C) 아마도 가장 비싼 것이요.

■ **Which 의문문**   정답 (C)

어떤 프린터를 사야 하는지를 묻는 Which 의문문이다.
(A) [×] printer – printed의 유사 발음 어휘를 사용하여 혼동을 준 오답이다.
(B) [×] 어떤 프린터를 사야 하는지를 물었는데, 이와 관련이 없는 구입품을 환불하지 않을 수도 있다는 내용으로 응답했으므로 오답이다. buy (사다)와 관련 있는 purchase(구입품)를 사용하여 혼동을 주었다.
(C) [○] 아마도 가장 비싼 것이라며 사야 하는 프린터를 언급했으므로 정답이다.

8
○○○○●
중

🔊 영국식 발음 → 캐나다식 발음

Where can I register for the convention?

(A) The convenience store stocks thousands of products.
(B) Right at the information desk over there.
(C) I left my wallet at the cash register.

어디에서 컨벤션에 등록할 수 있나요?

(A) 그 편의점은 수천 개의 제품을 비축하고 있어요.
(B) 바로 저쪽의 안내 데스크에서요.
(C) 금전 등록기에 지갑을 두고 왔어요.

■ **Where 의문문**   정답 (B)

어디에서 컨벤션에 등록할 수 있는지를 묻는 Where 의문문이다.
(A) [×] 어디에서 컨벤션에 등록할 수 있는지를 물었는데, 이와 관련이 없는 편의점이 수천 개의 제품을 비축하고 있다는 내용으로 응답했으므로 오답이다. convention – convenience의 유사 발음 어휘를 사용하여 혼동을 주었다.
(B) [○] 바로 저쪽의 안내 데스크에서라며 어디에서 컨벤션에 등록할 수 있는지를 언급했으므로 정답이다.
(C) [×] 질문의 register(등록하다)를 '등록기'라는 의미의 명사로 반복 사용하여 혼동을 준 오답이다.

어휘   register[미 rédʒistər, 영 rédʒistə] 등록하다; 등록기

9
○○○○●
상

🔊 미국식 발음 → 호주식 발음

How do you feel about the new leave policy?

(A) It doesn't seem very fair.
(B) The manager is on sick leave.
(C) I feel excited about the project.

새 휴가 정책에 대해 어떻게 생각하세요?

(A) 별로 공평하지 않은 것 같아요.
(B) 관리자가 병가 중이에요.
(C) 저는 그 프로젝트에 대해 신이 나 있어요.

■ **How 의문문**   정답 (A)

새 휴가 정책에 대해 어떻게 생각하는지를 묻는 How 의문문이다. How do you feel about이 의견을 묻는 것임을 이해할 수 있어야 한다.
(A) [○] 별로 공평하지 않은 것 같다며 새 휴가 정책에 대한 의견을 제시했으므로 정답이다.
(B) [×] 새 휴가 정책에 대해 어떻게 생각하는지를 물었는데, 이와 관련이 없는 관리자가 병가 중이라는 내용으로 응답했으므로 오답이다. 질문의 leave를 반복 사용하여 혼동을 주었다.
(C) [×] 새 휴가 정책에 대해 어떻게 생각하는지를 물었는데, 이와 관련이 없는 자신은 프로젝트에 대해 신이 나 있다는 내용으로 응답했으므로 오답이다. 질문의 feel about을 반복 사용하여 혼동을 주었다.

어휘   leave policy 휴가 정책 sick leave 병가

10

🔊 캐나다식 발음 → 영국식 발음

When is the next shipment scheduled for?

(A) It's the one next door.
(B) With a delivery company.
(C) It should have been here by now.

다음 배송은 언제로 예정되어 있나요?

(A) 바로 옆집이에요.
(B) 택배 회사에서요.
(C) 지금쯤 여기 도착했어야 해요.

■ When 의문문   정답 (C)

다음 배송은 언제로 예정되어 있는지를 묻는 When 의문문이다.
(A) [×] 질문의 shipment(배송)에서 연상할 수 있는 배송 장소와 관련된 next door(옆집)를 사용하여 혼동을 준 오답이다.
(B) [×] 질문의 shipment(배송)와 관련 있는 delivery company(택배 회사)를 사용하여 혼동을 준 오답이다.
(C) [○] 지금쯤 여기 도착했어야 한다며 배송 예정 시기를 간접적으로 전달했으므로 정답이다.

어휘   shipment[ʃípmənt] 배송, 배송품

11

🔊 호주식 발음 → 영국식 발음

Didn't you stay longer after we left the library?

(A) I left about 10 minutes later.
(B) It was a long journey.
(C) My stay at this hotel was extended.

우리가 도서관을 떠난 후에 더 오래 남지 않았나요?

(A) 저는 10분 정도 후에 떠났어요.
(B) 그것은 긴 여정이었어요.
(C) 이 호텔에서의 제 체류가 연장되었어요.

■ 부정 의문문   정답 (A)

자신들이 도서관을 떠난 후에 더 오래 남지 않았는지를 확인하는 부정 의문문이다.
(A) [○] 10분 정도 후에 떠났다는 말로 도서관에 더 오래 남았음을 간접적으로 전달했으므로 정답이다.
(B) [×] longer – long의 유사 발음 어휘를 사용하여 혼동을 준 오답이다.
(C) [×] 질문의 stay(남다)를 '체류'라는 의미의 명사로 반복 사용하고, longer(더 오래)와 관련 있는 extended(연장되다)를 사용하여 혼동을 준 오답이다.

어휘   journey[dʒə́:rni] 여정, 여행   extend[iksténd] 연장하다, 늘리다

12

🔊 미국식 발음 → 호주식 발음

May I give you a call back after lunch?

(A) No, the lunch was canceled.
(B) A document was faxed yesterday.
(C) OK. I'm available after 1 P.M.

점심 식사 후에 다시 전화해도 될까요?

(A) 아니요, 점심 식사는 취소되었어요.
(B) 서류는 어제 팩스로 보내졌어요.
(C) 네. 오후 1시 이후에 가능해요.

■ 조동사 의문문   정답 (C)

점심 식사 후에 다시 전화해도 될지를 확인하는 조동사(May) 의문문이다.
(A) [×] 질문의 lunch를 반복 사용하여 혼동을 준 오답이다. No만 듣고 정답으로 고르지 않도록 주의한다.
(B) [×] 질문의 call(전화)에서 연상할 수 있는 연락 수단과 관련된 faxed(팩스로 보내지다)를 사용하여 혼동을 준 오답이다.
(C) [○] OK로 점심 식사 후에 다시 전화해도 됨을 전달한 후, 오후 1시 이후에 가능하다는 추가 정보를 제공했으므로 정답이다.

○○○○ 중

🔊 영국식 발음 → 호주식 발음

What was your favorite part of the show last night?

(A) I'd say the last five minutes.
(B) I personally prefer the latter one.
(C) Yes. It was a lot of fun.

어젯밤 공연에서 가장 좋았던 부분은 무엇이었나요?

(A) 마지막 5분이요.
(B) 저는 개인적으로 후자를 선호해요.
(C) 네, 정말 재미있었어요.

■ What 의문문　　　　　　　　　　　　　　　　　　　　　　　　　　　　　　　　　　　정답 (A)

어젯밤 공연에서 가장 좋았던 부분이 무엇이었는지를 묻는 What 의문문이다.
(A) [o] 마지막 5분이라며 어젯밤 공연에서 가장 좋았던 부분을 언급했으므로 정답이다.
(B) [×] the latter one(후자)이 나타내는 대상이 질문에 없으므로 오답이다. 질문의 favorite(가장 좋은)과 관련된 prefer(선호하다)를 사용하여
　　혼동을 주었다.
(C) [×] 의문사 의문문에 Yes로 응답했으므로 오답이다. 질문의 show(공연)를 나타낼 수 있는 It을 사용하여 혼동을 주었다.

○●●● 상

🔊 캐나다식 발음 → 미국식 발음

Should I bring an umbrella?

(A) No, it's already raining outside.
(B) The forecast said there might be a shower.
(C) I've actually decided not to go.

제가 우산을 가져가야 하나요?

(A) 아니요, 이미 밖에 비가 오고 있어요.
(B) 일기예보에서 소나기가 올지도 모른다고 했어요.
(C) 저는 사실 가지 않기로 결정했어요.

■ 조동사 의문문　　　　　　　　　　　　　　　　　　　　　　　　　　　　　　　　　　정답 (B)

우산을 가져가야 하는지를 확인하는 조동사(Should) 의문문이다.
(A) [×] 질문의 umbrella(우산)와 관련된 raining(비가 오고 있는)을 사용하여 혼동을 준 오답이다. No만 듣고 정답으로 고르지 않도록 주의한
　　다.
(B) [o] 일기예보에서 소나기가 올지도 모른다고 했다며 우산을 가져가야 함을 간접적으로 전달했으므로 정답이다.
(C) [×] 우산을 가져가야 하는지를 물었는데, 이와 관련이 없는 가지 않기로 결정했다는 내용으로 응답했으므로 오답이다.

어휘　forecast[미 fɔ́ːrkæst, 영 fɔ́ːkɑːst] 일기예보　shower[ʃáuər] 소나기

○○○○ 중

🔊 호주식 발음 → 영국식 발음

It will be challenging to find a replacement for you.

(A) I can replace it for free.
(B) It somehow got lost.
(C) I am sure there is someone good.

당신을 대신할 사람을 찾는 것은 힘들 거예요.

(A) 그것을 무료로 교체해드릴 수 있어요.
(B) 그건 어떻게 된 일인지 없어졌어요.
(C) 좋은 사람이 있다고 확신해요.

■ 평서문　　　　　　　　　　　　　　　　　　　　　　　　　　　　　　　　　　　　　정답 (C)

상대방을 대신할 사람을 찾는 것은 힘들 것이라는 의견을 제시하는 평서문이다.
(A) [×] replacement – replace의 유사 발음 어휘를 사용하여 혼동을 준 오답이다.
(B) [×] It이 나타내는 대상이 지문에 없으므로 오답이다. 질문의 replacement(대신할 사람)의 다른 의미인 '대체품'에서 연상할 수 있는 got
　　lost(없어졌다)를 사용하여 혼동을 주었다.
(C) [o] 좋은 사람이 있다고 확신한다며 자신을 대신할 사람을 찾는 것에 대한 의견을 언급했으므로 정답이다.

어휘　challenging[tʃǽlindʒiŋ] 힘드는, 도전적인　replacement[ripléismənt] 대신할 사람, 대체품　get lost 없어지다, 행방불명이 되다

16

○○○○●중

🔊 미국식 발음 → 호주식 발음

Have you listened to Kendrick King's new song yet?

(A) It was on the radio a few minutes ago.
(B) I heard he performed here last year.
(C) There is a new musical I would like to watch.

Kendrick King의 새로운 노래를 이미 들어 보았나요?

(A) 그것은 몇 분 전에 라디오에 나왔어요.
(B) 그가 작년에 여기에서 공연했다고 들었어요.
(C) 제가 보고 싶은 새로운 뮤지컬이 있어요.

■ 조동사 의문문   정답 (A)

Kendrick King의 새로운 노래를 이미 들어 보았는지를 확인하는 조동사(Have) 의문문이다.

(A) [o] 그것이 몇 분 전에 라디오에 나왔다며 Kendrick King의 새로운 노래를 이미 들어 보았음을 간접적으로 전달했으므로 정답이다.
(B) [x] 질문의 Kendrick King을 나타낼 수 있는 he를 사용하고, 질문의 listened(들었다)와 같은 의미인 heard(들었다)를 사용하여 혼동을 준 오답이다.
(C) [x] 질문의 song(노래)과 관련된 musical(뮤지컬)을 사용하여 혼동을 준 오답이다.

17

○○○○●하

🔊 영국식 발음 → 캐나다식 발음

When do you expect the article to be done?

(A) In the editorial section.
(B) By noon at the latest.
(C) Leave it in my office.

그 기사가 언제쯤 완성될 거라고 예상하시나요?

(A) 편집부에서요.
(B) 늦어도 정오까지는요.
(C) 제 사무실에 두세요.

■ When 의문문   정답 (B)

기사가 언제쯤 완성될 것이라고 예상하는지를 묻는 When 의문문이다.

(A) [x] 질문의 article(기사)과 관련된 editorial section(편집부)을 사용하여 혼동을 준 오답이다.
(B) [o] 늦어도 정오까지라며 예상되는 기사의 완성 시점을 언급했으므로 정답이다.
(C) [x] 기사가 언제쯤 완성될 것이라고 예상하는지를 물었는데, 이와 관련이 없는 자신의 사무실에 두라는 내용으로 응답했으므로 오답이다.

어휘   editorial [èditɔ́:riəl] 편집의, 사설의

18

○○○●상

🔊 미국식 발음 → 캐나다식 발음

Should I submit my refund request online or call customer service?

(A) The Web site is down for maintenance.
(B) Incomplete requests will be rejected.
(C) I met with the client in person.

환불 요청을 온라인으로 제출해야 하나요, 아니면 고객 서비스에 전화해야 하나요?

(A) 웹사이트는 보수를 위해 다운되었어요.
(B) 미완성된 요청은 거부될 거예요.
(C) 저는 그 고객과 직접 만났어요.

■ 선택 의문문   정답 (A)

환불 요청을 온라인으로 제출해야 하는지 아니면 고객 서비스에 전화해야 하는지를 묻는 선택 의문문이다.

(A) [o] 웹사이트는 보수를 위해 다운되었다며 고객 서비스에 전화해야 함을 간접적으로 선택했으므로 정답이다.
(B) [x] 환불 요청을 온라인으로 제출해야 하는지 아니면 고객 서비스에 전화해야 하는지를 물었는데, 이와 관련이 없는 미완성된 요청은 거부될
         것이라는 내용으로 응답했으므로 오답이다. 질문의 request를 requests로 반복 사용하여 혼동을 주었다.
(C) [x] 질문의 customer(고객)와 같은 의미인 client(고객)를 사용하여 혼동을 준 오답이다.

어휘   maintenance [méintənəns] 보수, 유지   incomplete [ìnkəmplí:t] 미완성의   reject [ridʒékt] 거부하다   in person 직접

19

Can you finish the stock count before you leave today?

(A) I picked up all the leaves in the driveway.
(B) What are the best stocks to buy at the moment?
(C) Sure. It will only take a few minutes.

오늘 떠나기 전에 재고 집계를 끝낼 수 있나요?

(A) 제가 차도에 있는 나뭇잎들을 모두 주웠어요.
(B) 현재 매입하기 가장 좋은 주식은 무엇인가요?
(C) 물론이죠. 몇 분밖에 걸리지 않을 거예요.

■ 조동사 의문문   정답 (C)

오늘 떠나기 전에 재고 집계를 끝낼 수 있는지를 확인하는 조동사(Can) 의문문이다.
(A) [×] 질문의 leave(떠나다)를 '나뭇잎들'이라는 의미의 명사 leaves로 반복 사용하여 혼동을 준 오답이다.
(B) [×] 오늘 떠나기 전에 재고 집계를 끝낼 수 있는지를 물었는데, 이와 관련이 없는 현재 매입하기 가장 좋은 주식이 무엇이냐는 내용으로 되물
    었으므로 오답이다. 질문의 stock(재고)을 '주식'이라는 의미로 반복 사용하여 혼동을 주었다.
(C) [○] Sure로 떠나기 전에 재고 집계를 끝낼 수 있음을 전달한 후, 몇 분밖에 걸리지 않을 것이라며 추가 정보를 제공했으므로 정답이다.

어휘   stock[미 stɑk, 영 stɔk] 재고, 주식

20

The new French restaurant on Wells Street is finally open,
isn't it?

(A) I saw that on the bill.
(B) Since last Saturday, I think.
(C) I have not been to France.

Wells가에 새로운 프랑스 식당이 드디어 문을 열었군요, 그렇
지 않나요?

(A) 저는 그것을 계산서에서 봤어요.
(B) 지난주 토요일부터요, 아마도.
(C) 저는 프랑스에 가본 적이 없어요.

■ 부가 의문문   정답 (B)

Wells가에 새로운 프랑스 식당이 문을 열었는지를 확인하는 부가 의문문이다.
(A) [×] 질문의 new French restaurant(새로운 프랑스 식당)을 나타낼 수 있는 that을 사용하고, restaurant(식당)과 관련된 bill(계산서)을 사
    용하여 혼동을 준 오답이다.
(B) [○] 아마도 지난주 토요일부터라며 Wells가에 새로운 프랑스 식당이 문을 열었음을 간접적으로 전달했으므로 정답이다.
(C) [×] Wells가에 새로운 프랑스 식당이 문을 열었는지를 물었는데, 이와 관련이 없는 프랑스에 가본 적이 없다는 내용으로 응답했으므로 오답
    이다. French – France의 유사 발음 어휘를 사용하여 혼동을 주었다.

21

Do you want to increase the employees' hours or hire
someone temporarily?

(A) Lift the painting on your left a little higher.
(B) I had to wait for more than an hour.
(C) We can manage without anyone else.

직원들의 근무 시간을 늘리고 싶으신가요, 아니면 임시로 누군
가를 채용하고 싶으신가요?

(A) 당신의 왼쪽에 있는 그림을 조금 더 높이 들어 올리세요.
(B) 저는 한 시간 이상 기다려야 했어요.
(C) 우리는 다른 누군가 없이도 해낼 수 있어요.

■ 선택 의문문   정답 (C)

직원들의 근무 시간을 늘리고 싶은지 아니면 임시로 누군가를 채용하고 싶은지를 묻는 선택 의문문이다.
(A) [×] hire – higher의 유사 발음 어휘를 사용하여 혼동을 준 오답이다.
(B) [×] 질문의 hours(근무 시간)를 '한 시간'이라는 의미의 hour로 반복 사용하여 혼동을 준 오답이다.
(C) [○] 다른 누군가 없이도 해낼 수 있다며 직원들의 근무 시간을 늘리는 것을 간접적으로 선택했으므로 정답이다.

어휘   temporarily[미 tèmpərérəli, 영 témpərerili] 임시로   lift[lift] 들어 올리다   manage[mǽnidʒ] 해내다, 관리하다

22

🎧 캐나다식 발음 → 영국식 발음

Why has the blueprint not been approved yet?

(A) Print out a few more leaflets.
(B) Is your approval necessary?
(C) You have to ask Amy.

왜 계획이 아직 승인되지 않았나요?

(A) 전단을 몇 장 더 출력하세요.
(B) 당신의 승인이 필요한가요?
(C) Amy에게 물어보셔야 해요.

■ Why 의문문

정답 (C)

왜 계획이 아직 승인되지 않았는지를 묻는 Why 의문문이다.
(A) [×] blueprint – Print의 유사 발음 어휘를 사용하여 혼동을 준 오답이다.
(B) [×] approved – approval의 유사 발음 어휘를 사용하여 혼동을 준 오답이다.
(C) [○] Amy에게 물어봐야 한다며 자신은 계획이 아직 승인되지 않은 이유를 모른다는 간접적인 응답을 했으므로 정답이다.

어휘 blueprint[blúprìnt] 계획, 청사진 leaflet[líːflit] 전단, 인쇄물

23

🎧 미국식 발음 → 영국식 발음

How much did you spend for the car repairs?

(A) It took my whole paycheck.
(B) We can look into some auto insurance plans.
(C) With my debit card.

자동차 수리를 위해 얼마를 지불했나요?

(A) 제 월급 전부가 들었어요.
(B) 우리는 몇 가지 자동차 보험을 살펴볼 수 있어요.
(C) 직불카드로요.

■ How 의문문

정답 (A)

자동차 수리를 위해 얼마를 지불했는지를 묻는 How 의문문이다. How much가 금액을 묻는 표현임을 이해할 수 있어야 한다.
(A) [○] 자신의 월급 전부가 들었다며 자동차 수리를 위해 얼마를 지불했는지를 언급했으므로 정답이다.
(B) [×] 질문의 car repairs(자동차 수리)에서 연상할 수 있는 자동차와 관련된 auto insurance plans(자동차 보험)를 사용하여 혼동을 준 오답이다.
(C) [×] 지불 금액을 물었는데 지불 방법으로 응답했으므로 오답이다. 질문의 spend(지불하다)와 관련된 debit card(직불카드)를 사용하여 혼동을 주었다.

어휘 paycheck[péitʃèk] 월급, 급료 insurance[미 inʃúərəns, 영 inʃɔ́ːrəns] 보험 debit card 직불카드

24

🎧 호주식 발음 → 미국식 발음

What type of investments did you research for your assignment?

(A) I've already submitted an art portfolio.
(B) It took a while to finish the report.
(C) Mostly real estate.

당신의 업무를 위해 어떤 유형의 투자를 조사했나요?

(A) 저는 이미 미술 포트폴리오를 제출했어요.
(B) 그 보고서를 완성하는 데 시간이 꽤 걸렸어요.
(C) 대부분 부동산이요.

■ What 의문문

정답 (C)

업무를 위해 어떤 유형의 투자를 조사했는지를 묻는 What 의문문이다.
(A) [×] 질문의 assignment(업무)의 다른 의미인 '과제'와 관련된 submitted an art portfolio(미술 포트폴리오를 제출했다)를 사용하여 혼동을 준 오답이다.
(B) [×] 질문의 assignment(업무)와 관련된 report(보고서)를 사용하여 혼동을 준 오답이다.
(C) [○] 대부분 부동산이라며 조사한 투자 유형을 언급했으므로 정답이다.

어휘 investment[invéstmənt] 투자 assignment[əsáinmənt] 업무, 과제 submit[səbmít] 제출하다 real estate 부동산

25

[음성] 캐나다식 발음 → 미국식 발음

Is Allan ready to give his speech?

(A) He will present an award to the CEO.
(B) He's still changing his clothes.
(C) I took several speech lessons.

Allan이 연설할 준비가 되었나요?

(A) 그는 최고 경영자에게 상을 줄 거예요.
(B) 그는 아직 옷을 갈아입고 있어요.
(C) 저는 연설 수업을 여러 번 받았어요.

■ Be 동사 의문문 정답 (B)

Allan이 연설할 준비가 되었는지를 확인하는 Be 동사 의문문이다.
(A) [×] 질문의 Allan을 나타낼 수 있는 He를 사용하고, give(하다)의 다른 의미인 '주다'와 의미가 동일한 present(주다)를 사용하여 혼동을 준 오답이다.
(B) [○] 그가 아직 옷을 갈아입고 있다는 말로 Allan이 연설할 준비가 되지 않았음을 간접적으로 전달했으므로 정답이다.
(C) [×] 질문의 speech를 반복 사용하여 혼동을 준 오답이다.

26

[음성] 영국식 발음 → 캐나다식 발음

Would you like to start with some drinks while you look at the menu?

(A) The drinking fountain is currently out of order.
(B) This place has the best dessert options in town.
(C) Actually, we are ready to order our food.

메뉴를 보시는 동안 음료부터 먼저 시작하시겠어요?

(A) 식수대가 현재 고장이에요.
(B) 이곳은 도시에서 가장 좋은 디저트 선택지들을 가지고 있어요.
(C) 사실, 저희는 음식을 주문할 준비가 됐어요.

■ 제안 의문문 정답 (C)

메뉴를 보는 동안 음료부터 먼저 시작하라는 제안 의문문이다. Would you like to가 제안하는 표현임을 이해할 수 있어야 한다.
(A) [×] drinks – drinking의 유사 발음 어휘를 사용하여 혼동을 준 오답이다.
(B) [×] 질문의 menu(메뉴)와 관련된 dessert(디저트)를 사용하여 혼동을 준 오답이다.
(C) [○] 사실 음식을 주문할 준비가 됐다는 말로 제안을 간접적으로 거절한 정답이다.

어휘 drinking fountain 식수대 out of order 고장 난

27

[음성] 캐나다식 발음 → 미국식 발음

Do we have a large enough budget to install new computers?

(A) He is quite resourceful.
(B) We have the money for about 10.
(C) Yes, we've got some in the computer laboratory.

새 컴퓨터들을 설치하기에 충분히 많은 예산이 있나요?

(A) 그는 꽤 재치 있어요.
(B) 우리는 10대 정도를 위한 금액이 있어요.
(C) 네, 컴퓨터 연구실에 몇 개 있어요.

■ 조동사 의문문 정답 (B)

새 컴퓨터들을 설치하기에 충분히 많은 예산이 있는지를 확인하는 조동사(Do) 의문문이다.
(A) [×] 질문의 budget(예산)과 관련된 resource(자원)에서 연상할 수 있는 resourceful(재치 있는)을 사용하여 혼동을 준 오답이다.
(B) [○] 10대 정도를 위한 금액이 있다는 말로 새 컴퓨터들을 설치하기에 충분히 많은 예산이 있다는 것을 간접적으로 전달했으므로 정답이다.
(C) [×] 질문의 computers를 computer로 반복 사용하여 혼동을 준 오답이다. Yes만 듣고 정답으로 고르지 않도록 주의한다.

어휘 resourceful [risɔ́ːrsfəl] 재치 있는 laboratory [lǽbərətɔ̀ːri] 연구실, 실험실

28

🔊 호주식 발음 → 미국식 발음

Who was your supervisor when you started at this firm?

(A) Starting my own company was hard.
(B) Mr. Brady was the manager then.
(C) My office is down the hall.

이 회사에 입사했을 때 당신의 상사는 누구였나요?

(A) 제 회사를 설립하는 것은 힘들었어요.
(B) Mr. Brady가 그 당시 관리자였어요.
(C) 제 사무실은 복도 저쪽에 있어요.

■ Who 의문문
정답 (B)

회사에 입사했을 때 상사가 누구였는지를 묻는 Who 의문문이다.
(A) [×] started – Starting의 유사 발음 어휘를 사용하고, 질문의 firm(회사)과 같은 의미인 company(회사)를 사용하여 혼동을 준 오답이다.
(B) [○] Mr. Brady가 그 당시 관리자였다는 말로 입사했을 때 자신의 상사가 누구였는지를 언급했으므로 정답이다.
(C) [×] 질문의 firm(회사)과 관련된 office(사무실)를 사용하여 혼동을 준 오답이다.

29

🔊 캐나다식 발음 → 영국식 발음

I am satisfied with the outcome of the sales meeting.

(A) We are holding our annual sale soon.
(B) I agree that it went well.
(C) There are three likely outcomes.

영업 회의 결과가 만족스러워요.

(A) 우리는 곧 연간 할인을 개최할 거예요.
(B) 그것이 순조롭게 진행되었다는 것에 동의해요.
(C) 가능성 있는 결과가 세 가지 있어요.

■ 평서문
정답 (B)

영업 회의 결과가 만족스럽다는 의견을 제시하는 평서문이다.
(A) [×] 질문의 sales(영업)를 '할인'이라는 의미의 sale로 반복 사용하여 혼동을 준 오답이다.
(B) [○] 그것이 순조롭게 진행되었다는 것에 동의한다는 말로 영업 회의 결과가 만족스럽다는 것에 대한 의견을 제시했으므로 정답이다.
(C) [×] 질문의 outcome을 outcomes로 반복 사용하여 혼동을 준 오답이다.

어휘 satisfy[sætisfài] 만족시키다 outcome[áutkλm] 결과 likely[láikli] 가능성 있는

30

🔊 미국식 발음 → 호주식 발음

Is it wiser to wait for a better time to sell the house?

(A) Maybe try in a few months.
(B) The house is very spacious.
(C) I moved in just last week.

집을 팔기에 더 나은 시기를 기다리는 것이 더 현명한가요?

(A) 몇 달 후에 시도해 보세요.
(B) 그 집은 매우 넓어요.
(C) 저는 지난주에 막 이사 왔어요.

■ Be 동사 의문문
정답 (A)

집을 팔기에 더 나은 시기를 기다리는 것이 더 현명한지를 확인하는 Be 동사 의문문이다.
(A) [○] 몇 달 후에 시도해 보라는 말로 더 나은 시기를 기다리는 것이 더 현명하다는 것을 간접적으로 전달했으므로 정답이다.
(B) [×] 질문의 house를 반복 사용하여 혼동을 준 오답이다.
(C) [×] 질문의 sell the house(집을 팔다)와 관련된 moved in(이사 왔다)을 사용하고, time(시기)과 관련 있는 last week(지난주)을 사용하여 혼동을 준 오답이다.

어휘 wise[waiz] 현명한 spacious[spéiʃəs] 넓은

○○○○
●
중

🎧 영국식 발음 → 호주식 발음

Do you plan on listing me as a reference?

(A) The contact information is listed online.
(B) I was thinking of citing your new research.
(C) If you recommend doing so.

저를 추천인으로서 명단에 올릴 계획인가요?

(A) 연락처 정보는 온라인에 기재되어 있어요.
(B) 저는 당신의 새로운 연구를 인용하는 것을 고려 중이었어요.
(C) 그렇게 하는 것을 권하신다면요.

■ 조동사 의문문   정답 (C)

자신을 추천인으로서 명단에 올릴 계획인지를 확인하는 조동사(Do) 의문문이다.

(A) [×] 자신을 추천인으로서 명단에 올릴 계획인지를 물었는데, 이와 관련이 없는 연락처 정보는 온라인에 기재되어 있다는 내용으로 응답했으므로 오답이다.
(B) [×] 질문의 reference(추천인)의 다른 의미인 '참조'와 관련된 citing ~ research(연구를 인용하는 것)를 사용하여 혼동을 준 오답이다.
(C) [○] 그렇게 하는 것을 권한다면 올리겠다며 명단에 올릴 것인지 아직 정하지 못했음을 간접적으로 전달했으므로 정답이다.

어휘   reference[réfərəns] 추천인, 참조 cite[sait] 인용하다

PART 3

난이도 ○○○○ / ●●●○ / ●●●○ / ●●●●
하　　중　　상　　최상

32
33
34

Questions 32-34 refer to the following conversation.

3॥ 미국식 발음 → 캐나다식 발음

W: Good afternoon. ³²I am here to check out your storage space options. Do you offer short-term rentals?

M: Yes, certainly. How long do you want to leave your belongings here?

W: ³²I am renovating my house soon and need to store some furniture for at least two months.

M: ³³If you are not absolutely sure, I would rent it for longer. You can always cancel your agreement with a 14 days' notice.

W: Oh, perfect. In that case, let's go with three months with the cancellation option you just mentioned. ³⁴Could you show me what size options are available?

M: Sure, ³⁴let me take you to the main storage area.

32 What does the woman want to do?
(A) Rent accommodations
(B) Store some furniture
(C) Purchase some household goods
(D) Use a moving service

33 What does the man suggest?
(A) Hiring a professional construction crew
(B) Making an advance payment
(C) Buying some new containers
(D) Considering a longer rental period

34 What will the man most likely do next?
(A) Prepare a contract
(B) Show some options
(C) Cancel a rental commitment
(D) Provide a service address

32-34번은 다음 대화에 관한 문제입니다.

W: 안녕하세요. ³²보관 공간 선택권을 확인하려고 왔어요. 단기 임대를 제공하시나요?

M: 네, 그럼요. 귀하의 소유물을 얼마나 오래 여기에 두길 원하시나요?

W: ³²저는 곧 집을 수리할 것이고 적어도 두 달 동안 일부 가구를 보관해야 해요.

M: ³³만약 전적으로 확실하지 않으시다면, 저라면 더 오래 대여하겠어요. 14일 전에 통지를 주시면 언제든지 계약을 취소하실 수 있습니다.

W: 오, 완벽해요. 그렇다면, 방금 말씀하신 취소 옵션을 포함해서 3개월로 하시죠. ³⁴어떤 크기의 선택권들이 이용 가능한지 보여주실 수 있나요?

M: 물론이죠, ³⁴주 보관 구역으로 모셔다드릴게요.

32. 여자는 무엇을 하고 싶어 하는가?
(A) 숙박시설을 임대한다.
(B) 가구를 보관한다.
(C) 가정용품을 구입한다.
(D) 이삿짐 서비스를 이용한다.

33. 남자는 무엇을 제안하는가?
(A) 전문 건설인력을 채용하기
(B) 선급금을 지급하기
(C) 새로운 컨테이너를 사기
(D) 더 긴 대여 기간을 고려하기

34. 남자는 다음에 무엇을 할 것 같은가?
(A) 계약서를 준비한다.
(B) 일부 선택권들을 보여준다.
(C) 임대 약정을 취소한다.
(D) 서비스 주소를 제공한다.

지문 storage[stɔ́:ridʒ] 보관, 창고 belongings[미 bilɔ́ŋiŋz, 영 bilɔ́ŋiŋz] 소유물, 소지품 absolutely[æbsəlú:tli] 전적으로
32 accommodation[əkɑ̀:mədéijən] 숙박시설 household[háushòuld] 가정의
33 advance payment 선급금 34 commitment[kəmítmənt] 약정

32 ■ 세부 사항 관련 문제 특정 세부 사항　　　　　　　　　　　　　　　　　　　　　　　　　　　　정답 (B)
○○○○○
●
하
여자가 하고 싶어 하는 것을 묻는 문제이므로, 여자의 말에서 질문의 핵심어구(want to do)와 관련된 내용을 주의 깊게 듣는다. 여자가 "I am here to check out your storage space options."라며 남자의 보관 공간 선택권을 확인하려고 왔다고 한 뒤, "I ~ need to store some furniture for at least two months."라며 적어도 두 달 동안 일부 가구를 보관해야 한다고 하였다. 따라서 정답은 (B) Store some furniture이다.

33 ■ 세부 사항 관련 문제 제안　　　　　　　　　　　　　　　　　　　　　　　　　　　　　　　　정답 (D)
○○○○○
●
중
남자가 제안하는 것을 묻는 문제이므로, 남자의 말에서 제안과 관련된 표현이 언급된 주변을 주의 깊게 듣는다. 남자가 "If you are not absolutely sure, I would rent it[storage space] for longer."라며 만약 전적으로 확실하지 않다면 자신이라면 보관 공간을 더 오래 대여하겠다고 했다. 따라서 정답은 (D) Considering a longer rental period이다.

34 ■ 세부 사항 관련 문제 다음에 할 일　　　　　　　　　　　　　　　　　　　　　　　　　　　　정답 (B)
○○○○○
●
하
남자가 다음에 할 일을 묻는 문제이므로, 대화의 마지막 부분을 주의 깊게 듣는다. 여자가 "Could you show me what size options are available?"이라며 어떤 크기의 선택권들이 이용 가능한지 보여줄 수 있는지 묻자, 남자가 "let me take you to the main storage area"라며 주 보관 구역으로 데려다주겠다고 하였다. 따라서 정답은 (B) Show some options이다.

Questions 35-37 refer to the following conversation.

🎧 영국식 발음 → 호주식 발음

W: Oliver, thanks for helping me plan my brother's graduation party. ³⁵Do you think you could pick a restaurant for the event? I don't eat out that often, so I'm not sure where to go.

M: Of course. How many guests have been invited?

W: There will be 22 people in total.

M: Hmm . . . La Casa could seat that many. ³⁶It's a great Mexican restaurant and easily accessible from Oakwood Subway Station.

W: Uh, my brother lives in the suburbs.

M: I see. Then, how about BK Steakhouse? It is a little expensive and there's not a lot of parking, but ³⁷it has large tables outside on its patio.

W: That'd be great. I'll make a reservation this afternoon.

35 What does the woman ask the man to do?
(A) Pick up some guests
(B) Order a meal
(C) Send some invitations
(D) Select a venue

36 Why does the woman say, "my brother lives in the suburbs"?
(A) To propose an alternative
(B) To request assistance
(C) To reject a suggestion
(D) To show appreciation

37 What does the man say about BK Steakhouse?
(A) It has an outdoor seating area.
(B) It will introduce an online booking system.
(C) It serves affordable menu items.
(D) It offers complimentary valet parking.

35-37번은 다음 대화에 관한 문제입니다.

W: Oliver, 제가 남동생의 졸업 파티를 계획하는 것을 도와줘서 고마워요. ³⁵그 행사를 위한 식당을 골라줄 수 있을 것 같은가요? 저는 외식을 그렇게 자주 하지 않아서, 어디로 가야 할지 모르겠어요.

M: 물론이죠. 몇 명의 손님이 초대받았나요?

W: 총 22명이 올 거예요.

M: 흠… La Casa에서 그 정도의 많은 인원을 수용할 수 있을 거예요. ³⁶그곳은 훌륭한 멕시코 식당이고 Oakwood 지하철역에서 쉽게 접근할 수 있어요.

W: 어, 제 동생은 교외에 살아요.

M: 그렇군요. 그럼, BK Steakhouse는 어때요? 조금 비싸고 주차 공간이 많지 않지만, ³⁷그곳은 야외 테라스에 큰 테이블들을 가지고 있어요.

W: 그게 좋겠어요. 오늘 오후에 예약할게요.

35. 여자는 남자에게 무엇을 해달라고 요청하는가?
(A) 손님들을 태우러 간다.
(B) 식사를 주문한다.
(C) 초대장을 보낸다.
(D) 장소를 선정한다.

36. 여자는 왜 "제 동생은 교외에 살아요"라고 말하는가?
(A) 대안을 제안하기 위해
(B) 도움을 요청하기 위해
(C) 제안을 거절하기 위해
(D) 감사를 표시하기 위해

37. 남자는 BK Steakhouse에 관해 무엇을 말하는가?
(A) 야외 좌석 구역이 있다.
(B) 온라인 예약 시스템을 도입할 것이다.
(C) 저렴한 메뉴 품목들을 제공한다.
(D) 무료 대리 주차를 제공한다.

지문 seat[si:t] 수용하다, 앉히다 accessible[미 æksésəbl, 영 əksésəbl] 접근할 수 있는 suburb[sʌ́bə:rb] 교외 patio[pǽtiòu] 테라스
35 venue[vénju:] 장소   36 alternative[미 ɔ:ltə́:rnətiv, 영 ɔ:ltə́:nətiv] 대안 appreciation[əpri:ʃiéiʃən] 감사
37 affordable[미 əfɔ́:rdəbl, 영 əfɔ́:dəbl] 저렴한, (가격 등이) 알맞은 complimentary[kɑ̀:mpləméntri] 무료의 valet parking 대리 주차

35 ■ 세부 사항 관련 문제 요청
정답 (D)

여자가 남자에게 요청하는 것을 묻는 문제이므로, 여자의 말에서 요청과 관련된 표현이 언급된 주변을 주의 깊게 듣는다. 여자가 "Do you think you could pick a restaurant for the event?"라며 행사를 위한 식당을 골라줄 수 있을 것 같은지 물었다. 따라서 정답은 (D) Select a venue이다.

바꾸어 표현하기
pick a restaurant 식당을 고르다 → Select a venue 장소를 선정하다

36 ■ 세부 사항 관련 문제 의도 파악
정답 (C)

여자가 하는 말의 의도를 묻는 문제이므로 질문의 인용어구(my brother lives in the suburbs)가 언급된 주변을 주의 깊게 듣는다. 남자가 "It[La Casa]'s a great Mexican restaurant and easily accessible from Oakwood Subway Station."이라며 La Casa는 훌륭한 멕시코 식당이고 Oakwood 지하철역에서 쉽게 접근할 수 있다고 하자, 여자가 "my brother lives in the suburbs"라며 자신의 동생은 교외에 산다고 하였다. 이를 통해 여자가 남자의 제안을 거절하려는 의도임을 알 수 있다. 따라서 정답은 (C) To reject a suggestion이다.

37 ■ 세부 사항 관련 문제 언급
정답 (A)

남자가 BK Steakhouse에 관해 언급하는 것을 묻는 문제이므로, 남자의 말에서 질문의 핵심어구(BK Steakhouse)와 관련된 내용을 주의 깊게 듣는다. 남자가 "it[BK Steakhouse] has large tables outside on its patio"라며 BK Steakhouse는 야외 테라스에 큰 테이블들을 가지고 있다고 하였다. 따라서 정답은 (A) It has an outdoor seating area이다.

Questions 38-40 refer to the following conversation with three speakers.

🔊 캐나다식 발음 → 영국식 발음 → 호주식 발음

M1: ³⁸Welcome to the Collingwood Art Center. Are you here for the sculpture exhibit?

W: Yes. But I want to confirm one of your policies. Your Web site states that cameras are not permitted.

M1: That's right. We have a brochure that includes many images if you're interested.

W: Well, ³⁹I was wondering if I would be allowed to shoot some photos for my university's newspaper.

M1: I bet we can make an exception for media representatives. Can't we, Arthur?

M2: Yes, but ⁴⁰you'll need to fill out this application for a press pass. Why don't you do that now? Our manager will approve it in a few minutes.

W: I'll do that. Thanks.

38 Where most likely is the conversation taking place?
(A) At a university
(B) At a concert hall
(C) At a theater
(D) At a gallery

39 What does the woman want permission to do?
(A) Obtain a brochure
(B) Take photographs
(C) Attend an event
(D) Tour a facility

40 What does Arthur suggest the woman do?
(A) Purchase a pass
(B) Call a representative
(C) Send a notification
(D) Complete a form

38-40번은 다음 세 명의 대화에 관한 문제입니다.

M1: ³⁸Collingwood 아트 센터에 오신 것을 환영합니다. 조각품 전시회를 위해 오신 건가요?

W: 네. 그런데 규정 중 하나를 확인하고 싶어요. 웹사이트에 카메라가 허용되지 않는다고 명시되어 있어서요.

M1: 맞습니다. 관심이 있으시다면 많은 이미지가 포함된 소책자가 있어요.

W: 음, ³⁹저는 저희 대학 신문에 실릴 사진을 좀 찍는 것이 허용될지 궁금해하고 있었어요.

M1: 저희가 언론사 대리인들에게는 예외를 둘 수 있을 거라고 장담해요. 그렇지 않나요, Arthur?

M2: 네, 하지만 ⁴⁰기자 출입증을 받으려면 이 신청서를 작성하셔야 합니다. 지금 그것을 하시는 게 어때요? 저희 관리자가 몇 분 내로 그것을 승인할 거예요.

W: 그렇게 할게요. 감사합니다.

38. 대화는 어디에서 일어나고 있는 것 같은가?
(A) 대학에서
(B) 공연장에서
(C) 극장에서
(D) 갤러리에서

39. 여자는 무엇을 하는 것에 대한 허가를 원하는가?
(A) 소책자를 얻는다.
(B) 사진을 찍는다.
(C) 행사에 참석한다.
(D) 시설을 둘러본다.

40. Arthur는 여자에게 무엇을 하라고 제안하는가?
(A) 출입증을 구입한다.
(B) 대리인에게 전화한다.
(C) 알림을 보낸다.
(D) 양식을 작성한다.

지문 sculpture[skʌ́lptʃər] 조각품, 조각 permit[미 pə́:rmit, 영 pə́:mit] 허용하다 make an exception 예외를 두다
representative[rèprizéntətiv] 대리인, 대표 press[pres] 기자, 언론
40 notification[미 nòutəfikéiʃən, 영 nə̀utifikéiʃən] 알림

38 ■ 전체 대화 관련 문제 장소   정답 (D)
대화가 일어나는 장소를 묻는 문제이므로, 장소와 관련된 표현을 놓치지 않고 듣는다. 남자 1이 여자에게 "Welcome to the Collingwood Art Center."라며 Collingwood 아트 센터에 온 것을 환영한다고 하고, "Are you here for the sculpture exhibit?"이 라며 조각품 전시회를 위해 온 것인지를 물었다. 이를 통해 갤러리에서 대화가 일어나고 있음을 알 수 있다. 따라서 정답은 (D) At a gallery이다.

39 ■ 세부 사항 관련 문제 특정 세부 사항   정답 (B)
여자가 허가받고 싶어 하는 것을 묻는 문제이므로, 질문의 핵심어구(want permission to do)와 관련된 내용을 주의 깊게 듣는다. 여자가 "I was wondering if I would be allowed to shoot some photos for my university's newspaper"라며 자신의 대학 신문에 실릴 사진을 좀 찍는 것이 허용될지 궁금해하고 있었다고 하였다. 따라서 정답은 (B) Take photographs이다.

40 ■ 세부 사항 관련 문제 제안   정답 (D)
Arthur 즉, 남자 2가 여자에게 제안하는 것을 묻는 문제이므로, 남자 2의 말에서 제안과 관련된 표현이 포함된 문장을 주의 깊게 듣는다. 남자 2가 여자에게 "you'll need to fill out this application for a press pass. Why don't you do that now?"라며 기자 출입증을 받으려면 신청서를 작성해야 한다며 지금 그것을 하는 것이 어떤지 제안하였다. 따라서 정답은 (D) Complete a form이다.

Questions 41-43 refer to the following conversation.

🔊 영국식 발음 → 호주식 발음

W: Hi, Craig. I didn't expect you at today's team meeting. When did you return to the office?

M: Today, actually. 41I was in Amsterdam for a week to see my grandparents.

W: What a coincidence. I'm going there next month to meet with a client. Did you do much sightseeing?

M: A bit. 42I did a one-day tour of the old city center. We shopped at an outdoor market and went to some museums and galleries. 42I especially enjoyed the restaurant where we had lunch. It served traditional Dutch food.

W: That sounds great. 43What was the tour company called? I might have some free time when I'm there.

M: I'll e-mail you the link to its Web site.

41 Why did the man visit Amsterdam?
(A) To close a deal
(B) To visit a tourist attraction
(C) To attend a conference
(D) To meet some relatives

42 What did the man especially like in the old city center?
(A) A traditional market
(B) A national museum
(C) An art exhibition
(D) A dining establishment

43 What type of information does the woman request?
(A) A flight number
(B) An e-mail address
(C) A business name
(D) A hotel recommendation

41-43번은 다음 대화에 관한 문제입니다.

W: 안녕하세요, Craig. 오늘 팀 회의에 오실 줄 몰랐어요. 언제 사무실에 돌아왔나요?

M: 사실, 오늘이요. 41조부모님을 뵈러 일주일 동안 암스테르담에 있었어요.

W: 정말 우연이네요. 저는 다음 달에 고객을 만나러 그곳에 가거든요. 관광은 많이 하셨나요?

M: 조금요. 42저는 하루 간 구도심 투어를 다녀왔어요. 우리는 야외 시장에서 쇼핑을 하고 몇몇 박물관과 갤러리에 갔어요. 42저는 특히 우리가 점심을 먹었던 식당이 좋았어요. 그곳은 전통적인 네덜란드 음식을 제공했어요.

W: 좋네요. 43여행사 이름이 무엇이었나요? 제가 거기 있을 때 자유 시간이 좀 있을지도 몰라요.

M: 그곳의 웹사이트 링크를 이메일로 보내 드릴게요.

41. 남자는 왜 암스테르담을 방문했는가?
(A) 거래를 성사시키기 위해
(B) 관광지를 방문하기 위해
(C) 컨퍼런스에 참석하기 위해
(D) 친척들을 만나기 위해

42. 남자는 구도심에서 어떤 것을 특히 좋아했는가?
(A) 전통 시장
(B) 국립 박물관
(C) 미술 전시회
(D) 식당

43. 여자는 어떤 종류의 정보를 요청하는가?
(A) 항공편 번호
(B) 이메일 주소
(C) 업체 이름
(D) 호텔 추천

지문 coincidence[kouínsidəns] 우연 sightseeing[sáitsìːiŋ] 관광 Dutch[dʌtʃ] 네덜란드의
41 close a deal 거래를 성사시키다, 계약을 체결하다 relative[rélətiv] 친척   42 dining establishment 식당

41 ■ 세부 사항 관련 문제 이유   정답 (D)
남자가 암스테르담을 방문한 이유를 묻는 문제이므로, 질문의 핵심어구(visit Amsterdam)와 관련된 내용을 주의 깊게 듣는다. 남자가 "I was in Amsterdam for a week to see my grandparents."라며 조부모님을 보러 일주일 동안 암스테르담에 있었다고 하였다. 따라서 정답은 (D) To meet some relatives이다.

42 ■ 세부 사항 관련 문제 특정 세부 사항   정답 (D)
남자가 구도심에서 특히 좋아했던 것을 묻는 문제이므로, 질문의 핵심어구(especially like in the old city center)와 관련된 내용을 주의 깊게 듣는다. 남자가 "I did a one-day tour of the old city center."라며 하루 간 구도심 투어를 다녀왔다고 한 뒤, "I especially enjoyed the restaurant where we had lunch."라며 특히 점심을 먹었던 식당이 좋았다고 하였다. 따라서 정답은 (D) A dining establishment이다.

바꾸어 표현하기
restaurant 식당 → dining establishment 식당

43 ■ 세부 사항 관련 문제 특정 세부 사항   정답 (C)
여자가 요청하는 정보의 종류를 묻는 문제이므로, 질문의 핵심어구(type of information ~ woman request)와 관련된 내용을 주의 깊게 듣는다. 여자가 "What was the tour company called?"라며 여행사 이름이 무엇이었는지 물었다. 따라서 정답은 (C) A business name이다.

Questions 44-46 refer to the following conversation.

🎧 캐나다식 발음 → 미국식 발음

M: What do you think of the candidate we just interviewed?

W: Well, ⁴⁴I was impressed that she had experience working on advertising campaigns for Maxwell Clothing.

M: Me, too. ⁴⁴/⁴⁵Our agency will be doing several big-budget commercial projects for similar clients in a few weeks, so ⁴⁵she would be a great help.

W: Right. Plus, her salary expectations are quite reasonable. ⁴⁵But she has a month left on her current contract.

M: That's a good point. Then, ⁴⁶could you also look through the other résumés we received? If you find any other qualified applicants, I'll schedule times to interview them.

44 What industry do the speakers most likely work in?
(A) Accounting
(B) Fashion
(C) Marketing
(D) Education

45 Why does the woman say, "she has a month left on her current contract"?
(A) To suggest a new employee is needed soon
(B) To encourage the man to make a decision
(C) To recommend a change to an interview process
(D) To point out a candidate's lack of qualifications

46 What does the man request the woman do?
(A) Review some documents
(B) Arrange some interviews
(C) Make a job offer
(D) Update a schedule

44-46번은 다음 대화에 관한 문제입니다.

M: 방금 면접 본 지원자에 대해 어떻게 생각하세요?

W: 음, ⁴⁴저는 그녀가 Maxwell 의류사를 위한 광고 캠페인을 작업했던 경력이 있다는 것에 깊은 인상을 받았어요.

M: 저도 그래요. ⁴⁴/⁴⁵우리 대행사가 몇 주 안에 비슷한 고객들을 위한 고예산 광고 프로젝트를 몇 개 하게 될 것이니, ⁴⁵그녀는 큰 도움이 될 거예요.

W: 맞아요. 게다가, 그녀의 급여 요구는 꽤 합리적이에요. ⁴⁵하지만 그녀는 현재 계약이 한 달 남았어요.

M: 좋은 지적이네요. 그러면, ⁴⁶우리가 받은 다른 이력서들도 검토해 줄 수 있나요? 다른 적격한 지원자들을 찾으면, 그들을 면접할 일정을 잡을게요.

44. 화자들은 어떤 산업에서 일하는 것 같은가?
(A) 회계
(B) 패션
(C) 마케팅
(D) 교육

45. 여자는 왜 "그녀는 현재 계약이 한 달 남았어요"라고 말하는가?
(A) 새로운 직원이 곧 필요함을 암시하기 위해
(B) 남자가 결정을 내리도록 권장하기 위해
(C) 면접 절차의 변경을 권고하기 위해
(D) 지원자의 자격 부족을 지적하기 위해

46. 남자는 여자에게 무엇을 해달라고 요청하는가?
(A) 서류를 검토한다.
(B) 면접을 준비한다.
(C) 일자리를 제안한다.
(D) 일정을 업데이트한다.

지문 candidate[미 kǽndidèit, 영 kǽndidət] 지원자, 후보   qualified[미 kwάləfàid, 영 kwɔ́lifaid] 적격한

44 ■ 전체 대화 관련 문제 화자   정답 (C)

화자들이 일하는 산업을 묻는 문제이므로, 신분 및 직업과 관련된 표현을 놓치지 않고 듣는다. 여자가 "I was impressed that she[candidate] had experience working on advertising campaigns for Maxwell Clothing"이라며 자신은 지원자가 Maxwell 의류사를 위한 광고 캠페인을 작업했던 경력이 있다는 것에 깊은 인상을 받았다고 하자, 남자가 "Our agency will be doing several big-budget commercial projects for similar clients in a few weeks"라며 자신들의 대행사가 몇 주 안에 비슷한 고객들을 위한 고예산 광고 프로젝트를 몇 개 하게 될 것이라고 하였다. 이를 통해 화자들이 마케팅 산업에서 일하고 있음을 알 수 있다. 따라서 정답은 (C) Marketing이다.

45 ■ 세부 사항 관련 문제 의도 파악   정답 (A)

여자가 하는 말의 의도를 묻는 문제이므로, 질문의 인용어구(she has a month left on her current contract)가 언급된 주변을 주의 깊게 듣는다. 남자가 "Our agency will be doing several big-budget commercial projects ~ in a few weeks"라며 자신들의 대행사가 몇 주 안에 고예산 광고 프로젝트를 몇 개 하게 될 것이라고 하고, "she[candidate] would be a great help"라며 지원자가 큰 도움이 될 것이라고 하자, 여자가 "But she has a month left on her current contract."라며 하지만 그녀는 현재 계약이 한 달 남았다고 하였다. 이를 통해 여자가 몇 주 안에 하게 될 프로젝트를 위해 새로운 직원이 곧 필요함을 암시하려는 의도임을 알 수 있다. 따라서 정답은 (A) To suggest a new employee is needed soon이다.

46 ■ 세부 사항 관련 문제 요청   정답 (A)

남자가 여자에게 요청하는 것을 묻는 문제이므로, 남자의 말에서 요청과 관련된 표현이 언급된 다음을 주의 깊게 듣는다. 남자가 여자에게 "could you also look through the other résumés we received?"라며 자신들이 받은 다른 이력서들도 검토해 줄 수 있는지 물었다. 따라서 정답은 (A) Review some documents이다.

바꾸어 표현하기

look through ~ résumés 이력서들을 검토하다 → Review ~ documents 서류를 검토하다

Questions 47-49 refer to the following conversation with three speakers.

47-49번은 다음 세 명의 대화에 관한 문제입니다.

🔊 호주식 발음 → 캐나다식 발음 → 미국식 발음

M1: Raymond, ⁴⁷have you finished your article on the city council's approval of funds for the new bridge construction? If you want it to appear in this month's edition of our magazine, you need to submit it by lunchtime tomorrow.

M2: Almost. ⁴⁷I just need to print a hard copy to proofread. Unless there is a serious problem, I will make the deadline.

W: Oh, ⁴⁸our printer is out of order. I've called a technician already.

M2: Really? When do you think it will be fixed?

W: He won't be able to come until tomorrow afternoon.

M1: Then, Raymond, ⁴⁹why don't you use the design department's printer?

M2: Sounds like a plan. ⁴⁹I'll take my laptop upstairs.

M1: Raymond, ⁴⁷새 교량 건설에 대한 시의회의 자금 승인과 관련된 당신의 기사를 완성했나요? 그것이 우리 잡지의 이번 달 호에 실리길 원한다면, 내일 점심시간까지 제출해야 해요.
M2: 거의요. ⁴⁷교정을 볼 인쇄본을 출력하기만 하면 돼요. 심각한 문제가 있지 않은 한, 마감 시간을 맞출 겁니다.
W: 아, ⁴⁸우리 프린터가 고장 났어요. 제가 이미 기술자를 불렀어요.
M2: 정말요? 언제쯤 고쳐질 것 같나요?
W: 그는 내일 오후나 되어야 올 수 있을 거예요.
M1: Raymond, 그러면, ⁴⁹디자인 부서의 프린터를 사용하는 게 어때요?
M2: 괜찮은 계획이네요. ⁴⁹제 노트북을 위층으로 가져갈게요.

47 Who most likely are the speakers?
(A) Investors
(B) Engineers
(C) Writers
(D) Officials

47. 화자들은 누구인 것 같은가?
(A) 투자자들
(B) 기술자들
(C) 기자들
(D) 공무원들

48 What problem does the woman mention?
(A) A bridge is shut down.
(B) A deadline has passed.
(C) A device has malfunctioned.
(D) A copy is missing.

48. 여자는 어떤 문제를 언급하는가?
(A) 다리가 폐쇄되었다.
(B) 마감일이 지났다.
(C) 장치가 오작동했다.
(D) 복사본이 없어졌다.

49 What does Raymond say he will do?
(A) Join another team
(B) Replace a laptop
(C) Request a transfer
(D) Visit another floor

49. Raymond는 무엇을 할 것이라고 말하는가?
(A) 다른 팀에 합류한다.
(B) 노트북을 교체한다.
(C) 전근을 요청한다.
(D) 다른 층을 방문한다.

지문 approval[əprúːvəl] 승인 hard copy 인쇄본 proofread[prúːfriːd] 교정하다 technician[tekníʃən] 기술자 upstairs[ʌ̀pstéərz] 위층으로
47 investor[invéstər] 투자자 writer[ráitər] 기자, 작가 official[əfíʃəl] 공무원 48 malfunction[mælfʌ́ŋkʃən] 오작동하다
49 transfer[미 trǽnsfəːr, 영 trænsfə́ː] 전근, 이전

47 ■ 전체 대화 관련 문제 화자   정답 (C)

○
●
●
●
상

화자들의 신분을 묻는 문제이므로, 신분 및 직업과 관련된 표현을 놓치지 않고 듣는다. 남자 1이 "have you finished your article on the city council's approval of funds for the new bridge construction?"이라며 새 교량 건설에 대한 시의회의 자금 승인과 관련된 기사를 완성했는지 묻자, 남자 2가 "I just need to print a hard copy to proofread."라며 교정을 볼 인쇄본을 출력하기만 하면 된다고 하였다. 이를 통해 화자들이 기자들임을 알 수 있다. 따라서 정답은 (C) Writers이다.

48 ■ 세부 사항 관련 문제 문제점   정답 (C)

○
●
●
○
중

여자가 언급하는 문제점을 묻는 문제이므로, 여자의 말에서 부정적인 표현이 언급된 주변을 주의 깊게 듣는다. 여자가 "our printer is out of order"라며 자신들의 프린터가 고장 났다고 하였다. 따라서 정답은 (C) A device has malfunctioned이다.

바꾸어 표현하기
out of order 고장 난 → malfunctioned 오작동했다

49 ■ 세부 사항 관련 문제 다음에 할 일   정답 (D)

○
●
●
○
중

Raymond 즉, 남자 2가 다음에 할 일을 묻는 문제이므로, 대화의 마지막 부분을 주의 깊게 듣는다. 남자 1이 남자 2에게 "why don't you use the design department's printer?"라며 디자인 부서의 프린터를 사용하는 것이 어떤지 묻자, 남자 2가 "I'll take my laptop upstairs."라며 자신의 노트북을 위층으로 가져가겠다고 하였다. 따라서 정답은 (D) Visit another floor이다.

50
51
52

Questions 50-52 refer to the following conversation.

[3w] 캐나다식 발음 → 미국식 발음

M: Sarah, did you read the e-mail that was sent to all employees this morning?

W: Yeah. ⁵⁰Everyone needs to come in on Saturday to assist with the spring cleaning of the laboratory. I expected this . . . We do it every year around this time.

M: Right. ⁵¹I'm a little worried, though. I signed up for a cooking class on Saturday, and the fee is non-refundable. But I can't go if we have to clean that day.

W: Hmm . . . We weren't given much notice, so you can't be the only one who has plans this weekend. ⁵²Why don't you speak with our manager about your situation?

M: ⁵²Good idea. Let me call her right away.

50 What is the conversation mainly about?
(A) An annual task
(B) An experimental machine
(C) A new employee
(D) A seasonal promotion

51 Why is the man worried?
(A) He did not sign a document.
(B) He was overcharged for a meal.
(C) He cannot register for a class.
(D) He has a scheduling conflict.

52 What will the man probably do next?
(A) Talk to a customer
(B) Make a phone call
(C) Attend a meeting
(D) Cancel a plan

50-52번은 다음 대화에 관한 문제입니다.

M: Sarah, 오늘 아침에 전 직원에게 보내진 이메일을 읽었나요?

W: 네. ⁵⁰모두가 실험실의 봄맞이 청소를 돕기 위해 토요일에 와야 하죠. 저는 이것을 예상했어요… 우리는 매년 이맘때쯤 그것을 해요.

M: 맞아요. ⁵¹그렇지만, 저는 조금 걱정돼요. 토요일에 요리 강좌를 신청했는데, 수강료가 환불 불가능하거든요. 하지만 우리가 그날 청소를 해야 한다면 저는 갈 수가 없어요.

W: 흠… 우리가 통지를 충분히 받진 못했으니, 이번 주말에 계획이 있는 사람은 당신뿐만이 아닐 거예요. ⁵²우리의 관리자와 당신의 상황에 관해 이야기해 보는 것이 어떤가요?

M: ⁵²좋은 생각이네요. 그녀에게 지금 바로 전화할게요.

50. 대화는 주로 무엇에 관한 것인가?
(A) 연례 업무
(B) 실험 기계
(C) 신입 사원
(D) 계절 판촉 행사

51. 남자는 왜 걱정을 하는가?
(A) 그는 서류에 서명하지 않았다.
(B) 그에게 식사 비용이 과다 청구되었다.
(C) 그는 수업에 등록할 수 없다.
(D) 그는 일정 충돌이 있다.

52. 남자는 다음에 무엇을 할 것인가?
(A) 고객과 이야기한다.
(B) 전화를 건다.
(C) 회의에 참석한다.
(D) 계획을 취소한다.

지문 assist[əsíst] 돕다, 지원하다 sign up for ~을 신청하다 non-refundable 환불 불가능한
50 annual[ǽnjuəl] 연례의 experimental[ikspèrəméntl] 실험의
51 overcharge[òuvərtʃɑ́ːrdʒ] 과다 청구하다 conflict[미 kɑ́nflikt, 영 kɔ́nflikt] 충돌, 갈등

50 ■ 전체 대화 관련 문제 주제 정답 (A)

대화의 주제를 묻는 문제이므로, 대화의 초반을 반드시 듣는다. 여자가 "Everyone needs to come in on Saturday to assist with the spring cleaning of the laboratory. ~ We do it every year around this time."이라며 모두가 실험실의 봄맞이 청소를 돕기 위해 토요일에 와야 하며 자신들은 매년 이맘때쯤 그것을 한다고 한 뒤, 연례 청소 업무에 관한 내용으로 대화가 이어지고 있다. 따라서 정답은 (A) An annual task이다.

51 ■ 세부 사항 관련 문제 문제점 정답 (D)

남자의 문제점을 묻는 문제이므로, 남자의 말에서 부정적인 표현이 언급된 다음을 주의 깊게 듣는다. 남자가 "I'm a little worried, though."라며 그렇지만 자신은 조금 걱정된다고 한 뒤, "I signed up for a cooking class on Saturday, and the fee is non-refundable. But I can't go if we have to clean that day."라며 토요일에 요리 강좌를 신청했고 수강료가 환불 불가능한데, 자신들이 그날 청소를 해야 한다면 자신은 갈 수가 없다고 하였다. 따라서 정답은 (D) He has a scheduling conflict이다.

52 ■ 세부 사항 관련 문제 다음에 할 일 정답 (B)

남자가 다음에 할 일을 묻는 문제이므로, 대화의 마지막 부분을 주의 깊게 듣는다. 여자가 남자에게 "Why don't you speak with our manager about your situation?"이라며 관리자와 상황에 관해 이야기해 보는 것이 어떤지 묻자, 남자가 "Good idea. Let me call her right away."라며 좋은 생각이라고 한 뒤 그녀에게 지금 바로 전화하겠다고 하였다. 따라서 정답은 (B) Make a phone call이다.

Questions 53-55 refer to the following conversation.

🎧 미국식 발음 → 호주식 발음

W: Thanks for coming, Jinsu. [53]I asked you to stop by my office because I'm concerned about your team. Its sales declined significantly last quarter.

M: I know. But it's only a short-term setback. Our numbers should improve steadily.

W: That's a relief. By the way, what's the issue?

M: Two of my team's best salespeople are currently taking an extended period of leave. Umm . . . Matt has some health issues, and [54]Abigail requested a month off to participate in a certificate program at Watterson College. But both will return next week.

W: I see. [55]If you need extra hands before their return, let me know immediately. I'll assign someone to your team.

53 Why did the woman ask the man to visit her office?
(A) To offer a solution to a problem
(B) To suggest an organizational change
(C) To talk about a sales method
(D) To discuss a performance issue

54 What made Abigail take leave from work?
(A) She is taking an academic course.
(B) She is recovering from an illness.
(C) She is taking care of her children.
(D) She is relocating to a new home.

55 What does the woman offer to do?
(A) Reassign a task
(B) Provide a worker
(C) Change a deadline
(D) Return a report

53-55번은 다음 대화에 관한 문제입니다.

W: 와줘서 고마워요, Jinsu. [53]당신의 팀이 걱정돼서 제 사무실에 들러달라고 요청했어요. 지난 분기에 매출이 상당히 감소했네요.

M: 알고 있어요. 하지만 그것은 단기적인 차질일 뿐이에요. 우리의 수치는 점차 증가할 거예요.

W: 그건 안심이네요. 그런데, 문제가 무엇인가요?

M: 저희 팀의 가장 뛰어난 영업사원 중 두 명이 현재 장기 휴직 중이에요. 음... Matt은 건강상의 문제가 있고, [54]Abigail은 Watterson 대학의 자격증 프로그램에 참여하기 위해 한 달 휴직을 요청했어요. 하지만 둘 다 다음 주에 돌아올 거예요.

W: 그렇군요. [55]그들의 복귀 전에 일손이 더 필요하다면, 즉시 알려주세요. 당신의 팀에 누군가 배정해 드릴게요.

53. 여자는 왜 남자에게 그녀의 사무실을 방문해달라고 요청했는가?
(A) 문제에 대한 해결책을 제안하기 위해
(B) 조직적인 변경을 제안하기 위해
(C) 판매 방법에 관해 이야기하기 위해
(D) 성과 문제를 논의하기 위해

54. 무엇이 Abigail을 휴직하게 했는가?
(A) 그녀는 학업 과정을 이수하고 있다.
(B) 그녀는 질병으로부터 회복하고 있다.
(C) 그녀는 자녀들을 돌보고 있다.
(D) 그녀는 새집으로 이사하고 있다.

55. 여자는 무엇을 해주겠다고 제안하는가?
(A) 업무를 재배정한다.
(B) 직원을 제공한다.
(C) 마감일을 변경한다.
(D) 보고서를 돌려준다.

지문 stop by 들르다 decline[dikláin] 감소하다 significantly[signífikəntli] 상당히 setback[sétbæk] 차질, 실패 steadily[stédili] 점차 relief[rilí:f] 안심 certificate[sərtífikət] 자격증 hand[hænd] 일손

53 organizational[미 ɔ̀ːrgənizéiʃənəl, 영 ɔ̀ːgənizéiʃənəl əl] 조직적인, 구조적인 performance[미 pərfɔ́ːrməns, 영 pəfɔ́ːməns] 성과

---

53 ■ 세부 사항 관련 문제 이유   정답 (D)

여자가 남자에게 사무실을 방문해달라고 요청한 이유를 묻는 문제이므로, 질문의 핵심어구(visit ~ office)와 관련된 내용을 주의 깊게 듣는다. 여자가 "I asked you to stop by my office because I'm concerned about your team. Its sales declined significantly last quarter."라며 남자의 팀이 걱정돼서 사무실에 들러달라고 요청했고 지난 분기에 팀의 매출이 상당히 감소했다고 하였다. 따라서 정답은 (D) To discuss a performance issue이다.

54 ■ 세부 사항 관련 문제 특정 세부 사항   정답 (A)

무엇이 Abigail을 휴직하게 했는지를 묻는 문제이므로, 질문의 핵심어구(Abigail take leave from work)와 관련된 내용을 주의 깊게 듣는다. 남자가 "Abigail requested a month off to participate in a certificate program at Watterson College"라며 Abigail은 Watterson 대학의 자격증 프로그램에 참여하기 위해 한 달 휴직을 요청했다고 하였다. 따라서 정답은 (A) She is taking an academic course이다.

55 ■ 세부 사항 관련 문제 제안   정답 (B)

여자가 해주겠다고 제안하는 것을 묻는 문제이므로, 여자의 말에서 제안과 관련된 표현이 언급된 다음을 주의 깊게 듣는다. 여자가 "If you need extra hands ~, let me know immediately. I'll assign someone to your team."이라며 일손이 더 필요하다면 즉시 알려달라며 남자의 팀에 누군가 배정해 주겠다고 하였다. 따라서 정답은 (B) Provide a worker이다.

Questions 56-58 refer to the following conversation.

🎧 영국식 발음 → 캐나다식 발음

W: You've reached the Eastern Lodge.

M: Hi. I reserved a room from June 15 to 19. ⁵⁶My new mobile application will be introduced in the conference being held at your hotel's convention center.

W: I see . . . Um, is there a problem with your booking?

M: No. But ⁵⁷your Web site states that the fitness center of the hotel will be closed on those dates. Is that correct?

W: Unfortunately, yes. ⁵⁷We will be putting in some larger windows and light fixtures.

M: Are there any alternative options nearby?

W: Don't worry. ⁵⁸We've arranged for guests to use the gym across the street. I'll give you a pass when you check in.

56 Who most likely is the man?
(A) A front desk clerk
(B) A travel agent
(C) A conference organizer
(D) A software developer

57 Why is the hotel closing the fitness center?
(A) To replace some fitness equipment
(B) To improve guest safety
(C) To perform renovations
(D) To hold a special event

58 What has the hotel done for its guests?
(A) Secured access to another facility
(B) Allowed visitors to check in early
(C) Arranged transportation to an event
(D) Canceled a booking for a room

56-58번은 다음 대화에 관한 문제입니다.

W: Eastern 호텔로 연락주셨습니다.
M: 안녕하세요. 저는 6월 15일부터 19일까지 방을 예약했습니다. ⁵⁶호텔의 컨벤션 센터에서 열리고 있는 컨퍼런스에서 제 새로운 모바일 애플리케이션이 소개될 거예요.
W: 그렇군요… 음, 예약에 문제가 있으신가요?
M: 아닙니다. 그런데 ⁵⁷웹사이트에는 그 날짜에 호텔의 피트니스 센터가 문을 닫을 것이라고 명시되어 있어요. 맞나요?
W: 유감스럽게도, 그렇습니다. ⁵⁷저희는 더 큰 창문과 조명 기구를 설치할 거예요.
M: 근처에 다른 대체 선택지가 있나요?
W: 걱정 마세요. ⁵⁸손님들께서 길 건너편에 있는 체육관을 이용하실 수 있도록 준비했습니다. 체크인하실 때 출입증을 드릴게요.

56. 남자는 누구인 것 같은가?
(A) 안내 데스크 직원
(B) 여행사 직원
(C) 컨퍼런스 주최자
(D) 소프트웨어 개발자

57. 호텔은 왜 피트니스 센터를 닫는가?
(A) 일부 피트니스 장비를 교체하기 위해
(B) 투숙객의 안전을 개선하기 위해
(C) 개조를 진행하기 위해
(D) 특별 행사를 개최하기 위해

58. 호텔은 손님들을 위해 무엇을 했는가?
(A) 다른 시설에 대한 이용 권리를 확보했다.
(B) 방문객들이 일찍 체크인하도록 허용했다.
(C) 행사까지 교통편을 마련했다.
(D) 객실의 예약을 취소했다.

지문 **reserve**[미 rizə́:rv, 영 rizə́:v] 예약하다 **alternative**[미 ɔ:ltə́:rnətiv, 영 ɔltə́:nətiv] 대체의 **arrange**[əréindʒ] 준비하다, 마련하다
57 **renovation**[rènəvéiʃən] 개조
58 **secure**[sikjúər] 확보하다 **access**[ǽkses] 이용 권리, 출입 권리

56 ■ **전체 대화 관련 문제** 화자 정답 (D)

상 남자의 신분을 묻는 문제이므로, 신분 및 직업과 관련된 표현을 놓치지 않고 듣는다. 남자가 "My new mobile application will be introduced in the conference being held at your hotel's convention center."라며 호텔의 컨벤션 센터에서 열리고 있는 컨퍼런스에서 자신의 새로운 모바일 애플리케이션이 소개될 것이라고 하였다. 이를 통해 남자가 소프트웨어 개발자임을 알 수 있다. 따라서 정답은 (D) A software developer이다.

57 ■ **세부 사항 관련 문제** 이유 정답 (C)

중 호텔이 피트니스 센터를 닫는 이유를 묻는 문제이므로, 질문의 핵심어구(closing the fitness center)와 관련된 내용을 주의 깊게 듣는다. 남자가 "your Web site states that the fitness center of the hotel will be closed on those dates[June 15 to 19]"라며 웹사이트에 6월 15일부터 19일까지 호텔의 피트니스 센터가 문을 닫을 것이라고 명시되어 있다고 하자, 여자가 "We will be putting in some larger windows and light fixtures."라며 더 큰 창문과 조명 기구를 설치할 것이라고 하였다. 따라서 정답은 (C) To perform renovations이다.

58 ■ **세부 사항 관련 문제** 특정 세부 사항 정답 (A)

중 호텔이 손님들을 위해 한 것을 묻는 문제이므로, 질문의 핵심어구(hotel done for its guests)와 관련된 내용을 주의 깊게 듣는다. 여자가 "We've arranged for guests to use the gym across the street."라며 손님들이 길 건너편에 있는 체육관을 이용할 수 있도록 준비했다고 하였다. 따라서 정답은 (A) Secured access to another facility이다.

Questions 59-61 refer to the following conversation.

🔊 미국식 발음 → 호주식 발음

W: Hello, David. It's Karen. ⁵⁹I'm working on slide shows for a client meeting, but my work laptop keeps freezing. Have you encountered this problem before?

M: Um, did you try rebooting it?

W: Several times. It doesn't seem to be working.

M: Maybe ⁶⁰you should ask for a new computer. Just bring a request form to the IT department's office.

W: It will take a couple of days to get a new one, but tomorrow is the due date for my first draft.

M: Why don't you make a request for deadline extension?

W: Well, ⁶¹I'd have to discuss that with our manager Ms. Harper, but she's in New York to meet with the CEO and won't be back until Tuesday.

M: You could always send her an e-mail.

59 Why is the woman calling?
(A) To report a client complaint
(B) To ask about a technical issue
(C) To find out a meeting location
(D) To confirm a presentation topic

60 How can the woman submit a request?
(A) By visiting a department
(B) By logging into a Web site
(C) By following a link
(D) By sending an e-mail

61 What is mentioned about Ms. Harper?
(A) She will review some slide shows.
(B) She rescheduled an appointment.
(C) She was recently promoted.
(D) She is on a business trip.

59-61번은 다음 대화에 관한 문제입니다.

W: 안녕하세요, David. Karen입니다. ⁵⁹고객 회의를 위한 슬라이드쇼를 작업하고 있는데, 제 업무용 노트북이 계속 멈춰요. 이전에 이런 문제에 부딪혀본 적이 있나요?

M: 음, 그것을 재부팅해 보셨나요?

W: 여러 번이요. 효과가 없는 것 같아요.

M: 아마 ⁶⁰새로운 컴퓨터를 요청하셔야 할 것 같아요. 그냥 IT 부서의 사무실로 요청서를 가져가시면 돼요.

W: 새것을 받으려면 며칠 걸릴 텐데, 내일이 제 초안의 마감일이에요.

M: 마감 기한 연장을 요청해보는 건 어떤가요?

W: 음, ⁶¹저는 그것에 관해 관리자인 Ms. Harper와 논의해야 할 것인데, 그녀는 최고 경영자를 만나기 위해 뉴욕에 있고 화요일이나 되어야 돌아올 거예요.

M: 언제든 그녀에게 이메일을 보낼 수는 있잖아요.

59. 여자는 왜 전화를 하고 있는가?
(A) 고객 불만 사항을 보고하기 위해
(B) 기술적인 문제에 관해 물어보기 위해
(C) 회의 장소를 알아내기 위해
(D) 발표 주제를 확인하기 위해

60. 여자는 어떻게 요청서를 제출할 수 있는가?
(A) 부서를 방문함으로써
(B) 웹사이트에 로그인함으로써
(C) 링크를 따라감으로써
(D) 이메일을 보냄으로써

61. Ms. Harper에 관해 무엇이 언급되는가?
(A) 그녀는 슬라이드쇼를 검토할 것이다.
(B) 그녀는 약속 일정을 다시 잡았다.
(C) 그녀는 최근에 승진했다.
(D) 그녀는 출장 중이다.

지문 freeze[friːz] (시스템이) 멈추다, 정지하다 encounter[inkáuntər] 부딪히다, 맞닥뜨리다

59 complaint[kəmpléint] 불만 사항 technical[téknikəl] 기술적인 confirm[미 kənfə́ːrm, 영 kənfə́ːm] 확인하다

61 promote[미 prəmóut, 영 prəmə́ut] 승진시키다

59 ■ 전체 대화 관련 문제 목적

정답 (B)

여자가 전화를 건 목적을 묻는 문제이므로, 대화의 초반을 반드시 듣는다. 여자가 남자에게 "I'm working on slide shows for a client meeting, but my work laptop keeps freezing. Have you encountered this problem before?"라며 고객 회의를 위한 슬라이드 쇼를 작업하고 있는데 자신의 업무용 노트북이 계속 멈춘다며, 이전에 이런 문제에 부딪혀본 적이 있는지 물었다. 이를 통해 여자가 기술적인 문제에 관해 물어보기 위해 전화했음을 알 수 있다. 따라서 정답은 (B) To ask about a technical issue이다.

60 ■ 세부 사항 관련 문제 방법

정답 (A)

여자가 요청서를 제출할 수 있는 방법을 묻는 문제이므로, 질문의 핵심어구(submit a request)와 관련된 내용을 주의 깊게 듣는다. 남자가 여자에게 "you should ask for a new computer. Just bring a request form to the IT department's office."라며 새로운 컴퓨터를 요청해야 한다고 한 뒤 그냥 IT 부서의 사무실로 요청서를 가져가면 된다고 하였다. 따라서 정답은 (A) By visiting a department 이다.

61 ■ 세부 사항 관련 문제 언급

정답 (D)

Ms. Harper에 관해 언급되는 것을 묻는 문제이므로, 질문의 핵심어구(Ms. Harper)가 언급된 주변을 주의 깊게 듣는다. 여자가 "I'd have to discuss that[deadline extension] with our manager Ms. Harper, but she's in New York to meet with the CEO" 라며 자신은 마감 기한 연장에 관해 관리자인 Ms. Harper와 논의해야 할 것인데, 그녀는 최고 경영자를 만나기 위해 뉴욕에 있다고 하였다. 따라서 정답은 (D) She is on a business trip이다.

Questions 62-64 refer to the following conversation and directory.

62-64번은 다음 대화와 안내판에 관한 문제입니다.

🎧 호주식 발음 → 미국식 발음

M: Excuse me. ⁶²/⁶³I received an e-mail yesterday saying that I owe $4 for a book I returned late. I'd like to take care of that now.

W: OK. I'll need your library card and the payment. And just a reminder . . . ⁶³I recommend visiting your account overview page on the library's Web site regularly to avoid similar problems in the future.

M: Got it. Um, one more thing . . . Does the library have a copy of a book called *Distant Horizons*?

W: Let me check . . . You're in luck. ⁶⁴We received that novel yesterday, and no one has checked it out yet.

M: Thanks. ⁶⁴I'll head to that section now.

M: 실례합니다. ⁶²/⁶³저는 어제 제가 늦게 반납한 책 한 권에 대해 4달러를 지불해야 한다는 이메일을 받았어요. 지금 그걸 처리하고 싶어요.

W: 알겠습니다. 귀하의 도서관 카드와 결제금이 필요할 거예요. 그리고 상기시켜 드리자면… ⁶³앞으로 유사한 문제를 방지하기 위해 도서관 웹사이트에서 귀하의 계정 개요 페이지를 정기적으로 방문하시는 것을 추천합니다.

M: 알겠습니다. 음, 한 가지 더요… 이 도서관에 *Distant Horizons*라는 책이 있나요?

W: 확인해 보겠습니다… 운이 좋으시네요. ⁶⁴저희는 어제 그 소설을 받았는데, 아직 아무도 그것을 대출해가지 않았어요.

M: 감사합니다. ⁶⁴지금 그 구역으로 가볼게요.

Portside Public Library Floor Directory	
1st Floor	Lobby
⁶⁴2nd Floor	Novels
3rd Floor	Non-Fictions
4th Floor	Newspapers and Magazines
5th Floor	Computers and Printers

Portside 공공 도서관 층 안내판	
1층	로비
⁶⁴2층	소설
3층	논픽션
4층	신문 및 잡지
5층	컴퓨터 및 프린터

62 What was the man recently notified about?
(A) An account closure
(B) An expired card
(C) An unread message
(D) An unpaid fine

62. 남자는 최근 무엇에 관해 통지받았는가?
(A) 계정 폐쇄
(B) 만료된 카드
(C) 읽지 않은 메시지
(D) 미납 연체료

63 Why does the woman suggest visiting the Web site regularly?
(A) To download a form
(B) To make a payment
(C) To reserve a publication
(D) To prevent future problems

63. 여자는 왜 정기적으로 웹사이트를 방문하는 것을 제안하는가?
(A) 양식을 다운로드하기 위해
(B) 지불을 하기 위해
(C) 출판물을 예약하기 위해
(D) 미래의 문제를 예방하기 위해

64 Look at the graphic. Which floor will the man most likely go to next?
(A) 2nd floor
(B) 3rd floor
(C) 4th floor
(D) 5th floor

64. 시각 자료를 보시오. 남자는 다음에 어느 층으로 갈 것 같은가?
(A) 2층
(B) 3층
(C) 4층
(D) 5층

지문 owe [ou] 지불해야 하다, 빚지다　overview [미 óuvərvjùː, 영 óuvəvjuː] 개요　novel [návəl] 소설　check out (책을) 대출하다
62 notify [미 nóutəfài, 영 nóutifai] 통지하다　closure [미 klóuʒər, 영 klóuʒə] 폐쇄　unpaid [ʌ̀npéid] 미납의　fine [fain] 연체료, 벌금
63 publication [pʌ̀blikéiʃən] 출판물

62 ■ 세부 사항 관련 문제 특정 세부 사항 　　　　　　　　　　　　　　　　　　　　　　　　정답 (D)

남자가 최근 통지받은 것을 묻는 문제이므로, 질문의 핵심어구(recently notified about)와 관련된 내용을 주의 깊게 듣는다. 남자가 "I received an e-mail yesterday saying that I owe $4 for a book I returned late."라며 어제 자신이 늦게 반납한 책 한 권에 대해 4 달러를 지불해야 한다는 이메일을 받았다고 하였다. 따라서 정답은 (D) An unpaid fine이다.

63 ■ 세부 사항 관련 문제 이유 　　　　　　　　　　　　　　　　　　　　　　　　　　　　정답 (D)

여자가 정기적으로 웹사이트를 방문하는 것을 제안하는 이유를 묻는 문제이므로, 질문의 핵심어구(suggest visiting the Web site regularly)와 관련된 내용을 주의 깊게 듣는다. 남자가 "I received an e-mail yesterday saying that I owe $4 for a book I returned late."라며 어제 자신이 늦게 반납한 책 한 권에 대해 4달러를 지불해야 한다는 이메일을 받았다고 하자, 여자가 "I recommend visiting your account overview page on the library's Web site regularly to avoid similar problems in the future."라며 앞으로 유사한 문제를 방지하기 위해 도서관 웹사이트에서 계정 개요 페이지를 정기적으로 방문하는 것을 추천한다고 하였다. 따라서 정답은 (D) To prevent future problems이다.

64 ■ 세부 사항 관련 문제 시각 자료 　　　　　　　　　　　　　　　　　　　　　　　　　정답 (A)

남자가 다음에 갈 층을 묻는 문제이므로, 제시된 안내판의 정보를 확인한 뒤 질문의 핵심어구(floor ~ go to next)와 관련된 내용을 주의 깊게 듣는다. 여자가 "We received that novel yesterday, and no one has checked it out yet."이라며 자신들이 어제 그 소설을 받았는데 아직 아무도 그것을 대출해가지 않았다고 하자, 남자가 "I'll head to that section now."라며 지금 그 구역으로 가보겠다고 하였으므로, 남자가 소설이 있는 2층으로 갈 것임을 안내판에서 알 수 있다. 따라서 정답은 (A) 2nd floor이다.

Questions 65-67 refer to the following conversation and coupons.

🔊 영국식 발음 → 캐나다식 발음

W: Hi, Steve. ⁶⁵Mr. Harris asked me to prepare a written analysis comparing our promotional methods with those of our competitors. Do you mind if I ask you a few questions?

M: Of course not, Sally.

W: Thanks. ⁶⁶As of last week, our main rival Syntek Appliances no longer charges for deliveries. Do you think that will cause any problems for us?

M: Not really. Our prices are still competitive.

W: That's good to hear. And we're offering four coupons to our customers, right?

M: Correct. However, ⁶⁷the one with the highest minimum purchase amount will soon be replaced. It's rarely used because only a few of our products are more expensive than that price.

Westwood Appliance Special Coupons	
Valid until: Oct 30	
10% off any item over $100	15% off any item over $150
20% off any item over $200	⁶⁷25% off any item over $250

65 What task has the woman been assigned?
(A) Reviewing customer opinions
(B) Giving a presentation
(C) Developing a strategy
(D) Making a report

66 According to the woman, what happened last week?
(A) A competitor started offering free shipping.
(B) A rival company released a new model.
(C) A delivery was sent to the wrong address.
(D) An order was canceled by a customer.

67 Look at the graphic. Which discount rate will no longer be available?
(A) 10% off
(B) 15% off
(C) 20% off
(D) 25% off

65-67번은 다음 대화와 쿠폰에 관한 문제입니다.

W: 인녕하세요, Steve. ⁶⁵Mr. Harris가 우리의 판촉 방법과 경쟁사들의 판촉 방법을 비교하는 서면 분석을 준비해 달라고 제게 요청했어요. 제가 몇 가지 질문을 해도 괜찮을까요?

M: 그럼요, Sally.

W: 감사해요. ⁶⁶지난주부터, 우리의 주요 경쟁사인 Syntek 가전제품사가 더 이상 배송비를 청구하지 않아요. 그것이 우리에게 무언가 문제를 일으킬 것이라고 생각하나요?

M: 그렇진 않아요. 우리의 가격은 여전히 경쟁력 있어요.

W: 다행이네요. 그리고 우리는 고객들에게 4가지 쿠폰을 제공하고 있죠, 맞나요?

M: 맞아요. 하지만, ⁶⁷최소 구매 금액이 가장 높은 것은 곧 교체될 예정이에요. 저희 제품 중 그 가격보다 비싼 제품은 몇 개밖에 없어서 그것은 거의 사용되지 않거든요.

Westwood 가전제품사 특별 쿠폰	
유효기간: 10월 30일	
10퍼센트 할인 100달러 이상의 모든 품목	15퍼센트 할인 150달러 이상의 모든 품목
20퍼센트 할인 200달러 이상의 모든 품목	⁶⁷25퍼센트 할인 250달러 이상의 모든 품목

65. 여자에게 어떤 업무가 배정되었는가?
(A) 고객 의견을 검토하기
(B) 발표하기
(C) 전략을 개발하기
(D) 보고서를 작성하기

66. 여자에 따르면, 지난주에 무슨 일이 일어났는가?
(A) 경쟁사가 무료 배송을 제공하기 시작했다.
(B) 경쟁사가 새로운 모델을 출시했다.
(C) 배송품이 잘못된 주소로 보내졌다.
(D) 고객에 의해 주문이 취소되었다.

67. 시각 자료를 보시오. 어느 할인율이 더 이상 이용할 수 없게 될 것인가?
(A) 10퍼센트 할인
(B) 15퍼센트 할인
(C) 20퍼센트 할인
(D) 25퍼센트 할인

지문 analysis [ənǽləsis] 분석 competitor [미 kəmpétətər, 영 kəmpétitə] 경쟁사 charge [미 tʃɑːrdʒ, 영 tʃɑːdʒ] 청구하다, 부과하다 minimum [mínəməm] 최소의 rarely [réərli] 거의 ~하지 않은
65 strategy [strǽtədʒi] 전략

65 ■ 세부 사항 관련 문제 특정 세부 사항

정답 (D)

여자에게 배정된 업무를 묻는 문제이므로, 질문의 핵심어구(task ~ woman been assigned)와 관련된 내용을 주의 깊게 듣는다. 여자가 "Mr. Harris asked me to prepare a written analysis comparing our promotional methods with those of our competitors."라며 Mr. Harris가 자신들의 판촉 방법과 경쟁사들의 판촉 방법을 비교하는 서면 분석을 준비해 달라고 요청했다고 하였다. 따라서 정답은 (D) Making a report이다.

바꾸어 표현하기

prepare a written analysis 서면 분석을 준비하다 → Making a report 보고서를 작성하기

66 ■ 세부 사항 관련 문제 특정 세부 사항

정답 (A)

지난주에 일어난 일을 묻는 문제이므로, 질문의 핵심어구(last week)가 언급된 주변을 주의 깊게 듣는다. 여자가 "As of last week, our main rival Syntek Appliances no longer charges for deliveries."라며 지난주부터 자신들의 주요 경쟁사인 Syntek 가전제품사가 더 이상 배송비를 청구하지 않는다고 하였다. 따라서 정답은 (A) A competitor started offering free shipping이다.

67 ■ 세부 사항 관련 문제 시각 자료

정답 (D)

더 이상 이용할 수 없게 될 할인율을 묻는 문제이므로, 제시된 쿠폰의 정보를 확인한 뒤 질문의 핵심어구(discount rate ~ no longer be available)와 관련된 내용을 주의 깊게 듣는다. 남자가 "the one[coupon] with the highest minimum purchase amount will soon be replaced"라며 최소 구매 금액이 가장 높은 쿠폰은 곧 교체될 예정이라고 하였으므로, 최소 구매 금액이 250달러로 가장 높은 쿠폰의 25퍼센트 할인율이 더 이상 이용할 수 없게 될 것임을 쿠폰에서 알 수 있다. 따라서 정답은 (D) 25% off이다.

Questions 68-70 refer to the following conversation and map.

🎧 호주식 발음 → 미국식 발음

M: Beth, how are your preparations for the new recruits going?

W: I'm almost ready. [68]I was surprised by the number of incoming employees. The size of our staff will almost double. We're really taking the firm to the next level.

M: It's very exciting. Oh, and [69]I looked over the new employee training manual you created for the workshops. It was quite impressive.

W: Thanks. I put a lot of work into it. Um, have we found a new office yet?

M: Yes. [70]It's on Jackson Avenue, right across from the Greendale Subway Station. I'm heading over there now. Would you like to come and see the space?

W: Sure. I'll just get my jacket.

[70]**Building A**	Plaza Shopping Center		Central Hospital
Jackson Ave.			
Greendale Subway Station	**Building B**	9th St.	**Building C**
Elm Ave.			
Building D	Monroe Theater		Public Library

68. What are the speakers mainly discussing?
(A) A corporate policy
(B) A workshop schedule
(C) A company expansion
(D) A recruitment strategy

69. What is the man impressed with?
(A) A set of instructions
(B) An office space
(C) An employee benefit
(D) A workshop schedule

70. Look at the graphic. Which building does the man refer to?
(A) Building A
(B) Building B
(C) Building C
(D) Building D

68-70번은 다음 대화와 약도에 관한 문제입니다.

M: Beth, 신입 사원들을 위한 준비는 어떻게 되어가나요?

W: 거의 준비됐어요. [68]저는 신입 직원의 수에 놀랐어요. 우리 직원의 규모는 거의 두 배가 될 거예요. 우리가 정말로 회사를 다음 단계로 끌어올리고 있네요.

M: 그거 정말 신나네요. 아, 그리고 [69]워크숍을 위해 당신이 만든 신입 사원 교육 매뉴얼을 검토했어요. 그것은 꽤 인상적이었습니다.

W: 감사합니다. 제가 그것에 많은 노력을 기울였거든요. 음, 우리는 이미 새로운 사무실을 찾았나요?

M: 네. [70]그것은 Jackson가에, Greendale 지하철역 바로 건너편에 있어요. 저는 지금 그쪽으로 갈 거예요. 와서 그 공간을 보시겠어요?

W: 물론이죠. 재킷만 가져올게요.

[70]건물 A	Plaza 쇼핑센터		Central 병원
Jackson가			
Greendale 지하철역	건물 B	9번가	건물 C
Elm가			
건물 D	Monroe 영화관		공공 도서관

68. 화자들은 주로 무엇에 관해 이야기하고 있는가?
(A) 기업 정책
(B) 워크숍 일정
(C) 회사 확장
(D) 채용 전략

69. 남자는 무엇에 깊은 인상을 받았는가?
(A) 일련의 지침
(B) 사무실 공간
(C) 사원 복지
(D) 워크숍 일정

70. 시각 자료를 보시오. 남자는 어느 건물을 언급하는가?
(A) 건물 A
(B) 건물 B
(C) 건물 C
(D) 건물 D

지문 incoming[ínkʌmiŋ] 신입의, 들어오는
68 corporate[kɔ́ːrpərət] 기업의 expansion[ikspǽnʃən] 확장 strategy[strǽtədʒi] 전략
69 instruction[instrʌ́kʃən] 지침

68 ■ 전체 대화 관련 문제 주제 　　　　　　　　　　　　　　　　　　　　　　　　　　　　정답 (C)

대화의 주제를 묻는 문제이므로, 대화의 초반을 주의 깊게 들은 후 전체 맥락을 파악한다. 여자가 "I was surprised by the number of incoming employees. The size of our staff will almost double."이라며 신입 직원의 수에 놀랐다며 직원의 규모가 거의 두 배가 될 것이라고 한 뒤, 회사의 확장에 관한 내용으로 대화가 이어지고 있다. 따라서 정답은 (C) A company expansion이다.

69 ■ 세부 사항 관련 문제 특정 세부 사항 　　　　　　　　　　　　　　　　　　　　　　　　　　정답 (A)

남자가 깊은 인상을 받은 것을 묻는 문제이므로, 질문의 핵심어구(man impressed with)와 관련된 내용을 주의 깊게 듣는다. 남자가 여자에게 "I looked over the new employee training manual you created for the workshops. It was quite impressive."라며 워크숍을 위해 여자가 만든 신입 사원 교육 매뉴얼을 검토했으며 그것이 꽤 인상적이었다고 하였다. 따라서 정답은 (A) A set of instructions이다.

바꾸어 표현하기

manual 매뉴얼 → instructions 지침

70 ■ 세부 사항 관련 문제 시각 자료 　　　　　　　　　　　　　　　　　　　　　　　　　　　정답 (A)

남자가 언급하는 건물을 묻는 문제이므로, 제시된 약도의 정보를 확인한 뒤 질문의 핵심어구(building)와 관련된 내용을 주의 깊게 듣는다. 남자가 "It[new office]'s on Jackson Avenue, right across from the Greendale Subway Station."이라며 새로운 사무실은 Jackson가에 Greendale 지하철역 바로 건너편에 있다고 하였으므로, 남자가 언급하는 건물은 건물 A임을 약도에서 알 수 있다. 따라서 정답은 (A) Building A이다.

PART 4

71
72
73

Questions 71-73 refer to the following talk.

🔊 영국식 발음

⁷¹I hope everyone has been enjoying the tour of the Browning Library. ⁷¹/⁷²Now, we're about to move on to the rare collections room. ⁷²Here, you can browse our extensive collection of rare books, including first editions of novels and letters from famous writers. All of these materials are listed in our online catalog. Needless to say, you cannot take any items with you when you leave. ⁷³While staying, please remain quiet at all times. If you need help with anything, the librarian at the desk over there will be happy to assist you.

71 What is the main purpose of the talk?
(A) To go over a membership procedure
(B) To introduce a facility
(C) To discuss penalties for disregarding rules
(D) To provide guidelines for employees

72 According to the speaker, what is in the rare collections room?
(A) Old photographs
(B) Handwritten drafts of novels
(C) Historic census data
(D) Correspondence from authors

73 What does the speaker ask the listeners to do?
(A) Ensure that they do not litter
(B) Return books to the shelves
(C) Refrain from making loud noises
(D) Notify staff if items are damaged

71-73번은 다음 담화에 관한 문제입니다.

⁷¹여러분 모두 Browning 도서관 투어를 즐기고 계시기를 바랍니다. ⁷¹/⁷²이제, 우리는 희귀 수집품실로 이동하려고 합니다. ⁷²이곳에서, 여러분은 소설들의 초판과 유명한 작가들로부터의 편지들을 포함해, 저희의 방대한 희귀 서적 수집품들을 둘러보실 수 있습니다. 이 모든 자료들은 저희 온라인 카탈로그에 수록되어 있습니다. 말할 필요도 없이, 여러분은 나가실 때 어떤 품목도 가져가실 수 없습니다. ⁷³머무르시는 동안, 항상 조용히 있어 주세요. 무언가 도움이 필요하시다면, 저쪽 데스크에 있는 사서가 기꺼이 도와드릴 것입니다.

71. 담화의 주된 목적은 무엇인가?
(A) 멤버십 절차를 검토하기 위해
(B) 시설을 소개하기 위해
(C) 규칙을 무시하는 것에 대한 처벌을 논의하기 위해
(D) 직원들을 위한 지침을 제공하기 위해

72. 화자에 따르면, 희귀 수집품실에는 무엇이 있는가?
(A) 오래된 사진
(B) 손으로 쓴 소설 초안
(C) 역사적 인구 조사 자료
(D) 저자들로부터의 서신

73. 화자는 청자들에게 무엇을 하라고 요청하는가?
(A) 쓰레기를 버리지 않도록 한다.
(B) 책들을 선반에 반납한다.
(C) 큰 소리를 내는 것을 삼간다.
(D) 물품이 손상되면 직원에게 알린다.

지문 browse[brauz] 둘러보다 extensive[iksténsiv] 방대한, 광범위한 material[mətíəriəl] 자료
71 go over 검토하다 procedure[미 prəsí:dʒər, 영 prəsí:dʒə] 절차 penalty[pénəlti] 처벌, 벌칙 disregard[미 dìsrigá:rd, 영 dìsrigá:d] 무시하다
72 handwritten[hǽndrìtn] 손으로 쓴 census[sénsəs] 인구 조사 correspondence[미 kɔ̀:rəspá:ndəns, 영 kɔ̀rəspɔ́ndəns] 서신
73 litter[lítər] 쓰레기를 버리다 refrain[rifréin] 삼가다, 하지 않다

71 ■ 전체 지문 관련 문제 목적 　　　　　　　　　　　　　　　　　　　　　　　　　　　　　　　　　　　　　　정답 (B)

담화의 목적을 묻는 문제이므로, 지문의 초반을 반드시 듣는다. "I hope everyone has been enjoying the tour of the Browning Library. Now, we're about to move on to the rare collections room."이라며 청자들 모두 Browning 도서관 투어를 즐기고 있기를 바라고, 이제 희귀 수집품실로 이동하려고 한다고 한 뒤, 지문 전반에 걸쳐 희귀 수집품실을 소개하고 있다. 따라서 정답은 (B) To introduce a facility이다.

72 ■ 세부 사항 관련 문제 특정 세부 사항 　　　　　　　　　　　　　　　　　　　　　　　　　　　　　　　　　　　　정답 (D)

희귀 수집품실에 있는 것을 묻는 문제이므로, 질문의 핵심어구(rare collections room)가 언급된 주변을 주의 깊게 듣는다. "Now, we're about to move on to the rare collections room."이라며 이제 희귀 수집품실로 이동하려고 한다고 한 뒤, "Here, you can browse our extensive collection of rare books, including first editions of novels and letters from famous writers."라며 이곳에서 소설들의 초판과 유명한 작가들로부터의 편지들을 포함하여 방대한 희귀 서적 수집품들을 둘러볼 수 있다고 하였다. 따라서 정답은 (D) Correspondence from authors이다.

바꾸어 표현하기
letters from ~ writers 작가들로부터의 편지 → Correspondence from authors 저자들로부터의 서신

73 ■ 세부 사항 관련 문제 요청 　　　　　　　　　　　　　　　　　　　　　　　　　　　　　　　　　　　　　　　정답 (C)

화자가 청자들에게 요청하는 것을 묻는 문제이므로, 지문의 중후반에서 요청과 관련된 표현이 포함된 문장을 주의 깊게 듣는다. "While staying, please remain quiet at all times."라며 머무르는 동안 항상 조용히 있어 달라고 하였다. 따라서 정답은 (C) Refrain from making loud noises이다.

74
75
76

Questions 74-76 refer to the following broadcast.

🎧 미국식 발음

Welcome back to YSJ Radio station. I am Francine Donaldson with your local news update. 74/75The Seattle Modern Art Institute, located downtown, is holding an opening celebration this weekend as it has finally finished its massive expansion project. 75It will specially open its doors to everyone for free and there will be plenty of activities indoors and in the sculpture garden. The big party will commence on Saturday at 10 A.M. and last until 8 P.M. The same hours will be observed on Sunday. Children will have lots of fun things to do. For adults, 76some live jazz will play during the evening hours.

74 What is mentioned about the Seattle Modern Art Institute?
(A) It recently opened a new branch.
(B) It expanded an existing facility.
(C) It partnered with another gallery.
(D) It announced a special exhibition.

75 What is special about a celebration?
(A) It will not charge an admission fee.
(B) It will be attended by a local celebrity.
(C) It is sponsored by a city council.
(D) It is exclusively for children.

76 What can guests do in the evening?
(A) Join a private museum tour
(B) Participate in contests
(C) Watch a film
(D) Listen to some music

74-76번은 다음 방송에 관한 문제입니다.

YSJ 라디오 방송국에 돌아오신 것을 환영합니다. 저는 여러분의 지역 뉴스를 업데이트해드릴 Francine Donaldson입니다. 74/75시내에 위치한 시애틀 현대 미술관이 대규모 확장 프로젝트를 드디어 마무리하여 이번 주말에 개관 기념행사를 열 것입니다. 75그곳은 특별히 모든 사람들에게 무료로 문을 열 것이며 실내와 조각 정원에서는 많은 활동들이 있을 것입니다. 그 성대한 파티는 토요일 오전 10시에 시작하여 오후 8시까지 계속될 것입니다. 일요일에도 같은 시간이 지켜질 것입니다. 아이들이 할 수 있는 재미있는 것들이 많을 것입니다. 성인들을 위해서, 76라이브 재즈가 저녁 시간 동안 연주될 것입니다.

74. 시애틀 현대 미술관에 관해 무엇이 언급되는가?
(A) 최근에 새로운 지점을 열었다.
(B) 기존 시설을 확장했다.
(C) 다른 갤러리와 제휴했다.
(D) 특별 전시회를 발표했다.

75. 기념행사의 무엇이 특별한가?
(A) 입장료를 받지 않을 것이다.
(B) 지역 유명 인사가 참석할 것이다.
(C) 시의회의 후원을 받는다.
(D) 어린이 전용이다.

76. 손님들은 저녁에 무엇을 할 수 있는가?
(A) 개인 박물관 투어에 참여한다.
(B) 대회에 참가한다.
(C) 영화를 본다.
(D) 음악을 듣는다.

지문 celebration[sèlibréiʃən] 기념행사 massive[mǽsiv] 대규모의, 거대한 sculpture[skʌ́lptʃər] 조각 commence[kəméns] 시작하다 last[미 læst, 영 lɑːst] 계속되다 observe[미 əbzə́ːrv, 영 əbzə́ːv] 지키다, 준수하다

74 exhibition[미 èksəbíʃən, 영 èksibíʃən] 전시회

75 admission fee 입장료 exclusively[iksklúːsivli] 전용으로

74 ■ 세부 사항 관련 문제 언급 정답 (B)

○○○
●●○
중

시애틀 현대 미술관에 관해 언급되는 것을 묻는 문제이므로, 질문의 핵심어구(Seattle Modern Art Institute)가 언급된 주변을 주의 깊게 듣는다. "The Seattle Modern Art Institute ~ is holding an opening celebration this weekend as it has finally finished its massive expansion project."라며 시애틀 현대 미술관이 대규모 확장 프로젝트를 드디어 마무리하여 이번 주말에 개관 기념행사를 열 것이라고 하였다. 따라서 정답은 (B) It expanded an existing facility이다.

75 ■ 세부 사항 관련 문제 특정 세부 사항 정답 (A)

○○○
●●●
상

기념행사의 특별한 것을 묻는 문제이므로, 질문의 핵심어구(special about a celebration)와 관련된 내용을 주의 깊게 듣는다. "The Seattle Modern Art Institute ~ is holding an opening celebration this weekend ~."라며 시애틀 현대 미술관이 이번 주말에 개관 기념행사를 열 것이라고 한 뒤, "It will specially open its doors to everyone for free"라며 그곳은 특별히 모든 사람들에게 무료로 문을 열 것이라고 하였다. 따라서 정답은 (A) It will not charge an admission fee이다.

76 ■ 세부 사항 관련 문제 특정 세부 사항 정답 (D)

○○○
●●○
중

손님들이 저녁에 할 수 있는 것을 묻는 문제이므로, 질문의 핵심어구(guests do in the evening)와 관련된 내용을 주의 깊게 듣는다. "some live jazz will play during the evening hours"라며 라이브 재즈가 저녁 시간 동안 연주될 것이라고 하였다. 따라서 정답은 (D) Listen to some music이다.

Questions 77-79 refer to the following telephone message.

77-79번은 다음 전화 메시지에 관한 문제입니다.

[호주] 캐나다식 발음

Hi. This is Chris Vazquez from Magna Consultancy. 77I stopped by your studio to discuss professional headshots of my employees. Um, we agreed that my team would visit your place for a shoot on June 26th, but now it seems like we'll have to push back the date. 78/79Some of the employees and I are traveling to Portland next week to take a safety class at our company's office there. Our return flight is on June 30. 79Please contact me at 555-2938 to let me know your preferred date. Thank you.

안녕하세요. Magna 자문회사의 Chris Vazquez입니다. 77저는 제 직원들의 직장 증명사진에 관해 논의하기 위해 당신의 스튜디오에 방문했었어요. 음, 저희는 제 팀이 촬영을 위해 6월 26일에 당신의 사무실을 방문하는 것으로 합의했는데, 지금은 그 날짜를 미뤄야 할 것처럼 보입니다. 78/79몇몇 직원들과 저는 포틀랜드에 있는 저희 회사 사무실에서 안전 수업을 듣기 위해 다음 주에 그곳으로 갈 것입니다. 저희의 돌아오는 항공편은 6월 30일입니다. 79555-2938로 연락하셔서 선호하시는 날짜를 알려주세요. 감사합니다.

77   Who most likely is the listener?
(A) A business consultant
(B) A travel agent
(C) A photographer
(D) A recruiting manager

78   Why is the speaker traveling to Portland?
(A) To attend an educational session
(B) To meet with some clients
(C) To shoot a new film
(D) To inspect a branch office

79   Why does the speaker say, "Our return flight is on June 30"?
(A) To fix a due date
(B) To show his preference
(C) To cancel an appointment
(D) To indicate his availability

77. 청자는 누구인 것 같은가?
(A) 사업 컨설턴트
(B) 여행사 직원
(C) 사진사
(D) 채용 담당자

78. 화자는 왜 포틀랜드에 갈 것인가?
(A) 교육 세션에 참석하기 위해
(B) 몇몇 고객들을 만나기 위해
(C) 새로운 영화를 촬영하기 위해
(D) 지사를 사찰하기 위해

79. 화자는 왜 "저희의 돌아오는 항공편은 6월 30일입니다"라고 말하는가?
(A) 마감일을 확정하기 위해
(B) 그의 선호도를 나타내기 위해
(C) 약속을 취소하기 위해
(D) 그의 가능일을 나타내기 위해

지문   shoot[ʃuːt] (사진) 촬영   push back 미루다
78   inspect[inspékt] 사찰하다, 조사하다

---

77   ■ 전체 지문 관련 문제   청자   정답 (C)

청자의 신분을 묻는 문제이므로, 신분 및 직업과 관련된 표현을 놓치지 않고 듣는다. "I stopped by your studio to discuss professional headshots of my employees."라며 자신의 직원들의 직장 증명 사진에 관해 논의하기 위해 청자의 스튜디오에 방문했었다고 한 것을 통해 청자가 사진사임을 알 수 있다. 따라서 정답은 (C) A photographer이다.

78   ■ 세부 사항 관련 문제   이유   정답 (A)

화자가 포틀랜드에 가는 이유를 묻는 문제이므로, 질문의 핵심어구(traveling to Portland)가 언급된 주변을 주의 깊게 듣는다. "Some of the employees and I are traveling to Portland next week to take a safety class at our company's office there."라며 몇몇 직원들과 자신이 포틀랜드에 있는 회사 사무실에서 안전 수업을 듣기 위해 다음 주에 그곳으로 갈 것이라고 하였다. 따라서 정답은 (A) To attend an educational session이다.

바꾸어 표현하기
class 수업 → educational session 교육 세션

79   ■ 세부 사항 관련 문제   의도 파악   정답 (D)

화자가 하는 말의 의도를 묻는 문제이므로, 질문의 인용어구(Our return flight is on June 30)가 언급된 주변을 주의 깊게 듣는다. 화자가 "Some of the employees and I are traveling to Portland next week ~."이라며 몇몇 직원들과 자신이 다음 주에 포틀랜드로 갈 것이라고 하고, "Our return flight is on June 30. Please contact me ~ to let me know your preferred date."라며 자신들의 돌아오는 항공편은 6월 30일이라고 한 뒤 연락해서 선호하는 날짜를 알려달라고 하였다. 이를 통해 화자가 자신의 가능일을 나타내려는 의도임을 알 수 있다. 따라서 정답은 (D) To indicate his availability이다.

Questions 80-82 refer to the following excerpt from a meeting.

🔊 호주식 발음

As you know, ⁸⁰our team has been tasked with carrying out a detailed analysis of the company's finances. Some of you have expressed concern about completing this project by the deadline, especially since there have been major changes to the company's cash flow and assets this year. Fortunately, we'll have some help. ⁸¹I'd like to introduce Judith Walker. She was employed at our company's Birmingham branch for over 10 years before relocating to Essex last month to work with us. Um, I've asked her to take a couple of days to go over what we've accomplished with our report so far. ⁸²When we meet again on Friday, she'll present her ideas to help speed up the process.

80 Which department does the speaker most likely work in?
(A) Sales
(B) Personnel
(C) Production
(D) Finance

81 What does the speaker say about Ms. Walker?
(A) She made some changes to a project.
(B) She transferred from a different location.
(C) She was the manager of a branch office.
(D) She was hired by the company last year.

82 What will most likely happen on Friday?
(A) A presentation will be given.
(B) A process will be approved.
(C) A team will be formed.
(D) A deadline will be extended.

80-82번은 다음 회의 발췌록에 관한 문제입니다.

아시다시피, ⁸⁰우리 팀은 회사의 재정에 대한 상세한 분석을 수행하는 업무를 맡았습니다. 여러분 중 일부는 특히 올해 회사의 현금 흐름과 자산에 큰 변화가 있었기 때문에, 마감일까지 이 프로젝트를 완료하는 것에 대해 우려를 표해왔죠. 다행스럽게도, 우리는 도움을 좀 받을 거예요. ⁸¹Judith Walker를 소개하겠습니다. 그녀는 우리와 함께 일하기 위해 지난달에 에식스로 이전하기 전까지 우리 회사의 버밍엄 지사에서 10년 넘게 일했습니다. 음, 저는 그녀에게 며칠 시간을 내어 우리가 지금까지 보고서를 위해 달성한 것을 검토해 달라고 부탁했어요. ⁸²금요일에 우리가 다시 만날 때, 그녀는 그 과정의 속도를 높이는 것을 도울 아이디어를 발표할 것입니다.

80. 화자는 어느 부서에서 일하는 것 같은가?
(A) 판매
(B) 인사
(C) 생산
(D) 재무

81. 화자는 Ms. Walker에 관해 무엇을 말하는가?
(A) 그녀는 프로젝트에 일부 변화를 주었다.
(B) 그녀는 다른 곳에서 전근을 왔다.
(C) 그녀는 한 지점의 관리자였다.
(D) 그녀는 작년에 회사에 고용되었다.

82. 금요일에 무슨 일이 일어날 것 같은가?
(A) 발표가 있을 것이다.
(B) 과정이 승인될 것이다.
(C) 팀이 구성될 것이다.
(D) 마감일이 연장될 것이다.

지문 carry out 수행하다 finance[fáinæns] 재정 asset[ǽset] 자산 accomplish[미 əkʌ́mpliʃ, 영 əkʌ́mpliʃ] 달성하다, 성취하다
80 personnel[미 pə̀ːrsənél, 영 pə̀ːsənél] 인사 production[prədʌ́kʃən] 생산

80 ■ 전체 지문 관련 문제 화자   정답 (D)

화자가 일하는 부서를 묻는 문제이므로, 신분 및 직업과 관련된 표현을 놓치지 않고 듣는다. "our team has been tasked with carrying out a detailed analysis of the company's finances"라며 자신들의 팀은 회사의 재정에 대한 상세한 분석을 수행하는 업무를 맡았다고 하였다. 이를 통해 화자가 재무 부서에서 일하고 있음을 알 수 있다. 따라서 정답은 (D) Finance이다.

81 ■ 세부 사항 관련 문제 언급   정답 (B)

화자가 Ms. Walker에 관해 언급하는 것을 묻는 문제이므로, 질문의 핵심어구(Ms. Walker)와 관련된 내용을 주의 깊게 듣는다. "I'd like to introduce Judith Walker. She was employed at our company's Birmingham branch for over 10 years before relocating to Essex last month to work with us."라며 Judith Walker를 소개하겠다고 한 뒤 그녀는 자신들과 함께 일하기 위해 지난달에 에식스로 이전하기 전까지 자신들 회사의 버밍엄 지사에서 10년 넘게 일했다고 하였다. 따라서 정답은 (B) She transferred from a different location이다.

바꾸어 표현하기
relocating 이전하기 → transferred 전근을 왔다

82 ■ 세부 사항 관련 문제 다음에 할 일   정답 (A)

금요일에 일어날 일을 묻는 문제이므로, 질문의 핵심어구(Friday)가 언급된 주변을 주의 깊게 듣는다. "When we meet again on Friday, she[Judith Walker]'ll present her ideas to help speed up the process."라며 금요일에 다시 만날 때 Judith Walker가 과정의 속도를 높이는 것을 도울 아이디어를 발표할 것이라고 하였다. 따라서 정답은 (A) A presentation will be given이다.

83
84
85

Questions 83-85 refer to the following advertisement.

🔊 미국식 발음

83-85번은 다음 광고에 관한 문제입니다.

[83]Get in shape without leaving your house using the new Bronze Gym Turbo. This machine allows you to do squats, pull-ups, and more to get a full-body workout. Best of all, the Turbo is easy to assemble and maintain, and it won't take up much space in your home. Since [84]the Turbo was introduced last month, over 500,000 units have been shipped to our loyal customers around the world. In fact, it has become our best-selling machine ever. But don't just take our word for it. [85]Visit our Web site to read testimonials from our many satisfied customers.

[83]새로운 Bronze Gym Turbo를 사용하여 집을 떠나지 않고 몸을 만드세요. 이 기구는 여러분이 전신 운동을 하도록 스쿼트, 턱걸이, 그리고 더 많은 것들을 하게 해 줍니다. 무엇보다도, Turbo는 조립과 유지보수가 쉬우며, 집에서 많은 공간을 차지하지 않을 것입니다. [84]지난달 Turbo가 출시된 이후, 50만 대 이상의 제품이 전 세계에 있는 우리의 단골 고객들에게 배송되었습니다. 사실, 그것은 저희의 지금껏 가장 많이 팔린 기구가 되었습니다. 하지만 저희의 말을 그대로 믿지는 마세요. [85]저희 웹사이트를 방문하시어 수많은 만족한 고객들의 추천 글을 읽어 보십시오.

83 What is mentioned about the Bronze Gym Turbo?
(A) It comes preassembled.
(B) It only ships to certain countries.
(C) It requires a large amount of space.
(D) It can be used for multiple purposes.

83. Bronze Gym Turbo에 관해 무엇이 언급되는가?
(A) 미리 조립되어 온다.
(B) 특정 국가들에만 배송된다.
(C) 많은 공간을 필요로 한다.
(D) 여러 용도로 사용될 수 있다.

84 According to the speaker, what happened last month?
(A) A new product was released.
(B) A shipping fee was reduced.
(C) A loyalty program was introduced.
(D) A seasonal sale was launched.

84. 화자에 따르면, 지난달에 무슨 일이 있었는가?
(A) 신제품이 출시되었다.
(B) 배송비가 인하되었다.
(C) 고객 보상 프로그램이 도입되었다.
(D) 시즌 세일이 시작되었다.

85 What can people do on the Bronze Gym Web site?
(A) Access an online account
(B) View user feedback
(C) Track workout progress
(D) Read an instruction manual

85. 사람들은 Bronze Gym 웹사이트에서 무엇을 할 수 있는가?
(A) 온라인 계정에 접속한다.
(B) 사용자 의견을 본다.
(C) 운동 진행 상황을 추적한다.
(D) 사용 설명서를 읽는다.

지문 get in shape 몸을 만들다, 좋은 몸 상태를 유지하다 pull-up 턱걸이 workout[미 wɔ́ːrkàut, 영 wɔ́ːkàut] 운동 assemble[əsémbl] 조립하다 take up 차지하다 loyal customer 단골 고객 take one's word for it ~의 말을 그대로 믿다 testimonial[tèstimóuniəl] 추천 글, 추천서
84 reduce[ridjúːs] 인하하다 loyalty program 고객 보상 프로그램 85 track[træk] 추적하다

83 ■ 세부 사항 관련 문제 언급 정답 (D)
Bronze Gym Turbo에 관해 언급되는 것을 묻는 문제이므로, 질문의 핵심어구(Bronze Gym Turbo)가 언급된 주변을 주의 깊게 듣는다. "Get in shape ~ using the new Bronze Gym Turbo."라며 새로운 Bronze Gym Turbo를 사용하여 몸을 만들라고 한 뒤, "This machine allows you to do squats, pull-ups, and more to get a full-body workout."이라며 이 기구는 전신 운동을 하도록 스쿼트, 턱걸이, 그리고 더 많은 것들을 하게 해 준다고 하였다. 따라서 정답은 (D) It can be used for multiple purposes이다.

84 ■ 세부 사항 관련 문제 특정 세부 사항 정답 (A)
지난달에 일어난 일을 묻는 문제이므로, 질문의 핵심어구(last month)가 언급된 주변을 주의 깊게 듣는다. "the Turbo was introduced last month"라며 지난달 Turbo가 출시됐다고 하였다. 따라서 정답은 (A) A new product was released이다.

85 ■ 세부 사항 관련 문제 특정 세부 사항 정답 (B)
사람들이 Bronze Gym 웹사이트에서 할 수 있는 것을 묻는 문제이므로, 질문의 핵심어구(Bronze Gym Web site)와 관련된 내용을 주의 깊게 듣는다. "Visit our[Bronze Gym] Web site to read testimonials from our many satisfied customers."라며 Bronze Gym 웹사이트를 방문하여 수많은 만족한 고객들의 추천 글을 읽어 보라고 하였다. 따라서 정답은 (B) View user feedback이다.

Questions 86-88 refer to the following excerpt from a meeting.

🎧 호주식 발음

86The response to our latest advertisement, which aired during the American Football Championship, was extremely positive. Many people loved how funny it was. According to the search engine Viewpoint, 87there were over 600,000 searches for our new station wagon in the 24 hours after the ad aired. This is a noteworthy result. Um, we averaged about 50,000 per day last week. Now that we've got people's attention, 88I think it's important that we keep it by releasing more advertisements of the same type. By June, I think we should have three advertisements circulating.

86 According to the speaker, what did people like about the new advertisement?
(A) It featured famous athletes.
(B) It included humorous elements.
(C) It presented a positive viewpoint.
(D) It focused on a popular sport.

87 Why does the speaker say, "we averaged about 50,000 per day last week"?
(A) To indicate a concern
(B) To support an assertion
(C) To encourage improvement
(D) To express frustration

88 What does the speaker want to do?
(A) Delay a vehicle release
(B) Hold a promotional event
(C) Produce more commercials
(D) Use another search engine

86-88번은 다음 회의 발췌록에 관한 문제입니다.

86미식축구 챔피언십 동안 방영된 우리의 최신 광고에 대한 반응이 매우 긍정적이었습니다. 많은 사람들은 그것이 얼마나 재미있었는지를 좋아했어요. 검색 엔진 Viewpoint에 따르면, 87광고가 방영된 지 24시간 만에 우리의 새로운 스테이션왜건에 대한 검색이 60만 건이 넘었습니다. 이것은 주목할 만한 결과예요. 음, 지난주에는 하루 평균 5만 건 정도였어요. 이제 사람들의 관심을 끌게 되었으니, 88저는 우리가 같은 종류의 더 많은 광고를 내서 그것을 유지하는 것이 중요하다고 생각합니다. 6월까지, 순환하는 3개의 광고가 있어야 할 것 같습니다.

86. 화자에 따르면, 사람들은 새로운 광고에서 무엇을 좋아했는가?
(A) 유명한 운동선수들을 출연시켰다.
(B) 재미있는 요소를 포함했다.
(C) 긍정적인 관점을 제시했다.
(D) 인기 있는 스포츠에 초점을 맞췄다.

87. 화자는 왜 "지난주에는 하루 평균 5만 건 정도였어요"라고 말하는가?
(A) 우려를 나타내기 위해
(B) 주장을 뒷받침하기 위해
(C) 개선을 장려하기 위해
(D) 좌절감을 표현하기 위해

88. 화자는 무엇을 하고 싶어 하는가?
(A) 차량 출시를 연기한다.
(B) 판촉 행사를 개최한다.
(C) 더 많은 광고를 제작한다.
(D) 다른 검색 엔진을 사용한다.

지문 air[eər] 방영하다 noteworthy[nóutwə̀:rði] 주목할 만한 circulate[sə́:rkjəleit] 순환하다
86 feature[미 fíːtʃər, 영 fíːtʃə] 출연시키다, 특징으로 포함하다 element[éləmənt] 요소 87 assertion[əsə́:rʃən] 주장

86 ■ 세부 사항 관련 문제 특정 세부 사항   정답 (B)

사람들이 새로운 광고에서 좋아했던 것을 묻는 문제이므로, 질문의 핵심어구(people like about the new advertisement)와 관련된 내용을 주의 깊게 듣는다. "The response to our latest advertisement, which aired during the American Football Championship, was extremely positive."라며 미식축구 챔피언십 동안 방영된 자신들의 최신 광고에 대한 반응이 매우 긍정적이었다고 한 뒤, "Many people loved how funny it was."라며 많은 사람들은 그것이 얼마나 재미있었는지를 좋아했다고 하였다. 따라서 정답은 (B) It included humorous elements이다.

바꾸어 표현하기
funny 재미있는 → humorous 재미있는

87 ■ 세부 사항 관련 문제 의도 파악   정답 (B)

화자가 하는 말의 의도를 묻는 문제이므로, 질문의 인용어구(we averaged about 50,000 per day last week)가 언급된 주변을 주의 깊게 듣는다. "there were over 600,000 searches for our new station wagon in the 24 hours after the ad aired. This is a noteworthy result."라며 광고가 방영된 지 24시간 만에 자신들의 새로운 스테이션왜건에 대한 검색이 60만 건이 넘었고, 이것은 주목할 만한 결과라고 한 뒤, "we averaged about 50,000 per day last week"라며 지난주에는 하루 평균 5만 건 정도였다고 한 것을 통해 화자가 자신의 주장을 뒷받침하려는 의도임을 알 수 있다. 따라서 정답은 (B) To support an assertion이다.

88 ■ 세부 사항 관련 문제 특정 세부 사항   정답 (C)

화자가 하고 싶어 하는 것을 묻는 문제이므로, 질문의 핵심어구(want to do)와 관련된 내용을 주의 깊게 듣는다. "I think it's important that we keep it[attention] by releasing more advertisements of the same type"이라며 자신은 같은 종류의 더 많은 광고를 내서 관심을 유지하는 것이 중요하다고 생각한다고 하였다. 따라서 정답은 (C) Produce more commercials이다.

Questions 89-91 refer to the following speech.

🔊 영국식 발음

Welcome to Newman Medical Supplies' end-of-the-year party. Before we start, [89]I'd like to share what we hope to accomplish over the coming year. After extensive preparations, the company is finally ready to expand into the European market. [90]The first step will take place in February, when our offices in Manchester and Barcelona begin operations. Then, in September, construction of our new plant in Romania will finish. Um, it should be running at full capacity by the following month. I'm also excited to report that there will be opportunities for employees here to work overseas. [91]The personnel department will be releasing a brochure on Monday morning with more details about the available positions, and I encourage everybody to check it out.

89 What is the speech mainly about?
   (A) A corporate policy
   (B) A market trend
   (C) A company objective
   (D) A budget increase

90 According to the speaker, what will happen in February?
   (A) A factory will be constructed.
   (B) Operations will be halted.
   (C) An office will be renovated.
   (D) Branches will be opened.

91 How can the listeners find information about open positions?
   (A) By reading a pamphlet
   (B) By attending a meeting
   (C) By calling a department head
   (D) By checking out a bulletin board

89-91번은 다음 연설에 관한 문제입니다.

Newman 의약용품사의 송년회에 오신 것을 환영합니다. 시작하기 전에, [89]저는 우리가 내년에 성취하고자 하는 것을 공유하고 싶습니다. 대규모의 준비 끝에, 회사는 마침내 유럽 시장으로 확장할 준비가 되었습니다. [90]첫 단계는 2월에, 맨체스터와 바르셀로나의 우리 사무실이 운영을 시작할 때 이루어질 것입니다. 그리고 9월에는, 루마니아에 있는 우리의 새로운 공장 건설이 끝날 것입니다. 음, 그것은 그다음 달쯤에는 완전히 가동될 거예요. 저는 또한 이곳 직원들이 해외에서 일할 수 있는 기회가 있을 것임을 알리게 되어 기쁩니다. [91]인사팀에서 월요일 아침에 지원 가능한 직책들에 관한 자세한 내용을 담은 브로슈어를 공개할 것이니, 모두들 확인해보시길 권장합니다.

89. 연설은 주로 무엇에 관한 것인가?
   (A) 기업 정책
   (B) 시장 동향
   (C) 회사 목표
   (D) 예산 증가

90. 화자에 따르면, 2월에 무슨 일이 일어날 것인가?
   (A) 공장이 건설될 것이다.
   (B) 작업들이 중지될 것이다.
   (C) 사무실이 개조될 것이다.
   (D) 지사들이 개업할 것이다.

91. 청자들은 어떻게 비어 있는 직책들에 관한 정보를 찾을 수 있는가?
   (A) 팸플릿을 읽음으로써
   (B) 회의에 참석함으로써
   (C) 부서장에게 전화함으로써
   (D) 게시판을 확인함으로써

지문   extensive[iksténsiv] 대규모의, 광범위한   take place 이루어지다   plant[plænt] 공장   at full capacity 완전히
89   trend[trend] 동향   objective[əbdʒéktiv] 목표   90   halt[hɔːlt] 중지하다   91   bulletin board 게시판

89 ■ 전체 지문 관련 문제 주제
정답 (C)

연설의 주제를 묻는 문제이므로, 지문의 초반을 반드시 듣는다. "I'd like to share what we[Newman Medical Supplies] hope to accomplish over the coming year"라며 Newman 의약용품사가 내년에 성취하고자 하는 것을 공유하고 싶다고 한 뒤, 회사의 내년 목표와 관련된 내용을 언급하였다. 따라서 정답은 (C) A company objective이다.

90 ■ 세부 사항 관련 문제 다음에 할 일
정답 (D)

2월에 일어날 일을 묻는 문제이므로, 질문의 핵심어구(February)가 언급된 주변을 주의 깊게 듣는다. "The first step will take place in February, when our offices in Manchester and Barcelona begin operations."라며 첫 단계는 2월, 맨체스터와 바르셀로나의 사무실이 운영을 시작할 때 이루어질 것이라고 하였다. 이를 통해 2월에 지사들이 개업할 것임을 알 수 있다. 따라서 정답은 (D) Branches will be opened이다.

91 ■ 세부 사항 관련 문제 방법
정답 (A)

청자들이 비어 있는 직책들에 관한 정보를 찾을 수 있는 방법을 묻는 문제이므로, 질문의 핵심어구(find information about open positions)와 관련된 내용을 주의 깊게 듣는다. "The personnel department will be releasing a brochure on Monday morning with more details about the available positions, and I encourage everybody to check it out."이라며 인사팀에서 월요일 아침에 지원 가능한 직책들에 관한 자세한 내용을 담은 브로슈어를 공개할 것이니 모두가 확인해보길 권장한다고 하였다. 따라서 정답은 (A) By reading a pamphlet이다.

Questions 92-94 refer to the following telephone message.

[카] 캐나다식 발음

Good morning, Nina. It's Jack Benet from *Nature Monthly*. I was just reviewing the story you submitted for the March issue, and ⁹²we have a problem. It exceeds the maximum word count by about 400 words. I realize the topic you chose is fairly complex, but the piece simply won't fit into the space we have set aside in the magazine. ⁹³Please start the revisions right away. Our editor intends to review the article before the end of the week. Anyway, I was thinking that we could cut the interview with the representative of Bedrock Industries. ⁹⁴If you could contact me by phone later today to discuss this matter, I would appreciate it.

92 What problem does the speaker mention?
(A) A submission was late.
(B) A topic is inappropriate.
(C) An article is too lengthy.
(D) A publication was canceled.

93 What does the speaker imply when he says, "Our editor intends to review the article before the end of the week"?
(A) A revision needs to be approved.
(B) A schedule will be confirmed shortly.
(C) A colleague doesn't have to change a plan.
(D) A task must be completed soon.

94 What does the speaker ask the listener to do?
(A) Return a call
(B) Attend an interview
(C) Visit a business
(D) Meet a representative

92-94번은 다음 전화 메시지에 관한 문제입니다.

좋은 아침이에요, Nina. *Nature Monthly*지의 Jack Benet 입니다. 당신이 3월호에 제출한 기사를 막 검토하던 중이었는데, ⁹²문제가 있어요. 그것은 최대 단어 수를 약 400단어 초과해요. 당신이 선택한 주제가 꽤 복잡한 건 알지만, 그 기사는 우리가 잡지에서 따로 떼어놓은 공간에는 절대 맞지 않을 거예요. ⁹³지금 바로 수정 작업을 시작해 주세요. 우리 편집자는 이번 주말 전에 그 기사를 검토하려고 해요. 어쨌든, 저는 우리가 Bedrock사 대표와의 인터뷰를 잘라낼 수 있을 것 같아요. ⁹⁴당신이 이 문제에 대해 논의하기 위해 오늘 늦게 제게 전화로 연락해 줄 수 있으면 고맙겠어요.

92. 화자는 무슨 문제를 언급하는가?
(A) 제출이 늦었다.
(B) 주제가 부적절하다.
(C) 기사가 너무 길다.
(D) 출판이 취소되었다.

93. 화자는 "우리 편집자는 이번 주말 전에 그 기사를 검토하려고 해요"라고 말할 때 무엇을 의도하는가?
(A) 수정이 승인되어야 한다.
(B) 일정이 곧 확정될 것이다.
(C) 동료는 계획을 변경할 필요가 없다.
(D) 작업이 곧 완료되어야 한다.

94. 화자는 청자에게 무엇을 하라고 요청하는가?
(A) 회신 전화를 한다.
(B) 인터뷰에 참석한다.
(C) 사업체를 방문한다.
(D) 대표를 만난다.

지문 exceed[iksíːd] 초과하다 fairly[미 féərli, 영 féəli] 꽤 simply[símpli] 절대, 전혀 fit into 맞다 set aside 따로 떼어놓다
92 submission[səbmíʃən] 제출 inappropriate[미 ìnəpróupriət, 영 ìnəpróupriət] 부적절한 lengthy[léŋθi] 긴, 장황한

92 ■ 세부 사항 관련 문제 문제점 　　　　　　　　　　　　　　　　　　　　　　　　　　　　　　　　　　　　　정답 (C)

화자가 언급하는 문제점을 묻는 문제이므로, 화자의 말에서 부정적인 표현이 언급된 다음을 주의 깊게 듣는다. "we have a problem. It[story] exceeds the maximum word count by about 400 words."라며 문제가 있다고 한 뒤 기사가 최대 단어 수를 약 400단어 초과한다고 하였다. 따라서 정답은 (C) An article is too lengthy이다.

바꾸어 표현하기
exceeds the maximum word count 최대 단어 수를 초과한다 → too lengthy 너무 길다

93 ■ 세부 사항 관련 문제 의도 파악 　　　　　　　　　　　　　　　　　　　　　　　　　　　　　　　　　　　　　정답 (D)

화자가 하는 말의 의도를 묻는 문제이므로, 질문의 인용어구(Our editor intends to review the article before the end of the week)가 언급된 주변을 주의 깊게 듣는다. "Please start the revisions right away. Our editor intends to review the article before the end of the week."라며 지금 바로 수정 작업을 시작해 달라고 한 뒤 편집자가 이번 주말 전에 그 기사를 검토하려고 한다고 한 것을 통해 수정 작업이 곧 완료되어야 한다는 것을 나타내려는 의도임을 알 수 있다. 따라서 정답은 (D) A task must be completed soon이다.

94 ■ 세부 사항 관련 문제 요청 　　　　　　　　　　　　　　　　　　　　　　　　　　　　　　　　　　　　　정답 (A)

화자가 청자에게 요청하는 것을 묻는 문제이므로, 지문의 중후반에서 요청과 관련된 표현이 포함된 문장을 주의 깊게 듣는다. "If you could contact me by phone later today to discuss this matter, I would appreciate it."이라며 이 문제에 대해 논의하기 위해 청자가 오늘 늦게 자신에게 전화로 연락해 줄 수 있으면 고맙겠다고 하였다. 따라서 정답은 (A) Return a call이다.

Questions 95-97 refer to the following talk and schedule.

🔊 미국식 발음

I'd like to welcome all of you to Delta Shipping. Before we get started with the orientation, I have a quick announcement to make. ⁹⁵I called the manager of our warehouse yesterday and asked him to show you around the facility today. Of course, this will result in a change to our schedule. ⁹⁶We'll head over to the warehouse right after we eat, so the topic we were originally going to discuss during that session will be covered tomorrow. OK . . . We'll begin in about 15 minutes. ⁹⁷If you haven't done so already, please ask the receptionist for your employee ID card. Her desk is the one closest to the main entrance.

Delta Shipping New Employee Orientation - June 15	
Session	**Topic**
8:00 A.M. – 10:00 A.M.	Corporate Structure
10:00 A.M. – 12:00 P.M.	Company Policies
LUNCH	
1:00 P.M. – 3:00 P.M.	⁹⁶Pay and Benefits
3:00 P.M. – 5:00 P.M.	Safety and Security

95 What did the speaker do yesterday?
(A) Received a shipment
(B) Arranged a tour
(C) Uploaded a timetable
(D) Printed a map

96 Look at the graphic. Which topic will not be discussed today?
(A) Corporate Structure
(B) Company Policies
(C) Pay and Benefits
(D) Safety and Security

97 Why should the listeners speak to the receptionist?
(A) To request an item
(B) To register for an event
(C) To receive a job assignment
(D) To fill out a form

95-97번은 다음 담화와 일정표에 관한 문제입니다.

Delta 운송회사에 오신 여러분 모두 환영합니다. 오리엔테이션을 시작하기 전에, 간단히 발표할 것이 있습니다. ⁹⁵제가 어제 우리 창고 관리자에게 전화해서 오늘 여러분에게 시설을 구경시켜 달라고 부탁했어요. 물론, 이것은 우리의 일정에 변화를 가져올 것입니다. ⁹⁶식사 후에 바로 창고로 갈 것이니, 원래 그 시간 동안 논의하려던 주제는 내일 다뤄질 거예요. 좋습니다… 15분 정도 후에 시작하겠습니다. ⁹⁷아직 하지 않으셨다면, 접수처 직원에게 사원증을 요청하세요. 그녀의 책상은 정문에서 가장 가까운 것입니다.

Delta 운송회사 신입 직원 오리엔테이션 – 6월 15일	
시간	주제
오전 8시 – 오전 10시	기업 구조
오전 10시 – 오후 12시	회사 정책
점심 식사	
오후 1시 – 오후 3시	⁹⁶급여 및 혜택
오후 3시 – 오후 5시	안전 및 보안

95. 화자는 어제 무엇을 했는가?
(A) 배송품을 받았다.
(B) 견학을 준비했다.
(C) 시간표를 업로드했다.
(D) 지도를 출력했다.

96. 시각 자료를 보시오. 어느 주제가 오늘 논의되지 않을 것인가?
(A) 기업 구조
(B) 회사 정책
(C) 급여 및 혜택
(D) 안전 및 보안

97. 청자들은 왜 접수처 직원과 이야기해야 하는가?
(A) 물품을 요청하기 위해
(B) 행사에 등록하기 위해
(C) 업무를 배정받기 위해
(D) 양식을 작성하기 위해

지문 warehouse[미 wɛ́ərhàus, 영 wéəhaus] 창고 corporate[kɔ́ːrpərət] 기업의 security[미 sikjúərəti, 영 sikjúəriti] 보안
97 register for ~에 등록하다 assignment[əsáinmənt] 배정, 과제

95 ■ **세부 사항 관련 문제** 특정 세부 사항   정답 (B)

화자가 어제 한 것을 묻는 문제이므로, 질문의 핵심어구(yesterday)가 언급된 주변을 주의 깊게 듣는다. "I called the manager of our warehouse yesterday and asked him to show you around the facility today."라며 자신이 어제 창고 관리자에게 전화해서 오늘 청자들에게 시설을 구경시켜 달라고 부탁했다고 하였다. 따라서 정답은 (B) Arranged a tour이다.

96 ■ **세부 사항 관련 문제** 시각 자료   정답 (C)

오늘 논의되지 않을 주제를 묻는 문제이므로, 제시된 일정표의 정보를 확인한 뒤 질문의 핵심어구(topic ~ not be discussed today)와 관련된 내용을 주의 깊게 듣는다. "We'll head over to the warehouse right after we eat, so the topic we were originally going to discuss during that session will be covered tomorrow."라며 식사 후에 바로 창고로 갈 것이니 원래 그 시간 동안 논의하려던 주제는 내일 다뤄질 것이라고 하였다. 이를 통해 점심 식사 직후 시간의 주제인 급여 및 혜택이 오늘 논의되지 않을 것임을 일정표에서 알 수 있다. 따라서 정답은 (C) Pay and Benefits이다.

97 ■ **세부 사항 관련 문제** 이유   정답 (A)

청자들이 접수처 직원과 이야기해야 하는 이유를 묻는 문제이므로, 질문의 핵심어구(speak to the receptionist)와 관련된 내용을 주의 깊게 듣는다. "If you haven't done so already, please ask the receptionist for your employee ID card."라며 아직 하지 않았다면 접수처 직원에게 사원증을 요청하라고 하였다. 따라서 정답은 (A) To request an item이다.

Questions 98-100 refer to the following broadcast and flight schedule.

🔊 영국식 발음

For the second day in a row, the Midwest has been blanketed in snow. [98]Weather forecasters are calling this storm one of the strongest in the past decade, with wind gusts of up to 40 miles per hour and 20 inches of snow in some areas. As a result, [99]the airport in Detroit has been closed since January 1, and flights into the city have been canceled. Affected passengers should contact their airline to reschedule. Passengers at other airports, including Cleveland and St. Louis, should expect to face significant delays. [100]A government official will hold a press conference tomorrow morning to present measures to assist those impacted by the storm.

Washington Dulles: January 1 Departures		
Destination	Departure Time	Flight #
Detroit	11:12 A.M.	[99]4010
St. Louis	11:20 A.M.	5192
Cleveland	11:25 A.M.	1330
Philadelphia	11:32 A.M.	1250

98 What is mentioned about the storm?
(A) It has lasted longer than a week.
(B) It is causing traffic accidents.
(C) It has resulted in road closures.
(D) It is among the worst in 10 years.

99 Look at the graphic. Which flight was canceled?
(A) Flight 4010
(B) Flight 5192
(C) Flight 1330
(D) Flight 1250

100 According to the speaker, what will happen tomorrow?
(A) An announcement will be made.
(B) A facility will be reopened.
(C) A winter storm will end.
(D) A travel ban will be lifted.

98-100번은 다음 방송과 비행 일정표에 관한 문제입니다.

이틀 연속, 중서부 지역이 눈으로 뒤덮였습니다. 시속 40마일에 달하는 돌풍과 일부 지역에서의 20인치에 이르는 눈으로, [98]일기 예보관들은 이 폭풍을 지난 10년간 가장 강력한 것들 중 하나로 여기고 있습니다. 결과적으로, [99]디트로이트의 공항이 1월 1일부터 폐쇄되었고, 그 도시로 가는 항공편들은 취소되었습니다. 영향을 받은 승객들은 일정을 변경하기 위해 항공사에 연락하셔야 합니다. 클리블랜드와 세인트루이스를 포함해 다른 공항의 승객들은, 상당한 지연을 마주할 것으로 예상해야 할 것입니다. [100]정부 관계자는 폭풍으로 영향을 받은 사람들을 도울 대책을 발표하기 위해 내일 오전 기자회견을 열 예정입니다.

워싱턴 덜레스: 1월 1일 출발편		
목적지	출발 시각	항공편 번호
디트로이트	오전 11시 12분	[99]4010
세인트루이스	오전 11시 20분	5192
클리블랜드	오전 11시 25분	1330
필라델피아	오전 11시 32분	1250

98. 폭풍에 관해 무엇이 언급되는가?
(A) 일주일 이상 지속되었다.
(B) 교통사고를 일으키고 있다.
(C) 도로 폐쇄를 초래했다.
(D) 10년간 가장 심한 것 중 하나이다.

99. 시각 자료를 보시오. 어느 항공편이 취소되었는가?
(A) 4010편
(B) 5192편
(C) 1330편
(D) 1250편

100. 화자에 따르면, 내일 무슨 일이 일어날 것인가?
(A) 발표가 있을 것이다.
(B) 시설이 재개장될 것이다.
(C) 겨울 폭풍이 끝날 것이다.
(D) 여행 금지가 해제될 것이다.

지문 blanket[blǽŋkit] 뒤덮다 wind gust 돌풍 affect[əfékt] 영향을 주다 impact[ímpækt] 영향을 주다
100 ban[bæn] 금지 lift[lift] 해제하다

98 ■ 세부 사항 관련 문제 언급

정답 (D)

폭풍에 관해 언급되는 것을 묻는 문제이므로, 질문의 핵심어구(storm)가 언급된 주변을 주의 깊게 듣는다. "Weather forecasters are calling this storm one of the strongest in the past decade"라며 일기 예보관들이 이 폭풍을 지난 10년간 가장 강력한 것들 중 하나로 여기고 있다고 하였다. 따라서 정답은 (D) It is among the worst in 10 years이다.

99 ■ 세부 사항 관련 문제 시각 자료

정답 (A)

취소된 항공편을 묻는 문제이므로, 제시된 비행 일정표의 정보를 확인한 뒤 질문의 핵심어구(flight ~ canceled)와 관련된 내용을 주의 깊게 듣는다. "the airport in Detroit has been closed since January 1, and flights into the city have been canceled"라며 디트로이트의 공항이 1월 1일부터 폐쇄되었고, 그 도시로 가는 항공편들은 취소되었다고 하였으므로, 목적지가 디트로이트인 4010편이 취소되었음을 비행 일정표에서 알 수 있다. 따라서 정답은 (A) Flight 4010이다.

100 ■ 세부 사항 관련 문제 다음에 할 일

정답 (A)

내일 일어날 일을 묻는 문제이므로, 질문의 핵심어구(tomorrow)가 언급된 주변을 주의 깊게 듣는다. "A government official will hold a press conference tomorrow morning to present measures to assist those impacted by the storm."이라며 정부 관계자가 폭풍으로 영향을 받은 사람들을 도울 대책을 발표하기 위해 내일 오전 기자회견을 열 예정이라고 하였다. 따라서 정답은 (A) An announcement will be made이다.

TEST 02

🎧 TEST 02.mp3

실전용·복습용 문제풀이 MP3 무료 다운로드 및 스트리밍 바로듣기 (HackersIngang.com)

* 실제 시험장의 소음까지 재현해 낸 고사장 소음/매미 버전 MP3, 영국식·호주식 발음 집중 MP3, 고속 버전 MP3까지
  구매하면 실전에 더욱 완벽히 대비할 수 있습니다.

무료MP3 바로듣기

1

🔊 미국식 발음

(A) He's facing a closed window.
(B) He's painting a portion of the wall.
(C) He's repositioning a stepladder.
(D) He's extending his arms upward.

(A) 그는 닫혀 있는 창문을 향해 있다.
(B) 그는 벽의 일부를 페인트칠하고 있다.
(C) 그는 발판 사다리를 옮기고 있다.
(D) 그는 위쪽을 향해 팔을 뻗고 있다.

■ 1인 사진
정답 (D)

한 남자가 발판 사다리 위에 서서 위쪽을 향해 팔을 뻗고 있는 모습을 확인한다.
(A) [×] 남자가 창문을 향해 있는 것이 아니라 등지고 있는 상태이므로 오답이다.
(B) [×] painting(페인트칠하고 있다)은 남자의 동작과 무관하므로 오답이다. 사진에 있는 벽(wall)을 사용하여 혼동을 주었다.
(C) [×] repositioning(옮기고 있다)은 남자의 동작과 무관하므로 오답이다. 사진에 있는 발판 사다리(stepladder)를 사용하여 혼동을 주었다.
(D) [○] 남자가 위쪽을 향해 두 팔을 뻗고 있는 모습을 정확히 묘사한 정답이다.

어휘 face[feis] 향하다, 마주 보다 portion[pɔ́ːrʃən] 일부 reposition[rìːpəzíʃən] (다른 장소로) 옮기다, 위치를 바꾸다
stepladder[stéplædər] 발판 사다리 extend[iksténd] 뻗다, 늘리다 upward[ʌ́pwərd] 위쪽을 향해

2

🔊 캐나다식 발음

(A) One of the women is cleaning a counter.
(B) One of the women is filling plates with cupcakes.
(C) One of the women is lifting a cup.
(D) One of the women is taking baked goods out of a kitchen.

(A) 여자들 중 한 명이 조리대를 닦고 있다.
(B) 여자들 중 한 명이 접시들을 컵케이크로 채우고 있다.
(C) 여자들 중 한 명이 컵을 들어 올리고 있다.
(D) 여자들 중 한 명이 제과들을 주방 밖으로 내놓고 있다.

■ 2인 이상 사진
정답 (C)

두 여자가 나란히 앉아 있는 모습과 주변 사물의 상태를 주의 깊게 살핀다.
(A) [×] 사진에 조리대를 닦고 있는(cleaning a counter) 여자가 없으므로 오답이다. 사진에 있는 조리대(counter)를 사용하여 혼동을 주었다.
(B) [×] 사진에 접시들을 컵케이크로 채우고 있는(filling plates with cupcakes) 여자가 없으므로 오답이다. plates with cupcakes (컵케이크가 있는 접시들)만 듣고 정답으로 선택하지 않도록 주의한다.
(C) [○] 여자들 중 한 명이 컵을 들어 올리고 있는 모습을 정확히 묘사한 정답이다.
(D) [×] 사진에 제과들을 내놓고 있는(taking baked goods out) 여자가 없으므로 오답이다. 사진에 있는 제과들(baked goods)을 사용하여 혼동을 주었다.

어휘 counter[káuntər] 조리대, 계산대 fill[fil] 채우다

3

🔊 영국식 발음

(A) A woman has her hand on a computer.
(B) They're studying X-ray images.
(C) A man is turning on a screen.
(D) Some people are filing a document.

(A) 한 여자가 자신의 손을 컴퓨터 위에 올려놓고 있다.
(B) 그들은 엑스레이 사진들을 검토하고 있다.
(C) 한 남자가 화면을 켜고 있다.
(D) 몇몇 사람들이 문서를 철하고 있다.

■ 2인 이상 사진
정답 (B)

사람들이 엑스레이 사진을 바라보고 있는 모습을 확인한다.
(A) [×] 여자가 자신의 손을 컴퓨터 위에 올려놓은 상태가 아니므로 오답이다. 사진에 있는 컴퓨터(computer)를 사용하여 혼동을 주었다.
(B) [○] 사람들이 엑스레이 사진을 검토하고 있는 모습을 가장 잘 묘사한 정답이다. 동사 study가 무언가를 보고 있는 사람의 시선을 묘사할 때 사용됨을 알아둔다.
(C) [×] 사진에 화면을 켜고 있는 남자가 없으므로 오답이다. 사진에 있는 화면(screen)을 사용하여 혼동을 주었다.
(D) [×] 사진에 문서를 철하고 있는(filing a document) 사람들이 없으므로 오답이다.

어휘 study[stʌ́di] 검토하다 turn on 켜다 file[fail] 철하다 document[미 dɑ́ːkjumənt, 영 dɔ́kjəmənt] 문서

4

🔊 호주식 발음

(A) She's paying for some jewelry at a checkout.
(B) She's trying on a necklace in a boutique.
(C) She's carrying a handbag on her shoulder.
(D) She's assembling one of the store shelves.

(A) 그녀는 계산대에서 몇몇 장신구들의 비용을 지불하고 있다.
(B) 그녀는 부티크에서 목걸이를 착용해보고 있다.
(C) 그녀는 핸드백을 어깨에 메고 있다.
(D) 그녀는 가게 선반들 중 하나를 조립하고 있다.

■ 1인 사진

정답 (C)

한 여자가 핸드백을 어깨에 메고 장신구를 보고 있는 모습을 확인한다.
(A) [×] paying(지불하고 있다)은 여자의 동작과 무관하므로 오답이다. 사진에 있는 장신구(jewelry)를 사용하여 혼동을 주었다.
(B) [×] trying on(착용해보고 있다)은 여자의 동작과 무관하므로 오답이다. 사진에 있는 목걸이(necklace)를 사용하여 혼동을 주었다.
(C) [○] 여자가 핸드백을 어깨에 메고 있는 모습을 정확히 묘사한 정답이다.
(D) [×] assembling(조립하고 있다)은 여자의 동작과 무관하므로 오답이다. 사진에 있는 선반들(shelves)을 사용하여 혼동을 주었다.

어휘   checkout[tʃékaut] 계산대   try on 착용하다   assemble[əsémbl] 조립하다

5

🔊 영국식 발음

(A) Umbrellas have been unfolded above the tables.
(B) A cruise ship has stopped in the harbor.
(C) A set of patio furniture is being placed on a vessel.
(D) Streetlamps circle an outdoor dining area.

(A) 파라솔들이 테이블 위에 펼쳐져 있다.
(B) 여객선이 항구에 멈춰 서 있다.
(C) 테라스용 가구가 배 위에 놓이고 있다.
(D) 가로등들이 야외 식사 공간을 둥글게 둘러싸고 있다.

■ 사물 및 풍경 사진

정답 (B)

사진에 사람이 없다는 것과 여객선이 항구에 정박해 있는 모습을 확인한다.
(A) [×] 파라솔들이 테이블 위에 접혀 있는데 펼쳐져 있다고 잘못 묘사했으므로 오답이다. Umbrellas(파라솔들)와 above the tables (테이블 위)만 듣고 정답으로 선택하지 않도록 주의한다.
(B) [○] 여객선이 항구에 멈춰 서 있는 모습을 가장 잘 묘사한 정답이다.
(C) [×] 사진에서 테라스용 가구는 보이지만 배 위에 놓이고 있는(is being placed on a vessel) 모습은 아니므로 오답이다.
(D) [×] 가로등들이 야외 식사 공간을 둥글게 둘러싸고 있는 것이 아니라 일렬로 배치되어 있으므로 오답이다. 사진에 있는 가로등들 (Streetlamps)을 사용하여 혼동을 주었다.

어휘   umbrella[ʌmbrélə] 파라솔   unfold[미 ʌnfóuld, 영 ʌnfáuld] 펼치다   cruise ship 여객선   harbor[미 háːrbər, 영 háːbə] 항구
streetlamp[stríːtlæmp] 가로등

6

🔊 캐나다식 발음

(A) A statue has been situated in a plaza.
(B) A group of people is sitting on the steps.
(C) A structure is being reflected in a window.
(D) A building is being constructed by a work crew.

(A) 조각상이 광장에 위치해 있다.
(B) 한 무리의 사람들이 계단에 앉아 있다.
(C) 구조물이 창문에 비치고 있다.
(D) 건물이 인부들에 의해 건설되고 있다.

■ 2인 이상 사진

정답 (A)

야외 광장에 있는 사람들과 조각상의 모습 및 주변 건물들의 전반적인 풍경을 확인한다.
(A) [○] 조각상이 광장에 위치해 있는 모습을 정확히 묘사한 정답이다.
(B) [×] 사진에서 계단에 앉아 있는(sitting on the steps) 사람들을 확인할 수 없으므로 오답이다. 사진에 있는 계단(steps)을 사용하여 혼동을 주었다.
(C) [×] 사진에서 창문에 비치고 있는(reflected in a window) 구조물을 확인할 수 없으므로 오답이다.
(D) [×] 사진에서 건물은 보이지만 건설되고 있는(is being constructed) 모습은 아니고, 인부들(work crew)을 확인할 수 없으므로 오답이다. 사진에 있는 건물(building)을 사용하여 혼동을 주었다.

어휘   statue[stǽtʃuː] 조각상   situate[sítʃueit] 위치시키다, 설치하다   step[step] 계단   reflect[riflékt] 비추다

PART 2

7
○○○●● 8배

🎧 캐나다식 발음 → 미국식 발음

How many people are we expecting for our performances on Sunday?

(A) 100 for each show.
(B) They'll be here at 8.
(C) We've performed it many times.

우리는 일요일 공연에 몇 명의 사람들을 예상하고 있나요?

(A) 각 공연당 100명이요.
(B) 그들은 8시에 여기 올 거예요.
(C) 우리는 그것을 여러 번 공연했어요.

■ How 의문문

정답 (A)

일요일 공연에 몇 명의 사람들을 예상하는지를 묻는 How 의문문이다. How many가 수량을 묻는 것임을 이해할 수 있어야 한다.

(A) [o] 각 공연당 100명이라며 예상하는 사람들의 수를 언급했으므로 정답이다.
(B) [x] 몇 명의 사람들을 예상하는지를 물었는데 시간으로 응답했으므로 오답이다. 8만 듣고 8명으로 생각해 정답으로 선택하지 않도록 주의한다.
(C) [x] 일요일 공연에 몇 명의 사람들을 예상하는지를 물었는데, 이와 관련이 없는 자신들은 그것을 여러 번 공연했다는 내용으로 응답했으므로 오답이다. performances – performed의 유사 발음 어휘를 사용하고, 질문의 many를 반복 사용하여 혼동을 주었다.

어휘 expect[ikspékt] 예상하다 performance[pərfɔ́:rməns] 공연

8
○○○●● 8배

🎧 영국식 발음 → 캐나다식 발음

Is this Mariah's computer bag?

(A) Please enter your password.
(B) She left it here yesterday.
(C) Yes, the scanner is working.

이게 Mariah의 컴퓨터 가방인가요?

(A) 비밀번호를 입력해주세요.
(B) 그녀가 그것을 어제 여기에 두고 갔어요.
(C) 네, 스캐너가 작동 중이에요.

■ Be 동사 의문문

정답 (B)

Mariah의 컴퓨터 가방인지를 확인하는 Be 동사 의문문이다.

(A) [x] computer(컴퓨터)와 관련 있는 password(비밀번호)를 사용하여 혼동을 준 오답이다.
(B) [o] 그녀가 그것을 어제 여기에 두고 갔다는 말로 Mariah의 컴퓨터 가방임을 간접적으로 전달했으므로 정답이다.
(C) [x] computer(컴퓨터)와 관련 있는 scanner(스캐너)를 사용하여 혼동을 준 오답이다. Yes만 듣고 정답으로 고르지 않도록 주의한다.

어휘 enter[éntər] 입력하다 leave[li:v] 두고 가다

9
○○○●● 8배

🎧 미국식 발음 → 호주식 발음

Who moved the boxes from the front door?

(A) I'm sure it's in the back room.
(B) I'll do it right after the snow stops.
(C) I saw Issac doing it this morning.

누가 정문에 있는 상자들을 옮겼나요?

(A) 뒤쪽 방에 있다고 확신해요.
(B) 눈이 그치고 나면 제가 바로 할게요.
(C) 오늘 아침에 Issac이 하는 걸 봤어요.

■ Who 의문문

정답 (C)

정문에 있는 상자들을 누가 옮겼는지를 묻는 Who 의문문이다.

(A) [x] 질문의 front door(정문)에서 '앞쪽'이라는 의미의 front와 반대 의미인 back(뒤쪽)을 사용하여 혼동을 준 오답이다. I'm sure까지만 듣고 정답으로 고르지 않도록 주의한다.
(B) [x] moved the boxes(상자들을 옮겼다)를 나타낼 수 있는 do it을 사용하여 혼동을 준 오답이다. 질문의 Who moved the boxes를 Who will move the boxes로 혼동하여 Who will move the boxes from the front door(누가 정문에 있는 상자들을 옮길 건가요)로 생각해 정답으로 선택하지 않도록 주의한다.
(C) [o] Issac이 오늘 아침에 하는 것을 보았다며 상자들을 옮긴 인물을 언급했으므로 정답이다.

어휘 move[mu:v] 옮기다 back[bæk] 뒤쪽, 뒤쪽의

10
○○○○
●
상

🎧 캐나다식 발음 → 영국식 발음

My medical checkup is at 4:40, but I won't finish work until 5 today.

(A) At Queens Hospital.
(B) That's a problem.
(C) You need to make sure you're qualified.

제 건강 검진이 4시 40분인데, 오늘 저는 5시나 되어야 일이 끝날 거예요.

(A) Queens 병원에서요.
(B) 그거 문제네요.
(C) 당신이 자격이 있는지를 확실히 해야 해요.

■ 평서문　　　　　　　　　　　　　　　　　　　　　　　　　　　　　　정답 (B)

건강 검진이 4시 40분인데, 5시나 되어야 일이 끝날 것이라는 문제점을 언급하는 평서문이다.
(A) [×] medical checkup(건강 검진)과 관련 있는 Hospital(병원)을 사용하여 혼동을 준 오답이다.
(B) [○] 그것은 문제라는 말로 문제점에 대한 의견을 제시했으므로 정답이다.
(C) [×] 질문의 checkup(검진)에서 '확인하다'라는 의미의 check과 관련 있는 make sure(확실히 하다)를 사용하여 혼동을 준 오답이다.

어휘　medical checkup 건강 검진　qualified [미 kwá:lifaid, 영 kwɔ́lifaid] 자격이 있는, 적임의

11
○○○●
●
상

🎧 호주식 발음 → 영국식 발음

Would you prefer to rent a sedan or a larger vehicle?

(A) I've run out of gas.
(B) The rental fee is negotiable.
(C) We require a van to fit everyone.

세단을 대여하는 것이 좋으세요, 아니면 더 큰 차량을 대여하는 것이 좋으세요?

(A) 기름이 다 떨어졌어요.
(B) 대여 비용은 협의 가능합니다.
(C) 모두가 타려면 우리는 승합차가 필요해요.

■ 선택 의문문　　　　　　　　　　　　　　　　　　　　　　　　　　　　정답 (C)

세단을 대여하는 것이 좋은지 아니면 더 큰 차량을 대여하는 것이 좋은지를 묻는 선택 의문문이다.
(A) [×] 질문의 you를 나타낼 수 있는 I를 사용하고, vehicle(차량)과 관련 있는 run out of gas(기름이 다 떨어지다)를 사용하여 혼동을 준 오답이다.
(B) [×] 세단을 대여하는 것이 좋은지 아니면 더 큰 차량을 대여하는 것이 좋은지를 물었는데, 이와 관련이 없는 대여 비용은 협의 가능하다는 내용으로 응답했으므로 오답이다. rent – rental의 유사 발음 어휘를 사용하여 혼동을 주었다.
(C) [○] 모두가 타려면 승합차가 필요하다는 말로 더 큰 차량을 대여하는 것을 선택했으므로 정답이다.

어휘　rent [rent] 대여하다　run out of ~이 다 떨어지다　negotiable [미 nigóuʃiəbl, 영 nəgóuʃəbl] 협의 가능한　require [미 rikwáiər, 영 rikwáiə] 필요하다

12
○○○○
●
하

🎧 미국식 발음 → 호주식 발음

Why has our director been out of the office all morning?

(A) Around seven o'clock.
(B) She's attending a workshop.
(C) Yes, your directions were useful.

우리 부장님은 왜 오전 내내 사무실에 없으셨나요?

(A) 7시쯤이요.
(B) 그녀는 워크숍에 참석 중이에요.
(C) 네, 당신의 안내는 유용했어요.

■ Why 의문문　　　　　　　　　　　　　　　　　　　　　　　　　　　　정답 (B)

부장이 왜 오전 내내 사무실에 없었는지를 묻는 Why 의문문이다.
(A) [×] 부장이 사무실에 없었던 이유를 물었는데 시간으로 응답했으므로 오답이다.
(B) [○] 그녀는 워크숍에 참석 중이라며 부장이 오전 내내 사무실에 없었던 이유를 언급했으므로 정답이다.
(C) [×] 의문사 의문문에 Yes로 응답했으므로 오답이다. director – directions의 유사 발음 어휘를 사용하여 혼동을 주었다.

어휘　attend [əténd] 참석하다　direction [미 dirékʃən, 영 dairékʃən] 안내, 지시

13

Does the cleaning service send us monthly bills?

(A) Yes, on the 1st.
(B) It's fine to pay with a credit card.
(C) I spent $50 last month.

청소 용역에서 우리에게 월간 청구서를 보내나요?

(A) 네, 1일에요.
(B) 신용 카드로 지불해도 괜찮아요.
(C) 저는 지난달에 50달러를 썼어요.

■ 조동사 의문문

정답 (A)

청소 용역에서 월간 청구서를 보내는지를 확인하는 조동사(Do) 의문문이다.
(A) [○] Yes로 청소 용역에서 월간 청구서를 보낸다는 것을 전달한 후, 1일에 보낸다는 추가 정보를 제공했으므로 정답이다.
(B) [×] bills(청구서)와 관련 있는 pay(지불하다)를 사용하여 혼동을 준 오답이다.
(C) [×] monthly bills(월간 청구서)에서 연상할 수 있는 요금과 관련된 $50(50달러)를 사용하고, monthly – month의 유사 발음 어휘를 사용하여 혼동을 준 오답이다.

어휘 cleaning service 청소 용역 bill[bil] 청구서

14

When do you want me to restock the shelves?

(A) No, I think it is on the bottom shelf.
(B) Before taking your lunch break.
(C) In the storage room.

당신은 제가 언제 선반을 다시 채우기를 원하시나요?

(A) 아니요, 맨 아래 선반에 있는 것 같아요.
(B) 당신이 점심시간을 갖기 전에요.
(C) 창고 안에요.

■ When 의문문

정답 (B)

언제 선반을 다시 채우기를 원하는지를 묻는 When 의문문이다.
(A) [×] 의문사 의문문에 No로 응답했으므로 오답이다. 질문의 shelves를 shelf로 반복 사용하여 혼동을 주었다.
(B) [○] 상대방이 점심시간을 갖기 전이라며 선반을 다시 채우기를 원하는 시점을 언급했으므로 정답이다.
(C) [×] 언제 선반을 다시 채우기를 원하는지를 물었는데 장소로 응답했으므로 오답이다. restock(다시 채우다)에서 연상할 수 있는 장소인 storage room(창고)을 사용하여 혼동을 주었다.

어휘 restock[riːstáːk] 다시 채우다 bottom[báːtəm] 맨 아래, 맨 아래쪽에

15

How often do you go to Tokyo on business trips?

(A) It's an event occurring in Tokyo.
(B) An agent will plan the trip.
(C) We no longer have a branch in that city.

당신은 얼마나 자주 도쿄로 출장을 가나요?

(A) 그건 도쿄에서 일어나는 행사예요.
(B) 대행자가 여행을 계획할 거예요.
(C) 우리는 더 이상 그 도시에 지사가 없어요.

■ How 의문문

정답 (C)

도쿄로 얼마나 자주 출장을 가는지를 묻는 How 의문문이다. How often이 빈도를 묻는 것임을 이해할 수 있어야 한다.
(A) [×] 도쿄로 얼마나 자주 출장을 가는지를 물었는데, 이와 관련이 없는 그것은 도쿄에서 일어나는 행사라는 내용이므로 오답이다. 질문의 Tokyo를 반복 사용하여 혼동을 주었다.
(B) [×] 질문의 trips를 trip으로 반복 사용하여 혼동을 준 오답이다.
(C) [○] 더 이상 그 도시에 지사가 없다는 말로 도쿄에 출장을 가지 않음을 간접적으로 전달했으므로 정답이다.

어휘 occur[미 əkáːr, 영 əkáː] 일어나다, 발생하다 agent[éidʒənt] 대행자, 대리인

16
○○○○
상

🔊 미국식 발음 → 호주식 발음

Who should I submit my employment application to?

(A) The woman behind the reception desk.
(B) You should include a résumé and cover letter.
(C) The position won't be vacant for another two weeks.

제 구직 신청서를 누구에게 제출해야 하나요?

(A) 안내 데스크 뒤의 여자분이요.
(B) 이력서와 자기소개서를 포함해야 해요.
(C) 그 직무는 앞으로 2주 동안은 비어 있지 않을 거예요.

■ Who 의문문

정답 (A)

구직 신청서를 누구에게 제출해야 하는지를 묻는 Who 의문문이다.
(A) [o] 안내 데스크 뒤의 여자라며 구직 신청서를 제출해야 하는 인물을 언급했으므로 정답이다.
(B) [x] 질문의 should를 반복 사용하고, employment application(구직 신청서)과 관련 있는 résumé(이력서)와 cover letter(자기소개서)를 사용하여 혼동을 준 오답이다.
(C) [x] employment application(구직 신청서)과 관련 있는 position(직무)을 사용하여 혼동을 준 오답이다.

어휘 include[inklúːd] 포함하다 résumé[미 rézəmei, 영 rézjuːmei] 이력서 cover letter 자기소개서 vacant[véikənt] 비어 있는

17
○○○●
중

🔊 영국식 발음 → 캐나다식 발음

Why don't we ask the baker to recommend a high quality bread flour?

(A) No, we've already arrived.
(B) I bought some cakes.
(C) Yes, that would be helpful.

제빵사에게 고급 제빵용 밀가루를 추천해달라고 하는 게 어때요?

(A) 아니요, 우리는 이미 도착했어요.
(B) 전 케이크를 좀 샀어요.
(C) 네, 그게 도움이 되겠네요.

■ 제안 의문문

정답 (C)

제빵사에게 고급 제빵용 밀가루를 추천해달라고 하자는 제안 의문문이다. Why don't we가 제안하는 표현임을 이해할 수 있어야 한다.
(A) [x] 제빵사에게 고급 제빵용 밀가루를 추천해달라고 하자고 제안했는데, 이와 관련이 없는 자신들은 이미 도착했다는 내용으로 응답했으므로 오답이다. No만 듣고 정답으로 선택하지 않도록 주의한다.
(B) [x] bread(빵)와 관련 있는 cake(케이크)을 사용하여 혼동을 준 오답이다.
(C) [o] Yes로 제안을 수락한 후, 그게 도움이 되겠다는 말로 의견을 언급했으므로 정답이다.

어휘 baker[미 béikər, 영 béikə] 제빵사 high quality 고급의 bread flour 제빵용 밀가루

18
○○○●
상

🔊 미국식 발음 → 캐나다식 발음

Would you organize the museum's charity luncheon?

(A) We received a generous donation.
(B) It would be my pleasure.
(C) No, I don't need a ride.

당신이 박물관의 자선행사를 위한 오찬을 준비해 주시겠어요?

(A) 우리는 후한 기부금을 받았어요.
(B) 기꺼이 할게요.
(C) 아니요, 태워주실 필요 없어요.

■ 요청 의문문

정답 (B)

박물관의 자선행사를 위한 오찬을 준비해달라는 요청 의문문이다. Would you가 요청하는 표현임을 이해할 수 있어야 한다.
(A) [x] charity(자선행사)와 관련 있는 donation(기부금)을 사용하여 혼동을 준 오답이다.
(B) [o] 기꺼이 하겠다는 말로 요청을 수락한 정답이다.
(C) [x] 박물관의 자선행사를 위한 오찬을 준비해달라고 요청했는데, 이와 관련이 없는 태워줄 필요가 없다는 말로 응답했으므로 오답이다. No만 듣고 정답으로 선택하지 않도록 주의한다.

어휘 organize[ɔ́ːrgənaiz] 준비하다, 조직하다 charity luncheon 자선행사를 위한 오찬 generous[dʒénərəs] 후한 donation[dounéiʃən] 기부금

🔊 영국식 발음 → 호주식 발음

You've reserved your seat for the concert already, haven't you?

(A) I should be ready by 6 P.M.
(B) I'm going to do it now.
(C) No, it'll be my first time playing there.

당신은 콘서트의 좌석을 이미 예약했죠, 안 그런가요?

(A) 전 오후 6시까지는 준비될 거예요.
(B) 지금 할 거예요.
(C) 아니요, 제가 그곳에서 연주하는 건 처음이 될 거예요.

■ 부가 의문문
정답 (B)

콘서트의 좌석을 이미 예약했는지를 확인하는 부가 의문문이다.
(A) [×] 콘서트의 좌석을 이미 예약했는지를 물었는데, 이와 관련이 없는 자신이 오후 6시까지 준비될 것이라는 내용으로 응답했으므로 오답이다. already – ready의 유사 발음 어휘를 사용하여 혼동을 주었다.
(B) [○] 지금 할 것이라는 말로 콘서트의 좌석을 아직 예약하지 않았음을 간접적으로 전달했으므로 정답이다.
(C) [×] concert(콘서트)와 관련 있는 playing(연주하다)을 사용하여 혼동을 준 오답이다. No만 듣고 정답으로 고르지 않도록 주의한다.

어휘 **reserve**[미 rizə́:rv, 영 rizə́:v] 예약하다

🔊 캐나다식 발음 → 영국식 발음

What is the company's reason for recalling the vehicle?

(A) No, I didn't receive a full refund.
(B) Consumers are reporting faulty brakes.
(C) They should be brought back to the store.

회사에서 그 차량을 회수하는 이유가 무엇인가요?

(A) 아니요, 저는 전액 환불을 받지 못했어요.
(B) 소비자들이 결함이 있는 브레이크를 신고하고 있어요.
(C) 그것들을 상점에 돌려줘야 해요.

■ What 의문문
정답 (B)

회사에서 차량을 회수하는 이유가 무엇인지를 묻는 What 의문문이다.
(A) [×] 의문사 의문문에 No로 응답했으므로 오답이다. recalling(회수하다)에서 연상할 수 있는 보상 방법과 관련된 full refund(전액 환불)를 사용하여 혼동을 주었다.
(B) [○] 소비자들이 결함이 있는 브레이크를 신고하고 있다는 말로 회사에서 차량을 회수하는 이유를 전달했으므로 정답이다.
(C) [×] recalling(회수하다)에서 연상할 수 있는 회수 절차와 관련된 be brought back to the store(상점에 돌려주다)를 사용하여 혼동을 준 오답이다.

어휘 **recall**[rikɔ́:l] 회수하다 **consumer**[미 kənsú:mər, 영 kənsjú:mə] 소비자 **report**[미 ripɔ́:rt, 영 ripɔ́:t] 신고하다
faulty[미 fɔ́:lti, 영 fɔ́lti] 결함이 있는

🔊 호주식 발음 → 미국식 발음

The conference on business strategies is going to be postponed.

(A) Across from the convention center.
(B) That strategy was very effective.
(C) Oh, I didn't know that.

사업 전략에 관한 회의가 연기될 거예요.

(A) 컨벤션 센터의 맞은편이요.
(B) 그 전략은 매우 효과적이었어요.
(C) 아, 전 몰랐어요.

■ 평서문
정답 (C)

사업 전략에 관한 회의가 연기될 것이라는 객관적인 사실을 전달하는 평서문이다.
(A) [×] conference(회의)와 관련 있는 convention center(컨벤션 센터)를 사용하여 혼동을 준 오답이다.
(B) [×] 사업 전략에 관한 회의가 연기될 것이라고 했는데, 이와 관련이 없는 그 전략이 매우 효과적이었다는 내용으로 응답했으므로 오답이다.
        질문의 strategies를 strategy로 반복 사용하여 혼동을 주었다.
(C) [○] 자신은 몰랐다는 말로 사업 전략에 관한 회의가 연기될 것이라는 사실을 몰랐음을 전달했으므로 정답이다.

어휘 **strategy**[strǽtədʒi] 전략 **postpone**[미 poustpóun, 영 pəustpə́un] 연기하다 **across from** ~의 맞은편에

22

₃₎₎ 캐나다식 발음 → 영국식 발음

Where did you put our flight tickets to Vancouver?

(A) I left them in my desk drawer.
(B) We need to hurry to catch the flight.
(C) I made a reservation this morning.

우리의 밴쿠버행 비행기 표를 어디에 두었나요?

(A) 그것들을 제 책상 서랍 안에 두었어요.
(B) 우린 그 비행기를 타기 위해 서둘러야 해요.
(C) 오늘 아침에 예약했어요.

■ Where 의문문

정답 (A)

밴쿠버행 비행기 표를 어디에 두었는지를 묻는 Where 의문문이다.
(A) [○] 그것들을 자신의 책상 서랍 안에 두었다며 밴쿠버행 비행기 표를 둔 장소를 언급했으므로 정답이다.
(B) [×] 밴쿠버행 비행기 표를 어디에 두었는지를 물었는데, 이와 관련이 없는 자신들은 그 비행기를 타기 위해 서둘러야 한다는 내용으로 응답했으므로 오답이다. 질문의 flight을 반복 사용하여 혼동을 주었다.
(C) [×] flight tickets(비행기 표)와 관련 있는 reservation(예약)을 사용하여 혼동을 준 오답이다.

어휘   drawer[미 drɔːr, 영 drɔː] 서랍   catch[kætʃ] (버스·기차 등을 시간 맞춰) 타다

23

₃₎₎ 미국식 발음 → 영국식 발음

Didn't the guests in Suite 234 request room service?

(A) The kitchen staff will know.
(B) They have checked in.
(C) It's bigger than I had expected.

스위트룸 234호의 고객들이 룸서비스를 요청하지 않았나요?

(A) 주방 직원이 알 거예요.
(B) 그들은 체크인했어요.
(C) 그건 제가 예상했던 것보다 더 크네요.

■ 부정 의문문

정답 (A)

스위트룸 234호의 고객들이 룸서비스를 요청하지 않았는지를 확인하는 부정 의문문이다.
(A) [○] 주방 직원이 알 것이라는 말로 모르겠다는 간접적인 응답을 했으므로 정답이다.
(B) [×] 질문의 guests(고객들)를 나타낼 수 있는 They를 사용하고, Suite(스위트룸)와 관련 있는 checked in(체크인했다)을 사용하여 혼동을 준 오답이다.
(C) [×] room(방)에서 연상할 수 있는 방 크기와 관련된 bigger(더 큰)를 사용하여 혼동을 준 오답이다.

어휘   request[rikwést] 요청하다

24

₃₎₎ 호주식 발음 → 미국식 발음

Which shirts are currently on sale?

(A) Yes, 75 percent off.
(B) All of the ones on this rack.
(C) Let's go shopping at the Riverton Mall.

어느 셔츠들이 현재 할인 중인가요?

(A) 네, 75퍼센트 할인입니다.
(B) 이 선반 위에 있는 것들 전부 다요.
(C) Riverton 몰로 쇼핑하러 갑시다.

■ Which 의문문

정답 (B)

어느 셔츠들이 현재 할인 중인지를 묻는 Which 의문문이다. Which shirts를 반드시 들어야 한다.
(A) [×] 의문사 의문문에 Yes로 응답했으므로 오답이다. sale(할인)에서 연상할 수 있는 할인율과 관련된 75 percent off(75퍼센트 할인)를 사용하여 혼동을 주었다.
(B) [○] 이 선반 위에 있는 것들 전부 다라는 말로 할인 중인 셔츠들을 언급했으므로 정답이다.
(C) [×] sale(할인)과 관련 있는 shopping(쇼핑)을 사용하여 혼동을 준 오답이다.

어휘   currently[미 kə́ːrəntli, 영 kʌ́rentli] 현재   rack[ræk] 선반

25

○○○○● 하

🔊 캐나다식 발음 → 미국식 발음

Why do you want to return this table?

(A) Thanks. I'll exchange it later.
(B) My turn is coming up next.
(C) It's too big for my living room.

당신은 왜 이 탁자를 반품하길 원하시나요?

(A) 감사합니다. 제가 나중에 그것을 교환할게요.
(B) 제 차례가 다음으로 다가오고 있어요.
(C) 그것은 제 거실에 너무 커요.

■ **Why 의문문**   정답 (C)

이 탁자를 왜 반품하길 원하는지를 묻는 Why 의문문이다.
(A) [×] return(반품하다)과 관련 있는 exchange(교환하다)를 사용하고, 질문의 table(탁자)을 나타낼 수 있는 it을 사용하여 혼동을 준 오답이다.
(B) [×] 탁자를 왜 반품하길 원하는지를 물었는데, 이와 관련이 없는 자신의 차례가 다음으로 다가오고 있다고 응답했으므로 오답이다.
    return – turn의 유사 발음 어휘를 사용하여 혼동을 주었다.
(C) [○] 이 탁자가 자신의 거실에 너무 크다는 말로 탁자를 반품하길 원하는 이유를 언급했으므로 정답이다.

어휘 return[ritə́ːrn] 반품하다 turn[təːrn] 차례

26

●●●●● 최상

🔊 영국식 발음 → 캐나다식 발음

I've decided which apartment I'm going to lease when I move to Madrid.

(A) I knew you were unhappy with your landlord.
(B) Great, that's one major decision.
(C) They're trying to sell their house.

저는 마드리드로 이사하면 어느 아파트를 임대할지 결정했어요.

(A) 당신이 임대주에게 불만스러워했다는 것을 알고 있었어요.
(B) 잘됐네요, 그것은 하나의 중대한 결정이에요.
(C) 그들은 집을 팔려고 노력하고 있어요.

■ **평서문**   정답 (B)

마드리드로 이사하면 어느 아파트를 임대할지 결정했다는 객관적인 사실을 전달하는 평서문이다.
(A) [×] lease(임대하다)와 관련 있는 landlord(임대주)를 사용하여 혼동을 준 오답이다.
(B) [○] 잘됐다며 그것은 하나의 중대한 결정이라는 말로 사실에 대한 의견을 제시했으므로 정답이다.
(C) [×] apartment(아파트)와 관련 있는 house(집)를 사용하여 혼동을 준 오답이다.

어휘 unhappy[ʌnhǽpi] 불만스러운 landlord[lǽndlɔːrd] 임대주

27

○○○●○ 중

🔊 캐나다식 발음 → 미국식 발음

Will my flight depart on time?

(A) There haven't been any delays.
(B) The altered project schedule.
(C) No, it arrived two days ago.

제 비행기가 제시간에 출발할까요?

(A) 아무런 지연도 없었어요.
(B) 변경된 프로젝트 일정이요.
(C) 아니요, 그것은 이틀 전에 도착했어요.

■ **조동사 의문문**   정답 (A)

자신의 비행기가 제시간에 출발할지를 확인하는 조동사(Will) 의문문이다.
(A) [○] 아무런 지연도 없었다는 말로 비행기가 제시간에 출발할 것임을 간접적으로 전달했으므로 정답이다.
(B) [×] time(시간)과 관련 있는 schedule(일정)을 사용하여 혼동을 준 오답이다.
(C) [×] 비행기가 제시간에 출발할지를 물었는데, 이와 관련이 없는 그것이 이틀 전에 도착했다는 내용으로 응답했으므로 오답이다. No만 듣고
    정답으로 고르지 않도록 주의한다.

어휘 depart[미 dipáːrt, 영 dipáːt] 출발하다, 떠나다 delay[diléi] 지연, 연기 alter[ɔ́ːltər] 변경하다, 바꾸다

28
상

🎧 호주식 발음 → 미국식 발음

Should we stay at the beach or head back to the hotel?

(A) Some extra beach towels.
(B) OK, if you're done swimming.
(C) Let's relax here a bit longer.

우리는 해변에 머무를까요, 아니면 호텔로 돌아갈까요?

(A) 여분의 해변용 수건 몇 장이요.
(B) 좋아요, 당신이 수영을 다 하면요.
(C) 여기서 좀 더 휴식을 취해요.

■ 선택 의문문   정답 (C)

해변에 머무를지 아니면 호텔로 돌아갈지를 묻는 선택 의문문이다.
(A) [×] 해변에 머무를지 호텔로 돌아갈지를 물었는데, 이와 관련이 없는 여분의 해변용 수건 몇 장이라는 내용으로 응답했으므로 오답이다. 질문의 beach를 반복 사용하여 혼동을 주었다.
(B) [×] beach(해변)와 관련 있는 swimming(수영)을 사용하여 혼동을 준 오답이다.
(C) [○] 여기서 좀 더 휴식을 취하자는 말로 해변에 머무를 것을 선택했으므로 정답이다.

어휘 stay[stei] 머무르다 extra[ékstrə] 여분의

29
중

🎧 캐나다식 발음 → 영국식 발음

Hasn't the technician fixed our network yet?

(A) We met him at the networking event.
(B) No, he's still working on it.
(C) I'm glad we solved it together.

기술자가 우리의 네트워크를 아직 수리하지 않았나요?

(A) 우린 그를 네트워킹 행사에서 만났어요.
(B) 아니요, 그는 아직 그걸 작업하고 있어요.
(C) 우리가 그것을 함께 해결해서 기뻐요.

■ 부정 의문문   정답 (B)

기술자가 네트워크를 아직 수리하지 않았는지를 묻는 부정 의문문이다.
(A) [×] 질문의 technician(기술자)을 나타낼 수 있는 him을 사용하고, network – networking의 유사 발음 어휘를 사용하여 혼동을 준 오답이다.
(B) [○] No로 기술자가 네트워크를 아직 수리하지 않았음을 전달한 후, 그가 아직 작업하고 있다는 부연 설명을 했으므로 정답이다.
(C) [×] 질문의 network를 나타낼 수 있는 it을 사용하고, fixed(수리했다)와 관련 있는 solved(해결했다)를 사용하여 혼동을 준 오답이다.

어휘 technician[tekníʃən] 기술자

30
중

🎧 미국식 발음 → 호주식 발음

Do you know who the woman delivering the welcome address is?

(A) Yes, it was delivered to my home last week.
(B) Her name is Kate Wong.
(C) I think it's on 17th Street.

당신은 환영 연설을 하고 있는 저 여자가 누구인지 아나요?

(A) 네, 그것은 지난주에 우리 집으로 배달되었어요.
(B) 그녀의 이름은 Kate Wong이에요.
(C) 그것은 17번가에 있는 것 같아요.

■ 의문사를 포함한 일반 의문문   정답 (B)

의문사 who를 포함하여 환영 연설을 하고 있는 여자가 누구인지 아는지를 묻는 일반 의문문이다.
(A) [×] 질문의 delivering(연설을 하고 있는)을 '배달하다'라는 의미의 delivered로 반복 사용하여 혼동을 준 오답이다. Yes만 듣고 정답으로 고르지 않도록 주의한다.
(B) [○] 그녀의 이름은 Kate Wong이라며 환영 연설을 하고 있는 인물이 누구인지를 전달했으므로 정답이다.
(C) [×] address(연설)의 다른 의미인 '주소'와 관련된 Street(가)을 사용하여 혼동을 준 오답이다.

어휘 deliver[미 dilívər, 영 dilívə] (연설 등을) 하다, 배달하다 address[ədrés] 연설, 주소

31

🎧 영국식 발음 → 호주식 발음

The Boston Herald reports that the Eastwood Public Library is closed for renovations.

(A) Have you completed the report?
(B) I have to renew my card next month.
(C) Really? When will it reopen?

*The Boston Herald*지는 Eastwood 공립 도서관이 수리를 위해 문을 닫았다고 보도해요.

(A) 당신은 보고서를 완료했나요?
(B) 다음 달에 제 카드를 갱신해야 해요.
(C) 정말요? 언제 다시 문을 열까요?

■ 평서문　　　　　　　　　　　　　　　　　　　　　　　　　　　　　　　　　　　정답 (C)

*The Boston Herald*지가 Eastwood 공립 도서관이 수리를 위해 문을 닫았다고 보도한다는 객관적인 사실을 전달하는 평서문이다.

(A) [×] 질문의 reports(보도하다)를 '보고서'라는 의미의 명사 report로 반복 사용하여 혼동을 준 오답이다.
(B) [×] *The Boston Herald*지가 Eastwood 공립 도서관이 수리를 위해 문을 닫았다고 보도한다고 했는데, 이와 관련이 없는 다음 달에 자신의 카드를 갱신해야 한다는 내용으로 응답했으므로 오답이다. renovations – renew의 유사 발음 어휘를 사용하여 혼동을 주었다.
(C) [○] 언제 다시 문을 열 것인지를 되물어 사실에 대한 추가 정보를 요구하는 정답이다.

어휘　renovation [rènəvéiʃən] 수리　renew [미 rinú:, 영 rinjú:] 갱신하다　reopen [미 rì:óupən, 영 rì:óupən] 다시 문을 열다

PART 3

32
33
34

Questions 32-34 refer to the following conversation.

미국식 발음 → 캐나다식 발음

W: Hello. My name is Vanessa Johnson, and I'm calling because I want to report an error in your newspaper.

M: What mistake did you discover, Ms. Johnson?

W: Well . . . ³²I'm the owner of the vitamin and supplement store called Lancaster Health and Nutrition. Yesterday, ³³you published an article about our new branch that's going to open in Dalton Plaza next week. But the article said it's opening next month.

M: Oh, I'm very sorry. ³⁴I'll be certain to notify our news editor immediately. Once he verifies the misprint, I'm sure he'll arrange for a correction to be posted in tomorrow's edition.

32 Who is the woman?
(A) A newspaper editor
(B) A television reporter
(C) A health-care worker
(D) A store owner

33 What information was incorrectly printed?
(A) The location of a branch
(B) The date of an opening
(C) The name of a company
(D) The price of a product

34 What does the man offer to do?
(A) Reprint an advertisement
(B) Proofread a newspaper article
(C) Inform a coworker of a mistake
(D) Transfer the woman's call

32-34번은 다음 대화에 관한 문제입니다.

W: 안녕하세요. 제 이름은 Vanessa Johnson이고, 귀사의 신문에 있는 오류를 알리고 싶어 전화드립니다.

M: 무슨 오류를 발견하셨나요, Ms. Johnson?

W: 음… ³²저는 Lancaster Health and Nutrition이라는 비타민 및 영양 보충제 가게의 주인이에요. 어제, ³³귀사에서 다음 주에 Dalton Plaza에 개장하는 저희의 새로운 지점에 관한 기사를 실었어요. 하지만 기사에는 그곳이 다음 달에 개장할 것이라고 쓰여 있었어요.

M: 아, 정말 죄송합니다. ³⁴저희의 신문 편집자에게 반드시 바로 알리도록 하겠습니다. 그가 오자를 확인하자마자, 분명히 내일 신문에 게재되도록 수정 기사를 준비할 겁니다.

32. 여자는 누구인가?
(A) 신문 편집자
(B) 텔레비전 리포터
(C) 의료계 종사자
(D) 가게 주인

33. 어떤 정보가 잘못 인쇄되었는가?
(A) 지점 위치
(B) 개점 날짜
(C) 회사 이름
(D) 제품 가격

34. 남자는 무엇을 해주겠다고 제안하는가?
(A) 광고물을 다시 인쇄한다.
(B) 신문 기사를 교정본다.
(C) 동료에게 오류를 알려준다.
(D) 여자의 전화를 바꿔준다.

지문 **report**[ripɔ́:rt] 알리다, 보고하다 **supplement**[sʌ́plimənt] 영양 보충제, 보완물 **notify**[nóutifai] 알리다, 통보하다
verify[vérifai] 확인하다, 입증하다 **misprint**[mísprint] 오자, 오식 **arrange**[əréindʒ] 준비하다
32 **health-care**[hélθkɛ̀ər] 의료, 보건
34 **proofread**[prú:fri:d] 교정보다 **transfer**[trænsfɔ́:r] 바꾸다

32 ■ **전체 대화 관련 문제** 화자 정답 (D)

여자의 신분을 묻는 문제이므로, 신분 및 직업과 관련된 표현을 놓치지 않고 듣는다. 여자가 "I'm the owner of the vitamin and supplement store called Lancaster Health and Nutrition."이라며 자신이 Lancaster Health and Nutrition이라는 비타민 및 영양 보충제 가게의 주인이라고 하였다. 따라서 정답은 (D) A store owner이다.

33 ■ **세부 사항 관련 문제** 특정 세부 사항 정답 (B)

잘못 인쇄된 정보를 묻는 문제이므로, 질문의 핵심어구(incorrectly printed)와 관련된 내용을 주의 깊게 듣는다. 여자가 "you published an article about our new branch that's going to open in Dalton Plaza next week. But the article said it's opening next month."라며 남자의 회사에서 다음 주에 Dalton Plaza에 개장하는 새로운 지점에 관한 기사를 실었는데, 기사에는 그곳이 다음 달에 개장할 것이라고 쓰여 있었다고 한 말을 통해 개점 날짜가 잘못 인쇄되었음을 알 수 있다. 따라서 정답은 (B) The date of an opening이다.

34 ■ **세부 사항 관련 문제** 제안 정답 (C)

남자가 해주겠다고 제안하는 것을 묻는 문제이므로, 남자의 말에서 여자를 위해 해주겠다고 언급한 내용을 주의 깊게 듣는다. 남자가 "I'll be certain to notify our news editor immediately."라며 신문 편집자에게 반드시 바로 알리겠다고 하였다. 따라서 정답은 (C) Inform a coworker of a mistake이다.

바꾸어 표현하기
notify 알리다 → Inform 알리다

Questions 35-37 refer to the following conversation.

🔊 영국식 발음 → 호주식 발음

W: ³⁵It appears that we need more meals for tonight's year-end, corporate dinner party. Seven of our employees brought additional guests, but the cooks only prepared enough food for the confirmed number of guests.

M: Hmm, that's odd. ³⁶I was in charge of keeping track of the guest list, and just one person contacted me today to say that he was bringing an extra person with him.

W: Maybe some of them changed their minds at the last minute. Anyway, ³⁷could you ask the chef to make a few more dishes?

M: ³⁷Sure. I'll head to the kitchen and find out if he can do that.

35 What type of event is taking place today?
(A) A cooking course
(B) A food exposition
(C) A company gathering
(D) A restaurant opening

36 What was the man responsible for?
(A) Listing new items on a menu
(B) Showing guests to their seats
(C) Preparing ingredients for a dish
(D) Tracking event attendance

37 What will the man probably do next?
(A) Bring dishes to a kitchen
(B) Serve some special meals
(C) Talk to a chef
(D) Change the time of an event

35-37번은 다음 대화에 관한 문제입니다.

W: ³⁵우리는 오늘 밤 회사 송년회 만찬 파티를 위한 음식이 더 필요한 것 같아요. 일곱 명의 우리 직원들이 추가 손님들을 데려왔는데, 요리사들은 확정된 수의 손님들에게 충분한 음식만 준비했어요.

M: 흠, 이상하네요. ³⁶제가 손님 명단을 기록하는 것을 맡았었는데, 딱 한 명만 오늘 제게 연락해서 추가 인원을 데려올 것이라 말했어요.

W: 아마도 그들 중 몇몇이 마지막 순간에 마음을 바꾼 것 같아요. 어쨌든, ³⁷주방장에게 요리를 좀 더 만들어달라고 요청해 주시겠어요?

M: ³⁷물론이죠. 주방으로 가서 그가 그렇게 할 수 있는지 알아볼게요.

35. 오늘 어떤 종류의 행사가 일어나고 있는가?
(A) 요리 강좌
(B) 음식 박람회
(C) 회사 모임
(D) 식당 개업식

36. 남자는 무엇에 책임이 있었는가?
(A) 메뉴에 새로운 항목들을 기재하는 것
(B) 손님들을 자리로 안내하는 것
(C) 요리를 위한 재료들을 준비하는 것
(D) 행사 참석자들을 파악하는 것

37. 남자는 다음에 무엇을 할 것 같은가?
(A) 요리들을 주방으로 가져간다.
(B) 몇몇 특별 식사를 제공한다.
(C) 주방장에게 이야기한다.
(D) 행사의 시간을 바꾼다.

지문 additional[ədíʃənəl] 추가의 confirmed[미 kənfɔ́:rmd, 영 kənfɔ́:md] 확정된 in charge of ~을 맡은, 담당한 keep track of ~을 기록하다
at the last minute 마지막 순간에, 임박해서 head[hed] 가다, 향하다
35 exposition[èkspəzíʃən] 박람회, 전시
36 list[list] 기재하다, 목록에 올리다 show[ʃou] 안내하다, 보여주다 ingredient[ingrí:diənt] 재료, 성분

35 ■ 세부 사항 관련 문제 특정 세부 사항   정답 (C)
○○○ 오늘 일어나고 있는 행사의 종류를 묻는 문제이므로, 질문의 핵심어구(type of event)와 관련된 내용을 주의 깊게 듣는다. 여자가
●●○ "It appears that we need more meals for tonight's year-end, corporate dinner party."라며 오늘 밤 회사 송년회 만찬 파티를
 중   위한 음식이 더 필요한 것 같다고 하였다. 따라서 정답은 (C) A company gathering이다.

36 ■ 세부 사항 관련 문제 특정 세부 사항   정답 (D)
○○○ 남자가 책임이 있었던 것을 묻는 문제이므로, 질문의 핵심어구(responsible for)와 관련된 내용을 주의 깊게 듣는다. 남자가 "I was in
●●● charge of keeping track of the guest list"라며 자신이 손님 명단을 기록하는 것을 맡았었다고 하였다. 따라서 정답은 (D) Tracking
 상   event attendance이다.

바꾸어 표현하기
keeping track of ~을 기록하는 것 → Tracking 파악하는 것

37 ■ 세부 사항 관련 문제 다음에 할 일   정답 (C)
○○○ 남자가 다음에 할 일을 묻는 문제이므로, 대화의 마지막 부분을 주의 깊게 듣는다. 여자가 "could you ask the chef to make a few
●●● more dishes?"라며 주방장에게 요리를 좀 더 만들어달라고 요청해 줄 수 있는지 묻자, 남자가 "Sure. I'll head to the kitchen and
 하   find out if he can do that."이라며 물론이라고 한 뒤, 주방으로 가서 그가 그렇게 할 수 있는지 알아보겠다고 하였다. 따라서 정답은
(C) Talk to a chef이다.

Questions 38-40 refer to the following conversation.

🎧 캐나다식 발음 → 영국식 발음

M: Shannon, I noticed that you ride your bike to work. ³⁸Did you know that some of the people in our department have formed a bicycle group?

W: Really? I hadn't heard that. Can you tell me more about it?

M: Well, we meet every Saturday and go on long rides together. Some of us just enjoy the workout, while others are training for competitive events. Of course, ³⁹participating in these races isn't a requirement for club members.

W: ³⁹That's a relief. I'm not very experienced. But I do like the idea of getting some exercise. How do I join?

M: ⁴⁰I'll e-mail you the registration form this afternoon.

38 What is the conversation mainly about?
(A) A company policy
(B) A training workshop
(C) A corporate fund-raiser
(D) An employee club

39 What does the woman mean when she says, "I'm not very experienced"?
(A) She does not want to compete.
(B) She will inquire about an event.
(C) She cannot complete an assignment.
(D) She is eager to receive instruction.

40 What does the man say he will do this afternoon?
(A) Pay an application fee
(B) Send a document
(C) Provide some equipment
(D) E-mail a group organizer

38-40번은 다음 대화에 관한 문제입니다.

M: Shannon, 당신이 일하러 올 때 자전거를 타고 온다는 것을 알아챘어요. ³⁸우리 부서 사람들 중 일부가 자전거 동호회를 만든 것을 알고 있었나요?

W: 정말요? 전 그것을 들은 적이 없어요. 그것에 대해 제게 더 말해주실 수 있나요?

M: 음, 우리는 매주 토요일마다 만나서 함께 장거리 주행을 해요. 저희 중 일부는 단지 운동을 즐기는 한편, 다른 사람들은 경기들을 위해 훈련을 하고 있어요. 물론, ³⁹이런 경기들에 참가하는 것이 동호회 회원들에게 필요조건은 아니에요.

W: ³⁹안심이 되네요. 저는 아주 능숙하지는 않거든요. 하지만 운동을 한다는 계획은 좋아요. 어떻게 가입하면 되나요?

M: ⁴⁰제가 당신에게 오늘 오후에 신청서를 이메일로 보내드릴게요.

38. 대화는 주로 무엇에 관한 것인가?
(A) 회사 정책
(B) 교육 워크숍
(C) 기업 모금 행사
(D) 직원 동호회

39. 여자는 "저는 아주 능숙하지는 않거든요"라고 말할 때 무엇을 의도하는가?
(A) 그녀는 경기에 참가하고 싶지 않다.
(B) 그녀는 행사에 대해 문의할 것이다.
(C) 그녀는 과제를 끝마칠 수 없다.
(D) 그녀는 지도를 몹시 받고 싶어 한다.

40. 남자는 오늘 오후에 무엇을 할 것이라고 말하는가?
(A) 신청비를 낸다.
(B) 서류를 보낸다.
(C) 몇몇 장비들을 제공한다.
(D) 동호회 주최자에게 이메일을 보낸다.

지문 **workout**[미 wɔ́:rkaut, 영 wɔ́:kaut] 운동 **race**[reis] 경기; (경주에) 참여하다 **requirement**[rikwáiərmənt] 필요조건, 요건
idea[aidí:ə] 계획, 발상
38 **fund-raiser**[fʌ́ndrèizər] 모금 행사 39 **compete**[kəmpí:t] (경기에) 참가하다 **instruction**[instrʌ́kʃən] 지도, 지시
40 **application**[æ̀plikéiʃən] 신청, 지원

---

38 ■ **전체 대화 관련 문제** 주제 정답 (D)

대화의 주제를 묻는 문제이므로, 대화의 초반을 반드시 듣는다. 남자가 여자에게 "Did you know that some of the people in our department have formed a bicycle group?"이라며 부서 사람들 중 일부가 자전거 동호회를 만든 것을 알고 있었는지 물은 뒤, 직원 동호회에 관한 내용으로 대화가 이어지고 있다. 따라서 정답은 (D) An employee club이다.

39 ■ **세부 사항 관련 문제** 의도 파악 정답 (A)

여자가 하는 말의 의도를 묻는 문제이므로, 질문의 인용어구(I'm not very experienced)가 언급된 주변을 주의 깊게 듣는다. 남자가 "participating in these races isn't a requirement for club members"라며 이런 경기들에 참가하는 것이 동호회 회원들에게 필요조건은 아니라고 하자, 여자가 "That's a relief. I'm not very experienced."라며 안심이 된다며 자신은 아주 능숙하지는 않다고 한 것을 통해 여자가 경기에 참가하고 싶어 하지 않는다는 것을 알 수 있다. 따라서 정답은 (A) She does not want to compete이다.

40 ■ **세부 사항 관련 문제** 다음에 할 일 정답 (B)

남자가 오늘 오후에 하겠다고 말하는 것을 묻는 문제이므로, 남자의 말에서 질문의 핵심어구(this afternoon)가 언급된 주변을 주의 깊게 듣는다. 남자가 "I'll e-mail you the registration form this afternoon."이라며 여자에게 오늘 오후에 신청서를 이메일로 보내주겠다고 하였다. 따라서 정답은 (B) Send a document이다.

바꾸어 표현하기
e-mail ~ the registration form 신청서를 이메일로 보내다 → Send a document 서류를 보내다

Questions 41-43 refer to the following conversation.

🎧 캐나다식 발음 → 미국식 발음

M: After this morning's new recruit orientation, ⁴¹you said that you'd provide me with a list of the names of the new employees from each department. But the one you sent me was from the last orientation instead.

W: Sorry about that. Is it OK if I get you the correct one later? ⁴²I must go to an important lunch meeting with the funders of our new building project right now, so I don't have enough time at the moment.

M: That's fine. Just remember to get it to me before you leave the office today. I'll need to enter their contact information into our database before ⁴³I publish the new employee directory on Wednesday.

W: I won't forget.

41 What is the problem?
(A) Insufficient funding was provided.
(B) A document was misplaced.
(C) A project was canceled.
(D) Incorrect information was submitted.

42 Where does the woman have to go?
(A) To a product launch
(B) To a departmental meeting
(C) To a business lunch
(D) To an employee orientation

43 What does the man plan to do on Wednesday?
(A) Organize an office space
(B) Contact some employees
(C) Release a company document
(D) Correct some charts

41~43번은 다음 대화에 관한 문제입니다.

M: 오늘 아침 신입 사원 오리엔테이션 후에, ⁴¹당신은 각 부서의 신입 사원들 명단을 제게 주겠다고 말했었어요. 하지만 당신이 제게 대신 보낸 것은 지난 오리엔테이션의 명단이었어요.

W: 죄송해요. 올바른 명단을 나중에 드려도 될까요? ⁴²우리의 새로운 건설 프로젝트의 자금 제공자들과의 중요한 점심 회의에 지금 당장 가야 해서, 지금은 충분한 시간이 없어요.

M: 괜찮아요. 오늘 당신이 퇴근하기 전에 그것을 제게 주어야 한다는 것만 기억해 주세요. ⁴³제가 수요일에 새로운 직원 전화번호부를 게재하기 전에 우리의 데이터베이스에 그들의 연락처를 기재해야 해요.

W: 잊지 않을게요.

41. 무엇이 문제인가?
(A) 불충분한 자금이 제공되었다.
(B) 서류가 잘못된 장소에 놓여 있었다.
(C) 프로젝트가 취소되었다.
(D) 잘못된 정보가 제출되었다.

42. 여자는 어디에 가야 하는가?
(A) 제품 출시 행사에
(B) 부서 회의에
(C) 사업상의 점심 식사에
(D) 직원 오리엔테이션에

43. 남자는 수요일에 무엇을 할 계획인가?
(A) 사무실 공간을 정리한다.
(B) 몇몇 직원들에게 연락한다.
(C) 회사 문서를 공개한다.
(D) 몇몇 차트들을 정정한다.

지문 recruit[rikrúːt] 신입 사원 instead[instéd] 대신에 publish[pʌ́bliʃ] 게재하다, 발표하다 directory[diréktəri] 전화번호부, 안내 책자
41 insufficient[ìnsəfíʃənt] 불충분한 42 launch[lɔːntʃ] 출시 행사, 출시
43 organize[ɔ́ːrgənaiz] 정리하다 release[rilíːs] 공개하다

---

41 ■ 세부 사항 관련 문제 문제점
정답 (D)

상

문제점을 묻는 문제이므로, 대화에서 부정적인 표현이 언급된 주변을 주의 깊게 듣는다. 남자가 "you said that you'd provide me with a list of the names of the new employees from each department. But the one you sent me was from the last orientation instead."라며 여자가 각 부서의 신입 사원들 명단을 주겠다고 말했었는데 대신 보낸 것이 지난 오리엔테이션의 명단이었다고 하였다. 따라서 정답은 (D) Incorrect information was submitted이다.

42 ■ 세부 사항 관련 문제 특정 세부 사항
정답 (C)

하

여자가 가야 할 장소를 묻는 문제이므로, 질문의 핵심어구(woman have to go)와 관련된 내용을 주의 깊게 듣는다. 여자가 "I must go to an important lunch meeting with the funders of our new building project right now"라며 새로운 건설 프로젝트의 자금 제공자들과의 중요한 점심 회의에 지금 당장 가야 한다고 하였다. 따라서 정답은 (C) To a business lunch이다.

43 ■ 세부 사항 관련 문제 특정 세부 사항
정답 (C)

최상

남자가 수요일에 할 계획을 묻는 문제이므로, 질문의 핵심어구(Wednesday)가 언급된 주변을 주의 깊게 듣는다. 남자가 "I publish the new employee directory on Wednesday"라며 수요일에 새로운 직원 전화번호부를 게재한다고 하였다. 따라서 정답은 (C) Release a company document이다.

바꾸어 표현하기
publish ~ employee directory 직원 전화번호부를 게재하다 → Release a company document 회사 문서를 공개하다

Questions 44-46 refer to the following conversation.

🎧 호주식 발음 → 영국식 발음

M: You want to see me, Ms. Collins?

W: Yes. 44Many customers have provided negative feedback about the XLNC solar clocks. I'm a little worried. They say their machines aren't charging properly, which causes them to stop functioning after just a few days.

M: 45Bill Johnson from our engineering team and I recently tested 200 random units. They all worked perfectly. So, my guess is that consumers aren't using the devices properly. I think we need to clarify our user manual.

W: I see. We should also post information about it on our Web site. 46Can you please make a draft of that?

M: OK. 46When do you want this done by?

W: Early enough so that I can skim through it before my shift ends today.

44 What is the woman concerned about?
(A) A product did poorly in a trial.
(B) Some complaints were made.
(C) An engineer intends to resign.
(D) Some measurements are inaccurate.

45 What did the man recently do?
(A) Contacted a customer
(B) Carried out some tests
(C) Asked for a cost estimate
(D) Drafted a device manual

46 What does the man ask about?
(A) An informational session
(B) An evaluation summary
(C) An assignment deadline
(D) A shift schedule

44-46번은 다음 대화에 관한 문제입니다.

M: 저를 만나고 싶으셨나요, Ms. Collins?

W: 네. 44많은 고객들이 XLNC 태양열 시계에 관해 부정적인 의견을 주었어요. 저는 조금 걱정돼요. 그들은 기계가 제대로 충전이 되지 않는데, 이것이 단 며칠 후면 기계가 작동하는 것을 멈추게 한다고 해요.

M: 45우리 기술팀의 Bill Johnson과 제가 최근에 임의로 200개의 기기들을 검사했어요. 모두 완벽하게 작동했어요. 그래서, 제 추측은 고객들이 기기들을 제대로 사용하고 있지 않다는 것이에요. 우리의 사용자 설명서를 명확히 해야 할 것 같아요.

W: 그렇군요. 우리는 또한 웹사이트에도 이것에 관한 정보를 게시해야 해요. 46당신이 그것의 초안을 만들어 주실 수 있나요?

M: 알겠어요. 46이것이 언제까지 완성되길 원하시나요?

W: 오늘 제 근무 교대 시간이 끝나기 전에 그것을 훑어볼 수 있도록 충분히 일찍이요.

44. 여자는 무엇을 걱정하는가?
(A) 제품은 시험 기간 중에 성적이 나빴다.
(B) 몇몇 불만들이 제기되었다.
(C) 기술자가 사임하려고 한다.
(D) 몇몇 치수들이 부정확하다.

45. 남자는 최근에 무엇을 했는가?
(A) 고객에게 연락했다.
(B) 검사를 시행했다.
(C) 비용 견적을 요청했다.
(D) 기기 설명서의 초안을 작성했다.

46. 남자는 무엇에 관해 문의하는가?
(A) 정보를 제공하는 회의
(B) 평가 요약
(C) 업무 마감일
(D) 교대 근무 일정

지문 solar[미 sóulər, 영 sə́ulə] 태양열의 charge[미 tʃɑːrdʒ, 영 tʃɑːdʒ] 충전하다 random[rǽndəm] 임의로, 무작위의 skim through (대강) 훑어보다

44 trial[tráiəl] 시험, 실험 complaint[kəmpléint] 불만, 불평 resign[rizáin] 사임하다

45 carry out 시행하다, 수행하다 estimate[éstimət] 견적 46 informational[ìnfərméiʃənəl] 정보를 제공하는 evaluation[ivæ̀ljuéiʃən] 평가

---

44 ■ 세부 사항 관련 문제 문제점

정답 (B)

여자의 문제점을 묻는 문제이므로, 여자의 말에서 부정적인 표현이 언급된 다음을 주의 깊게 듣는다. 여자가 "Many customers have provided negative feedback about the XLNC solar clocks. I'm a little worried."라며 많은 고객들이 XLNC 태양열 시계에 관해 부정적인 의견을 주었다며, 조금 걱정된다고 하였다. 따라서 정답은 (B) Some complaints were made이다.

바꾸어 표현하기
negative feedback 부정적인 의견 → complaints 불만들

45 ■ 세부 사항 관련 문제 특정 세부 사항

정답 (B)

남자가 최근에 한 일을 묻는 문제이므로, 질문의 핵심어구(recently do)와 관련된 내용을 주의 깊게 듣는다. 남자가 "Bill Johnson from our engineering team and I recently tested 200 random units."라며 기술팀의 Bill Johnson과 자신이 최근에 임의로 200개의 기기들을 검사했다고 하였다. 따라서 정답은 (B) Carried out some tests이다.

46 ■ 세부 사항 관련 문제 특정 세부 사항

정답 (C)

남자가 문의하는 것을 묻는 문제이므로, 남자의 말을 주의 깊게 듣는다. 여자가 "Can you please make a draft ~ ?"라며 초안을 만들어줄 수 있는지 묻자, 남자가 "When do you want this done by?"라며 이것이 언제까지 완성되길 원하는지를 물었다. 따라서 정답은 (C) An assignment deadline이다.

47
48
49

Questions 47-49 refer to the following conversation with three speakers.

🎧 미국식 발음 → 호주식 발음 → 캐나다식 발음

W: All right, ⁴⁷we are about to begin our promotion. There are many stores in this building, and although we are allowed to walk around, we should not enter any of them. ⁴⁷Please approach shoppers in a friendly manner, and use the script word for word.

M1: ⁴⁸Are we supposed to hand out the chocolates before or after we talk to them?

W: ⁴⁸Do it simultaneously, Robert. Also, please make sure to tell everyone where our store is located in the mall. Any other questions?

M2: ⁴⁹I heard that John Pence is covering the event and that he asked for some photos for his article. Should we do anything specific?

W: No. Just let him follow you around.

47 Where most likely does the conversation take place?
(A) At a public office
(B) At a shopping mall
(C) At a convenience store
(D) At a welfare center

48 What does the woman instruct Robert to do?
(A) Provide some chocolate recipes
(B) Retain a copy of a receipt
(C) Offer additional marketing support
(D) Perform tasks at the same time

49 Who most likely is John Pence?
(A) An event planner
(B) A journalist
(C) A government official
(D) A store cashier

47-49번은 다음 세 명의 대화에 관한 문제입니다.

W: 자, ⁴⁷우리는 판촉 행사를 곧 시작할 거예요. 이 건물에는 많은 가게들이 있고, 우리는 돌아다니는 것은 허용되어 있지만 그곳들에 들어가지는 말아야 합니다. ⁴⁷쇼핑객들에게 친절한 태도로 접근하시고, 원고를 글자 그대로 사용해주세요.

M1: ⁴⁸그들과 이야기하기 전에 초콜릿을 나눠주어야 하나요, 아니면 이야기한 후에 나눠주어야 하나요?

W: ⁴⁸동시에 하세요, Robert. 그리고, 모두에게 우리 매장이 쇼핑몰 어디에 위치해 있는지 꼭 알려주세요. 다른 질문 있나요?

M2: ⁴⁹John Pence가 이 행사를 취재하고 있고 그의 기사를 위한 몇몇 사진들을 요청했다고 들었습니다. 우리가 특별히 무언가 해야 하나요?

W: 아니요. 그냥 그가 여러분을 따라다니게 두세요.

47. 대화는 어디에서 일어나는 것 같은가?
(A) 관공서에서
(B) 쇼핑몰에서
(C) 편의점에서
(D) 복지 센터에서

48. 여자는 Robert에게 무엇을 하라고 지시하는가?
(A) 초콜릿 조리법을 제공한다.
(B) 영수증 사본을 계속 가지고 있다.
(C) 추가적인 마케팅 지원을 제공한다.
(D) 업무들을 동시에 수행한다.

49. John Pence는 누구인 것 같은가?
(A) 이벤트 기획자
(B) 기자
(C) 공무원
(D) 상점 계산원

지문 script[skrípt] 원고 simultaneously[미 sàiməltéiniəsli, 영 sìməltéiniəsli] 동시에 cover[미 kʎvər, 영 kʎvə] 취재하다, 덮다
47 public office 관공서 welfare[welféər] 복지 48 instruct[instrʎkt] 지시하다 retain[ritéin] 계속 가지고 있다, 유지하다

47 ■ 전체 대화 관련 문제 장소
정답 (B)

○○○○○ 대화가 일어나는 장소를 묻는 문제이므로, 장소와 관련된 표현을 놓치지 않고 듣는다. 여자가 "we are about to begin our promotion.
● There are many stores in this building"이라며 판촉 행사를 곧 시작할 것이며 이 건물에는 많은 가게들이 있다고 한 뒤, "Please
하 approach shoppers in a friendly manner"라며 쇼핑객들에게 친절한 태도로 접근하라고 한 말을 통해 쇼핑몰에서 대화가 일어나고 있음을 알 수 있다. 따라서 정답은 (B) At a shopping mall이다.

48 ■ 세부 사항 관련 문제 특정 세부 사항
정답 (D)

● 여자가 Robert 즉, 남자 1에게 하라고 지시하는 것을 묻는 문제이므로, 질문의 핵심어구(instruct Robert to do)와 관련된 내용을 주의
● 깊게 듣는다. 남자 1이 여자에게 "Are we supposed to hand out the chocolates before or after we talk to them[shoppers]?"
상 이라며 쇼핑객들과 이야기하기 전에 초콜릿을 나눠주어야 하는지 아니면 이야기한 후에 나눠주어야 하는지를 묻자, 여자가 "Do it simultaneously, Robert."라며 남자 1에게 동시에 하라고 하였다. 따라서 정답은 (D) Perform tasks at the same time이다.

49 ■ 세부 사항 관련 문제 특정 세부 사항
정답 (B)

● John Pence의 신분을 묻는 문제이므로, 질문 대상(John Pence)의 신분 및 직업과 관련된 표현을 놓치지 않고 듣는다. 남자 2가 "I
● heard that John Pence is covering the event and that he asked for some photos for his article."이라며 John Pence가 이
상 행사를 취재하고 있고 그의 기사를 위한 몇몇 사진들을 요청했다고 들었다고 한 말을 통해 John Pence가 기자임을 알 수 있다. 따라서 정답은 (B) A journalist이다.

Questions 50-52 refer to the following conversation.

🎧 캐나다식 발음 → 미국식 발음

M: Hello. ⁵⁰I read about the fitness courses your business offers in a flyer. I'm interested in the weight-training class. When is it held?

W: That one is held once a week on Saturday, from 9 A.M. to 1 P.M. in our largest room. ⁵¹We used to offer a second session at 7 P.M., but not many people signed up, so we decided to cancel it.

M: Oh, that's OK. I wasn't planning on coming in then, anyway. The earlier option should work for me. So, I'd like to know a bit more about the details of the session.

W: ⁵²Would you like me to grab you an informational pamphlet? It'll explain everything you need to know.

50 Why does the man visit the business?
(A) To request a discount
(B) To confirm a payment
(C) To speak with an instructor
(D) To inquire about an offering

51 Why was the evening class canceled?
(A) A trainer was unavailable.
(B) A room had been booked.
(C) Student registration was low.
(D) A facility's hours were reduced.

52 What does the woman offer to do?
(A) Review a business pamphlet
(B) Deal with a transaction
(C) Suggest an alternative course
(D) Get a handout

50-52번은 다음 대화에 관한 문제입니다.

M: 안녕하세요. ⁵⁰전단지에서 당신의 업체가 제공하는 체력 단련 강좌들에 관해 읽었어요. 저는 웨이트 트레이닝 수업에 관심이 있어요. 그것이 언제 열리나요?

W: 그 강좌는 일주일에 한 번 토요일에, 오전 9시부터 오후 1시까지 저희의 가장 큰 방에서 열립니다. ⁵¹저희는 오후 7시에 두 번째 수업을 제공했었지만, 많은 사람들이 등록하지 않아서 그 수업을 취소하기로 결정했습니다.

M: 아, 괜찮아요. 어차피 저는 그때 올 계획은 아니었어요. 더 이른 시간의 선택권이 제게 맞을 거예요. 그래서, 그 수업의 세부 사항에 대해 좀 더 알고 싶어요.

W: ⁵²제가 정보 소책자를 하나 드릴까요? 그것이 당신이 알고 싶어 하는 모든 것을 설명해줄 거예요.

50. 남자는 왜 업체를 방문하는가?
(A) 할인을 요청하기 위해
(B) 지불을 확인하기 위해
(C) 강사와 이야기하기 위해
(D) 강좌에 관해 문의하기 위해

51. 저녁 수업은 왜 취소되었는가?
(A) 트레이너가 시간이 되지 않았다.
(B) 방이 예약되었다.
(C) 수강생 등록이 적었다.
(D) 시설의 영업시간이 단축되었다.

52. 여자는 무엇을 해주겠다고 제안하는가?
(A) 업체의 소책자를 검토한다.
(B) 거래를 처리한다.
(C) 대체 강좌를 제안한다.
(D) 인쇄물을 가져다준다.

TEST | 01 | 02 | 03 | 04 | 05 | 06 | 07 | 08 | 09 | 10 | 해커스 토익 실전 1000제 2 Listening

지문 flyer[fláiər] 전단지 session[sé ʃən] 수업 sign up 등록하다 pamphlet[pǽmflət] 소책자
50 offering[ɔ́ːfəriŋ] 강좌, (사람들이 사용하거나 즐기도록) 제공된 것 51 registration[rèdʒistréiʃən] 등록, 접수
52 transaction[trænzǽkʃən] 거래 alternative[ɔːltə́ːrnətiv] 대체의, 대안이 되는 handout[hǽndaut] 인쇄물

---

50 ■ 전체 대화 관련 문제 목적 정답 (D)

남자가 업체를 방문한 목적을 묻는 문제이므로, 대화의 초반을 반드시 듣는다. 남자가 "I read about the fitness courses your business offers in a flyer. I'm interested in the weight-training class. When is it held?"라며 전단지에서 여자의 업체가 제공하는 체력 단련 강좌들에 관해 읽었다고 한 뒤, 자신은 웨이트 트레이닝 수업에 관심이 있다며 그것이 언제 열리는지 물었다. 따라서 정답은 (D) To inquire about an offering이다.

51 ■ 세부 사항 관련 문제 이유 정답 (C)

저녁 수업이 취소된 이유를 묻는 문제이므로, 질문의 핵심어구(evening class canceled)와 관련된 내용을 주의 깊게 듣는다. 여자가 "We used to offer a second session at 7 P.M., but not many people signed up, so we decided to cancel it."이라며 오후 7시에 두 번째 수업을 제공했었지만, 많은 사람들이 등록하지 않아서 그 수업을 취소하기로 결정했다고 하였다. 따라서 정답은 (C) Student registration was low이다.

바꾸어 표현하기
not many people signed up 많은 사람들이 등록하지 않았다 → Student registration was low 수강생 등록이 적었다

52 ■ 세부 사항 관련 문제 제안 정답 (D)

여자가 해주겠다고 제안하는 것을 묻는 문제이므로, 여자의 말에서 남자를 위해 해주겠다고 언급한 내용을 주의 깊게 듣는다. 여자가 "Would you like me to grab you an informational pamphlet?"이라며 정보 소책자를 하나 줄지를 물었다. 따라서 정답은 (D) Get a handout이다.

Questions 53-55 refer to the following conversation with three speakers.

🔊 호주식 발음 → 영국식 발음 → 미국식 발음

M: Excuse me. ⁵³I've come to your office because I received a service request from Sarah Long.

W1: Yes. Um . . . her desk is next to mine. Sarah, ⁵³the repairperson from Raymond is here to fix the water cooler.

W2: Oh, sorry. I was just finishing up a conference call. Anyway, the cooler is right here behind my desk.

M: Water is leaking from the device's spout, right?

W2: Yeah. I noticed it dripping this morning.

M: Hmm . . . ⁵⁴the spout isn't working correctly and needs to be replaced.

W2: OK. However, before you begin, ⁵⁵I've got to notify the building manager that a repair is going to be made. Janice, what is Mr. Renner's extension?

W1: It's 6849. ⁵⁵I'll call him and tell him for you.

W2: Great. I appreciate it.

53 Who most likely is the man?
(A) An equipment salesperson
(B) A repair technician
(C) A building inspector
(D) A construction worker

54 What problem does the man mention?
(A) Some instructions have been misplaced.
(B) Some parts have not been delivered.
(C) A component is malfunctioning.
(D) A machine was never installed.

55 Why will Janice call the building manager?
(A) To request a replacement part
(B) To report on some work
(C) To obtain access to an office
(D) To arrange an appointment

53-55번은 다음 세 명의 대화에 관한 문제입니다.

M: 실례합니다. Sarah Long으로부터 ⁵³서비스 요청을 받아서 당신의 사무실에 왔습니다.

W1: 네. 음… 그녀의 책상은 제 책상 옆이에요. Sarah, ⁵³Raymond사의 수리공이 냉수기를 고치기 위해 왔어요.

W2: 아, 죄송해요. 저는 막 전화 회의를 끝내는 중이었어요. 어쨌든, 냉수기는 바로 여기 제 책상 뒤에 있어요.

M: 물이 기기의 관에서 새고 있죠, 맞나요?

W2: 네. 물이 떨어지고 있는 것을 오늘 아침에 알아챘어요.

M: 흠… ⁵⁴관이 제대로 작동하고 있지 않아서 교체되어야 해요.

W2: 그렇군요. 하지만 당신이 시작하기 전에, ⁵⁵저는 건물 관리자에게 수리가 진행될 거라고 알려야 해요. Janice, Mr. Renner의 내선 번호가 뭔가요?

W1: 6849예요. ⁵⁵제가 당신을 위해 그에게 전화해서 말할게요.

W2: 좋아요. 감사해요.

53. 남자는 누구인 것 같은가?
(A) 장비 판매원
(B) 수리 기술자
(C) 건물 조사관
(D) 건설 공사 작업자

54. 남자는 어떤 문제를 언급하는가?
(A) 몇몇 사용 설명서들이 제자리에 놓이지 않았다.
(B) 몇몇 부품들이 배송되지 않았다.
(C) 부품이 제대로 작동하지 않는다.
(D) 기계가 설치된 적이 없다.

55. Janice는 왜 건물 관리자에게 전화할 것인가?
(A) 교체 부품을 요청하기 위해
(B) 작업에 대해 보고하기 위해
(C) 사무실 접근권을 얻기 위해
(D) 약속을 잡기 위해

지문 **repairperson**[미 ripéərpə̀:rsn, 영 ripéəpə̀:sn] 수리공 **conference call** 전화 회의 **spout**[spaut] 관, 주둥이 **extension**[iksténʃən] 내선 번호
54 **malfunction**[mælfʌ́ŋkʃən] 제대로 작동하지 않다 55 **access**[ǽkses] 접근권, 접속

53 ■ 전체 대화 관련 문제 화자
정답 (B)

남자의 신분을 묻는 문제이므로, 신분 및 직업과 관련된 표현을 놓치지 않고 듣는다. 남자가 "I've come to your office because I received a service request"라며 서비스 요청을 받아서 사무실에 왔다고 하자, 여자 1이 여자 2에게 "the repairperson ~ is here to fix the water cooler"라며 수리공이 냉수기를 고치기 위해 왔다고 하였다. 따라서 정답은 (B) A repair technician이다.

54 ■ 세부 사항 관련 문제 문제점
정답 (C)

남자가 언급한 문제점을 묻는 문제이므로, 남자의 말에서 부정적인 표현이 언급된 다음을 주의 깊게 듣는다. 남자가 "the spout isn't working correctly and needs to be replaced"라며 관이 제대로 작동하고 있지 않아서 교체되어야 한다고 하였다. 따라서 정답은 (C) A component is malfunctioning이다.

55 ■ 세부 사항 관련 문제 이유
정답 (B)

Janice 즉, 여자 1이 건물 관리자에게 전화할 이유를 묻는 문제이므로, 질문의 핵심어구(call the building manager)와 관련된 내용을 주의 깊게 듣는다. 여자 2가 "I've got to notify the building manager that a repair is going to be made"라며 건물 관리자에게 수리가 진행될 것이라고 알려야 한다고 하자, 여자 1[Janice]이 "I'll call him and tell him"이라며 자신이 그에게 전화해서 말하겠다고 하였다. 따라서 정답은 (B) To report on some work이다.

Questions 56-58 refer to the following conversation.

🎧 영국식 발음 → 캐나다식 발음

W: Hello. My name is Annabel Christiansen. ⁵⁶I'm here to check in for the 5:40 P.M. flight to London. I have my passport and ticket here.

M: I'm sorry. ⁵⁷You've arrived too late, Ms. Christiansen. Check-in for that flight closed 20 minutes ago. There won't be enough time for you to reach the gate before takeoff.

W: Oh, no. ⁵⁷I was worried this was going to happen, seeing as my taxi was stuck in traffic on the way here. Are there any other flights today that I can take instead?

M: Yes, we still have seats available on the one that leaves at 10:30 P.M. For a $100 fee, ⁵⁸I can update your reservation and issue you another ticket.

56 Where most likely are the speakers?
(A) At a train station
(B) At a bus stop
(C) At a taxi stand
(D) At an airport

57 Why is the woman unable to board?
(A) She left a meeting late.
(B) She could not find a taxi.
(C) She has forgotten her ticket.
(D) She was caught in traffic.

58 What does the man offer to do?
(A) Direct the woman to a gate
(B) Provide a seat upgrade
(C) Make another booking
(D) Store some extra luggage

56-58번은 다음 대화에 관한 문제입니다.

W: 안녕하세요. 제 이름은 Annabel Christiansen입니다. ⁵⁶오후 5시 40분 런던행 항공편을 위한 탑승 수속을 밟으러 왔습니다. 여기 제 여권과 티켓이 있어요.

M: 죄송합니다. ⁵⁷너무 늦게 도착하셨습니다, Ms. Christiansen. 그 항공편의 탑승 수속은 20분 전에 마감되었습니다. 고객님께서 이륙 전에 탑승구까지 도착할 충분한 시간이 없을 거예요.

W: 아, 이런. ⁵⁷제 택시가 여기로 오는 길에 교통이 정체되었던 것 때문에, 이런 일이 일어날 것이라고 걱정했었어요. 오늘 제가 대신 탈 수 있는 다른 항공편들이 있나요?

M: 네, 오후 10시 30분에 떠나는 항공편에 아직 이용 가능한 좌석들이 있습니다. 100달러의 요금으로, ⁵⁸고객님의 예약 내역을 업데이트하고 다른 티켓을 발행해드릴 수 있습니다.

56. 화자들은 어디에 있는 것 같은가?
(A) 기차역에
(B) 버스 정류장에
(C) 택시 승강장에
(D) 공항에

57. 여자는 왜 탑승할 수 없는가?
(A) 회의를 늦게 떠났다.
(B) 택시를 찾을 수 없었다.
(C) 자신의 티켓을 놓고 왔다.
(D) 교통 체증에 갇혀 있었다.

58. 남자는 무엇을 해주겠다고 제안하는가?
(A) 여자를 탑승구로 안내한다.
(B) 좌석 업그레이드를 제공한다.
(C) 다른 예약을 한다.
(D) 추가 수하물을 보관한다.

지문 passport[미 pǽspɔːrt, 영 pάːspɔ̀ːt] 여권 takeoff[téikɔ̀ːf] 이륙 seeing as ~ 때문에 stuck in traffic 교통이 정체된
reservation[rèzərvéiʃən] 예약 issue[íʃuː] 발행하다
57 board[bɔːrd] 탑승하다 58 direct[dirékt] 안내하다, 지시하다

56 ■ **전체 대화 관련 문제** 장소　　　　　　　　　　　　　　　　　　　　　　　　　　　　　　　　　　　　정답 (D)

대화가 일어나는 장소를 묻는 문제이므로, 장소와 관련된 표현을 놓치지 않고 듣는다. 여자가 "I'm here to check in for the 5:40 P.M. flight to London."이라며 오후 5시 40분 런던행 항공편을 위한 탑승 수속을 밟으러 왔다고 하였다. 이를 통해 화자들이 공항에 있음을 알 수 있다. 따라서 정답은 (D) At an airport이다.

57 ■ **세부 사항 관련 문제** 이유　　　　　　　　　　　　　　　　　　　　　　　　　　　　　　　　　　　　정답 (D)

여자가 탑승할 수 없는 이유를 묻는 문제이므로, 질문의 핵심어구(unable to board)와 관련된 내용을 주의 깊게 듣는다. 남자가 "You've arrived too late ~. Check-in for that flight closed 20 minutes ago."라며 여자가 너무 늦게 도착했다고 한 뒤, 그 항공편의 탑승 수속은 20분 전에 마감되었다고 하자, 여자가 "I was worried this was going to happen, seeing as my taxi was stuck in traffic on the way here."라며 택시가 오는 길에 교통이 정체되었던 것 때문에 이런 일이 일어날 것이라고 걱정했었다고 하였다. 따라서 정답은 (D) She was caught in traffic이다.

58 ■ **세부 사항 관련 문제** 제안　　　　　　　　　　　　　　　　　　　　　　　　　　　　　　　　　　　　정답 (C)

남자가 해주겠다고 제안하는 것을 묻는 문제이므로, 남자의 말에서 여자를 위해 해주겠다고 언급한 내용을 주의 깊게 듣는다. 남자가 "I can update your reservation and issue you another ticket"이라며 여자의 예약 내역을 업데이트하고 다른 티켓을 발행해줄 수 있다고 하였다. 따라서 정답은 (C) Make another booking이다.

바꾸어 표현하기
update ~ reservation 예약 내역을 업데이트하다 → Make another booking 다른 예약을 하다

Questions 59-61 refer to the following conversation.

🎧 캐나다식 발음 → 영국식 발음

M: Hello, Ms. Law. My name is Lance Graner, and I am organizing a conference in April for young professionals who are just entering the field of finance. As ⁵⁹you are an investment consultant for a respected firm, I am calling to offer you a paid speaking opportunity at the conference.

W: Well, ⁶⁰I'll be unavailable in early April as I'm planning to visit one of our offices abroad during that time. However, ⁶¹as long as the event takes place after April 15, I can participate.

M: Hmm . . . It'll be held on April 4. ⁶¹But I'll contact you if we have other speaking opportunities in the future.

59 Who most likely is the woman?
(A) A keynote speaker
(B) An event organizer
(C) A corporate spokesperson
(D) A financial advisor

60 What will the woman do in April?
(A) Give a speech
(B) Travel to another country
(C) Conduct training
(D) Attend a seminar

61 Why does the man say, "It'll be held on April 4"?
(A) To imply that another speaker is available
(B) To suggest that the woman postpone a visit
(C) To indicate that the woman will miss an event
(D) To announce a planned schedule change

59-61번은 다음 대화에 관한 문제입니다.

M: 안녕하세요, Ms. Law. 제 이름은 Lance Graner이고, 재정 분야에 갓 들어온 젊은 전문가들을 위해 4월에 콘퍼런스를 기획하고 있어요. ⁵⁹당신은 높이 평가되는 회사의 투자 고문이시기 때문에, 당신에게 콘퍼런스에서의 유급 연설 기회를 제안하기 위해 전화드립니다.

W: 글쎄요, ⁶⁰저는 4월 초에 해외에 있는 저희 사무실들 중 한 곳을 방문하려고 계획 중이기 때문에 그 시기 동안에는 시간이 안 될 거예요. 하지만, ⁶¹그 행사가 4월 15일 이후에 개최된다면, 참석할 수 있어요.

M: 흠… 행사는 4월 4일에 열릴 거예요. ⁶¹하지만 만약 추후에 다른 연설 기회가 있다면 당신에게 연락드릴게요.

59. 여자는 누구인 것 같은가?
(A) 기조연설자
(B) 행사 기획자
(C) 회사 대변인
(D) 재정 고문

60. 여자는 4월에 무엇을 할 것인가?
(A) 연설을 한다.
(B) 다른 나라에 간다.
(C) 교육을 실시한다.
(D) 세미나에 참석한다.

61. 남자는 왜 "행사는 4월 4일에 열릴 거예요"라고 말하는가?
(A) 다른 연설자가 가능함을 암시하기 위해
(B) 여자가 방문을 미루는 것을 제안하기 위해
(C) 여자가 행사를 놓칠 것임을 나타내기 위해
(D) 계획된 일정 변경을 알리기 위해

지문 professional[prəféʃənəl] 전문가 finance[fáinæns] 재정, 재무 consultant[kənsʎltənt] 고문 respected[rispéktid] 높이 평가되는
59 spokesperson[spóukspə̀:rsn] 대변인
60 travel[trǽvl] 가다 conduct[kəndʎkt] 실시하다, 시행하다
61 indicate[índikeit] 나타내다

59 ■ **전체 대화 관련 문제** 화자 정답 (D)

○○○○○
●●●
중

여자의 신분을 묻는 문제이므로, 신분 및 직업과 관련된 표현을 놓치지 않고 듣는다. 남자가 "you are an investment consultant for a respected firm"이라며 여자가 높이 평가되는 회사의 투자 고문이라고 하였다. 이를 통해 여자가 재정 고문이라는 것을 알 수 있다. 따라서 정답은 (D) A financial advisor이다.

바꾸어 표현하기

investment consultant 투자 고문 → financial advisor 재정 고문

60 ■ **세부 사항 관련 문제** 다음에 할 일 정답 (B)

○○○○○
●●
하

여자가 4월에 할 일을 묻는 문제이므로, 질문의 핵심어구(April)가 언급된 주변을 주의 깊게 듣는다. 여자가 "I'll be unavailable in early April as I'm planning to visit one of our offices abroad during that time"이라며 4월 초에 해외에 있는 사무실들 중 한 곳을 방문하려고 계획 중이기 때문에 그 시기 동안에는 시간이 안 될 거라고 하였다. 따라서 정답은 (B) Travel to another country이다.

바꾸어 표현하기

visit one of ~ offices abroad 해외에 있는 사무실들 중 한 곳을 방문하다 → Travel to another country 다른 나라에 가다

61 ■ **세부 사항 관련 문제** 의도 파악 정답 (C)

○○○○○
●●●●
상

남자가 하는 말의 의도를 묻는 문제이므로, 질문의 인용어구(It'll be held on April 4)가 언급된 주변을 주의 깊게 듣는다. 여자가 "as long as the event takes place after April 15, I can participate"이라며 행사가 4월 15일 이후에 개최된다면 참석할 수 있다고 하자, 남자가 "It'll be held on April 4. But I'll contact you if we have other speaking opportunities in the future."라며 행사가 4월 4일에 열릴 것이라고 한 뒤, 추후에 다른 연설 기회가 있다면 연락하겠다고 하였다. 이를 통해 여자가 행사를 놓칠 것임을 나타내기 위한 의도임을 알 수 있다. 따라서 정답은 (C) To indicate that the woman will miss an event이다.

Questions 62-64 refer to the following conversation and schedule.

🎧 캐나다식 발음 → 미국식 발음

M: Beverly, it's Stewart. ⁶²I won't be leaving with you for the airport anymore. I still have a few things to finish, so ⁶³I'll see you at the gate. What time is our departure?

W: ⁶³Ten minutes after 8. By the way, do you want some food for the flight? I'm thinking of buying some before I get there.

M: Hmm . . . I'd love a sandwich or anything quick. Thank you. Oh, ⁶⁴if possible, why don't we sit next to each other? I think I am currently sitting behind you.

W: I am sure we can get someone to change one of our seats. We have a lot to decide, and it would be nice to discuss them on the flight.

62-64번은 다음 대화와 일정표에 관한 문제입니다.

M: Beverly, Stewart예요. ⁶²저는 당신과 함께 공항으로 떠나지 않게 되었어요. 아직 마무리해야 할 것들이 몇몇 있어서, ⁶³게이트에서 만나요. 출발이 몇 시죠?

W: ⁶³8시 10분이요. 그나저나, 비행기에서 먹을 음식을 원하나요? 그곳에 가기 전에 약간 사갈까 하거든요.

M: 흠… 저는 샌드위치나 간단한 것이 좋아요. 고맙습니다. 아, ⁶⁴만약 가능하다면, 서로의 옆에 앉는 것이 어때요? 현재 제 좌석은 당신의 뒤인 것 같아요.

W: 우리의 좌석들 중 하나를 바꿔줄 누군가를 구할 수 있을 것이라고 확신해요. 우리는 결정할 것이 많으니, 그것들을 비행기 안에서 논의할 수 있다면 좋을 거예요.

Austin Airport Terminal B		
Departure Time	**Destination**	**Gate**
7:55 P.M.	Atlanta	B2
8:10 P.M.	Memphis	⁶³B7
8:25 P.M.	Savannah	B37
8:40 P.M.	Denver	B69

오스틴 공항 B 터미널		
출발 시각	목적지	게이트
오후 7시 55분	애틀랜타	B2
오후 8시 10분	멤피스	⁶³B7
오후 8시 25분	서배너	B37
오후 8시 40분	덴버	B69

62 Why is the man calling?
(A) To file a complaint
(B) To order a taxi
(C) To request a class upgrade
(D) To report a plan change

63 Look at the graphic. Where will the speakers most likely meet?
(A) Gate B2
(B) Gate B7
(C) Gate B37
(D) Gate B69

64 What does the man suggest?
(A) Sitting together during a flight
(B) Having dinner at a hotel
(C) Taking public transportation
(D) Discussing a sales strategy

62. 남자는 왜 전화를 하고 있는가?
(A) 불만을 제기하기 위해
(B) 택시를 부르기 위해
(C) 좌석 등급 업그레이드를 요청하기 위해
(D) 계획 변동을 알리기 위해

63. 시각 자료를 보시오. 화자들은 어디에서 만날 것 같은가?
(A) B2 게이트
(B) B7 게이트
(C) B37 게이트
(D) B69 게이트

64. 남자는 무엇을 제안하는가?
(A) 비행 중 함께 앉기
(B) 호텔에서 저녁 식사를 하기
(C) 대중교통을 이용하기
(D) 판매 전략을 논의하기

지문 departure[dipá:rtʃər] 출발 currently[미 ká:rəntli, 영 kʌ́rəntli] 현재, 지금 destination[미 dèstənéiʃən, 영 dèstinéiʃən] 목적지
62 complaint[kəmpléint] 불만, 불평
64 strategy[strǽtədʒi] 전략

62 ■ 전체 대화 관련 문제 목적

정답 (D)

남자가 전화를 건 목적을 묻는 문제이므로, 대화의 초반을 반드시 듣는다. 남자가 "I won't be leaving with you for the airport anymore."라며 여자와 함께 공항으로 떠나지 않게 되었다고 하였다. 따라서 정답은 (D) To report a plan change이다.

63 ■ 세부 사항 관련 문제 시각 자료

정답 (B)

화자들이 어디에서 만날 것인지를 묻는 문제이므로, 제시된 일정표의 정보를 확인한 뒤 질문의 핵심어구(speakers ~ meet)와 관련된 내용을 주의 깊게 듣는다. 남자가 "I'll see you at the gate. What time is our departure?"라며 게이트에서 만나자고 한 뒤 출발이 몇 시인지 묻자, 여자가 "Ten minutes after 8."이라며 8시 10분이라고 하였으므로, 화자들이 만날 곳은 B7 게이트임을 일정표에서 알 수 있다. 따라서 정답은 (B) Gate B7이다.

64 ■ 세부 사항 관련 문제 제안

정답 (A)

남자가 제안하는 것을 묻는 문제이므로, 남자의 말에서 제안과 관련된 표현이 언급된 다음을 주의 깊게 듣는다. 남자가 "if possible, why don't we sit next to each other?"라며 만약 가능하다면 서로의 옆에 앉는 것을 제안하였다. 따라서 정답은 (A) Sitting together during a flight이다.

Questions 65-67 refer to the following conversation and program.

🔊 호주식 발음 → 영국식 발음

M: [65]The restaurant's opening week was rather successful, wouldn't you say?

W: Absolutely. [65]We exceeded our expected guest numbers, and [65/66]the restaurant was fully booked last weekend.

M: Yeah. And many of the people who came said they were going to post about our restaurant on their social networking pages. That's great publicity.

W: Also, [67]our publicist, Harold Newman, will be appearing on *Morning Buzz* tomorrow. That will be sure to help us gain even more positive public attention.

M: That's great. A lot of people in the area watch that program. We should get a lot of new customers.

Show Name	Channel
Wake-Up Pittsburgh	3
Morning Buzz	[67]5
Pennsylvania Today	7
Mornings with Jerry	10

65 Who most likely are the speakers?
(A) Television program hosts
(B) Event planners
(C) Food critics
(D) Dining establishment personnel

66 According to the woman, what happened last weekend?
(A) A popular local show was delayed.
(B) A business was at full capacity.
(C) A supervisor made an announcement.
(D) A worker held a surprise celebration.

67 Look at the graphic. Which channel will Harold Newman appear on?
(A) Channel 3
(B) Channel 5
(C) Channel 7
(D) Channel 10

65-67번은 다음 대화와 진행표에 관한 문제입니다.

M: [65]식당의 개업 첫 주가 꽤 성공적이었어요, 그렇지 않나요?

W: 물론이에요. [65]우리는 예상 손님 수를 넘었고, [65/66]지난 주말에는 식당의 예약이 꽉 찼었어요.

M: 네, 그리고 방문했던 많은 사람들이 우리 식당에 관해 그들의 소셜 네트워킹 페이지에 글을 올릴 것이라고 말했어요. 그것은 대단한 홍보예요.

W: 또한, [67]우리의 홍보 담당자인 Harold Newman이 내일 *Morning Buzz*에 출연할 거예요. 그것은 분명 우리가 한층 더 긍정적인 대중의 관심을 얻을 수 있도록 도와줄 거예요.

M: 정말 잘됐네요. 이 지역의 많은 사람들이 그 프로그램을 시청해요. 우리는 많은 새로운 고객들을 얻을 거예요.

쇼 이름	채널
Wake-Up Pittsburgh	3
Morning Buzz	[67]5
Pennsylvania Today	7
Mornings with Jerry	10

65. 화자들은 누구인 것 같은가?
(A) 텔레비전 프로그램 진행자들
(B) 행사 기획자들
(C) 음식 비평가들
(D) 식당 직원들

66. 여자에 따르면, 지난 주말에 무슨 일이 일어났는가?
(A) 유명한 지역 공연이 연기되었다.
(B) 가게의 정원이 다 찼었다.
(C) 관리자가 공지를 했다.
(D) 직원이 깜짝 축하연을 열었다.

67. 시각 자료를 보시오. Harold Newman은 어느 채널에 출연할 것인가?
(A) 3번 채널
(B) 5번 채널
(C) 7번 채널
(D) 10번 채널

지문 rather[미 ræðer, 영 rɑ́:ðe] 꽤 successful[səksésfəl] 성공적인 exceed[iksí:d] 넘다, 초과하다 publicity[pʌblísəti] 홍보, 선전
appear[미 əpíər, 영 əpíə] 출연하다, 나오다, 나타나다 attention[əténʃən] 관심
65 critic[krítik] 비평가, 평론가 personnel[pə̀:rsənél] 직원들
66 capacity[kəpǽsəti] 정원, 수용력 supervisor[sú:pərvaizər] 관리자, 감독자 celebration[sèlibréiʃən] 축하연, 축하 행사

65 ■ 전체 대화 관련 문제 화자

정답 (D)

화자들의 신분을 묻는 문제이므로, 신분 및 직업과 관련된 표현을 놓치지 않고 듣는다. 남자가 "The restaurant's opening week was rather successful"이라며 식당의 개업 첫 주가 꽤 성공적이었다고 하자, 여자가 "We exceeded our expected guest numbers, and the restaurant was fully booked last weekend."라며 자신들이 예상 손님 수를 넘었고, 지난 주말에는 식당의 예약이 꽉 찼었다고 하였다. 이를 통해 화자들이 식당 직원들임을 알 수 있다. 따라서 정답은 (D) Dining establishment personnel이다.

66 ■ 세부 사항 관련 문제 특정 세부 사항

정답 (B)

지난 주말에 일어난 일을 묻는 문제이므로, 질문의 핵심어구(last weekend)가 언급된 주변을 주의 깊게 듣는다. 여자가 "the restaurant was fully booked last weekend"라며 지난 주말에는 식당의 예약이 꽉 찼었다고 하였다. 따라서 정답은 (B) A business was at full capacity이다.

바꾸어 표현하기

the restaurant was fully booked 식당의 예약이 꽉 찼었다 → A business was at full capacity 가게의 정원이 다 찼었다

67 ■ 세부 사항 관련 문제 시각 자료

정답 (B)

Harold Newman이 출연할 채널을 묻는 문제이므로, 제시된 진행표의 정보를 확인한 뒤 질문의 핵심어구(channel ~ Harold Newman appear on)와 관련된 내용을 주의 깊게 듣는다. 여자가 "our publicist, Harold Newman, will be appearing on *Morning Buzz* tomorrow"라며 홍보 담당자인 Harold Newman이 내일 *Morning Buzz*에 출연할 거라고 하였으므로, Harold Newman이 출연할 채널이 5번 채널임을 진행표에서 알 수 있다. 따라서 정답은 (B) Channel 5이다.

Questions 68-70 refer to the following conversation and map.

호주식 발음 → 미국식 발음

M: Hello. My name is Frank Lott, and [68]I am reporting for my first shift.

W: Great! I was expecting you. [68]You've been hired as one of our security guards.

M: Yes. I received training for three weeks. [68]Is there anything in particular that I should be aware of?

W: Umm . . . As [69]you will be assigned to the ceramics area, it is important to make sure that no one touches the artwork. By the way, do you have your uniform with you?

M: I've heard that there's one in the locker.

W: Okay. [70]I'll call my boss and let him know that you've arrived.

68-70번은 다음 대화와 약도에 관한 문제입니다.

M: 안녕하세요. 제 이름은 Frank Lott이고, [68]제 첫 번째 근무를 보고드립니다.

W: 좋아요! 당신을 기다리고 있었어요. [68]당신은 우리의 보안 요원들 중 하나로 고용되었어요.

M: 네. 저는 3주 동안 훈련받았어요. [68]제가 특별히 알고 있어야 하는 것이 있나요?

W: 음… [69]당신은 도자기 구역에 배정될 예정이기 때문에, 아무도 미술품을 건드리지 못하도록 하는 것이 중요해요. 그나저나, 제복을 가지고 있나요?

M: 사물함에 한 벌 있다고 들었어요.

W: 그렇군요. [70]저는 제 상사에게 전화해서 그에게 당신이 도착했다는 것을 알릴게요.

The Boston Fine Arts Museum Map

	Northern Wing Paintings	
Western Wing Photography	**Lobby**	**Eastern Wing** Sculptures
	[69]**Southern Wing** Ceramics	

Boston 미술관 약도

	북쪽 동 그림	
서쪽 동 사진	로비	동쪽 동 조각품
	[69]남쪽 동 도자기	

68 What is the conversation mainly about?
(A) A security problem
(B) A workplace training program
(C) A beginning of a first duty
(D) A purchase of an artwork

68. 대화는 주로 무엇에 관한 것인가?
(A) 보안 문제
(B) 직장 훈련 프로그램
(C) 첫 근무 시작
(D) 미술품의 구매

69 Look at the graphic. Where will the man be stationed?
(A) In the Western Wing
(B) In the Northern Wing
(C) In the Eastern Wing
(D) In the Southern Wing

69. 시각 자료를 보시오. 남자는 어디에 배치될 것인가?
(A) 서쪽 동에
(B) 북쪽 동에
(C) 동쪽 동에
(D) 남쪽 동에

70 What will the woman probably do next?
(A) Contact a supervisor
(B) Go to an office
(C) Provide some paperwork
(D) Retrieve a uniform

70. 여자는 다음에 무엇을 할 것 같은가?
(A) 상관에게 연락한다.
(B) 사무실로 간다.
(C) 몇몇 서류를 제공한다.
(D) 제복을 회수한다.

지문 shift[ʃift] 근무, 교대근무 security guard 보안 요원

68 duty[djú:ti] 근무 70 retrieve[ritrí:v] 회수하다

68 ■ **전체 대화 관련 문제** 주제 정답 (C)

대화의 주제를 묻는 문제이므로, 대화의 초반을 반드시 듣는다. 남자가 "I am reporting for my first shift"라며 자신의 첫 번째 근무를 보고한다고 하자, 여자가 "You've been hired as one of our security guards."라며 남자가 보안 요원들 중 하나로 고용되었다고 하고, 남자가 "Is there anything in particular that I should be aware of?"라며 자신이 특별히 알고 있어야 하는 것이 있는지 물은 뒤, 남자의 첫 근무와 관련된 내용으로 대화가 이어지고 있다. 따라서 정답은 (C) A beginning of a first duty이다.

69 ■ **세부 사항 관련 문제** 시각 자료 정답 (D)

남자가 배치될 장소를 묻는 문제이므로, 제시된 약도의 정보를 확인한 뒤 질문의 핵심어구(man be stationed)와 관련된 내용을 주의 깊게 듣는다. 여자가 "you will be assigned to the ceramics area"라며 남자가 도자기 구역에 배정될 예정이라고 했으므로, 남자는 도자기 구역인 남쪽 동에 배치될 것임을 약도에서 알 수 있다. 따라서 정답은 (D) In the Southern Wing이다.

70 ■ **세부 사항 관련 문제** 다음에 할 일 정답 (A)

여자가 다음에 할 일을 묻는 문제이므로, 대화의 마지막 부분을 주의 깊게 듣는다. 여자가 "I'll call my boss and let him know that you've arrived."라며 자신의 상사에게 전화해서 그에게 남자가 도착했다는 것을 알리겠다고 하였다. 따라서 정답은 (A) Contact a supervisor이다.

PART 4

71
72
73

Questions 71-73 refer to the following telephone message.

🔊 영국식 발음

Good afternoon, Mr. Jackson. ⁷¹This is Claudia Omar, from Proactive Insurance, responding to the voice mail you left me yesterday. You mentioned you'd like to learn more about motorcycle insurance. Well, our most popular plan is the Platinum Protection package, which provides you up to $250,000 in coverage, and I think it would be your best choice. The premium for the plan varies considerably depending on the motorbike you have, so ⁷²I'll need to know the brand and model of your bike before I can give you an accurate quote. ⁷³Please call me back today with those details if you can. Thanks.

71 What is the purpose of the message?
(A) To explain a premium increase
(B) To provide insurance information
(C) To apologize for a miscalculation
(D) To describe a loyalty program

72 What detail does the speaker need?
(A) A coverage start date
(B) A driving test score
(C) A transaction amount
(D) A vehicle type

73 What does the speaker ask the listener to do?
(A) Review a quote online
(B) Arrange an appointment
(C) Return a phone call
(D) Renew a contract

71-73번은 다음 전화 메시지에 관한 문제입니다.

안녕하세요, Mr. Jackson. ⁷¹고객님께서 어제 저에게 남기신 음성 메시지에 답변을 드리는 Proactive 보험사의 Claudia Omar입니다. 고객님께서는 오토바이 보험에 대해 더 알고 싶다고 하셨습니다. 음, 저희의 가장 인기 있는 상품은 보상 범위 내에서 25만 달러까지 지급해 드리는 Platinum Protection 패키지이며, 이것이 고객님께 최선의 선택일 것 같습니다. 이 상품의 보험료는 고객님께서 소유하신 오토바이에 따라 상당히 달라지므로, 제가 정확한 견적가를 전달드리기 전에 ⁷²저는 고객님의 오토바이 브랜드와 모델을 알아야 할 것입니다. 가능하시다면 ⁷³그러한 세부 사항들과 함께 오늘 제게 다시 전화해 주시기 바랍니다. 감사합니다.

71. 메시지의 목적은 무엇인가?
(A) 보험료 인상을 설명하기 위해
(B) 보험 정보를 제공하기 위해
(C) 계산 착오에 대해 사과하기 위해
(D) 회원 프로그램을 설명하기 위해

72. 화자는 어떤 세부 사항을 필요로 하는가?
(A) 보상 시작일
(B) 운전면허 시험 점수
(C) 거래 금액
(D) 운송 수단 종류

73. 화자는 청자에게 무엇을 해달라고 요청하는가?
(A) 온라인으로 견적가를 검토한다.
(B) 약속을 정한다.
(C) 회신 전화를 한다.
(D) 계약을 연장한다.

지문 coverage[kʌ́vəridʒ] 보상 범위, 보상 premium[príːmiəm] 보험료 vary[미 vÉəri, 영 vÉəri] 달라지다 considerably[kənsídərəbli] 상당히 quote[미 kwout, 영 kwəut] 견적가
71 miscalculation[mìskælkjuléiʃən] 계산 착오 72 transaction[trænzǽkʃən] 거래
73 arrange[əréindʒ] 정하다 renew[rinúː] 연장하다, 갱신하다

---

71 ■ **전체 지문 관련 문제** 목적   정답 (B)

메시지의 목적을 묻는 문제이므로, 지문의 초반을 반드시 듣는다. "This is Claudia Omar ~ responding to the voice mail you left me yesterday. You mentioned you'd like to learn more about motorcycle insurance."라며 자신은 청자가 어제 남긴 음성 메시지에 답변하는 Claudia Omar라며 청자가 오토바이 보험에 대해 더 알고 싶어 했다고 한 뒤, 지문 전반에 걸쳐 보험 정보를 제공하고 있다. 따라서 정답은 (B) To provide insurance information이다.

72 ■ **세부 사항 관련 문제** 특정 세부 사항   정답 (D)

화자가 필요로 하는 세부 사항을 묻는 문제이므로, 질문의 핵심어구(detail ~ need)와 관련된 내용을 주의 깊게 듣는다. "I'll need to know the brand and model of your bike"이라며 청자의 오토바이 브랜드와 모델을 알아야 할 것이라고 하였다. 따라서 정답은 (D) A vehicle type이다.

바꾸어 표현하기
brand and model of ~ bike 오토바이 브랜드와 모델 → A vehicle type 운송 수단 종류

73 ■ **세부 사항 관련 문제** 요청   정답 (C)

화자가 청자에게 요청하는 것을 묻는 문제이므로, 지문의 중후반에서 요청과 관련된 표현이 포함된 문장을 주의 깊게 듣는다. "Please call me back today with those details"라며 세부 사항들과 함께 오늘 자신에게 다시 전화해달라고 하였다. 따라서 정답은 (C) Return a phone call이다.

바꾸어 표현하기
call me back 다시 전화해 달라 → Return a phone call 회신 전화를 하다

74
75
76

Questions 74-76 refer to the following talk.

🎧 미국식 발음

[74]I appreciate you joining us at Fradston Pharmaceuticals' media event. I'm delighted to be here today, as Fradston's newly appointed chief executive officer, to announce our intention to build a new research center in downtown Atlanta. [75]This center will serve as the hub for all of our medical research and is scheduled to open in nine months. The facility is expected to contribute to the creation of over 200 new jobs. [76]More details about these will be posted on our Web site at a later date. We at Fradston hope that this development will solidify the company's position as the nation's top provider of pharmaceutical products.

74 Where most likely is the talk taking place?
(A) At a medical convention
(B) At a press conference
(C) At a shareholder's meeting
(D) At a fund-raising event

75 According to the speaker, what will happen in nine months?
(A) A charity goal will be achieved.
(B) A facility will be completed.
(C) A new medication will be released.
(D) An operations manager will be promoted.

76 What will be made available in the future?
(A) A preview of an upcoming product line
(B) Details about a recently constructed facility
(C) An overview of the company's research projects
(D) Information about employment opportunities

74-76번은 다음 담화에 관한 문제입니다.

[74]Fradston 제약회사의 언론 행사에 참여해 주셔서 감사합니다. Fradston사의 새롭게 임명된 최고 운영 책임자로서, 애틀랜타 시내에 새로운 연구 센터를 건설하고자 하는 저희의 계획을 발표하기 위해 오늘 이 자리에 있게 되어 기쁩니다. [75]이 센터는 저희의 모든 의학 연구의 중추 역할을 할 것이며 9개월 후에 열 예정입니다. 이 시설은 200개 이상의 새로운 일자리 창출에 기여할 것으로 예상됩니다. [76]이 일자리들에 관한 더 자세한 내용은 추후 저희 웹사이트에 게시될 것입니다. 저희 Fradston사에서는 이번 확장이 국내 최고 제약품 공급업체로서 회사의 위치를 확고히 하길 희망합니다.

74. 담화는 어디에서 일어나고 있는 것 같은가?
(A) 의학 컨벤션에서
(B) 기자 회견에서
(C) 주주 회의에서
(D) 기금 모금 행사에서

75. 화자에 따르면, 9개월 후에 무슨 일이 일어날 것인가?
(A) 자선기금 목표가 달성될 것이다.
(B) 시설이 완공될 것이다.
(C) 새로운 약이 출시될 것이다.
(D) 운영부장이 승진할 것이다.

76. 미래에 무엇이 이용 가능해질 것인가?
(A) 곧 나올 제품의 미리 보기
(B) 최근에 건설된 시설에 대한 세부 사항
(C) 회사의 연구 프로젝트에 대한 개요
(D) 취업 기회에 대한 정보

지문 pharmaceutical[fὰːrməsúːtikəl] 제약의 appointed[əpɔ́intid] 임명된 hub[hʌb] 중추, 중심지 contribute[kəntríbjuːt] 기여하다 solidify[səlídifai] 확고히 하다
74 shareholder[ʃéərhouldər] 주주
75 charity[tʃǽrəti] 자선기금 medication[mèdikéiʃən] 약 release[rilíːs] 출시하다
76 preview[príːvjuː] 미리 보기, 예고편 upcoming[ʌ́pkʌmiŋ] 곧 나올

74 ■ 전체 지문 관련 문제 장소 정답 (B)
○○○○ 중

담화가 일어나는 장소를 묻는 문제이므로, 장소와 관련된 표현을 놓치지 않고 듣는다. "I appreciate you joining us at Fradston Pharmaceuticals' media event."라며 Fradston 제약회사의 언론 행사에 참여해 줘서 고맙다고 하였다. 따라서 정답은 (B) At a press conference이다.

바꾸어 표현하기
media event 언론 행사 → press conference 기자 회견

75 ■ 세부 사항 관련 문제 다음에 할 일 정답 (B)
○○○○ 중

9개월 후에 일어날 일을 묻는 문제이므로, 질문의 핵심어구(in nine months)가 언급된 주변을 주의 깊게 듣는다. "This center [a new research center] ~ is scheduled to open in nine months."라며 새로운 연구 센터가 9개월 후에 열 예정이라고 한 말을 통해 9개월 후에 센터가 완공될 것임을 알 수 있다. 따라서 정답은 (B) A facility will be completed이다.

76 ■ 세부 사항 관련 문제 특정 세부 사항 정답 (D)
○○○○ 상

미래에 이용 가능해질 것을 묻는 문제이므로, 질문의 핵심어구(in the future)와 관련된 내용을 주의 깊게 듣는다. "More details about these[new jobs] will be posted on our Web site at a later date."라며 새로운 일자리들에 관한 더 자세한 내용은 추후 웹사이트에 게시될 것이라고 하였다. 따라서 정답은 (D) Information about employment opportunities이다.

Questions 77-79 refer to the following recorded message.

[삼d] 캐나다식 발음

You have reached Cedar Kitchen, Houston's number-one spot for contemporary dining. ⁷⁷As our staff is participating in the Southwestern Food Festival June 8 and June 9, we will be closing at 1 P.M. each day. ⁷⁸Our normal hours of operation of 11 A.M. to 10 P.M. will resume on Wednesday, June 10. We greatly appreciate your patience in this matter. For details about menu offerings, please press "one." ⁷⁹For reservations, press "two" and record your contact information and desired reservation time after the tone. Specific details regarding the Southwestern Food Festival may be obtained by visiting our Web site.

77 According to the speaker, what do some workers plan to do?
(A) Take part in a festival
(B) Undergo some special training
(C) Enter a cooking competition
(D) Modify a restaurant menu

78 When will the store return to its regular hours?
(A) On June 8
(B) On June 9
(C) On June 10
(D) On June 11

79 How can the listeners request a reservation?
(A) By texting a restaurant
(B) By leaving a voice message
(C) By visiting a company Web site
(D) By sending an e-mail

77-79번은 다음 녹음 메시지에 관한 문제입니다.

현대적인 식사를 위한 휴스턴 제일의 장소인 Cedar Kitchen입니다. ⁷⁷저희 직원들이 6월 8일과 6월 9일에 남서부 음식 축제에 참가할 것이기 때문에, 해당 날짜에는 오후 1시에 문을 닫을 것입니다. ⁷⁸오전 11시부터 오후 10시까지인 저희의 정상 영업시간은 6월 10일 수요일에 재개될 것입니다. 이 문제에 대한 고객님의 인내에 대단히 감사드립니다. 메뉴 제공에 관한 세부 사항을 위해서는, "1번"을 눌러 주세요. ⁷⁹예약을 위해서는, "2번"을 누르고 삐 소리 후 고객님의 연락처와 희망하시는 예약 시간을 녹음해 주세요. 남서부 음식 축제에 관한 구체적인 세부 사항은 저희 웹사이트에 방문함으로써 얻으실 수 있습니다.

77. 화자에 따르면, 일부 직원들은 무엇을 할 계획인가?
(A) 축제에 참가한다.
(B) 특별 교육을 받는다.
(C) 요리 대회에 참가한다.
(D) 식당 메뉴를 수정한다.

78. 매장은 언제 정상 영업시간으로 돌아갈 것인가?
(A) 6월 8일에
(B) 6월 9일에
(C) 6월 10일에
(D) 6월 11일에

79. 청자들은 어떻게 예약을 요청할 수 있는가?
(A) 식당에 문자를 보냄으로써
(B) 음성 메시지를 남김으로써
(C) 회사 웹사이트를 방문함으로써
(D) 이메일을 보냄으로써

지문 contemporary[kəntémpəreri] 현대적인 dining[dáiniŋ] 식사 operation[à:pəréiʃən] 영업 resume[rizú:m] 재개되다
appreciate[əprí:ʃieit] 감사하다 patience[péiʃəns] 인내 desire[dizáiər] 희망하다 obtain[əbtéin] 얻다
77 undergo[ʌ̀ndərgóu] 받다

77 ■ 세부 사항 관련 문제 특정 세부 사항   정답 (A)

직원들이 할 계획을 묻는 문제이므로, 질문의 핵심어구(workers plan to do)와 관련된 내용을 주의 깊게 듣는다. 화자가 "As our staff is participating in the Southwestern Food Festival June 8 and June 9"라며 직원들이 6월 8일과 6월 9일에 남서부 음식 축제에 참가할 것이라고 하였다. 따라서 정답은 (A) Take part in a festival이다.

바꾸어 표현하기
participating in ~ 참가하다 → Take part in ~ 참가하다

78 ■ 세부 사항 관련 문제 특정 세부 사항   정답 (C)

매장이 정상 영업시간으로 돌아갈 시기를 묻는 문제이므로, 질문의 핵심어구(regular hours)와 관련된 내용을 주의 깊게 듣는다. "Our normal hours of operation ~ will resume on Wednesday, June 10."라며 정상 영업시간은 6월 10일 수요일에 재개될 것이라고 하였다. 따라서 정답은 (C) On June 10이다.

바꾸어 표현하기
normal hours of operation 정상 영업시간 → regular hours 정상 영업시간

79 ■ 세부 사항 관련 문제 방법   정답 (B)

청자들이 예약을 요청할 수 있는 방법을 묻는 문제이므로, 질문의 핵심어구(request a reservation)와 관련된 내용을 주의 깊게 듣는다. "For reservations, press "two" and record your contact information and desired reservation time after the tone."이라며 예약을 위해서는, "2번"을 누르고 삐 소리 후 연락처와 희망하는 예약 시간을 녹음해달라고 하였다. 따라서 정답은 (B) By leaving a voice message이다.

Questions 80-82 refer to the following telephone message.

🎧 호주식 발음

Hi, Ms. Wheeler. ⁸⁰This is Jeff Perkins from Best Cut Electronics. We have fully assessed the health of your laptop, and found significant damage to its hardware. Well, this model is five years old. ⁸¹Unfortunately, you are no longer covered by warranty. If we go ahead with the repair, it would set back $400. Just be aware that the newest model costs $500. Why don't you stop by sometime soon so we can discuss all your options? ⁸²We would be able to retrieve all of your files from your old computer. That would be free of charge if you buy a new device.

80 Who most likely is the speaker?
(A) A hardware developer
(B) A computer technician
(C) An electrical engineer
(D) A laptop manufacturer

81 Why does the speaker say, "Just be aware that the newest model costs $500"?
(A) To point out an increase in prices
(B) To emphasize the importance of a warranty
(C) To provide information about a sale
(D) To recommend replacing a device

82 What can the listener get for free?
(A) A file transfer
(B) A laptop case
(C) A computer repair
(D) A software program

80-82번은 다음 전화 메시지에 관한 문제입니다.

안녕하세요, Ms. Wheeler. ⁸⁰저는 Best Cut 전자제품사의 Jeff Perkins입니다. 저희는 귀하의 노트북 상태를 충분히 평가했으며, 그것의 하드웨어에서 상당한 손상을 발견했습니다. 음, 이것은 5년 된 모델입니다. ⁸¹안타깝지만, 귀하께서는 더 이상 보증서에 의해 보장되지 않으십니다. 만약 저희가 수리를 추진한다면, 400달러의 비용이 들 것입니다. 다만 최신 모델이 500달러라는 것을 유념해주십시오. 귀하의 모든 선택지들에 대해 논의할 수 있도록 조만간 방문하시는 게 어떨까요? ⁸²저희는 귀하의 이전 컴퓨터에서 모든 파일들을 회수할 수 있을 것입니다. 만약 새로운 기기를 구매하신다면 그것은 무료일 것입니다.

80. 화자는 누구인 것 같은가?
(A) 하드웨어 개발자
(B) 컴퓨터 기술자
(C) 전기공
(D) 노트북 제조업자

81. 화자는 왜 "다만 최신 모델이 500달러라는 것을 유념해주십시오"라고 말하는가?
(A) 가격의 인상을 지적하기 위해
(B) 보증서의 중요성을 강조하기 위해
(C) 세일에 관한 정보를 제공하기 위해
(D) 장치를 교체하는 것을 추천하기 위해

82. 청자는 무엇을 무료로 받을 수 있는가?
(A) 파일 이동
(B) 노트북 케이스
(C) 컴퓨터 수리
(D) 소프트웨어 프로그램

지문 assess[əsés] 평가하다 significant[signífikənt] 상당한 warranty[미 wɔ́ːrənti, 영 wɔ́rənti] 보증서 go ahead with ~을 추진하다
set back 비용이 들다, 저지하다
81 emphasize[émfəsàiz] 강조하다

80 ■ 전체 지문 관련 문제 화자   정답 (B)

화자의 신분을 묻는 문제이므로, 신분 및 직업과 관련된 표현을 놓치지 않고 듣는다. "This is Jeff Perkins from Best Cut Electronics. We have fully assessed the health of your laptop, and found significant damage to its hardware."라며 자신은 Best Cut 전자제품사의 Jeff Perkins이며 청자의 노트북 상태를 충분히 평가했고 그것의 하드웨어에서 상당한 손상을 발견했다고 한 것을 통해 화자가 컴퓨터 기술자임을 알 수 있다. 따라서 정답은 (B) A computer technician이다.

81 ■ 세부 사항 관련 문제 의도 파악   정답 (D)

화자가 하는 말의 의도를 묻는 문제이므로, 질문의 인용어구(Just be aware that the newest model costs $500)가 언급된 주변을 주의 깊게 듣는다. "Unfortunately, you are no longer covered by warranty."라며 안타깝지만 청자가 더 이상 보증서에 의해 보장되지 않는다고 한 뒤, "If we go ahead with the repair, it would set you back $400. Just be aware that the newest model costs $500."라며 만약 수리를 추진한다면 400달러의 비용이 들 것이나 최신 모델이 500달러라는 것을 유념해달라고 하였다. 이를 통해 화자는 노트북을 교체하는 것을 추천하려는 의도임을 알 수 있다. 따라서 정답은 (D) To recommend replacing a device이다.

82 ■ 세부 사항 관련 문제 특정 세부 사항   정답 (A)

청자가 무료로 받을 수 있는 것을 묻는 문제이므로, 질문의 핵심어구(get for free)와 관련된 내용을 주의 깊게 듣는다. "We would be able to retrieve all of your files from your old computer."라며 자신들이 청자의 이전 컴퓨터에서 모든 파일들을 회수할 수 있을 것이라고 한 뒤, "That would be free of charge if you buy a new device."라며 만약 새로운 기기를 구매한다면 그것, 즉 파일 회수는 무료일 것이라고 하였다. 따라서 정답은 (A) A file transfer이다.

Questions 83-85 refer to the following talk.

🎧 미국식 발음

Hello, and welcome to our annual two-day seminar on project management. This year's event promises to be very special as we have a wide range of speakers. [83]Now, I'd like to give you some information about our schedule. We are going to focus on planning and implementing projects for the first day and on evaluating results for the second. Both days will follow the same basic pattern. [84]The mornings are going to begin with presentations by experienced project managers and end with panel discussions and question-and-answer sessions. In the afternoons, we'll break into small groups to develop action plans for specific projects. OK . . . [85]my assistant will now hand out information packets that contain details about what will be covered during the seminar.

83 What is the purpose of the talk?
(A) To explain an enrollment procedure
(B) To provide details about a program
(C) To encourage the listeners to volunteer
(D) To introduce a guest speaker

84 What does the speaker say about some project managers?
(A) They will lead presentations.
(B) They will be selecting teams.
(C) They will conduct evaluations.
(D) They will be assessing proposals.

85 What will be provided to the listeners?
(A) A free meal
(B) Copies of a survey form
(C) Contact details for speakers
(D) An information packet

83-85번은 다음 담화에 관한 문제입니다.

안녕하세요, 프로젝트 관리에 관한 이틀간의 연례 세미나에 오신 것을 환영합니다. 올해의 행사는 우리에게 다양한 발표자들이 있어 매우 특별할 듯합니다. [83]이제, 여러분께 우리의 일정에 관한 정보를 드리고 싶습니다. 첫째 날에는 프로젝트 계획과 실행에, 그리고 둘째 날에는 성과 평가에 초점을 맞출 것입니다. 이틀 모두 같은 기본 패턴을 따르게 될 것입니다. [84]오전 시간은 경험이 풍부한 프로젝트 관리자들에 의한 발표로 시작해 공개 토론 및 질의응답 시간으로 끝나게 될 것입니다. 오후에는, 구체적인 프로젝트를 위한 실행 방안을 개발하기 위해 소그룹으로 나뉠 것입니다. 좋습니다… [85]이제 제 조수가 세미나 동안 다뤄질 것에 대한 세부 사항을 포함하고 있는 자료 묶음을 나눠드릴 것입니다.

83. 담화의 목적은 무엇인가?
(A) 등록 절차를 설명하기 위해
(B) 프로그램에 대한 세부 사항을 제공하기 위해
(C) 청자들에게 자원할 것을 권장하기 위해
(D) 초청 연사를 소개하기 위해

84. 화자는 프로젝트 관리자들에 관해 무엇을 말하는가?
(A) 발표를 이끌 것이다.
(B) 팀을 선택할 것이다.
(C) 평가를 실시할 것이다.
(D) 제안을 평가할 것이다.

85. 청자들에게 무엇이 제공될 것인가?
(A) 무료 식사
(B) 설문 조사 양식의 사본
(C) 발표자들의 연락처
(D) 자료 묶음

지문 promise[prάːmis] ~ 할 듯하다, 약속하다 a wide range of 다양한, 광범위한 implement[ímpləmənt] 실행하다
evaluate[ivǽljueit] 평가하다 experienced[ikspíəriənst] 경험이 풍부한 panel discussion 공개 토론 packet[pǽkit] 묶음, 꾸러미
cover[kΛ́vər] 다루다
83 enrollment[inróulmənt] 등록   84 assess[əsés] 평가하다
85 copy[kάːpi] 사본

83 ■ 전체 지문 관련 문제 목적   정답 (B)
담화의 목적을 묻는 문제이므로, 지문의 초반을 반드시 듣는다. "Now, I'd like to give you some information about our schedule."
이라며 이제 청자들에게 일정에 관한 정보를 주고 싶다고 한 뒤, 지문 전반에 걸쳐 프로그램에 대한 세부 사항을 제공하고 있다. 따라서
정답은 (B) To provide details about a program이다.

84 ■ 세부 사항 관련 문제 언급   정답 (A)
화자가 프로젝트 관리자들에 관해 언급하는 것을 묻는 문제이므로, 질문의 핵심어구(project managers)가 언급된 주변을 주의 깊게 듣
는다. "The mornings are going to begin with presentations by experienced project managers and end with panel
discussions and question-and-answer sessions."라며 오전 시간은 경험이 풍부한 프로젝트 관리자들에 의한 발표로 시작해 공개
토론 및 질의응답 시간으로 끝나게 될 것이라고 하였다. 따라서 정답은 (A) They will lead presentations이다.

85 ■ 세부 사항 관련 문제 특정 세부 사항   정답 (D)
청자들에게 제공될 것을 묻는 문제이므로, 질문의 핵심어구(provided)와 관련된 내용을 주의 깊게 듣는다. "my assistant will now
hand out information packets"라며 화자의 조수가 자료 묶음을 나눠줄 것이라고 하였다. 따라서 정답은 (D) An information packet
이다.

Questions 86-88 refer to the following broadcast.

🎧 호주식 발음

In business news, the multinational technology company Core Resources has announced that its [86]CEO, Kerry Rose, will be stepping down from her position at the end of May. Under Ms. Rose's leadership, [87]the company grew to be the world's third-largest software developer. It had under 8,000 workers when she started, while it currently employs about 15,000 staff members. Although Core Resources has yet to release her replacement's name to the public—and most likely won't do so until closer to Ms. Rose's departure—some analysts are speculating about who the next leader of the company might be. One widely discussed candidate is [88]Dale Fenny, the company's current chief financial officer.

86 What will most likely happen at the end of May?
   (A) A firm will open a new office.
   (B) A business deal will be completed.
   (C) An executive will leave a job.
   (D) An industry event will be held.

87 What does the speaker imply when he says, "it currently employs about 15,000 staff members"?
   (A) A corporate headquarters must be expanded.
   (B) A business has experienced tremendous growth.
   (C) An organization needs to reduce its workforce.
   (D) A company merger will impact many people.

88 What is mentioned about Dale Fenny?
   (A) He founded the firm.
   (B) He made a public announcement.
   (C) He has applied for a new job.
   (D) He is in the financial field.

86-88번은 다음 방송에 관한 문제입니다.

비즈니스 뉴스로, 다국적 기술 회사 Core Resources사는 [86]최고 경영자인 Kerry Rose가 5월 말에 그녀의 직위에서 물러날 것이라고 발표했습니다. Ms. Rose의 지도 하에, [87]회사는 전 세계에서 세 번째로 큰 소프트웨어 개발업체로 성장했습니다. 그녀가 시작했을 때는 그것은 8,000명 이하의 직원들을 가졌지만, 현재 15,000여 명의 직원들을 고용하고 있습니다. 비록 Core Resources사가 아직 그녀의 후임자의 이름을 대중에게 발표하지 않았고, Ms. Rose의 퇴임이 더 가까워져야 그렇게 할 것 같지만, 몇몇 분석가들은 회사의 차기 리더가 누가 될지를 추측하고 있습니다. 널리 논의되고 있는 한 후보자는 [88]회사의 현 최고 재무 책임자인 Dale Fenny입니다.

86. 5월 말에 무슨 일이 일어날 것 같은가?
   (A) 회사가 새로운 사무실을 열 것이다.
   (B) 사업 거래가 완료될 것이다.
   (C) 임원이 일을 그만둘 것이다.
   (D) 산업 행사가 열릴 것이다.

87. 화자는 "현재 15,000여 명의 직원들을 고용하고 있습니다"라고 말할 때 무엇을 의도하는가?
   (A) 기업의 본사가 확장되어야 한다.
   (B) 기업이 굉장한 성장을 겪었다.
   (C) 조직이 노동력을 줄일 필요가 있다.
   (D) 회사의 합병은 많은 사람들에게 영향을 줄 것이다.

88. Dale Fenny에 관해 무엇이 언급되는가?
   (A) 그는 회사를 설립했다.
   (B) 그는 공식 발표를 했다.
   (C) 그는 새로운 일자리에 지원했다.
   (D) 그는 재무 분야에 있다.

지문 multinational[mÀltinǽʃənəl] 다국적의 step down 물러나다 replacement[ripléismənt] 후임자
     speculate[미 spékjuleit, 영 spékjəleit] 추측하다, 분석하다 candidate[미 kǽndideit, 영 kǽndidət] 후보자
86 deal[di:l] 거래 executive[igzékjutiv] 임원
87 headquarters[hedkwɔ́:rtərz] 본사, 본부 tremendous[triméndəs] 굉장한, 엄청난 workforce[wə́:rkfɔ:rs] 노동력

86 ■ 세부 사항 관련 문제 다음에 할 일   정답 (C)

5월 말에 일어날 일을 묻는 문제이므로, 질문의 핵심어구(at the end of May)가 언급된 주변을 주의 깊게 듣는다. "CEO, Kerry Rose, will be stepping down from her position at the end of May"라며 최고 경영자인 Kerry Rose가 5월 말에 그녀의 직위에서 물러날 것이라고 하였다. 따라서 정답은 (C) An executive will leave a job이다.

87 ■ 세부 사항 관련 문제 의도 파악   정답 (B)

화자가 하는 말의 의도를 묻는 문제이므로, 질문의 인용어구(it currently employs about 15,000 staff members)가 언급된 주변을 주의 깊게 듣는다. "the company grew to be the world's third-largest software developer. It had under 8,000 workers when she[Ms. Rose] started, while it currently employs about 15,000 staff members."라며 회사가 전 세계에서 세 번째로 큰 소프트웨어 개발업체로 성장했다고 한 뒤, Ms. Rose가 시작했을 때는 8,000명 이하의 직원들을 가졌지만 현재 15,000여 명의 직원들을 고용하고 있다고 하였으므로, 기업이 굉장한 성장을 겪었음을 알 수 있다. 따라서 정답은 (B) A business has experienced tremendous growth이다.

88 ■ 세부 사항 관련 문제 언급   정답 (D)

Dale Fenny에 관해 언급되는 것을 묻는 문제이므로, 질문의 핵심어구(Dale Fenny)가 언급된 주변을 주의 깊게 듣는다. "Dale Fenny, the company's current chief financial officer"라며 Dale Fenny가 회사의 현 최고 재무 책임자라고 한 말을 통해 그가 재무 분야에 있음을 알 수 있다. 따라서 정답은 (D) He is in the financial field이다.

Questions 89-91 refer to the following advertisement.

🔊 캐나다식 발음

If you're tired of shoveling snow from your driveway or sidewalk, then contact Harford Snow today. For a flat monthly fee, you will never have to worry about doing this again. At Harford, we pride ourselves on our efficiency and reliability, which is why [89]we guarantee that the snow will be removed from your property within four hours after a snowfall ends. If our workers ever arrive late, you will not be charged for that month. And [90]for a small additional fee, we will use salt to get rid of the ice on all your walkways. [91]Visit us at www.harfordsnow.com for a list of the areas that we operate in and over 100 testimonials from satisfied customers.

89 What does Harford Snow promise to do?
(A) Provide the lowest rates
(B) Inspect properties at no charge
(C) Perform a task within a few hours
(D) Contact customers before arriving

90 According to the speaker, what service is available for an extra fee?
(A) Safety training
(B) Driveway cleaning
(C) Equipment repair
(D) Ice removal

91 What information might the listeners get on the company's Web site?
(A) Appointment availability
(B) Consumer reviews
(C) Discount options
(D) Refund instructions

89-91번은 다음 광고에 관한 문제입니다.

만약 당신이 진입로나 보도의 눈을 치우는 것에 싫증이 나셨다면, 오늘 Harford Snow사에 연락주세요. 균일한 월간 이용료로, 이 일을 하는 것에 대해 다시는 염려하실 필요가 없을 것입니다. 저희 Harford사에서는 효율성과 신뢰성을 자부하는데, 이것이 바로 [89]저희가 눈이 그친 후 4시간 안에 고객님의 소유지에서 눈이 치워질 것임을 보장하는 이유입니다. 만약 저희 직원들이 늦게 도착하기라도 한다면, 그달은 요금을 청구받지 않으실 것입니다. 그리고 [90]약간의 추가 요금으로, 저희는 소금을 이용하여 고객님의 모든 보도 위에 있는 얼음을 제거해 드릴 것입니다. [91]저희가 작업하는 지역의 목록과 만족한 고객들로부터의 100개가 넘는 추천 글들을 위해 www.harfordsnow.com을 방문해 주세요.

89. Harford Snow사는 무엇을 하겠다고 약속하는가?
(A) 최저 요금을 제공한다.
(B) 무료로 소유지를 점검한다.
(C) 작업을 몇 시간 내에 수행한다.
(D) 도착 전에 고객들에게 연락한다.

90. 화자에 따르면, 어떤 서비스가 추가 요금으로 이용 가능한가?
(A) 안전 교육
(B) 진입로 청소
(C) 장비 수리
(D) 얼음 제거

91. 청자들은 회사의 웹사이트에서 어떤 정보를 얻을 수 있는가?
(A) 예약 가능 여부
(B) 고객 후기
(C) 할인 선택권
(D) 환불 안내

지문 shovel[ʃʌ́vəl] (삽으로) 치우다 driveway[dráivwèi] 진입로 sidewalk[sáidwɔ:k] 보도 flat[flæt] 균일한 efficiency[ifíʃənsi] 효율성 reliability[rilàiəbíləti] 신뢰성 guarantee[gæ̀rəntí:] 보장하다 property[prάpərti] 소유지 charge[tʃɑ:rdʒ] (요금을) 청구하다 testimonial[tèstimóuniəl] 추천 글
91 availability[əvèiləbíləti] 가능 여부, 가능성 option[ά:pʃən] 선택권, 방안

89 ■ 세부 사항 관련 문제 특정 세부 사항 정답 (C)
Harford Snow사가 하겠다고 약속하는 것을 묻는 문제이므로, 질문의 핵심어구(promise to do)와 관련된 내용을 주의 깊게 듣는다. "we guarantee that the snow will be removed from your property within four hours after a snowfall ends"라며 눈이 그친 후 4시간 안에 청자의 소유지에서 눈이 치워질 것임을 보장한다고 하였다. 따라서 정답은 (C) Perform a task within a few hours이다.

90 ■ 세부 사항 관련 문제 특정 세부 사항 정답 (D)
추가 요금으로 이용 가능한 서비스를 묻는 문제이므로, 질문의 핵심어구(extra fee)와 관련된 내용을 주의 깊게 듣는다. "for a small additional fee, we will use salt to get rid of the ice on all your walkways"라며 약간의 추가 요금으로 소금을 이용하여 모든 보도 위에 있는 얼음을 제거해 줄 것이라고 하였다. 따라서 정답은 (D) Ice removal이다.

91 ■ 세부 사항 관련 문제 특정 세부 사항 정답 (B)
회사의 웹사이트에서 얻을 수 있는 정보를 묻는 문제이므로, 질문의 핵심어구(Web site)와 관련된 내용을 주의 깊게 듣는다. "Visit us at www.harfordsnow.com for ~ over 100 testimonials from satisfied customers."라며 만족한 고객들로부터의 100개가 넘는 추천 글들을 위해 웹사이트를 방문해달라고 하였다. 따라서 정답은 (B) Consumer reviews이다.

Questions 92-94 refer to the following speech.

🎧 미국식 발음

Let me begin by thanking the Silver Screen Academy for granting me this Best Young Director Award. ⁹²While I suspected that *The Time Was Then* was going to do well, I never guessed it would break international box office records. The incredible team that worked on the film deserves a huge amount of credit. What's more, I want to give a special thanks to Gabriela Hernandez, who taught me everything I know about this art form. Gabriela has worked on hundreds of projects, and ⁹³I aspire to achieve such a long career. Moving forward, ⁹⁴I can only promise to bring an equal amount of passion to my future movies, including *Staying Warm*, which begins production in August. Again, thank you.

92 What is mentioned about *The Time Was Then*?
(A) It was criticized by some experts.
(B) It features a famous actress.
(C) It was only shown in select theaters.
(D) It has achieved great success.

93 Why does the speaker say, "Gabriela has worked on hundreds of projects"?
(A) To introduce a recipient
(B) To explain a decision
(C) To offer some praise
(D) To confirm a rumor

94 What does the speaker say she will do in August?
(A) Promote a recent film
(B) Start a new project
(C) Collaborate with a mentor
(D) Travel for a premiere

92-94번은 다음 연설에 관한 문제입니다.

저에게 최고의 젊은 감독상을 주신 것에 대해 Silver Screen 협회에 감사 인사를 함으로써 시작하겠습니다. ⁹²제가 *The Time Was Then*이 아마 잘 될거라 생각했지만, 세계 흥행수익 기록들을 깰 것이라고는 전혀 생각하지 못했습니다. 이 영화를 작업한 믿을 수 없이 훌륭한 팀은 엄청난 공로를 인정받을 자격이 있습니다. 더불어, 저는 이 장르에 관해서 제가 아는 모든 것을 가르쳐주신 Gabriela Hernandez께 특별한 감사를 드리고 싶습니다. Gabriela는 수백 개의 프로젝트를 작업해 왔으며, ⁹³저는 그러한 오랜 경력을 성취하고 싶은 열망이 있습니다. 앞으로, ⁹⁴제가 유일하게 약속드릴 수 있는 것은 8월에 제작이 시작되는 *Staying Warm*을 포함하여, 제 향후 영화들에도 똑같은 열정을 가져갈 것이라는 점입니다. 다시 한번 감사드립니다.

92. *The Time Was Then*에 관해 무엇이 언급되는가?
(A) 일부 전문가들에 의해 비판받았다.
(B) 유명한 여배우가 출연한다.
(C) 엄선된 극장에서만 상영했다.
(D) 큰 성공을 거두었다.

93. 화자는 왜 "Gabriela는 수백 개의 프로젝트를 작업해 왔습니다"라고 말하는가?
(A) 수상자를 소개하기 위해
(B) 결정을 설명하기 위해
(C) 찬사를 보내기 위해
(D) 소문을 확인하기 위해

94. 화자는 8월에 무엇을 할 것이라고 말하는가?
(A) 최신 영화를 홍보한다.
(B) 새로운 프로젝트를 시작한다.
(C) 지도자와 공동으로 작업한다.
(D) 시사회를 위해 돌아다닌다.

지문 **grant**[grænt] 주다, 수여하다 **suspect**[səspékt] 아마 ~라고 생각하다, 추측하다 **box office** 흥행수익 **deserve**[dizə́:rv] 받을 자격이 있다 **credit**[krédit] 공로 **art form** (예술 형식의) 장르 **aspire**[əspáiər] 열망이 있다
92 **criticize**[krítisaiz] 비판하다, 비평하다 **select**[silékt] 엄선된, 고른 93 **recipient**[risípiənt] 수상자, 수령인 **praise**[preiz] 찬사, 칭찬
94 **premiere**[primíər] 시사회

92 ■ **세부 사항 관련 문제** 언급 정답 (D)

*The Time Was Then*에 관해 언급되는 것을 묻는 문제이므로, 질문의 핵심어구(*The Time Was Then*)가 언급된 주변을 주의 깊게 듣는다. "While I suspected that *The Time Was Then* was going to do well, I never guessed it would break international box office records."라며 *The Time Was Then*이 아마 잘 될 거라 생각했지만 세계 흥행수익 기록들을 깰 것이라고는 전혀 생각하지 못했다고 하였다. 따라서 정답은 (D) It has achieved great success이다.

93 ■ **세부 사항 관련 문제** 의도 파악 정답 (C)

화자가 하는 말의 의도를 묻는 문제이므로, 질문의 인용어구(Gabriela has worked on hundreds of projects)가 언급된 주변을 주의 깊게 듣는다. "Gabriela has worked on hundreds of projects"라며 Gabriela는 수백 개의 프로젝트를 작업해 왔다고 한 뒤, "I aspire to achieve such a long career"라며 자신은 그러한 오랜 경력을 성취하고 싶은 열망이 있다고 하였다. 이를 통해 화자가 찬사를 보내려는 의도임을 알 수 있다. 따라서 정답은 (C) To offer some praise이다.

94 ■ **세부 사항 관련 문제** 다음에 할 일 정답 (B)

화자가 8월에 할 일을 묻는 문제이므로, 질문의 핵심어구(August)가 언급된 주변을 주의 깊게 듣는다. "I can only promise to bring an equal amount of passion to my future movies, including *Staying Warm*, which begins production in August"라며 화자가 유일하게 약속할 수 있는 것은 8월에 제작이 시작되는 *Staying Warm*을 포함하여, 향후 영화에도 똑같은 열정을 가져갈 것이라는 점이라고 하였다. 따라서 정답은 (B) Start a new project이다.

95
96
97

Questions 95-97 refer to the following excerpt from a meeting and graph.

[🎧] 호주식 발음

Since ⁹⁵you are all in charge of designing our firm's digital cameras, ⁹⁶I must share some feedback about the model we launched in May. This graph shows the results of a recent customer survey. As you can see, ⁹⁶the model in question got the worst satisfaction score. According to respondents, this is largely because they found the camera's button layout to be confusing. While a few people voiced concerns before the release, this seems to be a much larger issue than anyone anticipated. I know it's going to be a hassle, but ⁹⁷I want to redesign the model and then relaunch it later this summer.

95-97번은 다음 회의 발췌록과 그래프에 관한 문제입니다.

⁹⁵여러분 모두가 우리 회사의 디지털카메라들을 디자인하는 것을 맡고 있기 때문에, ⁹⁶지는 5월에 출시한 모델에 관한 몇몇 의견을 공유해야만 합니다. 이 그래프는 최근의 고객 설문조사 결과를 나타냅니다. 보시다시피, ⁹⁶문제의 모델은 최악의 만족도 점수를 받았습니다. 응답자들에 따르면, 이는 주로 그들이 그 카메라의 버튼 배치를 혼란스럽다고 생각했기 때문입니다. 몇몇 사람들이 출시 이전에 우려를 표했지만, 이것은 그 누가 예상했던 것보다 훨씬 더 큰 문제인 것 같습니다. 번거로운 일이 될 것임을 알지만, ⁹⁷저는 그 모델을 다시 디자인한 다음 올여름 후반에 재출시하고 싶습니다.

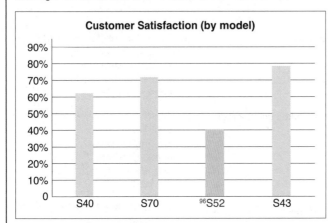

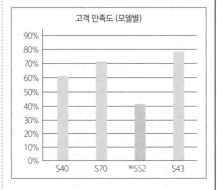

95 Who most likely are the listeners?
(A) Research assistants
(B) Marketing specialists
(C) Sales associates
(D) Product designers

96 Look at the graphic. Which model was released in May?
(A) S40
(B) S70
(C) S52
(D) S43

97 What does the speaker want to do?
(A) Release a revised model
(B) Lower a device's price
(C) Update an advertising campaign
(D) Conduct a questionnaire

95. 청자들은 누구인 것 같은가?
(A) 연구 조수들
(B) 마케팅 전문가들
(C) 영업사원들
(D) 제품 디자이너들

96. 시각 자료를 보시오. 어느 모델이 5월에 출시되었는가?
(A) S40
(B) S70
(C) S52
(D) S43

97. 화자는 무엇을 하고 싶어 하는가?
(A) 수정된 모델을 출시한다.
(B) 기기의 가격을 낮춘다.
(C) 광고 캠페인을 업데이트한다.
(D) 설문을 실시한다.

지문 in charge of ~을 맡고 있는 launch[lɔːntʃ] 출시하다 in question 문제의, 의심스러운 satisfaction[sæ̀tisfǽkʃən] 만족도, 만족
respondent[미 rispándənt, 영 rispóndənt] 응답자 voice[vɔis] 표하다, 나타내다 anticipate[미 æntísəpèit, 영 æntísipeit] 예상하다, 기대하다
hassle[hǽsl] 번거로운 일
95 assistant[əsístənt] 조수 sales associate 영업사원
97 conduct[kəndʌ́kt] 실시하다 questionnaire[kwèstʃənέər] 설문, 설문지

95 ■ 전체 지문 관련 문제 청자

정답 (D)

청자들의 신분을 묻는 문제이므로, 신분 및 직업과 관련된 표현을 놓치지 않고 듣는다. "you are all in charge of designing our firm's digital cameras"라며 청자들 모두가 회사의 디지털카메라들을 디자인하는 것을 맡고 있다고 한 말을 통해 청자들이 제품 디자이너들임을 알 수 있다. 따라서 정답은 (D) Product designers이다.

96 ■ 세부 사항 관련 문제 시각 자료

정답 (C)

5월에 출시된 모델을 묻는 문제이므로, 제시된 그래프의 정보를 확인한 뒤 질문의 핵심어구(model ~ released in May)와 관련된 내용을 주의 깊게 듣는다. "I must share some feedback about the model we launched in May"라며 5월에 출시한 모델에 관한 몇몇 의견을 공유해야만 한다고 한 뒤, "the model in question got the worst satisfaction score"라며 문제의 모델은 최악의 만족도 점수를 받았다고 하였다. 이를 통해 5월에 출시된 모델은 최악의 만족도 점수를 받은 S52임을 그래프에서 알 수 있다. 따라서 정답은 (C) S52이다.

97 ■ 세부 사항 관련 문제 특정 세부 사항

정답 (A)

화자가 하고 싶어 하는 것을 묻는 문제이므로, 질문의 핵심어구(want to do)와 관련된 내용을 주의 깊게 듣는다. "I want to redesign the model and then relaunch it later this summer"라며 자신은 그 모델, 즉 S52를 다시 디자인한 다음 올여름 후반에 재출시하고 싶다고 하였다. 따라서 정답은 (A) Release a revised model이다.

Questions 98-100 refer to the following telephone message and schedule.

🎧 영국식 발음

Hello. My name is Alice Warren, and I'm registered for the student employment workshop that will be held at the Westwood Employment Center on Saturday. I'm very excited about this because I plan to begin searching for a summer internship in early May, [98]once I've finished my final exams at the end of April. But [99]there's one problem . . . I have to meet with my professor to discuss an assignment that day. Um, [99]it slipped my mind when I signed up for the workshop yesterday. Would it be a problem if I skipped one of the sessions? [100]I would leave at noon and be back just after two. Please call me at 555-4938 to let me know if this is allowed. Thanks.

98-100번은 다음 전화 메시지와 일정표에 관한 문제입니다.

안녕하세요. 제 이름은 Alice Warren이고, 토요일에 Westwood 취업 센터에서 열릴 학생 취업 워크숍에 등록되어 있어요. [98]전 4월 말에 기말시험이 끝나는 대로 5월 초에 여름 인턴십을 찾아보기 시작할 계획이기 때문에, 이 워크숍을 매우 기대하고 있어요. 그런데 [99]한 가지 문제가 있어요… 그날 저는 과제에 관해 논의하기 위해 저희 교수님과 만나야 해요. 음, 어제 제가 워크숍에 등록할 때 [99]이것을 깜빡 잊어버렸어요. 만약 제가 강의들 중 하나를 빼먹는다면 문제가 될까요? [100]저는 정오에 떠나서 2시 직후에 돌아올 것 같아요. 555-4938로 제게 전화 주셔서 이것이 허용되는지 알려주세요. 감사합니다.

Employment Workshop	
Saturday, February 21	
Online Job Search Resources	9:00-10:30
Importance of Networking	10:30-12:00
Lunch	
[100]Résumés & Cover Letters	1:00-2:30
Preparing for an Interview	2:30-4:00

취업 워크숍	
2월 21일 토요일	
온라인 구직 수단	9:00-10:30
정보망 형성의 중요성	10:30-12:00
점심	
[100]이력서 및 자기소개서	1:00-2:30
면접 준비하기	2:30-4:00

98 What does the speaker plan to do in April?
(A) Start a new job
(B) Take some tests
(C) Volunteer at a center
(D) Register for classes

99 What problem does the speaker mention?
(A) She failed an exam.
(B) She forgot a prior commitment.
(C) She missed a workshop.
(D) She did not meet a deadline.

100 Look at the graphic. Which session will the speaker probably miss?
(A) Online Job Search Resources
(B) Importance of Networking
(C) Résumés & Cover Letters
(D) Preparing for an Interview

98. 화자는 4월에 무엇을 할 계획인가?
(A) 새로운 일을 시작한다.
(B) 몇몇 시험을 치른다.
(C) 센터에서 자원봉사를 한다.
(D) 수업에 등록한다.

99. 화자는 무슨 문제를 언급하는가?
(A) 그녀는 시험에 떨어졌다.
(B) 그녀는 선약을 잊었다.
(C) 그녀는 워크숍에 빠졌다.
(D) 그녀는 마감기한을 맞추지 못했다.

100. 시각 자료를 보시오. 화자는 어느 강의를 놓칠 것 같은가?
(A) 온라인 구직 수단
(B) 정보망 형성의 중요성
(C) 이력서 및 자기소개서
(D) 면접 준비하기

지문 search for ~을 찾다 assignment[əsáinmənt] 과제, 의무 slip one's mind 깜빡 잊어버리다 sign up 등록하다
skip[skip] 빼먹다, 건너뛰다 allow[əláu] 허용하다, 허락하다 resource[미 rí:sɔ:rs, 영 rizɔ́:s] 수단, 방편
98 volunteer[và:ləntíər] 자원봉사로 하다, 자원하다
99 prior commitment 선약

98 ■ **세부 사항 관련 문제** 특정 세부 사항 정답 (B)

○○○●●
중

화자가 4월에 할 계획을 묻는 문제이므로, 질문의 핵심어구(April)가 언급된 주변을 주의 깊게 듣는다. "once I've finished my final exams at the end of April"이라며 4월 말에 기말시험이 끝난다고 하였다. 따라서 정답은 (B) Take some tests이다.

99 ■ **세부 사항 관련 문제** 특정 세부 사항 정답 (B)

○○○●●
상

화자가 언급하는 문제를 묻는 문제이므로, 질문의 핵심어구(problem)가 언급된 주변을 주의 깊게 듣는다. "there's one problem ~ I have to meet with my professor to discuss an assignment that day."라며 한 가지 문제가 있는데 그날 과제에 관해 논의하기 위해 교수님과 만나야 한다고 한 뒤, "it slipped my mind"라며 이것을 깜빡 잊어버렸다고 한 말을 통해 화자가 선약을 잊었다는 것을 알 수 있다. 따라서 정답은 (B) She forgot a prior commitment이다.

바꾸어 표현하기

slipped my mind 깜빡 잊어버렸다 → forgot 잊었다

100 ■ **세부 사항 관련 문제** 시각 자료 정답 (C)

○○○●●
상

화자가 놓칠 것 같은 강의를 묻는 문제이므로, 제시된 일정표의 정보를 확인한 뒤 질문의 핵심어구(session ~ miss)와 관련된 내용을 주의 깊게 듣는다. "I would leave at noon and be back just after two."라며 정오에 떠나서 2시 직후에 돌아올 것 같다고 하였으므로, 정오에서 2시 사이에 시작되는 이력서 및 자기소개서 강의를 놓칠 것임을 일정표에서 알 수 있다. 따라서 정답은 (C) Résumés & Cover Letters이다.

▌TEST 03

PART 1   스크립트·해석·해설

PART 2   스크립트·해석·해설

PART 3   스크립트·해석·해설

PART 4   스크립트·해석·해설

🎧 TEST 03.mp3

실전용·복습용 문제풀이 MP3 무료 다운로드 및 스트리밍 바로듣기 (HackersIngang.com)

* 실제 시험장의 소음까지 재현해 낸 고사장 소음/매미 버전 MP3, 영국식·호주식 발음 집중 MP3, 고속 버전 MP3까지
구매하면 실전에 더욱 완벽히 대비할 수 있습니다.

무료MP3 바로듣기

1
○○○○
●
하

🔊 미국식 발음

(A) She's removing her glasses.
(B) She's looking at a laptop.
(C) She's writing on a piece of paper.
(D) She's clearing off a table.

(A) 그녀는 안경을 벗고 있다.
(B) 그녀는 노트북 컴퓨터를 보고 있다.
(C) 그녀는 종이에 적고 있다.
(D) 그녀는 탁자를 치우고 있다.

■ 1인 사진

정답 (B)

한 여자가 의자에 앉아 노트북 컴퓨터를 보고 있는 모습을 주의 깊게 살핀다.
(A) [×] 여자는 안경을 쓰고 있는데 벗고 있다고 잘못 묘사했으므로 오답이다. 사진에 있는 안경(glasses)을 사용하여 혼동을 주었다.
(B) [○] 여자가 노트북 컴퓨터를 보고 있는 모습을 정확히 묘사한 정답이다.
(C) [×] writing(적고 있다)은 여자의 동작과 무관하므로 오답이다. 사진에 있는 종이(piece of paper)를 사용하여 혼동을 주었다.
(D) [×] clearing off(치우고 있다)는 여자의 동작과 무관하므로 오답이다. 사진에 있는 탁자(table)를 사용하여 혼동을 주었다.

어휘   remove[rimúːv] 벗다 look at 보다 clear off 치우다

2
○○○○
●
중

🔊 캐나다식 발음

(A) The man is shoveling some snow.
(B) The man is closing a car hood.
(C) A vehicle is being parked.
(D) A tire is being replaced.

(A) 남자가 눈을 삽으로 퍼내고 있다.
(B) 남자가 자동차 보닛을 닫고 있다.
(C) 차량이 주차되고 있다.
(D) 타이어가 교체되고 있다.

■ 1인 사진

정답 (A)

한 남자가 눈이 쌓인 도로에서 자동차 옆의 눈을 삽으로 퍼내는 모습을 주의 깊게 살핀다.
(A) [○] 남자가 눈을 삽으로 퍼내고 있는 모습을 정확히 묘사한 정답이다.
(B) [×] closing(닫고 있다)은 남자의 동작과 무관하므로 오답이다. 사진에 있는 자동차(car)를 사용하여 혼동을 주었다.
(C) [×] 차량이 주차되어 있는 상태인데, 진행 수동형(is being parked)을 사용해 주차되고 있다고 잘못 묘사했으므로 오답이다.
(D) [×] 사진에서 타이어는 보이지만 교체되고 있는(is being replaced) 모습은 아니므로 오답이다.

어휘   shovel[ʃʌ́vəl] 삽으로 퍼내다 vehicle[víːhikl] 차량 replace[ripléis] 교체하다

3
○○○○
●
중

🔊 영국식 발음

(A) Some people have placed notepads on a table.
(B) Some people are raising their hands.
(C) Some people are seated in a circle.
(D) Some people are rearranging furniture.

(A) 몇몇 사람들이 탁자 위에 메모지를 두었다.
(B) 몇몇 사람들이 손을 들고 있다.
(C) 몇몇 사람들이 원을 이루어 앉아 있다.
(D) 몇몇 사람들이 가구를 재배치하고 있다.

■ 2인 이상 사진

정답 (C)

사람들이 동그랗게 모여 앉아 있는 모습과 방 안의 전반적인 풍경을 확인한다.
(A) [×] 사진에 메모지(notepads)와 탁자(table)가 없으므로 오답이다.
(B) [×] 사진에 손을 들고 있는(raising their hands) 사람들이 없으므로 오답이다.
(C) [○] 원을 이루어 앉아 있는 사람들의 모습을 정확히 묘사한 정답이다.
(D) [×] 사진에 가구를 재배치하고 있는(rearranging furniture) 사람들이 없으므로 오답이다.

어휘   notepad[미 nóutpæd, 영 nə́utpæd] 메모지 in a circle 원을 이루어 rearrange[rìːəréindʒ] 재배치하다

4

🔊 호주식 발음

(A) The man is playing a violin.
(B) The woman is showing the man an instrument.
(C) A lamp is shining light toward some people.
(D) Some wood is being carved.

(A) 남자가 바이올린을 연주하고 있다.
(B) 여자가 남자에게 악기를 보여주고 있다.
(C) 전등이 몇몇 사람들 쪽으로 빛을 비추고 있다.
(D) 목재가 조각되고 있다.

■ 2인 이상 사진 · 정답 (B)

두 남녀가 악기를 보고 있는 모습과 주변 사물의 상태를 주의 깊게 살핀다.
(A) [×] playing(연주하고 있다)은 남자의 동작과 무관하므로 오답이다. 사진에 있는 바이올린(violin)을 사용하여 혼동을 주었다.
(B) [○] 여자가 악기를 들어 남자에게 보여주고 있는 모습을 가장 잘 묘사한 정답이다.
(C) [×] 전등이 사람들 쪽으로 빛을 비추고 있지(shining light toward some people) 않으므로 오답이다. 사진에 있는 전등(lamp)을 사용하여 혼동을 주었다.
(D) [×] 조각되고 있는(is being carved) 목재가 없으므로 오답이다. 사진의 악기의 재질과 관련된 목재(Some wood)를 사용하여 혼동을 주었다.

어휘 instrument[ínstrəmənt] 악기, 기구 shine[ʃain] 비추다 carve[미 kɑːrv, 영 kɑːv] 조각하다

5

🔊 영국식 발음

(A) The office is being cleaned.
(B) Chairs are stacked in a work area.
(C) A curtain is covering a window.
(D) Desks are lined up in rows.

(A) 사무실이 청소되고 있다.
(B) 의자들이 작업 공간에 쌓여 있다.
(C) 커튼이 창문을 가리고 있다.
(D) 책상들이 줄지어 배열되어 있다.

■ 사물 및 풍경 사진 · 정답 (D)

사진에 사람이 없다는 것과 사무실에 책상들이 배열되어 있는 모습을 확인한다.
(A) [×] 사진에서 사무실은 보이지만 청소되고 있는(is being cleaned) 모습은 아니므로 오답이다. 사진의 장소인 사무실(office)을 사용하여 혼동을 주었다.
(B) [×] 의자들이 책상별로 한 개씩 놓여 있는데 쌓여 있다고 잘못 묘사했으므로 오답이다. 사진의 장소인 작업 공간(work area)을 사용하여 혼동을 주었다.
(C) [×] 사진에서 커튼(curtain)을 확인할 수 없으므로 오답이다. 사진에 있는 창문(window)을 사용하여 혼동을 주었다.
(D) [○] 사무실에 책상들이 줄지어 배열되어 있는 상태를 정확히 묘사한 정답이다.

어휘 area[έəriə] 공간 cover[미 kʌ́vər, 영 kʌ́və] 가리다, 덮다 line up 배열하다 in rows 줄지어, 여러 줄로

6

🔊 캐나다식 발음

(A) Pedestrians are walking across a bridge.
(B) Cars are parked beside a road.
(C) Traffic cones are positioned on a street.
(D) Vendor stalls are set up in a market.

(A) 보행자들이 다리를 걸어서 건너고 있다.
(B) 차들이 도로 옆에 주차되어 있다.
(C) 원뿔형의 교통 표지들이 도로 위에 놓여 있다.
(D) 노점 가판대들이 시장에 세워져 있다.

■ 2인 이상 사진 · 정답 (C)

사람들이 길을 걸어가고 있는 모습과 도로 위에 표지들이 놓인 모습을 확인한다.
(A) [×] 사진에서 다리(bridge)를 확인할 수 없으므로 오답이다. Pedestrians are walking(보행자들이 걷고 있다)까지만 듣고 정답으로 선택하지 않도록 주의한다.
(B) [×] 사진에 차들(Cars)이 없으므로 오답이다. 사진에 있는 도로(road)를 사용하여 혼동을 주었다.
(C) [○] 원뿔형의 교통 표지들이 도로 위에 놓여 있는 상태를 정확히 묘사한 정답이다.
(D) [×] 사진의 장소가 시장(market)이 아니므로 오답이다. 사진의 거리에서 연상할 수 있는 Vendor stalls(노점 가판대들)를 사용하여 혼동을 주었다.

어휘 walk across 걸어서 건너다 beside[bisáid] 옆에 traffic cone 원뿔형의 교통 표지 vendor[véndər] 노점상 stall[stɔːl] 가판대

PART 2

7
○○○○○ 하

🔊 캐나다식 발음 → 미국식 발음

Where is this shipment of printer paper going?

(A) Ship it by today.
(B) A local school.
(C) To shop at a store.

이 프린터 용지의 수송품은 어디로 가나요?

(A) 오늘까지 보내주세요.
(B) 지역 학교요.
(C) 가게에서 쇼핑하기 위해서요.

■ Where 의문문 　　　　　　　　　　　　　　　　　　　　　　　　　　　　　　　　　　정답 (B)

프린터 용지의 수송품이 어디로 가는지를 묻는 Where 의문문이다.
(A) [×] shipment – Ship의 유사 발음 어휘를 사용하여 혼동을 준 오답이다.
(B) [○] 지역 학교라며 프린터 용지의 수송품이 가는 장소를 언급했으므로 정답이다.
(C) [×] 프린터 용지 수송품이 어디로 가는지를 물었는데, 이와 관련이 없는 가게에서 쇼핑하기 위해서라는 내용으로 응답했으므로 오답이다.
　　　printer paper(프린터 용지)에서 연상할 수 있는 구매 장소와 관련된 store(가게)를 사용하여 혼동을 주었다.

어휘　shipment[ʃípmənt] 수송품, 적하물　ship[ʃip] 보내다, 수송하다　shop[ʃɑːp] 쇼핑하다

8
○○○○ 중

🔊 영국식 발음 → 캐나다식 발음

When do you need the sales analysis?

(A) Yes, I did.
(B) Sales have gone up considerably.
(C) By the end of the workday.

매출 분석 결과가 언제 필요한가요?

(A) 네, 제가 했어요.
(B) 매출이 상당히 증가했어요.
(C) 근무 시간이 끝나기 전까지요.

■ When 의문문 　　　　　　　　　　　　　　　　　　　　　　　　　　　　　　　　　　정답 (C)

매출 분석 결과가 언제 필요한지를 묻는 When 의문문이다.
(A) [×] 의문사 의문문에 Yes로 응답했으므로 오답이다. 질문의 you를 나타낼 수 있는 I를 사용하여 혼동을 주었다.
(B) [×] 매출 분석 결과가 언제 필요한지를 물었는데, 이와 관련 없는 매출이 상당히 증가했다는 내용으로 응답했으므로 오답이다. 질문의 sales
　　　를 반복 사용하여 혼동을 주었다.
(C) [○] 근무 시간이 끝나기 전까지라는 말로 매출 분석 결과가 필요한 시점을 언급했으므로 정답이다.

어휘　analysis[ənǽləsis] 분석 결과　considerably[kənsídərəbli] 상당히　workday[wə́ːrkdei] 근무 시간

9
○○○○● 하

🔊 미국식 발음 → 호주식 발음

Who signed up for tomorrow's workshop?

(A) From 10 A.M. to noon.
(B) As long as it works properly.
(C) Everyone in my department.

내일 워크숍에 누가 신청했나요?

(A) 오전 10시부터 정오까지요.
(B) 제대로 작동하기만 하면요.
(C) 제 부서의 모든 사람이요.

■ Who 의문문 　　　　　　　　　　　　　　　　　　　　　　　　　　　　　　　　　　정답 (C)

내일 워크숍에 누가 신청했는지를 묻는 Who 의문문이다.
(A) [×] 내일 워크숍에 누가 신청했는지를 물었는데 기간으로 응답했으므로 오답이다.
(B) [×] 내일 워크숍에 누가 신청했는지를 물었는데, 이와 관련이 없는 제대로 작동하기만 하면이라는 내용으로 응답했으므로 오답이다.
　　　workshop – works의 유사 발음 어휘를 사용하여 혼동을 주었다.
(C) [○] 자신의 부서의 모든 사람이라며 내일 워크숍에 신청한 인물을 언급했으므로 정답이다.

어휘　sign up 신청하다　properly[미 prɑ́ːpərli, 영 prɑ́ːpəli] 제대로　department[미 dipɑ́ːrtmənt, 영 dipɑ́ːtmənt] 부서

10

🎧 캐나다식 발음 → 영국식 발음

Could you ask the staff to gather in the lobby in 15 minutes?

(A) Sure, they'll be able to lift it.
(B) I'll make an announcement.
(C) An hour after it started.

직원들에게 15분 후에 로비로 모이라고 요청해주시겠어요?

(A) 그럼요, 그들은 그것을 들 수 있을 거예요.
(B) 제가 공지할게요.
(C) 그것이 시작한 지 한 시간 뒤예요.

■ 요청 의문문

정답 (B)

직원들에게 15분 후에 로비로 모이라고 요청해달라는 요청 의문문이다. Could you가 요청하는 표현임을 이해할 수 있어야 한다.
(A) [×] 직원들에게 15분 후에 로비로 모이라고 요청해달라고 했는데, 이와 관련 없는 그들이 그것을 들 수 있을 것이라는 내용으로 응답했으므로 오답이다. Sure, they'll be able to까지만 듣고 정답으로 고르지 않도록 주의한다.
(B) [○] 자신이 공지하겠다는 말로 요청을 수락한 정답이다.
(C) [×] 15 minutes(15분)에서 연상할 수 있는 시간과 관련된 An hour(한 시간)를 사용하여 혼동을 준 오답이다.

어휘 gather[ɡǽðər] 모이다 lift[lift] 들다 announcement[ənáunsmənt] 공지, 공고

11

🎧 호주식 발음 → 영국식 발음

Why can't gym members use the pool right now?

(A) It's being cleaned.
(B) Swimming is a great exercise.
(C) Because she's a member.

왜 체육관 회원들은 수영장을 지금 사용할 수 없나요?

(A) 청소되고 있어요.
(B) 수영은 좋은 운동이에요.
(C) 그녀가 회원이기 때문이에요.

■ Why 의문문

정답 (A)

왜 체육관 회원들이 수영장을 지금 사용할 수 없는지를 묻는 Why 의문문이다.
(A) [○] 청소되고 있다는 말로 체육관 회원들이 수영장을 지금 사용할 수 없는 이유를 언급했으므로 정답이다.
(B) [×] pool(수영장)과 관련 있는 Swimming(수영)을 사용하여 혼동을 준 오답이다.
(C) [×] she가 나타내는 대상이 질문에 없으므로 오답이다. 질문의 members를 member로 반복 사용하여 혼동을 주었다. Because만 듣고 정답으로 고르지 않도록 주의한다.

어휘 gym[dʒim] 체육관 exercise[미 éksərsàiz, 영 éksəsàiz] 운동

12

🎧 미국식 발음 → 호주식 발음

Should we consult with a lawyer before signing the contract?

(A) Yes, I think so.
(B) Did he sign the agreement?
(C) I received his autograph too.

우리는 계약서에 서명을 하기 전에 변호사와 상의해야 할까요?

(A) 네, 저는 그렇게 생각해요.
(B) 그가 계약서에 서명했나요?
(C) 저도 그의 사인을 받았어요.

■ 조동사 의문문

정답 (A)

계약서에 서명을 하기 전에 변호사와 상의해야 하는지를 확인하는 조동사(Should) 의문문이다.
(A) [○] Yes로 계약서에 서명을 하기 전에 변호사와 상의해야 함을 전달한 후, 자신은 그렇게 생각한다는 부연 설명을 했으므로 정답이다.
(B) [×] 질문의 lawyer(변호사)를 나타낼 수 있는 he를 사용하고, contract(계약서)와 같은 의미인 agreement(계약서)를 사용하여 혼동을 준 오답이다.
(C) [×] signing(서명하다)과 관련 있는 autograph(사인)를 사용하여 혼동을 준 오답이다.

어휘 consult with ~와 상의하다 agreement[əɡríːmənt] 계약서 autograph[미 ɔ́ːtəɡræf, 영 ɔ́ːtəɡrɑːf] 사인

○○○●
중

🎧 영국식 발음 → 호주식 발음

What's the name of the neighborhood where Neil will be moving to in November?

(A) This area gets quite busy.
(B) Maybe Susan remembers.
(C) The product hasn't been named yet.

Neil이 11월에 이사를 가게 될 동네의 이름이 무엇인가요?

(A) 이 지역은 꽤 혼잡해져요.
(B) 아마 Susan이 기억할 거예요.
(C) 제품에 아직 이름을 붙이지 않았어요.

■ What 의문문

정답 (B)

Neil이 11월에 이사를 가게 될 동네의 이름이 무엇인지를 묻는 What 의문문이다.

(A) [×] neighborhood(동네)와 관련 있는 area(지역)를 사용하여 혼동을 준 오답이다.
(B) [○] 아마 Susan이 기억할 것이라는 말로 모른다는 간접적인 응답을 했으므로 정답이다.
(C) [×] Neil이 11월에 이사를 가게 될 동네의 이름이 무엇인지를 물었는데, 이와 관련이 없는 제품에 아직 이름을 붙이지 않았다는 내용으로 응답했으므로 오답이다. 질문의 name(이름)을 '이름을 붙이다'라는 의미의 동사로 반복 사용하여 혼동을 주었다.

어휘   **name**[neim] 이름; 이름을 붙이다   **neighborhood**[미 néibərhùd, 영 néibəhud] 동네

○○○○
하

🎧 캐나다식 발음 → 미국식 발음

How far does this beach extend?

(A) About half a mile or so.
(B) No, I've never visited this beach.
(C) Let's put on our sunglasses.

이 해변은 얼마나 멀리 펼쳐지나요?

(A) 약 반 마일 정도요.
(B) 아니요, 저는 이 해변에 와본 적이 없어요.
(C) 선글라스를 씁시다.

■ How 의문문

정답 (A)

해변이 얼마나 멀리 펼쳐지는지를 묻는 How 의문문이다. How far가 거리를 묻는 것임을 이해할 수 있어야 한다.

(A) [○] 약 반 마일 정도라며 해변이 펼쳐지는 거리를 언급했으므로 정답이다.
(B) [×] 의문사 의문문에 No로 응답했으므로 오답이다. 질문의 beach를 반복 사용하여 혼동을 주었다.
(C) [×] beach(해변)에서 연상할 수 있는 소품과 관련된 sunglasses(선글라스)를 사용하여 혼동을 준 오답이다.

어휘   **beach**[bi:tʃ] 해변   **extend**[iksténd] 펼치다   **or so** 정도, 쯤

○○○●
중

🎧 호주식 발음 → 영국식 발음

Have all the clients taken their seats?

(A) Each has been installed.
(B) A few still haven't arrived.
(C) My seat is over there.

모든 고객들이 자리에 앉았나요?

(A) 각각 설치되었어요.
(B) 아직 몇 분이 도착하지 않았어요.
(C) 제 자리는 저쪽이에요.

■ 조동사 의문문

정답 (B)

모든 고객들이 자리에 앉았는지를 확인하는 조동사(Have) 의문문이다.

(A) [×] 모든 고객들이 자리에 앉았는지를 물었는데, 이와 관련이 없는 각각 설치되었다는 내용으로 응답했으므로 오답이다. all(모든)과 관련 있는 Each(각각)를 사용하여 혼동을 주었다.
(B) [○] 아직 몇 명이 도착하지 않았다는 말로 모든 고객들이 자리에 앉지 않았음을 간접적으로 전달했으므로 정답이다.
(C) [×] 질문의 seats를 seat으로 반복 사용하여 혼동을 준 오답이다.

어휘   **client**[kláiənt] 고객   **install**[instɔ́:l] 설치하다

16
○○○○● 하

🔊 미국식 발음 → 호주식 발음

Why did you switch the brown sweater for another one?

(A) Then we'll find another location.
(B) It was too small for me.
(C) Brown is my favorite color.

왜 갈색 스웨터를 다른 것으로 바꾸었나요?

(A) 그럼 우리는 다른 장소를 찾을 거예요.
(B) 저에게 너무 작았어요.
(C) 갈색은 제가 가장 좋아하는 색이에요.

■ Why 의문문

정답 (B)

왜 갈색 스웨터를 다른 것으로 바꾸었는지를 묻는 Why 의문문이다.
(A) [×] 왜 갈색 스웨터를 다른 것으로 바꾸었는지를 물었는데, 이와 관련이 없는 그럼 자신들은 다른 장소를 찾을 것이라는 내용으로 응답했으므로 오답이다. 질문의 another를 반복 사용하여 혼동을 주었다.
(B) [○] 자신에게 너무 작았다며 갈색 스웨터를 다른 것으로 바꾼 이유를 언급했으므로 정답이다.
(C) [×] 질문의 brown을 반복 사용하여 혼동을 준 오답이다.

어휘   switch[switʃ] 바꾸다   location[미 loukéiʃən, 영 ləukéiʃən] 장소

17
○○○●○ 중

🔊 영국식 발음 → 캐나다식 발음

Should beverages be served at 5 P.M., or should we wait until after the performance?

(A) Earlier would be better.
(B) Our waiter is very friendly.
(C) We should make a donation.

음료가 오후 5시에 제공되어야 할까요, 아니면 공연이 끝날 때까지 기다려야 할까요?

(A) 더 빠른 것이 나을 것 같아요.
(B) 우리의 웨이터는 굉장히 친절해요.
(C) 우리는 기부를 해야 해요.

■ 선택 의문문

정답 (A)

음료가 오후 5시에 제공되어야 할지 아니면 공연이 끝날 때까지 기다려야 할지를 묻는 선택 의문문이다.
(A) [○] 더 빠른 것이 나을 것이라는 말로 오후 5시에 제공하는 것을 간접적으로 선택했으므로 정답이다.
(B) [×] 질문의 be served(제공되다)와 관련 있는 waiter(웨이터)를 사용하여 혼동을 준 오답이다.
(C) [×] 음료가 오후 5시에 제공되어야 할지 아니면 공연이 끝날 때까지 기다려야 할지를 물었는데, 이와 관련이 없는 자신들이 기부를 해야 한다는 내용으로 응답했으므로 오답이다. We should까지만 듣고 정답으로 고르지 않도록 주의한다.

어휘   beverage[bévəridʒ] 음료   donation[dounéiʃən] 기부

18
●●●○○ 상

🔊 미국식 발음 → 캐나다식 발음

You already watched our training video, didn't you?

(A) That train already departed.
(B) Yes, I'm enjoying the job.
(C) About a month ago.

당신은 우리의 교육 영상을 이미 봤죠, 그렇지 않나요?

(A) 그 기차는 이미 출발했어요.
(B) 네, 저는 일을 즐기고 있어요.
(C) 한 달 전쯤이에요.

■ 부가 의문문

정답 (C)

자신들의 교육 영상을 이미 봤는지를 확인하는 부가 의문문이다.
(A) [×] training – train의 유사 발음 어휘를 사용하여 혼동을 준 오답이다.
(B) [×] 자신들의 교육 영상을 이미 봤는지를 물었는데, 이와 관련이 없는 자신이 일을 즐기고 있다는 내용으로 응답했으므로 오답이다. Yes만 듣고 정답으로 고르지 않도록 주의한다.
(C) [○] 한 달 전쯤이라는 말로 교육 영상을 이미 봤음을 간접적으로 전달했으므로 정답이다.

어휘   training[tréiniŋ] 교육   depart[dipá:rt] 출발하다, 떠나다

○○○●○
중

🔊 영국식 발음 → 호주식 발음

Where did you work before this?

(A) See you after the show.
(B) I interned at a laboratory.
(C) From some corporate leaders.

이곳 전에 어디에서 일을 하셨어요?

(A) 공연이 끝나고 만나요.
(B) 실험실에서 인턴으로 근무했어요.
(C) 회사 지도자들로부터요.

■ Where 의문문

정답 (B)

이곳 전에 어디에서 일을 했는지를 묻는 Where 의문문이다.
(A) [×] 이곳 전에 어디에서 일을 했는지를 물었는데, 이와 관련이 없는 공연이 끝나고 만나자는 내용으로 응답했으므로 오답이다. 질문의 before(전에)와 반대 의미인 after(끝나고)를 사용하여 혼동을 주었다.
(B) [○] 실험실에서 인턴으로 근무했다는 말로 이곳 전에 일한 장소를 언급했으므로 정답이다.
(C) [×] work(일하다)에서 연상할 수 있는 장소와 관련된 corporate(회사의)을 사용하여 혼동을 준 오답이다.

어휘 after[미 金ftər, 영 á:ftə] ~이 끝나고 show[미 ʃou, 영 ʃəu] 공연 intern[미 intə́:rn, 영 intə́:n] 인턴으로 근무하다
laboratory[미 lǽbrətɔ:ri, 영 ləbɔ́rətri] 실험실 corporate[미 kɔ́:rpərit, 영 kɔ́:pərət] 회사의

○○○●●
상

🔊 캐나다식 발음 → 영국식 발음

Is $500 too much for this painting, or is it a fair price?

(A) I'll check the receipt.
(B) You're going to love the museum.
(C) That seems overpriced.

이 그림에 500달러는 과한가요, 아니면 적정한 가격인가요?

(A) 영수증을 확인할게요.
(B) 당신은 이 미술관을 정말 좋아하실 거예요.
(C) 그것은 값이 너무 비싸게 매겨진 것 같네요.

■ 선택 의문문

정답 (C)

이 그림에 500달러가 과한지 아니면 적정한 가격인지를 묻는 선택 의문문이다.
(A) [×] price(가격)와 관련 있는 receipt(영수증)을 사용하여 혼동을 준 오답이다.
(B) [×] 이 그림에 500달러가 과한지 아니면 적정한 가격인지를 물었는데, 이와 관련이 없는 상대방이 이 미술관을 정말 좋아할 것이라는 내용으로 응답했으므로 오답이다. painting(그림)에서 연상할 수 있는 장소와 관련된 museum(미술관)을 사용하여 혼동을 주었다.
(C) [○] 그것은 값이 너무 비싸게 매겨진 것 같다는 말로 이 그림에 500달러는 과하다는 것을 선택했으므로 정답이다.

어휘 fair[feər] 적정한 receipt[risí:t] 영수증 overpriced[미 òuvərpráist, 영 ə̀uvəpráist] 값이 너무 비싸게 매겨진

○○○●●
상

🔊 호주식 발음 → 미국식 발음

Does the pamphlet you're making for our company explain our ongoing projects?

(A) Yes, but it's not my container.
(B) I made sure to include that information.
(C) Most of the brochures can be recycled.

당신이 우리 회사를 위해 만들고 있는 소책자는 우리의 진행 중인 프로젝트들에 대해 설명하나요?

(A) 네, 하지만 그것은 제 용기가 아니에요.
(B) 저는 그 정보를 확실히 포함시켰어요.
(C) 대부분의 소책자들은 재활용할 수 있어요.

■ 조동사 의문문

정답 (B)

회사를 위해 만들고 있는 소책자가 진행 중인 프로젝트들에 대해 설명하는지를 확인하는 조동사(Do) 의문문이다.
(A) [×] 회사를 위해 만들고 있는 소책자가 진행 중인 프로젝트들에 대해 설명하는지를 물었는데, 이와 관련이 없는 그것은 자신의 용기가 아니라는 내용으로 응답했으므로 오답이다. Yes만 듣고 정답으로 선택하지 않도록 주의한다.
(B) [○] 자신이 그 정보를 확실히 포함시켰다는 말로 회사를 위해 만들고 있는 소책자가 진행 중인 프로젝트들에 대해 설명함을 전달했으므로 정답이다.
(C) [×] 질문의 pamphlet(소책자)과 같은 의미인 brochures(소책자들)를 사용하여 혼동을 준 오답이다.

어휘 pamphlet[pǽmflət] 소책자 ongoing[미 ɔ́:ngouiŋ, 영 ɔ́ngəuiŋ] 진행 중인 container[kəntéinər] 용기, 그릇 brochure[brouʃúər] 소책자
recycle[rì:sáikəl] 재활용하다

22

○○○●○ 중

🔊 캐나다식 발음 → 영국식 발음

Are you satisfied with your raise?

(A) Yes, I really appreciate it.
(B) It'd be nice to increase productivity.
(C) They were sent to the payroll department.

당신의 임금 인상에 대해 만족하시나요?

(A) 네, 저는 그것에 대해 정말 감사해요.
(B) 생산성을 높이면 좋을 것 같아요.
(C) 그것들은 급여 지급 부서로 보내졌어요.

■ Be 동사 의문문

정답 (A)

임금 인상에 대해 만족하는지를 확인하는 Be 동사 의문문이다.

(A) [○] Yes로 임금 인상에 대해 만족함을 전달한 후, 자신은 그것에 대해 정말 감사하다는 의견을 제시했으므로 정답이다.
(B) [×] 임금 인상에 만족하는지를 물었는데, 이와 관련이 없는 생산성을 높이면 좋을 것 같다는 내용으로 응답했으므로 오답이다. 질문의 raise(임금 인상)의 다른 의미인 '높이다'와 의미가 동일한 increase를 사용하여 혼동을 주었다.
(C) [×] 질문의 raise(임금 인상)에서 연상할 수 있는 급여와 관련된 payroll department(급여 지급 부서)를 사용하여 혼동을 준 오답이다.

어휘 raise[reiz] (임금의) 인상; 높이다 appreciate[미 əpríːʃieit, 영 əpríʃieit] 감사하다 productivity[미 prɑ̀ːdʌktívəti, 영 prɔ̀dʌktívəti] 생산성
payroll department 급여 지급 부서

23

○○○●○ 상

🔊 미국식 발음 → 영국식 발음

Didn't you see the warehouse when you were shown around our facility?

(A) I was told we had to skip it.
(B) Let's store those goods too.
(C) Both tour times work for me.

저희 시설을 둘러보도록 안내받으셨을 때 창고를 보지 못하셨나요?

(A) 저는 우리가 그것을 건너뛰어야 한다고 들었어요.
(B) 그 상품들도 보관합시다.
(C) 두 견학 시간대 모두 저에게 괜찮아요.

■ 부정 의문문

정답 (A)

시설을 둘러보도록 안내받았을 때 창고를 봤는지를 확인하는 부정 의문문이다.

(A) [○] 자신들이 그것을 건너뛰어야 한다고 들었다는 말로 시설을 둘러보도록 안내받았을 때 창고를 보지 못했다는 것을 간접적으로 전달했으므로 정답이다.
(B) [×] 시설을 둘러보도록 안내받았을 때 창고를 보았는지를 물었는데, 이와 관련이 없는 그 상품들도 보관하자는 내용으로 응답했으므로 오답이다. warehouse(창고)와 관련 있는 store(보관하다)와 goods(상품들)를 사용하여 혼동을 주었다.
(C) [×] shown around(둘러보도록 안내받다)와 관련 있는 tour times(견학 시간대)를 사용하여 혼동을 준 오답이다.

어휘 warehouse[wéərhaus] 창고 show around 둘러보도록 안내하다 skip[skip] 건너뛰다, 생략하다 store[미 stɔːr, 영 stɔː] 보관하다
goods[gudz] 상품

24

○○●○○ 중

🔊 호주식 발음 → 미국식 발음

I had a difficulty logging in to the wireless network.

(A) I couldn't find the venue either.
(B) It's been unreliable lately.
(C) Thanks for solving the problem.

저는 무선 네트워크에 로그인하는 데 어려움을 겪었어요.

(A) 저도 그 장소를 찾지 못했어요.
(B) 최근 들어 신뢰할 수 없어요.
(C) 문제를 해결해주셔서 감사해요.

■ 평서문

정답 (B)

무선 네트워크에 로그인하는 데 어려움을 겪었다는 문제점을 언급하는 평서문이다.

(A) [×] 무선 네트워크에 로그인하는 데 어려움을 겪었다고 했는데, 이와 관련이 없는 자신도 그 장소를 찾지 못했다는 내용으로 응답했으므로 오답이다. I couldn't ~ either만 듣고 정답으로 선택하지 않도록 주의한다.
(B) [○] 최근 들어 신뢰할 수 없다는 말로 문제점에 대한 의견을 제시했으므로 정답이다.
(C) [×] difficulty(어려움)와 관련 있는 problem(문제)을 사용하여 혼동을 준 오답이다.

어휘 wireless network 무선 네트워크 venue[vénjuː] 장소 unreliable[ʌ̀nriláiəbəl] 신뢰할 수 없는, 믿을 수 없는

25

○○○○● 하

🎧 캐나다식 발음 → 미국식 발음

Would you like to borrow my phone charger?

(A) Try dialing the number again.
(B) When did you lend them to Paul?
(C) Sure. I'll give it back soon.

제 핸드폰 충전기를 빌려드릴까요?

(A) 다시 전화를 걸어보세요.
(B) 그것들을 Paul에게 언제 빌려주었나요?
(C) 그럼요. 곧 그것을 돌려드릴게요.

■ 제공 의문문   정답 (C)

자신의 핸드폰 충전기를 빌려주겠다는 제공 의문문이다. Would you like이 제공하는 표현임을 이해할 수 있어야 한다.
(A) [×] phone(핸드폰)과 관련 있는 dialing the number(전화를 걸다)를 사용하여 혼동을 준 오답이다.
(B) [×] 질문의 borrow(빌리다)와 반대 의미인 lend(빌려주다)를 사용하여 혼동을 준 오답이다.
(C) [○] Sure로 제안을 수락한 후, 곧 그것을 돌려주겠다는 부연 설명을 했으므로 정답이다.

어휘   charger[tʃáːrdʒər] 충전기   dial a number (다이얼을 돌려서) 전화를 걸다   lend[lend] 빌려주다

26

○●●●○ 상

🎧 영국식 발음 → 캐나다식 발음

How many rehearsals are left before the first performance?

(A) The car performed well.
(B) We're looking forward to the play.
(C) This is the second-to-last.

첫 공연을 앞두고 몇 번의 리허설이 남아 있나요?

(A) 그 차는 잘 작동했어요.
(B) 저희는 그 연극을 기대하고 있어요.
(C) 이번이 끝에서 두 번째예요.

■ How 의문문   정답 (C)

첫 공연을 앞두고 몇 번의 리허설이 남아 있는지를 묻는 How 의문문이다. How many가 수량을 묻는 것임을 이해할 수 있어야 한다.
(A) [×] 첫 공연을 앞두고 몇 번의 리허설이 남아 있는지 물었는데, 이와 관련이 없는 그 차가 잘 작동했다는 내용으로 응답했으므로 오답이다.
       performance – performed의 유사 발음 어휘를 사용하여 혼동을 주었다.
(B) [×] performance(공연)와 관련 있는 play(연극)를 사용하여 혼동을 준 오답이다.
(C) [○] 이번이 끝에서 두 번째라고 말하며 첫 공연을 앞두고 남은 리허설의 수를 언급했으므로 정답이다.

어휘   look forward to ~을 기대하다   play[plei] 연극   second-to-last 끝에서 두 번째

27

○○○●○ 중

🎧 캐나다식 발음 → 미국식 발음

Cassie will be on sick leave for the rest of the month.

(A) I was ill last December.
(B) Who will handle her duties?
(C) An updated calendar.

Cassie는 이번 달 남은 기간 동안 병가 중일 거예요.

(A) 저는 지난 12월에 몸이 안 좋았어요.
(B) 누가 그녀의 업무들을 처리할 건가요?
(C) 최신 일정표요.

■ 평서문   정답 (B)

Cassie가 이번 달 남은 기간 동안 병가 중일 것이라는 객관적인 사실을 전달하는 평서문이다.
(A) [×] sick leave(병가)와 관련 있는 ill(몸이 안 좋은)을 사용하고, month(달)에서 연상할 수 있는 December(12월)를 사용하여 혼동을 준 오
       답이다.
(B) [○] 누가 그녀의 업무들을 처리할 것인지를 되물어 향후 계획에 대한 추가 정보를 요구하는 정답이다.
(C) [×] month(달)에서 연상할 수 있는 날짜와 관련된 calendar(달력)를 '일정표'라는 의미로 사용하여 혼동을 준 오답이다.

어휘   sick leave 병가   ill[il] 몸이 안 좋은   handle[hǽndl] 처리하다, 다루다   duty[djúːti] 업무, 의무

28

○ ● ● ● 상

🎧 호주식 발음 → 미국식 발음

We should conduct a focus group on our new laptop, shouldn't we?

(A) Since the company grew larger.
(B) I doubt we have the funds to do that.
(C) Yes, most of the participants.

우리는 새 노트북 컴퓨터에 대한 포커스 그룹을 실시해야 해요, 그렇지 않나요?

(A) 회사가 더 커진 이후로요.
(B) 우리가 그것을 할 자금이 있는지 의문이네요.
(C) 네, 대부분의 참가자들이요.

■ 부가 의문문

정답 (B)

새 노트북 컴퓨터에 대한 포커스 그룹을 실시해야 하는지를 확인하는 부가 의문문이다.

(A) [×] 새 노트북 컴퓨터에 대한 포커스 그룹을 실시해야 하는지를 물었는데, 이와 관련이 없는 회사가 더 커진 이후로라는 내용으로 응답했으므로 오답이다. group – grew의 유사 발음 어휘를 사용하여 혼동을 주었다.
(B) [○] 우리가 그것을 할 자금이 있는지 의문이라는 말로 새 노트북 컴퓨터에 대한 포커스 그룹을 실시할 수 없을 것임을 간접적으로 전달했으므로 정답이다.
(C) [×] focus group(포커스 그룹)에서 연상할 수 있는 대상자와 관련된 participants(참가자들)를 사용하여 혼동을 준 오답이다. Yes만 듣고 정답으로 선택하지 않도록 주의한다.

어휘 conduct[kəndʌ́kt] 실시하다 focus group 포커스 그룹(테스트할 상품에 대해서 토의하는 소비자 그룹) fund[fʌnd] 자금
participant[pɑːrtísəpənt] 참가자

29

○ ○ ● ● 중

🎧 캐나다식 발음 → 영국식 발음

The chef prepared this complimentary dessert for you.

(A) I'm well prepared for the interview.
(B) Tell them it will be served soon.
(C) Wow. It looks delicious.

주방장이 당신을 위해 이 무료 후식을 준비했어요.

(A) 저는 그 인터뷰에 대해 준비가 잘 되어 있어요.
(B) 그들에게 그것이 곧 제공될 것이라고 말해주세요.
(C) 우아. 정말 맛있어 보여요.

■ 평서문

정답 (C)

주방장이 상대방을 위해 무료 후식을 준비했다는 객관적인 사실을 전달하는 평서문이다.

(A) [×] 주방장이 상대방을 위해 무료 후식을 준비했다고 했는데, 이와 관련이 없는 자신은 그 인터뷰에 대해 준비가 잘 되어 있다는 내용으로 응답했으므로 오답이다. 질문의 prepared를 반복 사용하여 혼동을 주었다.
(B) [×] 질문의 dessert(후식)를 나타낼 수 있는 it을 사용하여 혼동을 준 오답이다.
(C) [○] 정말 맛있어 보인다는 말로 사실에 대한 의견을 제시했으므로 정답이다.

어휘 chef[ʃef] 주방장 complimentary[kɑ̀:mpləméntri] 무료의 dessert[dizə́:rt] 후식 serve[미 sə:rv, 영 sə:v] 제공하다

30

○ ○ ● ○ 중

🎧 미국식 발음 → 호주식 발음

Are there any rental cars available that can fit six people?

(A) This SUV can accommodate seven passengers.
(B) Customers are charged extra for gas.
(C) Many drivers find the congestion frustrating.

여섯 명이 탈 수 있는 임대 자동차가 있나요?

(A) 이 SUV는 일곱 명의 승객을 수용할 수 있어요.
(B) 고객들에게 휘발유 요금이 추가로 부과돼요.
(C) 많은 운전자들은 교통 정체에 불만스러워해요.

■ Be 동사 의문문

정답 (A)

여섯 명이 탈 수 있는 임대 자동차가 있는지를 확인하는 Be 동사 의문문이다.

(A) [○] 이 SUV는 일곱 명의 승객을 수용할 수 있다는 말로 여섯 명이 탈 수 있는 임대 자동차가 있음을 간접적으로 전달했으므로 정답이다.
(B) [×] rental cars(임대 자동차)에서 연상할 수 있는 추가 요금 부과 요소와 관련된 gas(휘발유)를 사용하여 혼동을 준 오답이다.
(C) [×] cars(자동차)와 관련 있는 drivers(운전자들)를 사용하여 혼동을 준 오답이다.

어휘 rental[réntl] 임대의 accommodate[미 əkɑ́:mədeit, 영 əkɔ́mədeit] 수용하다 charge[미 tʃɑːrdʒ, 영 tʃɑːdʒ] 부과하다, 청구하다
congestion[kəndʒéstʃən] (교통의) 정체, 혼잡 frustrating[frʌ́streitiŋ] 불만스러운

31

3 영국식 발음 → 호주식 발음

For $50 more, I can give you an extended warranty.

(A) There are fewer models than expected.
(B) Great. I'll be sure to delete it.
(C) OK. Charge it all to my credit card.

50달러를 더 지불하시면, 품질 보증 연장을 해드릴 수 있어요.

(A) 예상했던 것보다 모델이 더 적네요.
(B) 좋아요, 제가 확실히 그것을 삭제할게요.
(C) 알겠어요. 모두 제 신용카드로 청구해 주세요.

■ 평서문

정답 (C)

50달러를 더 지불하고 품질 보증 연장을 할 것을 제안하는 평서문이다.

(A) [×] warranty(품질 보증)에서 연상할 수 있는 제품과 관련된 models(모델)를 사용하여 혼동을 준 오답이다.
(B) [×] 질문의 extended warranty(품질 보증 연장)를 나타낼 수 있는 it을 사용하여 혼동을 준 오답이다. Great만 듣고 정답으로 선택하지 않도록 주의한다.
(C) [○] OK로 50달러를 더 지불하고 품질 보증 연장을 하라는 제안을 수락한 후, 모두 자신의 신용카드로 청구해달라는 부연 설명을 했으므로 정답이다.

어휘   extend[iksténd] 연장하다   warranty[wɔ́rənti] (품질 등의) 보증, 보증서

32
33
34

Questions 32-34 refer to the following conversation.

[음] 미국식 발음 → 캐나다식 발음

W: Hi, Mark. ³²I heard you were asked to travel with the marketing and sales team members to Tokyo next week.

M: ³²That's right. ³³Our CEO thinks we may have to make a few last-minute changes to the contract with the local company that will distribute our products. So, he wants someone from the legal department to go along. Oh, that reminds me . . . I paid for my flight and hotel with my personal credit card. Do you know where I can get information about the reimbursement process?

W: ³⁴You should read the guide posted on the company intranet by the accounting team. It includes detailed instructions.

M: Thanks. I'll do that right away.

32 What will the man do next week?
(A) Take a business trip
(B) Meet with a company president
(C) Make an international call
(D) Apply for a credit card

33 Which department does the man most likely work in?
(A) Marketing
(B) Sales
(C) Legal
(D) Accounting

34 What does the woman advise the man to do?
(A) Update a directory
(B) Visit a Web site
(C) Request a refund
(D) Contact another department

32-34번은 다음 대화에 관한 문제입니다.

W: 안녕하세요, Mark. ³²저는 당신이 다음 주에 마케팅팀과 영업팀 직원들과 함께 도쿄에 가도록 요청받았다고 들었어요.

M: ³²맞아요. ³³우리 최고 경영자는 우리의 제품들을 유통시킬 지역 회사와의 계약에 약간의 막바지 변경을 해야 할 수도 있다고 생각해요. 그래서 그는 법무 부서의 누군가가 동행하기를 원해요. 아, 그러고 보니 생각나네요… 저는 제 개인 신용 카드로 제 항공편과 호텔비를 지불했어요. 제가 상환 절차에 대한 정보를 어디에서 얻을 수 있는지 알고 계세요?

W: ³⁴당신은 회계팀이 회사 내부 전산망에 게시한 안내서를 읽어보셔야 해요. 상세한 설명이 포함되어 있어요.

M: 감사해요. 바로 그렇게 할게요.

32. 남자는 다음 주에 무엇을 할 것인가?
(A) 출장을 간다.
(B) 회사 사장과 만난다.
(C) 국제 전화를 한다.
(D) 신용 카드를 신청한다.

33. 남자는 어느 부서에서 일하는 것 같은가?
(A) 마케팅
(B) 영업
(C) 법무
(D) 회계

34. 여자는 남자에게 무엇을 하라고 조언하는가?
(A) 주소록을 업데이트한다.
(B) 웹사이트를 방문한다.
(C) 환불을 요청한다.
(D) 다른 부서에 연락한다.

지문 last-minute [læst-mínit] 막바지의, 마지막 순간의 contract [kántrækt] 계약 distribute [distríbju:t] 유통시키다, 배포하다 go along 동행하다 reimbursement [rì:imbá:rsmənt] 상환, 환급 guide [gaid] 안내서 instruction [instrʌ́kʃən] 설명
32 apply for 신청하다
34 directory [dəréktəri] 주소록, 안내 책자

32 ■ **세부 사항 관련 문제** 다음에 할 일 　　　　정답 (A)

남자가 다음 주에 할 일을 묻는 문제이므로, 질문의 핵심어구(next week)가 언급된 주변을 주의 깊게 듣는다. 여자가 "I heard you were asked to travel with the marketing and sales team members to Tokyo next week."이라며 남자가 다음 주에 마케팅팀과 영업팀 직원들과 함께 도쿄에 가도록 요청받았다고 들었다고 하자, 남자가 "That's right."이라며 맞다고 하였다. 따라서 정답은 (A) Take a business trip이다.

33 ■ **전체 대화 관련 문제** 화자 　　　　정답 (C)

남자가 일하는 부서를 묻는 문제이므로, 신분 및 직업과 관련된 표현을 놓치지 않고 듣는다. 남자가 "Our CEO thinks we may have to make a few last-minute changes to the contract ~. So, he wants someone from the legal department to go along."이라며 최고 경영자는 계약에 약간의 막바지 변경을 해야 할 수도 있다고 생각해서 법무 부서의 누군가가 동행하기를 원한다고 한 말을 통해 남자가 일하는 부서가 법무 부서임을 알 수 있다. 따라서 정답은 (C) Legal이다.

34 ■ **세부 사항 관련 문제** 특정 세부 사항 　　　　정답 (B)

여자가 남자에게 조언하는 것을 묻는 문제이므로, 여자의 말에서 조언과 관련된 표현이 언급된 다음을 주의 깊게 듣는다. 여자가 "You should read the guide posted on the company intranet by the accounting team."이라며 회계팀이 회사 내부 전산망에 게시한 안내서를 읽어보라고 하였다. 따라서 정답은 (B) Visit a Web site이다.

Questions 35-37 refer to the following conversation with three speakers.

🔊 영국식 발음 → 캐나다식 발음 → 호주식 발음

W: Mitch, aren't you in charge of conducting an inventory count at our store?

M1: Normally, I am. However, ³⁵Ben took care of it yesterday since it was my first day back after returning from vacation. If you have any questions about our stock levels, he's right behind you.

W: Oh, excuse me, Ben. I have a question for you about our inventory. ³⁶How many XR monitors do we have in stock? Our database says that we have two left, but I can't find any on the shelf.

M2: That's odd. We should indeed have two left. ³⁷Let me look in the warehouse.

W: I have a customer on hold, so let me know as soon as possible.

35 What did Mitch recently do?
(A) Led a meeting
(B) Watched a presentation
(C) Ordered some merchandise
(D) Returned from a vacation

36 What is the woman's problem?
(A) She was denied a request.
(B) She cannot locate a product.
(C) She received improper instructions.
(D) She is not familiar with a brand.

37 What does Ben offer to do?
(A) Talk to a customer
(B) Update a database
(C) Check a storage area
(D) Test an electronic device

35-37번은 다음 세 명의 대화에 관한 문제입니다.

W: Mitch, 당신은 우리 상점에서의 재고 조사를 실시하는 것을 맡고 있지 않나요?

M1: 보통은 그렇습니다. 그런데, ³⁵어제는 제가 휴가에서 돌아온 첫날이었기 때문에 Ben이 그것을 맡았어요. 만약 우리의 재고 수준에 관해 질문이 있다면, 그는 당신의 바로 뒤에 있어요.

W: 아, 실례합니다, Ben. 우리의 재고에 관해 질문이 있어요. ³⁶XR 모니터의 재고가 몇 대나 있죠? 데이터베이스는 두 대가 남았다고 하는데, 선반에서 찾을 수가 없네요.

M2: 이상하네요. 확실히 두 대가 남아있어야 하거든요. ³⁷제가 창고를 살펴볼게요.

W: 통화를 기다리고 있는 고객이 있어서, 최대한 빠르게 알려주세요.

35. Mitch는 최근에 무엇을 했는가?
(A) 회의를 이끌었다.
(B) 발표를 지켜보았다.
(C) 몇몇 상품들을 주문했다.
(D) 휴가에서 복귀했다.

36. 여자의 문제는 무엇인가?
(A) 그녀는 요청을 거절당했다.
(B) 그녀는 제품의 위치를 찾을 수 없다.
(C) 그녀는 부적절한 지시를 받았다.
(D) 그녀는 한 브랜드에 익숙하지 않다.

37. Ben은 무엇을 해주겠다고 제안하는가?
(A) 고객과 이야기한다.
(B) 데이터베이스를 업데이트한다.
(C) 저장 공간을 확인한다.
(D) 전자 기기를 테스트한다.

지문 in charge of ~을 맡고 있는 conduct[kəndʌ́kt] 실시하다 inventory[미 ínvəntɔ̀ːri, 영 ínvəntəri] 재고, 물품 목록 on hold 통화를 기다리는
35 merchandise[mə́ːrtʃəndàiz] 상품, 물품
36 deny[dinái] 거절하다, 부인하다 improper[미 imprɑ́ːpər, 영 imprɔ́pə] 부적절한 be familiar with ~에 익숙하다

35 ■ 세부 사항 관련 문제 특정 세부 사항 　　　　　　　　　　　　　　　　　　　　　　　　　　　　　　　　　　　　정답 (D)

Mitch 즉, 남자 1이 최근에 한 것을 묻는 문제이므로, 질문의 핵심어구(Mitch recently do)와 관련된 내용을 주의 깊게 듣는다. 남자 1이 "Ben took care of it[inventory count] yesterday since it was my first day back after returning from vacation"이라며 어제는 자신이 휴가에서 돌아온 첫날이었기 때문에 Ben이 재고 조사를 맡았다고 하였다. 따라서 정답은 (D) Returned from a vacation이다.

36 ■ 세부 사항 관련 문제 문제점 　　　　　　　　　　　　　　　　　　　　　　　　　　　　　　　　　　　　　　　정답 (B)

여자의 문제점을 묻는 문제이므로, 여자의 말에서 부정적인 표현이 언급된 다음을 주의 깊게 듣는다. 여자가 남자 2에게 "How many XR monitors do we have in stock?"이라며 XR 모니터의 재고가 몇 대나 있는지 물은 뒤, "Our database says that we have two left, but I can't find any on the shelf."라며 데이터베이스는 두 대가 남았다고 하는데 선반에서 찾을 수가 없다고 하였다. 따라서 정답은 (B) She cannot locate a product이다.

37 ■ 세부 사항 관련 문제 제안 　　　　　　　　　　　　　　　　　　　　　　　　　　　　　　　　　　　　　　　정답 (C)

Ben 즉, 남자 2가 해주겠다고 제안하는 것을 묻는 문제이므로, 남자 2의 말에서 해주겠다고 언급한 내용을 주의 깊게 듣는다. 남자 2가 "Let me look in the warehouse."라며 창고를 살펴보겠다고 하였다. 따라서 정답은 (C) Check a storage area이다.

Questions 38-40 refer to the following conversation.

🎧 호주식 발음 → 영국식 발음

M: Excuse me. ³⁸I watched a play here on May 19, and I believe I left my watch in the bathroom. I took it off when I was washing my hands. Has anyone turned one in?

W: Actually, yes. But I need to confirm that you are the owner. Um, ³⁹could you tell me what your watch looks like?

M: Sure. It has a steel case and a leather strap. And, uh, if you look at the back, you will see that my name is inscribed . . . um, James Higgs.

W: Well, Mr. Higgs, you are in luck! ⁴⁰If I can just see your driver's license or another piece of photo ID, I can give you your watch back.

38 Where is the conversation most likely taking place?
(A) In a theater
(B) In a department store
(C) In a hotel
(D) In a government office

39 What does the woman ask for?
(A) A description of an item
(B) The name of an owner
(C) The date of a visit
(D) A confirmation of a payment

40 What will the man most likely do next?
(A) Make a payment
(B) Show an identification card
(C) Pose for a photograph
(D) Fill out an application form

38-40번은 다음 대화에 관한 문제입니다.

M: 실례합니다. ³⁸저는 5월 19일에 여기에서 연극을 봤는데, 화장실에 제 시계를 놓고 간 것 같아요. 제가 손을 씻을 때 그것을 벗어 놓았거든요. 그걸 돌려준 사람이 있나요?

W: 사실, 있었어요. 하지만 저는 당신이 주인인지 확인해야 해요. 음, ³⁹당신의 시계가 어떻게 생겼는지 말씀해주실 수 있나요?

M: 그럼요. 그것은 철제 케이스와 가죽끈이 있어요. 그리고, 어, 뒤를 보시면, 제 이름이 새겨져 있는 것이 보이실 거예요… 음, James Higgs요.

W: 음, Mr. Higgs, 운이 좋으시네요! ⁴⁰제가 당신의 운전면허증이나 사진이 부착된 다른 신분증을 볼 수 있다면, 시계를 당신에게 돌려드릴 수 있습니다.

38. 대화는 어디에서 일어나고 있는 것 같은가?
(A) 극장에서
(B) 백화점에서
(C) 호텔에서
(D) 관공서에서

39. 여자는 무엇을 요청하는가?
(A) 물품에 대한 묘사
(B) 주인의 이름
(C) 방문 날짜
(D) 지불 증거

40. 남자는 다음에 무엇을 할 것 같은가?
(A) 대금을 지불한다.
(B) 신분증을 보여준다.
(C) 사진을 찍기 위해 포즈를 취한다.
(D) 신청서를 작성한다.

지문 **turn in** 돌려주다, 반납하다 **confirm**[미 kənfə́:rm, 영 kənfə́:m] 확인하다 **steel**[sti:l] 철제의, 철로 된 **strap**[stræp] 끈, 줄 **inscribe**[inskráib] 새기다, 쓰다

39 **description**[diskrípʃən] 묘사, 설명 **confirmation**[kà:nfərméiʃən] 증거, 확인

40 **identification card** 신분증 **fill out** 작성하다 **application form** 신청서

38 ■ 전체 지문 관련 문제 장소 정답 (A)

대화가 일어나는 장소를 묻는 문제이므로, 장소와 관련된 표현을 놓치지 않고 듣는다. 남자가 "I watched a play here on May 19"라며 5월 19일에 여기에서 연극을 봤다고 한 것을 통해 극장에서 대화가 일어나고 있음을 알 수 있다. 따라서 정답은 (A) In a theater이다.

39 ■ 세부 사항 관련 문제 요청 정답 (A)

여자가 요청하는 것을 묻는 문제이므로, 여자의 말에서 요청과 관련된 표현이 언급된 다음을 주의 깊게 듣는다. 여자가 "could you tell me what your watch looks like?"이라며 남자의 시계가 어떻게 생겼는지 말해줄 수 있는지 물었다. 따라서 정답은 (A) A description of an item이다.

40 ■ 세부 사항 관련 문제 다음에 할 일 정답 (B)

남자가 다음에 할 일을 묻는 문제이므로, 대화의 마지막 부분을 주의 깊게 듣는다. 여자가 남자에게 "If I can just see your driver's license or another piece of photo ID, I can give you your watch back."이라며 남자의 운전면허증이나 사진이 부착된 다른 신분증을 볼 수 있다면 시계를 남자에게 돌려줄 수 있다고 한 말을 통해 남자가 여자에게 신분증을 보여줄 것임을 알 수 있다. 따라서 정답은 (B) Show an identification card이다.

Questions 41-43 refer to the following conversation with three speakers.

🎧 캐나다식 발음 → 미국식 발음 → 영국식 발음

M: Elena, Patricia! It's so nice to see you both. You're a bit early, though. ⁴¹Dan's birthday party doesn't officially begin until 4 P.M.

W1: We know it's only 3 o'clock, but ⁴²we thought we would come a bit early to lend a hand.

W2: Yeah. ⁴²We figured you might need some help preparing food and decorating. Hopefully, we're not intruding.

M: Not at all! In fact, I'm glad you're here. I'm running a bit behind, so this is great.

W2: Well, what can we do?

M: ⁴³Why don't you two chop up the tomatoes and onions in the kitchen for fresh salsa? While you do that, I'll set the table.

41 What will begin at 4 P.M.?
(A) A social gathering
(B) A private consultation
(C) A training session
(D) A cooking class

42 Why did the women arrive early?
(A) To sample some dishes
(B) To volunteer their services
(C) To make revisions to a plan
(D) To rehearse some music

43 What does the man ask the women to do?
(A) Clean up a space
(B) Stop by a market
(C) Cut up some produce
(D) Move some tables

41-43번은 다음 세 명의 대화에 관한 문제입니다.

M: Elena, Patricia! 두 분 모두를 보게 되어 정말 반가워요. 그런데, 조금 일찍 오셨네요. ⁴¹Dan의 생일 파티는 오후 4시나 되어야 정식으로 시작할 거예요.

W1: 저희는 이제 겨우 3시인 것을 알지만, ⁴¹도와드리려고 조금 일찍 와야겠다고 생각했어요.

W2: 맞아요. ⁴²저희는 당신이 음식을 준비하고 장식하는 데에 도움이 필요할 수 있을 거라고 생각했어요. 바라건대, 저희가 방해하는 것이 아니면 좋겠어요.

M: 전혀 아니에요! 사실, 여러분이 오셔서 기뻐요. 저는 조금 늦어지고 있어서, 정말 잘 됐어요.

W2: 음, 저희가 무엇을 할 수 있을까요?

M: ⁴³두 분이 주방에서 신선한 살사를 위한 토마토와 양파를 잘게 썰어주시는 게 어때요? 그것을 하실 동안, 저는 식탁을 차릴게요.

41. 오후 4시에 무엇이 시작될 것인가?
(A) 친목 모임
(B) 개인적인 상담
(C) 교육 강습회
(D) 요리 수업

42. 여자들은 왜 일찍 도착했는가?
(A) 요리들을 맛보기 위해
(B) 자발적으로 돕기 위해
(C) 계획을 수정하기 위해
(D) 음악을 연습하기 위해

43. 남자는 여자들에게 무엇을 해달라고 요청하는가?
(A) 자리를 치운다.
(B) 시장에 들른다.
(C) 농산물을 잘게 자른다.
(D) 식탁들을 옮긴다.

지문 officially [əfíʃəli] 정식으로, 공식적으로 lend a hand 도와주다 figure [미 fígjər, 영 fígə] 생각하다, 여기다 intrude [intrúːd] 방해하다
run behind 늦어지다, 뒤처지다 chop up 잘게 썰다
41 gathering [gǽðəriŋ] 모임 consultation [kàːnsəltéiʃən] 상담
42 sample [sǽmpl] 맛보다 revision [rivíʒən] 수정, 개정 rehearse [rihə́ːrs] 연습하다
43 cut up 잘게 자르다 produce [prədjúːs] 농산물, 생산물

41 ■ 세부 사항 관련 문제 특정 세부 사항   정답 (A)

오후 4시에 시작될 것을 묻는 문제이므로, 질문의 핵심어구(4 P.M.)가 언급된 주변을 주의 깊게 듣는다. 남자가 "Dan's birthday party doesn't officially begin until 4 P.M."이라며 Dan의 생일 파티는 오후 4시나 되어야 정식으로 시작할 거라고 하였다. 따라서 정답은 (A) A social gathering이다.

42 ■ 세부 사항 관련 문제 이유   정답 (B)

여자들이 일찍 도착한 이유를 묻는 문제이므로, 질문의 핵심어구(arrive early)와 관련된 내용을 주의 깊게 듣는다. 여자 1이 "we thought we would come a bit early to lend a hand"라며 도와주려고 조금 일찍 와야겠다고 생각했다고 하자, 여자 2가 "We figured you might need some help preparing food and decorating."이라며 남자가 음식을 준비하고 장식하는 데에 도움이 필요할 수 있을 거라고 생각했다고 하였다. 따라서 정답은 (B) To volunteer their services이다.

43 ■ 세부 사항 관련 문제 요청   정답 (C)

남자가 여자들에게 요청하는 것을 묻는 문제이므로, 남자의 말에서 요청과 관련된 표현이 언급된 다음을 주의 깊게 듣는다. 남자가 "Why don't you two chop up the tomatoes and onions in the kitchen for fresh salsa?"라며 여자들에게 주방에서 신선한 살사를 위한 토마토와 양파를 잘게 썰어달라고 요청하였다. 따라서 정답은 (C) Cut up some produce이다.

Questions 44-46 refer to the following conversation.

🔊 영국식 발음 → 호주식 발음

W: ⁴⁴Thanks for inviting me today. The Stallions are my favorite baseball team, but I rarely get a chance to go to their games. This is a lot of fun.

M: My pleasure. ⁴⁵A coworker of mine has season tickets for all of the home games. He's out of town this weekend, so he gave me his tickets.

W: That was very generous of him. Well, ⁴⁶I'm going to grab some snacks. Do you need anything?

M: I've got a hot dog and soda.

44 Where most likely are the speakers?
  (A) At a theater
  (B) At a restaurant
  (C) At a shopping complex
  (D) At a stadium

45 What is mentioned about the man's coworker?
  (A) He invited some friends over.
  (B) He is able to attend an event.
  (C) He is a season ticket holder.
  (D) He worked an extra shift.

46 Why does the man say, "I've got a hot dog and soda"?
  (A) To calculate an amount
  (B) To point out a mistake
  (C) To indicate a preference
  (D) To turn down an offer

44-46번은 다음 대화에 관한 문제입니다.

W: ⁴⁴오늘 저를 초대해주셔서 감사해요. The Stallions는 제가 가장 좋아하는 야구팀이지만, 저는 그들의 경기에 갈 기회가 거의 없거든요. 정말 재미있네요.

M: 천만에요. ⁴⁵제 직장 동료가 모든 홈 경기에 대한 정기권을 가지고 있어요. 그가 이번 주말에 다른 지역으로 가게 되어서, 그의 표를 제게 주었어요.

W: 그분 정말 후하시네요. 음, ⁴⁶제가 간식을 좀 가져올게요. 뭐 필요한 것 있으세요?

M: 저는 핫도그와 탄산음료가 있어요.

44. 화자들은 어디에 있는 것 같은가?
  (A) 극장에
  (B) 식당에
  (C) 쇼핑몰에
  (D) 경기장에

45. 남자의 직장 동료에 관해 무엇이 언급되는가?
  (A) 그는 친구들을 집으로 초대했다.
  (B) 그는 행사에 참석할 수 있다.
  (C) 그는 정기권 소유자이다.
  (D) 그는 추가 근무를 했다.

46. 남자는 왜 "저는 핫도그와 탄산음료가 있어요"라고 말하는가?
  (A) 양을 계산하기 위해
  (B) 실수를 지적하기 위해
  (C) 선호 사항을 나타내기 위해
  (D) 제안을 거절하기 위해

지문 generous[dʒénərəs] 후한, 아량이 있는 soda[미 sóudə, 영 sə́udə] 탄산음료
45 invite over ~를 집으로 초대하다 holder[hóuldər] 소유자, 보유자 shift[ʃift] (교대) 근무
46 calculate[kǽlkjuleit] 계산하다 indicate[índikeit] 나타내다, 보여주다 turn down 거절하다

44 ■ 전체 대화 관련 문제 장소   정답 (D)
대화가 일어나는 장소를 묻는 문제이므로, 장소와 관련된 표현을 놓치지 않고 듣는다. 여자가 "Thanks for inviting me today. The Stallions are my favorite baseball team, but I rarely get a chance to go to their games. This is a lot of fun."이라며 여자가 오늘 초대해줘서 고맙다고 한 뒤, The Stallions는 자신이 가장 좋아하는 야구팀이지만 경기에 갈 기회가 거의 없다며 정말 재미있다고 하였다. 이를 통해 화자들이 경기장에 있음을 알 수 있다. 따라서 정답은 (D) At a stadium이다.

45 ■ 세부 사항 관련 문제 언급   정답 (C)
남자의 직장 동료에 관해 언급되는 것을 묻는 문제이므로, 질문의 핵심어구(coworker)가 언급된 주변을 주의 깊게 듣는다. 남자가 "A coworker of mine has season tickets for all of the home games."라며 자신의 직장 동료가 모든 홈 경기에 대한 정기권을 가지고 있다고 하였다. 따라서 정답은 (C) He is a season ticket holder이다.

46 ■ 세부 사항 관련 문제 의도 파악   정답 (D)
남자가 하는 말의 의도를 묻는 문제이므로, 질문의 인용어구(I've got a hot dog and soda)가 언급된 주변을 주의 깊게 듣는다. 여자가 "I'm going to grab some snacks. Do you need anything?"이라며 자신이 간식을 좀 가져오겠다며 뭐 필요한 게 있는지 묻자, 남자가 "I've got a hot dog and soda."라며 자신은 핫도그와 탄산음료가 있다고 하였다. 이를 통해 남자가 여자의 제안을 거절하려는 의도임을 알 수 있다. 따라서 정답은 (D) To turn down an offer이다.

Questions 47-49 refer to the following conversation.

🎧 호주식 발음 → 미국식 발음

M: Bellport Florist, Gerald speaking. How can I help you today?

W: I'm interested in buying flowers for a coworker. ⁴⁷She's been selected as the employee of the month and will be presented with an award during a ceremony tomorrow morning. So, I need to pick the flowers up this afternoon.

M: That shouldn't be a problem. Is there a particular kind of flower you'd like to get?

W: Yes. Orchids are her favorite flower, so a bouquet of those, please.

M: Oh . . . ⁴⁸I'm very sorry, but we ran out of those this morning. We don't expect another shipment until Saturday. However, ⁴⁹our branch in Hereford might have some available. I suggest that you give them a call.

47-49번은 다음 대화에 관한 문제입니다.

M: Bellport 꽃집의 Gerald입니다. 오늘 어떻게 도와드릴까요?

W: 저는 직장 동료를 위해 꽃을 사는 것에 관심이 있어요. ⁴⁷그녀는 이달의 직원으로 선정되었고 내일 아침 기념식 중에 상을 수상할 거예요. 그래서, 저는 오늘 오후에 꽃을 찾으러 와야 해요.

M: 그건 문제가 되지 않을 거예요. 구매하길 원하시는 특정한 꽃 종류가 있으세요?

W: 네. 난초가 그녀의 가장 좋아하는 꽃이라, 그것들로 꽃다발 하나를 주세요.

M: 아… ⁴⁸정말 죄송하지만, 그것들은 오늘 아침에 다 떨어졌어요. 저희는 토요일이나 되어야 또 다른 배송이 올 것으로 예상해요. 하지만, ⁴⁹Hereford에 있는 저희 지점에는 구입할 수 있는 것이 조금 있을 거예요. 그쪽으로 전화해보시는 것을 제안드려요.

47 What type of event does the woman want flowers for?
(A) A retirement celebration
(B) An award presentation
(C) A graduation ceremony
(D) A company outing

47. 여자는 어떤 종류의 행사를 위해 꽃을 원하는가?
(A) 은퇴 축하 행사
(B) 시상식
(C) 졸업식
(D) 회사 야유회

48 Why does the man apologize?
(A) A delivery service is not available.
(B) A store has increased its prices.
(C) A product is not in stock.
(D) An order has not been prepared.

48. 남자는 왜 사과하는가?
(A) 배송 서비스를 이용할 수 없다.
(B) 가게가 가격을 인상했다.
(C) 상품이 재고가 없다.
(D) 주문품이 준비되지 않았다.

49 What does the man recommend?
(A) Browsing an online catalog
(B) Contacting a different branch
(C) Ordering another product
(D) Sending a gift card

49. 남자는 무엇을 제안하는가?
(A) 온라인 카탈로그를 훑어보기
(B) 다른 지점에 연락하기
(C) 다른 상품을 주문하기
(D) 상품권을 보내기

지문 **select**[silékt] 선정하다, 고르다 **particular**[미 pərtíkjələr, 영 pətíkjələ] 특정한 **orchid**[ɔ́ːrkid] 난초 **bouquet**[boukéi] 꽃다발
run out of 다 떨어지다 **available**[əvéiləbl] 구입할 수 있는, 이용할 수 있는
47 **retirement**[ritáiərmənt] 은퇴 **celebration**[sèlibréiʃən] 축하 행사 **outing**[áutiŋ] 야유회
48 **in stock** 재고가 있는 49 **browse**[brauz] 훑어보다, 둘러보다

47 ■ 세부 사항 관련 문제 특정 세부 사항   정답 (B)

여자가 어떤 종류의 행사를 위해 꽃을 원하는지를 묻는 문제이므로, 질문의 핵심어구(event ~ flowers for)와 관련된 내용을 주의 깊게 듣는다. 여자가 "She[coworker]'s been selected as the employee of the month and will be presented with an award during a ceremony tomorrow morning. So, I need to pick the flowers up this afternoon."이라며 직장 동료가 이달의 직원으로 선정되었고 내일 아침 기념식 중에 상을 수상할 거라서, 오늘 오후에 꽃을 찾으러 와야 한다고 하였다. 따라서 정답은 (B) An award presentation이다.

48 ■ 세부 사항 관련 문제 이유   정답 (C)

남자가 사과하는 이유를 묻는 문제이므로, 질문의 핵심어구(apologize)와 관련된 내용을 주의 깊게 듣는다. 남자가 "I'm very sorry, but we ran out of those[Orchids] this morning."이라며 정말 죄송하지만 난초는 오늘 아침에 다 떨어졌다고 하였다. 따라서 정답은 (C) A product is not in stock이다.

49 ■ 세부 사항 관련 문제 제안   정답 (B)

남자가 제안하는 것을 묻는 문제이므로, 남자의 말에서 제안과 관련된 표현이 언급된 다음을 주의 깊게 듣는다. 남자가 "our branch in Hereford might have some available. I suggest that you give them a call."이라며 Hereford에 있는 자신들의 지점에는 구입할 수 있는 것이 조금 있을 거라며 그쪽으로 전화해볼 것을 제안하였다. 따라서 정답은 (B) Contacting a different branch이다.

Questions 50-52 refer to the following conversation.

🔊 캐나다식 발음 → 미국식 발음

M: ⁵⁰I have a suggestion for decorating this lobby. Why don't we choose furniture that complements the blue and green wallpaper we have used throughout the hotel?

W: Good idea. We'll definitely need several couches. And they should be made of leather as that material is very durable. ⁵¹Why don't we look at some from West Loop?

M: ⁵¹West Loop mostly sells items that are suitable for private residences. But, um . . . Bently Furniture specializes in commercial furniture.

W: Yeah, I suppose so. In that case, ⁵²I'll call that store to find out whether they have any leather sofas in stock.

50 Where most likely are the speakers?
(A) In a convention center
(B) In a corporate office
(C) In a hotel
(D) In a mall

51 Why does the man say, "Bently Furniture specializes in commercial furniture"?
(A) To accept an offer
(B) To indicate a problem
(C) To suggest an alternative
(D) To explain a decision

52 Why will the woman make a phone call?
(A) To inquire about product availability
(B) To request a confirmation number
(C) To provide some feedback
(D) To confirm a delivery time

50-52번은 다음 대화에 관한 문제입니다.

M: ⁵⁰저는 이 로비를 장식하는 것에 대해 제안이 있습니다. 우리가 호텔 전체에 걸쳐 사용한 파란색과 초록색 벽지를 보완해줄 가구를 고르는 게 어떨까요?

W: 좋은 생각이네요. 확실히 여러 개의 소파가 필요할 거예요. 그리고 가죽이 내구성이 매우 좋으므로 그것들은 그 재질로 만들어져야 해요. ⁵¹West Loop에서 좀 찾아보는 게 어때요?

M: ⁵¹West Loop은 대부분 개인 주택에 적합한 물품들을 판매해요. 하지만, 음… Bently 가구점은 상업용 가구를 전문으로 해요.

W: 네, 그런 것 같네요. 그렇다면, ⁵²가죽 소파의 재고가 있는지 알아보기 위해 제가 그 가게에 전화해볼게요.

50. 화자들은 어디에 있는 것 같은가?
(A) 컨벤션 센터에
(B) 회사 사무실에
(C) 호텔에
(D) 쇼핑몰에

51. 남자는 왜 "Bently 가구점은 상업용 가구를 전문으로 해요"라고 말하는가?
(A) 제안을 받아들이기 위해
(B) 문제를 나타내기 위해
(C) 대안을 제안하기 위해
(D) 결정 사항을 설명하기 위해

52. 여자는 왜 전화를 할 것인가?
(A) 제품의 구매 가능성을 문의하기 위해
(B) 확인 번호를 요청하기 위해
(C) 피드백을 제공하기 위해
(D) 배송 시간을 확인하기 위해

지문 complement[kámpləmənt] 보완하다 throughout[θruːáut] 전체에 걸쳐, 도처에 durable[djúərəbəl] 내구성이 있는, 오래 가는 suitable[súːtəbəl] 적합한, 적절한 specialize in ~을 전문으로 하다 commercial[kəmə́ːrʃəl] 상업용의, 상업의
51 accept[əksépt] 받아들이다
52 inquire[inkwáiər] 문의하다 availability[əvèiləbíləti] 구매 가능성

50 ■ 전체 대화 관련 문제 장소   정답 (C)
○○○○●하 대화가 일어나는 장소를 묻는 문제이므로, 장소와 관련된 표현을 놓치지 않고 듣는다. 남자가 "I have a suggestion for decorating this lobby. Why don't we choose furniture that complements the blue and green wallpaper we have used throughout the hotel?"이라며 이 로비를 장식하는 것에 대해 제안이 있으며 호텔 전체에 걸쳐 사용한 파란색과 초록색 벽지를 보완해줄 가구를 고르면 어떨지 물었다. 이를 통해 화자들이 호텔에 있음을 알 수 있다. 따라서 정답은 (C) In a hotel이다.

51 ■ 세부 사항 관련 문제 의도 파악   정답 (C)
○○○○●중 남자가 하는 말의 의도를 묻는 문제이므로, 질문의 인용어구(Bently Furniture specializes in commercial furniture)가 언급된 주변을 주의 깊게 듣는다. 여자가 "Why don't we look at some[couches] from West Loop?"이라며 West Loop에서 소파를 찾아보는 게 어떤지 묻자, 남자가 "West Loop mostly sells items that are suitable for private residences. But ~ Bently Furniture specializes in commercial furniture."라며 West Loop은 대부분 개인 주택에 적합한 물품들을 판매하지만, Bently 가구점은 상업용 가구를 전문으로 한다고 하였다. 이를 통해 남자가 대안을 제안하려는 의도임을 알 수 있다. 따라서 정답은 (C) To suggest an alternative이다.

52 ■ 세부 사항 관련 문제 이유   정답 (A)
○○○○●중 여자가 전화할 이유를 묻는 문제이므로, 질문의 핵심어구(make a phone call)와 관련된 내용을 주의 깊게 듣는다. 여자가 "I'll call that store to find out whether they have any leather sofas in stock"이라며 가죽 소파의 재고가 있는지 알아보기 위해 그 가게에 전화해본다고 하였다. 따라서 정답은 (A) To inquire about product availability이다.

Questions 53-55 refer to the following conversation.

🎧 미국식 발음 → 호주식 발음

W: Hello, sir. How can I help you this morning?

M: I need to travel to Berlin. ⁵³I know a train on the Red Line regularly heads there from Bonn. When does the next one leave?

W: The next one won't leave for about two hours.

M: I'd like a ticket for that one. ⁵⁴I can call some of my clients while I wait.

W: Certainly. It'll be €75. By the way, ⁵⁵I encourage you to make use of our lounge. It offers comfortable chairs, free wireless Internet, and vending machines. ⁵⁵It's just down the hallway to your left.

53 What does the man ask the woman about?
(A) A departure time
(B) A first-class ticket
(C) A luggage policy
(D) A gate location

54 What does the man say he will do?
(A) Wait for a shuttle bus
(B) Make some business calls
(C) Charge to a corporate credit card
(D) Accept a free upgrade

55 What does the woman recommend?
(A) Looking at a digital board
(B) Using a station facility
(C) Paying for wireless Internet
(D) Following other passengers

53-55번은 다음 대화에 관한 문제입니다.

W: 안녕하세요, 손님. 오늘 아침에 어떻게 도와드릴까요?

M: 저는 베를린으로 가야 해요. ⁵³빨간색 노선의 열차가 본에서 그곳으로 정기적으로 가는 것으로 알고 있는데요. 다음 열차는 언제 출발하나요?

W: 다음 열차는 두 시간 후에나 출발할 겁니다.

M: 그 열차의 표 한 장을 주세요. ⁵⁴저는 기다리는 동안 제 고객들과 통화하면 돼요.

W: 그럼요. 75유로로 되겠습니다. 그건 그렇고, ⁵⁵손님께서 저희 라운지를 이용하시기를 권해드립니다. 편안한 의자, 무료 무선 인터넷, 그리고 자판기를 제공하거든요. ⁵⁵통로를 쭉 내려가셔서 손님의 왼쪽에 있습니다.

53. 남자는 여자에게 무엇에 관해 문의하는가?
(A) 출발 시간
(B) 일등석 표
(C) 수하물 정책
(D) 탑승구 위치

54. 남자는 무엇을 할 것이라고 말하는가?
(A) 셔틀버스를 기다린다.
(B) 업무상 통화를 한다.
(C) 회사 신용 카드로 지불한다.
(D) 무료 업그레이드를 받는다.

55. 여자는 무엇을 제안하는가?
(A) 디지털 보드를 살피기
(B) 역 시설을 이용하기
(C) 무선 인터넷의 대금을 지불하기
(D) 다른 승객들을 따라가기

지문 regularly[미 régjələrli, 영 régjələli] 정기적으로, 규칙적으로 head[hed] 가다, 향하다 leave[li:v] 출발하다 make use of ~을 이용하다 vending machine 자판기
53 departure[dipá:rtʃər] 출발 luggage[lʌ́gidʒ] 수하물 policy[pá:ləsi] 정책
54 charge[tʃɑːrdʒ] 신용 카드로 지불하다
55 facility[fəsíləti] 시설

53 ■ 세부 사항 관련 문제 특정 세부 사항　　　　　　　　　　　　　　　　　　　　　　　　정답 (A)

남자가 여자에게 문의하는 것을 묻는 문제이므로, 남자의 말을 주의 깊게 듣는다. 남자가 "I know a train on the Red Line regularly heads there[Berlin] from Bonn. When does the next one leave?"라며 빨간색 노선의 열차가 본에서 베를린으로 정기적으로 가는 것으로 알고 있는데 다음 열차는 언제 출발하는지 물었다. 따라서 정답은 (A) A departure time이다.

54 ■ 세부 사항 관련 문제 다음에 할 일　　　　　　　　　　　　　　　　　　　　　　　　　정답 (B)

남자가 하겠다고 말하는 것을 묻는 문제이므로, 남자의 말에서 질문의 핵심어구(will do)와 관련된 내용을 주의 깊게 듣는다. 남자가 "I can call some of my clients while I wait."이라며 기다리는 동안 고객들과 통화하면 된다고 하였다. 따라서 정답은 (B) Make some business calls이다.

55 ■ 세부 사항 관련 문제 제안　　　　　　　　　　　　　　　　　　　　　　　　　　　　정답 (B)

여자가 제안하는 것을 묻는 문제이므로, 여자의 말에서 제안과 관련된 표현이 언급된 다음을 주의 깊게 듣는다. 여자가 "I encourage you to make use of our lounge"라며 남자에게 라운지를 이용하기를 권한다고 한 뒤, "It's just down the hallway to your left."라며 통로를 쭉 내려가서 왼쪽에 있다고 하였다. 따라서 정답은 (B) Using a station facility이다.

바꾸어 표현하기
lounge 라운지 → station facility 역 시설

Questions 56-58 refer to the following conversation.

🎧 영국식 발음 → 캐나다식 발음

W: I'm glad I've bumped into you. ⁵⁶I'm wondering how the report you're working on is coming along. The one about the risk analysis of the South American consumer markets that we're considering entering.

M: I finished it two hours ago.

W: Could you e-mail it to me, then? Tomorrow, ⁵⁷I'll be meeting with Fred Diamond, a major investor in our clothing firm. He wants to discuss our plan.

M: Actually, I already sent it. I figured you already knew.

W: Oh, ⁵⁸I must have overlooked that e-mail. I'll check for it again and contact you if I have questions about the report.

56 What is the report about?
(A) Consumer complaints
(B) Production costs
(C) Clothing lines
(D) Potential markets

57 Who is Fred Diamond?
(A) An investor
(B) A client
(C) A designer
(D) An intern

58 What will the woman probably do next?
(A) Print a handout
(B) Read an e-mail
(C) Explain a decision
(D) Correct a document

56-58번은 다음 대화에 관한 문제입니다.

W: 당신과 마주치게 되어 기쁘네요. ⁵⁶당신이 작업하고 있는 보고서가 어떻게 되어 가고 있는지 궁금해요. 우리가 진입하려고 고려 중인 남아메리카 소비자 시장의 위험 분석에 관한 것이요.

M: 저는 그것을 두 시간 전에 끝냈어요.

W: 그러면, 저한테 그것을 이메일로 보내줄 수 있나요? 내일, ⁵⁷저는 우리 의류 회사의 주요 투자자인 Fred Diamond와 만날 예정이거든요. 그는 우리의 계획을 논의하기를 원해요.

M: 사실, 저는 이미 그것을 보냈어요. 저는 당신이 이미 알고 있다고 생각했어요.

W: 아, ⁵⁸제가 그 이메일을 못 보고 넘어간 것 같네요. 제가 그것을 다시 확인해보고 보고서에 관해 질문이 있으면 당신에게 연락할게요.

56. 보고서는 무엇에 관한 것인가?
(A) 고객 불만
(B) 생산 비용
(C) 의류 제품
(D) 잠재적인 시장

57. Fred Diamond는 누구인가?
(A) 투자자
(B) 고객
(C) 디자이너
(D) 인턴

58. 여자는 다음에 무엇을 할 것 같은가?
(A) 유인물을 인쇄한다.
(B) 이메일을 읽는다.
(C) 결정 사항을 설명한다.
(D) 서류를 바로잡는다.

지문 bump into ~와 마주치다 come along 되어 가다, 나아지다 risk analysis 위험 분석 investor [미 invéstər, 영 invéstə] 투자자
figure [미 fígjər, 영 fígə] 생각하다 overlook [미 òuvərlúk, 영 ðuvəlúk] 못 보고 넘어가다, 간과하다
56 complaint [kəmpléint] 불만, 불평 potential [pəténʃəl] 잠재적인
58 handout [hǽndaut] 유인물 correct [kərékt] 바로잡다, 정정하다

56 ■ 세부 사항 관련 문제 특정 세부 사항   정답 (D)

보고서가 무엇에 관한 것인지를 묻는 문제이므로, 질문의 핵심어구(report)가 언급된 주변을 주의 깊게 듣는다. 여자가 "I'm wondering how the report ~ is coming along. The one about the risk analysis of the South American consumer markets that we're considering entering."이라며 자신들이 진입하려고 고려 중인 남아메리카 소비자 시장의 위험 분석에 관한 보고서가 어떻게 되어 가고 있는지 궁금하다고 하였다. 따라서 정답은 (D) Potential markets이다.

57 ■ 세부 사항 관련 문제 특정 세부 사항   정답 (A)

Fred Diamond의 신분을 묻는 문제이므로, 질문 대상(Fred Diamond)의 신분 및 직업과 관련된 표현을 놓치지 않고 듣는다. 여자가 "I'll be meeting with Fred Diamond, a major investor in our clothing firm"이라며 자신들의 의류 회사의 주요 투자자인 Fred Diamond와 만날 예정이라고 하였다. 따라서 정답은 (A) An investor이다.

58 ■ 세부 사항 관련 문제 다음에 할 일   정답 (B)

여자가 다음에 할 일을 묻는 문제이므로, 대화의 마지막 부분을 주의 깊게 듣는다. 여자가 "I must have overlooked that e-mail. I'll check for it again"이라며 그 이메일을 못 보고 넘어간 것 같다며 그것을 다시 확인해보겠다고 하였다. 따라서 정답은 (B) Read an e-mail이다.

Questions 59-61 refer to the following conversation.

🎧 호주식 발음 → 미국식 발음

M: Mayor Lamar, thank you for joining me on this episode of *Happening Today*. ⁵⁹We'll spend most of the hour talking about your work as a civil rights lawyer before being elected earlier this year. However, I believe you have some news to share before we get into that.

W: Yes. ⁶⁰I'm very pleased to announce that, after working with the city council, I've been able to secure over $5 million in additional funding for the city's schools next year. It's my first major accomplishment as the mayor of Chicago.

M: And how will the funds be used?

W: ⁶¹City schools will be getting additional books, art materials, and furniture.

59 According to the man, what will the speakers mostly discuss?
(A) An effort to hire additional teachers
(B) A change to voting regulations
(C) A city's community festivals
(D) A politician's professional background

60 What news does the woman announce?
(A) An early retirement
(B) A budget increase
(C) An award nomination
(D) A project delay

61 What is mentioned about city schools?
(A) They have highly trained staff.
(B) They may reduce class sizes.
(C) They will receive more supplies.
(D) They can enroll more students.

59-61번은 다음 대화에 관한 문제입니다.

M: Lamar 시장님, *Happening Today*의 이번 에피소드에 저와 함께 해 주셔서 감사합니다. ⁵⁹저희는 대부분의 시간을 올해 초 선출되시기 전 인권 변호사로서의 성과에 대해 이야기를 하기 전에 시장님께서 나누고 싶으신 소식이 있을 것 같습니다.

W: 네. ⁶⁰저는 시의회와 함께 노력한 끝에, 내년에 시립 학교들을 위한 추가 자금으로 5백만 달러 이상을 확보할 수 있게 된 것을 알려드리게 되어 매우 기쁩니다. 이것은 시카고 시장으로서 저의 첫 번째 주요 업적입니다.

M: 그럼 그 자금은 어떻게 사용될 것인가요?

W: ⁶¹시립 학교들이 추가적인 책, 미술 재료, 가구를 받게 될 것입니다.

59. 남자에 따르면, 화자들은 주로 무엇을 논의할 것인가?
(A) 추가 교사들을 고용하려는 노력
(B) 투표 규정들의 변경
(C) 시의 지역 사회 축제들
(D) 정치인의 직업적 배경

60. 여자는 어떤 소식을 발표하는가?
(A) 이른 은퇴
(B) 예산 증가
(C) 수상 후보
(D) 프로젝트 지연

61. 시립 학교들에 관해 무엇이 언급되는가?
(A) 고도로 훈련된 직원들이 있다.
(B) 학급의 크기를 줄일 수도 있다.
(C) 더 많은 지급품을 받을 것이다.
(D) 더 많은 학생들을 입학시킬 수 있다.

지문 work[미 wɜːrk, 영 wɜːk] 성과, 일; 노력하다 civil rights lawyer 인권 변호사 elect[ilékt] 선출하다 council[káunsəl] 의회 secure[səkjúər] 확보하다 funding[fʌndiŋ] 자금 accomplishment[əkáːmpliʃmənt] 업적, 성취 additional[ədíʃənəl] 추가의, 부가적인
59 regulation[règjuléiʃən] 규정, 규제
60 budget[bʌ́dʒit] 예산 nomination[nàːminéiʃən] 후보
61 highly[háili] 고도로 supply[səplái] 지급품 enroll[inróul] 입학시키다

59 ■ **세부 사항 관련 문제** 특정 세부 사항 　　　　　　　　　　　　　　　　　　　정답 (D)

화자들이 주로 논의할 것을 묻는 문제이므로, 남자의 말에서 질문의 핵심어구(mostly discuss)와 관련된 내용을 주의 깊게 듣는다. 남자 가 "We'll spend most of the hour talking about your[Mayor Lamar] work as a civil rights lawyer before being elected earlier this year."라며 대부분의 시간을 올해 초 선출되기 전 인권 변호사로서의 Lamar 시장의 성과에 대해 이야기하며 보낼 것이라고 하였다. 따라서 정답은 (D) A politician's professional background이다.

60 ■ **세부 사항 관련 문제** 특정 세부 사항 　　　　　　　　　　　　　　　　　　　정답 (B)

여자가 발표하는 소식을 묻는 문제이므로, 질문의 핵심어구(announce)가 언급된 주변을 주의 깊게 듣는다. 여자가 "I'm very pleased to announce that, after working with the city council, I've been able to secure over $5 million in additional funding for the city's schools next year."라며 자신은 시의회와 함께 노력한 끝에, 내년에 시립 학교들을 위한 추가 자금으로 5백만 달러 이상을 확 보할 수 있게 된 것을 알리게 되어 매우 기쁘다고 하였다. 따라서 정답은 (B) A budget increase이다.

61 ■ **세부 사항 관련 문제** 언급 　　　　　　　　　　　　　　　　　　　　　　정답 (C)

시립 학교들에 관해 언급되는 것을 묻는 문제이므로, 질문의 핵심어구(city schools)가 언급된 주변을 주의 깊게 듣는다. 여자가 "City schools will be getting additional books, art materials, and furniture."라며 시립 학교들이 추가적인 책, 미술 재료, 가구를 받게 될 것이라고 하였다. 따라서 정답은 (C) They will receive more supplies이다.

바꾸어 표현하기

additional books, art materials, and furniture 추가적인 책, 미술 재료, 가구 → more supplies 더 많은 지급품

Questions 62-64 refer to the following conversation and highway map.

🎧 미국식 발음 → 호주식 발음

W: Paul, It's Wendy. I'm wondering how far away you are from the office. ⁶²The gathering to welcome our new branch manager doesn't start for another hour, but I'd like to talk to you about the training workshop we're holding for the accounting staff next week.

M: Not too far. ⁶³I just pulled off the highway, and I am passing Sun Market now. I should be there in 15 minutes or so.

W: OK, great. That'll give us a chance to chat beforehand.

M: Sounds good. By the way, ⁶⁴do you need me to get any last-minute supplies? Are there enough drinks for everyone?

W: Thanks, but that's not necessary.

62–64번은 다음 대화와 고속도로 지도에 관한 문제입니다.

W: Paul, 저 Wendy예요. 당신이 사무실에서 얼마나 멀리 있는지 궁금해요. ⁶²우리의 새로운 지점 관리자를 환영하기 위한 모임이 한 시간 뒤에야 시작하지만, 다음 주에 회계 직원들을 위해 우리가 열 교육 워크숍에 대해서 당신과 이야기하고 싶어요.

M: 그렇게 멀리 있지 않아요. ⁶³저는 막 고속도로를 빠져나왔고, 지금 Sun 마켓을 지나고 있어요. 그곳에 15분 정도면 도착해요.

W: 알겠어요, 좋아요. 우리가 미리 이야기할 기회가 있겠네요.

M: 다행이에요. 그런데, ⁶⁴제가 최종적으로 물품들을 사갈 필요가 있나요? 모두가 마실 음료가 충분히 있나요?

W: 감사하지만, 필요하지 않아요.

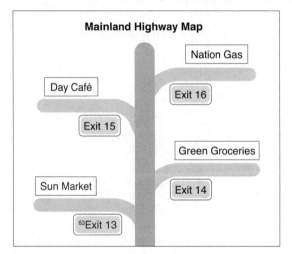

Mainland Highway Map

Nation Gas

Day Café

Exit 16

Exit 15

Green Groceries

Sun Market

Exit 14

⁶³Exit 13

Mainland 고속도로 지도

Nation 주유소

Day 카페

16번 출구

15번 출구

Green 식료품점

Sun 마켓

14번 출구

⁶³13번 출구

62 What type of event is taking place today?
(A) A training session
(B) A welcoming party
(C) A birthday celebration
(D) A branch opening

63 Look at the graphic. Which highway exit did the man most likely take?
(A) Exit 13
(B) Exit 14
(C) Exit 15
(D) Exit 16

64 What does the man offer to do?
(A) Drop off a vehicle
(B) Fill up a gas tank
(C) Pick up some beverages
(D) Call some suppliers

62. 오늘 어떤 종류의 행사가 열리는가?
(A) 교육 과정
(B) 환영 파티
(C) 생일 축하
(D) 지사 개관

63. 시각 자료를 보시오. 남자는 어떤 고속도로 출구로 나온 것 같은가?
(A) 13번 출구
(B) 14번 출구
(C) 15번 출구
(D) 16번 출구

64. 남자는 무엇을 해주겠다고 제안하는가?
(A) 차에서 내린다.
(B) 연료 탱크를 가득 채운다.
(C) 마실 것을 산다.
(D) 공급업자들에게 전화한다.

지문 **pull off** 빠져나오다 **beforehand**[bifɔ́:rhænd] 미리, 사전에 **last-minute**[미 læst-mínit, 영 lɑːst-mínit] 최종적인, 막바지의
supply[səplái] 물품
62 **celebration**[sèlibréiʃən] 축하
64 **drop off** (차에서) 내리다 **fill up** 가득 채우다

62 ■ 세부 사항 관련 문제 특정 세부 사항

정답 (B)

오늘 열리는 행사의 종류를 묻는 문제이므로, 질문의 핵심어구(event)와 관련된 내용을 주의 깊게 듣는다. 여자가 "The gathering to welcome our new branch manager doesn't start for another hour"라며 새로운 지점 관리자를 환영하기 위한 모임이 한 시간 뒤에야 시작할 것이라고 하였다. 따라서 정답은 (B) A welcoming party이다.

바꾸어 표현하기

gathering to welcome ~ new branch manager 새로운 지점 관리자를 환영하기 위한 모임 → welcoming party 환영 파티

63 ■ 세부 사항 관련 문제 시각 자료

정답 (A)

남자가 나온 고속도로 출구를 묻는 문제이므로, 제시된 고속도로 지도의 정보를 확인한 뒤 질문의 핵심어구(highway exit ~ take)와 관련된 내용을 주의 깊게 듣는다. 남자가 "I just pulled off the highway, and I am passing Sun Market now."라며 막 고속도로를 빠져 나왔고 지금 Sun 마켓을 지나고 있다고 하였으므로, 남자가 나온 고속도로 출구가 Sun 마켓 근처의 13번 출구임을 고속도로 지도에서 알 수 있다. 따라서 정답은 (A) Exit 13이다.

64 ■ 세부 사항 관련 문제 제안

정답 (C)

남자가 해주겠다고 제안하는 것을 묻는 문제이므로, 남자의 말에서 제안과 관련된 표현이 언급된 다음을 주의 깊게 듣는다. 남자가 "do you need me to get any last-minute supplies?"라며 자신이 최종적으로 물품들을 사갈 필요가 있는지 물은 후, "Are there enough drinks for everyone?"이라며 모두가 마실 음료가 충분히 있는지 물었다. 따라서 정답은 (C) Pick up some beverages이다.

Questions 65-67 refer to the following conversation and shelving unit.

65-67번은 다음 대화와 선반에 관한 문제입니다.

[3∿] 캐나다식 발음 → 영국식 발음

M: Pardon me. ⁶⁵I'd like to buy my nephew a laptop. He's going to college soon, and he'll need one to write papers.

W: Sure thing. Are there any particular features you have in mind?

M: I know he likes to have many windows open at once, so ⁶⁶a wider screen would be best. ⁶⁷I'm leaning toward the C34, but I'm not certain.

W: While the C34 is a great model, it's intended for video editing. I'm guessing it's more powerful than necessary.

M: Yeah, good point.

W: However, ⁶⁷the device just below that one is the same size. Although less powerful than the C34, it's ideal for running word processing programs. It's also much cheaper.

M: 실례합니다. ⁶⁵저는 제 조카에게 노트북 컴퓨터를 사주고 싶은데요. 그가 곧 대학교에 들어갈 거라서, 과제를 작성하기 위해 하나가 필요할 거예요.

W: 물론이죠. 생각하고 계신 특정한 특징들이 있나요?

M: 그가 동시에 많은 창을 켜놓는 것을 좋아한다고 알고 있어서, ⁶⁶더 넓은 화면이 가장 좋겠네요. ⁶⁷저는 C34로 마음이 기울고 있지만, 잘 모르겠어요.

W: C34가 훌륭한 모델이긴 하지만, 그것은 영상 편집을 위해 만들어졌어요. 제 생각에 그것은 필요 이상으로 성능이 좋을 거예요.

M: 네, 좋은 지적이네요.

W: 하지만, ⁶⁷그것 바로 밑에 있는 기기는 같은 크기예요. C34보다 성능은 덜하지만, 문서 작성 프로그램을 구동하기에 이상적이에요. 그리고 훨씬 저렴해요.

H88 - $850
C34 - $1,350
F56 - $1,100
⁶⁷X12 - $975

H88 – 850달러
C34 – 1,350달러
F56 – 1,100달러
⁶⁷X12 – 975달러

65 According to the man, who is the device for?
(A) A colleague
(B) A relative
(C) A friend
(D) A client

65. 남자에 따르면, 기기는 누구를 위한 것인가?
(A) 동료
(B) 친척
(C) 친구
(D) 고객

66 What feature does the man want to prioritize?
(A) Portability
(B) Battery life
(C) Affordability
(D) Display size

66. 남자는 어떤 특징을 우선시하기를 원하는가?
(A) 휴대성
(B) 배터리 수명
(C) 감당할 수 있는 비용
(D) 화면 크기

67 Look at the graphic. Which laptop does the woman recommend?
(A) H88
(B) C34
(C) F56
(D) X12

67. 시각 자료를 보시오. 여자는 어느 노트북 컴퓨터를 권하는가?
(A) H88
(B) C34
(C) F56
(D) X12

지문 screen[skríːn] 화면 lean[líːn] 기울다 editing[éditiŋ] 편집 device[diváis] 기기, 장치 ideal[aidíːəl] 이상적인 run[rʌn] 구동하다 word processing 문서 작성

65 relative[rélətiv] 친척

66 prioritize[praió:rətaiz] 우선시하다 portability[pɔ̀ːrtəbíləti] 휴대성 affordability[əfɔ̀ːrdəbíləti] 감당할 수 있는 비용 display[displéi] 화면

65 ■ 세부 사항 관련 문제 특정 세부 사항

정답 (B)

누구를 위한 기기인지를 묻는 문제이므로, 남자의 말에서 질문의 핵심어구(device for)와 관련된 내용을 주의 깊게 듣는다. 남자가 "I'd like to buy my nephew a laptop."이라며 자신의 조카에게 노트북 컴퓨터를 사주고 싶다고 하였다. 따라서 정답은 (B) A relative이다.

바꾸어 표현하기

nephew 조카 → A relative 친척

66 ■ 세부 사항 관련 문제 특정 세부 사항

정답 (D)

남자가 우선시하기를 원하는 특징을 묻는 문제이므로, 질문의 핵심어구(feature ~ to prioritize)와 관련된 내용을 주의 깊게 듣는다. 남자가 "a wider screen would be best"라며 더 넓은 화면이 가장 좋겠다고 하였다. 따라서 정답은 (D) Display size이다.

바꾸어 표현하기

screen 화면 → Display 화면

67 ■ 세부 사항 관련 문제 시각 자료

정답 (D)

여자가 권하는 노트북 컴퓨터를 묻는 문제이므로, 제시된 선반의 정보를 확인한 뒤 질문의 핵심어구(recommend)와 관련된 내용을 주의 깊게 듣는다. 남자가 "I'm leaning toward the C34"라며 C34로 마음이 기울고 있다고 하자, 여자가 "the device just below that one is the same size. Although less powerful than the C34, it's ideal for running word processing programs. It's also much cheaper."라며 C34 바로 밑에 있는 기기는 같은 크기이며 C34보다 성능은 덜하지만 문서 작성 프로그램을 구동하기에 이상적이고 훨씬 저렴하다고 하였으므로, 여자가 권하는 노트북이 C34 밑에 있는 기기인 X12임을 선반에서 알 수 있다. 따라서 정답은 (D) X12이다.

Questions 68-70 refer to the following conversation and sign.

[호주식 발음 → 미국식 발음]

M: Charlotte, [68]did you hear that our IT company will be hosting a volunteer day? Management is hoping it'll attract some positive media attention, and [68]all of the technicians are encouraged to participate. I'm really looking forward to it.

W: [68]Yeah, me too. I guess we'll be tutoring students at local schools.

M: It's a great idea, but [69]I'm a bit surprised by some of the goals. Uh, 20 people from our newest office are expected to take part, but there are only 30 employees.

W: I'm sure that office will meet its goal. And [70]I'm going to sign up now. I want to make sure that our branch has enough volunteers.

M: [70]Good point. I'll join you.

68-70번은 다음 대화와 표지판에 관한 문제입니다.

M: Charlotte, [68]우리 IT 회사가 자원봉사의 날을 주최할 거라는 걸 들었어요? 경영진은 이것이 긍정적인 언론의 관심을 끌어모으기를 바라고 있고, [68]모든 기술자들은 참여하도록 권장돼요. 저는 이것을 매우 기대하고 있어요.

W: [68]네, 저도요. 우리는 지역 학교에서 학생들을 가르칠 것 같아요.

M: 이건 좋은 아이디어지만, [69]일부 목표에 조금 놀랐어요. 어, 우리의 가장 새로 생긴 사무실에서 스무 명이 참여하도록 기대되는데, 그곳에는 단지 서른 명의 직원밖에 없잖아요.

W: 저는 그 사무실이 그곳의 목표를 달성할 거라고 확신해요. 그리고 [70]저도 지금 등록할 거예요. 우리 지점에 충분한 자원봉사자가 있도록 확실히 하고 싶어요.

M: [70]좋은 말씀이네요. 저도 함께할게요.

Barton Inc. Volunteer Day!

Office Volunteer Goals

- Easton City: 10
- Lowerville: 15
- [69]New Clemson: 20
- Bloomington: 25

Barton 주식회사 자원봉사의 날!

사무실 자원봉사자 목표

- Easton City: 10명
- Lowerville: 15명
- [69]New Clemson: 20명
- Bloomington: 25명

---

68 Who most likely are the speakers?
(A) School teachers
(B) Public relations personnel
(C) IT specialists
(D) Media representatives

69 Look at the graphic. Which office was most recently established?
(A) Easton City
(B) Lowerville
(C) New Clemson
(D) Bloomington

70 What do the speakers plan to do?
(A) Encourage some workers to make donations
(B) Participate in an upcoming event
(C) Announce goals to their colleagues
(D) Coordinate activities with an organizer

68. 화자들은 누구인 것 같은가?
(A) 학교 교사들
(B) 홍보부 직원들
(C) IT 전문가들
(D) 대중 매체 대표들

69. 시각 자료를 보시오. 어느 사무실이 가장 최근에 설립되었는가?
(A) Easton City
(B) Lowerville
(C) New Clemson
(D) Bloomington

70. 화자들은 무엇을 할 계획인가?
(A) 직원들에게 기부를 하도록 권장한다.
(B) 다가오는 행사에 참여한다.
(C) 그들의 동료들에게 목표들을 발표한다.
(D) 주최자와 활동들을 조정한다.

지문 host[미 houst, 영 həust] 주최하다 management[mǽnidʒmənt] 경영진 encourage[미 inkɔ́ːridʒ, 영 inkʌ́ridʒ] 권장하다, 장려하다 tutor[túːtər] 가르치다, 개인 교습하다 take part 참여하다 sign up 등록하다
68 public relations 홍보부 personnel[pɔ̀ːrsənél] 직원 specialist[spéʃəlist] 전문가
69 establish[istǽbliʃ] 설립하다
70 upcoming[ʌ́pkʌmiŋ] 다가오는 coordinate[kouɔ́ːrdineit] 조정하다 organizer[ɔ́ːrgənàizər] 주최자

68 ■ 전체 대화 관련 문제 화자
정답 (C)

화자들의 신분을 묻는 문제이므로, 신분 및 직업과 관련된 표현을 놓치지 않고 듣는다. 남자가 "did you hear that our IT company will be hosting a volunteer day?"라며 자신들의 IT 회사가 자원봉사의 날을 주최할 거라는 걸 들었는지 물은 뒤, "all of the technicians are encouraged to participate. I'm really looking forward to it."이라며 모든 기술자들은 참여하도록 권장되며, 자신은 이것을 매우 기대하고 있다고 하였다. 그러자 여자가 "Yeah, me too."라며 자신도 기대된다고 하였다. 이를 통해 화자들이 IT 전문가들임을 알 수 있다. 따라서 정답은 (C) IT specialists이다.

69 ■ 세부 사항 관련 문제 시각 자료
정답 (C)

가장 최근에 설립된 사무실을 묻는 문제이므로, 제시된 표지판의 정보를 확인한 뒤 질문의 핵심어구(office ~ most recently established)와 관련된 내용을 주의 깊게 듣는다. 남자가 "I'm a bit surprised by some of the goals. Uh, 20 people from our newest office are expected to take part"라며 일부 목표에 조금 놀랐다고 한 뒤 가장 새로 생긴 사무실에서 스무 명이 참여하도록 기대된다고 하였으므로, 가장 최근에 설립된 사무실은 자원봉사자 목표가 20명인 New Clemson임을 표지판에서 알 수 있다. 따라서 정답은 (C) New Clemson이다.

바꾸어 표현하기
office ~ most recently established 가장 최근에 설립된 사무실 → newest office 가장 새로 생긴 사무실

70 ■ 세부 사항 관련 문제 특정 세부 사항
정답 (B)

화자들의 계획을 묻는 문제이므로, 질문의 핵심어구(plan to do)와 관련된 내용을 주의 깊게 듣는다. 여자가 "I'm going to sign up now. I want to make sure that our branch has enough volunteers."라며 자신도 지금 등록할 거라며 자신들의 지점에 충분한 자원봉사자가 있도록 확실히 하고 싶다고 하였다. 그러자 남자가 "Good point. I'll join you."라며 좋은 말이라며 자신도 함께하겠다고 하였다. 따라서 정답은 (B) Participate in an upcoming event이다.

PART 4

71
72
73

Questions 71-73 refer to the following announcement.

🔊 영국식 발음

May I have your attention, please? [71]This is just a reminder that, as Greenway customers, you do not have to pay for parking in the grocery store's parking lot, provided you spend at least $20 in the store. When you leave our parking facility, [72]simply show your sales receipts to the attendant at the gate. In addition, please note that the parking spaces beside the elevators on all levels of the facility are reserved for the physically disabled. [73]Individuals wishing to park in these spaces must have a valid government permit clearly displayed in the window of their vehicles.

71. Where is the announcement most likely being made?
    (A) In a supermarket
    (B) In a restaurant
    (C) In an electronics store
    (D) In an office building

72. What are the listeners instructed to present to an attendant?
    (A) A voucher slip
    (B) A parking pass
    (C) A proof of purchase
    (D) An identification card

73. What is mentioned about the parking spaces near the elevators?
    (A) They meet government standards.
    (B) They are for small vehicles.
    (C) They are reserved for employees.
    (D) They require a permit to use.

71-73번은 다음 공지에 관한 문제입니다.

모두 주목해 주시겠습니까? [71]Greenway 고객으로서, 여러분이 상점에서 최소 20달러를 쓰신다면 식료품점 주차장에 주차하는 것에 대해 지불하실 필요가 없다는 것을 상기시켜드립니다. 저희 주차장을 나가실 때, [72]그저 입구의 안내원에게 영수증을 보여주십시오. 더불어, 주차장의 모든 층에 있는 엘리베이터 옆의 주차 공간들은 신체적으로 장애가 있는 분들을 위해 지정되어 있다는 점에 유의해주십시오. [73]이 공간에 주차하기를 원하시는 분들께서는 유효한 정부 허가증을 차량 유리창에 명확하게 내보이셔야 합니다.

71. 공지는 어디에서 이뤄지고 있는 것 같은가?
    (A) 슈퍼마켓에서
    (B) 식당에서
    (C) 전자 기기 매장에서
    (D) 사무실 건물에서

72. 청자들은 안내원에게 무엇을 제시하도록 안내되는가?
    (A) 상품권
    (B) 주차권
    (C) 구매 증명서
    (D) 신분증

73. 엘리베이터 근처의 주차 공간에 관해 무엇이 언급되는가?
    (A) 정부 기준을 충족한다.
    (B) 소형 차량들을 위한 것이다.
    (C) 직원들을 위해 지정되었다.
    (D) 사용하려면 허가증이 필요하다.

지문 grocery[미 gróusəri, 영 grɔ́usəri] 식료품 attendant[əténdənt] 안내원, 종업원 beside[bisáid] 옆에 level[lévəl] 층
reserve[미 rizə́:rv, 영 rizɔ́:v] 지정하다, 보유하다 physically disabled 신체적으로 장애가 있는 valid[vǽlid] 유효한, 타당한
permit[미 pə́:rmit, 영 pə́:mit] 허가증, 허가 display[displéi] 내보이다, 드러내다

72 voucher[váutʃər] 상품권, 초대권 proof of purchase 구매 증명서 identification card 신분증

73 meet[miːt] 충족하다 standard[stǽndərd] 기준, 표준

---

71 ■ 전체 지문 관련 문제 장소   정답 (A)

공지가 이루어지는 장소를 묻는 문제이므로, 장소와 관련된 표현을 놓치지 않고 듣는다. 화자가 청자들에게 "This is just a reminder that, as Greenway customers, you do not have to pay for parking in the grocery store's parking lot"이라며 Greenway 고객으로서 식료품점 주차장에 주차하는 것에 대해 지불할 필요가 없다는 것을 상기시켜준다고 한 것을 통해 공지가 이루어지고 있는 장소가 슈퍼마켓임을 알 수 있다. 따라서 정답은 (A) In a supermarket이다.

72 ■ 세부 사항 관련 문제 특정 세부 사항   정답 (C)

청자들이 안내원에게 제시하도록 안내되는 것을 묻는 문제이므로, 질문의 핵심어구(present to an attendant)와 관련된 내용을 주의 깊게 듣는다. "simply show your sales receipts to the attendant at the gate"이라며 그저 입구의 안내원에게 영수증을 보여주라고 하였다. 따라서 정답은 (C) A proof of purchase이다.

73 ■ 세부 사항 관련 문제 언급   정답 (D)

엘리베이터 근처의 주차 공간에 관해 언급되는 것을 묻는 문제이므로, 질문의 핵심어구(parking spaces near the elevators)와 관련된 내용을 주의 깊게 듣는다. "Individuals wishing to park in these spaces[parking spaces beside the elevators] must have a valid government permit clearly displayed in the window of their vehicles."라며 엘리베이터 옆의 주차 공간들에 주차하기를 원하는 사람들은 유효한 정부 허가증을 차량 유리창에 명확하게 내보여야 한다고 하였다. 따라서 정답은 (D) They require a permit to use이다.

74
75
76

Questions 74-76 refer to the following telephone message.

🔊 호주식 발음

Ms. Sandberg, this is Carter Malek calling from your bank. ⁷⁴I'd like to notify you that you qualify for a new credit card. Based on your account activity and income level, ⁷⁴we'd like to offer you the Gold Card with a $10,000 limit. Apart from the limit, it provides you with 3% cash back on every purchase. Also, ⁷⁵you will be eligible for exclusive sales from our wide range of partners. This includes the Grandor Hotel Group and Americana West Airways. ⁷⁶All we need is your authorization, and you will receive the card within five business days. You've been pre-approved for this process. Please call me back at 555-5044. Thank you.

74 Why is the speaker calling?
   (A) To request some bank information
   (B) To alert a customer about a new policy
   (C) To offer a financial product
   (D) To confirm an account opening

75 What will the listener be eligible for?
   (A) Investing in some high-interest funds
   (B) Receiving discounts from partners
   (C) Transferring money overseas for free
   (D) Ordering a special business card

76 What does the speaker mean when he says, "You've been pre-approved for this process"?
   (A) A security check has been successful.
   (B) A customer doesn't have to apply for a service.
   (C) A bank will contact the customer soon.
   (D) A request has been registered.

74-76번은 다음 전화 메시지에 관한 문제입니다.

Ms. Sandberg, 귀하의 은행에서 전화를 드리는 Carter Malek이라고 합니다. ⁷⁴저는 귀하께서 새로운 신용카드에 대한 자격을 얻으셨음을 알려드리고자 합니다. 귀하의 계좌 활동 및 소득 수준에 근거하여, ⁷⁴저희는 한도 1만 달러의 골드 카드를 권해드리고자 합니다. 한도 외에도, 그것은 구매당 3퍼센트의 캐시백을 제공합니다. 또한, ⁷⁵귀하께서는 저희의 광범위한 제휴사들로부터의 독점적인 할인에 대한 자격을 갖게 되실 것입니다. 이것은 Grandor 호텔 그룹과 Americana West 항공을 포함합니다. ⁷⁶저희는 귀하의 승인만이 필요하며, 귀하에서는 영업일 기준 5일 이내에 카드를 받아보실 수 있습니다. 귀하께서는 이 절차에 대해 사전 승인되셨습니다. 555-5044로 제게 다시 전화해주십시오. 감사합니다.

74. 화자는 왜 전화를 하고 있는가?
   (A) 은행 정보를 요청하기 위해
   (B) 새로운 정책에 관해 고객에게 알리기 위해
   (C) 금융 상품을 제안하기 위해
   (D) 계좌 개설을 승인하기 위해

75. 청자는 무엇에 대한 자격을 갖게 될 것인가?
   (A) 몇몇 고리 펀드에 투자하기
   (B) 제휴사들로부터 할인을 받기
   (C) 무료로 해외로 돈을 송금하기
   (D) 특별 명함을 주문하기

76. 화자는 "귀하께서는 이 절차에 대해 사전 승인되셨습니다"라고 말할 때 무엇을 의도하는가?
   (A) 보안 검사가 성공적이었다.
   (B) 고객이 서비스를 신청할 필요가 없다.
   (C) 은행이 고객에게 곧 연락할 것이다.
   (D) 요청이 등록되었다.

지문 notify[미 nóutəfài, 영 nə́utifai] 알려주다, 통지하다 qualify for ~의 자격을 얻다 income[ínkʌm] 소득 be eligible for ~에 대한 자격을 갖다
exclusive[iksklúsiv] 독점적인, 배타적인 authorization[미 ɔ̀ːθərəzéiʃən, 영 ɔ̀ːθəraizéiʃən] 승인

75 high-interest 고리(高利)의, 이자가 높은 overseas[òuvərsíːz] 해외로

76 apply for ~을 신청하다 register[미 rédʒistər, 영 rédʒistə] 등록하다

74 ■ 전체 지문 관련 문제 목적   정답 (C)

○○○○ 전화의 목적을 묻는 문제이므로, 지문의 초반을 반드시 듣는다. "I'd like to notify you that you qualify for a new credit card."라며
●●●● 청자가 새로운 신용카드에 대한 자격을 얻었음을 알려주고자 한다고 한 뒤, "we'd like to offer you the Gold Card with a $10,000
하 limit"이라며 한도 1만 달러의 골드 카드를 권해주고자 한다고 하였다. 이를 통해 화자가 금융 상품을 제안하기 위해 전화했음을 알 수 있
다. 따라서 정답은 (C) To offer a financial product이다.

75 ■ 세부 사항 관련 문제 특정 세부 사항   정답 (B)

○○○○ 청자가 무엇에 대한 자격을 갖게 될 것인지를 묻는 문제이므로, 질문의 핵심어구(be eligible for)가 언급된 주변을 주의 깊게 듣는다. "you
●●●● will be eligible for exclusive sales from our[bank] wide range of partners"라며 청자가 은행의 광범위한 제휴사들로부터의 독점
중 적인 할인에 대한 자격을 갖게 될 것이라고 하였다. 따라서 정답은 (B) Receiving discounts from partners이다.

76 ■ 세부 사항 관련 문제 의도 파악   정답 (B)

○○○○ 화자가 하는 말의 의도를 묻는 문제이므로, 질문의 인용어구(You've been pre-approved for this process)가 언급된 주변을 주의 깊
●●●● 게 듣는다. "All we need is your authorization"이라며 청자의 승인만이 필요하다고 한 뒤, "You've been pre-approved for this
상 process."라며 청자는 이 절차에 대해 사전 승인되었다고 한 것을 통해 청자, 즉 고객이 서비스를 신청할 필요가 없음을 알 수 있다. 따라
서 정답은 (B) A customer doesn't have to apply for a service이다.

Questions 77-79 refer to the following introduction.

🎵 캐나다식 발음

How's everyone enjoying the music so far? Um, 77our next performer is making his second appearance at the Salem Blues Festival. He was here seven years ago—the very first time this event was held—and his performance was one of the festival's highlights. At that time, Philip Waterfield was accompanied by five bandmates, but today he'll be appearing on stage all by himself to promote 78his record, which came out in April. 79He doesn't play live much anymore, so this is certainly a special occasion. Ladies and gentlemen, put your hands together for Mr. Waterfield.

77 Who most likely are the listeners?
(A) Festival attendees
(B) Music school students
(C) Studio technicians
(D) Record store staff

78 According to the speaker, what happened in April?
(A) An event was announced.
(B) A concert was postponed.
(C) A band was formed.
(D) An album was released.

79 What does the speaker say about Philip Waterfield?
(A) He plans to record more music.
(B) He rarely gives live performances.
(C) He has appeared on television.
(D) He was given an award.

77-79번은 다음 소개에 관한 문제입니다.

다들 지금까지 음악을 어떻게 즐기시고 계신가요? 음, 77저희의 다음 공연자는 Salem 블루스 축제에 두 번째로 출연합니다. 그는 이 행사가 맨 처음 열렸던 7년 전에 여기 있었고 그의 공연은 축제의 하이라이트 중 하나였습니다. 그때, Philip Waterfield는 다섯 명의 밴드 멤버들과 함께했지만, 오늘 그는 784월에 나온 그의 음반을 홍보하기 위해 혼자 무대에 설 것입니다. 79그는 더 이상 라이브 연주를 그다지 하지 않으므로, 이것은 분명 특별한 기회입니다. 신사 숙녀 여러분, Mr. Waterfield를 위해 박수를 보내주십시오.

77. 청자들은 누구인 것 같은가?
(A) 축제 참석자들
(B) 음악 학교 학생들
(C) 스튜디오 기술자들
(D) 음반 매장 직원들

78. 화자에 따르면, 4월에 무슨 일이 일어났는가?
(A) 행사가 발표되었다.
(B) 콘서트가 연기되었다.
(C) 밴드가 구성되었다.
(D) 앨범이 발매되었다.

79. 화자는 Philip Waterfield에 관해 무엇을 말하는가?
(A) 그는 더 많은 곡을 녹음할 계획이다.
(B) 그는 라이브 공연을 거의 하지 않는다.
(C) 그는 텔레비전에 나왔다.
(D) 그는 상을 받았다.

지문   make an appearance 출연하다   accompany[əkʌ́mpəni] 함께 하다, 동반하다   all by oneself 혼자   occasion[əkéiʒən] 기회, 경우
78   postpone[poustpóun] 연기하다   form[fɔːrm] 구성하다, 형성하다   release[rilíːs] 발매하다, 공개하다

77 ■ 전체 지문 관련 문제 청자   정답 (A)
청자들의 신분을 묻는 문제이므로, 신분 및 직업과 관련된 표현을 놓치지 않고 듣는다. "our next performer is making his second appearance at the Salem Blues Festival"이라며 다음 공연자는 Salem 블루스 축제에 두 번째로 출연한다고 하였다. 이를 통해 청자들이 축제 참석자들임을 알 수 있다. 따라서 정답은 (A) Festival attendees이다.

78 ■ 세부 사항 관련 문제 특정 세부 사항   정답 (D)
4월에 일어난 일을 묻는 문제이므로, 질문의 핵심어구(in April)가 언급된 주변을 주의 깊게 듣는다. "his record, which came out in April"이라며 4월에 나온 그의 음반이라고 하였다. 따라서 정답은 (D) An album was released이다.

바꾸어 표현하기
came out 나왔다 → released 발매되었다

79 ■ 세부 사항 관련 문제 언급   정답 (B)
화자가 Philip Waterfield에 관해 언급하는 것을 묻는 문제이므로, 질문의 핵심어구(Philip Waterfield)와 관련된 내용을 주의 깊게 듣는다. "He[Philip Waterfield] doesn't play live much anymore"라며 Philip Waterfield는 더 이상 라이브 연주를 그다지 하지 않는다고 하였다. 따라서 정답은 (B) He rarely gives live performances이다.

바꾸어 표현하기
play live 라이브 연주를 하다 → gives live performances 라이브 공연을 하다

Questions 80-82 refer to the following telephone message.

🔊 호주식 발음

This message is for Blong Vang in response to his recent inquiry regarding his reservation with StarQuest Voyages. Mr. Vang, 80our records indicate that there might be a problem with the cruise you booked for June 14 to 21. 81You asked for a Standard cabin, which includes a twin-size bed. However, in the "special request" section, you left a note saying that you require a queen-size mattress. Well, Premier cabins include queen-size beds. 82Images of these accommodations are included in the digital brochure e-mailed to you last week. If this cabin type is satisfactory, please let us know as soon as possible so that your booking and billing statement can be updated.

80 According to the speaker, what does Mr. Vang plan to do on June 14?
(A) Verify an itinerary
(B) Conclude a business trip
(C) Depart on a cruise
(D) Pay a remaining balance

81 What does the speaker mean when he says, "Premier cabins include queen-size beds"?
(A) Inaccurate information was provided.
(B) A handout is outdated.
(C) A reservation needs to be changed.
(D) Larger accommodations were added.

82 What was included in a brochure?
(A) Some photographs
(B) A price list
(C) Some coupons
(D) A phone number

80-82번은 다음 전화 메시지에 관한 문제입니다.

이 메시지는 StarQuest Voyages사와의 예약에 관한 최근 문의에 대한 응답으로 Blong Vang을 위한 것입니다. Mr. Vang, 80저희 기록은 귀하께서 6월 14일부터 21일까지로 예약하신 유람선 여행에 대해 문제가 있을 수 있음을 보여줍니다. 81귀하께서는 트윈사이즈 침대를 포함하는 일반 객실을 요청하셨습니다. 하지만, "특별 요청" 부분에, 귀하께서 퀸사이즈의 매트리스가 필요하다는 메모를 남기셨습니다. 음, 최상의 객실이 퀸사이즈 침대들을 포함합니다. 82이 숙소들의 사진들은 지난주에 귀하께 이메일로 보내드린 디지털 책자에 포함되어 있습니다. 이 객실 유형이 만족스러우시다면, 귀하의 예약과 대금 청구서가 업데이트될 수 있도록 가능한 한 빨리 저희에게 알려주십시오.

80. 화자에 따르면, Mr. Vang은 6월 14일에 무엇을 할 계획인가?
(A) 여행 일정을 확인한다.
(B) 출장을 마친다.
(C) 유람선 여행을 떠난다.
(D) 잔여 금액을 지불한다.

81. 화자는 "최상의 객실이 퀸사이즈 침대들을 포함합니다"라고 말할 때 무엇을 의도하는가?
(A) 부정확한 정보가 제공되었다.
(B) 유인물이 구식이다.
(C) 예약이 변경되어야 한다.
(D) 더 큰 숙소들이 추가되었다.

82. 책자에는 무엇이 포함되었는가?
(A) 사진들
(B) 가격표
(C) 쿠폰들
(D) 전화번호

지문 inquiry[inkwáiəri] 문의 cabin[kǽbin] 객실 satisfactory[sǽtisfǽktəri] 만족스러운 accommodation[əkàːmədéiʃən] 숙소
80 conclude[kənklúːd] 마치다, 끝내다 cruise[kruːz] 유람선 여행 81 outdated[àutdéitid] 구식인 reservation[rèzərvéiʃən] 예약

80 ■ 세부 사항 관련 문제 특정 세부 사항   정답 (C)
Mr. Vang이 6월 14일에 하려고 계획하는 것을 묻는 문제이므로, 질문의 핵심어구(June 14)가 언급된 주변을 주의 깊게 듣는다. "our records indicate that there might be a problem with the cruise you booked for June 14 to 21"라며 자신들의 기록은 청자가 6월 14일부터 21일까지로 예약한 유람선 여행에 대해 문제가 있을 수 있음을 보여준다고 하였다. 따라서 정답은 (C) Depart on a cruise이다.

81 ■ 세부 사항 관련 문제 의도 파악   정답 (C)
화자가 하는 말의 의도를 묻는 문제이므로, 질문의 인용어구(Premier cabins include queen-size beds)가 언급된 주변을 주의 깊게 듣는다. "You asked for a Standard cabin, which includes a twin-size bed. However, in the "special request" section, you left a note saying that you require a queen-size mattress. ~ Premier cabins include queen-size beds."라며 청자가 트윈사이즈 침대를 포함하는 일반 객실을 요청했지만, "특별 요청" 부분에 퀸사이즈의 매트리스가 필요하다는 메모를 남겼다고 한 뒤, 최상의 객실이 퀸사이즈 침대들을 포함한다고 했으므로, 예약이 변경되어야 함을 알 수 있다. 따라서 정답은 (C) A reservation needs to be changed이다.

82 ■ 세부 사항 관련 문제 특정 세부 사항   정답 (A)
책자에 포함된 것을 묻는 문제이므로, 질문의 핵심어구(brochure)가 언급된 주변을 주의 깊게 듣는다. "Images of these accommodations are included in the digital brochure e-mailed to you last week."이라며 이 숙소들의 사진들은 지난주에 청자에게 이메일로 보내준 디지털 책자에 포함되어 있다고 하였다. 따라서 정답은 (A) Some photographs이다.

Questions 83-85 refer to the following announcement.

🔊 미국식 발음

Attention, please. ⁸³Due to technical difficulties with our sound system, there's going to be a change to today's main event at the Recreational Fishing Expo. ⁸⁴Shawn Murray, the host of the television show *Catch and Release*, will still appear at the scheduled time of 2:30 P.M. However, his talk on the impact of technology on amateur fishing will be taking place in the ballroom rather than the auditorium. If you want to get a seat, ⁸⁵you may want to head to the ballroom 10 or 15 minutes beforehand. Otherwise, there should be plenty of standing room. Thanks for your understanding.

83 What problem does the speaker mention?
(A) A venue has been overbooked.
(B) Some schedules were not updated.
(C) Some equipment is not working.
(D) A speaker cannot attend an event.

84 Who is Shawn Murray?
(A) A government official
(B) A convention organizer
(C) A company founder
(D) A television celebrity

85 What does the speaker suggest?
(A) Waiting for another announcement
(B) Going to a ballroom early
(C) Watching a short video clip
(D) Buying some merchandise

83-85번은 다음 공지에 관한 문제입니다.

주목해 주시기 바랍니다. ⁸³저희 음향 시스템의 기술적 장애로 인해, Recreational 낚시 박람회에서의 오늘의 주요 행사에 변동이 있을 것입니다. ⁸⁴텔레비전 쇼 *Catch and Release*의 진행자인 Shawn Murray는 예정된 시간인 오후 2시 30분에 여전히 등장할 것입니다. 하지만, 아마추어 낚시에 대한 기술의 영향에 관한 그의 강연은 강당이 아닌 연회장에서 열릴 것입니다. 자리를 잡고 싶으시면, ⁸⁵연회장으로 10분 또는 15분 전에 미리 가실 수 있습니다. 그렇지 않으면, 서 있을 수 있는 공간이 충분히 있습니다. 이해해 주셔서 감사합니다.

83. 화자는 무슨 문제를 언급하는가?
(A) 장소가 정원 이상으로 예약되었다.
(B) 일부 일정들이 업데이트되지 않았다.
(C) 일부 장비가 작동하지 않고 있다.
(D) 화자는 행사에 참여할 수 없다.

84. Shawn Murray는 누구인가?
(A) 공무원
(B) 컨벤션 주최자
(C) 회사 설립자
(D) 텔레비전 유명 인사

85. 화자는 무엇을 제안하는가?
(A) 다른 발표를 기다리는 것
(B) 연회장에 일찍 가는 것
(C) 짧은 동영상을 시청하는 것
(D) 상품을 구매하는 것

지문 difficulty[dífikəlti] 장애   host[houst] 진행자, 주최자   ballroom[bɔ́:lru:m] 연회장   auditorium[ɔ̀:ditɔ́:riəm] 강당
beforehand[bifɔ́:rhænd] ~전에 미리, 사전에   standing room 서 있을 수 있는 공간
83 venue[vénju:] 장소   overbook[òuvərbúk] (비행기 좌석, 호텔 객실) 정원 이상으로 예약을 받다
84 organizer[ɔ́:rgənàizər] 주최자, 조직자   founder[fáundər] 설립자, 창업자
85 merchandise[mə́:rtʃəndais] 상품

83 ■ 세부 사항 관련 문제 문제점　　　　　　　　　　　　　　　　　　　　　　　　　　　　　　　　　　정답 (C)

화자가 언급하는 문제점을 묻는 문제이므로, 문제점이 언급된 내용을 주의 깊게 듣는다. "Due to technical difficulties with our sound system"이라며 음향 시스템에 기술적 장애가 있다고 한 말을 통해 일부 장비가 작동하지 않고 있음을 알 수 있다. 따라서 정답은 (C) Some equipment is not working이다.

84 ■ 세부 사항 관련 문제 특정 세부 사항　　　　　　　　　　　　　　　　　　　　　　　　　　　　　　　　　정답 (D)

Shawn Murray의 신분을 묻는 문제이므로, 질문 대상(Shawn Murray)의 신분 및 직업과 관련된 표현을 놓치지 않고 듣는다. "Shawn Murray, the host of the television show *Catch and Release*"라며 Shawn Murray가 텔레비전 쇼 *Catch and Release*의 진행자라고 하였다. 따라서 정답은 (D) A television celebrity이다.

85 ■ 세부 사항 관련 문제 제안　　　　　　　　　　　　　　　　　　　　　　　　　　　　　　　　　　　　정답 (B)

화자가 청자들에게 제안하는 것을 묻는 문제이므로, 지문의 중후반에서 제안과 관련된 표현이 포함된 문장을 주의 깊게 듣는다. "you may want to head to the ballroom 10 or 15 minutes beforehand"라며 청자들에게 연회장으로 10분 또는 15분 전에 미리 갈 것을 제안하였다. 따라서 정답은 (B) Going to a ballroom early이다.

Questions 86-88 refer to the following recorded message.

🔊 호주식 발음

You've reached Enderby Ice Rink after regular business hours. If you'd like to use our facility for ice skating, we are open to the public daily between 1 P.M. and 4 P.M. ⁸⁶If you don't have your own skates, you can pay $5 an hour to use a pair. ⁸⁷Those under the age of 12 can enter at no charge. ⁸⁸To hear when the high school hockey matches will be held at our facility throughout the month, please press one now. Otherwise, have a pleasant day.

86 What does the speaker say the listeners can do?
(A) Choose an instructor
(B) Reserve a facility
(C) Rent some skates
(D) Use a coupon

87 According to the speaker, what do some people qualify for?
(A) Training lessons
(B) Free admission
(C) Complimentary gear
(D) Annual passes

88 Why should the listeners dial one?
(A) To hear about different rates
(B) To reserve a storage locker
(C) To learn about a schedule
(D) To replay a message

86-88번은 다음 녹음 메시지에 관한 문제입니다.

귀하는 정규 영업시간 이후에 Enderby 아이스 링크장에 연락하셨습니다. 만약 여러분이 아이스 스케이팅을 위해 저희의 시설을 이용하고 싶으시면, 저희는 매일 오후 1시부터 오후 4시까지 대중에게 개방하고 있습니다. ⁸⁶귀하가 본인의 스케이트를 갖고 있지 않으시면, 한 켤레를 이용하는 데 시간당 5달러를 지불하시면 됩니다. ⁸⁷12세 이하는 무료로 입장할 수 있습니다. ⁸⁸이번 달 동안 저희 시설에서 고등학교 하키 경기들이 언제 열리는지 듣고 싶으시면, 지금 1번을 눌러주세요. 그렇지 않으면, 행복한 하루 보내세요.

86. 화자는 청자들이 무엇을 할 수 있다고 말하는가?
(A) 강사를 선택하는 것
(B) 시설을 예약하는 것
(C) 스케이트를 빌리는 것
(D) 쿠폰을 사용하는 것

87. 화자에 따르면, 일부 사람들은 어떤 자격을 얻는가?
(A) 훈련 수업
(B) 무료입장
(C) 무료 장비
(D) 연간 입장권

88. 청자들은 왜 1번을 눌러야 하는가?
(A) 여러 가지 요금에 대해 듣기 위해
(B) 보관함을 예약하기 위해
(C) 일정에 대해 알기 위해
(D) 메시지를 다시 재생하기 위해

지문 reach[ri:tʃ] 연락하다, 도달하다 business hour 영업시간 facility[fəsíləti] 시설 at no charge 무료로
86 instructor[instrʌ́ktər] 강사
87 qualify for 자격을 얻다 admission[ədmíʃən] 입장, 가입 complimentary[kà:mpliméntri] 무료의
88 reserve[rizə́:rv] 예약하다 storage locker 보관함

86 ■ 세부 사항 관련 문제 특정 세부 사항 정답 (C)
청자들이 할 수 있는 것을 묻는 문제이므로 질문의 핵심어구(can do)와 관련된 내용을 주의 깊게 듣는다. "If you don't have your own skates, you can pay $5 an hour to use a pair."라며 본인의 스케이트를 갖고 있지 않으면 한 켤레를 이용하는 데 시간당 5달러를 지불하면 된다고 하였다. 따라서 청자들이 스케이트를 빌릴 수 있음을 알 수 있다. 따라서 정답은 (C) Rent some skates이다.

87 ■ 세부 사항 관련 문제 특정 세부 사항 정답 (B)
일부 사람들이 얻는 자격을 묻는 문제이므로 질문의 핵심어구(qualify for)와 관련된 내용을 주의 깊게 듣는다. "Those under the age of 12 can enter at no charge."라며 12세 이하는 무료로 입장할 수 있다고 하였다. 따라서 정답은 (B) Free admission이다.

88 ■ 세부 사항 관련 문제 이유 정답 (C)
청자들이 1번을 눌러야 하는 이유를 묻는 문제이므로, 질문의 핵심어구(dial one)와 관련된 내용을 주의 깊게 듣는다. "To hear when the high school hockey matches will be held at our facility throughout the month, please press one now."라며 이번 달 동안 시설에서 고등학교 하키 경기들이 언제 열리는지 듣고 싶으면 지금 1번을 누르라고 하였다. 따라서 정답은 (C) To learn about a schedule이다.

Questions 89-91 refer to the following radio broadcast.

🔊 영국식 발음

Hello, and welcome to *Science Nation* on Radio 109. For today's episode, [89]I'll be talking to Lucy Mayfield, a marine biologist and this year's winner of the prestigious Research Foundation Prize. Ms. Mayfield is here to discuss her research on the impact of warming oceans on ocean life. Specifically, [90]she will explain the various ways that warmer water is harming the coral and fish species that live there. It should be a very educational conversation. [91]Ms. Mayfield will also take questions from the audience, though only a few. She'll be leaving at noon to give a seminar. Okay. Here we go!

89-91번은 다음 라디오 방송에 관한 문제입니다.

안녕하세요, 라디오 109의 *Science Nation*에 오신 것을 환영합니다. 오늘의 에피소드에서, [89]저는 해양 생물학자이자 권위 있는 연구 재단상의 올해 수상자이신 Lucy Mayfield와 이야기를 나눌 것입니다. Ms. Mayfield는 따뜻해지고 있는 바다가 해양 생물에 미치는 영향에 대한 그녀의 연구에 관해 논의하기 위해 이곳에 오셨습니다. 특히, [90]그녀는 더 따뜻한 물이 그곳에 서식하는 산호와 어종들에 해를 끼치는 여러 방식들에 관해 설명할 것입니다. 매우 유익한 대화가 될 거예요. [91]소수이긴 하지만, Ms. Mayfield는 또한 방청객으로부터 질문을 받을 것입니다. 그녀는 세미나를 하기 위해 정오에 떠날 거예요. 좋습니다. 시작하죠!

89 What is mentioned about Lucy Mayfield?
(A) She received an award.
(B) She founded an organization.
(C) She is a college professor.
(D) She partnered with other researchers.

89. Lucy Mayfield에 관해 무엇이 언급되는가?
(A) 그녀는 상을 받았다.
(B) 그녀는 단체를 설립했다.
(C) 그녀는 대학교수이다.
(D) 그녀는 다른 연구자들과 협력했다.

90 According to the speaker, what will Ms. Mayfield discuss?
(A) New government regulations
(B) Threats to sea life
(C) Increased pollution levels
(D) Goals of a foundation

90. 화자에 따르면, Ms. Mayfield는 무엇에 관해 논의할 것인가?
(A) 새로운 정부 규제들
(B) 바다 생물에 대한 위협
(C) 증가한 오염도
(D) 재단의 목적

91 Why does the speaker say, "She'll be leaving at noon to give a seminar"?
(A) To point out a change
(B) To stress a time constraint
(C) To promote an upcoming event
(D) To express gratitude

91. 화자는 왜 "그녀는 세미나를 하기 위해 정오에 떠날 거예요"라고 말하는가?
(A) 변화를 지적하기 위해
(B) 시간 제약을 강조하기 위해
(C) 다가오는 행사를 홍보하기 위해
(D) 감사를 표하기 위해

지문 **marine biologist** 해양 생물학자 **prestigious**[prestídʒəs] 권위 있는, 명망 있는 **coral**[kɔ́rəl] 산호 **species**[spíːʃiːz] 종
89 **found**[faund] 설립하다 **partner with** ~와 협력하다
90 **threat**[θret] 위협, 협박 **pollution**[pəlúːʃən] 오염
91 **constraint**[kənstréint] 제약 **upcoming**[ʌ́pkʌ̀miŋ] 다가오는 **gratitude**[미 grǽtətjùːd, 영 grǽtitjuːd] 감사

89 ■ **세부 사항 관련 문제** 언급   정답 (A)

Lucy Mayfield에 관해 언급되는 것을 묻는 문제이므로, 질문의 핵심어구(Lucy Mayfield)가 언급된 주변을 주의 깊게 듣는다. "I'll be talking to Lucy Mayfield, a marine biologist and this year's winner of the prestigious Research Foundation Prize"라며 해양 생물학자이자 권위 있는 연구 재단상의 올해 수상자인 Lucy Mayfield와 이야기를 나눌 것이라고 하였다. 따라서 정답은 (A) She received an award이다.

90 ■ **세부 사항 관련 문제** 특정 세부 사항   정답 (B)

Ms. Mayfield가 무엇에 관해 논의할 것인지를 묻는 문제이므로, 질문의 핵심어구(Ms. Mayfield discuss)와 관련된 내용을 주의 깊게 듣는다. "she[Ms. Mayfield] will explain the various ways that warmer water is harming the coral and fish species that live there"라며 Ms. Mayfield가 더 따뜻한 물이 그곳에 서식하는 산호와 어종들에 해를 끼치는 여러 방식들에 관해 설명할 것이라고 하였다. 따라서 정답은 (B) Threats to sea life이다.

91 ■ **세부 사항 관련 문제** 의도 파악   정답 (B)

화자가 하는 말의 의도를 묻는 문제이므로, 질문의 인용어구(She'll be leaving at noon to give a seminar)가 언급된 주변을 주의 깊게 듣는다. "Ms. Mayfield will also take questions from the audience, though only a few."라며 소수이긴 하지만 Ms. Mayfield는 또한 방청객으로부터 질문을 받을 것이라고 한 뒤, "She'll be leaving at noon to give a seminar."라며 그녀는 세미나를 하기 위해 정오에 떠날 것이라고 한 것을 통해 시간 제약을 강조하려는 의도임을 알 수 있다. 따라서 정답은 (B) To stress a time constraint이다.

Questions 92-94 refer to the following talk.

🔊 캐나다식 발음

OK, everyone, please gather around. This room marks the final portion of your tour of author Leo Edmund's house. ⁹²As you can see, this was his personal office, and he completed a fair amount of his writing here. As with the living room, bedrooms, and dining room, this is a very modest space considering Mr. Edmund's wealth. ⁹³The only exception is the fine leather armchairs, which are actually quite famous. They were gifted to Mr. Edmund by King Ferdinand in 1877. Now, ⁹⁴on the desk under some protective glass, you'll notice a few pages from Mr. Edmund's journal. I suggest taking a look at them.

92 Where are the listeners?
(A) In a living room
(B) In a bedroom
(C) In a kitchen
(D) In a private office

93 According to the speaker, what is famous in the house?
(A) Some artwork
(B) Some furniture
(C) Some book collections
(D) Some room designs

94 What does the speaker suggest?
(A) Walking around a property
(B) Reading a display board
(C) Heading toward an exit
(D) Looking at some papers

92-94번은 다음 담화에 관한 문제입니다.

자, 여러분, 다들 모여주세요. 이 방은 작가 Leo Edmund 가옥 투어의 마지막 부분입니다. ⁹²보시다시피, 이곳은 그의 개인 사무실이었고, 그는 그의 저술의 상당한 양을 이곳에서 완성했습니다. 거실, 침실들, 그리고 식당과 마찬가지로, 이곳은 Mr. Edmund의 부를 고려했을 때 굉장히 검소한 공간입니다. ⁹³한 가지 예외는 이 질 좋은 가죽 안락의자들인데, 이것들은 실제로 꽤 유명합니다. 이것들은 1877년에 Ferdinand 왕에 의해 Mr. Edmund에게 선물로 주어졌습니다. 자, ⁹⁴책상 위의 보호 유리 아래에, 여러분들은 Mr. Edmund의 일기 중의 몇 장을 발견하실 것입니다. 그것들을 한번 보시기를 제안드립니다.

92. 청자들은 어디에 있는가?
(A) 거실에
(B) 침실에
(C) 주방에
(D) 개인 사무실에

93. 화자에 따르면, 무엇이 이 집에서 유명한가?
(A) 예술 작품
(B) 가구
(C) 책 소장품들
(D) 방 디자인

94. 화자는 무엇을 제안하는가?
(A) 건물을 둘러보는 것
(B) 게시판을 읽는 것
(C) 출구로 향하는 것
(D) 문서들을 보는 것

지문 fair[feər] 상당한 modest[máːdist] 검소한, 수수한 exception[iksépʃən] 예외 journal[dʒɔ́ːrnl] 일기, 정기 간행물
94 property[práːpərti] 건물, 재산 display board 게시판 head[hed] 향하다, 나아가다

92 ■ 전체 지문 관련 문제 장소 정답 (D)

청자들이 있는 장소를 묻는 문제이므로, 장소와 관련된 표현을 놓치지 않고 듣는다. "As you can see, this was his[Leo Edmund] personal office, and he completed a fair amount of his writing here."이라며 보다시피 이곳이 Leo Edmund의 개인 사무실이었고 그의 저술의 상당한 양을 완성했다고 한 것을 통해 청자들이 있는 장소가 개인 사무실임을 알 수 있다. 따라서 정답은 (D) In a private office이다.

93 ■ 세부 사항 관련 문제 특정 세부 사항 정답 (B)

이 집에서 유명한 것을 묻는 문제이므로, 질문의 핵심어구(famous in the house)와 관련된 내용을 주의 깊게 듣는다. "The only exception is the fine leather armchairs, which are actually quite famous."라며 한 가지 예외는 이 질 좋은 가죽 안락의자들이며, 이것들은 실제로 꽤 유명하다고 하였다. 따라서 정답은 (B) Some furniture이다.

94 ■ 세부 사항 관련 문제 제안 정답 (D)

화자가 제안하는 것을 묻는 문제이므로, 지문의 중후반에서 제안과 관련된 표현이 포함된 문장을 주의 깊게 듣는다. "on the desk under some protective glass, you'll notice a few pages from Mr. Edmund's journal. I suggest taking a look at them."이라며 책상 위의 보호 유리 아래에 Mr. Edmund의 일기 중의 몇 장을 발견할 거라며, 이것들을 한번 볼 것을 제안하였다. 따라서 정답은 (D) Looking at some papers이다.

바꾸어 표현하기
taking a look at ~을 한번 보다 → Looking at ~을 보는 것

Questions 95-97 refer to the following telephone message and map.

95-97번은 다음 전화 메시지와 약도에 관한 문제입니다.

🎧 미국식 발음

Hello, Mr. Franklin. This is Trina Johnson calling from Streubl Dentistry. ⁹⁵I'd like to confirm your appointment with Dr. Streubl at 9:30 A.M. tomorrow. We are located downtown at 733 North Monroe Street, right across from the park. ⁹⁶Please arrive at least 20 minutes early so you have enough time to fill out all the necessary forms. We advise taking public transportation as it's quite challenging to find a parking spot around our building. Also, ⁹⁷please bring your insurance card with you. If you have any questions, call us at 555-0498. Thank you.

안녕하세요, Mr. Franklin. Streubl 치과에서 전화를 드리는 Trina Johnson이라고 합니다. ⁹⁵내일 오전 9시 30분에 귀하와 Dr. Streubl의 약속을 확정하고자 합니다. 저희는 공원의 바로 건너편, North Monroe가 733번지에 위치해 있습니다. ⁹⁶모든 필수 양식들을 작성할 시간이 충분하도록 최소 20분 일찍 도착해 주시기 바랍니다. 저희 건물 근처에서 주차 자리를 찾는 것은 꽤 힘들기 때문에 대중교통을 이용하시기를 권고드립니다. 또한, ⁹⁷보험 카드를 가져와 주시기 바랍니다. 만약 문의사항이 있으시다면, 555-0498로 전화해 주세요. 감사합니다.

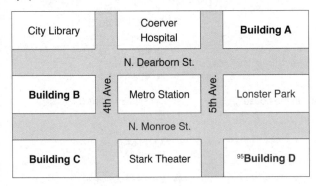

95 Look at the graphic. In which building does the listener have an appointment?
(A) Building A
(B) Building B
(C) Building C
(D) Building D

95. 시각 자료를 보시오. 청자는 어느 건물에서 약속이 있는가?
(A) A 건물
(B) B 건물
(C) C 건물
(D) D 건물

96 According to the speaker, why should the listener arrive early?
(A) To relax before a procedure
(B) To find a parking spot
(C) To complete some paperwork
(D) To take an X-ray

96. 화자에 따르면, 청자는 왜 일찍 도착해야 하는가?
(A) 수술 전에 긴장을 풀기 위해
(B) 주차 자리를 찾기 위해
(C) 서류를 작성하기 위해
(D) 엑스레이를 촬영하기 위해

97 What does the listener have to bring with him?
(A) An identification card
(B) A medical record
(C) An insurance document
(D) A questionnaire form

97. 청자는 무엇을 가져와야 하는가?
(A) 신분증
(B) 의료 기록
(C) 보험 서류
(D) 설문지 양식

지문 necessary [nésəsèri] 필수의 public transportation 대중교통 insurance [inʃúərəns] 보험
96 procedure [미 prəsí:dʒər, 영 prəsí:dʒə] 수술, 과정
97 identification card 신분증 questionnaire [kwèstʃənɛ́ər] 설문지, 질문표

95 ■ 세부 사항 관련 문제 시각 자료

정답 (D)

청자가 어느 건물에서 약속이 있는지를 묻는 문제이므로, 제시된 약도의 정보를 확인한 뒤 질문의 핵심어구(have an appointment)와 관련된 내용을 주의 깊게 듣는다. "I'd like to confirm your appointment with Dr. Streubl at 9:30 A.M. tomorrow."라며 내일 오전 9시 30분에 청자와 Dr. Streubl의 약속을 확정하고자 한다고 한 뒤, "We[Streubl Dentistry] are located downtown at 733 North Monroe Street, right across from the park."라며 Streubl 치과는 공원의 바로 건너편, North Monroe가 733번지에 위치해 있다고 하였으므로, 청자는 공원의 바로 건너편이자 North Monroe가에 위치한 D 건물에서 약속이 있음을 약도에서 알 수 있다. 따라서 정답은 (D) Building D이다.

96 ■ 세부 사항 관련 문제 이유

정답 (C)

청자가 일찍 도착해야 하는 이유를 묻는 문제이므로, 질문의 핵심어구(arrive early)와 관련된 내용을 주의 깊게 듣는다. "Please arrive at least 20 minutes early so you have enough time to fill out all the necessary forms."라며 모든 필수 양식들을 작성할 시간이 충분하도록 최소 20분 일찍 도착해 달라고 하였다. 따라서 정답은 (C) To complete some paperwork이다.

바꾸어 표현하기
fill out ~ forms 양식들을 작성하다 → complete ~ paperwork 서류를 작성하다

97 ■ 세부 사항 관련 문제 특정 세부 사항

정답 (C)

청자가 가져와야 하는 것을 묻는 문제이므로, 질문의 핵심어구(bring)가 언급된 주변을 주의 깊게 듣는다. "please bring your insurance card with you"라며 보험 카드를 가져와 달라고 하였다. 따라서 정답은 (C) An insurance document이다.

Questions 98-100 refer to the following excerpt from a meeting and list.

🎧 호주식 발음

⁹⁸Next Sunday is our art gallery's 20th anniversary, and I want to celebrate this milestone by honoring artists who have been crucial to our success along the way. ⁹⁸That's why we'll be hosting a temporary exhibit that day. It'll feature pieces from the first people who showed their work here. ⁹⁹I've already coordinated with the artists, and aside from Lola Hays's piece, all of their work has been delivered to our facility, including paintings and sculptures by Mark Rubin and others. ¹⁰⁰I, uh, plan to put up an announcement about the event on our Web site this afternoon. I'm hoping for a large turnout.

Artist	Title of Work
Mark Rubin	*Wall with Flowers*
Lola Hays	⁹⁹*Daylight and More*
Ken Hamilton	*Tower Heights*
Sandy Meyer	*Reaching for the Sky*

98 What is the speaker mainly discussing?
(A) A celebrity visit
(B) A fund-raising event
(C) A gallery opening
(D) A special exhibition

99 Look at the graphic. Which piece has yet to be delivered?
(A) *Wall with Flowers*
(B) *Daylight and More*
(C) *Tower Heights*
(D) *Reaching for the Sky*

100 What will probably happen this afternoon?
(A) Some paintings will be sold.
(B) Some tickets will be given away.
(C) A notice will be posted online.
(D) A guest will give a short talk.

98-100번은 다음 회의 발췌록과 목록에 관한 문제입니다.

⁹⁸다음 주 일요일은 우리 미술관의 20주년 기념일이며, 저는 그 과정에서 우리의 성공에 결정적이었던 예술가들에게 경의를 표하며 이 중요한 시점을 기념하고 싶습니다. ⁹⁸그것이 우리가 그 날 임시 전시회를 주최하게 될 이유입니다. 이것은 이곳에서 작품들을 선보인 첫 번째 사람들의 작품들을 특별히 포함할 것입니다. ⁹⁹저는 이미 그 예술가들과 협력해 왔으며, Lola Hays의 작품을 제외하고, Mark Rubin과 다른 사람들의 그림과 조각들을 포함한 그들의 모든 작품들이 우리 시설에 전달되었습니다. ¹⁰⁰저는, 어, 오늘 오후 우리 웹사이트에 이 행사에 대한 소식을 게시할 계획입니다. 저는 많은 수의 참여자들을 기대하고 있습니다.

예술가	작품 제목
Mark Rubin	*Wall with Flowers*
Lola Hays	⁹⁹*Daylight and More*
Ken Hamilton	*Tower Heights*
Sandy Meyer	*Reaching for the Sky*

98. 화자는 주로 무엇에 관해 이야기하고 있는가?
(A) 유명 인사 방문
(B) 기금 모금 행사
(C) 미술관 개관
(D) 특별 전시회

99. 시각 자료를 보시오. 어떤 작품이 아직 전달되지 않았는가?
(A) *Wall with Flowers*
(B) *Daylight and More*
(C) *Tower Heights*
(D) *Reaching for the Sky*

100. 오늘 오후에 무슨 일이 일어날 것 같은가?
(A) 몇몇 그림들이 팔릴 것이다.
(B) 티켓 몇 장이 기부될 것이다.
(C) 공지가 온라인에 게시될 것이다.
(D) 게스트가 짧은 강연을 할 것이다.

지문 **milestone**[미 máilstoun, 영 máilstəun] 중요한 시점 **feature**[미 fíːtʃər, 영 fíːtʃə] 특별히 포함하다, 특징으로 삼다 **coordinate with** ~와 협력하다 **aside from** ~을 제외하고 **announcement**[ənáunsmənt] 소식, 발표
98 **fund-raising** 기금 모금
100 **give away** 기부하다 **give a talk** 강연하다

98 ■ 전체 지문 관련 문제 주제
정답 (D)

회의 발췌록의 주제를 묻는 문제이므로, 지문의 초반을 반드시 듣는다. "Next Sunday is our art gallery's 20th anniversary"라며 다음주 일요일은 미술관의 20주년 기념일이라고 한 뒤, "That's why we'll be hosting a temporary exhibit that day."라며 그것은 자신들이 그날 임시 전시회를 주최하게 될 이유라고 하였다. 따라서 정답은 (D) A special exhibition이다.

99 ■ 세부 사항 관련 문제 시각 자료
정답 (B)

아직 전달되지 않은 작품을 묻는 문제이므로, 제시된 목록의 정보를 확인한 뒤 질문의 핵심어구(piece ~ yet to be delivered)와 관련된 내용을 주의 깊게 듣는다. "I've already coordinated with the artists, and aside from Lola Hays's piece, all of their work has been delivered to our facility"라며 자신은 이미 예술가들과 협력해 왔으며 Lola Hays의 작품을 제외한 모든 작품들이 시설에 전달되었다고 하였으므로, 아직 전달이 되지 않은 작품이 Lola Hays의 *Daylight and More*임을 목록에서 알 수 있다. 따라서 정답은 (B) *Daylight and More*이다.

100 ■ 세부 사항 관련 문제 다음에 할 일
정답 (C)

오늘 오후에 일어날 일을 묻는 문제이므로, 질문의 핵심어구(this afternoon)가 언급된 주변을 주의 깊게 듣는다. "I ~ plan to put up an announcement about the event on our Web site this afternoon."이라며 오늘 오후 웹사이트에 행사에 대한 소식을 게시할 계획이라고 하였다. 따라서 정답은 (C) A notice will be posted online이다.

바꾸어 표현하기

put up an announcement 소식을 게시하다 → A notice ~ be posted 공지가 게시되다

TEST 04

 TEST 04.mp3

실전용·복습용 문제풀이 MP3 무료 다운로드 및 스트리밍 바로듣기 (HackersIngang.com)

* 실제 시험장의 소음까지 재현해 낸 고사장 소음/매미 버전 MP3, 영국식·호주식 발음 집중 MP3, 고속 버전 MP3까지
  구매하면 실전에 더욱 완벽히 대비할 수 있습니다.

무료MP3 바로듣기

1
○○○●● 88

🔊 캐나다식 발음

(A) He is washing some clothing.
(B) He is emptying some cabinets.
(C) He is bending toward some dishware.
(D) He is closing a machine door.

(A) 그는 옷을 세탁하고 있다.
(B) 그는 수납장들을 비우고 있다.
(C) 그는 식기류 쪽으로 몸을 굽히고 있다.
(D) 그는 기계 문을 닫고 있다.

■ 1인 사진   정답 (C)

남자가 식기세척기 위로 몸을 구부리고 그릇들을 들고 있는 모습을 확인한다.
(A) [×] washing some clothing(옷을 세탁하고 있다)은 남자의 동작과 무관하므로 오답이다.
(B) [×] 남자가 수납장들을 비우고 있는 것이 아니라 식기세척기를 비우고 있으므로 오답이다. 사진에 있는 수납장들(cabinets)을 사용하여 혼동을 주었다.
(C) [○] 남자가 식기세척기의 식기류 쪽으로 몸을 굽히고 있는 모습을 정확히 묘사한 정답이다.
(D) [×] closing(닫고 있다)은 남자의 동작과 무관하므로 오답이다.

어휘   wash[wɑːʃ] 세탁하다   empty[émpti] 비우다   bend[bend] (몸을) 굽히다   dishware[díʃwèər] 식기류

2
○○○●● 88

🔊 영국식 발음

(A) They are conversing in a gallery.
(B) They are admiring some artwork.
(C) They are painting on a canvas.
(D) They are pointing at a picture.

(A) 그들은 미술관에서 대화를 나누고 있다.
(B) 그들은 예술 작품을 감탄하며 바라보고 있다.
(C) 그들은 캔버스에 그리고 있다.
(D) 그들은 그림을 가리키고 있다.

■ 2인 이상 사진   정답 (B)

사람들이 벽면에 걸린 예술 작품을 감상하고 있는 상황임을 확인한다.
(A) [×] conversing(대화를 나누고 있다)은 사진 속 사람들의 동작과 무관하므로 오답이다. 사진의 장소인 미술관(gallery)을 사용하여 혼동을 주었다.
(B) [○] 사람들이 예술 작품을 감탄하며 바라보고 있는 모습을 정확히 묘사한 정답이다. admire가 무언가를 감탄하며 바라보는 모습을 묘사함을 알아둔다.
(C) [×] painting(그리고 있다)은 사진 속 사람들의 동작과 무관하므로 오답이다. 사진의 예술 작품과 관련 있는 painting(그리다)을 사용하여 혼동을 주었다.
(D) [×] pointing at(가리키고 있다)은 사진 속 사람들의 동작과 무관하므로 오답이다. 사진에 있는 그림(picture)을 사용하여 혼동을 주었다.

어휘   converse[미 kənvə́ːrs, 영 kənvə́ːs] 대화를 나누다   admire[미 ədmáiər, 영 ədmáiə] 감탄하며 바라보다   artwork[미 áːrtwəːrk, 영 áːtwəːk] 예술 작품
       point at 가리키다

3
○○○●● 88

🔊 미국식 발음

(A) An aircraft is on a runway.
(B) Some passengers are boarding an airplane.
(C) An airport is being renovated.
(D) Some people are standing in an auditorium.

(A) 비행기가 활주로 위에 있다.
(B) 몇몇 승객들이 비행기에 탑승하고 있다.
(C) 공항이 보수되고 있다.
(D) 몇몇 사람들이 강당에 서 있다.

■ 2인 이상 사진   정답 (A)

비행기가 활주로 위에 있는 것과 여러 사람들이 그것을 보고 있는 모습을 파악한다.
(A) [○] 비행기가 활주로 위에 있는 상태를 정확히 묘사한 정답이다.
(B) [×] 사진에 비행기에 탑승하고 있는 승객들(passengers)이 없으므로 오답이다. 사진에 있는 비행기(airplane)를 사용하여 혼동을 주었다.
(C) [×] 사진의 장소가 공항(airport)인지 확인할 수 없으므로 오답이다. 사진의 비행기와 관련된 airport(공항)를 사용하여 혼동을 주었다.
(D) [×] 사진의 장소가 강당(auditorium)이 아니고, 사진에서 사람들이 서 있는지 확인할 수 없으므로 오답이다.

어휘   aircraft[éərkræft] 비행기   runway[rʌ́nwei] 활주로   board[bɔːrd] 탑승하다   auditorium[ɔ̀ːditɔ́ːriəm] 강당

4

🔊 호주식 발음

(A) Trees are being planted in large pots.
(B) Bricks are stacked near an entrance.
(C) Furniture is positioned outside a building.
(D) Umbrellas are being installed on tables.

(A) 나무들이 큰 화분들에 심어지고 있다.
(B) 벽돌들이 입구 근처에 쌓여 있다.
(C) 가구들이 건물 밖에 배치되어 있다.
(D) 파라솔들이 탁자들에 설치되고 있다.

■ 사물 및 풍경 사진　　　　　　　　　　　　　　　　　　　　　　　　　　　정답 (C)

건물 밖에 탁자들과 의자들이 배치되어 있는 모습 및 주위의 전반적인 풍경을 확인한다.
(A) [×] 나무들이 이미 화분들에 심어진 상태인데, 진행 수동형(are being planted)을 사용해 심어지고 있다고 잘못 묘사했으므로 오답이다.
(B) [×] 사진에 입구 근처에 쌓여 있는(stacked near an entrance) 벽돌들이 없으므로 오답이다. 사진에 있는 입구(entrance)를 사용하여 혼동을 주었다.
(C) [○] 의자 등의 가구들이 건물 밖에 배치되어 있는 모습을 정확히 묘사한 정답이다.
(D) [×] 파라솔들이 이미 탁자들에 설치된 상태인데, 진행 수동형(are being installed)을 사용해 설치되고 있다고 잘못 묘사했으므로 오답이다.

어휘　pot[pɑːt] 화분, 냄비　brick[brik] 벽돌　furniture[fɔ́ːrnitʃər] 가구

5

🔊 캐나다식 발음

(A) A woman is fixing a wheelbarrow.
(B) A woman is pulling on a handle.
(C) A woman is chopping some wood.
(D) A woman is reaching into a shed.

(A) 한 여자가 손수레를 고치고 있다.
(B) 한 여자가 손잡이를 당기고 있다.
(C) 한 여자가 장작을 패고 있다.
(D) 한 여자가 헛간 안으로 손을 뻗고 있다.

■ 1인 사진　　　　　　　　　　　　　　　　　　　　　　　　　　　　　　　정답 (D)

한 여자가 헛간의 장작에 손을 뻗고 있는 모습을 확인한다.
(A) [×] fixing(고치고 있다)은 여자의 동작과 무관하므로 오답이다. 사진에 있는 손수레(wheelbarrow)를 사용하여 혼동을 주었다.
(B) [×] pulling on a handle(손잡이를 당기고 있다)은 여자의 동작과 무관하므로 오답이다.
(C) [×] chopping(패고 있다)은 여자의 동작과 무관하므로 오답이다. 사진에 있는 장작(wood)을 사용하여 혼동을 주었다.
(D) [○] 여자가 헛간 안으로 손을 뻗고 있는 모습을 정확히 묘사한 정답이다.

어휘　wheelbarrow[wíːlbærou] 손수레　handle[hǽndl] 손잡이　chop[tʃɑːp] 패다, 썰다　reach[riːtʃ] (손 등을) 뻗다　shed[ʃed] 헛간

6

🔊 미국식 발음

(A) An outdoor patio area is being used.
(B) A hallway leads to a kitchen.
(C) Some coffee mugs are in a sink.
(D) Some cups have been set on shelves.

(A) 야외 테라스 공간이 사용되고 있다.
(B) 복도는 부엌으로 통한다.
(C) 몇몇 커피잔들이 싱크대 안에 있다.
(D) 몇몇 컵들이 선반에 놓여 있다.

■ 사물 및 풍경 사진　　　　　　　　　　　　　　　　　　　　　　　　　　　정답 (D)

야외로 이어지는 문이 열려 있는 모습과 주변 사물의 상태를 주의 깊게 살핀다.
(A) [×] 사진에서 야외 테라스 공간은 보이지만 사용되고 있는(is being used) 모습은 아니므로 오답이다.
(B) [×] 사진에 복도(hallway)가 없으므로 오답이다. 사진에 있는 부엌(kitchen)을 사용하여 혼동을 주었다.
(C) [×] 사진에서 싱크대 안에 있는 커피잔들을 확인할 수 없으므로 오답이다. 사진에 있는 커피잔들(coffee mugs)을 사용하여 혼동을 주었다.
(D) [○] 몇몇 컵들이 선반에 놓여 있는 모습을 정확히 묘사한 정답이다.

어휘　patio[pǽtiou] 테라스　hallway[hɔ́ːlwei] 복도　shelf[ʃelf] 선반

PART 2

7

○○○○
●●●
88

🔊 호주식 발음 → 미국식 발음

Who is the vice president going to be replaced by?

(A) Someone from another branch.
(B) Edwin Jones is on my team.
(C) It's time to replace this computer.

부사장은 누구로 대체될 것인가요?

(A) 다른 지점의 누군가요.
(B) Edwin Jones는 저희 팀이에요.
(C) 이 컴퓨터를 바꿔야 할 때예요.

■ Who 의문문

정답 (A)

부사장이 누구로 대체될 것인지를 묻는 Who 의문문이다.
(A) [o] 다른 지점의 누군가라며 부사장을 대체할 인물을 언급했으므로 정답이다.
(B) [×] 누가 부사장으로 대체될 것인지를 물었는데, 이와 관련이 없는 Edwin Jones는 자신들의 팀이라는 내용으로 응답했으므로 오답이다.
　　사람 이름인 Edwin Jones를 사용하여 혼동을 주었다.
(C) [×] 질문의 replaced를 replace로 반복 사용하여 혼동을 준 오답이다.

어휘　vice president 부사장　branch [미 bræntʃ, 영 braːntʃ] 지점, 가지　replace [ripléis] 바꾸다, 대체하다

8

○○○○
●●●
88

🔊 영국식 발음 → 캐나다식 발음

Where should I take this business suit to have it dry-cleaned?

(A) Our hotel has a laundry service.
(B) I'm not sure which jacket to buy.
(C) The room will be thoroughly cleaned.

제가 이 정장을 드라이클리닝하려면 어디로 가져가야 할까요?

(A) 저희 호텔은 세탁 서비스를 운영합니다.
(B) 무슨 재킷을 사야 할지 모르겠어요.
(C) 이 방은 철저히 청소될 거예요.

■ Where 의문문

정답 (A)

정장을 드라이클리닝하려면 어디로 가져가야 할지를 묻는 Where 의문문이다.
(A) [o] 호텔이 세탁 서비스를 운영한다는 말로 호텔로 가져오면 된다는 간접적인 응답을 했으므로 정답이다.
(B) [×] 정장을 드라이클리닝하려면 어디로 가져가야 할지를 물었는데, 이와 관련이 없는 무슨 재킷을 사야 할지 모르겠다는 내용으로 응답했으
　　므로 오답이다. 질문의 business suit(정장)에서 연상할 수 있는 옷과 관련된 jacket(재킷)을 사용하여 혼동을 주었다.
(C) [×] 질문의 dry-cleaned(드라이클리닝하다)에서 cleaned를 반복 사용하여 혼동을 준 오답이다.

어휘　business suit 정장　thoroughly [θə́ːrəli] 철저히, 완벽히

9

○○○○
●●●
88

🔊 호주식 발음 → 영국식 발음

When are you going to get your passport renewed?

(A) By transferring at Boston International Airport.
(B) Please write down the password.
(C) Hopefully, sometime this week.

당신은 언제 여권을 갱신할 건가요?

(A) 보스턴 국제공항에서 환승함으로써요.
(B) 비밀번호를 써주세요.
(C) 바라건대, 이번 주 중에요.

■ When 의문문

정답 (C)

언제 여권을 갱신할 것인지를 묻는 When 의문문이다.
(A) [×] 질문의 passport(여권)에서 연상할 수 있는 사용 장소와 관련된 Airport(공항)를 사용하여 혼동을 준 오답이다.
(B) [×] 언제 여권을 갱신할 것인지 물었는데, 이와 관련이 없는 비밀번호를 써달라는 내용으로 응답했으므로 오답이다. passport – password
　　의 유사 발음 어휘를 사용하여 혼동을 주었다.
(C) [o] 바라건대 이번 주 중이라며 여권을 갱신할 시점을 언급했으므로 정답이다.

어휘　renew [미 rinúː, 영 rinjúː] 갱신하다　transfer [미 trænsfə́ːr, 영 trænsfə́ː] 환승하다

10

○○○○
●●●○
최상

🔊 미국식 발음 → 캐나다식 발음

Did Mr. Mason check the loading dock for the delivery?

(A) He's down there now.
(B) Yes, it was nice to meet you.
(C) For moving the heavy box.

Mr. Mason은 배송을 위해 짐 싣는 부두를 확인했나요?

(A) 그는 지금 그곳에 내려가 있어요.
(B) 네, 만나서 반가웠어요.
(C) 그 무거운 상자를 운반하기 위해서요.

■ 조동사 의문문　　　　　　　　　　　　　　　　　　　　　　　　　　　　　　　　정답 (A)

Mr. Mason이 배송을 위해 짐 싣는 부두를 확인했는지를 확인하는 조동사(Do) 의문문이다.
(A) [○] 그가 지금 그곳에 내려가 있다는 말로 Mr. Mason이 배송을 위해 짐 싣는 부두를 확인하고 있음을 간접적으로 전달했으므로 정답이다.
(B) [×] Mr. Mason이 배송을 위해 짐 싣는 부두를 확인했는지를 물었는데, 이와 관련이 없는 만나서 반가웠다는 내용으로 응답했으므로 오답이다. Yes만 듣고 정답으로 선택하지 않도록 주의한다.
(C) [×] 질문의 delivery(배송)와 관련 있는 moving(운반하다)과 box(상자)를 사용하여 혼동을 준 오답이다.

어휘　load[loud] 짐을 싣다; 짐, 무게　dock[dɑːk] 부두

11

○○○○○
하

🔊 영국식 발음 → 호주식 발음

Are you ready to go for a cup of coffee?

(A) No. I need a few more minutes.
(B) That comes to $3.99.
(C) OK, I'll prepare the report.

커피 한잔 하러 갈 준비가 되셨나요?

(A) 아니요. 저는 몇 분이 더 필요해요.
(B) 3.99달러 되겠습니다.
(C) 네, 제가 그 보고서를 준비할게요.

■ Be 동사 의문문　　　　　　　　　　　　　　　　　　　　　　　　　　　　　　　정답 (A)

커피 한잔 하러 갈 준비가 되었는지를 확인하는 Be 동사 의문문이다.
(A) [○] No로 커피를 한잔 하러 갈 준비가 되지 않았음을 전달한 후, 몇 분이 더 필요하다는 부연 설명을 했으므로 정답이다.
(B) [×] a cup of coffee(커피 한잔)에서 연상할 수 있는 커피 가격과 관련된 $3.99(3.99달러)를 사용하여 혼동을 준 오답이다.
(C) [×] 커피 한잔 하러 갈 준비가 되었는지를 물었는데, 이와 관련이 없는 자신이 그 보고서를 준비하겠다는 내용으로 응답했으므로 오답이다.
　　　　질문의 Are you ready에서 '준비된'이라는 의미의 ready와 관련된 prepare(준비하다)를 사용하여 혼동을 주었다.

어휘　report[미 ripɔ́ːrt, 영 ripɔ́ːt] 보고서; 발표하다

12

○○○○
●●●○
중

🔊 영국식 발음 → 캐나다식 발음

Where did you meet Professor Klein?

(A) A university instructor.
(B) We became acquainted at a conference.
(C) Wherever you want to dine.

당신은 어디에서 Klein 교수님을 만나셨나요?

(A) 대학 강사요.
(B) 저희는 회의에서 알게 되었어요.
(C) 당신이 식사하고 싶은 곳 어디든지요.

■ Where 의문문　　　　　　　　　　　　　　　　　　　　　　　　　　　　　　　정답 (B)

어디에서 Klein 교수를 만났는지를 묻는 Where 의문문이다.
(A) [×] 질문의 Professor(교수)와 같은 의미인 university instructor(대학 강사)를 사용하여 혼동을 준 오답이다.
(B) [○] 자신들은 회의에서 알게 되었다며 Klein 교수를 만난 장소를 언급했으므로 정답이다.
(C) [×] 어디에서 Klein 교수를 만났는지를 물었는데, 이와 관련이 없는 상대방이 식사하고 싶은 곳 어디든지라는 내용으로 응답했으므로 오답이다. Where – Wherever의 유사 발음 어휘를 사용하여 혼동을 주었다.

어휘　instructor[instrʌ́ktər] 강사　acquaint[əkwéint] 알다, 가까워지다　conference[kɑ́ːnfərəns] 회의　dine[dain] 식사를 하다

13

🎧 호주식 발음 → 미국식 발음

Why do I need to take the stairwell to the second floor?

(A) The building has nine floors.
(B) Maintenance is being done on the elevator.
(C) You don't have to stay for the meal.

2층으로 가기 위해 왜 계단을 이용해야 하나요?

(A) 그 건물에는 아홉 개의 층들이 있어요.
(B) 엘리베이터가 정비되고 있어요.
(C) 당신은 식사를 위해 남을 필요가 없어요.

■ Why 의문문

정답 (B)

2층으로 가기 위해 왜 계단을 이용해야 하는지를 묻는 Why 의문문이다.
(A) [×] 2층으로 가기 위해 왜 계단을 이용해야 하는지를 물었는데, 이와 관련이 없는 그 건물에 아홉 개의 층들이 있다는 내용으로 응답했으므로 오답이다. 질문의 floor를 floors로 반복 사용하여 혼동을 주었다.
(B) [○] 엘리베이터가 정비되고 있다는 말로 2층으로 가기 위해 계단을 사용해야 하는 이유를 언급했으므로 정답이다.
(C) [×] 질문의 need to(해야 한다)와 반대 의미인 don't have to(할 필요가 없다)를 사용하여 혼동을 준 오답이다.

어휘   maintenance[méintənəns] 정비, 보수 관리

14

🎧 캐나다식 발음 → 영국식 발음

Do you want to receive a discount today or a voucher to use later?

(A) Yes. It's valid until July 30.
(B) Not for quite a while.
(C) I'll go with the second option.

오늘 할인을 받고 싶으세요, 아니면 나중에 사용할 상품권을 받고 싶으세요?

(A) 네. 그것은 7월 30일까지 유효합니다.
(B) 당분간은 아니에요.
(C) 두 번째 옵션을 선택할게요.

■ 선택 의문문

정답 (C)

오늘 할인을 받고 싶은지 아니면 나중에 사용할 상품권을 받고 싶은지를 묻는 선택 의문문이다.
(A) [×] or 앞뒤로 구가 제시된 선택 의문문에 Yes로 응답했으므로 오답이다. or 앞뒤로 단어 또는 구를 연결한 선택 의문문에서는 Yes/No로 답할 수 없음을 알아둔다. 질문의 discount(할인)와 voucher(상품권)에서 연상할 수 있는 유효기간과 관련 있는 valid(유효한)를 사용하여 혼동을 주었다.
(B) [×] 오늘 할인을 받고 싶은지 아니면 나중에 사용할 상품권을 받고 싶은지를 물었는데, 이와 관련이 없는 당분간은 아니라는 내용으로 응답했으므로 오답이다. 질문의 today(오늘)와 later(나중에)에서 연상할 수 있는 기간과 관련된 for quite a while(당분간)을 사용하여 혼동을 주었다.
(C) [○] 두 번째 옵션을 선택하겠다는 말로 나중에 사용할 상품권을 받는 것을 선택했으므로 정답이다.

어휘   voucher[váutʃər] 상품권, 교환권   valid[vǽlid] 유효한, 타당한

15

🎧 미국식 발음 → 캐나다식 발음

How likely is it that the flight to Singapore will be canceled?

(A) It's not on our route.
(B) That's what I like about her.
(C) At this point, it's almost certain.

싱가포르행 비행편이 취소될 가능성이 얼마나 되나요?

(A) 그것은 저희 경로에 없어요.
(B) 그것이 제가 그녀를 좋아하는 이유예요.
(C) 지금으로서는, 거의 확실해요.

■ How 의문문

정답 (C)

싱가포르행 비행편이 취소될 가능성이 얼마나 되는지를 묻는 How 의문문이다.
(A) [×] 싱가포르행 비행편이 취소될 가능성이 얼마나 되는지를 물었는데, 이와 관련이 없는 그것이 자신들의 경로에 없다는 내용으로 응답했으므로 오답이다. 질문의 flight(비행편)에서 연상할 수 있는 비행경로와 관련 있는 route(경로)를 사용하여 혼동을 주었다.
(B) [×] likely – like의 유사 발음 어휘를 사용하여 혼동을 준 오답이다.
(C) [○] 지금으로서는 거의 확실하다는 말로 싱가포르행 비행편이 취소될 가능성이 높음을 전달했으므로 정답이다.

어휘   cancel[kǽnsl] 취소하다   route[raut] 경로, 노선   certain[sə́:rtn] 확실한, 어떤, 특정한

16

○○○● 상

🔊 호주식 발음 → 영국식 발음

Will a technician move our fax machine later today?

(A) Some of their equipment was sent back.
(B) He should arrive soon.
(C) Tomorrow is supposed to be quite nice.

오늘 늦게 기술자가 우리 팩스기를 옮길 건가요?

(A) 그들의 장비 일부가 반송되었어요.
(B) 그는 곧 도착할 거예요.
(C) 내일은 꽤 좋을 예정이에요.

■ 조동사 의문문   정답 (B)

오늘 늦게 기술자가 팩스기를 옮길 것인지를 확인하는 조동사(Will) 의문문이다.
(A) [×] 질문의 fax machine(팩스기)에서 '기계'라는 의미의 machine과 관련된 equipment(장비)를 사용하여 혼동을 준 오답이다.
(B) [○] 그는 곧 도착할 거라는 말로 기술자가 조만간 와서 팩스기를 옮길 것임을 간접적으로 전달했으므로 정답이다.
(C) [×] 오늘 늦게 기술자가 팩스기를 옮길 것인지를 물었는데, 이와 관련이 없는 내일은 꽤 좋을 예정이라는 내용으로 응답했으므로 오답이다.
　　 질문의 today(오늘)에서 연상할 수 있는 시간과 관련된 Tomorrow(내일)를 사용하여 혼동을 주었다.

어휘　technician[teknífən] 기술자　equipment[ikwípmənt] 장비

17

○○○● 상

🔊 호주식 발음 → 미국식 발음

Where can I get some advice about investment strategies?

(A) I'd recommend looking online.
(B) Yes, you should invest.
(C) The bank manager took them.

제가 투자 전략에 관한 조언을 어디에서 얻을 수 있나요?

(A) 저는 온라인을 보는 것을 추천해요.
(B) 네, 당신은 투자해야 해요.
(C) 은행 관리자가 그것들을 가져갔어요.

■ Where 의문문   정답 (A)

투자 전략에 관한 조언을 어디에서 얻을 수 있는지를 묻는 Where 의문문이다.
(A) [○] 온라인을 보는 것을 추천한다며 투자 전략에 관한 조언을 얻을 수 있는 곳을 언급했으므로 정답이다.
(B) [×] 의문사 의문문에 Yes로 응답했으므로 오답이다. investment – invest의 유사 발음 어휘를 사용하여 혼동을 주었다.
(C) [×] 투자 전략에 관한 조언을 어디에서 얻을 수 있는지를 물었는데, 이와 관련이 없는 은행 관리자가 그것들을 가져갔다는 내용으로 응답했
　　 으므로 오답이다. 질문의 investment(투자)에서 연상할 수 있는 투자 매개체인 은행과 관련된 bank manager(은행 관리자)를 사용하
　　 여 혼동을 주었다.

어휘　investment[invéstmənt] 투자　strategy[strǽtədʒi] 전략　recommend[rèkəménd] 추천하다

18

○○○● 중

🔊 캐나다식 발음 → 미국식 발음

How about postponing the presentation until the CEO arrives?

(A) No, I didn't hear the phone ring.
(B) I printed handouts for everybody.
(C) OK. I'll begin when she gets here.

최고 경영자가 도착할 때까지 발표를 미루는 것이 어때요?

(A) 아니요, 저는 전화기가 울리는 것을 듣지 못했어요.
(B) 저는 모두를 위해 유인물을 인쇄했어요.
(C) 좋아요. 그녀가 여기 도착하면 시작할게요.

■ 제안 의문문   정답 (C)

최고 경영자가 도착할 때까지 발표를 미루자는 제안 의문문이다. How about이 제안하는 표현임을 이해할 수 있어야 한다.
(A) [×] 최고 경영자가 도착할 때까지 발표를 미루자고 했는데, 이와 관련이 없는 자신은 전화기가 울리는 것을 듣지 못했다는 내용으로 응답했
　　 으므로 오답이다. postponing – phone ring의 유사 발음 어휘를 사용하여 혼동을 주었다.
(B) [×] presentation(발표)과 관련 있는 printed handouts(유인물을 인쇄했다)를 사용하여 혼동을 준 오답이다.
(C) [○] OK로 최고 경영자가 도착할 때까지 발표를 미루자는 제안을 수락한 뒤, 그녀가 여기 도착하면 시작하겠다는 부연 설명을 했으므로 정답
　　 이다.

어휘　postpone[poustpóun] 미루다　presentation[미 prìːzentéiʃən, 영 prèzentéiʃən] 발표　handout[hǽndaut] 유인물, 인쇄물

🎧 영국식 발음 → 호주식 발음

I'd like to incorporate a slide show presentation into my speech.

(A) The keynote speaker was excellent.
(B) A projector will have to be set up.
(C) For a major corporation.

저는 제 연설에 슬라이드 쇼 발표를 포함하고 싶어요.

(A) 기조연설자는 훌륭했어요.
(B) 프로젝터가 설치되어야 할 거예요.
(C) 일류 기업을 위해서요.

■ 평서문

정답 (B)

자신의 연설에 슬라이드 쇼 발표를 포함하고 싶다는 의견을 제시하는 평서문이다.
(A) [×] presentation(발표)에서 연상할 수 있는 발표자와 관련 있는 keynote speaker(기조연설자)를 사용하여 혼동을 준 오답이다.
(B) [○] 프로젝터가 설치되어야 할 것이라는 말로 연설에 슬라이드 쇼 발표를 포함하는 것에 대한 의견을 언급했으므로 정답이다.
(C) [×] 자신의 연설에 슬라이드 쇼 발표를 포함하고 싶다고 했는데, 이와 관련이 없는 일류 기업을 위해서라는 내용으로 응답했으므로 오답이다. incorporate – corporation의 유사 발음 어휘를 사용하여 혼동을 주었다.

어휘   incorporate [미 inɔ́:rpəreit, 영 inkɔ́:reit] 포함하다; 법인의   speech [spi:tʃ] 연설   keynote speaker 기조연설자
        major [미 méidʒər, 영 méidʒe] 일류의, 큰   corporation [미 kɔ̀:rpəréiʃən, 영 kɔ̀:pəréiʃən] 기업

🎧 미국식 발음 → 캐나다식 발음

Manufacturing our clothing in America would be more expensive than importing it from China, right?

(A) I haven't analyzed the difference.
(B) While reading the export agreement.
(C) Well, you should try them on first.

미국에서 저희 의류를 생산하는 것은 중국에서 그것을 수입하는 것보다 더 비쌀 거예요, 그렇죠?

(A) 저는 그 차이를 분석해보지 않았어요.
(B) 수출 계약서를 읽는 동안에요.
(C) 음, 당신은 그것들을 먼저 입어봐야 해요.

■ 부가 의문문

정답 (A)

미국에서 자신들의 의류를 생산하는 것이 중국에서 그것을 수입하는 것보다 더 비쌀 것이라는 의견에 동의를 구하는 부가 의문문이다.
(A) [○] 그 차이를 분석해보지 않았다는 말로 모르겠다는 간접적인 응답을 했으므로 정답이다.
(B) [×] 미국에서 의류를 생산하는 것이 중국에서 그것을 수입하는 것보다 더 비쌀지를 물었는데, 이와 관련이 없는 수출 계약서를 읽는 동안에라는 내용으로 응답했으므로 오답이다. 질문의 importing(수입하는 것)과 반대 의미인 export(수출)를 사용하여 혼동을 주었다.
(C) [×] 질문의 clothing(의류)에서 연상할 수 있는 옷과 관련된 try ~ on(입어 보다)을 사용하여 혼동을 준 오답이다.

어휘   manufacture [mæ̀njufǽktʃər] 생산하다   import [impɔ́:rt] 수입하다   analyze [ǽnəlàiz] 분석하다   export [ékspɔːrt] 수출
        agreement [əgrí:mənt] 계약서, 협정

🎧 미국식 발음 → 호주식 발음

Aren't the interns attending a training session tomorrow afternoon?

(A) Have they been notified?
(B) It is a three-month internship.
(C) The training was a success.

인턴들은 내일 오후에 교육에 참석하지 않나요?

(A) 그들은 통지를 받았나요?
(B) 그것은 3개월간의 인턴십이에요.
(C) 그 교육은 성공적이었어요.

■ 부정 의문문

정답 (A)

인턴들이 내일 오후에 교육에 참석하는지를 확인하는 부정 의문문이다.
(A) [○] 그들이 통지를 받았는지를 되물어 교육에 참석한다는 것을 간접적으로 전달한 후 추가 정보를 요구하는 정답이다.
(B) [×] interns – internship의 유사 발음 어휘를 사용하여 혼동을 준 오답이다.
(C) [×] 인턴들이 교육에 참석하는지를 물었는데, 이와 관련이 없는 그 교육은 성공적이었다는 내용으로 응답했으므로 오답이다. 질문의 training을 반복 사용하여 혼동을 주었다.

어휘   attend [əténd] 참석하다   notify [미 nóutəfài, 영 nóutifai] 통지하다

22
○○○●
하

🔊 캐나다식 발음 → 미국식 발음

Cameron is studying to become an accountant, isn't he?

(A) That's right.
(B) I lost count.
(C) Check your account balance.

Cameron은 회계사가 되기 위해 공부하고 있어요, 그렇지 않나요?

(A) 맞아요.
(B) 저는 수를 세다가 도중에 잊었어요.
(C) 당신의 계좌 잔고를 확인하세요.

■ 부가 의문문

정답 (A)

Cameron이 회계사가 되기 위해 공부하고 있는지를 확인하는 부가 의문문이다.
(A) [○] 맞다는 말로 Cameron이 회계사가 되기 위해 공부하고 있음을 전달했으므로 정답이다.
(B) [×] Cameron이 회계사가 되기 위해 공부하고 있는지를 물었는데, 이와 관련이 없는 수를 세다가 도중에 잊었다는 내용으로 응답했으므로 오답이다. accountant – count의 유사 발음 어휘를 사용하여 혼동을 주었다.
(C) [×] accountant – account의 유사 발음 어휘를 사용하여 혼동을 준 오답이다.

어휘   accountant[əkáuntənt] 회계사   lost count 수를 세다가 도중에 잊어버리다   account balance 계좌 잔고

23
○○○●
상

🔊 영국식 발음 → 호주식 발음

Should I start working as a freelancer, or should I remain at my current company?

(A) As long as it's for free.
(B) Being self-employed can be stressful.
(C) You should promote him.

저는 프리랜서로 일하는 것을 시작해야 할까요, 아니면 현재 회사에 남아 있어야 할까요?

(A) 그것이 무료라면요.
(B) 독자적으로 일하는 것은 스트레스를 받을 수 있어요.
(C) 당신은 그를 승진시켜야 해요.

■ 선택 의문문

정답 (B)

프리랜서로 일하는 것을 시작해야 할지 아니면 현재 회사에 남아 있어야 할지를 묻는 선택 의문문이다.
(A) [×] 프리랜서로 일하는 것을 시작해야 할지 아니면 현재 회사에 남아 있어야 할지를 물었는데, 이와 관련이 없는 그것이 무료라면이라는 내용으로 응답했으므로 오답이다. 질문의 freelancer(프리랜서)에서 free의 다른 의미인 '무료의'를 사용하여 혼동을 주었다.
(B) [○] 독자적으로 일하는 것은 스트레스를 받을 수 있다는 말로 현재 회사에 남아 있을 것을 간접적으로 선택했으므로 정답이다.
(C) [×] him이 나타내는 대상이 질문에 없으므로 오답이다. 질문의 working(일하는 것)과 company(회사)와 관련 있는 promote(승진시키다)을 사용하여 혼동을 주었다.

어휘   as long as ~라면, ~하는 한   self-employed 독자적으로 일하는, 자영업을 하는   promote[미 prəmóut, 영 prəmáut] 승진시키다, 장려하다

24
○○○●
중

🔊 캐나다식 발음 → 영국식 발음

When would you like me to schedule your next appointment?

(A) How about one week from now?
(B) Make a point of stopping by soon.
(C) No, at Dr. Blaise's clinic.

당신의 다음 예약 일정을 언제로 잡아드릴까요?

(A) 일주일 후는 어떤가요?
(B) 반드시 조만간 들르도록 하세요.
(C) 아니요, Dr. Blaise의 병원에서요.

■ When 의문문

정답 (A)

다음 예약 일정을 언제로 잡아줄지를 묻는 When 의문문이다.
(A) [○] 일주일 후는 어떤지 되물어 예약 일정에 대한 추가 정보를 요구하는 정답이다.
(B) [×] 다음 예약 일정을 언제로 잡아줄지를 물었는데, 이와 관련이 없는 반드시 조만간 들르도록 하라는 내용으로 응답했으므로 오답이다. appointment – a point의 유사 발음 어휘를 사용하여 혼동을 주었다.
(C) [×] 의문사 의문문에 No로 응답했으므로 오답이다. next appointment(다음 예약)에서 연상할 수 있는 예약 장소와 관련된 Dr. Blaise's clinic(Dr. Blaise의 병원)을 사용하여 혼동을 주었다.

어휘   schedule[skédʒuːl] 일정을 잡다, 예정하다   appointment[əpɔ́intmənt] 예약, 약속   make a point of 반드시 ~ 하다

🔊 미국식 발음 → 캐나다식 발음

I seem to have misplaced my office security badge.

(A) Set it down any place you want.
(B) You might want to let our supervisor know.
(C) The guard was hired in April, I believe.

제 사무실 보안증을 둔 곳을 잊어버린 것 같아요.

(A) 그것을 당신이 원하는 어디에든 두세요.
(B) 우리 관리자에게 알리는 것이 좋겠어요.
(C) 제 생각에 경비원은 4월에 고용된 것 같아요.

■ 평서문 　　　　　　　　　　　　　　　　　　　　　　　　　　　　　　　　　정답 (B)

사무실 보안증을 둔 곳을 잊어버린 것 같다는 문제점을 언급하는 평서문이다.
(A) [×] 질문의 office security badge(사무실 보안증)를 나타낼 수 있는 it을 사용하고, misplaced – place의 유사 발음 어휘를 사용하여 혼동을 준 오답이다.
(B) [○] 관리자에게 알리는 것이 좋겠다는 말로 문제점에 대한 해결책을 제시했으므로 정답이다.
(C) [×] 질문의 security(보안)에서 연상할 수 있는 보안 주체와 관련된 guard(경비원)를 사용하여 혼동을 준 오답이다.

어휘　misplace[mìspléis] 둔 곳을 잊다, 잘못 놓아두다　supervisor[súːpərvaizər] 관리자, 상사　hire[haiər] 고용하다

🔊 미국식 발음 → 호주식 발음

Would you hold the front door open for me?

(A) Once I get back from Spain.
(B) I've got a strong grasp of the subject.
(C) Sure, let me give you a hand.

저를 위해 앞문을 잡아 주시겠어요?

(A) 제가 스페인에서 돌아오면요.
(B) 저는 그 주제에 대해 확실히 이해했어요.
(C) 물론이죠, 제가 도와드릴게요.

■ 요청 의문문 　　　　　　　　　　　　　　　　　　　　　　　　　　　　　　정답 (C)

앞문을 잡아달라고 요청하는 요청 의문문이다.
(A) [×] 앞문을 잡아달라고 했는데, 이와 관련이 없는 자신이 스페인에서 돌아오면이라는 내용으로 응답했으므로 오답이다. 질문의 front(앞의) 와 반대 의미인 back(뒤의)을 '돌아오다'의 의미로 사용하여 혼동을 주었다.
(B) [×] 질문의 hold(잡다)와 같은 의미인 grasp(잡다)를 '이해하다'의 의미로 사용하여 혼동을 준 오답이다.
(C) [○] Sure로 요청을 수락한 뒤, 자신이 도와주겠다는 부연 설명을 했으므로 정답이다.

어휘　grasp[미 græsp, 영 graːsp] 이해; 이해하다　give a hand 도와주다

🔊 호주식 발음 → 영국식 발음

I'm trying to find my way to Grosvenor Station.

(A) Let me point it out on this map.
(B) Just leave it on the train.
(C) Thanks for dropping me off.

저는 Grosvenor역으로 가기 위해 길을 찾고 있어요.

(A) 제가 이 지도에서 그곳을 가리켜 보여줄게요.
(B) 그것을 그냥 기차에 두세요.
(C) 저를 데려다주셔서 감사합니다.

■ 평서문 　　　　　　　　　　　　　　　　　　　　　　　　　　　　　　　　　정답 (A)

Grosvenor역으로 가는 길을 찾아달라고 요청하는 의도의 평서문이다.
(A) [○] 이 지도에서 그곳을 가리켜 보여주겠다는 말로 요청을 수락한 정답이다.
(B) [×] 질문의 Station(역)과 관련 있는 train(기차)을 사용하여 혼동을 준 오답이다.
(C) [×] Grosvenor역으로 가기 위해 길을 찾고 있다고 했는데, 이와 관련이 없는 자신을 데려다줘서 고맙다는 내용으로 응답했으므로 오답이 다. 길을 찾는 상황에서 연상할 수 있는 dropping ~ off(데려다주다)를 사용하여 혼동을 주었다.

어휘　point out 가리켜 보여주다, 짚다　drop off 데려다주다

28
○○○○●
하

[녹음] 영국식 발음 → 캐나다식 발음

Should I order protective equipment for the new workers?

(A) I don't think they were locked.
(B) Yes, after finding out their sizes.
(C) The amounts were almost equal.

제가 새로운 직원들을 위해 보호 장비를 주문해야 하나요?

(A) 저는 그것들이 잠겼었다고 생각하지 않아요.
(B) 네, 그들의 사이즈를 알아낸 다음에요.
(C) 양은 거의 동일했어요.

■ 조동사 의문문 정답 (B)

새로운 직원들을 위해 보호 장비를 주문해야 하는지를 확인하는 조동사(Should) 의문문이다.
(A) [×] 질문의 new workers(새로운 직원들)를 나타낼 수 있는 they를 사용하여 혼동을 준 오답이다. I don't think they까지만 듣고 정답으로 고르지 않도록 주의한다.
(B) [○] Yes로 새로운 직원들을 위해 보호 장비를 주문해야 함을 전달한 후, 그들의 사이즈를 알아낸 다음이라는 부연 설명을 했으므로 정답이다.
(C) [×] 새로운 직원들을 위한 보호 장비를 주문해야 하는지를 물었는데, 이와 관련이 없는 양이 거의 동일했다는 내용으로 응답했으므로 오답이다. equipment – equal의 유사 발음 어휘를 사용하여 혼동을 주었다.

어휘 protective equipment 보호 장비 lock[lɑːk] 잠그다 amount[əmáunt] 양, 금액; 달하다

29
●●●●●
최상

[녹음] 미국식 발음 → 호주식 발음

Mr. Richter is taking inventory of our surplus merchandise, isn't he?

(A) That's usually done on Sundays.
(B) These necklaces are selling quite well.
(C) Oh, any extra funding will be saved.

Mr. Richter는 우리의 여분의 상품 재고 목록을 만들고 있죠, 그렇지 않나요?

(A) 그것은 주로 일요일에 진행돼요.
(B) 이 목걸이들은 꽤 잘 팔리고 있어요.
(C) 아, 어떤 추가 자금이든 저축될 거예요.

■ 부가 의문문 정답 (A)

Mr. Richter가 여분의 상품 재고 목록을 만들고 있는지를 확인하는 부가 의문문이다.
(A) [○] 그것은 주로 일요일에 진행된다는 말로 Mr. Richter가 여분의 상품 재고 목록을 만들고 있지 않음을 간접적으로 전달했으므로 정답이다.
(B) [×] 질문의 merchandise(상품)에서 연상할 수 있는 판매 실적과 관련된 selling quite well(꽤 잘 팔리다)을 사용하여 혼동을 준 오답이다.
(C) [×] Mr. Richter가 여분의 상품 재고 목록을 만들고 있는지를 물었는데, 이와 관련이 없는 어떤 추가 자금이든 저축될 것이라는 내용으로 응답했으므로 오답이다. 질문의 surplus(여분의)와 같은 의미인 extra(추가의)를 사용하여 혼동을 주었다.

어휘 take inventory 재고 목록을 만들다, 재고 조사를 하다 surplus[sə́ːrpləs] 여분의 extra[ékstrə] 추가의 funding[fʌ́ndiŋ] 자금, 재원

30
○●●●●
상

[녹음] 캐나다식 발음 → 미국식 발음

How many hours did you spend practicing with the choreographer?

(A) We're scheduled to arrive this evening.
(B) Only two of the trainers could come.
(C) Honestly, I haven't been keeping track.

당신은 안무가와 몇 시간 동안 연습했나요?

(A) 저희는 오늘 저녁에 도착할 예정이에요.
(B) 오직 두 명의 트레이너들만 올 수 있었어요.
(C) 솔직히, 저는 기록하지 않고 있었어요.

■ How 의문문 정답 (C)

안무가와 몇 시간을 연습했는지를 묻는 How 의문문이다. How many가 수량을 묻는 것임을 이해할 수 있어야 한다.
(A) [×] 안무가와 몇 시간을 연습했는지를 물었는데, 이와 관련이 없는 자신들은 오늘 저녁에 도착할 예정이라는 내용으로 응답했으므로 오답이다. 질문의 hours(시간)에서 연상할 수 있는 시간대와 관련된 evening(저녁)을 사용하여 혼동을 주었다.
(B) [×] 질문의 practicing(연습하다)과 관련 있는 trainers(트레이너들)를 사용하여 혼동을 준 오답이다.
(C) [○] 기록하지 않고 있었다는 말로 모르겠다는 간접적인 응답을 했으므로 정답이다.

어휘 choreographer[kɔ̀ːriágrəfər] 안무가 trainer[tréinər] 트레이너, 교관, 코치 keep track 기록하다, 세다

○
●
●
●
상

🔊 영국식 발음 → 호주식 발음

Are insurance policies for motorcycles available through this agency?

(A) A list of procedures is hanging in the break room.
(B) We cover every kind of personal vehicle.
(C) Throughout most of King National Park.

이 대리점을 통해 오토바이 보험을 이용할 수 있나요?

(A) 절차 목록이 휴게실에 걸려 있어요.
(B) 저희는 모든 종류의 개인적인 운송 수단을 포함합니다.
(C) King 국립 공원의 대부분에 걸쳐서요.

■ **Be 동사 의문문**　　　　　　　　　　　　　　　　　　　　　　　　　　　　　　정답 (B)

이 대리점을 통해 오토바이 보험을 이용할 수 있는지를 확인하는 Be 동사 의문문이다.

(A) [×] 이 대리점을 통해 오토바이 보험을 이용할 수 있는지를 물었는데, 이와 관련이 없는 절차 목록이 휴게실에 걸려 있다는 내용으로 응답했으므로 오답이다. insurance policies(보험)에서 연상할 수 있는 보험 가입 절차와 관련된 A list of procedures(절차 목록)를 사용하여 혼동을 주었다.

(B) [○] 자신들은 모든 종류의 개인적인 운송 수단을 포함한다는 말로 이 대리점을 통해 오토바이 보험을 이용할 수 있다는 간접적인 응답을 했으므로 정답이다.

(C) [×] through – Throughout의 유사 발음 어휘를 사용하여 혼동을 준 오답이다.

어휘　insurance policy 보험, 보험 증권　agency[éidʒənsi] 대리점　procedure[미 prəsíːdʒər, 영 prəsíːdʒə] 절차, 과정
　　　cover[미 kʌ́vər, 영 kʌ́və] 포함하다, 덮다; 덮개　vehicle[미 víːhikl, 영 víəkl] 운송 수단, 탈 것

PART 3

난이도 ○ ○ ○ ●
하 중 상 최상

32
33
34

Questions 32-34 refer to the following conversation.

🎧 캐나다식 발음 → 미국식 발음

M: ³²Congratulations on completing your training period, Fiona. Everyone at the health center appreciates all the effort you've put in over the past month. How are things going from your perspective?

W: Thanks, Mr. Simmons. I'm quite happy, actually. The environment here is much more relaxed than the law office I worked at previously.

M: Great. That brings me to my other question . . . ³³Would you be willing to do some overtime next month? ³⁴Jack has booked some vacation time, so we need another receptionist to cover for him on Saturdays.

W: Um, that might be OK. I'll let you know for sure tomorrow.

32 Where do the speakers most likely work?
(A) At a medical facility
(B) At a law firm
(C) At a community center
(D) At an educational institution

33 What does the man ask the woman to do?
(A) Reschedule a summer vacation
(B) Attend training workshops
(C) Work additional hours
(D) Try a different position

34 What does the man say about Jack?
(A) He will take some leave.
(B) He will move to another office.
(C) He will return to university.
(D) He will receive a promotion.

32-34번은 다음 대화에 관한 문제입니다.

M: ³²교육 기간을 마친 것을 축하해요, Fiona. 보건소의 모든 사람들이 지난달 동안 당신이 한 모든 노력을 높이 평가해요. 당신의 관점에서는 상황이 어떻게 되어가고 있나요?

W: 감사합니다, Mr. Simmons. 사실, 저는 꽤 행복해요. 이곳의 환경은 제가 이전에 일했던 법률 사무소보다 훨씬 더 편안해요.

M: 좋아요. 그것이 저의 다른 질문으로 이어지네요… ³³혹시 다음 달에 초과 근무를 할 의향이 있나요? ³⁴Jack이 휴가를 예약해서, 우리는 토요일에 그를 대신할 다른 접수 담당자가 필요해요.

W: 음, 괜찮을 것 같아요. 내일까지 확실히 알려드릴게요.

32. 화자들은 어디에서 일하는 것 같은가?
(A) 의료 시설에서
(B) 법률 사무소에서
(C) 지역 문화 회관에서
(D) 교육 기관에서

33. 남자는 여자에게 무엇을 해달라고 요청하는가?
(A) 여름 휴가의 일정을 변경한다.
(B) 교육 워크숍에 참석한다.
(C) 추가 시간을 일한다.
(D) 다른 일자리를 시도해본다.

34. 남자는 Jack에 관해 무엇을 말하는가?
(A) 그는 휴가를 갈 것이다.
(B) 그는 다른 사무실로 옮길 것이다.
(C) 그는 대학교로 돌아갈 것이다.
(D) 그는 승진할 것이다.

지문 appreciate[əprí:ʃieit] 높이 평가하다, 인정하다 perspective[pərspéktiv] 관점 overtime[óuvərtaim] 초과 근무
receptionist[risépʃənist] 접수 담당자 cover[kʌ́vər] 대신하다
32 facility[fəsíləti] 시설 institution[ìnstitú:ʃən] 기관 33 reschedule[rì:skédʒu:l] 일정을 변경하다 position[pəzíʃən] 일자리
34 take leave 휴가를 가다 promotion[prəmóuʃən] 승진

---

32 ■ 전체 대화 관련 문제 화자 정답 (A)

○
○
●
○
중

화자들이 일하는 장소를 묻는 문제이므로, 신분 및 직업과 관련된 표현을 놓치지 않고 듣는다. 남자가 "Congratulations on completing your training period ~. Everyone at the health center appreciates all the effort you've put in over the past month."라며 교육 기간을 마친 것을 축하한다고 한 뒤, 보건소의 모든 사람들이 지난달 동안 여자가 한 모든 노력을 높이 평가한다고 한 말을 통해 화자들이 의료 시설에서 일한다는 것을 알 수 있다. 따라서 정답은 (A) At a medical facility이다.

33 ■ 세부 사항 관련 문제 요청 정답 (C)

○
○
●
○
중

남자가 여자에게 요청하는 것을 묻는 문제이므로, 남자의 말에서 요청과 관련된 표현이 언급된 다음을 주의 깊게 듣는다. 남자가 여자에게 "Would you be willing to do some overtime next month?"라며 혹시 다음 달에 초과 근무를 할 용의가 있는지를 물은 내용을 통해 남자가 여자에게 추가 시간을 일할 것을 요청하고 있음을 알 수 있다. 따라서 정답은 (C) Work additional hours이다.

바꾸어 표현하기

do ~ overtime 초과 근무를 하다 → Work additional hours 추가 시간을 일하다

34 ■ 세부 사항 관련 문제 언급 정답 (A)

○
○
●
○
중

남자가 Jack에 관해 언급하는 것을 묻는 문제이므로, 남자의 말에서 질문의 핵심어구(Jack)가 언급된 주변을 주의 깊게 듣는다. 남자가 "Jack has booked some vacation time, so we need another receptionist to cover for him on Saturdays."라며 Jack이 휴가를 예약해서 토요일에 그를 대신할 다른 접수 담당자가 필요하다고 하였다. 따라서 정답은 (A) He will take some leave이다.

Questions 35-37 refer to the following conversation.

🎧 호주식 발음 → 영국식 발음

M: Hello, welcome to Rick's Car Lot. How can I help you?

W: Um . . . ³⁵I'm looking for a new vehicle that can accommodate my family. I have four children.

M: We definitely have cars that meet your needs. ³⁶This right here is a Newman station wagon, which has six seats. It also has a four-wheel drive system.

W: ³⁶How many miles per gallon does it get?

M: ³⁶About 30, which is pretty good for this type of car.

W: That sounds fine. ³⁷Do you think I could take it for a short test drive?

M: Of course. Please just give me a moment, and I'll be back soon.

35-37번은 다음 대화에 관한 문제입니다.

M: 안녕하세요, Rick's Car Lot에 오신 것을 환영합니다. 어떻게 도와드릴까요?

W: 음… ³⁵저는 제 가족을 수용할 수 있는 새로운 차를 찾고 있어요. 저는 네 명의 아이들이 있어요.

M: 저희는 귀하의 요구에 맞는 차들을 확실하게 보유하고 있습니다. ³⁶바로 여기 있는 것은 Newman 스테이션왜건인데, 이것은 여섯 개의 좌석을 가지고 있습니다. 또한 사륜구동 시스템을 보유하고 있어요.

W: ³⁶갤런당 몇 마일을 가나요?

M: ³⁶30마일 정도인데, 이건 이런 종류의 차로서는 꽤 괜찮은 거예요.

W: 괜찮은 것 같네요. ³⁷잠시 시운전을 해 볼 수 있을까요?

M: 물론이죠. 제게 잠시만 시간을 주시면, 곧 돌아오겠습니다.

35 Why does the woman say, "I have four children"?
(A) To request an alternative
(B) To reject an offer
(C) To point out a problem
(D) To specify a requirement

35. 여자는 왜 "저는 네 명의 아이들이 있어요"라고 말하는가?
(A) 대안을 요청하기 위해
(B) 제안을 거절하기 위해
(C) 문제점을 지적하기 위해
(D) 필요 조건을 명시하기 위해

36 What is mentioned about the Newman station wagon?
(A) It was released in the past year.
(B) It has many safety features.
(C) It is relatively fuel-efficient.
(D) It is available at a reduced rate.

36. Newman 스테이션왜건에 관해 무엇이 언급되는가?
(A) 지난해에 출시되었다.
(B) 많은 안전장치들이 있다.
(C) 비교적 연비가 좋다.
(D) 할인된 가격에 구할 수 있다.

37 What does the woman want to do?
(A) Speak to a manager
(B) Drive a vehicle briefly
(C) Look at a different model
(D) Read through a car manual

37. 여자는 무엇을 하고 싶어 하는가?
(A) 관리자와 이야기한다.
(B) 잠시 차를 운전한다.
(C) 다른 모델을 살펴본다.
(D) 차량 매뉴얼을 읽어본다.

지문 accommodate [əká:mədèit] 수용하다, 맞추다 four-wheel 사륜의
35 alternative [미 ɔːltə́ːrnətiv, 영 ɔltə́ːnətiv] 대안 requirement [미 rikwáiərmənt, 영 rikwáiəmənt] 필요 조건, 요건
36 release [rilíːs] 출시하다 fuel-efficient 연비가 좋은

35 ■ 세부 사항 관련 문제 의도 파악   정답 (D)

여자가 하는 말의 의도를 묻는 문제이므로, 질문의 인용어구(I have four children)가 언급된 주변을 주의 깊게 듣는다. 여자가 "I'm looking for a new vehicle that can accommodate my family. I have four children."이라며 자신의 가족을 수용할 수 있는 새로운 차를 찾고 있고, 네 명의 아이들이 있다고 한 것을 통해 찾고 있는 새로운 차의 필요 조건을 명시하려는 의도임을 알 수 있다. 따라서 정답은 (D) To specify a requirement이다.

36 ■ 세부 사항 관련 문제 언급   정답 (C)

Newman 스테이션왜건에 관해 언급되는 것을 묻는 문제이므로, 질문의 핵심어구(Newman station wagon)가 언급된 주변을 주의 깊게 듣는다. 남자가 "This right here is a Newman station wagon"이라며 바로 여기 있는 것은 Newman 스테이션왜건이라고 하자, 여자가 "How many miles per gallon does it get?"이라며 그것이 갤런당 몇 마일을 가는지 묻고, 다시 남자가 "About 30, which is pretty good for this type of car."라며 30마일 정도인데 이것이 이런 종류의 차로서는 꽤 괜찮은 것이라고 하였다. 따라서 정답은 (C) It is relatively fuel-efficient이다.

37 ■ 세부 사항 관련 문제 특정 세부 사항   정답 (B)

여자가 하고 싶어 하는 것을 묻는 문제이므로, 질문의 핵심어구(woman want to do)와 관련된 내용을 주의 깊게 듣는다. 여자가 "Do you think I could take it[Newman station wagon] for a short test drive?"라며 잠시 Newman 스테이션왜건을 시운전해 볼 수 있을지를 물었다. 따라서 정답은 (B) Drive a vehicle briefly이다.

Questions 38-40 refer to the following conversation with three speakers.

🔊 미국식 발음 → 호주식 발음 → 영국식 발음

W1: Welcome to the Easton Electronics Service Center.
M: Hi. ³⁸The lens on my digital camera is cracked, and I'd like to get it fixed. I bought it last June.
W1: OK. But as the one-year warranty has expired, you'll have to pay for the full cost of the repairs.
M: Really? ³⁹Yesterday, I stopped by the store I bought it from, and I was assured that it was still under warranty.
W2: Excuse me, but did you say you bought it last June?
M: Yes.
W2: Then it is still covered. We offered a two-year extended warranty for that model as a special offer last year.
W1: Oh, I didn't realize that. In that case, sir, ⁴⁰I'll just need you to complete this form.

38 What is the conversation mainly about?
(A) Exchanging a product
(B) Extending a warranty
(C) Refunding a fee
(D) Repairing an item

39 What did the man do yesterday?
(A) Visited a retail outlet
(B) Purchased a device
(C) Replaced a component
(D) Contacted a service center

40 What will the man most likely do next?
(A) Select a model
(B) Complete a form
(C) Show a receipt
(D) Make a payment

38-40번은 다음 세 명의 대화에 관한 문제입니다.

W1: Easton 전자 서비스 센터에 오신 것을 환영합니다.
M: 안녕하세요. ³⁸제 디지털카메라의 렌즈가 금이 가서, 수리를 받고 싶어요. 저는 이것을 작년 6월에 샀어요.
W1: 알겠습니다. 하지만 1년의 품질 보증 기간이 만료되어서, 손님께서는 수리의 전체 비용을 지불하셔야 할 거예요.
M: 정말이요? ³⁹어제 제가 이것을 구매했던 가게에 들러서 이것이 아직 보증 기간 내에 있다고 확인받았는데요.
W2: 실례지만, 작년 6월에 이것을 구입했다고 하셨나요?
M: 네.
W2: 그럼 이건 아직 보상돼요. 저희는 작년에 특별 판매로 그 모델에 대해 2년으로 연장된 품질 보증 기간을 제공했어요.
W1: 아, 제가 그걸 몰랐네요. 그렇다면 손님, ⁴⁰이 양식만 빠짐없이 기재해 주시면 됩니다.

38. 대화는 주로 무엇에 관한 것인가?
(A) 상품을 교환하는 것
(B) 보증 기간을 연장하는 것
(C) 요금을 환불하는 것
(D) 물품을 수리하는 것

39. 남자는 어제 무엇을 했는가?
(A) 소매점에 방문했다.
(B) 기기를 구매했다.
(C) 부품을 교체했다.
(D) 서비스 센터에 연락했다.

40. 남자는 다음에 무엇을 할 것 같은가?
(A) 모델을 선택한다.
(B) 양식을 빠짐없이 기재한다.
(C) 영수증을 보여준다.
(D) 대금을 지불한다.

지문 crack[kræk] 금이 가다 warranty[wɔ́ːrənti] (품질) 보증 기간, 보증 expire[ikspáiər] 만료되다
assure[미 əʃúər, 영 əʃɔ́ː] 확인하다, 보장하다 cover[미 kʌ́vər, 영 kʌ́və] 보상하다, (보험으로) 보장하다
complete[kəmplíːt] (서류 등에) 빠짐없이 기재하다
38 refund[rifʌ́nd] 환불하다 fee[fiː] 요금, 납부금 39 retail outlet 소매점 component[kəmpóunənt] 부품

---

38 ■ 전체 대화 관련 문제 주제   정답 (D)

대화의 주제를 묻는 문제이므로, 대화의 초반을 반드시 듣는다. 남자가 여자 1에게 "The lens on my digital camera is cracked, and I'd like to get it fixed."라며 자신의 디지털카메라의 렌즈가 금이 가서 수리를 받고 싶다고 한 뒤, 물품을 수리하는 것에 관한 내용으로 대화가 이어지고 있다. 따라서 정답은 (D) Repairing an item이다.

바꾸어 표현하기
get ~ fixed 수리를 받다 → Repairing 수리하는 것

39 ■ 세부 사항 관련 문제 특정 세부 사항   정답 (A)

남자가 어제 한 것을 묻는 문제이므로, 질문의 핵심어구(yesterday)가 언급된 주변을 주의 깊게 듣는다. 남자가 "Yesterday, I stopped by the store I bought it[digital camera] from"이라며 어제 디지털카메라를 구매했던 가게에 들렀다고 하였다. 따라서 정답은 (A) Visited a retail outlet이다.

40 ■ 세부 사항 관련 문제 다음에 할 일   정답 (B)

남자가 다음에 할 일을 묻는 문제이므로, 대화의 마지막 부분을 주의 깊게 듣는다. 여자 1이 남자에게 "I'll just need you to complete this form"이라며 이 양식만 빠짐없이 기재해 주면 된다고 하였다. 따라서 정답은 (B) Complete a form이다.

Questions 41-43 refer to the following conversation.

🎧 미국식 발음 → 캐나다식 발음

W: ⁴¹Don Stevens from the IT department just told me that a new operating system will be installed on all company computers next Thursday beginning at 10 A.M.

M: How long will the work take?

W: About an hour . . . We'll need to find something for our team members to do during that period.

M: I'll schedule a training workshop for that morning in the conference room.

W: Thanks. One more thing . . . ⁴²Mr. Stevens asked that everyone disable their computer passwords so that his technicians can access the devices.

M: OK. ⁴³I'll send an e-mail now to the people on our team telling them to do this.

41 What are the speakers mainly discussing?
(A) A software installation
(B) A training session
(C) A departmental meeting
(D) A product demonstration

42 What did Mr. Stevens request that staff members do?
(A) Download a program
(B) Change a security setting
(C) Provide an account password
(D) Meet with a technician

43 What will the man most likely do next?
(A) Cancel a workshop
(B) Send e-mails to clients
(C) Give instructions to coworkers
(D) Book a meeting room

41-43번은 다음 대화에 관한 문제입니다.

W: ⁴¹IT 부서의 Don Stevens가 다음 주 목요일 오전 10시부터 새로운 운영 체제가 전사 컴퓨터에 설치될 것이라고 방금 저에게 말했어요.
M: 그 작업이 얼마나 걸릴까요?
W: 한 시간 정도요… 그동안에 우리 팀원들이 할 만한 무언가를 찾아야 할 거예요.
M: 제가 그날 아침에 회의실에서 교육 워크숍을 하도록 일정을 잡을게요.
W: 고마워요. 한 가지 더요… ⁴²Mr. Stevens가 그의 기술자들이 장치들에 접속할 수 있도록 모든 사람들이 컴퓨터 비밀번호를 해제해줄 것을 요청했어요.
M: 알겠어요. ⁴³제가 지금 우리 팀원들에게 그렇게 하도록 전하는 이메일을 보낼게요.

41. 화자들은 주로 무엇에 관해 이야기하고 있는가?
(A) 소프트웨어 설치
(B) 교육 과정
(C) 부서 회의
(D) 제품 시연

42. Mr. Stevens는 직원들에게 무엇을 해달라고 요청했는가?
(A) 프로그램을 다운로드한다.
(B) 보안 설정을 변경한다.
(C) 계정 비밀번호를 준다.
(D) 기술자와 만난다.

43. 남자는 다음에 무엇을 할 것 같은가?
(A) 워크숍을 취소한다.
(B) 고객들에게 이메일을 보낸다.
(C) 동료들에게 지시를 한다.
(D) 회의실을 예약한다.

지문 system[sístəm] 체제, 시스템 install[instɔ́:l] 설치하다 access[ǽkses] 접속하다
41 departmental[dì:pɑ:rtméntl] 부서의 demonstration[dèmənstréiʃən] 시연, 설명
42 security[səkjúrəti] 보안 setting[sétiŋ] 설정 account[əkáunt] 계정　43 instruction[instrʌ́kʃən] 지시, 명령

41 ■ 전체 대화 관련 문제 주제　　　　　　　　　　　　　　　　　　　　　　　　　　　정답 (A)
대화의 주제를 묻는 문제이므로, 대화의 초반을 주의 깊게 들은 후 전체 맥락을 파악한다. 여자가 "Don Stevens from the IT department just told me that a new operating system will be installed on all company computers next Thursday beginning at 10 A.M."이라며 IT 부서의 Don Stevens가 다음 주 목요일 오전 10시부터 새로운 운영 체제가 전사 컴퓨터에 설치될 것이라고 방금 말했다고 한 후, 소프트웨어 설치에 관한 내용으로 대화가 이어지고 있다. 따라서 정답은 (A) A software installation이다.

42 ■ 세부 사항 관련 문제 요청　　　　　　　　　　　　　　　　　　　　　　　　　　　정답 (B)
Mr. Stevens가 직원들에게 요청하는 것을 묻는 문제이므로, 지문의 중후반에서 요청과 관련된 표현이 포함된 문장을 주의 깊게 듣는다. 여자가 "Mr. Stevens asked that everyone disable their computer passwords so that his technicians can access the devices."라며 Mr. Stevens가 그의 기술자들이 장치들에 접속할 수 있도록 모든 사람들이 컴퓨터 비밀번호를 해제해줄 것을 요청하였다고 하였다. 따라서 정답은 (B) Change a security setting이다.

43 ■ 세부 사항 관련 문제 다음에 할 일　　　　　　　　　　　　　　　　　　　　　　　정답 (C)
남자가 다음에 할 일을 묻는 문제이므로, 대화의 마지막 부분을 주의 깊게 듣는다. 남자가 "I'll send an e-mail now to the people on our team telling them to do this[disable ~ computer passwords]."라며 지금 자신의 팀원들에게 컴퓨터 비밀번호를 해제해줄 것을 전하는 이메일을 보내겠다고 하였다. 이를 통해 남자가 동료들에게 지시를 할 것임을 알 수 있다. 따라서 정답은 (C) Give instructions to coworkers이다.

Questions 44-46 refer to the following conversation.

🎧 호주식 발음 → 영국식 발음

M: So, Ms. Greenly, ⁴⁴where would you like me to take you next?

W: 449 King Street. ⁴⁵I have an 11 A.M. appointment scheduled with a few SoundDrive executives to talk about a series of television commercials they want to create.

M: I'll head there right away. And ⁴⁴/⁴⁶would you like me to wait in front of the building until you're done?

W: No. You can take your lunch break as I expect to be there for a few hours. I'll call you as soon as I'm finished, and you can return for me then.

44 What most likely is the man's job?
(A) Corporate executive
(B) Personal driver
(C) Administrative assistant
(D) Security guard

45 What does the woman say a meeting will be about?
(A) A business convention
(B) A charity fund-raiser
(C) A construction project
(D) An advertising campaign

46 What does the man offer to do?
(A) Return at a later time
(B) Wait for the woman
(C) Reschedule an appointment
(D) Review marketing materials

44-46번은 다음 대화에 관한 문제입니다.

M: 자, Ms. Greenly, ⁴⁴다음으로 당신을 어디로 모실까요?
W: King가 449번지요. ⁴⁵저는 SoundDrive의 몇몇 임원들과 그들이 제작하기를 원하는 일련의 텔레비전 광고들에 관해 이야기하기로 예정된 오전 11시 약속이 있어요.
M: 바로 그곳으로 갈게요. 그리고 ⁴⁴/⁴⁶다 끝날 때까지 건물 앞에서 기다려 드릴까요?
W: 아니요. 저는 몇 시간 동안 그곳에 있을 것으로 예상되니 점심시간을 가지시면 돼요. 제가 끝나자마자 전화할 테니, 그때 돌아오세요.

44. 남자의 직업은 무엇인 것 같은가?
(A) 회사 임원
(B) 개인 운전기사
(C) 행정 비서
(D) 경호원

45. 여자는 회의가 무엇에 관한 것일 거라고 말하는가?
(A) 사업 컨벤션
(B) 자선기금 모금 행사
(C) 건설 프로젝트
(D) 광고 캠페인

46. 남자는 무엇을 해주겠다고 제안하는가?
(A) 나중에 돌아온다.
(B) 여자를 기다린다.
(C) 약속의 일정을 변경한다.
(D) 홍보 자료를 검토한다.

지문 appointment[əpɔ́intmənt] 약속 executive[igzékjətiv] 임원, 간부 commercial[미 kəmə́ːrʃəl, 영 kəmɔ́ːʃəl] 광고 head[hed] 가다, 향하다
44 administrative[ədmínistreitiv] 행정의 45 fund-raiser[fʌ́ndrèizər] 기금 모금 행사
46 reschedule[rìːskédʒuːl] ~의 일정을 변경하다 review[rivjúː] 검토하다 marketing[máːrkitiŋ] 홍보 material[mətíriəl] 자료

44 ■ 전체 대화 관련 문제 화자 정답 (B)
남자의 직업을 묻는 문제이므로, 신분 및 직업과 관련된 표현을 놓치지 않고 듣는다. 남자가 "where would you like me to take you next?"라며 다음으로 어디로 모실지 물은 뒤, "would you like me to wait in front of the building until you're done?"이라며 여자가 다 끝날 때까지 건물 앞에서 기다려 줄지를 묻는 말을 통해 남자가 개인 운전 기사임을 알 수 있다. 따라서 정답은 (B) Personal driver 이다.

45 ■ 세부 사항 관련 문제 특정 세부 사항 정답 (D)
여자가 회의에 관해 언급하는 것을 묻는 문제이므로, 여자의 말에서 질문의 핵심어구(meeting)와 관련된 내용을 주의 깊게 듣는다. 여자가 "I have an 11 A.M. appointment scheduled with a few SoundDrive executives to talk about a series of television commercials they want to create."이라며 SoundDrive의 몇몇 임원들과 그들이 제작하기를 원하는 일련의 텔레비전 광고들에 관해 이야기하기로 예정된 오전 11시 약속이 있다고 하였다. 따라서 정답은 (D) An advertising campaign이다.

바꾸어 표현하기
a series of television commercials 일련의 텔레비전 광고들 → advertising campaign 광고 캠페인

46 ■ 세부 사항 관련 문제 제안 정답 (B)
남자가 해주겠다고 제안하는 것을 묻는 문제이므로, 남자의 말에서 여자를 위해 해주겠다고 언급한 내용을 주의 깊게 듣는다. 남자가 "would you like me to wait in front of the building until you're done?"이라며 여자가 다 끝날 때까지 건물 앞에서 기다려 줄지를 물었다. 따라서 정답은 (B) Wait for the woman이다.

Questions 47-49 refer to the following conversation with three speakers.

🎧 호주식 발음 → 영국식 발음 → 미국식 발음

M: ⁴⁷Do you think we chose the right wallpaper? The walls seem a little dark now. Our client wants this room to be bright and cheerful.

W1: ⁴⁷I think it'll be fine once we install the new lights. What about you, Anne?

W2: I agree. And this project is over budget anyway, so we can't make any unnecessary changes. By the way, ⁴⁸do either of you know where my tape measure is?

W1: It's in the bedroom.

W2: Thanks. I want to double-check the width of this window before we order the curtains.

M: Good idea. While you do that, ⁴⁹I'll visit the furniture store. We still need to find a couch to put in the living room.

47 Who most likely are the speakers?
(A) Real estate agents
(B) Construction workers
(C) Interior decorators
(D) Building managers

48 What does Anne ask about?
(A) The size of a room
(B) The location of an item
(C) The cost of an order
(D) The budget of a project

49 What will the man probably do next?
(A) Unpack a box
(B) Install a device
(C) Talk to a client
(D) Go to a shop

47-49번은 다음 세 명의 대화에 관한 문제입니다.

M: ⁴⁷우리가 적절한 벽지를 골랐다고 생각하시나요? 지금은 벽이 조금 어두워 보이네요. 우리의 고객은 이 방이 밝고 쾌적하기를 원해요.

W1: ⁴⁷새 전등을 설치하면 괜찮을 것 같아요. 당신은 어떤가요, Anne?

W2: 동의해요. 그리고 어쨌거나 이 프로젝트가 예산을 넘어섰기 때문에, 우리는 불필요한 변경을 할 수가 없어요. 그나저나, ⁴⁸둘 중 누구라도 제 줄자가 어디에 있는지 아시나요?

W1: 침실에 있어요.

W2: 고마워요. 우리가 커튼을 주문하기 전에 이 창의 너비를 다시 한번 확인해보고 싶어요.

M: 좋은 생각이네요. 그것을 하시는 동안, ⁴⁹저는 가구점을 방문할게요. 우리는 아직 거실에 놓을 소파를 찾아야 해요.

47. 화자들은 누구인 것 같은가?
(A) 부동산 중개인들
(B) 건설 현장 인부들
(C) 실내 장식가들
(D) 건물 관리인들

48. Anne은 무엇에 관해 문의하는가?
(A) 방의 크기
(B) 물건의 위치
(C) 주문의 비용
(D) 프로젝트의 예산

49. 남자는 다음에 무엇을 할 것 같은가?
(A) 상자를 푼다.
(B) 장치를 설치한다.
(C) 고객과 이야기한다.
(D) 가게에 간다.

지문 wallpaper[wɔ́ːlpèipər] 벽지 cheerful[tʃíərfəl] 쾌적한, 쾌활한 unnecessary[ʌnnésəsèri] 불필요한 tape measure 줄자
width[widθ] 너비
47 real estate 부동산 interior decorator 실내 장식가

47 ■ 전체 대화 관련 문제 화자 정답 (C)

화자들의 신분을 묻는 문제이므로, 신분 및 직업과 관련된 표현을 놓치지 않고 듣는다. 남자가 "Do you think we chose the right wall paper?"라며 자신들이 적절한 벽지를 골랐다고 생각하는지 묻고, "The walls seem a little dark now."라며 지금은 벽이 조금 어두워 보인다고 하자, 여자 1이 "I think it'll be fine once we install the new lights."라며 새 전등을 설치하면 괜찮을 것 같다고 하였다. 이를 통해 화자들이 실내 장식가들임을 알 수 있다. 따라서 정답은 (C) Interior decorators이다.

48 ■ 세부 사항 관련 문제 특정 세부 사항 정답 (B)

Anne 즉, 여자 2가 문의하는 것을 묻는 문제이므로, 여자 2의 말을 주의 깊게 듣는다. 여자 2가 "do either of you know where my tape measure is?"라며 남자와 여자 1 중 누구라도 자신의 줄자가 어디에 있는지 아는지를 물었다. 따라서 정답은 (B) The location of an item이다.

49 ■ 세부 사항 관련 문제 다음에 할 일 정답 (D)

남자가 다음에 할 일을 묻는 문제이므로, 대화의 마지막 부분을 주의 깊게 듣는다. 남자가 "I'll visit the furniture store"라며 자신은 가구점을 방문하겠다고 하였다. 따라서 정답은 (D) Go to a shop이다.

Questions 50-52 refer to the following conversation.

🔊 캐나다식 발음 → 영국식 발음

M: Anita, ⁵⁰a man told me he's having trouble using one of the gas pumps. Could you provide him with some assistance? He's wearing a brown coat. I need to stay at the cash register.

W: ⁵¹I was going to put some bags of chips on the shelves, but I can do that afterward. Did the man give you any more specific information about his issue?

M: ⁵²He's having trouble paying with his credit card. My guess is that he's putting it in backwards. ⁵²Why don't you try swiping it one more time? If that doesn't work, then maybe the card's magnetic strip is damaged.

50 What does the man ask the woman to do?
   (A) Find a coworker
   (B) Move a vehicle
   (C) Repair a device
   (D) Help a customer

51 What task does the woman say she will finish later?
   (A) Sweeping some aisles
   (B) Throwing out some trash
   (C) Stocking some products
   (D) Changing some price labels

52 What does the man suggest doing?
   (A) Filling up a container
   (B) Using a credit card again
   (C) Talking to a supervisor
   (D) Moving to another machine

50-52번은 다음 대화에 관한 문제입니다.

M: Anita, ⁵⁰한 남자가 저에게 주유기들 중 하나를 사용하는 데 문제를 겪고 있다고 말했어요. 그에게 도움을 주시겠어요? 그는 갈색 코트를 입고 있어요. 저는 계산대에 있어야 해서요.

W: ⁵¹저는 선반에 과자 몇 봉지를 진열하려고 했지만, 그건 그 후에 해도 돼요. 그 남자가 그의 문제에 대해 더 구체적인 정보를 주었나요?

M: ⁵²그는 신용 카드로 결제하는 데 곤란을 겪고 있어요. 제 추측으로 그는 그것을 거꾸로 넣고 있는 것 같아요. ⁵²당신이 그것을 한 번 더 긁어보는 게 어때요? 그래도 작동하지 않는다면, 아마 카드의 마그네틱 선이 손상된 걸 거예요.

50. 남자는 여자에게 무엇을 해달라고 요청하는가?
   (A) 동료를 찾는다.
   (B) 차량을 이동한다.
   (C) 기기를 수리한다.
   (D) 고객을 돕는다.

51. 여자는 어떤 일을 나중에 끝내겠다고 말하는가?
   (A) 복도를 쓸기
   (B) 쓰레기를 버리기
   (C) 상품을 채우기
   (D) 가격표를 바꾸기

52. 남자는 무엇을 하라고 제안하는가?
   (A) 컨테이너를 채우기
   (B) 신용 카드를 다시 사용하기
   (C) 관리자에게 이야기하기
   (D) 다른 기계로 옮기기

지문 gas pump 주유기, 주유 펌프 cash register 계산대 backwards[bǽkwərdz] 거꾸로 swipe[swaip] 긁다
50 vehicle[víːhikl] 차량   51 sweep[swiːp] 쓸다 aisle[ail] 복도 stock[stɑːk] 채우다, 비축하다

---

50 ■ 세부 사항 관련 문제 요청   정답 (D)

남자가 여자에게 요청하는 것을 묻는 문제이므로, 남자의 말에서 요청과 관련된 표현이 언급된 다음을 주의 깊게 듣는다. 남자가 "a man told me he's having trouble using one of the gas pumps. Could you provide him with some assistance?"라며 한 남자가 자신에게 주유기들 중 하나를 사용하는 데 문제를 겪고 있다고 말했다며 그에게 도움을 줄 것을 요청하였다. 따라서 정답은 (D) Help a customer이다.

바꾸어 표현하기
provide ~ with some assistance ~에게 도움을 주다 → Help 돕다

51 ■ 세부 사항 관련 문제 특정 세부 사항   정답 (C)

여자가 나중에 끝내겠다고 말하는 일을 묻는 문제이므로, 질문의 핵심어구(will finish later)와 관련된 내용을 주의 깊게 듣는다. "I was going to put some bags of chips on the shelves, but I can do that afterward."라며 선반에 과자 몇 봉지를 진열하려고 했지만, 그건 그 후에 해도 된다고 하였다. 따라서 정답은 (C) Stocking some products이다.

바꾸어 표현하기
put ~ chips on the shelves 과자를 선반에 진열하다 → Stocking ~ products 상품을 채우기

52 ■ 세부 사항 관련 문제 제안   정답 (B)

남자가 제안하는 것을 묻는 문제이므로, 남자의 말에서 제안과 관련된 표현이 언급된 다음을 주의 깊게 듣는다. 남자가 "He's having trouble paying with his credit card."라며 그가 신용 카드로 결제하는 데 곤란을 겪고 있다고 한 뒤, "Why don't you try swiping it[credit card] one more time?"이라며 한 번 더 신용 카드를 긁어보는 것을 제안하였다. 따라서 정답은 (B) Using a credit card again이다.

Questions 53-55 refer to the following conversation.

[3n] 호주식 발음 → 미국식 발음

M: Mandy, ⁵³do you have any plans for Saturday evening? The Milford Cinema is showing Paul Dorn's latest movie.

W: That sounds wonderful. ⁵⁴What time do you want to meet? I'm supposed to go to a museum with a friend from 3 to 5 P.M., but I'll be free after that.

M: ⁵⁴I was thinking of going at 8 P.M. I'm having dinner with some colleagues that night, but we should be finished before then.

W: OK. I'll meet you at the theater at that time. And ⁵⁵don't worry about the tickets . . . I'll order them online today. You paid when we went to the amusement park last month, so it's my treat.

53 What does the man invite the woman to do?
(A) Go to a new restaurant
(B) Visit an amusement park
(C) Attend an exhibition
(D) Watch a film

54 Why is the man unable to meet the woman before 8 P.M. on Saturday?
(A) He will be eating with coworkers.
(B) He will be working overtime.
(C) He will be returning from a trip.
(D) He will be going to a gallery.

55 What does the woman say she will do today?
(A) Check a schedule
(B) Make a reservation
(C) Purchase some tickets
(D) Meet some friends

53-55번은 다음 대화에 관한 문제입니다.

M: Mandy, ⁵³토요일 저녁에 계획이 있으신가요? Milford 극장에서 Paul Dorn의 최신 영화를 상영하고 있어요.

W: 멋지네요. ⁵⁴몇 시에 만나기를 원하세요? 저는 제 친구와 오후 3시부터 5시까지 박물관에 가기로 되어 있지만, 그 이후에는 다른 계획이 없어요.

M: ⁵⁴저는 오후 8시에 가는 것을 생각하고 있었어요. 그날 저녁에 동료들과 저녁 식사를 할 거지만, 그전에는 끝날 거예요.

W: 알겠어요. 그 시간에 극장에서 만나요. 그리고 ⁵⁵표에 대해서는 신경 쓰지 마세요… 제가 오늘 온라인으로 그것들을 주문할게요. 지난달에 우리가 놀이공원에 갔을 때 당신이 냈으니, 이번엔 제가 한턱낼게요.

53. 남자는 여자에게 무엇을 하자고 청하는가?
(A) 새로운 식당에 간다.
(B) 놀이공원을 방문한다.
(C) 전시회에 간다.
(D) 영화를 본다.

54. 남자는 왜 토요일 오후 8시 이전에 여자를 만날 수 없는가?
(A) 그는 동료들과 식사를 할 것이다.
(B) 그는 초과 근무를 할 것이다.
(C) 그는 여행으로부터 돌아올 것이다.
(D) 그는 갤러리에 갈 것이다.

55. 여자는 오늘 무엇을 할 것이라고 말하는가?
(A) 일정을 확인한다.
(B) 예약을 한다.
(C) 표를 구매한다.
(D) 친구들을 만난다.

지문 free[fri:] 다른 계획이 없는, 한가한 colleague[미 káːliːg, 영 kɔ́liːg] 동료 amusement park 놀이공원 treat[triːt] 한턱내기
53 attend[əténd] 가다, 참석하다 exhibition[èksibíʃən] 전시회 55 reservation[rèzərvéiʃən] 예약

53 ■ 세부 사항 관련 문제 특정 세부 사항   정답 (D)

남자가 여자에게 청하는 것을 묻는 문제이므로, 질문의 핵심어구(invite ~ to do)와 관련된 내용을 주의 깊게 듣는다. 남자가 "do you have any plans for Saturday evening? The Milford Cinema is showing Paul Dorn's latest movie."라며 토요일 저녁에 계획이 있는지 물은 뒤, Milford 극장에서 Paul Dorn의 최신 영화를 상영하고 있다고 하였다. 따라서 정답은 (D) Watch a film이다.

54 ■ 세부 사항 관련 문제 이유   정답 (A)

남자가 토요일 오후 8시 이전에 여자를 만날 수 없는 이유를 묻는 문제이므로, 질문의 핵심어구(unable to meet ~ before 8 P.M.)와 관련된 내용을 주의 깊게 듣는다. 여자가 남자에게 "What time do you want to meet?"이라며 몇 시에 만나기를 원하는지 묻자, 남자가 "I was thinking of going at 8 P.M. I'm having dinner with some colleagues that night, but we should be finished before then."이라며 자신은 오후 8시에 가는 것을 생각하고 있었고, 그날 저녁에 동료들과 저녁 식사를 할 것이지만 그전에는 끝날 것이라고 하였다. 따라서 정답은 (A) He will be eating with coworkers이다.

55 ■ 세부 사항 관련 문제 다음에 할 일   정답 (C)

여자가 오늘 할 일을 묻는 문제이므로, 여자의 말에서 질문의 핵심어구(today)가 언급된 주변을 주의 깊게 듣는다. 여자가 "don't worry about the tickets ~ I'll order them online today."라며 표에 대해서는 신경 쓰지 말라며 자신이 오늘 온라인으로 그것들을 주문하겠다고 하였다. 따라서 정답은 (C) Purchase some tickets이다.

바꾸어 표현하기
order 주문하다 → Purchase 구매하다

Questions 56-58 refer to the following conversation.

🔊 미국식 발음 → 캐나다식 발음

W: Jordan, you know you're responsible for making a chocolate cake, right? Some very important customers have made a reservation for tonight, and they've requested a fresh cake be prepared.

M: Yes, I know. ⁵⁶I measured the sugar, butter, salt, and cocoa powder a few minutes ago. However, ⁵⁷the flour jar on the counter is empty, so I can't finish preparing the ingredients.

W: There's a bag in the pantry. ⁵⁷You'll see it just to the right of the door.

M: Oh, OK. ⁵⁸Since I'm new here, I wasn't sure where to look. I'll go get it now.

56 What did the man do?
(A) Sliced a freshly made cake
(B) Requested some dessert
(C) Confirmed a booking
(D) Measured some ingredients

57 Why does the woman say, "There's a bag in the pantry"?
(A) To express confusion
(B) To explain a mistake
(C) To offer a solution
(D) To indicate concern

58 What is mentioned about the man?
(A) He wants a different task.
(B) He will purchase some flour.
(C) He forgot about a reservation.
(D) He was recently hired.

56-58번은 다음 대화에 관한 문제입니다.

W: Jordan, 당신이 초콜릿 케이크를 만드는 것을 담당하고 있다는 것을 아시죠? 매우 중요한 고객 몇 분이 오늘 밤에 예약하셨고, 그들은 갓 만든 케이크가 준비되기를 요청했어요.

M: 네, 알아요. ⁵⁶저는 몇 분 전에 설탕, 버터, 소금, 그리고 코코아 파우더의 양을 측정했어요. 하지만, ⁵⁷조리대에 있는 밀가루 병이 비어 있어서, 저는 재료들을 준비하는 것을 마칠 수 없어요.

W: 식료품 저장실에 자루가 있어요. ⁵⁷문 바로 오른쪽에서 그것을 볼 수 있을 거예요.

M: 아, 알겠어요. ⁵⁸저는 이곳이 처음이라서, 어디를 찾아봐야 할지 잘 몰랐어요. 지금 가서 그것을 가져올게요.

56. 남자는 무엇을 했는가?
(A) 갓 만들어진 케이크를 잘랐다.
(B) 디저트를 요청했다.
(C) 예약을 확인했다.
(D) 재료들의 양을 측정했다.

57. 여자는 왜 "식료품 저장실에 자루가 있어요"라고 말하는가?
(A) 혼동을 표현하기 위해
(B) 실수를 해명하기 위해
(C) 해결책을 제시하기 위해
(D) 우려를 나타내기 위해

58. 남자에 관해 무엇이 언급되는가?
(A) 그는 다른 업무를 원한다.
(B) 그는 밀가루를 구매할 것이다.
(C) 그는 예약에 대해 잊었다.
(D) 그는 최근에 고용되었다.

지문 be responsible for 담당하다 measure[méʒər] (양을) 측정하다 jar[dʒɑːr] 병, 단지 counter[káuntər] 조리대 ingredient[ingríːdiənt] 재료 pantry[pǽntri] 식료품 저장실
57 explain[ikspléin] 해명하다, 설명하다 solution[səlúːʃən] 해결책 concern[kənsə́ːrn] 우려, 걱정
58 hire[háiər] 고용하다, 채용하다

56 ■ 세부 사항 관련 문제 특정 세부 사항   정답 (D)
남자가 한 것을 묻는 문제이므로, 질문의 핵심어구(man do)와 관련된 내용을 주의 깊게 듣는다. 남자가 "I measured the sugar, butter, salt, and cocoa powder a few minutes ago."라며 몇 분 전에 설탕, 버터, 소금, 그리고 코코아 파우더의 양을 측정했다고 하였다. 따라서 정답은 (D) Measured some ingredients이다.

57 ■ 세부 사항 관련 문제 의도 파악   정답 (C)
여자가 하는 말의 의도를 묻는 문제이므로, 질문의 인용어구(There's a bag in the pantry)가 언급된 주변을 주의 깊게 듣는다. 남자가 "the flour jar on the counter is empty, so I can't finish preparing the ingredients."라며 조리대에 있는 밀가루 병이 비어 있어서 재료들을 준비하는 것을 마칠 수 없다고 하자, 여자가 "There's a bag in the pantry. You'll see it just to the right of the door." 라며 식료품 저장실에 자루가 있다며 문 바로 오른쪽에서 그것을 볼 수 있을 것이라는 말을 통해 여자가 해결책을 제시하기 위한 의도임을 알 수 있다. 따라서 정답은 (C) To offer a solution이다.

58 ■ 세부 사항 관련 문제 언급   정답 (D)
남자에 관해 언급되는 것을 묻는 문제이므로, 질문의 핵심어구(man)와 관련된 내용을 주의 깊게 듣는다. 남자가 "Since I'm new here, I wasn't sure where to look."이라며 자신은 이곳이 처음이라서 어디를 찾아봐야 할지 잘 몰랐다고 하였다. 따라서 정답은 (D) He was recently hired이다.

Questions 59-61 refer to the following conversation.

🔊 호주식 발음 → 영국식 발음

M: Welcome to Central Hardware. Can I help you find anything?

W: Yes. ⁵⁹I have a wood fence around my property, and I would like to coat it with something to protect it from the rain. Do you have any suggestions?

M: Colman Wood Stain is a good brand. It's easy to apply and not very expensive.

W: Great. Um, ⁶⁰I don't know how much to buy, though. I wrote down the fence measurements in a notebook, but I forgot it at home.

M: ⁶¹We're open until 7, so you have time to go home and get it. Once I know the size of the fence, I can tell you how much of the product you'll need.

59-61번은 다음 대화에 관한 문제입니다.

M: Central 철물점에 오신 것을 환영합니다. 찾으시는 것을 도와드릴까요?

W: 네. ⁵⁹제 건물 주변에 나무 울타리가 있는데, 이것을 비에 젖지 않도록 보호하기 위해 무언가를 칠하고 싶어요. 추천해 주실 게 있나요?

M: Colman Wood Stain이 좋은 상품이에요. 이것은 바르기가 쉽고 많이 비싸지 않아요.

W: 좋아요. 음, ⁶⁰그런데 얼만큼 사야 할지 모르겠네요. 수첩에 울타리 치수를 적어 놓았는데, 집에 두고 왔어요.

M: ⁶¹저희는 7시까지 여니까, 댁에 가셔서 그것을 갖고 오실 시간이 있어요. 제가 울타리의 크기를 알면, 손님께서 얼만큼의 제품이 필요하실지 말씀드릴 수 있어요.

59 What does the woman ask for?
(A) A brand comparison
(B) A wood sample
(C) A price estimate
(D) A product recommendation

59. 여자는 무엇을 요청하는가?
(A) 상표 비교
(B) 목재 견본
(C) 가격 견적서
(D) 제품 추천

60 What problem does the woman mention?
(A) She ordered too much of a product.
(B) She did not bring an item.
(C) She cannot return before 7 P.M.
(D) She wrote down the wrong amount.

60. 여자는 어떤 문제를 언급하는가?
(A) 그녀는 제품을 너무 많이 주문했다.
(B) 그녀는 물품을 가져오지 않았다.
(C) 그녀는 오후 7시 전에 돌아올 수 없다.
(D) 그녀는 잘못된 양을 적었다.

61 What does the man suggest that the woman do?
(A) Visit a different branch
(B) Return to her residence
(C) Measure a structure
(D) Pay for her purchase

61. 남자는 여자가 무엇을 하라고 제안하는가?
(A) 다른 지점을 방문한다.
(B) 그녀의 거주지로 돌아간다.
(C) 건물을 측정한다.
(D) 그녀의 구매품을 계산한다.

지문 fence[fens] 울타리 property[미 prá:pərti, 영 prɔ́pəti] 건물, 부동산 coat[미 kout, 영 kəut] 칠하다, 덮다
  measurement[미 méʒərmənt, 영 méʒəmənt] 치수 notebook[미 nóutbuk, 영 nə́utbuk] 수첩, 공책
59 brand[brænd] 상표 estimate[éstimət] 견적서, 추정(액)
60 write down ~을 적다
61 branch[bræntʃ] 지점, 지사 residence[rézidəns] 거주지, 주택 structure[strʌ́ktʃər] 건물, 건축물 purchase[pə́:rtʃəs] 구매품, 구매

59 ■ 세부 사항 관련 문제 요청 정답 (D)

여자가 요청하는 것을 묻는 문제이므로, 여자의 말에서 요청과 관련된 표현이 언급된 다음을 주의 깊게 듣는다. 여자가 "I have a wood fence around my property, and I would like to coat it with something to protect it from the rain. Do you have any suggestions?"라며 자신의 건물 주변에 나무 울타리가 있는데, 이것을 비에 젖지 않도록 보호하기 위해 무언가를 칠하고 싶다며 추천해달라고 요청하였다. 따라서 정답은 (D) A product recommendation이다.

60 ■ 세부 사항 관련 문제 문제점 정답 (B)

여자가 언급한 문제점을 묻는 문제이므로, 여자의 말에서 부정적인 표현이 언급된 다음을 주의 깊게 듣는다. 여자가 "I don't know how much to buy, though. I wrote down the fence measurements in a notebook, but I forgot it at home."이라며 그런데 얼마만큼을 사야 할지 모르겠다며 수첩에 울타리 치수를 적어 놓았는데, 집에 두고 왔다고 하였다. 따라서 정답은 (B) She did not bring an item이다.

바꾸어 표현하기

notebook 수첩 → item 물품

61 ■ 세부 사항 관련 문제 제안 정답 (B)

남자가 여자에게 제안하는 것을 묻는 문제이므로, 남자의 말에서 제안과 관련된 표현이 언급된 다음을 주의 깊게 듣는다. 남자가 "We're open until 7, so you have time to go home and get it[notebook]."이라며 자신들은 7시까지 여니까 집에 가서 수첩을 갖고 올 시간이 있으니 그것을 갖고 오라고 제안하였다. 따라서 정답은 (B) Return to her residence이다.

바꾸어 표현하기

go home 집에 가다 → Return to ~ residence 거주지로 돌아가다

Questions 62-64 refer to the following conversation and flowchart.

🔊 영국식 발음 → 캐나다식 발음

W: [62]Sorry I'm late. Todd Benson from Prime Appliances phoned to ask when he can expect to receive his next shipment of microwaves from us. Anyway, what do you want to talk about?

M: Our factory's quality-control protocol. Numerous managers have complained that the process takes too long. This flowchart breaks down the various steps involved.

W: Hmm . . . How might we improve it?

M: [63]I think random product sampling is unnecessary. Any problems discovered during this stage would be found during performance testing anyway.

W: [63]That's true. Let's get rid of that step, then. [64]I'll announce the change later this morning when I tell employees about the new warehouse that will be built next year.

62-64번은 다음 대화와 생산 공정도에 관한 문제입니다.

W: [62]늦어서 죄송해요. Prime 가전제품사의 Todd Benson이 우리로부터 전자레인지의 다음 배송을 언제 받을 거라고 예상할 수 있는지 물어보려고 전화했어요. 어쨌든, 무엇에 대해서 이야기하고 싶으신가요?

M: 우리 공장의 품질 관리 규약이요. 많은 관리자들이 그 과정이 너무 오래 걸린다고 불평해왔어요. 이 생산 공정도는 관련된 여러 단계로 나누어져 있어요.

W: 흠… 우리가 이것을 어떻게 개선할 수 있을까요?

M: [63]저는 무작위 제품 견본 추출이 불필요하다고 생각해요. 이 단계 중에 발견되는 어떤 문제들이든 어차피 수행 능력 검사 중에 발견될 거예요.

W: [63]맞아요. 그럼, 그 단계를 삭제하죠. [64]제가 내년에 세워질 새로운 창고에 관해 오늘 아침 늦게 직원들에게 이야기할 때 그 변경사항에 대해 알릴게요.

Step 1: Pre-production materials inspection

⬇

[63]**Step 2**: Random product sampling

⬇

Step 3: Performance testing

⬇

Step 4: Production report

⬇

Step 5: Pre-shipment inspection

1단계: 생산 전 재료 점검

⬇

[63]2단계: 무작위 제품 견본 추출

⬇

3단계: 수행 능력 검사

⬇

4단계: 생산 보고

⬇

5단계: 배송 전 점검

62 Why is the woman late?
(A) A shipment just arrived.
(B) A factory machine broke down.
(C) A worker required instructions.
(D) A client called about an order.

62. 여자는 왜 늦었는가?
(A) 배송품이 막 도착했다.
(B) 공장 기계가 고장 났다.
(C) 직원이 지시를 요구했다.
(D) 고객이 주문에 대해 전화했다.

63 Look at the graphic. Which step will be eliminated?
(A) Step 2
(B) Step 3
(C) Step 4
(D) Step 5

63. 시각 자료를 보시오. 어떤 단계가 제거될 것인가?
(A) 2단계
(B) 3단계
(C) 4단계
(D) 5단계

64 What does the woman say will happen next year?
(A) A storage facility will be constructed.
(B) A hiring process will be changed.
(C) An appliance model will be discontinued.
(D) An employee orientation will be held.

64. 여자는 내년에 무슨 일이 일어날 것이라고 말하는가?
(A) 저장 시설이 세워질 것이다.
(B) 고용 절차가 변경될 것이다.
(C) 가전제품 기종의 생산이 중단될 것이다.
(D) 직원 오리엔테이션이 열릴 것이다.

지문 numerous [nú:mərəs] 많은, 다수의 complain [kəmpléin] 불평하다 process [prά:ses] 과정, 절차 flowchart [flóutʃὰ:rt] 생산 공정도
break down 나누어지다, 고장 나다 involved [invά:lvd] 관련된 random [rǽndəm] 무작위의, 임의의 sampling [sǽmpling] 견본 추출
get rid of ~을 삭제하다 warehouse [미 wérhaus, 영 wéəhaus] 창고

63 eliminate [ilímineit] 제거하다, 없애다

64 construct [kɔ́nstrʌkt] 세우다, 건설하다 hire [háiər] 고용하다 appliance [əpláiəns] 가전제품, 장치
discontinue [dìskəntínju:] (생산을) 중단하다

62 ■ 세부 사항 관련 문제 이유

여자가 늦은 이유를 묻는 문제이므로, 질문의 핵심어구(late)가 언급된 주변을 주의 깊게 듣는다. 여자가 "Sorry I'm late. Todd Benson from Prime Appliances phoned to ask when he can expect to receive his next shipment of microwaves from us."라며 늦어서 미안하다고 한 뒤, Prime 가전제품사의 Todd Benson이 자신들로부터 전자레인지의 다음 배송을 언제 받을 거라고 예상할 수 있는지 물어보려고 전화했다고 하였다. 따라서 정답은 (D) A client called about an order이다.

바꾸어 표현하기

phoned to ask 물어보려고 전화했다 → called about ~ ~에 대해 전화했다

63 ■ 세부 사항 관련 문제 시각 자료

제거될 단계를 묻는 문제이므로, 제시된 생산 공정도의 정보를 확인한 뒤 질문의 핵심어구(step ~ be eliminated)와 관련된 내용을 주의 깊게 듣는다. 남자가 "I think random product sampling is unnecessary. Any problems discovered during this stage would be found during performance testing anyway."라며 자신은 무작위 제품 견본 추출이 불필요하다고 생각하며, 이 단계 중에 발견되는 어떤 문제들이든 어차피 수행 능력 검사 중에 발견될 거라고 하자, 여자가 "That's true. Let's get rid of that step, then."이라며 맞다고 한 뒤, 그럼 그 단계를 삭제하자고 하였으므로 제거될 단계가 무작위 제품 견본 추출 단계인 2단계임을 생산 공정도에서 알 수 있다. 따라서 정답은 (A) Step 2이다.

64 ■ 세부 사항 관련 문제 다음에 할 일

여자가 내년에 일어날 거라고 말하는 것을 묻는 문제이므로, 질문의 핵심어구(next year)가 언급된 주변을 주의 깊게 듣는다. 여자가 "I'll announce the change later this morning when I tell employees about the new warehouse that will be built next year."라며 내년에 세워질 새로운 창고에 관해 오늘 아침 늦게 직원들에게 이야기할 때 그 변경사항에 대해 알리겠다고 하였다. 따라서 정답은 (A) A storage facility will be constructed이다.

바꾸어 표현하기

be built 세워지다 → be constructed 세워지다

Questions 65-67 refer to the following conversation and seating chart.

🎧 캐나다식 발음 → 미국식 발음

M: There's been a last-minute change to our seating chart for tonight's Writer's House Award Ceremony.

W: How come?

M: Apparently, 65Gregory Grimes, the director of the Writer's House Foundation, recently sprained his ankle. He has asked to be seated at a table that is easy to access.

W: OK. 66I will move him from the one directly in front of the stage to the one closest to the entrance.

M: Yes, that'll definitely be more convenient.

W: Right. Now, I need you to wait near the entrance. 67When Mr. Grimes arrives, please tell him about the relocation once he has a chance to check his coat.

65-67번은 다음 대화와 좌석 배치도에 관한 문제입니다.

M: 오늘 밤 Writer's House 시상식의 좌석 배치도에 막판의 변경이 있어요.

W: 왜요?

M: 듣자 하니, 65Writer's House 재단의 책임자인 Gregory Grimes가 최근에 그의 발목을 삐었대요. 그는 접근하기 쉬운 테이블에 앉는 것을 요청했어요.

W: 알겠어요. 66제가 그를 무대 바로 앞의 자리에서 입구와 가장 가까운 자리로 옮길게요.

M: 네, 확실히 그게 훨씬 더 편리할 거예요.

W: 맞아요. 이제, 당신이 입구 근처에서 대기해주셨으면 해요. 67Mr. Grimes가 도착하면, 그가 코트를 맡기자마자 그에게 재배치에 대해 말해주세요.

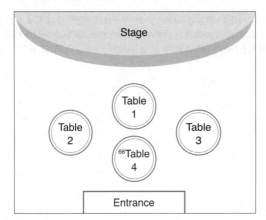

65 Who is Mr. Grimes?

(A) An award recipient
(B) An event host
(C) A foundation head
(D) An association donor

66 Look at the graphic. Where will Mr. Grimes be seated?

(A) At Table 1
(B) At Table 2
(C) At Table 3
(D) At Table 4

67 What responsibility is given to the man?

(A) Collecting coats from people
(B) Stacking some chairs
(C) Passing on some information
(D) Arranging transportation for guests

65. Mr. Grimes는 누구인가?

(A) 수상자
(B) 행사 진행자
(C) 재단 책임자
(D) 협회 기부자

66. 시각 자료를 보시오. Mr. Grimes는 어디에 앉을 것인가?

(A) 탁자 1에
(B) 탁자 2에
(C) 탁자 3에
(D) 탁자 4에

67. 남자에게 무슨 책임이 주어지는가?

(A) 사람들로부터 코트를 받기
(B) 의자들을 쌓기
(C) 정보를 전달하기
(D) 내빈들을 위한 차편을 마련하기

지문 apparently[əpǽrəntli] 듣자 하니, 보아 하니 sprain[sprein] 삐다 convenient[kənví:njənt] 편리한 relocation[rì:loukéiʃən] 재배치, 이동 check[tʃek] 맡기다

65 recipient[risípiənt] 수상자 host[houst] 진행자, 주인 head[hed] 책임자, 우두머리 association[əsòusiéiʃən] 협회 donor[dóunər] 기부자

67 collect[kəlékt] 받다 stack[stæk] 쌓다 pass on 전달하다 arrange[əréindʒ] 마련하다, 준비하다

65 ■ 세부 사항 관련 문제 특정 세부 사항

정답 (C)

Mr. Grimes의 신분을 묻는 문제이므로, 질문 대상(Mr. Grimes)의 신분 및 직업을 나타내는 표현을 놓치지 않고 듣는다. 남자가 "Gregory Grimes, the director of the Writer's House Foundation"이라며 Gregory Grimes가 Writer's House 재단의 책임자라고 하였다. 따라서 정답은 (C) A foundation head이다.

바꾸어 표현하기
director 책임자 → head 책임자

66 ■ 세부 사항 관련 문제 시각 자료

정답 (D)

Mr. Grimes가 앉을 장소를 묻는 문제이므로, 제시된 좌석 배치도의 정보를 확인한 뒤 질문의 핵심어구(Mr. Grimes be seated)와 관련된 내용을 주의 깊게 듣는다. 여자가 "I will move him[Gregory Grimes] from the one directly in front of the stage to the one closest to the entrance."라며 Mr. Grimes를 무대 바로 앞의 자리에서 입구와 가장 가까운 자리로 옮기겠다고 하였으므로, Mr. Grimes가 입구와 가장 가까운 탁자 4에 앉을 것임을 좌석 배치도에서 알 수 있다. 따라서 정답은 (D) At Table 4이다.

67 ■ 세부 사항 관련 문제 특정 세부 사항

정답 (C)

남자에게 주어지는 책임을 묻는 문제이므로, 질문의 핵심어구(responsibility ~ given to the man)와 관련된 내용을 주의 깊게 듣는다. 여자가 "When Mr. Grimes arrives, please tell him about the relocation"이라며 Mr. Grimes가 도착하면 그에게 재배치에 대해 말해달라고 하였다. 따라서 정답은 (C) Passing on some information이다.

바꾸어 표현하기
tell ~ about the relocation 재배치에 대해 말하다 → Passing on some information 정보를 전달하기

Questions 68-70 refer to the following conversation and schedule.

68-70번은 다음 대화와 일정표에 관한 문제입니다.

🔊 영국식 발음 → 호주식 발음

W: Mr. Rolling just informed me that one of our training sessions tomorrow has to be moved to the afternoon so the new staff can take a tour of the factory.

M: ⁶⁸I say we reschedule the session beginning at 9 o'clock. The material is quite complicated, and we would have more time to cover it if we held the workshop later in the day.

W: ⁶⁸I was thinking we should postpone the one on warehouse regulations, but we can go with your suggestion. On a side note, ⁶⁹did you make the instructional booklet for the quality-control session?

M: ⁶⁹Yeah. ⁷⁰It's in my office.

W: Excellent. ⁷⁰Please go and get it now. I'll wait for you in the conference room.

W: 새로운 직원들이 공장을 견학할 수 있도록 내일 우리 교육 강의들 중 하나가 오후로 옮겨져야 한다고 Mr. Rolling이 방금 저에게 알려줬어요.

M: ⁶⁸저는 9시에 시작하는 강의 일정을 변경해야 할 것 같아요. 그 자료가 꽤 복잡해서, 우리가 그날 늦게 그 워크숍을 연다면 그것을 다루는 데 더 많은 시간을 갖게 될 거예요.

W: ⁶⁸저는 우리가 창고 규정들에 관한 것을 연기해야 한다고 생각했지만, 당신의 제안대로 해도 되겠네요. 여담이지만, ⁶⁹품질 관리 강의를 위한 교육용 책자를 만들었나요?

M: ⁶⁹네. ⁷⁰제 사무실에 있어요.

W: 훌륭해요. ⁷⁰지금 가서 그것을 가져와 주세요. 저는 회의실에서 당신을 기다릴게요.

Factory Training Schedule	
Session	**Start time**
Basic safety	8 A.M.
⁶⁸Machine maintenance	9 A.M.
Warehouse regulations	10:30 A.M.
Quality control	11:30 A.M.

공장 교육 일정표	
강의	시작 시간
기초 안전	오전 8시
⁶⁸기계 보수	오전 9시
창고 규정들	오전 10시 30분
품질 관리	오전 11시 30분

68 Look at the graphic. Which session will be postponed?
(A) Basic safety
(B) Machine maintenance
(C) Warehouse regulations
(D) Quality control

69 What did the man create?
(A) A name tag
(B) A sign-up sheet
(C) A training booklet
(D) A program

70 Where will the man most likely go next?
(A) To a conference room
(B) To a packaging area
(C) To a warehouse
(D) To an office

68. 시각 자료를 보시오. 어느 강의가 연기될 것인가?
(A) 기초 안전
(B) 기계 보수
(C) 창고 규정들
(D) 품질 관리

69. 남자는 무엇을 만들었는가?
(A) 이름표
(B) 참가 신청서
(C) 교육 책자
(D) 프로그램

70. 남자는 다음에 어디로 갈 것 같은가?
(A) 회의실로
(B) 포장 구역으로
(C) 창고로
(D) 사무실로

지문 material [mətíriəl] 자료 complicated [미 ká:mplikeitid, 영 kɔ́mplikeitid] 복잡한 regulation [미 règjuléiʃən, 영 règjəléiʃən] 규정, 규제
suggestion [미 səgdʒéstʃən, 영 sədʒéstʃən] 제안 instructional [instrʌ́kʃənl] 교육용의 booklet [búklət] (소)책자
maintenance [méintənəns] 보수, 유지 quality [미 kwá:ləti, 영 kwɔ́ləti] 품질
69 sign-up sheet 참가 신청서
70 packaging [pǽkidʒiŋ] 포장

68 ■ 세부 사항 관련 문제 시각 자료

정답 (B)

연기될 강의를 묻는 문제이므로, 제시된 일정표의 정보를 확인한 뒤 질문의 핵심어구(session ~ be postponed)와 관련된 내용을 주의 깊게 듣는다. 남자가 "I say we reschedule the session beginning at 9 o'clock."이라며 9시에 시작하는 강의 일정을 변경해야 할 것 같다고 하자, 여자가 "I was thinking we should postpone the one on warehouse regulations, but we can go with your suggestion."이라며 자신은 창고 규정들에 관한 것을 연기해야 한다고 생각했지만, 남자의 제안대로 해도 되겠다고 하였다. 이를 통해 연기될 강의가 오전 9시에 시작하는 기계 보수임을 일정표에서 알 수 있다. 따라서 정답은 (B) Machine maintenance이다.

69 ■ 세부 사항 관련 문제 특정 세부 사항

정답 (C)

남자가 만든 것을 묻는 문제이므로, 질문의 핵심어구(create)와 관련된 내용을 주의 깊게 듣는다. 여자가 "did you make the instructional booklet for the quality-control session?"이라며 품질 관리 강의를 위한 교육용 책자를 만들었는지를 묻자, 남자가 "Yeah."라며 그렇다고 하였다. 따라서 정답은 (C) A training booklet이다.

바꾸어 표현하기

instructional booklet 교육용 책자 → training booklet 교육 책자

70 ■ 세부 사항 관련 문제 특정 세부 사항

정답 (D)

남자가 다음에 갈 장소를 묻는 문제이므로, 질문의 핵심어구(go next)와 관련된 내용을 주의 깊게 듣는다. 남자가 "It[instructional booklet]'s in my office."라며 교육용 책자가 자신의 사무실에 있다고 하자, 여자가 "Please go and get it now."라며 지금 가서 그것을 가져와달라고 하였다. 따라서 정답은 (D) To an office이다.

PART 4

71
72
73

Questions 71-73 refer to the following talk.

🎧 호주식 발음

Hello, everyone. ⁷¹Now that we've departed from Vancouver, I'd like to quickly explain some things to you all. Our ferry ride to Sydney is going to last about an hour and a half. Passengers are asked to remain on the second level of the ferry, where there is plenty of seating. ⁷²The tour bus will be parked on the lower parking level, but won't be accessible during the ferry trip. ⁷³Now, keep your eyes open for humpback whales while we travel. Over 100 live in the area, so you're likely to see at least one.

71 What is the talk mainly about?
(A) The schedule of a train
(B) Some details regarding a boat ride
(C) Some rules for a wildlife park
(D) The amenities of a resort

72 What does the speaker say is located on the lower level?
(A) Some luggage
(B) A seat
(C) A vehicle
(D) Some refreshments

73 What does the speaker suggest doing?
(A) Watching for wildlife
(B) Taking out a ticket
(C) Forming a line
(D) Reviewing an area map

71-73번은 다음 담화에 관한 문제입니다.

안녕하세요, 여러분. ⁷¹저희가 이제 밴쿠버에서 출발했으므로, 여러분 모두에게 빠르게 몇 가지 사항을 설명해드리고 싶습니다. 시드니로의 저희 여객선 여행은 약 한 시간 반 동안 계속될 예정입니다. 승객분들은 충분한 좌석이 있는 여객선 2층에 남아주시길 바랍니다. ⁷²관광 버스는 한층 아래의 주차장에 주차되어 있지만, 여객선 여행 중에는 접근하실 수 없을 것입니다. ⁷³이제, 여행하는 동안 혹등고래들을 보기 위해 두 눈을 크게 뜨고 계시길 바랍니다. 100마리 이상이 이 지역에 살고 있으니, 적어도 한 마리는 보실 수 있을 것입니다.

71. 담화는 주로 무엇에 관한 것인가?
(A) 기차 시간표
(B) 여객선 여행에 관한 몇 가지 세부 사항들
(C) 야생 동물 공원의 몇 가지 규칙들
(D) 리조트의 편의 시설들

72. 화자는 아래층에 무엇이 있다고 말하는가?
(A) 짐
(B) 좌석
(C) 차량
(D) 다과

73. 화자는 무엇을 하라고 제안하는가?
(A) 야생 동물이 나타나기를 기다리는 것
(B) 표를 꺼내는 것
(C) 한 줄로 서는 것
(D) 지역 지도를 확인하는 것

지문 now that ~이므로 depart[미 dipá:rt, 영 dipá:t] 출발하다, 떠나다 ferry[féri] 여객선, 나룻배 ride[raid] (탈 것을 이용한) 여행
last[미 læst, 영 lɑːst] (특정한 시간 동안) 계속되다 level[lévəl] 층, 높이 accessible[əksésəbl] 접근할 수 있는 humpback whale 혹등고래
at least 적어도, 최소한
71 boat[bout] 여객선 wildlife[wáildlaif] 야생 동물 amenity[əménəti] 편의 시설   72 vehicle[víːhikl] 차량 refreshment[rifréʃmənt] 다과
73 watch for (~이 나타나기를) 기다리다 review[rivjúː] 확인하다, 검토하다 area[ériə] 지역, 구역

71 ■ **전체 지문 관련 문제** 주제   정답 (B)
담화의 주제를 묻는 문제이므로, 지문의 초반을 반드시 듣는다. "Now that we've departed from Vancouver, I'd like to quickly explain some things to you all."이라며 이제 밴쿠버에서 출발했으므로 청자들 모두에게 빠르게 몇 가지 사항을 설명해주고 싶다고 한 뒤, 여객선 여행에 관한 세부 사항들을 언급하였다. 따라서 정답은 (B) Some details regarding a boat ride이다.

72 ■ **세부 사항 관련 문제** 특정 세부 사항   정답 (C)
화자가 아래층에 있다고 말한 것을 묻는 문제이므로, 질문의 핵심어구(on the lower level)가 언급된 주변을 주의 깊게 듣는다. "The tour bus will be parked on the lower parking level"이라며 관광 버스가 한층 아래의 주차장에 주차되어 있다고 하였다. 따라서 정답은 (C) A vehicle이다.

바꾸어 표현하기
tour bus 관광 버스 → vehicle 차량

73 ■ **세부 사항 관련 문제** 제안   정답 (A)
화자가 청자들에게 제안하는 것을 묻는 문제이므로, 지문의 중후반에서 제안과 관련된 표현이 포함된 문장을 주의 깊게 듣는다. "Now, keep your eyes open for humpback whales while we travel. Over 100 live in the area, so you're likely to see at least one."이라며 이제 여행하는 동안 혹등고래들을 보기 위해 두 눈을 크게 뜨고 있길 바란다고 한 뒤, 100마리 이상이 이 지역에 살고 있으니 적어도 한 마리는 볼 수 있을 거라고 하였다. 따라서 정답은 (A) Watching for wildlife이다.

74
75
76

Questions 74-76 refer to the following excerpt from a meeting.

[3ii] 미국식 발음

Next on the agenda for this month's meeting is the issue of package deliveries. ⁷⁴ʼ⁷⁵As you all know, our apartment building will soon be changing its security policy, and delivery people will no longer be allowed to go past the lobby. ⁷⁴Consequently, a new system is needed to make sure you all get your packages. Beginning next month, ⁷⁶our daytime receptionist will accept parcels on everyone's behalf and leave a slip in individuals' mail slots notifying them about the delivery. Items can be retrieved at the front desk at residents' convenience.

74-76번은 다음 회의 발췌록에 관한 문제입니다.

이번 달 회의의 다음 안건은 소포 배송에 대한 문제입니다. ⁷⁴ʼ⁷⁵여러분 모두 아시다시피, 저희 아파트 건물은 곧 보안 정책이 바뀔 것이고, 배송 기사들은 로비를 지나서 가는 것이 더 이상 허용되지 않을 것입니다. ⁷⁴따라서, 여러분 모두가 소포를 확실히 받으시도록 새로운 제도가 필요합니다. 다음 달부터, ⁷⁶우리 주간 접수 담당자가 모든 사람들을 대신하여 소포를 수령할 것이고 개인 우편물 투입구에 쪽지를 남겨서 배송에 대해 알려드릴 것입니다. 물품들은 주민분들이 편하실 때에 안내 데스크에서 회수하실 수 있습니다.

74 Who most likely are the listeners?
(A) Post office workers
(B) Corporate receptionists
(C) Hotel guests
(D) Apartment tenants

74. 청자들은 누구인 것 같은가?
(A) 우체국 직원들
(B) 기업 접수 담당자들
(C) 호텔 고객들
(D) 아파트 세입자들

75 What problem does the speaker mention?
(A) Outgoing mail can no longer be left at a desk.
(B) Access to a building is going to be restricted.
(C) Some packages have gone missing.
(D) Some staff are not able to carry out a task.

75. 화자는 어떤 문제를 언급하는가?
(A) 발신 우편물을 데스크에 더 이상 둘 수 없다.
(B) 건물 출입이 제한될 것이다.
(C) 몇몇 소포들이 사라지고 있다.
(D) 몇몇 직원들은 업무를 수행할 수 없다.

76 According to the speaker, why will slips be left in mail slots?
(A) To request signatures from renters
(B) To inform people about parcels
(C) To provide updates on a project
(D) To collect votes on a proposal

76. 화자에 따르면, 왜 우편물 투입구에 쪽지들이 남겨질 것인가?
(A) 세입자들에게 서명을 요청하기 위해
(B) 사람들에게 소포에 대해 알리기 위해
(C) 프로젝트에 대한 업데이트를 제공하기 위해
(D) 제안에 대한 표를 모으기 위해

지문 agenda[ədʒéndə] 안건 package[pǽkidʒ] 소포 security[səkjúrəti] 보안 past[pæst] 지나서 make sure 확실히 ~하다 receptionist[risépʃənist] 접수 담당자 parcel[páːrsəl] 소포, 꾸러미 on one's behalf ~를 대신하여 slip[slip] 쪽지 mail slot 우편물 투입구 retrieve[ritríːv] 회수하다 at one's convenience 편한 때에   74 tenant[ténənt] 세입자, 임대인
75 outgoing mail 발신 우편물 access[ǽkses] 출입, 접근 restrict[ristríkt] 제한하다 carry out 수행하다
76 signature[sígnətʃər] 서명 renter[réntər] 세입자

74 ■ 전체 지문 관련 문제 청자 정답 (D)
상 청자들의 신분을 묻는 문제이므로, 신분 및 직업과 관련된 표현을 놓치지 않고 듣는다. "As you all know, our apartment building will soon be changing its security policy ~ . Consequently, a new system is needed to make sure you all get your packages."라며 모두 알다시피 아파트 건물은 곧 보안 정책이 바뀔 것이라고 한 뒤, 따라서 청자들 모두가 소포를 확실히 받도록 새로운 제도가 필요하다고 한 말을 통해 청자들이 아파트 세입자들임을 알 수 있다. 따라서 정답은 (D) Apartment tenants이다.

75 ■ 세부 사항 관련 문제 특정 세부 사항 정답 (B)
상 화자가 언급한 문제점을 묻는 문제이므로, 화자의 말에서 부정적인 표현이 언급된 다음을 주의 깊게 듣는다. 화자가 "As you all know, our apartment building will soon be changing its security policy, and delivery people will no longer be allowed to go past the lobby."라며 아파트 건물은 곧 보안 정책이 바뀔 것이고, 배송 기사들은 로비를 지나서 가는 것이 더 이상 허용되지 않을 것이라고 하였다. 따라서 정답은 (B) Access to a building is going to be restricted이다.

76 ■ 세부 사항 관련 문제 이유 정답 (B)
상 우편물 투입구에 쪽지들이 남겨질 이유를 묻는 문제이므로, 질문의 핵심어구(slips be left in mail slots)와 관련된 내용을 주의 깊게 듣는다. "our daytime receptionist will ~ leave a slip in individuals' mail slots notifying them about the delivery"라며 주간 접수 담당자가 개인 우편물 투입구에 쪽지를 남겨서 배송에 대해 알려줄 것이라고 하였다. 따라서 정답은 (B) To inform people about parcels이다.

바꾸어 표현하기
notifying ~ about the delivery 배송에 대해 알려줄 것 → inform ~ about parcels 소포에 대해 알리다

Questions 77-79 refer to the following announcement.

[3] 캐나다식 발음

Hey, everyone. Can I have your attention for a moment? I want to let you know that [77]workers will be stopping by our law firm to make some repairs. [78]After Sandra Boyd cleared out her belongings in preparation for her move to our Dallas branch, some water damage was discovered in her old office. [79]Anyway, the workers will locate the source of the leak, and replace a section of a wall. The work will likely be very noisy, so we have scheduled it for Saturday afternoon.

77 Where do the listeners work?
(A) At a construction company
(B) At a law office
(C) At a conference center
(D) At a government agency

78 What is mentioned about Sandra Boyd?
(A) She has been transferred.
(B) She coordinated some repairs.
(C) She is a personal assistant.
(D) She reported some issues.

79 What does the speaker mean when he says, "we have scheduled it for Saturday afternoon"?
(A) The listeners will not participate in an event.
(B) The listeners will work overtime.
(C) The listeners will not be disturbed.
(D) The listeners will be provided with instructions.

77-79번은 다음 공지에 관한 문제입니다.

안녕하세요, 여러분. 잠시 모두 주목해주시겠습니까? [77]작업자들이 수리를 하기 위해 우리 법률 사무소에 들를 것임을 알려드리고 싶습니다. [78]Sandra Boyd가 댈러스 지점으로의 전근을 준비하기 위해 그녀의 소지품들을 치운 후, 그녀의 원래 사무실에서 약간의 누수 피해가 발견되었습니다. [79]어쨌든, 작업자들은 누수의 원인을 찾고, 벽의 한 부분을 교체할 것입니다. 작업이 매우 시끄러울 것 같아서, 저희는 그것을 토요일 오후로 일정을 잡았습니다.

77. 청자들은 어디에서 일하는가?
(A) 건설 회사에서
(B) 법률 사무소에서
(C) 회의장에서
(D) 정부 기관에서

78. Sandra Boyd에 관해 무엇이 언급되는가?
(A) 그녀는 전근을 갔다.
(B) 그녀는 일부 수리를 조정했다.
(C) 그녀는 개인 비서이다.
(D) 그녀는 몇몇 문제들을 보고했다.

79. 화자는 "저희는 그것을 토요일 오후로 일정을 잡았습니다"라고 말할 때 무엇을 의도하는가?
(A) 청자들은 행사에 참여하지 않을 것이다.
(B) 청자들은 초과 근무할 것이다.
(C) 청자들은 방해받지 않을 것이다.
(D) 청자들은 설명을 받을 것이다.

지문 clear out 치우다 belonging[bilɔ́:ŋiŋ] 소지품 water[wɔ́:tər] 누수, 침수 source[sɔ:rs] 원인 leak[li:k] 누수, 새는 곳
77 construction[kənstrʌ́kʃən] 건설
78 transfer[trænsfə́:r] 전근 가다 coordinate[kouɔ́:rdineit] 조정하다 issue[íʃu:] 문제
79 work overtime 초과 근무하다 disturb[distə́:rb] 방해하다 instruction[instrʌ́kʃən] 설명

77 ■ 전체 지문 관련 문제 청자
정답 (B)

○
●
중

청자들이 일하는 장소를 묻는 문제이므로, 신분 및 직업과 관련된 표현을 놓치지 않고 듣는다. "workers will be stopping by our law firm to make some repairs"라며 작업자들이 수리를 하기 위해 자신들의 법률 사무소에 들를 것이라고 한 것을 통해 청자들이 법률 사무소에서 일한다는 것을 알 수 있다. 따라서 정답은 (B) At a law office이다.

78 ■ 세부 사항 관련 문제 언급
정답 (A)

○
●
중

Sandra Boyd에 관해 언급되는 것을 묻는 문제이므로, 질문의 핵심어구(Sandra Boyd)가 언급된 주변을 주의 깊게 듣는다. 청자가 "After Sandra Boyd cleared out her belongings in preparation for her move to our Dallas branch"라며 Sandra Boyd가 댈러스 지점으로의 전근을 준비하기 위해 그녀의 소지품들을 치운 후라고 한 말을 통해 그녀가 전근을 갔음을 알 수 있다. 따라서 정답은 (A) She has been transferred이다.

바꾸어 표현하기
move to ~ Dallas branch 댈러스 지점으로의 전근 → has been transferred 전근을 갔다

79 ■ 세부 사항 관련 문제 의도 파악
정답 (C)

○
●
상

화자가 하는 말의 의도를 묻는 문제이므로, 질문의 인용어구(we have scheduled it for Saturday afternoon)가 언급된 주변을 주의 깊게 듣는다. 화자가 "Anyway, the workers will locate the source of the leak, and replace a section of a wall. The work will likely be very noisy, so we have scheduled it for Saturday afternoon."이라며 작업자들이 누수의 원인을 찾고 벽의 한 부분을 교체할 것이라고 한 뒤, 작업이 매우 시끄러울 것 같아서 토요일 오후로 일정을 잡았다고 하였다. 이를 통해 청자들이 방해받지 않을 것임을 알 수 있다. 따라서 정답은 (C) The listeners will not be disturbed이다.

Questions 80-82 refer to the following telephone message.

🔊 호주식 발음

Andrew Cummings, my name is Matthew Schmitt, and I'm contacting you on behalf of Gladstone Bank. ⁸⁰Two weeks ago, we mailed you a notice about your car loan, but you missed your scheduled monthly payment of $220. As a result, a surcharge of $20 will be added to the fee. ⁸¹Please pay the new total by this Friday. You can do so online or over the phone. Meeting this deadline will prevent further penalties. ⁸²If you have any questions about the matter, you can reach me directly at 555-8342. Thank you.

80 What was sent out two weeks ago?
(A) A newsletter
(B) A registration form
(C) A contract
(D) A reminder letter

81 What can the listener do online?
(A) Read a user agreement
(B) Update personal information
(C) Submit a payment
(D) Learn about loan options

82 Why would the listener contact the speaker?
(A) To make an inquiry
(B) To close an account
(C) To activate a credit card
(D) To apply for a mortgage

80-82번은 다음 전화 메시지에 관한 문제입니다.

Andrew Cummings, 제 이름은 Matthew Schmitt이며, Gladstone 은행을 대표하여 귀하께 연락드립니다. ⁸⁰2주 전에, 귀하의 자동차 구입 자금 대출에 관한 공지를 메일로 보내드렸으나, 220달러의 예정된 월 지불 금액을 지불하지 않으셨습니다. 그 결과, 요금에 20달러의 추가 요금이 더해질 것입니다. ⁸¹이번 주 금요일까지 새로운 총액을 지불해주시기 바랍니다. 귀하는 온라인이나 전화로 그렇게 하실 수 있습니다. 이 기한을 맞추는 것이 그 이상의 위약금을 방지할 것입니다. ⁸²이 사항에 대해 궁금한 점이 있으시면, 555-8342로 저에게 바로 연락하실 수 있습니다. 감사합니다.

80. 2주 전에 무엇이 발송되었는가?
(A) 소식지
(B) 등록 신청서
(C) 계약서
(D) 상기시키는 서한

81. 청자는 온라인으로 무엇을 할 수 있는가?
(A) 사용자 계약서를 읽는다.
(B) 개인 정보를 업데이트한다.
(C) 대금을 지불한다.
(D) 대출 선택권들을 알아본다.

82. 청자는 왜 화자에게 연락할 것인가?
(A) 문의를 하기 위해
(B) 계좌를 해지하기 위해
(C) 신용카드를 활성화하기 위해
(D) 담보 대출을 신청하기 위해

지문 car loan 자동차 구입 자금 대출 surcharge[미 sə́:rtʃɑːrdʒ, 영 sə́:tʃɑːdʒ] 추가 요금 penalty[pénəlti] 위약금
80 newsletter[nú:zletər] 소식지 reminder[rimáindər] 상기시키는 것
81 agreement[əgrí:mənt] 계약서 loan[loun] 대출 option[ɑ́:pʃən] 선택권
82 inquiry[ínkwəri] 문의 close an account 계좌를 해지하다 mortgage[mɔ́:rgidʒ] 담보 대출

80 ■ 세부 사항 관련 문제 특정 세부 사항　　　　　　　　　　　　　　　　　　　　　　　　　정답 (D)

○●●●● 상

2주 전에 발송된 것을 묻는 문제이므로, 질문의 핵심어구(two weeks ago)가 언급된 주변을 주의 깊게 듣는다. "Two weeks ago, we mailed you a notice about your car loan, but you missed ~ monthly payment ~."라며 2주 전에 청자의 자동차 구입 자금 대출에 관한 공지를 메일로 보냈으나, 월 지불 금액을 지불하지 않았다고 하였다. 이를 통해 월 지불금에 대해 상기시키는 서한이 발송되었음을 알 수 있다. 따라서 정답은 (D) A reminder letter이다.

바꾸어 표현하기
notice 공지 → reminder letter 상기시키는 서한

81 ■ 세부 사항 관련 문제 특정 세부 사항　　　　　　　　　　　　　　　　　　　　　　　　　정답 (C)

○○○●● 중

청자가 온라인으로 할 수 있는 것을 묻는 문제이므로, 질문의 핵심어구(do online)가 언급된 주변을 주의 깊게 듣는다. "Please pay the new total ~ . You can do so online or over the phone."이라며 새로운 총액을 지불해주기 바란다며 온라인이나 전화로 그렇게 할 수 있다고 하였다. 따라서 정답은 (C) Submit a payment이다.

82 ■ 세부 사항 관련 문제 이유　　　　　　　　　　　　　　　　　　　　　　　　　　　　　정답 (A)

○○○●● 중

청자가 화자에게 연락할 이유를 묻는 문제이므로, 질문의 핵심어구(contact)와 관련된 내용을 주의 깊게 듣는다. "If you have any questions about the matter, you can reach me directly ~."라며 이 사항에 대해 궁금한 점이 있으면 자신에게 바로 연락할 수 있다고 하였다. 따라서 정답은 (A) To make an inquiry이다.

바꾸어 표현하기
contact 연락하다 → reach 연락하다

Questions 83-85 refer to the following introduction.

83-85번은 다음 소개에 관한 문제입니다.

🎧 미국식 발음

⁸³That was a wonderful speech that Jason Ferguson just gave. Um . . . ⁸⁴the next part of tonight's program is the presentation of the Career Achievement Award. Each year at this gathering, we honor a member of our industry who has raised the standards of journalism through many years of hard work. This year, our association has decided to recognize an individual who started out as a reporter and went on to write articles for news magazines. ⁸⁵Please congratulate the winner, Emmanuel Walker.

⁸³지금까지 Jason Ferguson의 멋진 연설이었습니다. 음… ⁸⁴오늘 밤 프로그램의 다음 순서는 직업 공로상의 수여입니다. 매년 이 모임에서, 저희는 수년간의 노고를 통해 언론계의 수준을 높인 우리 업계의 구성원에게 영예를 드립니다. 올해, 저희 협회는 기자로 시작하여 나아가 뉴스 잡지의 기사를 써온 한 분을 표창하기로 결정하였습니다. ⁸⁵수상자인 Emmanuel Walker를 축하해주십시오.

83 According to the speaker, what did Jason Ferguson do?
(A) Gave a talk
(B) Joined an association
(C) Founded a publication
(D) Accepted a prize

83. 화자에 따르면, Jason Ferguson은 무엇을 했는가?
(A) 연설을 했다.
(B) 협회에 가입했다.
(C) 출판물을 만들었다.
(D) 상을 받았다.

84 What is the Career Achievement Award given for?
(A) Raising the standard of journalism
(B) Creating successful marketing campaigns
(C) Increasing magazine subscriptions
(D) Developing innovative business practices

84. 직업 공로상은 무엇에 대해 수여되는가?
(A) 언론계의 수준을 높이는 것
(B) 성공적인 홍보 캠페인을 만드는 것
(C) 잡지 구독을 증가시키는 것
(D) 혁신적인 사업 관행을 개발하는 것

85 What will probably happen next?
(A) Some nominees will be named.
(B) Some group photographs will be taken.
(C) A brief video will be shown.
(D) A recipient will come on stage.

85. 다음에 무슨 일이 일어날 것 같은가?
(A) 몇몇 후보들이 지명될 것이다.
(B) 단체 사진 몇 장을 찍을 것이다.
(C) 짧은 영상이 상영될 것이다.
(D) 수상자가 무대로 올라올 것이다.

지문 **speech**[spiːtʃ] 연설 **presentation**[prìːzentéiʃən] 수여, 증정 **honor**[ánər] 영예를 주다 **standard**[stǽndərd] 수준, 기준 **journalism**[dʒə́ːrnəlizəm] 언론계, 신문 잡지 **recognize**[rékəgnaiz] 표창하다 **winner**[wínər] 수상자
83 **found**[faund] 만들다, 설립하다 **publication**[pʌ̀blikéiʃən] 출판물
84 **subscription**[səbskrípʃən] 구독 **innovative**[ínəveitiv] 혁신적인 **practice**[prǽktis] 관행
85 **nominee**[nàːminíː] 후보 **name**[neim] 지명하다 **recipient**[risípiənt] 수상자, 수령인

83 ■ 세부 사항 관련 문제 특정 세부 사항 　　　　정답 (A)
Jason Ferguson이 한 것을 묻는 문제이므로, 질문의 핵심어구(Jason Ferguson)가 언급된 주변을 주의 깊게 듣는다. "That was a wonderful speech that Jason Ferguson just gave."라며 지금까지 Jason Ferguson의 멋진 연설이었다고 하였다. 따라서 정답은 (A) Gave a talk이다.

바꾸어 표현하기
speech 연설 → talk 연설

84 ■ 세부 사항 관련 문제 특정 세부 사항 　　　　정답 (A)
직업 공로상이 무엇에 대해 수여되는 것인지를 묻는 문제이므로, 질문의 핵심어구(Career Achievement Award)가 언급된 주변을 주의 깊게 듣는다. "the next part ~ is the presentation of the Career Achievement Award. ~ we honor a member of our industry who has raised the standards of journalism"이라며 다음 순서는 직업 공로상의 수여라고 한 뒤, 언론계의 수준을 높인 업계의 구성원에게 영예를 준다고 하였다. 따라서 정답은 (A) Raising the standard of journalism이다.

85 ■ 세부 사항 관련 문제 다음에 할 일 　　　　정답 (D)
다음에 일어날 일을 묻는 문제이므로, 지문의 마지막 부분을 주의 깊게 듣는다. "Please congratulate the winner, Emmanuel Walker."라며 수상자인 Emmanuel Walker를 축하해달라고 한 말을 통해 수상자가 무대로 올라올 것임을 알 수 있다. 따라서 정답은 (D) A recipient will come on stage이다.

Questions 86-88 refer to the following telephone message.

🎧 캐나다식 발음

Good morning, Ms. Prescott. It's Adam Morris from Oakridge Pools calling. 86Sorry for not returning your call yesterday, but I was tied up preparing a site for a final inspection. Anyway, I want to let you know about a change related to your pool. Last Wednesday, 87I told you I need to put off the project because the tiles for the pool's edge weren't available until next month. Well, there was a miscommunication with my supplier. The shipment is scheduled to arrive tomorrow. If you're okay with it, my crew members will head over to your property on Thursday morning. 88One of them will give you the initial invoice.

86 What prevented the speaker from calling sooner?
(A) A business trip
(B) A medical appointment
(C) Luncheon arrangements
(D) Inspection preparations

87 What does the speaker mean when he says, "The shipment is scheduled to arrive tomorrow"?
(A) An order was placed on time.
(B) A delivery is behind schedule.
(C) A job can begin as planned.
(D) A fee was paid to expedite an order.

88 What will a worker give to the listener?
(A) A revised schedule
(B) A set of blueprints
(C) A box of supplies
(D) A billing statement

86-88번은 다음 전화 메시지에 관한 문제입니다.

안녕하세요, Ms. Prescott. 저는 Oakridge Pools사의 Adam Morris입니다. 86어제 회신 전화를 드리지 못해 죄송합니다만, 저는 마지막 점검을 위해 현장을 준비하느라 너무 바빴습니다. 어쨌든, 귀하의 수영장과 관련한 변경 사항에 대해 알려드리고자 합니다. 지난 수요일에, 87제가 수영장의 가장자리를 위한 타일을 다음 달까지 구할 수 없기 때문에 프로젝트를 미뤄야 한다고 말씀드렸습니다. 음, 저희 공급업체와의 의사소통에 오류가 있었습니다. 배송은 내일 도착할 예정입니다. 그것이 괜찮으시다면, 제 작업반 직원들이 목요일 오전에 귀하의 건물로 가겠습니다. 88그들 중 한 명이 귀하께 초기 송장을 드릴 것입니다.

86. 무엇이 화자가 더 일찍 전화하지 못하게 하였는가?
(A) 출장
(B) 진료 예약
(C) 오찬 준비
(D) 점검 준비

87. 화자는 "배송은 내일 도착할 예정입니다"라고 말할 때 무엇을 의도하는가?
(A) 주문이 제시간에 이루어졌다.
(B) 배달이 일정보다 늦는다.
(C) 작업이 계획대로 시작될 수 있다.
(D) 주문을 더 신속히 처리하기 위해 요금이 지불되었다.

88. 작업자는 청자에게 무엇을 줄 것인가?
(A) 수정된 일정표
(B) 청사진들
(C) 보급품 상자
(D) 대금 청구서

지문 tied up 너무 바쁜 site[sait] 현장, 부지 inspection[inspékʃən] 점검 put off 미루다 crew[kru:] 작업반
head over to ~로 가다 property[prá:pərti] 건물, 소유지 initial[iníʃəl] 초기의 invoice[ínvɔis] 송장
86 luncheon[lʌ́ntʃən] 오찬 87 expedite[ékspədait] 더 신속히 처리하다
88 blueprint[blú:print] 청사진 billing statement 대금 청구서

86 ■ 세부 사항 관련 문제 특정 세부 사항   정답 (D)
화자가 더 일찍 전화하지 못하게 한 것을 묻는 문제이므로 질문의 핵심어구(prevented ~ from calling sooner)와 관련된 내용을 주의 깊게 듣는다. "Sorry for not returning your call yesterday, but I was tied up preparing a site for a final inspection."이라며 어제 회신 전화를 주지 못해 죄송하지만 마지막 점검을 위해 현장을 준비하느라 너무 바빴다고 하였다. 따라서 정답은 (D) Inspection preparations이다.

87 ■ 세부 사항 관련 문제 의도 파악   정답 (C)
화자가 하는 말의 의도를 묻는 문제이므로, 질문의 인용어구(The shipment is scheduled to arrive tomorrow)가 언급된 주변을 주의 깊게 듣는다. "I told you I need to put off the project because the tiles for the pool's edge weren't available until next month. ~ there was a miscommunication with my supplier. The shipment is scheduled to arrive tomorrow."라며 수영장의 가장자리를 위한 타일을 다음 달까지 구할 수 없기 때문에 프로젝트를 미뤄야 한다고 말했으나 자신들의 공급업체와의 의사소통에 오류가 있었다고 한 뒤, 배송은 내일 도착할 예정이라고 하였다. 이를 통해 작업이 계획대로 시작될 수 있음을 알 수 있다. 따라서 정답은 (C) A job can begin as planned이다.

88 ■ 세부 사항 관련 문제 특정 세부 사항   정답 (D)
작업자가 청자에게 줄 것을 묻는 문제이므로, 질문의 핵심어구(give)가 언급된 주변을 주의 깊게 듣는다. "One of them[crew members] will give you the initial invoice."라며 작업반 직원들 중 한 명이 청자에게 초기 송장을 줄 것이라고 하였다. 이를 통해 작업자가 청자에게 대금 청구서를 줄 것임을 알 수 있다. 따라서 정답은 (D) A billing statement이다.

Questions 89-91 refer to the following report.

🎧 영국식 발음

In sports news, ⁸⁹the Bridgeport Rockets will play the Greenville Tigers at 4 P.M. on August 18 in the championship game of the New England Soccer League Finals. There's a lot of interest in this match, and it has already sold out. ⁹⁰During an interview on *Weekly Sports Update* last week, David Polanski, the coach of the Rockets, said that his team has signed several highly skilled players this season, which will give it an advantage. ⁹¹I will talk a bit about them after a brief message from our sponsor. Stay tuned.

89 What is mentioned about the game on August 18?
(A) It will be streamed online.
(B) It will begin later than expected.
(C) It has been moved to a new venue.
(D) It has generated a lot of interest.

90 According to the speaker, what did David Polanski do last week?
(A) Met with another team's coach
(B) Purchased additional uniforms
(C) Organized a team practice
(D) Spoke with a media representative

91 What will probably happen next?
(A) An interview will be conducted.
(B) An advertisement will be played.
(C) A weather forecast will be given.
(D) A game score will be announced.

89-91번은 다음 보도에 관한 문제입니다.

스포츠 뉴스로, ⁸⁹Bridgeport Rockets는 8월 18일 오후 4시에 뉴잉글랜드 축구 리그 결승진에서 Greenville Tigers와 결승 경기를 할 것입니다. 이 경기에 대한 관심이 매우 높으며, 경기는 이미 매진되었습니다. ⁹⁰지난주에 *Weekly Sports Update*에서의 인터뷰에서, Rockets의 코치인 David Polanski는 그의 팀이 이번 시즌에 매우 숙련된 여러 명의 선수들과 계약했고, 이는 팀에 유리한 점을 가져다줄 것이라고 말했습니다. ⁹¹광고주로부터의 짧은 광고 방송 후에 그들에 대해 조금 이야기하겠습니다. 채널을 고정해 주십시오.

89. 8월 18일의 경기에 대해 무엇이 언급되는가?
(A) 온라인에서 실시간으로 재생될 것이다.
(B) 예상보다 늦게 시작될 것이다.
(C) 새로운 장소로 옮겨졌다.
(D) 많은 관심을 일으켰다.

90. 화자에 따르면, David Polanski는 지난주에 무엇을 했는가?
(A) 다른 팀의 코치와 만났다.
(B) 유니폼을 더 구입했다.
(C) 팀 연습을 계획했다.
(D) 대중 매체 대변인과 이야기했다.

91. 다음에 무슨 일이 일어날 것 같은가?
(A) 인터뷰가 실시될 것이다.
(B) 광고가 상영될 것이다.
(C) 기상 예보가 나올 것이다.
(D) 경기 점수가 발표될 것이다.

지문 **play**[plei] (~와) 경기를 하다 **championship game** 결승전 **final**[fáinl] 결승전 **match**[mætʃ] 경기 **sell out** 매진되다 **sign**[sain] 계약하다 **advantage**[미 ədvǽntidʒ, 영 ədvά:ntidʒ] 유리한 점, 이점 **message**[mésidʒ] 광고 방송 **sponsor**[미 spάːnsər, 영 spɔ́nsə] 광고주
89 **venue**[vénjuː] 장소 **generate**[dʒénəreit] 일으키다
90 **organize**[ɔ́ːrgənaiz] 계획하다 **media**[míːdiə] 대중 매체 **representative**[rèprizéntətiv] 대변인, 대표인
91 **conduct**[kəndʌ́kt] 실시하다 **play**[plei] 상영되다, 들려주다 **forecast**[fɔ́ːrkæst] 예보

89 ■ 세부 사항 관련 문제 언급 정답 (D)
8월 18일의 경기에 대해 언급되는 것을 묻는 문제이므로, 질문의 핵심어구(game on August 18)와 관련된 내용을 주의 깊게 듣는다. "the Bridgeport Rockets will play the Greenville Tigers at 4 P.M. on August 18 ~ . There's a lot of interest in this match, and it has already sold out."이라며 Bridgeport Rockets는 8월 18일 오후 4시에 Greenville Tigers와 경기를 할 것이라고 한 뒤, 이 경기에 대한 관심이 매우 높으며 경기가 이미 매진되었다고 하였다. 이를 통해 8월 18일의 경기가 많은 관심을 일으켰음을 알 수 있다. 따라서 정답은 (D) It has generated a lot of interest이다.

90 ■ 세부 사항 관련 문제 특정 세부 사항 정답 (D)
David Polanski가 지난주에 한 것을 묻는 문제이므로, 질문의 핵심어구(David Polanski)가 언급된 주변을 주의 깊게 듣는다. "During an interview on *Weekly Sports Update* last week, David Polanski ~ said that his team has signed several highly skilled players this season"이라며 지난주에 *Weekly Sports Update*에서의 인터뷰에서 David Polanski가 그의 팀이 이번 시즌에 매우 숙련된 여러 명의 선수들과 계약했다고 말했다고 하였다. 이를 통해 그가 대중 매체 대변인과 이야기했음을 알 수 있다. 따라서 정답은 (D) Spoke with a media representative이다.

91 ■ 세부 사항 관련 문제 다음에 할 일 정답 (B)
다음에 일어날 일을 묻는 문제이므로, 대화의 마지막 부분을 주의 깊게 듣는다. "I will talk a bit about them after a brief message from our sponsor."라며 광고주로부터의 짧은 광고 방송 후에 그들에 대해 조금 이야기하겠다고 하였다. 이를 통해 광고가 상영될 것임을 알 수 있다. 따라서 정답은 (B) An advertisement will be played이다.

92
93
94

Questions 92-94 refer to the following advertisement.

[호주식 발음]

Do you experience frequent fatigue or stress? ⁹²Try AdaptoPro, a newly released protein powder from Superherbal. Its name comes from a powerful herb called Adaptogen, which provides both mental and physical benefits. That's why ⁹³the powder has gotten favorable reviews from a variety of health magazines and Web sites. ⁹⁴For a limited time, this product is available for 40 percent off. On top of that, all of our other protein powders are also 10 percent off during the month of June. ⁹⁴Take advantage of this offer while supplies last. This will not happen again for a while.

92 What did Superherbal recently do?
(A) Conducted a survey
(B) Changed an ingredient
(C) Launched a product
(D) Updated a Web site

93 What is mentioned about AdaptoPro?
(A) It was featured on a TV program.
(B) It has received positive feedback.
(C) It is available for online purchase.
(D) It will be sold in a variety of flavors.

94 Why does the speaker say, "This will not happen again for a while"?
(A) To explain a change to a company policy
(B) To suggest that the listeners check a schedule
(C) To indicate that a service will be canceled
(D) To encourage the listeners to buy some items

92~94번은 다음 광고에 관한 문제입니다.

빈번한 피로나 스트레스를 느끼시나요? ⁹²Superherbal사에서 새롭게 출시된 단백질 가루인 AdaptoPro를 드셔보세요. 그것의 이름은 Adaptogen이라고 불리는 강력한 허브로부터 따왔는데, 그것은 정신적, 신체적 이익을 모두 제공합니다. 그것이 ⁹³그 가루가 다양한 건강 잡지들과 웹사이트들로부터 호평을 받아온 이유입니다. ⁹⁴한정된 시간 동안, 이 상품을 40퍼센트 할인된 가격에 구할 수 있습니다. 그뿐 아니라, 저희의 모든 다른 단백질 가루들도 6월 동안 10퍼센트 할인됩니다. ⁹⁴재고품이 충분히 있는 동안 이 제안을 이용하도록 하십시오. 이런 일은 한동안 다시 일어나지 않을 것입니다.

92. Superherbal사는 최근에 무엇을 하였는가?
(A) 설문조사를 실시했다.
(B) 원료를 변경했다.
(C) 상품을 출시했다.
(D) 웹사이트를 업데이트했다.

93. AdaptoPro에 관해 무엇이 언급되는가?
(A) TV 프로그램에서 특집으로 다뤄졌다.
(B) 긍정적인 피드백을 받았다.
(C) 온라인 구매가 가능하다.
(D) 다양한 맛으로 판매될 것이다.

94. 화자는 왜 "이런 일은 한동안 다시 일어나지 않을 것입니다"라고 말하는가?
(A) 회사 정책의 변경 사항을 설명하기 위해
(B) 청자들에게 일정을 확인해 볼 것을 제안하기 위해
(C) 한 서비스가 취소될 것을 나타내기 위해
(D) 청자들이 물품들을 구매하도록 권장하기 위해

지문 fatigue[fətíːg] 피로 protein[próutiːn] 단백질 physical[fízikəl] 신체적인, 물리의 favorable[féivərəbl] 호의적인
92 ingredient[ingríːdiənt] 원료, 재료
94 indicate[índikèit] 나타내다, 내비치다 encourage[미 inkə́ːridʒ, 영 inkʌ́ridʒ] 권장하다, 격려하다

92 ■ 세부 사항 관련 문제 특정 세부 사항 정답 (C)

○○○
●○%
Superherbal사가 최근에 한 것을 묻는 문제이므로, 질문의 핵심어구(Superherbal recently do)와 관련된 내용을 주의 깊게 듣는다. "Try AdaptoPro, a newly released protein powder from Superherbal."이라며 Superherbal사에서 새롭게 출시된 단백질 가루인 AdaptoPro를 먹어보라고 하였다. 따라서 정답은 (C) Launched a product이다.

93 ■ 세부 사항 관련 문제 언급 정답 (B)

○○○
●○%
AdaptoPro에 관해 언급되는 것을 묻는 문제이므로, 질문의 핵심어구(AdaptoPro)와 관련된 내용을 주의 깊게 듣는다. "the powder[AdaptoPro] has gotten favorable reviews from a variety of health magazines and Web sites"라며 AdaptoPro가 다양한 건강 잡지들과 웹사이트들로부터 호평을 받아왔다고 하였다. 따라서 정답은 (B) It has received positive feedback이다.

바꾸어 표현하기
favorable reviews 호평 → positive feedback 긍정적인 피드백

94 ■ 세부 사항 관련 문제 의도 파악 정답 (D)

○○○
●○%
화자가 하는 말의 의도를 묻는 문제이므로, 질문의 인용어구(This will not happen again for a while)가 언급된 주변을 주의 깊게 듣는다. "For a limited time, this product[AdaptoPro] is available for 40 percent off."라며 한정된 시간 동안 AdaptoPro를 40퍼센트 할인된 가격에 구할 수 있다고 하고, "Take advantage of this offer while supplies last. This will not happen again for a while."이라며 재고품이 충분히 있는 동안 이 제안을 이용하도록 하라고 한 뒤, 이런 일은 한동안 다시 일어나지 않을 것이라고 한 것을 통해 청자들이 물품들을 구매하도록 권장하려는 의도임을 알 수 있다. 따라서 정답은 (D) To encourage the listeners to buy some items이다.

Questions 95-97 refer to the following excerpt from a meeting and chart.

95~97번은 다음 회의 발췌록과 차트에 관한 문제입니다.

🔊 영국식 발음

The latest version of the MarbleBot is our best-selling smartphone ever. Like our previous models in this line, it has a fast processor and an advanced camera. But ⁹⁵customers have been really impressed by the new fingerprint sensor. They also appreciate the long battery life. ⁹⁶Even our device's main competitor only has an active battery life of about 15 hours, so we're well ahead in that respect. And for those who haven't heard, ⁹⁷GadgetAssessor.com recently released its latest series of product ratings. Among a list of a dozen cell phones, the MarbleBot was ranked No. 1. The technology blog is highly respected, so this is great news. Let's figure out some creative ways to publicize this achievement.

MarbleBot의 최신 버전은 이제까지 저희의 가장 잘 팔리는 스마트폰입니다. 이 라인의 이전 기종들처럼, 그것은 빠른 처리 장치와 고급 카메라를 가지고 있습니다. 하지만 ⁹⁵고객들은 새로운 지문 센서에 매우 깊은 인상을 받았습니다. 그들은 또한 긴 배터리 수명을 높이 평가합니다. ⁹⁶우리 기기의 주요 경쟁 상대조차도 겨우 약 15시간의 유효 배터리 수명을 가지고 있으므로, 우리는 그 측면에서 훨씬 앞서 있습니다. 그리고 전해 듣지 못한 분들을 위해, ⁹⁷GadgetAssessor.com에서 최근에 제품 순위의 최신 시리즈를 발표했습니다. 12개의 휴대폰 목록에서, MarbleBot은 1위를 차지하였습니다. 이 기술 블로그는 매우 높이 평가 받고 있으므로, 이는 아주 좋은 소식입니다. 이 성과를 홍보하기 위한 창의적인 방법들을 생각해봅시다.

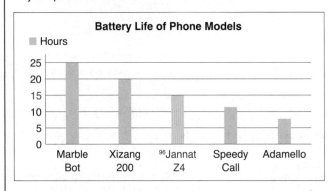

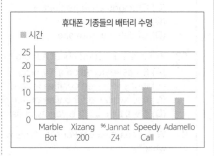

95 What is a new feature of the MarbleBot smartphone?
(A) A fast processor
(B) A fingerprint sensor
(C) A wide screen
(D) An advanced camera

95. MarbleBot 스마트폰의 새로운 특징은 무엇인가?
(A) 빠른 처리 장치
(B) 지문 센서
(C) 넓은 화면
(D) 고급 카메라

96 Look at the graphic. Which model is the MarbleBot's main competitor?
(A) Xizang 200
(B) Jannat Z4
(C) SpeedyCall
(D) Adamello

96. 시각 자료를 보시오. MarbleBot의 주요 경쟁 상대는 어떤 기종인가?
(A) Xizang 200
(B) Jannat Z4
(C) SpeedyCall
(D) Adamello

97 What was released by GadgetAssessor.com?
(A) A company profile
(B) A product manual
(C) A list of ranked devices
(D) A series of photos

97. GadgetAssessor.com에 의해 무엇이 발표되었는가?
(A) 회사 개요
(B) 제품 설명서
(C) 순위를 차지한 기기들의 목록
(D) 일련의 사진들

지문 processor[미 prá:sesər, 영 próusesə] 처리 장치 fingerprint[미 fíŋɡərprint, 영 fíŋɡəprint] 지문
competitor[미 kəmpétitər, 영 kəmpétitə] 경쟁 상대 active[ǽktiv] 유효한 respect[rispékt] 측면 latest[léitist] 최신의 rating[réitiŋ] 순위
rank[ræŋk] (순위를) 차지하다 figure out 생각해 내다 publicize[pʌ́blisɑiz] 홍보하다
97 profile[próufail] 개요 manual[mǽnjuəl] 설명서, 안내서

95 ■ 세부 사항 관련 문제 특정 세부 사항

정답 (B)

MarbleBot 스마트폰의 새로운 특징을 묻는 문제이므로, 질문의 핵심어구(new feature)와 관련된 내용을 주의 깊게 듣는다. "customers have been really impressed by the new fingerprint sensor"라며 고객들이 새로운 지문 센서에 매우 깊은 인상을 받았다고 하였다. 따라서 정답은 (B) A fingerprint sensor이다.

96 ■ 세부 사항 관련 문제 시각 자료

정답 (B)

MarbleBot의 주요 경쟁 상대인 기종을 묻는 문제이므로, 제시된 차트를 확인한 뒤 질문의 핵심어구(main competitor)가 언급된 주변을 주의 깊게 듣는다. "Even our device[MarbleBot]'s main competitor only has an active battery life of about 15 hours, so we're well ahead in that respect."라며 MarbleBot의 주요 경쟁 상대조차도 겨우 약 15시간의 유효 배터리 수명을 가지고 있으므로 자신들이 그 측면에서 훨씬 앞서 있다고 하였다. 이를 통해 MarbleBot의 주요 경쟁 상대인 기종은 15시간의 배터리 수명을 가지고 있는 Jannat Z4임을 차트에서 알 수 있다. 따라서 정답은 (B) Jannat Z4이다.

97 ■ 세부 사항 관련 문제 특정 세부 사항

정답 (C)

GadgetAssessor.com에 의해 발표된 것을 묻는 문제이므로, 질문의 핵심어구(GadgetAssessor.com)가 언급된 주변을 주의 깊게 듣는다. "GadgetAssessor.com recently released its latest series of product ratings"라며 GadgetAssessor.com이 최근에 제품 순위의 최신 시리즈를 발표했다고 하였다. 따라서 정답은 (C) A list of ranked devices이다.

Questions 98-100 refer to the following telephone message and inspection report.

98-100번은 다음 전화 메시지와 점검 보고서에 관한 문제입니다.

🔊 캐나다식 발음

Ms. Witten, it's Ryan Tumbler from Lyndale Automotive. ⁹⁸Since your family plans to drive from Phoenix to Las Vegas tomorrow, we're prioritizing repairs to your vehicle. As suspected, ⁹⁹the exhaust pipe had a hole in it, and the brake pads were worn down. We've replaced those items, as you already said that was fine. Unfortunately, we discovered that another part needs to be replaced. ¹⁰⁰However, the work will be quite costly, so I want to explain the problem to you. After that, you can decide if you want to proceed with repairs. Please call us back at your earliest convenience.

Ms. Witten, 저는 Lyndale Automotive의 Ryan Tumbler 입니다. ⁹⁸귀하의 가족께서 내일 피닉스에서 라스베이거스까지 자동차로 여행하는 것을 계획하고 계시기 때문에, 저희는 귀하의 차량에 대한 수리를 우선적으로 처리하고 있습니다. 짐작했던 대로, ⁹⁹배기관 안에 구멍이 있었고, 브레이크 패드는 마모되어 있었습니다. 이미 괜찮다고 하셨으므로, 저희는 그 물품들을 교체하였습니다. 안타깝게도, 저희는 또다른 부분이 교체되어야 함을 발견했습니다. ¹⁰⁰그러나, 그 작업은 꽤 비쌀 것이기 때문에, 이 문제에 대해 귀하께 직접 설명해드리고 싶습니다. 그 후에, 귀하께서 수리를 진행하고 싶으신지 결정하실 수 있습니다. 가능한 한 빨리 다시 전화해주시기 바랍니다.

	Condition		
	Good	Fair	Replace
Headlights		✓	
Brake pads			✓
⁹⁹Timing belt			✓
Exhaust pipe			✓
Tires		✓	

	상태		
	좋음	양호	교체
전조등		✓	
브레이크 패드			✓
⁹⁹타이밍 벨트			✓
배기관			✓
타이어		✓	

98 According to the speaker, what does the listener plan to do tomorrow?
(A) Test drive a vehicle
(B) Go on a road trip
(C) Secure a rental car
(D) Review a billing statement

98. 화자에 따르면, 청자는 내일 무엇을 할 계획인가?
(A) 차량을 시승한다.
(B) 자동차 여행을 한다.
(C) 대여 차량을 확보한다.
(D) 대금 청구서를 검토한다.

99 Look at the graphic. Which component has an issue that needs to be addressed?
(A) Headlights
(B) Brake pads
(C) Timing belt
(D) Exhaust system

99. 시각 자료를 보시오. 무슨 부품이 처리되어야 할 문제를 가지는가?
(A) 전조등
(B) 브레이크 패드
(C) 타이밍 벨트
(D) 배기관

100 Why does the speaker want to talk to the listener?
(A) To offer an explanation
(B) To discuss alternative options
(C) To explain promotion conditions
(D) To arrange a pick-up time

100. 화자는 왜 청자와 이야기하고 싶어 하는가?
(A) 설명을 하기 위해
(B) 대안 선택권에 대해 논의하기 위해
(C) 홍보 조건을 설명하기 위해
(D) 픽업 시간을 정하기 위해

지문 drive[draiv] 자동차로 여행하다 prioritize[praió:rətaiz] 우선적으로 처리하다 suspect[səspékt] 짐작하다 exhaust pipe 배기관 hole[houl] 구멍 wear down 마모되다 replace[ripléis] 교체하다 proceed[prousí:d] 진행하다
98 test drive 시승하다, 시운전하다 road trip 자동차 여행 secure[səkjúər] 확보하다, 입수하다 billing statement 대금 청구서
99 component[kəmpóunənt] 부품 address[ədrés] 처리하다, 다루다
100 alternative[ɔ:ltá:rnətiv] 대안적인 arrange[əréindʒ] 정하다

98 ■ 세부 사항 관련 문제 특정 세부 사항

정답 (B)

청자가 내일 하기로 계획하는 것을 묻는 문제이므로, 질문의 핵심어구(plan to do tomorrow)와 관련된 내용을 주의 깊게 듣는다. "Since your family plans to drive from Phoenix to Las Vegas tomorrow"라며 청자의 가족이 내일 피닉스에서 라스베이거스까지 자동차로 여행하는 것을 계획하고 있다고 하였다. 따라서 정답은 (B) Go on a road trip이다.

바꾸어 표현하기

drive 자동차로 여행하다 → Go on a road trip 자동차 여행을 하다

99 ■ 세부 사항 관련 문제 시각 자료

정답 (C)

처리되어야 할 문제를 가지는 부품을 묻는 문제이므로, 제시된 점검 보고서를 확인한 뒤 질문의 핵심어구(component ~ needs to be addressed)와 관련된 내용을 주의 깊게 듣는다. "the exhaust pipe had a hole in it, and the brake pads were worn down. We've replaced those items ~ . Unfortunately, we discovered that another part needs to be replaced."라며 배기관에 구멍이 있었고 브레이크 패드는 마모되어 있었다며 그 물품들을 교체하였다고 한 뒤, 안타깝게도, 또다른 부품이 교체되어야 함을 발견했다고 하였다. 이를 통해 여전히 해결되어야 하는 부분이 배기관과 브레이크 패드를 제외한 부품들 중 교체가 필요한 상태인 타이밍 벨트임을 점검 보고서에서 알 수 있다. 따라서 정답은 (C) Timing belt이다.

100 ■ 세부 사항 관련 문제 이유

정답 (A)

화자가 청자와 이야기하고 싶어 하는 이유를 묻는 문제이므로, 질문의 핵심어구(want to talk)와 관련된 내용을 주의 깊게 듣는다. 화자가 "However, the work will be quite costly, so I want to explain the problem to you."라며 그러나 그 작업은 꽤 비쌀 것이기 때문에 문제에 대해 청자에게 직접 설명하고 싶다고 하였다. 따라서 정답은 (A) To offer an explanation이다.

▌TEST 05

🎧 TEST 05.mp3
실전용·복습용 문제풀이 MP3 무료 다운로드 및 스트리밍 바로듣기 (HackersIngang.com)
* 실제 시험장의 소음까지 재현해 낸 고사장 소음/매미 버전 MP3, 영국식·호주식 발음 집중 MP3, 고속 버전 MP3까지
  구매하면 실전에 더욱 완벽히 대비할 수 있습니다.

무료MP3 바로듣기

1
○○○○●
하

🔊 영국식 발음

(A) A woman is putting on a hat.
(B) A woman is relaxing beneath some trees.
(C) A woman is jogging along a trail.
(D) A woman is skiing on the snow.

(A) 한 여자가 모자를 쓰고 있는 중이다.
(B) 한 여자가 나무들 아래에서 휴식을 취하고 있다.
(C) 한 여자가 오솔길을 따라 조깅하고 있다.
(D) 한 여자가 눈 위에서 스키를 타고 있다.

■ 1인 사진   정답 (C)

한 여자가 조깅하고 있는 모습과 주변의 전반적인 풍경을 확인한다.
(A) [×] putting on(쓰고 있는 중이다)은 여자의 동작과 무관하므로 오답이다. 모자를 이미 쓴 상태를 나타내는 wearing과 쓰고 있는 중이라는 동작을 나타내는 putting on을 혼동하지 않도록 주의한다.
(B) [×] relaxing(휴식을 취하고 있다)은 여자의 상태와 무관하므로 오답이다. 사진에 있는 나무들(trees)을 사용하여 혼동을 주었다.
(C) [○] 오솔길을 따라 조깅하고 있는 여자의 모습을 가장 잘 묘사한 정답이다.
(D) [×] skiing(스키를 타고 있다)은 여자의 동작과 무관하므로 오답이다. 사진에 있는 눈(snow)을 사용하여 혼동을 주었다.

어휘 put on ~을 쓰다, 입다 relax[rilǽks] 휴식을 취하다 beneath[biníːθ] 아래에 trail[treil] 오솔길, 산길

2
○○○●
중

🔊 호주식 발음

(A) The women are sipping their drinks.
(B) The women are posing for a picture.
(C) One of the women is setting up camera equipment.
(D) One of the women is unwrapping a gift.

(A) 여자들이 음료를 조금씩 마시고 있다.
(B) 여자들이 사진을 위해 포즈를 취하고 있다.
(C) 여자들 중 한 명이 카메라 장비를 설치하고 있다.
(D) 여자들 중 한 명이 선물을 풀고 있다.

■ 2인 이상 사진   정답 (B)

한 남자가 여자들의 사진을 찍어주고 있는 모습을 확인한다.
(A) [×] sipping(조금씩 마시고 있다)은 여자들의 동작과 무관하므로 오답이다. 사진에 있는 음료(drinks)를 사용하여 혼동을 주었다.
(B) [○] 사진을 위해 포즈를 취하고 있는 여자들의 모습을 가장 잘 묘사한 정답이다.
(C) [×] 사진에 카메라 장비를 설치하고 있는(setting up camera equipment) 여자가 없으므로 오답이다. 사진에 있는 카메라 장비(camera equipment)를 사용하여 혼동을 주었다.
(D) [×] 사진에 선물을 풀고 있는(unwrapping a gift) 여자가 없으므로 오답이다. 사진에 있는 선물(gift)을 사용하여 혼동을 주었다.

어휘 sip[sip] 조금씩 마시다, 홀짝거리다 drink[driŋk] 음료; 마시다 pose for ~을 위해 포즈를 취하다

3
○○○○●
상

🔊 캐나다식 발음

(A) Some people are exiting a greenhouse.
(B) Bouquets are being sold at an outdoor market.
(C) A customer is talking with a florist.
(D) Women are browsing plants.

(A) 몇몇 사람들이 온실을 나가고 있다.
(B) 꽃다발들이 야외 시장에서 팔리고 있다.
(C) 한 손님이 꽃집 주인과 이야기하고 있다.
(D) 여자들이 식물들을 둘러보고 있다.

■ 2인 이상 사진   정답 (D)

온실 안에 두 여자가 있는 모습과 주변 사물의 상태를 주의 깊게 살핀다.
(A) [×] 사진에 온실을 나가고 있는(exiting a greenhouse) 사람들이 없으므로 오답이다. 사진의 장소인 온실(greenhouse)을 사용하여 혼동을 주었다.
(B) [×] 사진의 장소가 야외 시장(outdoor market)이 아니고, 꽃다발들이 팔리고 있는지 확인할 수 없으므로 오답이다.
(C) [×] talking(이야기하고 있다)은 사람들의 동작과 무관하고, 사진 속 사람들이 손님과 꽃집 직원인지 확인할 수 없으므로 오답이다. 사진의 꽃과 관련된 florist(꽃집 주인)를 사용하여 혼동을 주었다.
(D) [○] 식물들을 둘러보고 있는 여자들의 모습을 가장 잘 묘사한 정답이다. 동사 browse가 가게 등에서 물건들을 둘러보고 있는 모습을 나타낼 때 사용됨을 알아둔다.

어휘 greenhouse[gríːnhaus] 온실 bouquet[bukéi] 꽃다발 outdoor[áutdɔːr] 야외의 browse[brauz] 둘러보다, 훑어보다

4

🔊 영국식 발음

(A) An apron is hanging from a hook.
(B) Shelves have been stocked with merchandise.
(C) The man is buying items at a cash register.
(D) The man is removing jars from a basket.

(A) 앞치마가 고리에 걸려 있다.
(B) 선반들이 물품들로 채워져 있다.
(C) 남자가 계산대에서 물품들을 사고 있다.
(D) 남자가 바구니에서 병들을 치우고 있다.

■ 1인 사진

정답 (B)

한 남자가 바구니를 들고 있는 모습과 주변 사물의 상태를 주의 깊게 살핀다.
(A) [×] 앞치마가 고리에 걸려 있는 것이 아니라 남자가 앞치마를 착용하고 있는 상태이므로 오답이다.
(B) [○] 선반들이 물품들로 채워져 있는 상태를 정확히 묘사한 정답이다.
(C) [×] 사진에서 계산대(cash register)를 확인할 수 없으므로 오답이다. 한 남자가 바구니를 들고 있는 모습에서 연상할 수 있는 buying items(물품들을 사고 있다)를 사용하여 혼동을 주었다.
(D) [×] removing jars(병들을 치우고 있다)는 남자의 동작과 무관하므로 오답이다. 사진에 있는 바구니(basket)를 사용하여 혼동을 주었다.

어휘 apron[éiprən] 앞치마 hook[huk] 고리 stock with ~으로 채우다 cash register 계산대

5

🔊 캐나다식 발음

(A) Vehicles are on display at a dealership.
(B) A multi-level structure surrounds a parking lot.
(C) Windows overlook a garden area.
(D) Water is spraying from a fountain.

(A) 차량들이 대리점에 전시되어 있다.
(B) 다층 건물이 주차장을 둘러싸고 있다.
(C) 창문들이 정원을 내려다보고 있다.
(D) 물이 분수에서 뿌려지고 있다.

■ 사물 및 풍경 사진

정답 (B)

사진에 사람이 없다는 것과 주차장을 둘러싸고 있는 다층 건물 및 주변의 전반적인 풍경을 확인한다.
(A) [×] 사진의 장소가 대리점(dealership)이 아니고, 차량들이 전시되어 있는(on display) 상태가 아니므로 오답이다.
(B) [○] 다층 건물이 주차장을 둘러싸고 있는 상태를 정확히 묘사한 정답이다.
(C) [×] 창문들이 정원(garden area)이 아니라 주차장(parking lot)을 내려다보고 있으므로 오답이다. Windows overlook(창문들이 내려다보고 있다)까지만 듣고 정답으로 선택하지 않도록 주의한다.
(D) [×] 분수에서 물이 뿌려지고 있지 않으므로 오답이다. 사진에 있는 분수(fountain)를 사용하여 혼동을 주었다.

어휘 on display 전시된, 진열된 dealership[díːlərʃìp] 대리점 surround[səráund] 둘러싸다 overlook[òuvərlúk] 내려다보다, 바라보다

6

🔊 미국식 발음

(A) Some people are sitting on stones.
(B) One of the people is walking up a hill.
(C) An airplane is taking off from a runway.
(D) Some pedestrians are photographing the jets.

(A) 몇몇 사람들이 돌 위에 앉아 있다.
(B) 사람들 중 한 명이 언덕을 걸어 오르고 있다.
(C) 비행기가 활주로에서 이륙하고 있다.
(D) 몇몇 보행자들이 제트기들의 사진을 찍고 있다.

■ 2인 이상 사진

정답 (A)

돌 위에 앉아 있는 사람들과 주변 환경의 상태를 주의 깊게 살핀다.
(A) [○] 몇몇 사람들이 돌 위에 앉아 있는 모습을 정확히 묘사한 정답이다.
(B) [×] 사진에서 언덕을 걸어 오르고 있는 사람을 확인할 수 없으므로 오답이다.
(C) [×] 비행기들이 활주로에서 이륙하고 있지(taking off from a runway) 않으므로 오답이다.
(D) [×] 사진에서 보행자들이 제트기들의 사진을 찍고 있는지 확인할 수 없으므로 오답이다.

어휘 take off 이륙하다 pedestrian[pədéstriən] 보행자 photograph[fóutəgræf] 사진을 찍다

PART 2

7
○○○○
중

🎧 미국식 발음 → 캐나다식 발음

When are you planning to revise the schedule?

(A) If you can help me.
(B) A daily work plan.
(C) Later this afternoon.

일정을 언제 수정할 계획인가요?

(A) 당신이 저를 도울 수 있다면요.
(B) 일일 근무 계획이요.
(C) 오늘 오후 늦게요.

■ When 의문문   정답 (C)

일정을 언제 수정할 계획인지를 묻는 When 의문문이다.
(A) [×] 일정을 언제 수정할 계획인지를 물었는데, 이와 관련이 없는 상대방이 자신을 도울 수 있다면이라는 내용으로 응답했으므로 오답이다. 질
문의 When are you를 Are you로 혼동하여 Are you planning to revise the schedule(일정을 수정할 계획인가요)로 생각해 정답
으로 선택하지 않도록 주의한다.
(B) [×] schedule(일정)과 관련 있는 daily work plan(일일 근무 계획)을 사용하고, 질문의 planning을 plan으로 반복 사용하여 혼동을 준 오
답이다.
(C) [○] 오늘 오후 늦게라며 일정을 수정할 시점을 언급했으므로 정답이다.

어휘   revise[riváiz] 수정하다

8
○○○○
하

🎧 영국식 발음 → 캐나다식 발음

Who posted the recent announcement?

(A) About a meeting.
(B) The secretary did.
(C) Yes, it's on the bulletin board.

최근 공지를 누가 게시했나요?

(A) 회의에 관해서요.
(B) 비서가 했어요.
(C) 네, 그건 게시판에 있어요.

■ Who 의문문   정답 (B)

최근 공지를 누가 게시했는지를 묻는 Who 의문문이다.
(A) [×] announcement(공지)에서 연상할 수 있는 공지 주제와 관련된 About a meeting(회의에 관해서)을 사용하여 혼동을 준 오답이다.
(B) [○] 비서가 했다며 공지를 게시한 인물을 언급했으므로 정답이다.
(C) [×] 의문사 의문문에 Yes로 응답했으므로 오답이다. posted(게시했다)와 관련 있는 bulletin board(게시판)를 사용하여 혼동을 주었다.

어휘   bulletin board 게시판

9
○○○○
하

🎧 호주식 발음 → 미국식 발음

How do you usually get to the mall?

(A) Only about 30 minutes.
(B) I take a taxi.
(C) To return some shoes.

쇼핑몰에 보통 어떻게 가시나요?

(A) 약 30분 정도밖에요.
(B) 저는 택시를 타요.
(C) 신발들을 반품하려고요.

■ How 의문문   정답 (B)

쇼핑몰에 보통 어떻게 가는지를 묻는 How 의문문이다. How가 방법을 묻는 것임을 이해할 수 있어야 한다.
(A) [×] 쇼핑몰에 보통 어떻게 가는지를 물었는데 기간으로 응답했으므로 오답이다. get to(가다)에서 연상할 수 있는 소요 시간과 관련된
30 minutes(30분)를 사용하여 혼동을 주었다.
(B) [○] 택시를 탄다며 쇼핑몰에 가는 방법을 언급했으므로 정답이다.
(C) [×] 쇼핑몰에 보통 어떻게 가는지를 물었는데 목적으로 응답했으므로 오답이다. mall(쇼핑몰)에서 연상할 수 있는 방문 목적과 관련된
return some shoes(신발들을 반품하다)를 사용하여 혼동을 주었다.

어휘   return[ritə́:rn] 반품하다, 반납하다

10 🔊 영국식 발음 → 호주식 발음

Excuse me. Is this seat taken?

(A) It's not very comfortable.
(B) I don't think so.
(C) Please take only one pamphlet.

실례합니다. 이 자리에 주인이 있나요?

(A) 그건 별로 편안하지 않아요.
(B) 아닌 것 같아요.
(C) 소책자를 하나만 가져가 주세요.

■ Be 동사 의문문　　　　　　　　　　　　　　　　　　　　　　　　　　　　정답 (B)

자리에 주인이 있는지를 확인하는 Be 동사 의문문이다.
(A) [×] 질문의 seat(자리)을 나타낼 수 있는 It을 사용하고, seat의 다른 의미인 '의자'와 관련된 comfortable(편안한)을 사용하여 혼동을 준 오답이다.
(B) [○] 아닌 것 같다는 말로 자리에 주인이 없다는 것을 전달했으므로 정답이다.
(C) [×] 자리에 주인이 있는지를 물었는데, 이와 관련이 없는 소책자를 하나만 가져가라는 내용으로 응답했으므로 오답이다. 질문의 taken을 take으로 반복 사용하여 혼동을 주었다.

어휘　comfortable[미 kʌ́mfərtəbl, 영 kʌ́mfətəbəl] 편안한

11 🔊 캐나다식 발음 → 미국식 발음

A holiday promotion is being offered now, right?

(A) The correct confirmation code.
(B) Yes, I was promoted.
(C) No, it starts this weekend.

휴일 판촉이 지금 제공되고 있죠, 그렇죠?

(A) 정확한 확인 코드요.
(B) 네, 저는 승진되었어요.
(C) 아니요, 그것은 이번 주말에 시작해요.

■ 부가 의문문　　　　　　　　　　　　　　　　　　　　　　　　　　　　정답 (C)

휴일 판촉이 지금 제공되고 있는지를 확인하는 부가 의문문이다.
(A) [×] promotion(판촉)에서 연상할 수 있는 쿠폰과 관련된 confirmation code(확인 코드)를 사용하고, right(그렇죠)의 다른 의미인 '맞는'과 관련된 correct(정확한)를 사용하여 혼동을 준 오답이다.
(B) [×] promotion – promoted의 유사 발음 어휘를 사용하여 혼동을 준 오답이다. Yes만 듣고 정답으로 선택하지 않도록 주의한다.
(C) [○] No로 휴일 판촉이 지금 제공되고 있지 않음을 전달한 후, 그것은 이번 주말에 시작한다는 추가 정보를 제공했으므로 정답이다.

어휘　promotion[prəmóuʃən] 판촉, 승진　confirmation[kànfərméiʃən] 확인

12 🔊 영국식 발음 → 캐나다식 발음

Where is the new art gallery going to be opened?

(A) We close daily at 10 P.M.
(B) In SoHo, most likely.
(C) Art school was a great experience.

새로운 미술관은 어디에서 개장될 예정인가요?

(A) 저희는 매일 오후 10시에 닫습니다.
(B) 아마도 소호일 것 같아요.
(C) 미술 학교는 정말 좋은 경험이었어요.

■ Where 의문문　　　　　　　　　　　　　　　　　　　　　　　　　　　　정답 (B)

새로운 미술관이 어디에서 개장될 것인지를 묻는 Where 의문문이다.
(A) [×] 질문의 opened(개장되다)와 반대 의미인 close(닫다)를 사용하여 혼동을 준 오답이다.
(B) [○] 아마도 소호일 것 같다며 새로운 미술관이 개장될 장소를 언급했으므로 정답이다.
(C) [×] 새로운 미술관이 어디에서 개장될지를 물었는데, 이와 관련이 없는 미술 학교가 정말 좋은 경험이었다는 내용으로 응답했으므로 오답이다. 질문의 art를 반복 사용하여 혼동을 주었다.

어휘　SoHo[sóuhou] 소호(뉴욕 남부의 지구)

13

○○○○ 중

🔊 미국식 발음 → 호주식 발음

How long are these batteries supposed to last?

(A) Up to four months.
(B) No, it was the first one I bought.
(C) For my digital camera.

이 건전지들은 얼마나 오래 지속되나요?
(A) 넉 달까지요.
(B) 아니요, 그건 제가 처음으로 산 거예요.
(C) 제 디지털카메라를 위해서요.

■ How 의문문 정답 (A)

건전지들이 얼마나 오래 지속되는지를 묻는 How 의문문이다. How long이 기간을 묻는 것임을 이해할 수 있어야 한다.
(A) [○] 넉 달까지라는 말로 건전지들이 지속되는 기간을 언급했으므로 정답이다.
(B) [×] 의문사 의문문에 No로 응답했으므로 오답이다. last(지속되다)의 다른 의미인 '마지막의'와 반대 의미인 first(처음의)를 사용하여 혼동을 주었다.
(C) [×] batteries(건전지들)에서 연상할 수 있는 전자 기기와 관련된 digital camera(디지털카메라)를 사용하여 혼동을 준 오답이다.

어휘 last[læst] 지속되다; 마지막의 up to ~까지

14

○○○●● 상

🔊 캐나다식 발음 → 미국식 발음

Can you meet Mr. Lee at the train station?

(A) You'd better hurry then.
(B) Sorry, but my car is out of gas.
(C) We trained for six weeks.

기차역에서 Mr. Lee를 만나주실 수 있나요?
(A) 그렇다면 당신은 서두르는 게 좋겠어요.
(B) 죄송하지만, 제 자동차에 기름이 떨어졌어요.
(C) 우리는 6주 동안 교육받았어요.

■ 요청 의문문 정답 (B)

기차역에서 Mr. Lee를 만나달라는 요청 의문문이다. Can you가 요청하는 표현임을 이해할 수 있어야 한다.
(A) [×] 기차역에서 Mr. Lee를 만나줄 수 있는지를 물었는데, 이와 관련이 없는 그렇다면 서두르는 게 좋겠다는 내용으로 응답했으므로 오답이다. You'd를 I'd로 혼동하여 I'd better hurry then(그렇다면 저는 서두르는 게 좋겠어요)으로 생각해 정답으로 선택하지 않도록 주의한다.
(B) [○] 미안하지만 자동차에 기름이 떨어졌다는 말로 요청을 간접적으로 거절한 정답이다.
(C) [×] 질문의 train(기차)을 '교육받다'라는 의미의 동사 trained로 반복 사용하여 혼동을 준 오답이다.

어휘 out of gas 기름이 떨어진

15

○○○●● 중

🔊 호주식 발음 → 영국식 발음

What company are you writing for now?

(A) The Leland Publishing Firm.
(B) I sent him an e-mail about that.
(C) I'm not sure they received the letter.

당신은 지금 어느 회사에 기고하고 있나요?
(A) Leland 출판사요.
(B) 저는 그것에 관해서 그에게 이메일을 보냈어요.
(C) 그들이 편지를 받았는지 확실히 모르겠어요.

■ What 의문문 정답 (A)

어느 회사에 기고하고 있는지를 묻는 What 의문문이다. What company를 반드시 들어야 한다.
(A) [○] Leland 출판사라며 자신이 기고하고 있는 회사를 언급했으므로 정답이다.
(B) [×] him이 나타내는 대상이 질문에 없으므로 오답이다. 질문의 writing for(~에 기고하고 있다)에서 writing의 다른 의미인 '쓰다'와 관련된 e-mail(이메일)을 사용하여 혼동을 주었다.
(C) [×] 질문의 company(회사)를 나타낼 수 있는 they를 사용하고, 질문의 writing for(~에 기고하고 있다)에서 '쓰다'라는 의미의 writing과 관련된 letter(편지)를 사용하여 혼동을 준 오답이다.

어휘 write for ~에 기고하다 publishing firm 출판사

○
●
○
●
상

🔊 캐나다식 발음 → 영국식 발음

Have you been to the Thai restaurant next to the subway
station?

(A) Sure. I can recommend several.
(B) A chef will be arriving shortly.
(C) Not yet, but I'd like to go.

지하철역 옆에 있는 태국 음식점에 가본 적 있나요?

(A) 물론이죠. 제가 몇 개 추천해드릴 수 있어요.
(B) 주방장이 곧 도착할 거예요.
(C) 아직이요, 하지만 가보고 싶어요.

■ 조동사 의문문
정답 (C)

지하철역 옆에 있는 태국 음식점에 가본 적이 있는지를 확인하는 조동사(Have) 의문문이다.
(A) [×] 지하철역 옆에 있는 태국 음식점에 가본 적이 있는지를 물었는데, 이와 관련이 없는 몇 개 추천해줄 수 있다는 내용으로 응답했으므로 오
답이다. Sure만 듣고 정답으로 고르지 않도록 주의한다.
(B) [×] restaurant(음식점)와 관련 있는 chef(주방장)를 사용하여 혼동을 준 오답이다.
(C) [○] Not yet(아직이요)으로 가본 적이 없음을 전달한 후, 가보고 싶다는 부연 설명을 했으므로 정답이다.

어휘 shortly[미 ʃɔ́ːrtli, 영 ʃɔ́ːtli] 곧

17
○
○
○
●
중

🔊 호주식 발음 → 미국식 발음

Why aren't employees getting bonuses this quarter?

(A) Yes, sometime in December.
(B) Because the company can't afford it.
(C) A promotion as well.

직원들은 왜 이번 분기에 상여금을 받지 않나요?

(A) 네, 12월 중에요.
(B) 회사가 형편이 안되기 때문이에요.
(C) 승진도요.

■ Why 의문문
정답 (B)

직원들이 왜 이번 분기에 상여금을 받지 않는지를 묻는 Why 의문문이다.
(A) [×] 의문사 의문문에 Yes로 응답했으므로 오답이다. 질문의 Why aren't employees getting bonuses this quarter를 Aren't
employees getting bonuses this quarter(직원들은 이번 분기에 상여금을 받지 않나요)로 생각해 정답으로 선택하지 않도록 주의한다.
(B) [○] 회사가 형편이 안되기 때문이라며 직원들이 이번 분기에 상여금을 받지 않는 이유를 언급했으므로 정답이다.
(C) [×] 직원들이 이번 분기에 상여금을 받지 않는 이유를 물었는데, 이와 관련이 없는 승진도라는 내용으로 응답했으므로 오답이다. bonuses(
상여금)와 관련 있는 promotion(승진)을 사용하여 혼동을 주었다.

어휘 quarter[미 kwɔ́ːrtər, 영 kwɔ́ːtə] 분기 afford[əfɔ́ːrd] 형편이 되다

18
○
○
●
○
중

🔊 캐나다식 발음 → 영국식 발음

When do you expect to begin staff evaluations?

(A) Oh, probably not until next Monday.
(B) I'll be leaving at 7 o'clock.
(C) We don't expect any problems.

언제 직원 평가를 시작할 예정인가요?

(A) 아, 아마도 다음 월요일이나 되어야 할 거예요.
(B) 저는 7시에 떠날 거예요.
(C) 우리는 어떤 문제도 예상하지 않아요.

■ When 의문문
정답 (A)

직원 평가를 언제 시작할 예정인지를 묻는 When 의문문이다.
(A) [○] 아마도 다음 월요일이나 되어야 할 거라며 직원 평가를 시작할 시점을 언급했으므로 정답이다.
(B) [×] 질문의 you를 나타낼 수 있는 I를 사용하고, 시간을 나타내는 7 o'clock(7시)을 사용하여 혼동을 준 오답이다.
(C) [×] 직원 평가를 언제 시작할 예정인지를 물었는데, 이와 관련이 없는 어떤 문제도 예상하지 않는다는 내용으로 응답했으므로 오답이다. 질
문의 expect(예정이다)를 '예상하다'라는 의미로 반복 사용하여 혼동을 주었다.

어휘 staff[stæf] 직원 evaluation[ivæljuéiʃən] 평가

🎧 미국식 발음 → 캐나다식 발음

Who was the keynote speaker at the agricultural conference?

(A) Mr. Lowe is talking to some clients.
(B) The owner of an organic farm.
(C) At an agricultural association.

농업 학회에서 누가 기조연설자였나요?

(A) Mr. Lowe는 몇몇 고객들과 이야기하고 있어요.
(B) 유기농 농장의 주인이요.
(C) 농업 협회에서요.

■ **Who 의문문** 　　　　　　　　　　　　　　　　　　　　　　　　　　　　　　　　　　　　정답 (B)

농업 학회에서 누가 기조연설자였는지를 묻는 Who 의문문이다.
(A) [×] 질문의 keynote speaker(기조연설자)를 나타낼 수 있는 Mr. Lowe라는 인물을 사용하여 혼동을 준 오답이다. Mr. Lowe만 듣고 정답
　　으로 선택하지 않도록 주의한다.
(B) [○] 유기농 농장의 주인이라며 농업 학회에서 기조연설자였던 인물을 언급했으므로 정답이다.
(C) [×] 누가 기조연설자였는지를 물었는데 장소로 응답했으므로 오답이다. 질문의 agricultural을 반복 사용하여 혼동을 주었다.

어휘　keynote speaker 기조연설자　conference[kάːnfərəns] 학회, 회의　organic[ɔːrgǽnik] 유기농의　association[əsòusiéiʃən] 협회

🎧 영국식 발음 → 호주식 발음

The flavors in the main dish are a bit too strong.

(A) I agree. They're not to my taste.
(B) These dishes must be rinsed off very well.
(C) When will you graduate from culinary school?

주요리의 양념이 조금 지나치게 강하네요.

(A) 저도 동의해요. 제 입맛에 맞지 않아요.
(B) 이 접시들은 아주 잘 헹궈져야 해요.
(C) 당신은 요리학교를 언제 졸업할 건가요?

■ **평서문** 　　　　　　　　　　　　　　　　　　　　　　　　　　　　　　　　　　　　　　정답 (A)

주요리의 양념이 조금 지나치게 강하다는 의견을 제시하는 평서문이다.
(A) [○] I agree(저도 동의해요)로 의견에 동의한 후, 자신의 입맛에 맞지 않는다는 추가적인 의견을 전달했으므로 정답이다.
(B) [×] 주요리의 양념이 조금 지나치게 강하다고 했는데, 이와 관련이 없는 접시들이 아주 잘 헹궈져야 한다는 내용으로 응답했으므로 오답이
　　다. 질문의 dish(요리)를 '접시'라는 의미 dishes로 반복 사용하여 혼동을 주었다.
(C) [×] dish(요리)와 관련 있는 culinary(요리의)를 사용하여 혼동을 준 오답이다.

어휘　flavor[미 fléivər, 영 fléivə] 양념, 맛, 향　dish[diʃ] 요리, 접시　taste[teist] 입맛　rinse off 헹구다　culinary[미 kΛlineri, 영 kΛlinəri] 요리의

🎧 캐나다식 발음 → 미국식 발음

When did you begin accepting applications for the analysis job?

(A) Through the newspaper review.
(B) Not long ago.
(C) An important research grant.

분석 직무를 위한 지원서를 언제부터 받기 시작했나요?

(A) 신문 논평을 통해서요.
(B) 오래되지 않았어요.
(C) 중요한 연구 보조금이요.

■ **When 의문문** 　　　　　　　　　　　　　　　　　　　　　　　　　　　　　　　　　　　정답 (B)

분석 직무를 위한 지원서를 언제부터 받기 시작했는지를 묻는 When 의문문이다.
(A) [×] 분석직을 위한 지원서를 언제부터 받기 시작했는지를 물었는데 방법으로 응답했으므로 오답이다.
(B) [○] 오래되지 않았다며 분석직을 위한 지원서를 받기 시작한 시점을 언급했으므로 정답이다.
(C) [×] analysis(분석)와 관련 있는 research(연구)를 사용하여 혼동을 준 오답이다.

어휘　application[æplikéiʃən] 지원서　review[rivjúː] 논평, 검토　grant[grænt] 보조금

22

○○○●● 중

🔊 호주식 발음 → 미국식 발음

This business plan summary turned out extremely well.

(A) Yes, it's very thorough.
(B) Why does it keep turning off?
(C) The planning committee is running late.

이 사업 계획서의 개요는 아주 잘 되었어요.

(A) 네, 그것은 매우 완벽해요.
(B) 왜 그것이 계속 꺼지나요?
(C) 기획 위원회가 늦어지네요.

■ 평서문

정답 (A)

사업 계획서의 개요가 아주 잘 됐다는 의견을 제시하는 평서문이다.
(A) [○] Yes로 의견에 동의한 후, 그것이 매우 완벽하다는 부연 설명을 했으므로 정답이다.
(B) [×] 질문의 turned out(되었다)의 다른 의미인 '끄다'와 관련된 turning off(꺼지다)를 사용하여 혼동을 준 오답이다.
(C) [×] 사업 계획서의 개요가 아주 잘 되었다고 했는데, 이와 관련이 없는 기획 위원회가 늦어진다는 내용으로 응답했으므로 오답이다.
　　　plan – planning의 유사 발음 어휘를 사용하여 혼동을 주었다.

어휘　summary[sʌ́məri] 개요, 요약　turn out 되다, 끄다　thorough[θə́ːrou] 완벽한, 철저한　committee[kəmíti] 위원회

23

○○○●● 상

🔊 영국식 발음 → 캐나다식 발음

Why don't we have the staff outing at the end of May?

(A) We didn't take any time off.
(B) Have they handed them out yet?
(C) I think we should have it later.

5월 말에 직원 야유회를 하는 게 어때요?

(A) 우리는 휴가를 전혀 내지 않았어요.
(B) 그들이 그것을 벌써 나눠줬나요?
(C) 저는 우리가 그것을 나중에 하는 게 좋을 것 같아요.

■ 제안 의문문

정답 (C)

5월 말에 직원 야유회를 하자는 제안 의문문이다. Why don't we가 제안하는 표현임을 이해할 수 있어야 한다.
(A) [×] 5월 말에 직원 야유회를 하자고 제안했는데, 이와 관련이 없는 우리가 휴가를 전혀 내지 않았다는 내용으로 응답했으므로 오답이다. 질문
　　　의 don't we를 We didn't로 반복 사용하여 혼동을 주었다.
(B) [×] outing – out의 유사 발음 어휘를 사용하여 혼동을 준 오답이다.
(C) [○] 나중에 하는 게 좋을 것 같다는 말로 제안을 간접적으로 거절했으므로 정답이다.

어휘　outing[áutiŋ] 야유회, 견학　take time off 휴가를 내다, 시간을 내다　hand out 나누어 주다

24

○○○●● 상

🔊 미국식 발음 → 호주식 발음

Hasn't the museum put up some additional displays?

(A) I've never seen this play.
(B) This is a great exhibition.
(C) They're being set up at the moment.

박물관이 추가 전시를 선보이지 않았나요?

(A) 저는 이 연극을 본 적이 없어요.
(B) 이것은 대단한 전시회에요.
(C) 그것들은 바로 지금 설치되고 있어요.

■ 부정 의문문

정답 (C)

박물관이 추가 전시를 선보이지 않았는지를 묻는 부정 의문문이다.
(A) [×] 박물관이 추가 전시를 선보이지 않았는지를 물었는데, 이와 관련이 없는 자신은 이 연극을 본 적이 없다는 내용으로 응답했으므로 오답이
　　　다. displays – this play의 유사 발음 어휘를 사용하여 혼동을 주었다.
(B) [×] displays(전시)와 관련 있는 exhibition(전시회)을 사용하여 혼동을 준 오답이다.
(C) [○] 그것들은 바로 지금 설치되고 있다는 말로 박물관이 추가 전시를 아직 선보이지 않았음을 간접적으로 전달했으므로 정답이다.

어휘　put up 선보이다, 내놓다　display[displéi] 전시　exhibition[èksibíʃən] 전시회　at the moment 바로 지금

🔊 호주식 발음 → 영국식 발음

The ferry departs from the pier at 5 P.M. precisely.

(A) You'll have to ask the ticketing agent.
(B) That's only an hour from now.
(C) An announcement for passengers.

여객선은 정확히 오후 5시에 부두에서 출발해요.

(A) 매표소 직원에게 물어보셔야 할 거예요.
(B) 그건 지금부터 불과 한 시간 후네요.
(C) 승객들을 위한 공지요.

■ 평서문
정답 (B)

여객선이 정확히 오후 5시에 부두에서 출발한다는 객관적인 사실을 전달하는 평서문이다.
(A) [×] ferry(여객선)에서 연상할 수 있는 탑승권과 관련된 ticketing agent(매표소 직원)를 사용하여 혼동을 준 오답이다.
(B) [○] 그건 지금부터 불과 한 시간 후라는 말로 출발 시간에 대한 추가 정보를 전달했으므로 정답이다.
(C) [×] ferry(여객선)와 관련 있는 passengers(승객들)를 사용하여 혼동을 준 오답이다.

어휘 ferry[féri] 여객선, 나룻배 pier[미 piər, 영 piə] 부두 announcement[ənáunsmənt] 공지, 발표

🔊 캐나다식 발음 → 영국식 발음

The benefit concert was quite impressive, wasn't it?

(A) I'm looking forward to it also.
(B) It was well-organized.
(C) We are concerned about it too.

그 자선 콘서트는 꽤 인상적이었어요, 그렇지 않았나요?

(A) 저도 그것을 기대하고 있어요.
(B) 그것은 잘 구성되어 있었어요.
(C) 저희도 그것에 대해 염려하고 있어요.

■ 부가 의문문
정답 (B)

자선 콘서트가 인상적이었다는 의견에 동의를 구하는 부가 의문문이다.
(A) [×] impressive(인상적인)와 관련 있는 looking forward to(~을 기대하다)를 사용하고, 질문의 benefit concert(자선 콘서트)를 나타낼 수 있는 it을 사용하여 혼동을 준 오답이다.
(B) [○] 그것은 잘 구성되어 있었다는 말로 콘서트가 인상적이었음을 간접적으로 전달했으므로 정답이다.
(C) [×] 자선 콘서트가 꽤 인상적이었는지를 물었는데, 이와 관련이 없는 자신들도 그것에 대해 염려하고 있다는 내용으로 응답했으므로 오답이다. concert – concerned의 유사 발음 어휘를 사용하여 혼동을 주었다.

어휘 benefit[bénifit] 자선 (행사), 혜택 impressive[imprésiv] 인상적인 concerned[미 kənsə́:rnd, 영 kənsə́:nd] 염려하는

🔊 미국식 발음 → 캐나다식 발음

Are we hiring a photographer for the product demonstration event?

(A) Do you think we need one?
(B) We'll need more projectors.
(C) You can find additional products on the shelves.

우리는 제품 시연 행사를 위한 사진사를 채용할 건가요?

(A) 한 명이 필요하다고 생각하나요?
(B) 우리는 더 많은 프로젝터가 필요할 거예요.
(C) 선반 위에서 추가적인 제품들을 찾아보실 수 있습니다.

■ Be 동사 의문문
정답 (A)

제품 시연 행사를 위한 사진사를 채용할 것인지를 확인하는 Be 동사 의문문이다.
(A) [○] 사진사 한 명이 필요하다고 생각하는지를 되물어 사진사 채용 필요 여부에 대한 추가 정보를 요구하는 정답이다.
(B) [×] 사진사를 채용할 것인지를 물었는데, 이와 관련이 없는 더 많은 프로젝터가 필요할 것이라는 내용으로 응답했으므로 오답이다. 질문의 photographer(사진사)에서 연상할 수 있는 사진과 관련된 projectors(프로젝터)를 사용하여 혼동을 주었다.
(C) [×] 질문의 product를 products로 반복 사용하여 혼동을 준 오답이다.

어휘 hire[미 haiər, 영 haiə] 채용하다, 고용하다 demonstration[dèmənstréiʃən] 시연, 증명

28

🔊 호주식 발음 → 영국식 발음

Can I get you anything to eat or drink?

(A) On the back of the menu.
(B) Actually, I'll wait until my friend arrives.
(C) No, the lounge was very neat.

먹을 것이나 마실 것을 가져다드릴까요?

(A) 메뉴의 뒷면에요.
(B) 사실, 저는 제 친구가 도착할 때까지 기다릴 거예요.
(C) 아니요, 휴게실은 매우 깔끔했어요.

■ 제공 의문문 　　　　　　　　　　　　　　　　　　　　　　　　　　　　　　　　　　　　　　　정답 (B)

먹을 것이나 마실 것을 가져다주겠다는 제공 의문문이다. Can I가 제공하는 표현임을 이해할 수 있어야 한다.
(A) [×] anything to eat or drink(먹을 것이나 마실 것)와 관련 있는 menu(메뉴)를 사용하여 혼동을 준 오답이다.
(B) [○] 친구가 도착할 때까지 기다릴 것이라는 말로 제공을 간접적으로 거절한 정답이다.
(C) [×] eat – neat의 유사 발음 어휘를 사용하여 혼동을 준 오답이다. No만 듣고 정답으로 선택하지 않도록 주의한다.

어휘　lounge[laundʒ] 휴게실, 라운지　neat[ni:t] 깔끔한, 단정한

29

○○○○● 중

🔊 호주식 발음 → 미국식 발음

Has the supply store's delivery van been repaired?

(A) Yes, and it is already being used again.
(B) It has lots of storage space.
(C) Well, delivery will cost extra.

물품 창고의 화물 운송 트럭이 수리되었나요?

(A) 네, 그리고 그것은 이미 다시 사용되고 있어요.
(B) 그것은 많은 저장 공간을 가지고 있어요.
(C) 글쎄요, 운송은 추가 비용이 들 거예요.

■ 조동사 의문문 　　　　　　　　　　　　　　　　　　　　　　　　　　　　　　　　　　　　　　정답 (A)

물품 창고의 화물 운송 트럭이 수리되었는지를 확인하는 조동사(Have) 의문문이다.
(A) [○] Yes로 화물 운송 트럭이 수리되었음을 전달한 후, 그것이 이미 다시 사용되고 있다는 추가 정보를 제공했으므로 정답이다.
(B) [×] 질문의 delivery van(화물 운송 트럭)을 나타낼 수 있는 It을 사용하고, supply store(물품 창고)와 관련 있는 storage space(저장 공간)를 사용하여 혼동을 준 오답이다.
(C) [×] 질문의 delivery를 반복 사용하여 혼동을 준 오답이다.

어휘　supply store 물품 창고　delivery van 화물 운송 트럭　repair[미 ripéər, 영 ripéə] 수리하다　storage[stɔ́:ridʒ] 저장, 보관

30

○○○●○ 상

🔊 캐나다식 발음 → 영국식 발음

We need to hire professionals to clean the windows.

(A) They sent us a billing statement.
(B) Hang the sign a bit higher.
(C) I'll inquire about services.

우리는 창문들을 닦기 위해 전문가들을 고용해야 해요.

(A) 그들이 우리에게 대금 청구서를 보냈어요.
(B) 간판을 조금 더 높게 다세요.
(C) 제가 서비스에 대해 문의할게요.

■ 평서문 　　　정답 (C)

창문들을 닦기 위해 전문가들을 고용해달라고 요청하는 의도의 평서문이다.
(A) [×] 질문의 professionals(전문가들)를 나타낼 수 있는 They를 사용하고, hire(고용하다)에서 연상할 수 있는 고용 비용과 관련된 billing statement(대금 청구서)를 사용하여 혼동을 준 오답이다.
(B) [×] 창문들을 닦기 위해 전문가들을 고용해야 한다고 했는데, 이와 관련이 없는 간판을 조금 더 높게 달라는 내용으로 응답했으므로 오답이다. hire – higher의 유사 발음 어휘를 사용하여 혼동을 주었다.
(C) [○] 자신이 서비스에 대해 문의하겠다는 말로 요청을 간접적으로 수락한 정답이다.

어휘　professional[prəféʃənl] 전문가　billing statement 대금 청구서　inquire[미 inkwáiər, 영 inkwáiə] 문의하다, 질문하다

TEST | 01 | 02 | 03 | 04 | 05 | 06 | 07 | 08 | 09 | 10 | 해커스 토익 실전 1000제 2 Listening

TEST 05 PART 2 **199**

31

🔊 미국식 발음 → 호주식 발음

Can you speak with Ms. Tanner, or should I call her?

(A) I can't remember what it's called.
(B) I think I'll just send her an e-mail.
(C) The contract information is in this file.

당신이 Ms. Tanner와 이야기할 수 있나요, 아니면 제가 그녀에게 전화를 걸어야 할까요?

(A) 저는 그것이 뭐라고 불리는지 기억이 안 나요.
(B) 저는 그냥 그녀에게 이메일을 보낼 생각이에요.
(C) 계약 정보는 이 파일 안에 있어요.

■ 선택 의문문

정답 (B)

상대방이 Ms. Tanner와 이야기할 수 있는지 아니면 자신이 그녀에게 전화를 걸어야 할지를 묻는 선택 의문문이다.

(A) [×] 질문의 call(전화하다)을 '부르다'라는 의미의 called로 반복 사용하여 혼동을 준 오답이다.

(B) [○] 그냥 그녀에게 이메일을 보낼 생각이라는 말로 둘 중 하나가 아닌 제3의 것을 선택했으므로 정답이다.

(C) [×] 상대방이 Ms. Tanner와 이야기할 수 있는지 아니면 자신이 그녀에게 전화를 걸어야 할지를 물었는데, 이와 관련이 없는 계약 정보는 파일 안에 있다는 내용으로 응답했으므로 오답이다. contract를 contact로 혼동하여 The contact information is in this file(연락처가 이 파일 안에 있어요)로 생각해 정답으로 선택하지 않도록 주의한다.

어휘   contract[미 káːntrækt, 영 kɔ́ntrækt] 계약

PART 3

난이도 하 중 상 최상

Questions 32-34 refer to the following conversation.

캐나다식 발음 → 영국식 발음

M: Good morning. I don't have a reservation, but ³²I would like to rent a car for a couple of days. Do you have anything available?

W: We do. ³²What size car are you looking for?

M: Something spacious enough for four people. Also, ³³is it possible to get a vehicle with a large trunk? We have quite a bit of luggage.

W: Of course. The CX2 sedan seats five people comfortably and has plenty of storage space. If you're interested in that vehicle, we can begin filling out the necessary paperwork. ³⁴I'll just need to see your credit card and driver's license in order to proceed.

32 Where most likely is the conversation taking place?
(A) At a resort hotel
(B) At a car repair shop
(C) At an automobile rental agency
(D) At a tour office

33 What does the man inquire about?
(A) The availability of tickets
(B) The location of a facility
(C) Baggage storage space
(D) Expected drop-off times

34 What does the woman ask the man to do?
(A) Provide a form of identification
(B) Pay a percentage of a fee
(C) Describe his lost luggage
(D) Get his vehicle from a parking lot

32-34번은 다음 대화에 관한 문제입니다.

M: 안녕하세요. 저는 예약은 하지 않았지만, ³²이틀 정도 차 한 대를 빌리고 싶어요. 이용할 수 있는 게 있나요?

W: 있습니다. ³²어떤 크기의 차를 찾고 계신가요?

M: 네 명이 타기에 충분히 넓은 차요. 또, ³³큰 트렁크가 있는 차를 구하는 게 가능할까요? 저희가 짐이 좀 많아요.

W: 물론이죠. CX2 세단은 다섯 명이 편하게 앉을 수 있고, 수납공간도 충분해요. 손님께서 그 차에 관심이 있으시다면, 필요한 서류 작성을 시작할 수 있어요. ³⁴진행하기 위해서 제가 손님의 신용 카드와 운전면허증만 보면 될 거예요.

32. 대화는 어디에서 일어나고 있는 것 같은가?
(A) 리조트 호텔에서
(B) 자동차 정비소에서
(C) 자동차 대여점에서
(D) 관광 회사에서

33. 남자는 무엇에 관해 문의하는가?
(A) 표의 구매 가능성
(B) 시설의 위치
(C) 짐 수납공간
(D) 예상되는 인계 시간

34. 여자는 남자에게 무엇을 하라고 요청하는가?
(A) 신분증을 준다.
(B) 일정 비율의 수수료를 지불한다.
(C) 분실한 짐을 묘사한다.
(D) 그의 차를 주차장에서 가져온다.

TEST | 01 | 02 | 03 | 04 | 05 | 06 | 07 | 08 | 09 | 10

해커스 토익 실전 1000제 2 Listening

지문 **spacious**[spéiʃəs] 넓은 **vehicle**[víːhikl] 차, 운송 수단 **fill out** 작성하다 **proceed**[미 prousíːd, 영 prəsíːd] 진행하다, 계속하다
32 **rental**[réntl] 대여, 임차료
33 **availability**[əvèiləbíləti] (입수) 가능성, 유효성 **drop-off**[drάpɔ̀ːf] (렌터카) 이용 후 현장에서 인계하는 34 **fee**[fiː] 수수료, 요금

32 ■ 전체 대화 관련 문제 장소
정답 (C)

대화가 이루어지고 있는 장소를 묻는 문제이므로, 장소와 관련된 표현을 놓치지 않고 듣는다. 남자가 "I would like to rent a car for a couple of days"라며 이틀 정도 차 한 대를 빌리고 싶다고 하자, 여자가 "What size car are you looking for?"라며 어떤 크기의 차를 찾고 있는지를 물었다. 이를 통해 자동차 대여점에서 대화가 이루어지고 있음을 알 수 있다. 따라서 정답은 (C) At an automobile rental agency이다.

33 ■ 세부 사항 관련 문제 특정 세부 사항
정답 (C)

남자가 문의하는 것을 묻는 문제이므로, 남자의 말을 주의 깊게 듣는다. 남자가 "is it possible to get a vehicle with a large trunk? We have quite a bit of luggage."라며 큰 트렁크가 있는 차를 구하는 것이 가능한지를 물은 뒤, 자신들은 짐이 좀 많다고 하였다. 따라서 정답은 (C) Baggage storage space이다.

34 ■ 세부 사항 관련 문제 요청
정답 (A)

여자가 남자에게 요청하는 것을 묻는 문제이므로, 여자의 말에서 요청과 관련된 표현이 언급된 다음을 주의 깊게 듣는다. 여자가 남자에게 "I'll just need to see your credit card and driver's license in order to proceed."라며 진행하기 위해서 남자의 신용 카드와 운전면허증만 보면 될 것이라고 말한 내용을 통해 여자가 남자에게 신분증을 달라고 요청하고 있음을 알 수 있다. 따라서 정답은 (A) Provide a form of identification이다.

바꾸어 표현하기
driver's license 운전면허증 → form of identification 신분증

Questions 35-37 refer to the following conversation.

🎧 미국식 발음 → 캐나다식 발음

W: ³⁵Spectrum Color Services. This is Danielle, what can I do for you today?

M: Hello, ³⁵/³⁶I was wondering if you could tell me how much you charge to paint a living room.

W: That would depend on the size of the room and the type of paint you choose. If you can give me that information, I could provide you with an estimate.

M: Well, I just want basic white paint, but I'm not certain about the size of the room. ³⁷I'll go measure it right now and call you back in about 10 minutes.

35 What type of business most likely is Spectrum?
(A) An art supply store
(B) A construction firm
(C) A painting company
(D) A moving service

36 Why is the man calling?
(A) To ask about a product
(B) To inquire about a charge
(C) To request a billing statement
(D) To confirm an order

37 What does the man say he will do next?
(A) Call an interior designer
(B) Send a payment
(C) Look at some paint samples
(D) Take some measurements

35-37번은 다음 대화에 관한 문제입니다.

W: ³⁵Spectrum Color Services사입니다. 저는 Danielle입니다, 오늘 무엇을 도와드릴까요?

M: 안녕하세요, ³⁵/³⁶거실을 페인트칠하는 데 얼마의 비용을 청구하는지 알려줄 수 있으신지 궁금해요.

W: 그건 방의 크기와 선택하시는 페인트 종류에 달려있습니다. 저에게 그 정보를 주시면, 견적을 제공해드릴 수 있습니다.

M: 음, 저는 그냥 기본적인 흰색 페인트를 원하는데, 방의 크기는 정확히 모르겠네요. ³⁷지금 바로 가서 치수를 재보고 약 10분 후에 전화를 드리도록 할게요.

35. Spectrum사는 어떤 종류의 업체인 것 같은가?
(A) 미술용품 가게
(B) 건설 회사
(C) 페인트칠 서비스 제공 회사
(D) 이사 서비스 제공 회사

36. 남자는 왜 전화를 하고 있는가?
(A) 제품에 대해 문의하기 위해
(B) 비용에 대해 문의하기 위해
(C) 청구내역서를 요청하기 위해
(D) 주문을 확인하기 위해

37. 남자는 다음에 무엇을 할 것이라고 말하는가?
(A) 실내 장식가에게 전화한다.
(B) 대금을 보낸다.
(C) 페인트 견본을 살핀다.
(D) 치수를 잰다.

지문 depend on ~에 달려 있다 provide[prəváid] 제공하다, 주다 estimate[éstəmeit] 견적 certain[sə́:rtn] 정확한, 확신하는 measure[méʒər] (치수를) 재다, 측정하다
35 construction[kənstrʌ́kʃən] 건설
36 billing statement 청구 내역서 confirm[kənfə́:rm] 확인하다, 확정하다
37 payment[péimənt] 대금

---

35 ■ 세부 사항 관련 문제 특정 세부 사항　　　　　　　　　　　　　　　　　　　　　　　　　　　정답 (C)

Spectrum사가 어떤 종류의 업체인지를 묻는 문제이므로, 질문의 핵심어구(Spectrum)가 언급된 주변을 주의 깊게 듣는다. 여자가 "Spectrum Color Services. ~ what can I do for you today?"라며 Spectrum Color Services사라고 한 뒤, 무엇을 도와줄지를 묻자, 남자가 "I was wondering ~ how much you charge to paint a living room"이라며 거실을 페인트칠하는 데 얼마의 비용을 청구하는지 궁금하다고 하였다. 이를 통해 Spectrum사가 페인트칠 서비스를 제공하는 회사임을 알 수 있다. 따라서 정답은 (C) A painting company이다.

36 ■ 전체 대화 관련 문제 목적　　　　　　　　　　　　　　　　　　　　　　　　　　　　　　　　　정답 (B)

남자가 전화를 건 목적을 묻는 문제이므로, 대화의 초반을 반드시 듣는다. 남자가 "I was wondering ~ how much you charge to paint a living room"이라며 거실을 페인트칠하는 데 얼마의 비용을 청구하는지 궁금하다고 한 말을 통해 남자가 비용에 대해 문의하기 위해 전화했음을 알 수 있다. 따라서 정답은 (B) To inquire about a charge이다.

37 ■ 세부 사항 관련 문제 다음에 할 일　　　　　　　　　　　　　　　　　　　　　　　　　　　정답 (D)

남자가 다음에 할 일을 묻는 문제이므로, 대화의 마지막 부분을 주의 깊게 듣는다. 남자가 "I'll go measure it[living room] right now"라며 지금 바로 가서 거실의 치수를 재보겠다고 하였다. 따라서 정답은 (D) Take some measurements이다.

바꾸어 표현하기
measure 치수를 재다 → Take ~ measurements 치수를 재다

Questions 38-40 refer to the following conversation.

🎧 호주식 발음 → 미국식 발음

M: ³⁸Welcome to the Coleman Community Center. How may I help you?

W: Hi. ³⁸I'm interested in entering the center's annual writing competition. Um, in the short story category . . .

M: Okay. I should mention that ³⁹the submission deadline has been moved ahead to June 7.

W: ³⁹Oh, no. This is my really busy season. I doubt if I can make some time for this.

M: You might want to find some time anyway. ⁴⁰The winning story will be published in *New Fiction*, and that magazine is sold across the country.

W: ⁴⁰That does sound like a great opportunity. I'll think about it.

38 Why did the woman visit the community center?
(A) To apply for a position
(B) To sign up for a contest
(C) To register for a course
(D) To hand in a finished work

39 Why is the woman worried?
(A) She does not have writing experience.
(B) She cannot be present for a seminar.
(C) She might not have enough time to prepare.
(D) She did not submit the correct document.

40 What does the man imply when he says, "that magazine is sold across the country"?
(A) Her work could be read by many.
(B) An event is popular nationwide.
(C) The magazine has a long history.
(D) A copy of a publication will be easy to find.

38-40번은 다음 대화에 관한 문제입니다.

M: ³⁸Coleman 커뮤니티 센터에 오신 것을 환영합니다. 어떻게 도와드릴까요?

W: 안녕하세요. ³⁸저는 센터의 연례 글짓기 대회에 참가하는 것에 흥미가 있습니다. 음, 단편 부문에서요…

M: 네. ³⁹제출 기한이 6월 7일로 앞당겨졌다는 것을 말씀드려야겠네요.

W: ³⁹아, 이런. 제가 한창 바쁠 때라서요. 이것을 위해 시간을 낼 수 있을지 의문이네요.

M: 어떻게든 시간을 내시는 게 좋을 것 같아요. ⁴⁰우승작은 *New Fiction*지에 실릴 것이고, 그 잡지는 전국적으로 판매됩니다.

W: ⁴⁰정말 좋은 기회인 것 같네요. 생각해 볼게요.

38. 여자는 왜 커뮤니티 센터를 방문했는가?
(A) 일자리에 지원하기 위해
(B) 대회에 등록하기 위해
(C) 강의에 등록하기 위해
(D) 완성작을 제출하기 위해

39. 여자는 왜 걱정을 하는가?
(A) 그녀는 글짓기 경험이 없다.
(B) 그녀는 세미나에 참석할 수 없다.
(C) 그녀는 준비하기에 충분한 시간이 없을 수도 있다.
(D) 그녀는 정확한 서류를 제출하지 않았다.

40. 남자는 "그 잡지는 전국적으로 판매됩니다"라고 말할 때 무엇을 의도하는가?
(A) 그녀의 작품은 많은 사람들에 의해 읽힐 수 있다.
(B) 행사는 전국적으로 인기가 있다.
(C) 그 잡지는 긴 역사를 가지고 있다.
(D) 출판물의 사본은 찾기 쉬울 것이다.

지문 annual[ǽnjuəl] 연례의, 연간의 submission[səbmíʃən] 제출 doubt[daut] 의문을 갖다, 의심하다
38 register[미 rédʒistər, 영 rédʒistə] 등록하다 hand in 제출하다 40 nationwide[nèiʃənwáid] 전국적으로

38 ■ 세부 사항 관련 문제 이유   정답 (B)

여자가 커뮤니티 센터를 방문한 이유를 묻는 문제이므로, 질문의 핵심어구(visit the community center)와 관련된 내용을 주의 깊게 듣는다. 남자가 "Welcome to the Coleman Community Center."라며 Coleman 커뮤니티 센터에 온 것을 환영한다고 하자, 여자가 "I'm interested in entering the center's annual writing competition."이라며 센터의 연례 글짓기 대회에 참가하는 것에 흥미가 있다고 하였다. 따라서 정답은 (B) To sign up for a contest이다.

39 ■ 세부 사항 관련 문제 문제점   정답 (C)

여자의 문제점을 묻는 문제이므로, 여자의 말에서 부정적인 표현이 언급된 다음을 주의 깊게 듣는다. 남자가 "the submission deadline has been moved ahead to June 7"라며 제출 기한이 6월 7일로 앞당겨졌다고 하자, 여자가 "Oh, no. This is my really busy season."이라며 자신이 한창 바쁠 때라고 한 뒤, "I doubt if I can make some time for this[competition]."라며 대회를 위해 시간을 낼 수 있을지 의문이라고 하였다. 따라서 정답은 (C) She might not have enough time to prepare이다.

40 ■ 세부 사항 관련 문제 의도 파악   정답 (A)

남자가 하는 말의 의도를 묻는 문제이므로, 질문의 인용어구(that magazine is sold across the country)가 언급된 주변을 주의 깊게 듣는다. 남자가 "The winning story will be published in *New Fiction*"이라며 우승작은 *New Fiction*지에 실릴 것이라고 한 뒤, "that magazine is sold across the country"라며 그 잡지는 전국적으로 판매된다고 하자, 여자가 "That does sound like a great opportunity."라며 정말 좋은 기회인 것 같다고 하였다. 이를 통해 남자는 여자의 작품이 많은 사람에 의해 읽힐 수 있음을 나타내려는 의도임을 알 수 있다. 따라서 정답은 (A) Her work could be read by many이다.

Questions 41-43 refer to the following conversation.

[3]) 영국식 발음 → 호주식 발음

W: ⁴¹I'd like to discuss a recent assignment that you collaborated with the marketing team on.

M: No problem. Is there something specific you'd like to discuss?

W: Yes, there is. ⁴²You included an incorrect location in this online advertisement. It states that there will be a sale at our Seattle branch on July 22. However, the sale is actually going to be at our Portland branch.

M: Really? I'm so sorry about that! I must have missed that while proofreading the advertisement. ⁴³I will make the necessary changes to the advertisement immediately.

41 What did the man recently do?
(A) Traveled to Seattle
(B) Helped to organize a sale
(C) Requested another assignment
(D) Cooperated with a marketing team

42 What problem does the woman mention?
(A) A promotion has to be canceled.
(B) An incorrect branch was included.
(C) A program is not properly loading.
(D) A report was never turned in.

43 What does the man say he will do?
(A) Revise some material
(B) Meet with a supervisor
(C) Update his work schedule
(D) Design a Web site

41-43번은 다음 대화에 관한 문제입니다.

W: ⁴¹저는 당신이 마케팅팀과 함께 공동으로 작업한 최근의 업무에 대해 논의하고 싶어요.

M: 그럼요. 구체적으로 논의하고 싶은 게 있나요?

W: 네, 있어요. ⁴²당신은 이 온라인 광고에 잘못된 장소를 포함시키셨어요. 광고는 7월 22일에 우리 시애틀 지점에서 할인 판매가 있을 거라고 알려주고 있어요. 하지만, 할인 판매는 실제로 우리의 포틀랜드 지점에서 있을 거예요.

M: 정말요? 정말 죄송해요! 광고를 교정보는 중에 그것을 놓친 게 틀림없어요. ⁴³제가 바로 광고에 필요한 수정을 할게요.

41. 남자는 최근에 무엇을 했는가?
(A) 시애틀로 여행을 갔다.
(B) 할인 판매 준비를 도왔다.
(C) 다른 업무를 요청했다.
(D) 마케팅팀과 협력했다.

42. 여자는 어떤 문제를 언급하는가?
(A) 판촉 활동이 취소되어야 한다.
(B) 잘못된 지점이 포함되었다.
(C) 프로그램이 제대로 로딩되지 않고 있다.
(D) 보고서가 한 번도 제출되지 않았다.

43. 남자는 무엇을 할 것이라고 말하는가?
(A) 자료들을 수정한다.
(B) 상사와 만난다.
(C) 자신의 업무 일정을 업데이트한다.
(D) 웹사이트를 디자인한다.

지문 collaborate[kəlǽbəreit] 공동으로 작업하다 specific[spəsífik] 구체적인 state[steit] 알리다, 명시하다 branch[미 brǽntʃ, 영 brɑ:ntʃ] 지점 proofread[prú:fri:d] 교정보다 immediately[imí:diətli] 바로, 즉시
41 cooperate[kouɑ́:pəreit] 협력하다 42 promotion[prəmóuʃən] 판촉 활동, 승진 properly[prɑ́:pərli] 제대로, 적절히 turn in 제출하다
43 supervisor[sú:pərvaizər] 상사, 관리자

41 ■ 세부 사항 관련 문제 특정 세부 사항   정답 (D)

○●●●● 남자가 최근에 한 것을 묻는 문제이므로, 질문의 핵심어구(man recently do)와 관련된 내용을 주의 깊게 듣는다. 여자가 "I'd like to
상 discuss a recent assignment that you collaborated with the marketing team on."이라며 남자가 마케팅팀과 함께 공동으로 작업한 최근의 업무에 대해 논의하고 싶다고 하였다. 따라서 정답은 (D) Cooperated with a marketing team이다.

바꾸어 표현하기
collaborated 공동으로 작업했다 → Cooperated 협력했다

42 ■ 세부 사항 관련 문제 문제점   정답 (B)

○○○○● 여자가 언급한 문제점을 묻는 문제이므로, 여자의 말에서 부정적인 표현이 언급된 다음을 주의 깊게 듣는다. 여자가 "You included an
하 incorrect location in this online advertisement."라며 남자가 온라인 광고에 잘못된 장소를 포함시켰다고 하였다. 따라서 정답은 (B) An incorrect branch was included이다.

43 ■ 세부 사항 관련 문제 다음에 할 일   정답 (A)

○●●●● 남자가 하겠다고 말한 것을 묻는 문제이므로, 남자의 말에서 질문의 핵심어구(will do)와 관련된 내용을 주의 깊게 듣는다. 남자가 "I will
중 make the necessary changes to the advertisement immediately."라며 바로 광고에 필요한 수정을 하겠다고 하였다. 따라서 정답은 (A) Revise some material이다.

바꾸어 표현하기
make ~ changes 수정을 하다 → Revise 수정하다

Questions 44-46 refer to the following conversation with three speakers.

🔊 영국식 발음 → 캐나다식 발음 → 미국식 발음

W1: Hey, Randy. Doesn't your shift start at 9 o'clock?

M: Yeah, ⁴⁴I came in early this morning to unpack the Digi 5 game consoles. They just arrived, and we need to get them on the shelves.

W1: I see. Here . . . I'll help.

W2: Sorry to interrupt. I know we don't open for five more minutes, but ⁴⁵some customers have already started to form a line at the door. They're here for the Digi 5.

W1: I was going to keep stocking the shelves after we opened, but ⁴⁵we'd better finish soon if people are lined up.

M: ⁴⁶Maybe one of us should ask Richard to give us a hand.

W2: I can do that.

M: Thanks. He should be in the storeroom.

44 Why did the man arrive early?
(A) To assemble store shelves
(B) To repair some consoles
(C) To unpack some merchandise
(D) To send a shipment

45 Why should the speakers finish a task now?
(A) Trucks need to be loaded.
(B) Customers are waiting at an entrance.
(C) A manager has given more assignments.
(D) A sales event has already begun.

46 What does the man suggest?
(A) Clearing out a storage room
(B) Requesting additional assistance
(C) Asking shoppers to return later
(D) Delaying the store opening

44-46번은 다음 세 명의 대화에 관한 문제입니다.

W1: 안녕하세요, Randy. 당신의 근무는 9시에 시작하지 않나요?

M: 네, ⁴⁴Digi 5 게임기들의 포장을 풀기 위해 오늘 아침 일찍 왔어요. 게임기들이 방금 도착해서, 우리는 그것들을 선반에 진열해야 해요.

W1: 그렇군요. 자… 제가 도와드릴게요.

W2: 끼어들어서 미안해요. 우리가 문을 열려면 5분이 더 남았다는 것은 알지만, ⁴⁵몇몇 고객들이 벌써 입구에 줄을 서기 시작했어요. 그들은 Digi 5를 사려고 왔어요.

W1: 문을 열고 난 후에 계속해서 선반을 채우려고 했는데, ⁴⁵사람들이 줄을 서 있다면 빨리 끝내는 게 좋겠네요.

M: ⁴⁶우리 중 한 명이 Richard에게 도와달라고 요청하는 게 좋겠어요.

W2: 제가 할게요.

M: 감사해요. 그는 창고에 있을 거예요.

44. 남자는 왜 일찍 도착했는가?
(A) 가게 선반들을 조립하기 위해
(B) 몇몇 게임기들을 수리하기 위해
(C) 몇몇 제품들의 포장을 풀기 위해
(D) 배송품을 발송하기 위해

45. 화자들은 왜 지금 업무를 끝내야 하는가?
(A) 트럭에 짐이 실려야 한다.
(B) 손님들이 입구에서 기다리고 있다.
(C) 관리자가 더 많은 업무를 배정했다.
(D) 할인 행사가 이미 시작되었다.

46. 남자는 무엇을 제안하는가?
(A) 창고를 청소하기
(B) 추가 지원을 요청하기
(C) 쇼핑객들에게 나중에 다시 오라고 요청하기
(D) 가게 개장을 미루기

지문 unpack[ʌnpǽk] 풀다 game console 게임기 interrupt[ìntərʌ́pt] 끼어들다 stock[미 staːk, 영 stɔk] 채우다 storeroom[stɔ́ːruːm] 창고
44 assemble[əsémbl] 조립하다, 구성하다   45 load[loud] 싣다, 적재하다   46 clear out 청소하다

44 ■ 세부 사항 관련 문제 이유   정답 (C)

○●●●● 상
남자가 일찍 도착한 이유를 묻는 문제이므로, 질문의 핵심어구(arrive early)와 관련된 내용을 주의 깊게 듣는다. 남자가 "I came in early this morning to unpack the Digi 5 game consoles. ~ we need to get them on the shelves."라며 Digi 5 게임기들의 포장을 풀기 위해 오늘 아침 일찍 왔다며 그것들을 선반에 진열해야 한다고 하였다. 따라서 정답은 (C) To unpack some merchandise이다.

45 ■ 세부 사항 관련 문제 이유   정답 (B)

○○○●● 중
화자들이 지금 업무를 끝내야 하는 이유를 묻는 문제이므로, 질문의 핵심어구(finish ~ task now)와 관련된 내용을 주의 깊게 듣는다. 여자 2가 "some customers have already started to form a line at the door"라며 몇몇 고객들이 벌써 입구에 줄을 서기 시작했다고 하자, 여자 1이 "we'd better finish soon if people are lined up"이라며 사람들이 줄을 서 있다면 빨리 끝내는 게 좋겠다고 하였다. 따라서 정답은 (B) Customers are waiting at an entrance이다.

바꾸어 표현하기
form a line at the door 입구에 줄을 서다 → waiting at an entrance 입구에서 기다리고 있다

46 ■ 세부 사항 관련 문제 제안   정답 (B)

○●●●● 상
남자가 제안하는 것을 묻는 문제이므로, 남자의 말에서 제안과 관련된 표현이 언급된 다음을 주의 깊게 듣는다. 남자가 "Maybe one of us should ask Richard to give us a hand."라며 Richard에게 도와달라고 요청할 것을 제안하였다. 따라서 정답은 (B) Requesting additional assistance이다.

Questions 47-49 refer to the following conversation.

🎧 미국식 발음 → 캐나다식 발음

W: Colson, ⁴⁷the Winchester branch of our cinema will need more personnel for the summer. ⁴⁷/⁴⁸Maybe we should hire three additional employees for the evening and weekend shifts.

M: Yeah . . . This is the busiest time of the year. ⁴⁸Could you make a job posting? Just include a brief description of the position and list our required qualifications.

W: Sure. I'll try to finish it before I break for lunch.

M: That'd be ideal. ⁴⁹I'll review it when you are finished, and then add it to our company Web site later this afternoon.

47~49번은 다음 대화에 관한 문제입니다.

W: Colson, ⁴⁷여름 시즌을 위해서 우리 영화관의 Winchester 지점에 직원들이 더 필요할 거예요. ⁴⁷/⁴⁸아마도 우리는 저녁과 주말 교대 근무를 위해 세 명의 추가 직원을 고용해야 해요.

M: 네… 지금이 연중 가장 바쁜 시기잖아요. ⁴⁸당신이 채용 공고를 작성해 주시겠어요? 간단한 직무 설명을 포함시키고 요구되는 자격들을 나열해 주세요.

W: 물론이죠. 점심 먹기 전에 그것을 끝내도록 노력해 볼게요.

M: 그게 가장 좋겠네요. ⁴⁹당신이 그것을 끝내면 제가 검토해보고, 오늘 오후 늦게 우리 회사 웹사이트에 추가할게요.

47 What problem does the woman mention?
(A) A branch is currently understaffed.
(B) A theater requires new equipment.
(C) A film release has been postponed.
(D) A staff member missed a shift.

48 What does the man mean when he says, "This is the busiest time of the year"?
(A) He needs to check a schedule.
(B) He agrees with a recommendation.
(C) He wants to promote a service.
(D) He has completed a task.

49 What will probably happen later today?
(A) Some interviews will be held.
(B) A Web site will be officially launched.
(C) Some employees will undergo training.
(D) A posting will be posted.

47. 여자는 어떤 문제를 언급하는가?
(A) 지점에 현재 인원이 부족하다.
(B) 극장에 새로운 장비가 필요하다.
(C) 영화 개봉이 연기되었다.
(D) 직원이 교대 근무를 빠졌다.

48. 남자는 "지금이 연중 가장 바쁜 시기잖아요"라고 말할 때 무엇을 의도하는가?
(A) 그는 일정을 확인해야 한다.
(B) 그는 제안에 동의한다.
(C) 그는 서비스를 홍보하고 싶어 한다.
(D) 그는 업무를 완료했다.

49. 오늘 늦게 무슨 일이 일어날 것 같은가?
(A) 몇몇 면접이 있을 것이다.
(B) 웹사이트가 공식적으로 개시될 것이다.
(C) 몇몇 직원들이 교육을 받을 것이다.
(D) 공고가 게시될 것이다.

지문 branch[bræntʃ] 지점 personnel[pə̀:rsənél] 직원들, 인사부 description[diskrípʃən] 설명 qualification[kwɑ̀:lifikéiʃən] 자격, 필요조건
47 understaffed[ʌ̀ndərstǽft] 인원이 부족한 release[rilí:s] 개봉; 출시하다 shift[ʃift] 교대 근무   49 undergo[ʌ̀ndərgóu] 받다

47 ■ 세부 사항 관련 문제 문제점   정답 (A)

여자가 언급하는 문제점을 묻는 문제이므로, 여자의 말에서 부정적인 표현이 언급된 다음을 주의 깊게 듣는다. 여자가 "the Winchester branch of our cinema will need more personnel for the summer. Maybe we should hire three additional employees for the evening and weekend shifts."라며 여름 시즌을 위해서 영화관의 Winchester 지점에 직원들이 더 필요할 거라고 한 뒤, 저녁과 주말 교대 근무를 위해 세 명의 추가 직원을 고용해야 한다고 하였다. 따라서 정답은 (A) A branch is currently understaffed이다.

바꾸어 표현하기
need more personnel 직원들이 더 필요하다 → is ~ understaffed 인원이 부족하다

48 ■ 세부 사항 관련 문제 의도 파악   정답 (B)

남자가 하는 말의 의도를 묻는 문제이므로, 질문의 인용어구(This is the busiest time of the year)가 언급된 주변을 주의 깊게 듣는다. 여자가 "Maybe we should hire three additional employees for the evening and weekend shifts."라며 자신들은 저녁과 주말 교대 근무를 위해 세 명의 추가 직원을 고용해야 한다고 하자, 남자가 "This is the busiest time of the year. Could you make a job posting?"이라며 지금이 연중 가장 바쁜 시기라고 한 뒤, 채용 공고를 작성해 줄 수 있는지 물었다. 이를 통해 추가 직원을 고용해야 한다는 여자의 제안에 동의함을 알 수 있다. 따라서 정답은 (B) He agrees with a recommendation이다.

49 ■ 세부 사항 관련 문제 다음에 할 일   정답 (D)

오늘 늦게 일어날 일을 묻는 문제이므로, 질문의 핵심어구(later today)와 관련된 내용을 주의 깊게 듣는다. 남자가 "I'll review it[job posting] ~ , and then add it to our company Web site later this afternoon."이라며 채용 공고를 검토해보고, 오늘 오후 늦게 회사 웹사이트에 추가하겠다고 하였다. 따라서 정답은 (D) A posting will be posted이다.

Questions 50-52 refer to the following conversation.

[호주식 발음 → 영국식 발음]

M: Hello, ⁵⁰I'm calling to reserve three tickets for the Wild Animals guided tour at Jungle Wonderland this coming Saturday. How much will that cost?

W: It's $40 per person. The tour begins at 9 A.M. and will last two and a half hours.

M: Hmm . . . ⁵¹That's higher than I had expected. Have your rates changed recently? My friend went on the same tour last month, and she said it cost $32 per person.

W: She must have our Jungle Wonderland Annual Pass Card. ⁵²Cardholders automatically receive a 20 percent discount on admission and tours in the wildlife preserve for a year.

50 What is the purpose of the call?
(A) To apply for membership
(B) To reserve accommodations
(C) To book some tickets
(D) To ask about transportation costs

51 What is the man concerned about?
(A) Guide availability
(B) Program duration
(C) A starting time
(D) A tour price

52 How can visitors receive a discount?
(A) By paying in advance
(B) By showing up early
(C) By being a cardholder
(D) By getting a family pass

50-52번은 다음 대화에 관한 문제입니다.

M: 안녕하세요, 다가오는 토요일에 있을 Jungle Wonderland 의 야생 동물 안내 투어에 ⁵⁰표 세 장을 예약하기 위해 전화 드립니다. 비용은 얼마나 들까요?

W: 1인당 40달러입니다. 투어는 오전 9시에 시작되고 2시간 30분 진행될 것입니다.

M: 흠… ⁵¹그건 제가 예상했던 것보다 더 비싸네요. 최근에 요 금이 바뀌었나요? 제 친구가 지난달에 같은 투어를 갔는데, 1인당 32달러가 들었다고 말했어요.

W: 그분은 저희 Jungle Wonderland 연간 입장 카드를 가지 고 계실 겁니다. ⁵²카드 소지자들은 자동으로 1년 동안 야생 동물 보호 구역의 입장과 투어에 대해 20퍼센트 할인을 받 게 되거든요.

50. 전화의 목적은 무엇인가?
(A) 회원권을 신청하기 위해
(B) 숙소를 예약하기 위해
(C) 표를 몇 장 예약하기 위해
(D) 교통비에 대해 물어보기 위해

51. 남자는 무엇에 대해서 걱정하는가?
(A) 가이드의 이용 가능성
(B) 프로그램 지속 시간
(C) 시작 시간
(D) 투어 가격

52. 방문객들은 어떻게 할인을 받을 수 있는가?
(A) 사전에 지불함으로써
(B) 일찍 옴으로써
(C) 카드 소지자가 됨으로써
(D) 가족 입장권을 구함으로써

지문 guided[gáidid] 안내를 받은, 안내인을 동반한 cost[미 kɔːst, 영 kɔst] 비용이 들다 rate[reit] 요금, 가격
cardholder[미 ká:rdhouldər, 영 ká:dhəuldə] 카드 소지자, 회원 admission[ədmíʃən] 입장, 가입
wildlife preserve 야생 동물 보호 구역
51 availability[əvèiləbíləti] (입수) 가능성 duration[duréiʃən] 지속 시간
52 in advance 사전에, 미리

50 ■ 전체 대화 관련 문제 목적
정답 (C)
전화의 목적을 묻는 문제이므로, 대화의 초반을 반드시 듣는다. 남자가 "I'm calling to reserve three tickets"라며 표 세 장을 예약하기 위해 전화한다고 하였다. 따라서 정답은 (C) To book some tickets이다.

바꾸어 표현하기
reserve ~ tickets 표를 예약하다 → book ~ tickets 표를 예약하다

51 ■ 세부 사항 관련 문제 문제점
정답 (D)
남자의 문제점을 묻는 문제이므로, 남자의 말에서 부정적인 표현이 언급된 다음을 주의 깊게 듣는다. 남자가 "That's higher than I had expected. Have your rates changed recently?"라며 비용이 예상했던 것보다 더 비싸다고 한 뒤, 최근에 요금이 바뀌었는지를 물었 다. 따라서 정답은 (D) A tour price이다.

52 ■ 세부 사항 관련 문제 방법
정답 (C)
방문객들이 할인을 받을 수 있는 방법을 묻는 문제이므로, 질문의 핵심어구(receive a discount)가 언급된 주변을 주의 깊게 듣는다. 여 자가 "Cardholders automatically receive a 20 percent discount on admission and tours"라며 카드 소지자들은 자동으로 입 장과 투어에 대해 20퍼센트 할인을 받는다고 하였다. 따라서 정답은 (C) By being a cardholder이다.

해커스 토익 실전 1000제 2 Listening

Questions 53-55 refer to the following conversation.

🎧 캐나다식 발음 → 미국식 발음

M: Erin, ⁵³I met up with our realtor a few hours ago. He showed me a vacant space that would be perfect for our recording studio.

W: Was the unit in a building on Ferguson Avenue? If so, I received an e-mail from him about the vacancy last night.

M: Yes, that's the one. The space has a very practical layout. Plus, there is enough room for a reception area and a private office. ⁵⁴I was even introduced to the owner of the building, Janet Davidson. She was quite welcoming and professional.

W: That sounds promising. ⁵⁵Would you arrange another showing for tomorrow? I'd like to see the property too.

53 What did the man do several hours ago?
(A) Met a recording artist
(B) Signed some paperwork
(C) Agreed to a deal
(D) Viewed a rental unit

54 Who is Janet Davidson?
(A) A professional photographer
(B) A building owner
(C) A real estate agent
(D) An office secretary

55 What does the woman ask the man to do?
(A) Make an appointment
(B) Update a schedule
(C) Confirm a layout
(D) Pay a deposit

53-55번은 다음 대화에 관한 문제입니다.

M: Erin, ⁵³저는 몇 시간 전에 우리 부동산 중개인과 만났어요. 그가 저에게 우리의 녹음실에 안성맞춤일 빈 장소를 보여주었어요.

W: 그곳이 Ferguson가에 있는 건물에 있었나요? 만일 그렇다면, 제가 어젯밤에 그로부터 그 장소에 관한 이메일을 받았어요.

M: 네, 바로 그거예요. 그 장소는 배치가 매우 실용적이에요. 게다가, 접수처와 개인 사무실을 위한 충분한 공간이 있어요. ⁵⁴저는 그 건물의 주인인 Janet Davidson도 소개받았어요. 그녀는 상당히 따뜻하고 전문적이었어요.

W: 조짐이 좋은 것 같네요. ⁵⁵내일 한 번 더 볼 수 있도록 주선해 주시겠어요? 저도 그 건물이 보고 싶어요.

53. 남자는 몇 시간 전에 무엇을 했는가?
(A) 녹음 전문가를 만났다.
(B) 서류에 서명했다.
(C) 거래에 동의했다.
(D) 임대용 공간을 보았다.

54. Janet Davidson은 누구인가?
(A) 전문 사진사
(B) 건물 주인
(C) 부동산 중개인
(D) 사무실 비서

55. 여자는 남자에게 무엇을 하도록 요청하는가?
(A) 약속을 잡는다.
(B) 일정을 업데이트한다.
(C) 배치도를 확인한다.
(D) 보증금을 지불한다.

지문 **realtor**[ríːəltər] 부동산 중개인 **vacancy**[véikənsi] (빈) 공간, 공석 **layout**[léiaut] 배치 **welcoming**[wélkəmiŋ] 따뜻한
professional[prəféʃənl] 전문적인 **promising**[práːmisiŋ] 조짐이 좋은, 유망한 **arrange**[əréindʒ] 주선하다, 정리하다
property[práːpərti] 건물, 부동산
53 **rental**[réntl] 임대 54 **real estate** 부동산

53 ■ **세부 사항 관련 문제** 특정 세부 사항 　　　　　　　　　　　　　　　　　　　　　　　　　　　　정답 (D)
남자가 몇 시간 전에 한 것을 묻는 문제이므로, 질문의 핵심어구(several hours ago)와 관련된 내용을 주의 깊게 듣는다. 남자가 "I met up with our realtor a few hours ago. He showed me a vacant space"라며 몇 시간 전에 부동산 중개인과 만났다고 한 뒤, 부동산 중개인이 자신에게 빈 장소를 보여주었다고 하였다. 따라서 정답은 (D) Viewed a rental unit이다.

54 ■ **세부 사항 관련 문제** 특정 세부 사항 　　　　　　　　　　　　　　　　　　　　　　　　　　　　정답 (B)
Janet Davidson의 신분을 묻는 문제이므로, 질문 대상(Janet Davidson)의 신분 및 직업을 나타내는 표현을 놓치지 않고 듣는다. 남자가 "I was even introduced to the owner of the building, Janet Davidson."이라며 건물의 주인인 Janet Davidson을 소개받았다고 하였다. 따라서 정답은 (B) A building owner이다.

55 ■ **세부 사항 관련 문제** 요청 　　　　　　　　　　　　　　　　　　　　　　　　　　　　　　　　정답 (A)
여자가 남자에게 요청하는 것을 묻는 문제이므로, 여자의 말에서 요청과 관련된 표현이 언급된 주변을 주의 깊게 듣는다. 여자가 "Would you arrange another showing for tomorrow?"라며 내일 한 번 더 볼 수 있도록 주선해달라고 요청하였다. 따라서 정답은 (A) Make an appointment이다.

바꾸어 표현하기
arrange ~ showing 볼 수 있도록 주선하다 → Make an appointment 약속을 잡다

Questions 56-58 refer to the following conversation.

🎧 호주식 발음 → 미국식 발음

M: ⁵⁶Have you loaded the scuba gear into the boat yet? We need enough equipment to take 10 people on a diving trip.

W: Yeah, but I discovered a crack in one of the masks.

M: Really? That's a problem since the other dive group has taken all the spare ones with them.

W: Hmm . . . ⁵⁷Splash World, the dive supply shop, is really close to here. If they have any in stock, I can go pick one up. Why don't you give them a call and see if they have what we need?

M: Good idea! I'll get right on that. Only . . . ⁵⁸do you know the store's phone number?

W: No, but I bet Reggie does.

56 What are the speakers mainly discussing?
(A) A change to a safety regulation
(B) Preparations for an activity
(C) An itinerary for a trip
(D) Complications with a vessel

57 What does the woman mention about Splash World?
(A) It extended operational hours.
(B) It is currently closed.
(C) It is located nearby.
(D) It restocked some goods.

58 What does the man ask about?
(A) A group's departure time
(B) A supplier's branch location
(C) A product's model number
(D) A business's contact information

56-58번은 다음 대화에 관한 문제입니다.

M: ⁵⁶배에 스쿠버 장비를 벌써 실었나요? 우리는 다이빙 관광에 열 명을 데려가기에 충분한 장비가 필요해요.

W: 네, 하지만 마스크들 중 하나에서 금이 간 것을 발견했어요.

M: 정말요? 다른 다이빙 그룹이 여분의 마스크들을 전부 가져가서 그게 문제네요.

W: 흠… ⁵⁷다이빙용품 가게인 Splash World가 여기서 매우 가까워요. 만약 그들에게 재고가 있다면, 제가 가서 하나 사 올 수 있어요. 거기에 전화해서 우리가 필요한 게 있는지 확인하는 게 어때요?

M: 좋은 생각이에요! 지금 바로 그것을 처리할게요. 다만… ⁵⁸그 가게의 전화번호를 아나요?

W: 아니요, 하지만 Reggie는 분명히 알 거예요.

56. 화자들은 주로 무엇에 관해 이야기하고 있는가?
(A) 안전 규정의 변화
(B) 활동을 위한 준비
(C) 여행 일정표
(D) 선박의 문제들

57. 여자는 Splash World에 관해 무엇을 언급하는가?
(A) 운영 시간을 연장했다.
(B) 현재 문을 닫았다.
(C) 가까이 위치해 있다.
(D) 몇몇 상품을 재입고했다.

58. 남자는 무엇에 관해 문의하는가?
(A) 단체의 출발 시간
(B) 공급업체의 지점 위치
(C) 상품의 모델 번호
(D) 업체의 연락처

지문 gear[미 giər, 영 giə] 장비, 장치 spare[미 speər, 영 speə] 여분의, 예비용의 supply[səplái] 용품, 공급품
56 itinerary[aitínəreri] 일정표 complication[kà:mplikéiʃən] 문제 57 operational[à:pəréiʃənl] 운영의

56 ■ 전체 대화 관련 문제 주제 정답 (B)
대화의 주제를 묻는 문제이므로, 대화의 초반을 주의 깊게 들은 후 전체 맥락을 파악한다. 남자가 "Have you loaded the scuba gear into the boat yet?"이라며 배에 스쿠버 장비를 벌써 실었는지 물은 뒤, 다이빙 준비에 관한 내용으로 대화가 이어지고 있다. 따라서 정답은 (B) Preparations for an activity이다.

57 ■ 세부 사항 관련 문제 언급 정답 (C)
여자가 Splash World에 관해 언급한 것을 묻는 문제이므로, 여자의 말에서 질문의 핵심어구(Splash World)가 언급된 주변을 주의 깊게 듣는다. 여자가 "Splash World, the dive supply shop, is really close to here."라며 다이빙용품 가게인 Splash World가 여기서 매우 가깝다고 하였다. 따라서 정답은 (C) It is located nearby이다.

바꾸어 표현하기
close 가까운 → located nearby 가까이 위치한

58 ■ 세부 사항 관련 문제 특정 세부 사항 정답 (D)
남자가 문의하는 것을 묻는 문제이므로, 남자의 말을 주의 깊게 듣는다. 남자가 "do you know the store[the dive supply shop]'s phone number?"라며 다이빙용품 가게의 전화번호를 아는지 물었다. 따라서 정답은 (D) A business's contact information이다.

바꾸어 표현하기
phone number 전화번호 → contact information 연락처

Questions 59-61 refer to the following conversation with three speakers.

🔊 호주식 발음 → 미국식 발음 → 캐나다식 발음

M1: Marian and Steven, [59]we're getting fewer and fewer customers every month. We need to do something about our restaurant.

W: Well, [60]I think we should introduce some vegetarian dishes. A lot of people are concerned about their health, and there are no nearby restaurants offering vegetarian options.

M2: I agree. Everything we serve has meat.

M1: Okay. I'll talk to our chefs to start gathering ideas for new dishes. Then, Steven, [61]can you review the results of the questionnaire we asked our customers to fill out last month?

M2: [61]Sure. I remember that there were some suggestions about ingredients we should use.

W: I can help you with that.

59 What is the conversation mainly about?
(A) Moving plans
(B) Opening hours
(C) Staff hiring
(D) Business strategy

60 What does the woman recommend?
(A) Introducing new items to the menu
(B) Advertising in a neighborhood
(C) Reducing the number of dishes
(D) Paying for some repairs

61 What does Steven say he will do?
(A) Prepare ingredients for a recipe
(B) Examine the results of a survey
(C) Hand out flyers to passers-by
(D) Hold a meeting with employees

59-61번은 다음 세 명의 대화에 관한 문제입니다.

M1: Marian과 Steven, [59]우리는 매달 점점 더 적은 고객들을 받고 있어요. 우리의 레스토랑에 관해서 무언가를 해야 해요.

W: 음, [60]저는 우리가 채식 요리들을 선보여야 한다고 생각해요. 많은 사람들이 자신들의 건강에 대해서 걱정하고, 이 근방에는 채식 선택지를 제공하는 레스토랑들이 없어요.

M2: 동의해요. 우리가 제공하는 모든 것들에는 육류가 있어요.

M1: 좋아요. 우리의 요리사들에게 새로운 요리들을 위한 아이디어를 모으는 것을 시작하라고 이야기할게요. 그러면, Steven, [61]우리가 지난달에 고객들에게 작성해달라고 요청했던 설문지의 결과를 재검토해 줄 수 있나요?

M2: [61]물론이죠. 우리가 사용해야 할 재료들에 관한 제안들이 몇몇 있었던 것으로 기억해요.

W: 제가 도와줄 수 있어요.

59. 대화는 주로 무엇에 관한 것인가?
(A) 이사 계획
(B) 개점 시간
(C) 직원 채용
(D) 사업 전략

60. 여자는 무엇을 제안하는가?
(A) 메뉴에 새로운 품목들을 선보이기
(B) 동네에 광고를 하기
(C) 요리들의 개수를 줄이기
(D) 수리를 위해 비용을 지불하기

61. Steven은 무엇을 할 것이라고 말하는가?
(A) 조리법을 위한 재료들을 준비한다.
(B) 설문조사의 결과를 검토한다.
(C) 행인들에게 전단을 나누어 준다.
(D) 직원들과 함께 회의를 연다.

지문 vegetarian[vèdʒətɛ́əriən] 채식의 concerned[미 kənsɔ́:rnd, 영 kənsɔ́:nd] 걱정하는 gather[gǽðər] 모으다
59 strategy[strǽtədʒi] 전략, 전술
60 neighborhood[néibərhud] 동네, 이웃 reduce[ridjú:s] 줄이다, 축소하다
61 flyer[미 fláiər, 영 fláiə] 전단 passer-by 행인

59 ■ 전체 대화 관련 문제 주제
정답 (D)

대화의 주제를 묻는 문제이므로, 대화의 초반을 반드시 듣는다. 남자 1이 "we're getting fewer and fewer customers every month. We need to do something about out restaurant."이라며 자신들이 매달 점점 더 적은 고객들을 받고 있으며, 레스토랑에 관해서 무언가를 해야 한다고 한 뒤, 레스토랑의 사업 전략에 관한 내용으로 대화가 이어지고 있다. 따라서 정답은 (D) Business strategy이다.

60 ■ 세부 사항 관련 문제 제안
정답 (A)

여자가 제안하는 것을 묻는 문제이므로, 여자의 말에서 제안과 관련된 표현이 언급된 다음을 주의 깊게 듣는다. 여자가 "I think we should introduce some vegetarian dishes"라며 자신들이 채식 요리들을 선보여야 한다고 생각한다고 하였다. 따라서 정답은 (A) Introducing new items to the menu이다.

61 ■ 세부 사항 관련 문제 다음에 할 일
정답 (B)

Steven 즉, 남자 2가 하겠다고 말한 것을 묻는 문제이므로, 질문의 핵심어구(Steven ~ will do)와 관련된 내용을 주의 깊게 듣는다. 남자 1이 남자 2에게 "can you review the results of the questionnaire we asked our customers to fill out last month?"라며 지난달에 고객들에게 작성해달라고 요청했던 설문지의 결과를 재검토해 줄 수 있는지 묻자, 남자 2가 "Sure."라며 물론이라고 하였다. 따라서 정답은 (B) Examine the results of a survey이다.

Questions 62-64 refer to the following conversation and map.

🎧 영국식 발음 → 캐나다식 발음

W: Josh, ⁶²I'm sorry, but I forgot the lawn chairs. I thought they were in my car, but I must have left them at home.

M: Then, ⁶³why don't we sit in front of the musical fountain instead of in the picnic area? I saw some benches there that we could use.

W: ⁶³Good idea. I really don't want to sit on the grass.

M: Me neither. Um, before we head over there, I'll stop by the information center to find out what time the fireworks start. It's right beside the parking lot.

W: Okay. While you do that, ⁶⁴I'll buy us some bottles of water.

62-64번은 다음 대화와 약도에 관한 문제입니다.

W: Josh, ⁶²미안하지만, 접이식 의자들을 깜빡했어요. 저는 그 것들이 제 차에 있나고 생각했는데, 집에 두고 온 것 같아 요.

M: 그렇다면, ⁶³피크닉 구역 대신에 음악 분수대 앞에 앉는 게 어때요? 거기서 우리가 사용할 수 있는 벤치들을 몇 개 봤 어요.

W: ⁶³좋은 생각이네요. 저는 정말 풀밭 위에 앉고 싶지는 않거 든요.

M: 저도요. 음, 그쪽으로 가기 전에, 저는 불꽃놀이가 몇 시에 시작하는지 알아보기 위해 정보 센터에 들를게요. 그곳은 주차장 바로 옆에 있어요.

W: 좋아요. 그러시는 동안, ⁶⁴저는 물을 몇 병 사 올게요.

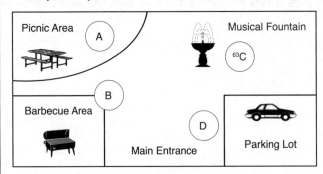

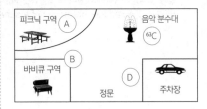

62 Why does the woman apologize?
(A) She did not bring some items.
(B) She cannot attend an event.
(C) She forgot to buy some tickets.
(D) She parked in the wrong area.

62. 여자는 왜 사과하는가?
(A) 그녀는 몇몇 물건들을 가지고 오지 않았다.
(B) 그녀는 행사에 참석할 수 없다.
(C) 그녀는 티켓을 구매하는 것을 잊었다.
(D) 그녀는 잘못된 구역에 주차했다.

63 Look at the graphic. Where most likely will the speakers sit?
(A) Area A
(B) Area B
(C) Area C
(D) Area D

63. 시각 자료를 보시오. 화자들은 어디에 앉을 것 같은가?
(A) A 구역
(B) B 구역
(C) C 구역
(D) D 구역

64 What will the woman probably do next?
(A) Park a vehicle
(B) Check a map
(C) Ask for some directions
(D) Purchase some drinks

64. 여자는 다음에 무엇을 할 것 같은가?
(A) 차량을 주차한다.
(B) 약도를 확인한다.
(C) 방향을 묻는다.
(D) 마실 것을 산다.

지문 lawn chair 접이식 의자 fountain [fáuntn] 분수대
62 apologize [미 əpάːlədʒàiz, 영 əpɔ́lədʒaiz] 사과하다

62 ■ 세부 사항 관련 문제 이유

정답 (A)

여자가 사과하는 이유를 묻는 문제이므로, 질문의 핵심어구(woman apologize)와 관련된 내용을 주의 깊게 듣는다. 여자가 "I'm sorry, but I forgot the lawn chairs"라며 미안하지만 접이식 의자들을 깜빡했다고 하였다. 따라서 정답은 (A) She did not bring some items이다.

63 ■ 세부 사항 관련 문제 시각 자료

정답 (C)

화자들이 앉을 장소를 묻는 문제이므로, 제시된 약도의 정보를 확인한 뒤 질문의 핵심어구(speakers sit)와 관련된 내용을 주의 깊게 듣는다. 남자가 여자에게 "why don't we sit in front of the musical fountain instead of in the picnic area?"라며 피크닉 구역 대신에 음악 분수대 앞에 앉는 것이 어떤지 묻자, 여자가 "Good idea."라며 좋은 생각이라고 하였다. 이를 통해 화자들은 음악 분수대 앞에 있는 C 구역에 앉을 것임을 약도에서 알 수 있다. 따라서 정답은 (C) Area C이다.

64 ■ 세부 사항 관련 문제 다음에 할 일

정답 (D)

여자가 다음에 할 일을 묻는 문제이므로, 대화의 마지막 부분을 주의 깊게 듣는다. 여자가 "I'll buy us some bottles of water"라며 물을 몇 병 사 오겠다고 하였다. 따라서 정답은 (D) Purchase some drinks이다.

바꾸어 표현하기

buy ~ some bottles of water 물을 몇 병 사다 → Purchase some drinks 마실 것을 사다

Questions 65-67 refer to the following conversation and building directory.

🔊 미국식 발음 → 호주식 발음

W: Excuse me. I'm scheduled to meet with Harvey Pinkerton. However, ⁶⁵the office listed for him on the directory here in the lobby is incorrect. I went up to the second floor, but someone else was using that office.

M: Oh, I'm very sorry for the inconvenience. ⁶⁶Mr. Pinkerton was recently transferred from marketing to sales, so he moved to another floor.

W: I see . . . Well, where is his new office?

M: ⁶⁷He's in Mr. Olsen's old office, which is down the hall and to the right.

W: OK, ⁶⁷I'll head there now. Thanks.

Exton Building Directory	
Floor 1	
101	Markus Swan
⁶⁷102	Tom Olsen
Floor 2	
201	Ahmed Abdul
202	Harvey Pinkerton

65 What did the woman already do?
(A) Canceled an appointment
(B) Went to a different floor
(C) Spoke to another receptionist
(D) Updated some information

66 Why did Mr. Pinkerton move into a new office?
(A) He began a special marketing project.
(B) He required a larger workspace.
(C) He received a promotion.
(D) He joined another department.

67 Look at the graphic. Which office will the woman head to?
(A) 101
(B) 102
(C) 201
(D) 202

65-67번은 다음 대화와 건물 안내판에 관한 문제입니다.

W. 실례합니다. 저는 Harvey Pinkerton과 만나기로 예정되어 있어요. 그런데, ⁶⁵여기 로비에 있는 건물 안내판에 그의 사무실이라고 나와 있는 곳이 틀려요. 제가 2층에 올라가 봤는데, 그 사무실을 다른 사람이 사용하고 있었어요.

M. 아, 불편을 드려 정말 죄송합니다. ⁶⁶Mr. Pinkerton은 최근에 마케팅 부서에서 영업 부서로 이동해서, 다른 층으로 옮겼습니다.

W. 그렇군요… 음, 그의 새로운 사무실은 어디인가요?

M. ⁶⁷그는 Mr. Olsen의 이전 사무실에 있는데, 그곳은 복도를 따라가서 오른편에 있어요.

W. 알겠어요, ⁶⁷지금 거기로 갈게요. 감사해요.

Exton 건물 안내판	
1층	
101호	Markus Swan
⁶⁷102호	Tom Olsen
2층	
201호	Ahmed Abdul
202호	Harvey Pinkerton

65. 여자는 이미 무엇을 했는가?
(A) 약속을 취소했다.
(B) 다른 층에 갔다.
(C) 다른 접수원과 이야기했다.
(D) 몇몇 정보를 갱신했다.

66. Mr. Pinkerton은 왜 새로운 사무실로 옮겼는가?
(A) 그는 특별한 마케팅 프로젝트를 시작했다.
(B) 그는 더 넓은 작업 공간을 요청했다.
(C) 그는 승진했다.
(D) 그는 다른 부서에 합류했다.

67. 시각 자료를 보시오. 여자는 어느 사무실로 갈 것인가?
(A) 101호
(B) 102호
(C) 201호
(D) 202호

지문 directory[diréktəri] (건물) 안내판 inconvenience[ìnkənví:niəns] 불편 transfer[미 trænsfə́:r, 영 trænsfə́:] 이동하다
    head[hed] 가다, 향하다
  65 receptionist[risépʃənist] 접수원
  66 promotion[prəmóuʃən] 승진

65 ■ 세부 사항 관련 문제 특정 세부 사항

정답 (B)

여자가 이미 한 것을 묻는 문제이므로, 질문의 핵심어구(already do)와 관련된 내용을 주의 깊게 듣는다. 여자가 "the office listed for him[Harvey Pinkerton] on the directory here in the lobby is incorrect. I went up to the second floor"라며 이곳 로비에 있는 건물 안내판에 Harvey Pinkerton의 사무실이라고 나와 있는 곳이 틀리다고 하며 2층에 올라가 봤다고 하였다. 따라서 정답은 (B) Went to a different floor이다.

66 ■ 세부 사항 관련 문제 이유

정답 (D)

Mr. Pinkerton이 새로운 사무실로 옮긴 이유를 묻는 문제이므로, 질문의 핵심어구(move into a new office)와 관련된 내용을 주의 깊게 듣는다. 남자가 "Mr. Pinkerton was recently transferred from marketing to sales, so he moved to another floor."라며 Mr. Pinkerton이 최근에 마케팅 부서에서 영업 부서로 이동해서 다른 층으로 옮겼다고 하였다. 따라서 정답은 (D) He joined another department이다.

바꾸어 표현하기

transferred from marketing to sales 마케팅 부서에서 영업 부서로 이동했다 → joined another department 다른 부서에 합류했다

67 ■ 세부 사항 관련 문제 시각 자료

정답 (B)

여자가 갈 사무실을 묻는 문제이므로, 제시된 건물 안내판의 정보를 확인한 뒤 질문의 핵심어구(head)가 언급된 주변을 주의 깊게 듣는다. 남자가 "He[Mr. Pinkerton]'s in Mr. Olsen's old office"라며 Mr. Pinkerton이 Mr. Olsen의 이전 사무실에 있다고 하자, 여자가 "I'll head there now"라며 지금 거기로 가겠다고 하였으므로, 여자가 Tom Olsen의 이전 사무실인 102호로 갈 것을 건물 안내판에서 알 수 있다. 따라서 정답은 (B) 102이다.

Questions 68-70 refer to the following conversation and floor plans.

🎧 캐나다식 발음 → 영국식 발음

M: ⁶⁸I'm very happy to have you join our engineering firm, Ms. Doyle. You have a lot of experience designing Web sites, so I'm sure you will play an important role in our upcoming projects.

W: Well, I very much look forward to working here too.

M: Regarding your new office, we currently have four available spaces that you can choose from. ⁶⁹Do you have any particular requirements for your workspace?

W: Well, I plan to hold regular meetings in my office with my team, so ⁶⁹the bigger the better . . . Plus, a window would be nice.

M: ⁶⁹We have one that should meet your needs. ⁷⁰You can move your things in after I show you around our headquarters.

68-70번은 다음 대화와 평면도에 관한 문제입니다.

M: ⁶⁸당신이 우리 엔지니어링 회사에 합류하시게 되어 정말 기뻐요, Ms. Doyle. 당신은 웹사이트를 디자인하는 데 많은 경험이 있어서, 저는 당신이 우리의 다가오는 프로젝트에서 중요한 역할을 하실 거라고 확신해요.

W: 음, 저도 이곳에서 일하는 것이 정말 많이 기대돼요.

M: 당신의 새로운 사무실과 관련해서, 저희에겐 현재 당신이 선택하실 수 있는 이용 가능한 공간이 네 군데 있어요. ⁶⁹작업 공간에 대해 특정한 요건이 있으신가요?

W: 음, 저는 제 사무실에서 제 팀과 정기 회의를 할 계획이라서, ⁶⁹클수록 더 좋아요… 게다가, 창문이 있었으면 좋겠네요.

M: ⁶⁹당신의 요구를 만족시킬 만한 곳이 한 군데 있어요. ⁷⁰제가 우리 본사를 안내해드린 다음에 당신의 짐을 옮기시면 되겠어요.

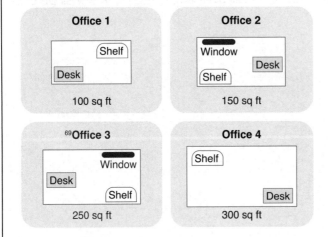

68 Who most likely is the woman?
(A) A financial consultant
(B) An engineer
(C) An architect
(D) A Web designer

69 Look at the graphic. Which office will the woman use?
(A) Office 1
(B) Office 2
(C) Office 3
(D) Office 4

70 What will the woman probably do next?
(A) Go on a building tour
(B) Meet with a manager
(C) Participate in an orientation
(D) Introduce herself to coworkers

68. 여자는 누구인 것 같은가?
(A) 재정 상담가
(B) 기술자
(C) 건축가
(D) 웹 디자이너

69. 시각 자료를 보시오. 여자는 어느 사무실을 사용할 것인가?
(A) 사무실 1
(B) 사무실 2
(C) 사무실 3
(D) 사무실 4

70. 여자는 다음에 무엇을 할 것 같은가?
(A) 건물 견학을 간다.
(B) 관리자와 만난다.
(C) 오리엔테이션에 참여한다.
(D) 동료들에게 자신을 소개한다.

지문 play a role 역할을 하다 requirement[rikwáiərmənt] 요건, 요구 regular[미 régjələr, 영 régjələ] 정기적인 meet[mi:t] 만족시키다, 충족시키다 needs[ni:dz] 요구, 필요

68 ■ 전체 대화 관련 문제 화자

여자의 신분을 묻는 문제이므로, 신분 및 직업과 관련된 표현을 놓치지 않고 듣는다. 남자가 "I'm very happy to have you join our engineering firm, Ms. Doyle."이라며 여자가 엔지니어링 회사에 합류하게 되어 정말 기쁘다고 한 뒤 "You have a lot of experience designing Web sites, so I'm sure you will play an important role in our upcoming projects."라며 여자가 웹사이트를 디자인하는 데 많은 경험이 있어서, 다가오는 프로젝트에서 중요한 역할을 할 거라고 확신한다고 하였다. 이를 통해 여자가 웹 디자이너임을 알 수 있다. 따라서 정답은 (D) A Web designer이다.

69 ■ 세부 사항 관련 문제 시각 자료

정답 (C)

여자가 사용할 사무실을 묻는 문제이므로, 제시된 평면도의 정보를 확인한 뒤 질문의 핵심어구(office)와 관련된 내용을 주의 깊게 듣는다. 남자가 "Do you have any particular requirements for your workspace?"라며 작업 공간에 대해 특정한 요건이 있는지 묻자, 여자가 "the bigger the better . . . Plus, a window would be nice."라며 클수록 더 좋고 창문이 있었으면 좋겠다고 하였다. 그러자 남자가 "We have one that should meet your needs."라며 여자의 요구를 만족시킬 만한 곳이 한 군데 있다고 하였다. 이를 통해 여자가 사용할 사무실은 창문이 있는 사무실 중 더 큰 곳인 사무실 3임을 평면도에서 알 수 있다. 따라서 정답은 (C) Office 3이다.

70 ■ 세부 사항 관련 문제 다음에 할 일

정답 (A)

여자가 다음에 할 일을 묻는 문제이므로, 대화의 마지막 부분을 주의 깊게 듣는다. 남자가 "You can move your things in after I show you around our headquarters."라며 자신이 본사를 안내해 준 다음에 짐을 옮기면 되겠다고 하였다. 따라서 정답은 (A) Go on a building tour이다.

바꾸어 표현하기

show ~ around ~ headquarters 본사를 안내하다 → Go on a building tour 건물 견학을 가다

TEST | 01 | 02 | 03 | 04 | 05 | 06 | 07 | 08 | 09 | 10 | 해커스 토익 실전 1000제 2 Listening

PART 4

Questions 71-73 refer to the following advertisement.

🔊 미국식 발음

Join us at the Suarez Performing Arts Center for a one-evening performance by [71]world-renowned violinist Wan Cheol Shin. Mr. Shin will perform an evening of classical pieces and modern works accompanied by the San Bernardo Symphony Orchestra. [72]Recordings of Mr. Shin's music will be available for purchase after the concert. Doors for the concert open at 7:20 P.M. tomorrow, April 9. [73]For tickets and reservations, please call the box office at 555-7219. Don't miss out on your chance to see Wan Cheol Shin performing live. Make your reservations today!

71 Who is Wan Cheol Shin?
(A) A musical performer
(B) A famous actor
(C) A symphony conductor
(D) A guest speaker

72 What will be available at the event?
(A) Free brochures
(B) Refreshments
(C) Music recordings
(D) Signed posters

73 Why would the listeners call the provided telephone number?
(A) To check performance times
(B) To inquire about tickets
(C) To learn about an artist
(D) To purchase a CD

71-73번은 다음 광고에 관한 문제입니다.

[71]세계적으로 유명한 바이올리니스트인 Wan Cheol Shin의 일일 저녁 공연을 위해 Suarez 공연 예술 센터에서 저희와 함께하십시오. Mr. Shin은 San Bernardo 교향악단의 반주를 받아 고전곡과 현대곡들로 이루어진 저녁 공연을 할 것입니다. [72]Mr. Shin의 음반은 연주회가 끝난 뒤 구매 가능할 것입니다. 연주회장의 문은 내일 4월 9일 저녁 7시 20분에 엽니다. [73]표와 예매에 대해서는, 555-7219로 매표소에 전화주십시오. Wan Cheol Shin이 라이브로 공연하는 모습을 볼 기회를 놓치지 마십시오. 오늘 예매하세요!

71. Wan Cheol Shin은 누구인가?
(A) 음악 연주가
(B) 유명 배우
(C) 교향악단 지휘자
(D) 초청 강연자

72. 행사에서 무엇을 구할 수 있을 것인가?
(A) 무료 소책자들
(B) 다과들
(C) 음반들
(D) 서명된 포스터들

73. 청자들은 왜 제공된 전화번호로 전화할 것인가?
(A) 공연 시간을 확인하기 위해
(B) 표에 대해 문의하기 위해
(C) 예술가에 대해서 알기 위해서
(D) CD를 구매하기 위해

지문 performance[pərfɔ́:rməns] 공연 world-renowned[wə́:rldrináund] 세계적으로 유명한 modern[má:dərn] 현대의 accompany[əkʌ́mpəni] 반주를 하다, 동반하다 box office 매표소 miss out 놓치다
71 conductor[kəndʌ́ktər] 지휘자
73 inquire[inkwáiər] 문의하다

71 ■ 세부 사항 관련 문제 특정 세부 사항 정답 (A)
Wan Cheol Shin의 신분을 묻는 문제이므로, 질문 대상(Wan Cheol Shin)의 신분 및 직업과 관련된 표현을 놓치지 않고 듣는다. "world-renowned violinist Wan Cheol Shin"이라며 세계적으로 유명한 바이올리니스트인 Wan Cheol Shin이라고 하였다. 따라서 정답은 (A) A musical performer이다.

바꾸어 표현하기
violinist 바이올리니스트 → musical performer 음악 연주가

72 ■ 세부 사항 관련 문제 특정 세부 사항 정답 (C)
행사에서 구할 수 있을 것을 묻는 문제이므로, 질문의 핵심어구(available)가 언급된 주변을 주의 깊게 듣는다. "Recordings of Mr. Shin's music will be available for purchase after the concert."라며 Mr. Shin의 음반은 연주회가 끝난 뒤 구매 가능할 것이라고 하였다. 따라서 정답은 (C) Music recordings이다.

73 ■ 세부 사항 관련 문제 이유 정답 (B)
청자들이 제공된 전화번호로 전화할 이유를 묻는 문제이므로, 질문의 핵심어구(call the provided telephone number)와 관련된 내용을 주의 깊게 듣는다. "For tickets and reservations, please call the box office at 555-7219."이라며 표와 예매에 대해서는 매표소에 전화하라고 하였다. 따라서 정답은 (B) To inquire about tickets이다.

74
75
76

Questions 74-76 refer to the following announcement.

🎧 영국식 발음

Hi, everyone. As you may already know, [74]we are closing down Bedford Tower next Friday. [75]Several tenants of the building have complained about issues with ants and other insects, so we've hired a pest control company to perform the necessary work on that day. Since the building will be closed, [76]only a few staff members will have to come into work that day. I will be here along with my assistant, who will accompany the workers throughout the building. Also, [76]the maintenance staff will need to come in to clean up at the end of the day. The rest of you are in luck. I'll provide more details later today.

74 What is the announcement mainly about?
  (A) A company event
  (B) A change of location
  (C) A temporary closure
  (D) A staff reassignment

75 What will happen next Friday?
  (A) The building will be renovated.
  (B) Insect problems will be resolved.
  (C) Tenant feedback will be collected.
  (D) Broken equipment will be repaired.

76 What does the speaker mean when she says, "The rest of you are in luck"?
  (A) A new benefit will be offered.
  (B) A team assignment was canceled.
  (C) Some employees can take a day off.
  (D) Some staff members will get a pay raise.

74-76번은 다음 공지에 관한 문제입니다.

안녕하세요, 여러분. 이미 알고 계실 수도 있지만, [74]저희는 다음 주 금요일에 Bedford 타워를 폐쇄할 것입니다. [75]건물의 세입자 여러 명이 개미와 다른 곤충들 관련 문제에 관해 불만을 표해왔으므로, 저희는 그날 필요한 작업을 해줄 병충해 방제 회사를 고용했습니다. 건물이 폐쇄될 것이기 때문에, [76]소수의 직원들만 해당일에 출근하면 될 것입니다. 저는 제 조수와 이곳에 있을 것인데, 그는 작업자들과 건물 도처에 동행할 것입니다. 또한, [76]유지보수 직원들은 하루가 끝날 때 청소를 하러 와야 할 것입니다. 나머지 분들은 운이 좋네요. 더 많은 세부 사항들은 오늘 추후에 제공해드리겠습니다.

74. 공지는 주로 무엇에 관한 것인가?
  (A) 회사 행사
  (B) 위치의 변경
  (C) 임시 폐쇄
  (D) 직원 재배치

75. 다음 주 금요일에 무슨 일이 일어날 것인가?
  (A) 건물이 개조될 것이다.
  (B) 곤충 문제가 해결될 것이다.
  (C) 세입자 의견이 수집될 것이다.
  (D) 망가진 장비가 수리될 것이다.

76. 화자는 "나머지 분들은 운이 좋네요"라고 말할 때 무엇을 의도하는가?
  (A) 새로운 혜택이 제공될 것이다.
  (B) 팀 업무가 취소되었다.
  (C) 몇몇 직원들은 하루 휴가를 얻을 수 있다.
  (D) 몇몇 직원들은 임금 인상을 받을 것이다.

지문 close down 폐쇄하다 tenant[ténənt] 세입자 pest control 병충해 방제 accompany[əkʌ́mpəni] 동행하다, 동반하다
74 temporary[미 témpərèri, 영 témpərəri] 임시의, 일시적인 reassignment[rìːəsáinmənt] 재배치, 재할당
75 renovate[rénəvèit] 개조하다, 보수하다 resolve[rizɔ́lv] 해결하다
76 benefit[미 bénəfît, 영 bénifit] 혜택 take a day off 하루 휴가를 얻다 pay raise 임금 인상

74 ■ 전체 지문 관련 문제 주제 정답 (C)
공지의 주제를 묻는 문제이므로, 지문의 초반을 반드시 듣는다. "we are closing down Bedford Tower next Friday"라며 다음 주 금요일에 Bedford 타워를 폐쇄할 것이라고 한 뒤, 폐쇄 이유 및 향후 조치와 관련된 내용을 언급하였다. 따라서 정답은 (C) A temporary closure이다.

75 ■ 세부 사항 관련 문제 다음에 할 일 정답 (B)
다음 주 금요일에 일어날 일을 묻는 문제이므로, 질문의 핵심어구(next Friday)와 관련된 내용을 주의 깊게 듣는다. "Several tenants of the building have complained about issues with ants and other insects, so we've hired a pest control company to perform the necessary work on that day[next Friday]."라며 건물의 세입자 여러 명이 개미와 다른 곤충들 관련 문제에 관해 불만을 표해와서 다음 주 금요일에 필요한 작업을 해줄 병충해 방제 회사를 고용했다고 하였다. 따라서 정답은 (B) Insect problems will be resolved이다.

76 ■ 세부 사항 관련 문제 의도 파악 정답 (C)
화자가 하는 말의 의도를 묻는 문제이므로, 질문의 인용어구(The rest of you are in luck)가 언급된 주변을 주의 깊게 듣는다. "only a few staff members will have to come into work that day[next Friday]"라며 소수의 직원들만 다음 주 금요일에 출근하면 될 것이라고 하고, "the maintenance staff will need to come in to clean up ~"이라며 유지보수 직원들은 청소를 하러 와야 할 것이라고 한 뒤, "The rest of you[staff members] are in luck."이라며 나머지 직원들은 운이 좋다고 하였다. 이를 통해 몇몇 직원들은 하루 휴가를 얻을 수 있음을 알 수 있다. 따라서 정답은 (C) Some employees can take a day off이다.

Questions 77-79 refer to the following talk.

🎧 영국식 발음

Good morning, and [77]welcome to this seminar on European clothing trends. I will be your lecturer today. My name is Caroline LeGrand, and I head the design department at Tyler Sharp Apparel. I'm delighted to see such a large turnout here today, as I will be discussing a very interesting topic that affects everyone within the fashion industry. [78]All of you were handed a copy of today's program, which outlines everything that will take place. The lecture should last about two hours and take us right into lunch at noon. Then, the afternoon session will get underway at 1 o'clock. [79]For that segment, another fashion designer, Liv Holbein, will give a slide show presentation. OK, now let's begin.

77 Where does the talk most likely take place?
 (A) At a job orientation
 (B) At a product launch
 (C) At a trade fair
 (D) At a fashion seminar

78 What were given to the listeners?
 (A) Event programs
 (B) Performance reports
 (C) Personal name tags
 (D) Fabric samples

79 What will the participants do in the afternoon?
 (A) Look at new apparel
 (B) Watch a presentation
 (C) Take part in group activities
 (D) Review some documents

77-79번은 다음 담화에 관한 문제입니다.

안녕하십니까, [77]유럽 의류 동향에 관한 이번 세미나에 오신 걸 환영합니다. 저는 오늘 여러분의 강사입니다. 제 이름은 Caroline LeGrand이고, Tyler Sharp 의류 회사에서 디자인 부서를 이끌고 있습니다. 저는 패션 산업 내에 있는 모든 사람들에게 영향을 주는 매우 흥미로운 주제에 대해 논할 것이기 때문에, 오늘 이곳에서 이렇게 많은 참가자를 보게 되어 기쁩니다. [78]여러분 모두 오늘의 일정을 한 부 받으셨는데, 이는 오늘 있을 모든 것의 개요를 보여줍니다. 강의는 약 2시간 동안 지속될 것이고 정오에 곧바로 점심 식사를 하게 될 것입니다. 그리고 나서, 1시에 오후 활동이 시작되겠습니다. [79]그 부분 동안에는, 또 한 명의 패션 디자이너인 Liv Holbein께서 슬라이드 쇼 발표를 해주실 것입니다. 자, 이제 시작합시다.

77. 담화는 어디에서 일어나는 것 같은가?
 (A) 직무 오리엔테이션에서
 (B) 상품 출시 행사에서
 (C) 무역 박람회에서
 (D) 패션 세미나에서

78. 청자들에게 무엇이 주어졌는가?
 (A) 행사 일정
 (B) 성과 보고서
 (C) 개인 이름표
 (D) 원단 견본

79. 참가자들은 오후에 무엇을 할 것인가?
 (A) 새로운 의류를 본다.
 (B) 발표를 지켜본다.
 (C) 그룹 활동에 참가한다.
 (D) 문서들을 검토한다.

지문 head[hed] 이끌다 apparel[əpǽrəl] 의류 turnout[미 tə́:rnaut, 영 tə́:naut] 참가자의 수 outline[áutlain] 개요를 보여주다, 윤곽을 보여주다
 get underway 시작하다 segment[ségmənt] 부분
 77 launch[lɔ:ntʃ] 출시 행사
 78 name tag 이름표 fabric[fǽbrik] 원단, 직물

77 ■ 전체 지문 관련 문제 장소   정답 (D)
담화가 일어나는 장소를 묻는 문제이므로, 장소와 관련된 표현을 놓치지 않고 듣는다. "welcome to this seminar on European clothing trends"라며 유럽 의류 동향에 관한 이번 세미나에 온 걸 환영한다고 한 것을 통해 담화가 일어나는 장소가 패션 세미나임을 알 수 있다. 따라서 정답은 (D) At a fashion seminar이다.

바꾸어 표현하기
seminar on ~ clothing trends 의류 동향에 관한 세미나 → fashion seminar 패션 세미나

78 ■ 세부 사항 관련 문제 특정 세부 사항   정답 (A)
청자들에게 주어진 것을 묻는 문제이므로, 질문의 핵심어구(given to the listeners)와 관련된 내용을 주의 깊게 듣는다. "All of you were handed a copy of today's program"이라며 청자들 모두 오늘의 일정을 한 부 받았다고 하였다. 따라서 정답은 (A) Event programs이다.

79 ■ 세부 사항 관련 문제 다음에 할 일   정답 (B)
참가자들이 오후에 할 것을 묻는 문제이므로, 질문의 핵심어구(in the afternoon)와 관련된 내용을 주의 깊게 듣는다. "For that segment[afternoon session], another fashion designer, Liv Holbein, will give a slide show presentation."이라며 오후 활동 동안에는 또 한 명의 패션 디자이너인 Liv Holbein이 슬라이드 쇼 발표를 할 것이라고 하였다. 따라서 정답은 (B) Watch a presentation이다.

Questions 80-82 refer to the following announcement.

[3.w] 미국식 발음

I have a quick announcement. ⁸⁰After receiving a few complaints, I had a technician look at our old shredder this morning. It appears that there is a serious problem with its cutting blades, and ⁸¹it has effectively stopped working. I know this is a major inconvenience for you all. However, I've contacted Mellor Supplies, and a delivery will be made this week. If you need to shred anything in the meantime, ⁸²just use the one in the accounting department's office on the third floor. Staff there have been notified that some of you may make use of the machine. All right, that's all for now.

80 What did a technician do this morning?
(A) Installed some machinery
(B) Inspected a device
(C) Updated some software
(D) Relocated some supplies

81 Why does the speaker say, "a delivery will be made this week"?
(A) To make a correction
(B) To show surprise
(C) To offer assurance
(D) To confirm some speculation

82 What does the speaker suggest doing?
(A) Waiting for a specialist
(B) Speaking with a team manager
(C) Adjusting a work schedule
(D) Using another machine

80-82번은 다음 공지에 관한 문제입니다.

간단한 공지를 하겠습니다. ⁸⁰몇몇 불만이 접수된 후, 저는 오늘 아침에 기술자가 저희의 오래된 파쇄기를 살펴보도록 하였습니다. 절단 날에 심각한 문제가 있는 것으로 보이고, ⁸¹그것은 실질적으로 작동을 멈추었습니다. 이것이 여러분 모두에게 심각한 불편 사항이라는 것을 압니다. 하지만, 제가 Mellor Supplies사에 연락했고, 배송은 이번 주에 이루어질 것입니다. 만약 그동안 무언가를 파쇄해야 한다면, ⁸²3층 회계부 사무실에 있는 것을 사용하세요. 그곳 직원들은 여러분 중 일부가 그 기계를 사용할 수도 있다는 것을 통지받았습니다. 좋습니다, 이상입니다.

80. 기술자는 오늘 아침에 무엇을 했는가?
(A) 기계를 설치했다.
(B) 기기를 점검했다.
(C) 소프트웨어를 업데이트했다.
(D) 몇몇 물품들을 다시 배치했다.

81. 화자는 왜 "배송은 이번 주에 이루어질 것입니다"라고 말하는가?
(A) 잘못을 바로잡기 위해
(B) 놀람을 보이기 위해
(C) 안심시키기 위해
(D) 추측을 확인하기 위해

82. 화자는 무엇을 할 것을 제안하는가?
(A) 전문가를 기다리는 것
(B) 팀장과 이야기하는 것
(C) 근무 일정을 조정하는 것
(D) 다른 기계를 사용하는 것

지문 shredder[ʃrédər] 파쇄기 blade[bleid] 날 effectively[iféktivli] 실질적으로 shred[ʃred] 파쇄하다, 절단하다
80 install[instɔːl] 설치하다 machinery[məʃíːnəri] 기계 inspect[inspékt] 점검하다 relocate[rìːlóukeit] 다시 배치하다
81 speculation[spèkjuléiʃən] 추측
82 adjust[ədʒʌ́st] 조정하다

80 ■ 세부 사항 관련 문제 특정 세부 사항   정답 (B)

기술자가 오늘 아침에 한 것을 묻는 문제이므로, 질문의 핵심어구(technician ~ this morning)가 언급된 주변을 주의 깊게 듣는다. "After receiving a few complaints, I had a technician look at our old shredder this morning."이라며 몇몇 불만이 접수된 후, 오늘 아침에 기술자가 오래된 파쇄기를 살펴보도록 했다고 하였다. 따라서 정답은 (B) Inspected a device이다.

81 ■ 세부 사항 관련 문제 의도 파악   정답 (C)

화자가 하는 말의 의도를 묻는 문제이므로, 질문의 인용어구(a delivery will be made this week)가 언급된 주변을 주의 깊게 듣는다. "it[shredder] has effectively stopped working. I know this is a major inconvenience for you all. However, I've contacted Mellor Supplies, and a delivery will be made this week."이라며 파쇄기가 실질적으로 작동을 멈춘 것이 모두에게 심각한 불편 사항이라는 것을 알지만, 자신이 Mellor Supplies사에 연락했으며 배송이 이번 주에 이루어질 것이라고 하였다. 이를 통해 청자들을 안심시키고자 하는 의도임을 알 수 있다. 따라서 정답은 (C) To offer assurance이다.

82 ■ 세부 사항 관련 문제 제안   정답 (D)

화자가 제안하는 것을 묻는 문제이므로, 지문의 중후반에서 제안과 관련된 표현이 포함된 문장을 주의 깊게 듣는다. "just use the one[shredder] in the accounting department's office on the third floor"라며 3층 회계부 사무실에 있는 파쇄기를 사용하라고 제안하였다. 따라서 정답은 (D) Using another machine이다.

Questions 83-85 refer to the following telephone message.

🔊 캐나다식 발음

Hello. ⁸³This is Tyrone Dyson calling from the city of Dallas's Department of Parks and Recreation. ⁸⁴I received your message yesterday about possibly reserving the main room at the Pointer Park Community Center for a gathering on Saturday, September 2. Unfortunately, another group has already booked the space for that specific date you requested. However, I've contacted Dallas's other community center near Gleeson Park and was informed that they do have a space available at that time. If you are interested in booking that room, let me know. ⁸⁵You can check out details and photos of the space by visiting www.dallasrecreation.gov. Thanks, and have a great day.

83 Who most likely is the speaker?
(A) A personal assistant
(B) A program manager
(C) A park caretaker
(D) A city administrator

84 According to the speaker, what does the listener want to do?
(A) Volunteer at an outing
(B) Arrange a tour
(C) Make a booking
(D) Join a civic organization

85 Why might the listener visit a Web site?
(A) To pay a deposit
(B) To view some images
(C) To upload a review
(D) To check for updates

83-85번은 다음 전화 메시지에 관한 문제입니다.

안녕하세요. ⁸³저는 댈러스시의 공원 및 여가시설 관리부에서 전화드리는 Tyrone Dyson입니다. ⁸⁴저는 어제 9월 2일 토요일의 모임을 위해 Pointer 공원 시민 문화 회관에 큰 방을 예약하는 것이 가능한지에 관한 귀하의 메시지를 받았습니다. 안타깝게도, 다른 단체가 귀하께서 요청하신 그 특정 날짜에 그 공간을 이미 예약했습니다. 하지만, 제가 Gleeson 공원 근처에 있는 댈러스의 다른 시민 문화 회관에 연락하였고 그 시간에 이용 가능한 공간이 있다는 것을 통지받았습니다. 그 방을 예약하는 것에 관심이 있으시다면, 저에게 알려주십시오. ⁸⁵www.dallasrecreation.gov를 방문하여 이 공간의 세부 사항과 사진들을 확인하실 수 있습니다. 감사드리며, 좋은 하루 보내십시오.

83. 화자는 누구인 것 같은가?
(A) 개인 비서
(B) 프로그램 관리자
(C) 공원 관리원
(D) 시 행정관

84. 화자에 따르면, 청자는 무엇을 하고 싶어 하는가?
(A) 야유회에서 자원 봉사한다.
(B) 투어를 준비한다.
(C) 예약을 한다.
(D) 시민 단체에 가입한다.

85. 청자는 왜 웹사이트를 방문할 수도 있는가?
(A) 보증금을 지불하기 위해
(B) 사진들을 보기 위해
(C) 후기를 업로드하기 위해
(D) 최신 정보를 확인하기 위해

지문 community center 시민 문화 회관 gathering [gǽðəriŋ] 모임 specific [spəsífik] 특정한, 구체적인
83 caretaker [kéərteikər] 관리원 administrator [ədmínistreitər] 행정관
84 outing [áutiŋ] 야유회 civic organization 시민 단체
85 deposit [dipázit] 보증금

---

83 ■ 전체 지문 관련 문제 화자 　　　　　　　　　　　　　　　　　　　　　　　정답 (D)

화자의 신분을 묻는 문제이므로, 신분 및 직업과 관련된 표현을 놓치지 않고 듣는다. "This is Tyrone Dyson calling from the city of Dallas's Department of Parks and Recreation."이라며 자신이 댈러스시의 공원 및 여가시설 관리부의 Tyrone Dyson이라고 하였다. 이를 통해 화자가 시 행정관임을 알 수 있다. 따라서 정답은 (D) A city administrator이다.

84 ■ 세부 사항 관련 문제 특정 세부 사항 　　　　　　　　　　　　　　　　　　정답 (C)

청자가 하고 싶어 하는 것을 묻는 문제이므로, 질문의 핵심어구(want to do)와 관련된 내용을 주의 깊게 듣는다. "I received your message ~ about possibly reserving the main room at the Pointer Park Community Center"라며 Pointer 공원 시민 문화 회관에 큰 방을 예약하는 것이 가능한지에 관한 청자의 메시지를 받았다고 하였다. 따라서 정답은 (C) Make a booking이다.

85 ■ 세부 사항 관련 문제 이유 　　　　　　　　　　　　　　　　　　　　　　정답 (B)

청자가 웹사이트를 방문할 수도 있는 이유를 묻는 문제이므로, 질문의 핵심어구(Web site)와 관련된 내용을 주의 깊게 듣는다. "You can check out details and photos of the space by visiting www.dallasrecreation.gov."라며 웹사이트를 방문하여 공간의 세부 사항과 사진들을 확인할 수 있다고 하였다. 따라서 정답은 (B) To view some images이다.

바꾸어 표현하기
photos 사진들 → images 사진들

Questions 86-88 refer to the following talk.

🎧 호주식 발음

My name is Samir Nasser, and I'm a consultant and motivational speaker. I've been invited here by your employer to speak about how developing strong communication skills can improve your work life. [86]As telemarketers for a software company, your ability to communicate with customers is obviously an essential part of your job. [87]It enables you to express your thoughts clearly and concisely, which will in turn improve clients' confidence in you. But communication skills are not only important when it comes to increasing sales. They're also crucial for fostering healthy work relationships. In fact, the number one cause of workplace conflict is poor communication. To help prevent such issues, [88]I'd like us all to participate in some activities together aimed at strengthening interactions between colleagues.

86 What most likely do the listeners do for work?
(A) Provide technical support
(B) Develop new software programs
(C) Consult companies
(D) Sell products over the phone

87 According to the speaker, why are communication skills important?
(A) They make it easier to find new customers.
(B) They increase the likelihood of being hired.
(C) They allow customers to feel assured.
(D) They motivate other employees.

88 What does the speaker ask the listeners to do?
(A) Provide feedback
(B) Contact some clients
(C) Watch a short video
(D) Participate in exercises

86-88번은 다음 담화에 관한 문제입니다.

제 이름은 Samir Nasser이며, 저는 상담가이자 동기부여 연설가입니다. 저는 뛰어난 의사소통 능력을 발전시키는 것이 여러분의 직장 생활을 어떻게 개선할 수 있는지에 대해 말씀드리기 위해 여러분의 고용주로부터 이곳으로 초대받으셨습니다. [86]소프트웨어 회사의 텔레마케터로서, 고객들과 소통하는 능력은 여러분의 직업에서 분명히 필수적인 부분입니다. [87]그것은 여러분이 여러분의 생각을 명확하고 간결하게 표현하는 것을 가능하게 하는데, 이는 결과적으로 여러분에 대한 고객들의 신뢰를 향상시킬 것입니다. 하지만 의사소통 능력은 판매 증가에 있어서만 중요한 것이 아닙니다. 그것들은 또한 건강한 직장 내 관계를 조성하는 데 결정적입니다. 사실, 직장 갈등의 가장 큰 원인은 서툰 의사소통입니다. 이러한 문제를 막기 위해, [88]저는 우리 모두 함께 직장 동료 간 소통 강화를 목표로 한 활동에 참여했으면 합니다.

86. 청자들은 어떤 일을 하는 것 같은가?
(A) 기술 지원을 제공한다.
(B) 새로운 소프트웨어 프로그램을 개발한다.
(C) 기업들에 자문한다.
(D) 전화로 상품을 판매한다.

87. 화자에 따르면, 의사소통 능력이 왜 중요한가?
(A) 새로운 고객을 찾기 쉽도록 한다.
(B) 고용될 가능성을 높인다.
(C) 고객들이 안심하도록 한다.
(D) 다른 직원들에게 동기를 부여한다.

88. 화자는 청자들에게 무엇을 하라고 요청하는가?
(A) 의견을 제공한다.
(B) 고객들에게 연락한다.
(C) 짧은 영상을 본다.
(D) 활동에 참여한다.

지문 consultant[kənsʌ́ltənt] 상담가, 자문 위원 obviously[미 áːbviəsli, 영 ɔ́bviəsli] 분명히, 명백히 essential[isénʃəl] 필수적인, 극히 중요한
concisely[kənsáisli] 간결하게 in turn 결과적으로 crucial[krúːʃəl] 결정적인 foster[미 fɔ́ːstər, 영 fɔ́stə] 조성하다
interaction[ìntərǽkʃən] 소통, 상호 작용
87 assured[əʃúərd] 안심하는, 확신하는 motivate[móutiveit] 동기를 부여하다

86 ■ 전체 지문 관련 문제 청자   정답 (D)
청자들의 신분을 묻는 문제이므로, 신분 및 직업과 관련된 표현을 놓치지 않고 듣는다. "As telemarketers ~, your ability to communicate with customers is obviously an essential part of your job."이라며 텔레마케터로서 고객들과 소통하는 능력은 청자들의 직업에서 분명히 필수적인 부분이라고 하였다. 이를 통해 청자들이 전화로 상품을 판매하는 일을 한다는 것을 알 수 있다. 따라서 정답은 (D) Sell products over the phone이다.

87 ■ 세부 사항 관련 문제 이유   정답 (C)
의사소통 능력이 중요한 이유를 묻는 문제이므로, 질문의 핵심어구(communication skills important)와 관련된 내용을 주의 깊게 듣는다. "It[ability to communicate with customers] enables you to express your thoughts clearly and concisely, which will in turn improve clients' confidence in you."라며 고객들과 소통하는 능력이 생각을 명확하고 간결하게 표현하는 것을 가능하게 하는데, 이는 결과적으로 고객들의 신뢰를 향상시킬 것이라고 하였다. 따라서 정답은 (C) They allow customers to feel assured이다.

88 ■ 세부 사항 관련 문제 요청   정답 (D)
화자가 청자들에게 요청하는 것을 묻는 문제이므로, 지문의 중후반에서 요청과 관련된 표현이 포함된 문장을 주의 깊게 듣는다. "I'd like us all to participate in some activities together"라며 모두 함께 활동에 참여해달라고 요청하였다. 따라서 정답은 (D) Participate in exercises이다.

Questions 89-91 refer to the following news report.

🔊 영국식 발음

My name is Anita Busby, and you're tuned in to Channel 9 News. [89]Today's top story is on Williamton's Citizen of the Year Award. This year's recipient is [90]Maude Evans, owner of Gately Automotive Dealership right here in Williamton. Ms. Evans has been selected for the award in recognition of her charitable work in the Williamton community. Over the previous six months, she has devoted much of her personal time to collecting donations for Memorial Hospital and raising money to establish the city's first performing arts center. The award will be presented to Ms. Evans on September 22 at a dinner hosted by the Williamton City Council. [91]The event will be attended by community leaders and city government officials.

89~91번은 다음 뉴스 보도에 관한 문제입니다.

제 이름은 Anita Busby이며, 여러분은 9번 채널 뉴스를 듣고 계십니다. [89]오늘의 헤드라인은 Williamton의 올해의 시민상에 관한 것입니다. 올해의 수상자는 [90]바로 이곳 Williamton의 Gately 자동차 대리점의 소유주인 Maude Evans입니다. Ms. Evans는 Williamton 지역에서의 자선 활동을 인정받아 수상하도록 선정되었습니다. 지난 6개월 동안, 그녀는 Memorial 병원을 위한 기부금을 모으는 것과 시 최초의 공연 예술 센터를 짓기 위한 기금을 모으는 데 많은 개인 시간을 헌신했습니다. 이 상은 9월 22일에 Williamton 시의회에 의해 주최되는 만찬에서 Ms. Evans에게 수여될 것입니다. [91]이 행사에는 지역 대표들과 시 공무원들이 참석할 것입니다.

89 What is the main topic of the news report?
(A) An upcoming election
(B) A selected award recipient
(C) A medical facility
(D) A construction project

89. 뉴스 보도의 주제는 무엇인가?
(A) 다가오는 선거
(B) 선정된 수상자
(C) 의료 시설
(D) 건설 프로젝트

90 What is mentioned about Maude Evans?
(A) She retired a year ago.
(B) She works at a hospital.
(C) She joined the city council.
(D) She owns a local business.

90. Maude Evans에 관해 무엇이 언급되는가?
(A) 그녀는 1년 전에 퇴직했다.
(B) 그녀는 병원에서 근무한다.
(C) 그녀는 시의회에 입회했다.
(D) 그녀는 지역 사업을 소유한다.

91 According to the speaker, who will attend a gathering?
(A) A health care professional
(B) Performing artists
(C) Government representatives
(D) A foundation president

91. 화자에 따르면, 모임에 누가 참석할 것인가?
(A) 의료계 전문가
(B) 공연 예술가들
(C) 정부 대표들
(D) 재단 회장

지문 recipient[risípiənt] 수상자 dealership[미 dí:lərʃip, 영 dí:ləʃip] 대리점 in recognition of ~을 인정하여 charitable[tʃǽrətəbl] 자선의
devote[divóut] 헌신하다 city council 시의회 official[əfíʃəl] 공무원, 임원
89 upcoming[ʌ́pkʌmiŋ] 다가오는
90 retire[ritáiər] 퇴직하다, 은퇴하다
91 representative[rèprizéntətiv] 대표; 대표적인 foundation[faundéiʃən] 재단

89 ■ 전체 지문 관련 문제 주제　　　　　　　　　　　　　　　　　　　　　　　　　　　　　　　　　　　　　정답 (B)
뉴스 보도의 주제를 묻는 문제이므로, 지문의 초반을 반드시 듣는다. "Today's top story is on Williamton's Citizen of the Year Award."라며 오늘의 헤드라인은 Williamton의 올해의 시민상에 관한 것이라고 한 뒤, 수상자와 관련된 내용을 언급하였다. 따라서 정답은 (B) A selected award recipient이다.

90 ■ 세부 사항 관련 문제 언급　　　　　　　　　　　　　　　　　　　　　　　　　　　　　　　　　　　　　정답 (D)
Maude Evans에 관해 언급되는 것을 묻는 문제이므로, 질문의 핵심어구(Maude Evans)가 언급된 주변을 주의 깊게 듣는다. "Maude Evans, owner of Gately Automotive Dealership right here in Williamton"이라며 바로 이곳 Williamton의 Gately 자동차 대리점의 소유주인 Maude Evans라고 한 것을 통해 Maude Evans가 지역 사업을 소유하고 있음을 알 수 있다. 따라서 정답은 (D) She owns a local business이다.

91 ■ 세부 사항 관련 문제 특정 세부 사항　　　　　　　　　　　　　　　　　　　　　　　　　　　　　　　　정답 (C)
모임에 참석할 사람을 묻는 문제이므로, 질문의 핵심어구(attend a gathering)와 관련된 내용을 주의 깊게 듣는다. "The event[a dinner] will be attended by community leaders and city government officials."라며 이 만찬에는 지역 대표들과 시 공무원들이 참석할 것이라고 하였다. 따라서 정답은 (C) Government representatives이다.

Questions 92-94 refer to the following telephone message.

🎧 호주식 발음

Sally, it's Richard Holsten. We need to find a location for our department's Christmas party. ⁹²This morning, I called Golden China—the restaurant we discussed yesterday—but the manager said that 30 seats are not available on that day. They could host us if we broke up into smaller groups . . . but that's not really a good option. ⁹³It'd be great if you could call the new place that opened on Jefferson Street—Jacob's Steak House. I heard they have a private party room. ⁹³I'd contact the place myself, but I'm headed to the airport now. ⁹⁴With the event coming up in only three weeks, we need to make a reservation as soon as possible.

92 What did the speaker do this morning?
(A) Notified people of a postponement
(B) Put in a special food order
(C) Inquired about space at a restaurant
(D) Sampled some dessert options

93 What does the speaker mean when he says, "I'm headed to the airport now"?
(A) He will reach a destination on time.
(B) He has taken a coworker's suggestion.
(C) He is unable to carry out a task.
(D) He has already made a reservation.

94 According to the speaker, why should a reservation be made quickly?
(A) A client has given short notice on a request.
(B) A scheduled event is approaching.
(C) A discount will be canceled soon.
(D) A restaurant will be closing shortly.

92-94번은 다음 전화 메시지에 관한 문제입니다.

Sally, 저는 Richard Holsten입니다. 우리는 다음 달 우리 부서의 크리스마스 파티를 위한 장소를 찾아야 합니다. ⁹²오늘 아침, 저는 우리가 어제 논의했던 레스토랑인 Golden China에 전화했는데, 관리자가 그날 30석은 이용할 수 없다고 했습니다. 만약 우리가 더 작은 그룹으로 나뉜다면 그들이 우리를 접대할 수도 있겠지만… 그건 별로 좋은 선택이 아닙니다. ⁹³당신이 Jefferson가에 개업한 새로운 장소인 Jacob's 스테이크 전문점에 전화할 수 있다면 좋겠어요. 그곳에는 전용 파티룸이 있다고 들었습니다. ⁹³제가 그곳에 직접 연락하고 싶지만, 저는 지금 공항으로 가고 있습니다. ⁹⁴행사가 3주밖에 남지 않았기 때문에, 우리는 가능한 한 빨리 예약을 해야 합니다.

92. 화자는 오늘 아침에 무엇을 했는가?
(A) 연기에 대해 사람들에게 알렸다.
(B) 특별 음식 주문을 넣었다.
(C) 레스토랑의 공간에 대해 문의했다.
(D) 몇몇 디저트를 시식했다.

93. 화자는 "저는 지금 공항으로 가고 있습니다"라고 말할 때 무엇을 의도하는가?
(A) 그는 제시간에 목적지에 도착할 것이다.
(B) 그는 동료의 제안을 받아들였다.
(C) 그는 업무를 수행하는 것이 불가능하다.
(D) 그는 이미 예약을 했다.

94. 화자에 따르면, 예약이 왜 빨리 되어야 하는가?
(A) 한 고객이 요청에 대해 촉박한 통보를 했다.
(B) 예정된 행사가 다가오고 있다.
(C) 할인이 조만간 취소될 것이다.
(D) 레스토랑이 곧 폐점할 것이다.

지문   available [əvéiləbl] 이용할 수 있는   private [práivət] (특정 개인·집단) 전용의
92   postponement [poustpóunmənt] 연기   sample [sǽmpl] 시식하다
93   coworker [kóuwəˋːrkər] 동료   carry out 수행하다   94   approach [미 əpróutʃ, 영 əpráutʃ] 다가오다

92 ■ **세부 사항 관련 문제** 특정 세부 사항   정답 (C)

화자가 오늘 아침에 한 일을 묻는 문제이므로, 질문의 핵심어구(this morning)가 언급된 주변을 주의 깊게 듣는다. "This morning, I called Golden China—the restaurant we discussed yesterday—but the manager said that 30 seats are not available on that day."라며 오늘 아침에 어제 논의했던 레스토랑인 Golden China에 전화했는데, 관리자가 그날 30석은 이용할 수 없다고 했다고 하였다. 따라서 정답은 (C) Inquired about space at a restaurant이다.

93 ■ **세부 사항 관련 문제** 의도 파악   정답 (C)

화자가 하는 말의 의도를 묻는 문제이므로, 질문의 인용어구(I'm headed to the airport now)가 언급된 주변을 주의 깊게 듣는다. "It'd be great if you could call the new place that opened on Jefferson Street—Jacob's Steak House."라며 청자가 Jefferson 가에 개업한 새로운 장소인 Jacob's 스테이크 전문점에 전화할 수 있다면 좋겠다고 한 뒤, "I'd contact the place myself, but I'm headed to the airport now."라며 자신이 직접 연락하고 싶지만, 지금 공항으로 가고 있다고 하였다. 이를 통해 업무를 수행하는 것이 불가능함을 알 수 있다. 따라서 정답은 (C) He is unable to carry out a task이다.

94 ■ **세부 사항 관련 문제** 이유   정답 (B)

예약이 빨리 되어야 하는 이유를 묻는 문제이므로, 질문의 핵심어구(reservation be made quickly)와 관련된 내용을 주의 깊게 듣는다. "With the event coming up in only three weeks, we need to make a reservation as soon as possible."이라며 행사가 3주밖에 남지 않았기 때문에 가능한 한 빨리 예약을 해야 한다고 하였다. 따라서 정답은 (B) A scheduled event is approaching이다.

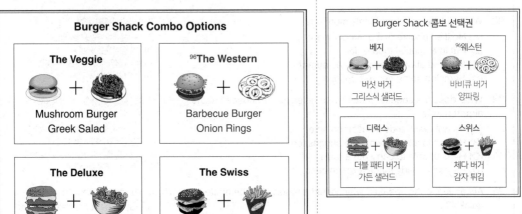

Questions 95-97 refer to the following talk and illustration.

🎧 영국식 발음

I'd like to share the latest updates regarding our fast food restaurant. For starters, ⁹⁵we recently hired celebrity chef Dawn Rather to team up with our corporate chefs in order to improve our existing menu. As a result of the partnership, we've decided to offer preset food combinations to customers. Each one will feature a burger and a side dish. Of course, people can mix and match the burger styles and side options. For instance, ⁹⁶they can change the barbecue burger and onion rings pairing to a barbecue burger and garden salad. Another important announcement is that ⁹⁷we plan to redesign our logo. A replacement will be unveiled in July.

95-97번은 다음 담화와 삽화에 관한 문제입니다.

우리 패스트푸드 레스토랑에 관한 가장 최신 정보를 공유해 드리고 싶습니다. 우선, ⁹⁵기존 메뉴를 개선하기 위해 우리 회사의 셰프들과 협력하도록 유명 셰프인 Dawn Rather를 최근에 고용했습니다. 그 협력의 결과로, 저희는 미리 정해진 음식 조합을 고객들에게 제공하기로 결정했습니다. 각각의 조합은 버거 하나와 곁들임 요리 하나를 특별히 포함할 것입니다. 물론, 사람들은 버거 종류와 곁들임 요리 선택권들을 다르게 섞을 수 있습니다. 예를 들어, ⁹⁶그들은 바비큐 버거와 양파링 세트를 바비큐 버거와 가든 샐러드로 변경할 수 있습니다. 또 다른 중요한 소식은 ⁹⁷저희가 로고를 새로 디자인하기로 계획한다는 것입니다. 교체되는 로고는 7월에 공개될 것입니다.

Burger Shack Combo Options

The Veggie

Mushroom Burger
Greek Salad

⁹⁶**The Western**

Barbecue Burger
Onion Rings

The Deluxe

Double Patty Burger
Garden Salad

The Swiss

Cheddar Burger
French Fries

Burger Shack 콤보 선택권

베지

버섯 버거
그리스식 샐러드

⁹⁶웨스턴

바비큐 버거
양파링

디럭스

더블 패티 버거
가든 샐러드

스위스

체다 버거
감자 튀김

95 What was Dawn Rather hired to do?

(A) Improve an ordering system
(B) Conduct some customer surveys
(C) Promote an updated lunch menu
(D) Collaborate with professional cooks

96 Look at the graphic. Which meal combo does the speaker refer to?

(A) The Veggie
(B) The Western
(C) The Deluxe
(D) The Swiss

97 What does the speaker say will happen in July?

(A) A major campaign will be concluded.
(B) A special promotion will be announced.
(C) A new symbol will be revealed.
(D) A fast food restaurant branch will open.

95. Dawn Rather는 무엇을 하도록 고용되었는가?

(A) 주문 시스템을 개선한다.
(B) 고객 설문 조사를 시행한다.
(C) 업데이트된 점심 메뉴를 홍보한다.
(D) 전문 요리사들과 공동으로 작업한다.

96. 시각 자료를 보시오. 화자는 어느 식사 콤보를 언급하는가?

(A) 베지
(B) 웨스턴
(C) 디럭스
(D) 스위스

97. 화자는 7월에 무슨 일이 일어날 것이라고 말하는가?

(A) 중요한 캠페인이 마무리될 것이다.
(B) 특별 홍보가 발표될 것이다.
(C) 새로운 상징이 밝혀질 것이다.
(D) 패스트푸드 레스토랑 지점이 개업할 것이다.

지문 celebrity[səlébrəti] 유명인 team up with ~와 협력하다 improve[imprú:v] 개선하다 partnership[미 páːrtnərʃip, 영 páːtnəʃip] 협력, 동업 preset[priːsét] 미리 정하다 pairing[péəriŋ] 세트, 쌍 replacement[ripléismənt] 교체되는 것 unveil[ʌ̀nvéil] 공개하다, 발표하다
95 conduct[kəndʌ́kt] 시행하다 promote[prəmóut] 홍보하다
97 conclude[kənklúːd] 마무리하다 symbol[símbəl] 상징 reveal[rivíːl] 밝히다, 드러나다

95 ■ 세부 사항 관련 문제 특정 세부 사항
정답 (D)

Dawn Rather가 하도록 고용된 일을 묻는 문제이므로, 질문의 핵심어구(Dawn Rather)가 언급된 주변을 주의 깊게 듣는다. "we[fast food restaurant] recently hired celebrity chef Dawn Rather to team up with our corporate chefs in order to improve our existing menu"라며 자신들이 패스트푸드 레스토랑의 기존 메뉴를 개선하기 위해 회사의 셰프들과 협력하도록 유명 셰프인 Dawn Rather를 최근에 고용했다고 하였다. 따라서 정답은 (D) Collaborate with professional cooks이다.

바꾸어 표현하기

team up with ~와 협력하다 → Collaborate with ~와 공동으로 작업하다

96 ■ 세부 사항 관련 문제 시각 자료
정답 (B)

화자가 언급하는 식사 콤보를 묻는 문제이므로, 제시된 삽화의 정보를 확인한 뒤 질문의 핵심어구(meal combo ~ the speaker refer to)와 관련된 내용을 주의 깊게 듣는다. "they[people] can change the barbecue burger and onion rings pairing to a barbecue burger and garden salad"라며 사람들은 바비큐 버거와 양파링 세트를 바비큐 버거와 가든 샐러드로 변경할 수 있다고 하였으므로, 바비큐 버거와 양파링 세트인 웨스턴이 화자가 언급하는 식사 콤보임을 삽화에서 알 수 있다. 따라서 정답은 (B) The Western 이다.

97 ■ 세부 사항 관련 문제 다음에 할 일
정답 (C)

화자가 7월에 일어날 것이라고 말하는 일을 묻는 문제이므로, 질문의 핵심어구(in July)가 언급된 주변을 주의 깊게 듣는다. "we plan to redesign our logo. A replacement will be unveiled in July."라며 로고를 새로 디자인하기로 계획한다며 교체되는 로고는 7월에 공개될 것이라고 하였다. 따라서 정답은 (C) A new symbol will be revealed이다.

바꾸어 표현하기

be unveiled 공개되다 → be revealed 밝혀지다

Questions 98-100 refer to the following broadcast and schedule.

🔊 캐나다식 발음

Welcome to *Entertainment News*. ⁹⁸The organizer of the annual Calgary Music Festival has announced an interesting addition to the lineup of daily headliners. The press release from Lisa Gomez, who is in charge of booking acts, stated that international superstar ⁹⁹DJ James Money will join his former partner Karl Slocum for the first time in over a decade at the festival. This is very exciting news for local music lovers. Viewers interested in attending should purchase tickets soon, as they are likely to sell out quickly. A pass for the entire festival costs $49, while tickets for individual concerts cost $30. And remember, ¹⁰⁰half of the proceeds will be donated to a local orphanage, so you will be supporting a worthy cause while enjoying some great music.

98-100번은 다음 방송과 일정표에 관한 문제입니다.

Entertainment 뉴스입니다. ⁹⁸캘거리 연례 음악 축제의 조직자가 일별 주요 출연진 라인업에 흥미로운 추가사항을 발표했습니다. 공연자들의 출연 계약을 담당하고 있는 Lisa Gomez에게서 받은 보도 자료는 세계적인 인기스타 ⁹⁹DJ James Money가 그의 이전 동료인 Karl Slocum과 10년이 넘는 시간 만에 처음으로 이번 축제에서 함께할 것이라고 말했습니다. 이것은 음악을 사랑하는 지역 사람들에게 매우 흥분되는 소식입니다. 표가 빨리 매진될 것 같으므로, 참석에 관심이 있는 관객분들은 빨리 구매하셔야 합니다. 전체 축제의 입장권은 49달러이며, 각 콘서트의 표는 30달러입니다. 그리고, ¹⁰⁰수익의 절반은 지역 고아원에 기부될 것이기 때문에, 여러분은 좋은 음악도 즐기면서 가치 있는 대의를 지원하게 되실 거라는 점을 기억하세요.

Calgary Music Festival Lineup				
Wednesday	Thursday	⁹⁹Friday	Saturday	Sunday
Blue Wing	Time Bandit	Karl Slocum	Smooth Moves	DJ Jacobs

캘거리 음악 축제 라인업				
수요일	목요일	⁹⁹금요일	토요일	일요일
Blue Wing	Time Bandit	Karl Slocum	Smooth Moves	DJ Jacobs

98 Who most likely is Lisa Gomez?

(A) A news reporter
(B) An event organizer
(C) An amateur musician
(D) A band manager

98. Lisa Gomez는 누구일 것 같은가?

(A) 신문 기자
(B) 행사 조직자
(C) 아마추어 음악가
(D) 밴드 매니저

99 Look at the graphic. When will DJ James Money perform?

(A) On Thursday
(B) On Friday
(C) On Saturday
(D) On Sunday

99. 시각 자료를 보시오. DJ James Money는 언제 공연할 것인가?

(A) 목요일에
(B) 금요일에
(C) 토요일에
(D) 일요일에

100 According to the speaker, what will half of the money raised by ticket sales be used for?

(A) Supporting a local organization
(B) Promoting young artists
(C) Providing free albums to attendees
(D) Giving scholarships to students

100. 화자에 따르면, 표 판매로 모인 금액의 절반은 무엇을 위해 사용될 것인가?

(A) 지역 기관을 지원하기
(B) 신흥 예술가들을 장려하기
(C) 참석자들에게 무료 앨범을 제공하기
(D) 학생들에게 장학금을 주기

지문 addition[ədíʃən] 추가사항 press release 보도 자료 book[buk] 계약하다 act[ækt] 공연자 decade[dékeid] 10년
sell out 매진되다 proceeds[próusi:dz] 수익 orphanage[ɔ́:rfənidʒ] 고아원 cause[kɔ:z] 대의

100 raise[reiz] 모으다, 마련하다 promote[prəmóut] (활동을) 장려하다, 촉진하다

98 ■ 세부 사항 관련 문제 특정 세부 사항

정답 (B)

Lisa Gomez의 신분을 묻는 문제이므로, 질문 대상(Lisa Gomez)의 신분 및 직업과 관련된 표현을 놓치지 않고 듣는다. "The organizer of the annual Calgary Music Festival has announced an interesting addition to the lineup of daily headliners. The press release from Lisa Gomez, who is in charge of booking acts"라며 캘거리 연례 음악 축제의 조직자가 일별 주요 출연진 라인업에 흥미로운 추가사항을 발표했다고 한 뒤, 공연자들의 출연 계약을 담당하고 있는 Lisa Gomez에게서 받은 보도 자료라고 한 말을 통해, Lisa Gomes가 보도 자료를 발표한 행사 조직자임을 알 수 있다. 따라서 정답은 (B) An event organizer이다.

99 ■ 세부 사항 관련 문제 시각 자료

정답 (B)

DJ James Money가 공연할 시기를 묻는 문제이므로, 제시된 일정표의 정보를 확인한 뒤 질문의 핵심어구(DJ James Money)가 언급된 주변을 주의 깊게 듣는다. "DJ James Money will join his former partner Karl Slocum"이라며 DJ James Money가 그의 이전 동료인 Karl Slocum과 함께할 것이라고 하였으므로, DJ James Money는 Karl Slocum이 출연하는 금요일에 함께 공연할 것임을 일정표에서 알 수 있다. 따라서 정답은 (B) On Friday이다.

100 ■ 세부 사항 관련 문제 특정 세부 사항

정답 (A)

표 판매로 모인 금액의 절반이 사용될 곳을 묻는 문제이므로, 질문의 핵심어구(half of the money)와 관련된 내용을 주의 깊게 듣는다. "half of the proceeds will be donated to a local orphanage"라며 수익의 절반은 지역 고아원에 기부될 것이라고 하였다. 따라서 정답은 (A) Supporting a local organization이다.

바꾸어 표현하기
half of the money 금액의 절반 → half of the proceeds 수익의 절반

▌TEST 06

🎧 TEST 06.mp3

실전용·복습용 문제풀이 MP3 무료 다운로드 및 스트리밍 바로듣기 (HackersIngang.com)

* 실제 시험장의 소음까지 재현해 낸 고사장 소음/매미 버전 MP3, 영국식·호주식 발음 집중 MP3, 고속 버전 MP3까지
  구매하면 실전에 더욱 완벽히 대비할 수 있습니다.

무료MP3 바로듣기

1
○○○●○
중

🔊 캐나다식 발음

(A) She's taking off a face mask.
(B) She's examining a document.
(C) She's picking up an item from a desk.
(D) She's hanging up a phone.

(A) 그녀는 안면 마스크를 벗고 있다.
(B) 그녀는 서류를 검토하고 있다.
(C) 그녀는 책상에서 물건을 집어 들고 있다.
(D) 그녀는 전화를 끊고 있다.

■ 1인 사진

정답 (B)

여자가 안면 마스크를 쓴 채로 서류를 검토하고 있는 모습을 확인한다.

(A) [x] 여자가 안면 마스크를 쓴 상태인데 벗고 있다는 동작으로 잘못 묘사했으므로 오답이다. 사진에 있는 안면 마스크(face mask)를 사용하여 혼동을 주었다.

(B) [o] 여자가 서류를 검토하고 있는 모습을 정확히 묘사한 정답이다.

(C) [x] picking up an item(물건을 집어 들고 있다)은 여자의 동작과 무관하므로 오답이다. 사진에 있는 책상(desk)을 사용하여 혼동을 주었다.

(D) [x] 사진에서 여자가 전화를 끊고 있는지 알 수 없으므로 오답이다. 사진에 있는 전화(phone)를 사용하여 혼동을 주었다.

어휘　take off 벗다　examine[igzǽmin] 검토하다, 검사하다　hang up (전화를) 끊다

2
○○○○●
하

🔊 미국식 발음

(A) Two people are working in a kitchen.
(B) One of the men is sharpening a knife.
(C) One of the men is opening a fridge.
(D) Two people are placing buns on a pan.

(A) 두 사람이 부엌에서 일하고 있다.
(B) 남자들 중 한 명이 칼을 갈고 있다.
(C) 남자들 중 한 명이 냉장고를 열고 있다.
(D) 두 사람이 팬 위에 빵을 놓고 있다.

■ 2인 이상 사진

정답 (A)

두 남자가 부엌에서 반죽을 만들고 있는 모습을 확인한다.

(A) [o] 두 사람이 부엌에서 일하고 있는 모습을 정확히 묘사한 정답이다.

(B) [x] sharpening a knife(칼을 갈고 있다)는 남자들의 동작과 무관하므로 오답이다. 사진에 있는 칼(knife)을 사용하여 혼동을 주었다.

(C) [x] opening a fridge(냉장고를 열고 있다)는 남자들의 동작과 무관하므로 오답이다. 사진에 있는 냉장고(fridge)를 사용하여 혼동을 주었다.

(D) [x] placing buns on a pan(팬 위에 빵을 놓고 있다)은 남자들의 동작과 무관하므로 오답이다. 사진에 있는 빵(buns)을 사용하여 혼동을 주었다.

어휘　sharpen[미 ʃɑ́ːrpən, 영 ʃɑ́ːpən] (날카롭게) 갈다, 날카롭게 하다　fridge[fridʒ] 냉장고　bun[bʌn] 빵

3
○○○●○
상

🔊 호주식 발음

(A) Trucks are parked in front of a building.
(B) Lines are being painted on a street.
(C) A cone is being set up on a road.
(D) A sign is attached to a vehicle.

(A) 트럭들이 건물 앞에 주차되어 있다.
(B) 거리에 선들이 칠해지고 있다.
(C) 원뿔형 표지가 도로 위에 세워지고 있다.
(D) 표지판이 차량에 부착되어 있다.

■ 1인 사진

정답 (C)

작업자가 도로에서 교통 표지를 세우고 있는 모습과 주변 사물의 상태를 주의 깊게 살핀다.

(A) [x] 사진에서 트럭들이 건물 앞에 주차되어 있는지 알 수 없으므로 오답이다.

(B) [x] 거리에 선들이 칠해진 상태인데, 진행 수동형(are being painted)을 사용해 칠해지고 있다고 잘못 묘사했으므로 오답이다.

(C) [o] 원뿔형 표지가 도로 위에 세워지고 있는 모습을 정확히 묘사한 정답이다.

(D) [x] 표지판이 도로 위에 세워지고 있는데 차량에 부착되어 있다고 잘못 묘사했으므로 오답이다. 사진에 있는 표지판(sign)과 차량(vehicle)을 사용하여 혼동을 주었다.

어휘　cone[미 koun, 영 kəun] 원뿔형 표지, 원뿔　attach[ətǽtʃ] 부착하다

4

🔊 영국식 발음

(A) The man is holding a paintbrush.
(B) A canvas has been put on an easel.
(C) A painting is being displayed in a gallery.
(D) They are writing on a blackboard.

(A) 남자가 그림 붓을 들고 있다.
(B) 캔버스가 이젤에 놓여 있다.
(C) 그림이 갤러리에 전시되고 있다.
(D) 그들은 칠판에 글을 쓰고 있다.

■ 2인 이상 사진   정답 (B)

두 남녀가 교실에서 그림을 그리고 있는 모습을 확인한다.
(A) [×] 사진에 그림 붓(paintbrush)이 없으므로 오답이다.
(B) [○] 캔버스가 이젤에 놓여 있는 모습을 정확히 묘사한 정답이다.
(C) [×] 사진에서 그림은 보이지만 갤러리에 전시되고 있는(is being displayed in a gallery) 모습은 아니므로 오답이다.
(D) [×] writing on a blackboard(칠판에 글을 쓰고 있다)는 사진 속 사람들의 동작과 무관하므로 오답이다. 사진에 있는 칠판(blackboard)을
         사용하여 혼동을 주었다.

어휘 easel[íːzəl] 이젤, 칠판대

5

🔊 미국식 발음

(A) The man is getting on a bicycle.
(B) Trees are growing along a path.
(C) Leaves are falling onto a trail.
(D) The man is putting on gloves.

(A) 남자가 자전거에 올라타고 있다.
(B) 나무들이 길을 따라 자라고 있다.
(C) 나뭇잎들이 오솔길 위로 떨어지고 있다.
(D) 남자가 장갑을 끼고 있다.

■ 1인 사진   정답 (B)

남자가 자전거를 타고 있는 모습과 주변 환경의 상태를 주의 깊게 살핀다.
(A) [×] 남자가 자전거에 올라탄 상태인데 자전거에 올라타고 있다는 동작으로 잘못 묘사했으므로 오답이다. The man(남자)과 bicycle(자전
         거)만 듣고 정답으로 선택하지 않도록 주의한다.
(B) [○] 나무들이 길을 따라 자라고 있는 모습을 정확히 묘사한 정답이다.
(C) [×] 사진에 오솔길 위로 떨어지고 있는(falling onto a trail) 나뭇잎들이 없으므로 오답이다. 사진에 있는 나뭇잎들(Leaves)과 오솔길
         (trail)을 사용하여 혼동을 주었다.
(D) [×] 사진에 장갑(gloves)이 없으므로 오답이다.

어휘 trail[treil] 오솔길, 산길

6

🔊 호주식 발음

(A) Curtains are covering the windows.
(B) Cushions have been thrown on the floor.
(C) Lights have been fastened to the wall.
(D) Pictures are hanging above a couch.

(A) 커튼이 창문을 덮고 있다.
(B) 쿠션들이 바닥에 던져져 있다.
(C) 전등이 벽에 고정되어 있다.
(D) 그림들이 소파 위에 걸려 있다.

■ 사물 및 풍경 사진   정답 (D)

실내에 있는 사물들의 상태 및 위치를 주의 깊게 살핀다.
(A) [×] 사진에 커튼(Curtains)이 없으므로 오답이다. 사진에 있는 창문(windows)을 사용하여 혼동을 주었다.
(B) [×] 쿠션들이 소파 위에 놓여 있는데 바닥에 던져져 있다고 잘못 묘사했으므로 오답이다.
(C) [×] 전등이 천장에 고정되어 있는데 벽에 고정되어 있다고 잘못 묘사했으므로 오답이다. Lights have been fastened(전등이 고정되어 있
         다)까지만 듣고 정답으로 선택하지 않도록 주의한다.
(D) [○] 그림들이 소파 위에 걸려 있는 모습을 정확히 묘사한 정답이다.

어휘 fasten[fǽsən] 고정시키다 couch[kautʃ] 소파, 긴 의자

난이도 표시 (하 중 상 최상)

TEST | 01 | 02 | 03 | 04 | 05 | 06 | 07 | 08 | 09 | 10 | 해커스 토익 실전 1000제 2 Listening

PART 2

7

○○○○
하

🎧)) 호주식 발음 → 영국식 발음

Is your train ticket still valid?

(A) I passed the shop yesterday.
(B) No, I need a new one.
(C) At the train station.

당신의 기차표는 아직 유효한가요?

(A) 저는 어제 그 가게를 지나쳤어요.
(B) 아니오, 새것이 필요해요.
(C) 기차역에서요.

■ Be 동사 의문문

정답 (B)

기차표가 아직 유효한지를 확인하는 Be 동사 의문문이다.

(A) [×] 기차표가 아직 유효한지를 물었는데, 이와 관련이 없는 어제 그 가게를 지나쳤다는 내용으로 응답했으므로 오답이다. 질문의 표(ticket) 와 같은 의미인 pass(탑승권)를 '지나치다'라는 의미의 동사 passed로 사용하여 혼동을 주었다.
(B) [○] No로 기차표가 유효하지 않음을 전달한 뒤, 새것이 필요하다는 부연 설명을 했으므로 정답이다.
(C) [×] 질문의 train(기차)을 반복 사용하여 혼동을 준 오답이다.

어휘   valid[vǽlid] 유효한

8

○
●
●
●
상

🎧)) 캐나다식 발음 → 미국식 발음

Why did you leave the second page of the report empty?

(A) It is five pages long.
(B) Sorry. The second floor is already occupied.
(C) I will finish it later.

보고서의 두 번째 페이지를 왜 비워 두셨나요?

(A) 그것은 5페이지 길이입니다.
(B) 죄송해요. 2층은 이미 사용 중입니다.
(C) 나중에 끝낼 거예요.

■ Why 의문문

정답 (C)

보고서의 두 번째 페이지를 왜 비워 두었는지를 묻는 Why 의문문이다.

(A) [×] 질문의 page를 pages로 반복 사용하여 혼동을 준 오답이다.
(B) [×] 질문의 second를 반복 사용하여 혼동을 준 오답이다. Sorry만 듣고 정답으로 고르지 않도록 주의한다.
(C) [○] 나중에 끝낼 것이라는 말로 보고서의 두 번째 페이지를 비워 둔 이유를 간접적으로 전달했으므로 정답이다.

어휘   occupied[미 ɑ́:kjupaid, 영 ɔ́kjupaid] 사용 중인

9

○○○○
●
●
중

🎧)) 영국식 발음 → 캐나다식 발음

Should I check on the patient now?

(A) The check is on the desk.
(B) Please. I don't have time myself.
(C) Yes, you seem to be getting better.

환자를 지금 확인해야 하나요?

(A) 수표는 책상 위에 있어요.
(B) 부탁드려요. 저는 시간이 없네요.
(C) 네, 당신은 호전되고 있는 것 같네요.

■ 조동사 의문문

정답 (B)

환자를 지금 확인해야 하는지를 묻는 조동사(Should) 의문문이다.

(A) [×] 환자를 지금 확인해야 하는지를 물었는데, 이와 관련이 없는 수표가 책상 위에 있다는 내용으로 응답했으므로 오답이다. 질문의 check (확인하다)를 '수표'라는 의미의 명사로 반복 사용하여 혼동을 주었다.
(B) [○] Please(부탁드려요)로 지금 확인해야 함을 전달한 뒤, 자신은 시간이 없다는 부연 설명을 했으므로 정답이다.
(C) [×] patient(환자)와 관련 있는 getting better(호전되고 있는)를 사용하여 혼동을 준 오답이다. Yes만 듣고 정답으로 선택하지 않도록 주의 한다.

어휘   patient[péiʃənt] 환자   get better 호전되다, 좋아지다

10
○○○○
●
하

🔊 영국식 발음 → 호주식 발음

When can I expect the latest draft from you?

(A) By the end of the day.
(B) I expected worse.
(C) I was a bit late for the show.

당신에게서 최신 초안을 언제 받을 것으로 예상하면 되나요?

(A) 오늘 하루가 끝날 무렵에요.
(B) 저는 더 나쁠 것이라고 예상했어요.
(C) 저는 그 쇼에 조금 늦었어요.

■ When 의문문

정답 (A)

최신 초안을 언제 받을 것으로 예상하면 되는지를 묻는 When 의문문이다.
(A) [○] 오늘 하루가 끝날 무렵이라며 최신 초안을 전달할 것으로 예상되는 시점을 언급했으므로 정답이다.
(B) [×] 최신 초안을 언제 받을 것으로 예상하면 되는지를 물었는데, 이와 관련이 없는 더 나쁠 것이라고 예상했다는 내용으로 응답했으므로 오답이다. 질문의 expect를 expected로 반복 사용하여 혼동을 주었다.
(C) [×] latest – late의 유사 발음 어휘를 사용하여 혼동을 준 오답이다.

어휘 draft[dræft] 초안

11
○○○○
●
중

🔊 미국식 발음 → 호주식 발음

How can I access the file on my phone?

(A) By charging it regularly.
(B) She already called back.
(C) Just install a mobile application.

제 휴대폰으로 어떻게 그 파일에 접근할 수 있나요?

(A) 정기적으로 충전함으로써요.
(B) 그녀는 이미 다시 전화했어요.
(C) 그냥 모바일 어플리케이션을 설치하세요.

■ How 의문문

정답 (C)

자신의 휴대폰으로 어떻게 파일에 접근할 수 있는지를 묻는 How 의문문이다. How가 방법을 묻는 것임을 이해할 수 있어야 한다.
(A) [×] 질문의 phone(휴대폰)을 나타낼 수 있는 it을 사용하고, phone에서 연상할 수 있는 charging(충전하다)을 사용하여 혼동을 준 오답이다. By만 듣고 정답으로 고르지 않도록 주의한다.
(B) [×] 질문의 phone(휴대폰)과 관련 있는 called back(다시 전화했다)을 사용하여 혼동을 준 오답이다.
(C) [○] 그냥 모바일 어플리케이션을 설치하라며 휴대폰으로 파일에 접근할 수 있는 방법을 언급했으므로 정답이다.

어휘 charge[미 tʃɑːrdʒ, 영 tʃɑːdʒ] 충전하다 regularly[미 régjulərli, 영 régjuləli] 정기적으로 install[instɔ́ːl] 설치하다

12
○○○○
●
하

🔊 캐나다식 발음 → 미국식 발음

Did you find out whom to contact regarding the travel expenses?

(A) I still haven't.
(B) Mr. Lee likes to travel by himself.
(C) I lost the keys yesterday.

출장 경비와 관련해 누구에게 연락해야 하는지 알아냈나요?

(A) 아직이요.
(B) Mr. Lee는 혼자 여행하는 것을 좋아해요.
(C) 제가 어제 열쇠를 잃어버렸어요.

■ 조동사 의문문

정답 (A)

출장 경비와 관련해 누구에게 연락해야 하는지 알아냈는지를 묻는 조동사(Do) 의문문이다.
(A) [○] 아직이라며 누구에게 연락해야 하는지 알아내지 못했음을 전달했으므로 정답이다.
(B) [×] 질문의 travel(출장)을 '여행하다'라는 의미의 동사로 반복 사용하여 혼동을 준 오답이다.
(C) [×] 출장 경비와 관련해 누구에게 연락해야 하는지 알아냈는지를 물었는데, 이와 관련이 없는 어제 열쇠를 잃어버렸다는 내용으로 응답했으므로 오답이다. 질문의 find out(알아내다)의 다른 의미인 '찾아내다'에서 연상할 수 있는 lost(잃어버리다)를 사용하여 혼동을 주었다.

어휘 expense[ikspéns] 경비 by oneself 혼자

13
○○○●○
상

영국식 발음 → 캐나다식 발음

How did you manage to get into the party?

(A) At a party planning service.
(B) Thank you for inviting me.
(C) We were on the guest list.

어떻게 그 파티에 들어갔나요?

(A) 파티 기획 서비스에서요.
(B) 초대해 주셔서 감사해요.
(C) 우리는 손님 명단에 있었어요.

■ **How 의문문**

정답 (C)

어떻게 파티에 들어갔는지를 묻는 How 의문문이다. How가 방법을 묻는 것임을 이해할 수 있어야 한다.
(A) [×] 질문의 party를 반복 사용하여 혼동을 준 오답이다.
(B) [×] 어떻게 파티에 들어갔는지를 물었는데, 이와 관련이 없는 초대 줘서 고맙다는 내용으로 응답했으므로 오답이다. 질문의 party(파티)와 관련 있는 inviting(초대하다)을 사용하여 혼동을 주었다.
(C) [○] 자신들은 손님 명단에 있었다는 말로 파티에 들어간 방법을 언급했으므로 정답이다.

14
○○○●○
상

호주식 발음 → 미국식 발음

Who is responsible for the coffee machine maintenance?

(A) Ask Deborah on the third floor.
(B) One with some sugar.
(C) She is the main focus of the article.

커피 머신의 유지보수는 누가 담당하나요?

(A) 3층에 있는 Deborah에게 물어보세요.
(B) 설탕이 들어간 것이요.
(C) 그녀가 그 기사의 주안점이에요.

■ **Who 의문문**

정답 (A)

커피 머신의 유지보수를 누가 담당하는지를 묻는 Who 의문문이다.
(A) [○] 3층에 있는 Deborah에게 물어보라는 말로 모른다는 간접적인 응답을 했으므로 정답이다.
(B) [×] 커피 머신의 유지보수를 누가 담당하는지를 물었는데, 이와 관련이 없는 설탕이 들어간 것이라는 내용으로 응답했으므로 오답이다. 질문의 coffee(커피)와 관련 있는 sugar(설탕)를 사용하여 혼동을 주었다.
(C) [×] She가 가리키는 대상이 질문에 없으므로 오답이다. maintenance – main focus의 유사 발음 어휘를 사용하여 혼동을 주었다.

어휘 be responsible for ~을 담당하다, 맡다 maintenance[méintənəns] 유지보수 article[á:rtikl] 기사

15
○○○●○
상

캐나다식 발음 → 영국식 발음

Posting on social media might not result in enough publicity.

(A) I will go to the post office later.
(B) It's technically a social gathering.
(C) Why don't we talk to the chief marketing officer?

소셜 미디어에 게시하는 것은 충분한 홍보로 이어지지 않을 수도 있어요.

(A) 제가 나중에 우체국에 갈 거예요.
(B) 그것은 엄밀히 말하자면 사교 모임이에요.
(C) 최고 마케팅 책임자와 이야기해 보는 게 어때요?

■ **평서문**

정답 (C)

소셜 미디어에 게시하는 것은 충분한 홍보로 이어지지 않을 수도 있다는 문제점을 언급하는 평서문이다.
(A) [×] Posting – post의 유사 발음 어휘를 사용한 오답이다.
(B) [×] 질문의 Posting on social media(소셜 미디어에 게시하는 것)를 나타낼 수 있는 It을 사용하고, social을 반복 사용하여 혼동을 준 오답이다.
(C) [○] 최고 마케팅 책임자와 이야기해 보는 것이 어떤지를 되물어 문제점에 대한 해결책을 제시했으므로 정답이다.

어휘 publicity[pʌblísəti] 홍보, 매스컴의 관심 gathering[gǽðəriŋ] 모임 chief[tʃi:f] 최고의, 최고위자인

16

🎧 미국식 발음 → 캐나다식 발음

Isn't the executive team going to announce our new CEO today?

(A) Yes. At the shareholders' meeting.
(B) He definitely is a board member.
(C) It wasn't useful at all.

오늘 경영진이 우리의 새로운 최고 경영자를 발표할 것이지 않나요?

(A) 네. 주주총회에서요.
(B) 그는 확실히 이사회의 일원이에요.
(C) 그것은 전혀 유용하지 않았어요.

■ 부정 의문문

정답 (A)

오늘 경영진이 새로운 최고 경영자를 발표할 것인지를 확인하는 부정 의문문이다.
(A) [○] Yes로 경영진이 새로운 최고 경영자를 발표할 것임을 전달한 후, 주주총회에서 발표할 것이라는 추가 정보를 제공했으므로 정답이다.
(B) [×] 질문의 executive team(경영진)에서 연상할 수 있는 board(이사회)를 사용하여 혼동을 준 오답이다.
(C) [×] 오늘 경영진이 새로운 최고 경영자를 발표할 것인지를 물었는데, 이와 관련이 없는 그것은 전혀 유용하지 않았다는 내용으로 응답했으므로 오답이다.

어휘 executive team 경영진 shareholder[미 ʃéərhòuldər, 영 ʃéəhə̀uldə] 주주 definitely[défənitli] 확실히

17

🎧 호주식 발음 → 영국식 발음

Could you help me with my presentation at some point today?

(A) Was Sally present at the meeting?
(B) I have some time after lunch.
(C) That's a good point.

오늘 중으로 제 발표를 도와주실 수 있나요?

(A) Sally가 회의에 참석했었나요?
(B) 저는 점심 식사 후에 시간이 좀 있어요.
(C) 좋은 지적이네요.

■ 요청 의문문

정답 (B)

오늘 중으로 발표를 도와달라고 요청하는 요청 의문문이다. Could you가 요청하는 표현임을 이해할 수 있어야 한다.
(A) [×] 오늘 중으로 발표를 도와줄 수 있는지를 물었는데, 이와 관련이 없는 Sally가 회의에 참석했었냐는 내용으로 되물었으므로 오답이다.
presentation – present의 유사 발음 어휘를 사용하여 혼동을 주었다.
(B) [○] 점심 식사 후에 시간이 좀 있다는 말로 발표를 도와달라는 요청을 간접적으로 수락한 정답이다.
(C) [×] 질문의 at some point(~ 중으로)에서 point를 '지적'이라는 의미로 반복 사용하여 혼동을 준 오답이다.

18

🎧 캐나다식 발음 → 미국식 발음

Which song will you perform first at the concert tonight?

(A) The performance runs for 30 minutes.
(B) It's a top secret.
(C) Through a management firm.

오늘 밤 콘서트에서 어느 곡을 먼저 연주할 건가요?

(A) 공연은 30분 동안 진행돼요.
(B) 그것은 일급비밀이에요.
(C) 소속사를 통해서요.

■ Which 의문문

정답 (B)

오늘 밤 콘서트에서 어느 곡을 먼저 연주할 것인지를 묻는 Which 의문문이다.
(A) [×] perform – performance의 유사 발음 어휘를 사용하여 혼동을 준 오답이다.
(B) [○] 일급비밀이라는 말로 어느 곡을 먼저 연주할 것인지 알려줄 수 없음을 간접적으로 전달한 정답이다.
(C) [×] 오늘 밤 콘서트에서 어느 곡을 먼저 연주할 것인지를 물었는데, 이와 관련이 없는 소속사를 통해서라는 내용으로 응답했으므로 오답이다.

19

○○○●○
중

🔊 호주식 발음 → 영국식 발음

The book will be translated into several languages, won't it?

(A) It has yet to be decided.
(B) I am currently enrolled in a Japanese class.
(C) Yes, it's the second edition.

그 책은 여러 언어로 번역될 거예요, 그렇지 않나요?

(A) 그것은 아직 결정되지 않았어요.
(B) 저는 현재 일본어 수업에 등록되어 있어요.
(C) 네, 두 번째 판이에요.

■ **부가 의문문**   정답 (A)

책이 여러 언어로 번역될 것인지를 확인하는 부가 의문문이다.

(A) [○] 그것은 아직 결정되지 않았다는 말로 모른다는 간접적인 응답을 했으므로 정답이다.
(B) [×] 책이 여러 언어로 번역될 것인지를 물었는데, 이와 관련이 없는 현재 일본어 수업에 등록되어 있다는 내용으로 응답했으므로 오답이다. 질문의 languages(언어)에서 연상할 수 있는 Japanese(일본어)를 사용하여 혼동을 주었다.
(C) [×] 질문의 book(책)과 관련 있는 second edition(두 번째 판)을 사용하여 혼동을 준 오답이다. Yes만 듣고 정답으로 선택하지 않도록 주의한다.

어휘   translate[trænsléit] 번역하다 currently[미 ká:rəntli, 영 kʌ́rəntli] 현재, 지금 enroll[미 inróul, 영 inrául] 등록하다

20

○●●●○
상

🔊 영국식 발음 → 호주식 발음

Do you prefer a buffet, or would you rather have the meals served to your guests?

(A) Send me the list of preferences.
(B) I think the former is too casual.
(C) Their food is always the best.

뷔페를 선호하세요, 아니면 식사가 손님들에게 내어지도록 하시겠어요?

(A) 선호 목록을 보내 주세요.
(B) 전자는 너무 격식이 없는 것 같아요.
(C) 그들의 음식은 항상 최고예요.

■ **선택 의문문**   정답 (B)

뷔페를 선호하는지 아니면 식사가 손님들에게 내어지도록 할 것인지를 묻는 선택 의문문이다.

(A) [×] prefer – preferences의 유사 발음 어휘를 사용하여 혼동을 준 오답이다.
(B) [○] 전자는 너무 격식이 없는 것 같다며 식사가 손님들에게 내어지도록 하는 것을 간접적으로 선택했으므로 정답이다.
(C) [×] 뷔페를 선호하는지 아니면 식사가 손님들에게 내어지도록 할 것인지를 물었는데, 이와 관련이 없는 그들의 음식은 항상 최고라는 내용으로 응답했으므로 오답이다. 질문의 buffet(뷔페)와 meals(식사)에서 연상할 수 있는 food(음식)를 사용하여 혼동을 주었다.

어휘   preference[préfərəns] 선호

21

○○○●○
중

🔊 미국식 발음 → 캐나다식 발음

Why hasn't Olivia responded to my message yet?

(A) Have you considered changing your phone case?
(B) She must be very busy this morning.
(C) Yes, I responded right away.

Olivia가 왜 아직 제 메시지에 응답하지 않는 거죠?

(A) 휴대폰 케이스를 바꾸는 것을 고려해 본 적이 있나요?
(B) 그녀는 오늘 아침에 매우 바쁜 것임이 틀림없어요.
(C) 네, 저는 바로 응답했어요.

■ **Why 의문문**   정답 (B)

Olivia가 왜 아직 메시지에 응답하지 않는지를 묻는 Why 의문문이다.

(A) [×] Olivia가 왜 아직 메시지에 응답하지 않는지를 물었는데, 이와 관련이 없는 휴대폰 케이스를 바꾸는 것을 고려해 본 적이 있냐는 내용으로 되물었으므로 오답이다. message(메시지)와 관련 있는 phone(휴대폰)을 사용하여 혼동을 주었다.
(B) [○] 그녀는 오늘 아침에 매우 바쁜 것임이 틀림없다는 말로 Olivia가 메시지에 응답하지 않는 이유를 언급했으므로 정답이다.
(C) [×] 의문사 의문문에 Yes로 응답했으므로 오답이다. 질문의 responded를 반복 사용하여 혼동을 주었다.

어휘   respond[미 rispánd, 영 rispónd] 응답하다, 대답하다

22

🔊 영국식 발음 → 미국식 발음

How many times have you revised the contract so far?

(A) I did not change anything after our last meeting.
(B) By following the revision guidelines.
(C) The lawyer will visit me soon.

지금까지 계약서를 몇 번 수정했나요?

(A) 우리의 마지막 회의 이후로 아무것도 바꾸지 않았어요.
(B) 수정 지침을 따름으로써요.
(C) 변호사가 곧 저를 방문할 거예요.

■ How 의문문

정답 (A)

지금까지 계약서를 몇 번 수정했는지를 묻는 How 의문문이다. How many times가 횟수를 묻는 것임을 이해할 수 있어야 한다.
(A) [ㅇ] 마지막 회의 이후로 아무것도 바꾸지 않았다는 말로 계약서를 수정하지 않았다는 간접적인 응답을 했으므로 정답이다.
(B) [×] revised – revision의 유사 발음 어휘를 사용하여 혼동을 준 오답이다.
(C) [×] 지금까지 계약서를 몇 번 수정했는지를 물었는데, 이와 관련이 없는 변호사가 곧 자신을 방문할 것이라는 내용으로 응답했으므로 오답이다. 질문의 contract(계약서)와 관련 있는 lawyer(변호사)를 사용하여 혼동을 주었다.

어휘   contract[미 kάntrækt, 영 kɔ́ntrækt] 계약서 so far 지금까지

23

🔊 호주식 발음 → 캐나다식 발음

What event venue do you like most?

(A) It's for an upcoming seminar.
(B) The one with the high ceiling.
(C) That's up to the event organizer.

어떤 행사장을 가장 좋아하나요?

(A) 곧 있을 세미나를 위한 거예요.
(B) 높은 천장을 가진 곳이요.
(C) 그것은 행사 주최자에게 달려 있어요.

■ What 의문문

정답 (B)

어떤 행사장을 가장 좋아하는지를 묻는 What 의문문이다. What event venue를 반드시 들어야 한다.
(A) [×] 어떤 행사장을 가장 좋아하는지를 물었는데, 이와 관련이 없는 곧 있을 세미나를 위한 것이라는 내용으로 응답했으므로 오답이다. 질문의 event venue(행사장)에서 연상할 수 있는 seminar(세미나)를 사용하여 혼동을 주었다.
(B) [ㅇ] 높은 천장을 가진 곳이라며 가장 좋아하는 행사장을 언급했으므로 정답이다.
(C) [×] 질문의 event venue를 나타낼 수 있는 That을 사용하고, event를 반복 사용하여 혼동을 준 오답이다.

어휘   upcoming[ʌ́pkʌ̀miŋ] 곧 있을, 다가오는 ceiling[síːliŋ] 천장 up to ~에게 달려 있다

🔊 미국식 발음 → 호주식 발음

What do you say to hiring additional part-timers for the weekends?

(A) But she doesn't have the proper degree.
(B) We're running short of budget.
(C) I don't really want to cook on Sundays.

주말을 위해 파트타임 직원을 더 고용하는 것이 어때요?

(A) 하지만 그녀는 적절한 학위를 가지고 있지 않아요.
(B) 우리는 예산이 부족해요.
(C) 일요일에는 별로 요리하고 싶지 않아요.

■ 제안 의문문

정답 (B)

주말을 위해 파트타임 직원을 더 고용하자는 제안 의문문이다. What do you say to가 제안하는 표현임을 이해할 수 있어야 한다.
(A) [×] she가 나타내는 대상이 질문에 없으므로 오답이다. hiring(고용하는 것)에서 연상할 수 있는 채용 조건과 관련된 degree(학위)를 사용하여 혼동을 주었다.
(B) [ㅇ] 예산이 부족하다는 말로 주말을 위해 파트타임 직원을 더 고용하자는 제안을 간접적으로 거절한 정답이다.
(C) [×] 질문의 part-timers(파트타임 직원)에서 연상할 수 있는 업무와 관련된 cook(요리하다)을 사용하고, weekends(주말)와 관련 있는 Sundays(일요일)를 사용하여 혼동을 준 오답이다.

어휘   part-timer 파트타임 직원 degree[digríː] 학위 run short of ~이 부족하다 budget[bʌ́dʒit] 예산

🎧 영국식 발음 → 캐나다식 발음

The new advertising campaign will be revealed at the press conference.

(A) We produce two campaigns per year.
(B) Do you know who the presenter will be?
(C) I attended the conference last week.

새로운 광고 캠페인이 기자 회견에서 공개될 거예요.

(A) 우리는 1년에 두 번 캠페인을 제작해요.
(B) 발표자가 누가 될지 아시나요?
(C) 저는 지난주에 회의에 참석했어요.

■ 평서문   정답 (B)

새로운 광고 캠페인이 기자 회견에서 공개될 것이라는 객관적인 사실을 전달하는 평서문이다.
(A) [×] 질문의 campaign을 campaigns로 반복 사용하여 혼동을 준 오답이다.
(B) [○] 발표자가 누가 될지 아는지를 되물어 광고 캠페인이 공개될 기자 회견에 대한 추가 정보를 요구하는 정답이다.
(C) [×] press conference(기자 회견)의 conference를 '회의'라는 의미로 반복 사용하여 혼동을 준 오답이다.

어휘   reveal[riví:l] 공개하다, 드러내다   press conference 기자 회견

26

🎧 호주식 발음 → 영국식 발음

Should I help you prepare the survey questions?

(A) I'd appreciate that.
(B) He was not prepared for the delay.
(C) I provided some detailed answers.

설문조사 문항을 준비하는 것을 도와 드릴까요?

(A) 그러면 감사하겠어요.
(B) 그는 지연에 대한 대비가 되어 있지 않았어요.
(C) 제가 몇 가지 상세한 답변을 드렸어요.

■ 제공 의문문   정답 (A)

설문조사 문항을 준비하는 것을 도와주겠다는 제공 의문문이다. Should I가 제공하는 표현임을 이해할 수 있어야 한다.
(A) [○] 그러면 감사하겠다는 말로 제공을 수락한 정답이다.
(B) [×] 질문의 prepare(준비하다)를 '~에 대비하다'라는 의미의 be prepared for로 반복 사용하여 혼동을 준 오답이다.
(C) [×] 질문의 questions(문항)와 관련 있는 answers(답변)를 사용하여 혼동을 준 오답이다.

어휘   appreciate[əprí:ʃièit] 감사하다   detailed[dí:teild] 상세한

27

🎧 미국식 발음 → 호주식 발음

When do you land in Singapore exactly?

(A) That's what the captain just said.
(B) Roughly about a thousand dollars.
(C) The itinerary says midnight.

당신은 싱가포르에 정확히 언제 착륙하나요?

(A) 방금 기장이 그렇게 이야기했어요.
(B) 대략 천 달러 정도요.
(C) 여행 일정표에는 자정이라고 되어 있어요.

■ When 의문문   정답 (C)

싱가포르에 정확히 언제 착륙하는지를 묻는 When 의문문이다.
(A) [×] 싱가포르에 정확히 언제 착륙하는지를 물었는데, 이와 관련이 없는 방금 기장이 그렇게 이야기했다는 내용으로 응답했으므로 오답이다.
    질문의 land(착륙하다)에서 연상할 수 있는 비행기와 관련된 captain(기장)을 사용하여 혼동을 주었다.
(B) [×] 질문의 exactly(정확히)와 반대 의미인 Roughly(대략)를 사용하여 혼동을 준 오답이다.
(C) [○] 여행 일정표에는 자정이라고 되어 있다며 싱가포르에 착륙하는 시점을 언급했으므로 정답이다.

어휘   land[lænd] 착륙하다   exactly[igzǽktli] 정확히   roughly[rʌ́fli] 대략   itinerary[미 aitínərèri, 영 aitínərəri] 여행 일정표

28

○○○●● 86

🔊 캐나다식 발음 → 영국식 발음

I am curious to hear the result of our new product test.

(A) They will certainly be put to the test.
(B) I'm honestly a little bit nervous.
(C) Were you satisfied with the results?

저는 우리의 신제품 테스트 결과가 궁금해요.

(A) 그들은 분명히 시험에 들 거예요.
(B) 솔직히 조금 긴장되네요.
(C) 결과에 만족하셨나요?

■ 평서문

정답 (B)

신제품 테스트 결과가 궁금하다는 의견을 제시하는 평서문이다.

(A) [×] They가 나타내는 대상이 질문에 없으므로 오답이다. 질문의 test를 반복 사용하여 혼동을 주었다.
(B) [○] 솔직히 조금 긴장된다며 신제품 테스트 결과가 궁금하다는 의견에 동의했으므로 정답이다.
(C) [×] 신제품 테스트 결과가 궁금하다고 했는데, 이와 관련이 없는 결과에 만족했냐는 내용으로 되물었으므로 오답이다. 질문의 result를 results로 반복 사용하여 혼동을 주었다.

어휘 curious[kjúəriəs] 궁금한, 호기심이 많은 satisfied[sǽtisfàid] 만족한

29

○○○●● 86

🔊 호주식 발음 → 미국식 발음

Could we add some more fashion influencers to the invitation list?

(A) The decision was influenced by a study.
(B) The fashion collection is out now.
(C) Just give me the names.

초대 명단에 패션 인플루언서들을 몇 명 더 추가할 수 있을까요?

(A) 그 결정은 한 연구의 영향을 받았어요.
(B) 그 패션 컬렉션은 지금 출시되어 있어요.
(C) 제게 이름만 알려주세요.

■ 조동사 의문문

정답 (C)

초대 명단에 패션 인플루언서들을 몇 명 더 추가할 수 있을지를 묻는 조동사(Could) 의문문이다.

(A) [×] influencers – influenced의 유사 발음 어휘를 사용하여 혼동을 준 오답이다.
(B) [×] 질문의 fashion을 반복 사용하여 혼동을 준 오답이다.
(C) [○] 이름만 알려달라는 말로 초대 명단에 몇 명 더 추가할 수 있음을 간접적으로 전달했으므로 정답이다.

30

○○○●● 86

🔊 영국식 발음 → 캐나다식 발음

Where did you see the notice first?

(A) In the morning.
(B) I didn't notice a difference, actually.
(C) On a bulletin board downstairs.

그 공지를 어디에서 처음 보았나요?

(A) 아침에요.
(B) 사실, 저는 차이를 알아차리지 못했어요.
(C) 아래층 게시판에서요.

■ Where 의문문

정답 (C)

공지를 어디에서 처음 보았는지를 묻는 Where 의문문이다.

(A) [×] 공지를 처음 본 장소를 물었는데 시점으로 응답했으므로 오답이다. 질문의 Where did you see the notice(공지를 어디에서 보았나요)를 When did you see the notice(공지를 언제 보았나요)로 생각해 정답으로 선택하지 않도록 주의한다.
(B) [×] 질문의 notice(공지)를 '알아차리다'라는 의미의 동사로 반복 사용하여 혼동을 준 오답이다.
(C) [○] 아래층 게시판에서라며 공지를 처음 본 장소를 언급했으므로 정답이다.

어휘 bulletin board 게시판

🔊 캐나다식 발음 → 미국식 발음

Will the editorial be published both online and in print?

(A) Print three copies of the document.
(B) We are thinking of it as an online exclusive.
(C) By the editorial board.

그 사설은 온라인과 인쇄물 모두로 출판될 것인가요?

(A) 그 서류를 세 부 출력하세요.
(B) 우리는 그것을 온라인 전용으로 생각하고 있어요.
(C) 편집 위원회에 의해서요.

■ **조동사 의문문**

정답 (B)

사설이 온라인과 인쇄물 모두로 출판될 것인지를 묻는 조동사(Will) 의문문이다.

(A) [×] 질문의 print(인쇄물)를 '출력하다'라는 의미의 동사로 반복 사용하고, editorial(사설)에서 연상할 수 있는 document(서류)를 사용하여 혼동을 준 오답이다.

(B) [○] 그것을 온라인 전용으로 생각하고 있다는 말로 사설이 온라인으로만 출판될 것이라고 간접적으로 응답했으므로 정답이다.

(C) [×] 질문의 editorial(사설)을 '편집의'라는 의미의 형용사로 반복 사용하여 혼동을 준 오답이다.

어휘   editorial [미 èdətɔ́ːriəl, 영 èditɔ́ːriəl] 사설; 편집의   exclusive [iksklúːsiv] 전용의, 독점적인

| 32 |
| 33 |
| 34 |

Questions 32-34 refer to the following conversation.

🔊 미국식 발음 → 호주식 발음

W: Hello, Mr. Yu. ³²This is Brenda from the *Daily Denver Times* newspaper. At present, you only get our newspaper on the weekend. Are you interested in receiving it during the weekdays as well?

M: No. I barely even read the one on the weekend. I'm quite busy these days.

W: ³³How about switching to the online version? You will get access to all the articles as well as premium content. It will cost you $2 more, but you can get two months for free.

M: That sounds like a great deal. But ³⁴I recently got a new credit card, so I'll need to change my payment details. Can you do that for me now?

32 What are the speakers mainly discussing?
(A) A newspaper subscription
(B) A journalist position
(C) A magazine closure
(D) An article correction

33 What does the woman suggest?
(A) Sending a copy of identification
(B) Paying for a service in advance
(C) Trying a different format
(D) Talking to a publisher

34 What will the woman most likely do next?
(A) Update some information
(B) Send an invoice
(C) Change a mailing address
(D) Rewrite some articles

32-34번은 다음 대화에 관한 문제입니다.

W: 안녕하세요, Mr. Yu. ³²저는 *Daily Denver Times* 신문사의 Brenda입니다. 현재, 귀하께서는 저희 신문을 주말에만 받고 계십니다. 평일에도 수령하는 것에 관심이 있으신가요?

M: 아니요. 저는 주말에도 거의 읽지 않아요. 요즘 꽤 바쁘거든요.

W: ³³온라인 버전으로 바꾸는 건 어떠신가요? 프리미엄 콘텐츠뿐만 아니라 모든 기사에 대한 접근권을 갖게 되실 겁니다. 2달러가 더 들 것이지만, 2개월 무료로 받으실 수 있어요.

M: 좋은 거래인 것 같네요. 그런데 ³⁴제가 최근에 신용카드를 새로 받아서, 지불 정보를 변경해야 할 거예요. 지금 그것을 해주실 수 있나요?

32. 화자들은 주로 무엇에 관해 이야기하고 있는가?
(A) 신문 구독
(B) 기자직
(C) 잡지 폐간
(D) 기사 정정

33. 여자는 무엇을 제안하는가?
(A) 신분증명서 사본을 보내기
(B) 서비스 비용을 미리 지불하기
(C) 다른 형식을 시도하기
(D) 출판사와 이야기하기

34. 여자는 다음에 무엇을 할 것 같은가?
(A) 일부 정보를 업데이트한다.
(B) 청구서를 발송한다.
(C) 우편 주소를 변경한다.
(D) 몇몇 기사를 다시 작성한다.

지문 barely[béərli] 거의 ~않다 switch to ~으로 바꾸다 payment[péimənt] 지불
32 subscription[səbskrípʃən] 구독 correction[kərékʃən] 정정 34 invoice[ínvɔis] 청구서

32 ■ 전체 대화 관련 문제 주제　　　　　　　　　　　　　　　　　　　　　　　　정답 (A)

대화의 주제를 묻는 문제이므로, 대화의 초반을 주의 깊게 들은 후 전체 맥락을 파악한다. 여자가 "This is Brenda from the *Daily Denver Times* newspaper."라며 자신을 *Daily Denver Times* 신문사의 Brenda라고 소개하고, "At present, you only get our newspaper on the weekend. Are you interested in receiving it during the weekdays as well?"이라며 현재 신문을 주말에만 받고 있는데 평일에도 수령하는 것에 관심이 있는지 물은 뒤, 신문 구독에 대한 내용으로 대화가 이어지고 있다. 따라서 정답은 (A) A newspaper subscription이다.

33 ■ 세부 사항 관련 문제 제안　　　　　　　　　　　　　　　　　　　　　　　　정답 (C)

여자가 제안하는 것을 묻는 문제이므로, 여자의 말에서 제안과 관련된 표현이 언급된 다음을 주의 깊게 듣는다. 여자가 "How about switching to the online version?"이라며 온라인 버전으로 바꾸는 것은 어떤지 제안하였다. 따라서 정답은 (C) Trying a different format이다.

34 ■ 세부 사항 관련 문제 다음에 할 일　　　　　　　　　　　　　　　　　　　정답 (A)

여자가 다음에 할 일을 묻는 문제이므로, 대화의 마지막 부분을 주의 깊게 듣는다. 남자가 여자에게 "I recently got a new credit card, so I'll need to change my payment details. Can you do that for me now?"라며 자신이 최근에 신용카드를 새로 받아서 지불 정보를 변경해야 할 것인데, 지금 그것을 해줄 수 있는지 물었다. 이를 통해 여자가 남자의 일부 정보를 업데이트할 것임을 알 수 있다. 따라서 정답은 (A) Update some information이다.

바꾸어 표현하기

change ~ details 정보를 변경하다 → Update ~ information 정보를 업데이트하다

Questions 35-37 refer to the following conversation with three speakers.

🔊 캐나다식 발음 → 호주식 발음 → 영국식 발음

M1: ³⁵I just spoke with a representative of the company we hired to renovate our gym. The work will take place from June 1 to 7.

M2: So we'll close for a week? We'd better give our members a discount to avoid any complaints.

W: I agree with you. But ³⁶the new exercise machines we ordered won't arrive until June 10 . . . three days after the remodeling work finishes.

M2: That means we'll have to close again to install them.

W: ³⁷Maybe we should postpone the renovation work so that the machines get here before we reopen. What do you think, Brandon?

M1: Good idea. ³⁷Let me ask them if that is possible.

35 What industry do the speakers most likely work in?
(A) Fitness
(B) Transportation
(C) Construction
(D) Interior design

36 What problem does the woman mention?
(A) Customers have made complaints.
(B) A discount will reduce overall profits.
(C) A delivery will arrive too late.
(D) Machines were not installed properly.

37 What will Brandon inquire about?
(A) Opening a facility
(B) Canceling an order
(C) Signing a contract
(D) Delaying a project

35-37번은 다음 세 명의 대화에 관한 문제입니다.

M1: ³⁵저는 방금 우리의 체육관을 개조하기 위해 고용한 회사의 대표자와 이야기를 나누었습니다. 그 작업은 6월 1일부터 7일까지 진행될 거예요.

M2: 그럼 저희는 일주일 동안 문을 닫는 건가요? 항의를 피하기 위해 회원들에게 할인을 해주는 것이 좋겠어요.

W: 동의해요. 하지만 ³⁶우리가 주문한 새 운동 기계들은 6월 10일… 리모델링 작업이 끝난 후 3일이 지나서야 도착할 거예요.

M2: 그건 우리가 그것들을 설치하기 위해 다시 문을 닫아야 한다는 것을 의미하는데요.

W: ³⁷아마 다시 개장하기 전에 기계들이 이곳에 도착하도록 개조 작업을 연기해야 할지도 모르겠어요. 어떻게 생각하나요, Brandon?

M1: 좋은 생각이네요. ³⁷그것이 가능한지 그들에게 문의해볼게요.

35. 화자들은 어떤 산업에서 일하는 것 같은가?
(A) 피트니스
(B) 운송
(C) 건설
(D) 인테리어 디자인

36. 여자는 어떤 문제를 언급하는가?
(A) 고객들이 항의를 제기해 왔다.
(B) 할인이 전반적인 이익을 감소시킬 것이다.
(C) 배송이 너무 늦게 도착할 것이다.
(D) 기계들이 제대로 설치되지 않았다.

37. Brandon은 무엇에 관해 문의할 것인가?
(A) 시설을 개방하기
(B) 주문을 취소하기
(C) 계약서에 서명하기
(D) 프로젝트를 지연시키기

지문 representative[rèprizéntətiv] 대표자   complaint[kəmpléint] 항의

35 transportation[미 trÆnspərtéiʃən, 영 trÆnspɔːtéiʃən] 운송   construction[kənstrΛkʃən] 건설

---

35 ■ 전체 대화 관련 문제 화자   정답 (A)

화자들이 일하는 산업을 묻는 문제이므로, 신분 및 직업과 관련된 표현을 놓치지 않고 듣는다. 남자 1이 "I just spoke with a representative of the company we hired to renovate our gym."이라며 방금 자신들의 체육관을 개조하기 위해 고용한 회사의 대표자와 이야기를 나누었다고 하였다. 이를 통해 화자들이 피트니스 산업에서 일한다는 것을 알 수 있다. 따라서 정답은 (A) Fitness이다.

36 ■ 세부 사항 관련 문제 문제점   정답 (C)

여자가 언급하는 문제점을 묻는 문제이므로, 여자의 말에서 부정적인 표현이 언급된 주변을 주의 깊게 듣는다. 여자가 "the new exercise machines we ordered won't arrive until ~ three days after the remodeling work finishes"라며 자신들이 주문한 새 운동 기계들은 리모델링 작업이 끝난 후 3일이 지나서야 도착할 것이라고 하였다. 따라서 정답은 (C) A delivery will arrive too late이다.

37 ■ 세부 사항 관련 문제 특정 세부 사항   정답 (D)

Brandon 즉, 남자 1이 무엇에 관해 문의할 것인지를 묻는 문제이므로, 질문의 핵심어구(inquire about)와 관련된 내용을 주의 깊게 듣는다. 여자가 "Maybe we should postpone the renovation work so that the machines get here before we reopen."이라며 아마 다시 개장하기 전에 기계들이 그곳에 도착하도록 개조 작업을 연기해야 할지도 모르겠다고 하자, 남자 1이 "Let me ask them[company we hired] if that is possible."이라며 그것이 가능한지 자신들이 고용한 회사에 문의해보겠다고 하였다. 따라서 정답은 (D) Delaying a project이다.

Questions 38-40 refer to the following conversation.

🎙 호주식 발음 → 미국식 발음

M: ³⁸Do you have any brochures for local attractions?

W: Of course. ³⁸They're on the rack behind you, right next to the tour map on the wall.

M: Thanks. ³⁹I was planning to visit the National Museum this afternoon, but it seems to be closed. I thought it was open on holidays.

W: It usually is, but ³⁹there's a fundraiser tonight. The museum employees need time to set everything up. The exhibits will be open to the public again tomorrow, though.

M: I fly back to Boston in the morning. Um, ⁴⁰can you recommend something fun to do around here?

W: Why don't you visit the market? It's just down the street.

M: That sounds interesting.

38-40번은 다음 대화에 관한 문제입니다.

M: ³⁸지역 명소에 관한 안내 책자가 있으신가요?

W: 물론이죠. ³⁸그것들은 당신 뒤에 있는 선반 위에, 벽에 있는 관광 안내도 바로 옆에 있어요.

M: 감사합니다. ³⁹저는 오늘 오후에 국립박물관을 방문할 계획이었는데, 문을 닫은 것 같아요. 저는 그곳이 휴일에도 문을 여는 줄 알았어요.

W: 보통은 그렇지만, ³⁹오늘 밤에는 모금 행사가 있어요. 박물관 직원들은 모든 것을 준비할 시간이 필요해요. 하지만, 전시회는 내일 다시 대중에 개방될 것입니다.

M: 저는 아침에 보스턴으로 돌아가요. 음, ⁴⁰이 근처에서 할 만한 재미있는 것을 추천해 주실 수 있나요?

W: 시장에 가보는 건 어떠신가요? 길 바로 아래쪽에 있어요.

M: 흥미로울 것 같네요.

38 Where is the conversation most likely taking place?
(A) A tourist office
(B) A transit station
(C) A department store
(D) An outdoor market

39 Why is the museum closed today?
(A) A special holiday was declared.
(B) A safety issue has been raised.
(C) A new exhibition is being set up.
(D) A charity event will be held.

40 What does the man ask the woman to do?
(A) Recommend a restaurant
(B) Organize transportation
(C) Provide directions
(D) Suggest an activity

38. 대화는 어디에서 일어나고 있는 것 같은가?
(A) 관광 안내소
(B) 환승역
(C) 백화점
(D) 야외 시장

39. 박물관은 오늘 왜 문을 닫았는가?
(A) 특별 휴일이 선포되었다.
(B) 안전 문제가 제기되었다.
(C) 새로운 전시회가 준비되고 있다.
(D) 자선 행사가 열릴 것이다.

40. 남자는 여자에게 무엇을 해달라고 요청하는가?
(A) 식당을 추천한다.
(B) 교통수단을 마련한다.
(C) 위치를 제공한다.
(D) 활동을 제안한다.

지문 attraction[ətrǽkʃən] 명소 fundraiser[fʌ́ndrèizər] 모금 행사 set up 준비하다
38 transit station 환승역 39 declare[미 dikléər, 영 dikléə] 선포하다 raise[reiz] 제기하다 charity[tʃǽrəti] 자선

38 ■ 전체 대화 관련 문제 장소 정답 (A)

대화가 일어나는 장소를 묻는 문제이므로, 장소와 관련된 표현을 놓치지 않고 듣는다. 남자가 여자에게 "Do you have any brochures for local attractions?"라며 지역 명소에 관한 안내 책자가 있는지 묻자, 여자가 "They're ~ right next to the tour map on the wall."이라며 그것들은 벽에 있는 관광 안내도 바로 옆에 있다고 하였다. 이를 통해 관광 안내소에서 대화가 일어나고 있음을 알 수 있다. 따라서 정답은 (A) A tourist office이다.

39 ■ 세부 사항 관련 문제 이유 정답 (D)

박물관이 오늘 문을 닫은 이유를 묻는 문제이므로, 질문의 핵심어구(museum closed today)와 관련된 내용을 주의 깊게 듣는다. 남자가 "I was planning to visit the National Museum this afternoon, but it seems to be closed."라며 오늘 오후에 국립박물관을 방문할 계획이었는데 문을 닫은 것 같다고 하자, 여자가 "there's a fundraiser tonight. The museum employees need time to set everything up."이라며 오늘 밤에는 모금 행사가 있어서 박물관 직원들은 모든 것을 준비할 시간이 필요하다고 하였다. 따라서 정답은 (D) A charity event will be held이다.

바꾸어 표현하기

fundraiser 모금 행사 → charity event 자선 행사

40 ■ 세부 사항 관련 문제 요청 정답 (D)

남자가 여자에게 요청하는 것을 묻는 문제이므로, 남자의 말에서 요청과 관련된 표현이 언급된 주변을 주의 깊게 듣는다. 남자가 여자에게 "can you recommend something fun to do around here?"라며 이 근처에서 할 만한 재미있는 것을 추천해 줄 수 있는지 물었다. 따라서 정답은 (D) Suggest an activity이다.

Questions 41-43 refer to the following conversation.

🎧 캐나다식 발음 → 영국식 발음

M: So, ⁴¹the sales department is looking to fill its manager position and would like us to find a suitable candidate.

W: ⁴¹Is there a chance of promotion from within the department, or are we expected to hire externally?

M: ⁴²They want us to find someone new as soon as possible— by the end of the month, actually.

W: We may need more time.

M: They were pretty clear about the deadline. ⁴³Maybe we should get our department head's opinion on the matter.

W: All right. Ms. Lewis just got back from a meeting, so she's probably in her office right now. ⁴³Let's go talk to her.

41 Which department do the speakers most likely work in?
(A) Legal
(B) Customer service
(C) Sales
(D) Human resources

42 Why does the woman say, "We may need more time"?
(A) To stress that a deadline is flexible
(B) To indicate that a process is incomplete
(C) To suggest that a task will be difficult
(D) To propose that a request be approved

43 What will the speakers probably do next?
(A) Speak with an applicant
(B) Post a notice
(C) Cancel a meeting
(D) Consult with a superior

41-43번은 다음 대화에 관한 문제입니다.

M: 자, ⁴¹영업부에서 관리직을 채우려고 하고 우리가 적합한 후보를 찾아주기를 원해요.

W: ⁴¹부서 내에서 승진할 가능성이 있나요, 아니면 저희가 외부에서 채용하도록 요구되나요?

M: ⁴²그들은 우리가 가능한 한 빨리, 사실은 이달 말까지 새로운 사람을 찾기를 원해요.

W: 우리는 시간이 더 필요할지도 몰라요.

M: 그들은 마감일에 대해 꽤 명확했어요. ⁴³어쩌면 우리가 이 문제에 관해 우리 부서장의 의견을 들어봐야 할지도 몰라요.

W: 좋아요. Ms. Lewis는 방금 회의에서 돌아왔으니, 아마 지금 그녀의 사무실에 있을 거예요. ⁴³가서 그녀와 이야기해 봐요.

41. 화자들은 어느 부서에서 일하는 것 같은가?
(A) 법률
(B) 고객 서비스
(C) 판매
(D) 인사

42. 여자는 왜 "우리는 시간이 더 필요할지도 몰라요"라고 말하는가?
(A) 마감일이 유동적임을 강조하기 위해
(B) 절차가 완료되지 않았음을 나타내기 위해
(C) 업무가 어려울 것임을 암시하기 위해
(D) 요청이 승인되어야 함을 건의하기 위해

43. 화자들은 다음에 무엇을 할 것 같은가?
(A) 지원자와 이야기한다.
(B) 공지를 게시한다.
(C) 회의를 취소한다.
(D) 상사와 상의한다.

지문 suitable [súːtəbl] 적합한 externally [미 ikstə́ːrnəli, 영 ikstə́ːnəli] 외부에서
43 applicant [ǽplikənt] 지원자 superior [미 supíəriər, 영 suːpíəriə] 상사; 우수한

41 ■ 전체 대화 관련 문제 화자   정답 (D)
⋮
최상
화자들이 일하는 부서를 묻는 문제이므로, 신분 및 직업과 관련된 표현을 놓치지 않고 듣는다. 남자가 "the sales department is looking to fill its manager position and would like us to find a suitable candidate"라며 영업부에서 관리직을 채우려고 하고 화자들이 적합한 후보를 찾아주기를 원한다고 하자, 여자가 "Is there a chance of promotion from within the department, or are we expected to hire externally?"라며 부서 내에서 승진할 가능성이 있는지 아니면 자신들이 외부에서 채용하도록 요구되는지를 물었다. 이를 통해 화자들이 인사 부서에서 일하는 것을 알 수 있다. 따라서 정답은 (D) Human resources이다.

42 ■ 세부 사항 관련 문제 의도 파악   정답 (C)
⋮
중
여자가 하는 말의 의도를 묻는 문제이므로, 질문의 인용어구(We may need more time)가 언급된 주변을 주의 깊게 듣는다. 남자가 "They[sales department] want us to find someone new ~ by the end of the month, actually."라며 영업부는 사실 자신들이 이달 말까지 새로운 사람을 찾기를 원한다고 하자, 여자가 "We may need more time."이라며 자신들은 시간이 더 필요할지도 모른다고 하였다. 이를 통해 여자는 업무가 어려울 것임을 암시하려는 의도임을 알 수 있다. 따라서 정답은 (C) To suggest that a task will be difficult이다.

43 ■ 세부 사항 관련 문제 다음에 할 일   정답 (D)
⋮
중
화자들이 다음에 할 일을 묻는 문제이므로, 지문의 마지막 부분을 주의 깊게 듣는다. 남자가 "Maybe we should get our department head's opinion on the matter."라며 어쩌면 이 문제에 관해 자신들의 부서장의 의견을 들어봐야 할지도 모른다고 하자, 여자가 "Let's go talk to her."라며 가서 그녀와 이야기해 보자고 하였다. 따라서 정답은 (D) Consult with a superior이다.

Questions 44-46 refer to the following conversation.

[음] 미국식 발음 → 호주식 발음

W: Hi, Tom. This is Angela calling from the public relations department. ⁴⁴I would like to get an update on the product launch. Is everything still set for next week?

M: Yes. I don't expect any delays. But, um, I'm worried about the lack of media interest. Do you think we should hold a launch party?

W: That's a good idea. ⁴⁵I'll get Polly Mitchell to arrange it. She has a lot of experience with these types of events, so I'm sure it will be a success.

M: Great. And ⁴⁶when her statement for the media is ready, please e-mail me a copy to review. Thanks.

44 Why is the woman calling?
(A) To provide an update
(B) To address a concern
(C) To postpone an event
(D) To confirm a schedule

45 What does the woman say about Polly Mitchell?
(A) She has relevant experience.
(B) She is a media representative.
(C) She was recently promoted.
(D) She is a new employee.

46 What does the man ask the woman to do?
(A) Review a proposal
(B) Send a document
(C) Read an e-mail
(D) Write a statement

44-46번은 다음 대화에 관한 문제입니다.

W: 안녕하세요, Tom. 홍보부의 Angela예요. ⁴⁴제품 출시에 대한 업데이트를 받고 싶어요. 여전히 다음 주를 위한 모든 것이 준비되어 있나요?

M: 네, 어떤 지연도 예상되지 않아요. 하지만, 음, 저는 언론의 관심 부족이 걱정됩니다. 우리가 출시 파티를 열어야 한다고 생각하시나요?

W: 좋은 생각이네요. ⁴⁵Polly Mitchell에게 그것을 준비하도록 할게요. 그녀는 이런 종류의 행사에 관한 경험이 많아서, 저는 그것이 성공할 거라고 확신해요.

M: 잘됐네요. 그리고 ⁴⁶언론을 위한 그녀의 발표문이 준비되면, 검토할 사본을 제게 이메일로 보내주세요. 감사합니다.

44. 여자는 왜 전화를 하고 있는가?
(A) 업데이트를 제공하기 위해
(B) 우려를 해소하기 위해
(C) 행사를 연기하기 위해
(D) 일정을 확인하기 위해

45. 여자는 Polly Mitchell에 관해 무엇을 말하는가?
(A) 그녀는 관련 경험이 있다.
(B) 그녀는 언론사 대표자이다.
(C) 그녀는 최근에 승진했다.
(D) 그녀는 신입사원이다.

46. 남자는 여자에게 무엇을 해달라고 요청하는가?
(A) 제안을 검토한다.
(B) 문서를 보낸다.
(C) 이메일을 읽는다.
(D) 발표문을 작성한다.

지문 public relation 홍보, 섭외 launch[lɔ:ntʃ] 출시 arrange[əréindʒ] 준비하다 statement[stéitmənt] 발표문, 성명서
44 confirm[미 kənfá:rm, 영 kənfá:m] 확인하다 45 relevant[réləvənt] 관련된

44 ■ 전체 대화 관련 문제 목적 　　　　　　　　　　　　　　　　　　　　　　　　　　　　　　　　　　　　　정답 (D)

여자가 전화를 건 목적을 묻는 문제이므로, 대화의 초반을 반드시 듣는다. 여자가 남자에게 "I would like to get an update on the product launch. Is everything still set for next week?"이라며 제품 출시에 대한 업데이트를 받고 싶은데 여전히 다음 주를 위한 모든 것이 준비되어 있는지 물은 것을 통해 일정을 확인하기 위해 전화했음을 알 수 있다. 따라서 정답은 (D) To confirm a schedule이다.

45 ■ 세부 사항 관련 문제 언급 　　　　　　　　　　　　　　　　　　　　　　　　　　　　　　　　　　　　　정답 (A)

여자가 Polly Mitchell에 관해 언급하는 것을 묻는 문제이므로, 여자의 말에서 질문의 핵심어구(Polly Mitchell)가 언급된 주변을 주의 깊게 듣는다. 여자가 "I'll get Polly Mitchell to arrange it[launch party]. She has a lot of experience with these types of events"라며 Polly Mitchell에게 출시 파티를 준비하도록 할 것이고 그녀는 이런 종류의 행사에 관한 경험이 많다고 하였다. 따라서 정답은 (A) She has relevant experience이다.

46 ■ 세부 사항 관련 문제 요청 　　　　　　　　　　　　　　　　　　　　　　　　　　　　　　　　　　　　　정답 (B)

남자가 여자에게 요청하는 것을 묻는 문제이므로, 남자의 말에서 요청과 관련된 표현이 언급된 주변을 주의 깊게 듣는다. 남자가 여자에게 "when her[Polly Mitchell] statement for the media is ready, please e-mail me a copy to review"라며 언론을 위한 Polly Mitchell의 발표문이 준비되면 검토할 사본을 자신에게 이메일로 보내달라고 요청하였다. 따라서 정답은 (B) Send a document이다.

바꾸어 표현하기
e-mail ~ a copy 사본을 이메일로 보내다 → Send a document 문서를 보내다

Questions 47-49 refer to the following conversation.

🎧 캐나다식 발음 → 영국식 발음

M: Kathy, ⁴⁷a customer asked me to order an out-of-stock printer, but I can't do that because I haven't been shown how. It's only my second day working at this store.

W: I'll take care of it. ⁴⁸What's the name of the model?

M: It's the Lyson 635. She also mentioned that this product is advertised as being 15 percent off.

W: Right. But ⁴⁹the sale ends tomorrow, so she needs to pay for the device now to get the discount. Um, tell her we'll deliver it to her home without any delivery fee and she can track the order online. If she has any questions, just let me know.

47 Why is the man unable to perform a task?
(A) He works in another section.
(B) He cannot locate an item.
(C) He has not received training.
(D) He is busy with a customer.

48 What information does the woman require?
(A) A discount amount
(B) A delivery date
(C) A serial number
(D) A product name

49 How can the customer qualify for a discount?
(A) By submitting a payment
(B) By completing a questionnaire
(C) By using a delivery service
(D) By creating an online account

47~49번은 다음 대화에 관한 문제입니다.

M: Kathy, ⁴⁷한 고객이 품절된 프린터를 주문해 달라고 요청했는데, 저는 어떻게 하는지 배운 적이 없기 때문에 그것을 할 수가 없어요. 오늘은 제가 이 가게에서 일한 지 아직 이틀째 거든요.

W: 제가 처리할게요. ⁴⁸모델명이 무엇인가요?

M: Lyson 635예요. 그녀는 또한 이 제품이 15퍼센트 할인되고 있는 것으로 광고되고 있다고 말했어요.

W: 맞아요. 하지만 ⁴⁹내일이면 세일이 끝나기 때문에, 할인을 받으려면 그녀는 지금 기기값을 지불해야 해요. 음, 그녀에게 우리가 배송비 없이 댁까지 배달해 드릴 것이고 그녀가 온라인으로 주문을 추적할 수 있다고 전해주세요. 만약 그녀가 질문이 있다면, 그냥 제게 알려주세요.

47. 남자는 왜 업무를 수행할 수 없는가?
(A) 그는 다른 구역에서 일한다.
(B) 그는 물건의 위치를 찾을 수 없다.
(C) 그는 교육을 받지 않았다.
(D) 그는 손님 때문에 바쁘다.

48. 여자는 어떤 정보를 필요로 하는가?
(A) 할인 금액
(B) 배달 일자
(C) 일련번호
(D) 상품명

49. 고객은 어떻게 할인에 대한 자격을 가질 수 있는가?
(A) 금액을 지불함으로써
(B) 설문지를 작성함으로써
(C) 배달 서비스를 이용함으로써
(D) 온라인 계정을 생성함으로써

지문 out-of-stock 품절된 mention[ménʃən] 말하다, 언급하다 device[diváis] 기기 track[træk] 추적하다
47 section[sékʃən] 구역 locate[미 lóukeit, 영 ləukéit] 위치를 찾다
49 qualify for ~에 대한 자격을 갖다 questionnaire[kwèstʃənέər] 설문지 account[əkáunt] 계정

47 ■ 세부 사항 관련 문제 이유   정답 (C)

남자가 업무를 수행할 수 없는 이유를 묻는 문제이므로, 질문의 핵심어구(man unable to perform a task)와 관련된 내용을 주의 깊게 듣는다. 남자가 "a customer asked me to order an out-of-stock printer, but I can't do that because I haven't been shown how"라며 한 고객이 품절된 프린터를 주문해 달라고 요청했는데 자신은 어떻게 하는지 배운 적이 없기 때문에 그것을 할 수가 없다고 하였다. 따라서 정답은 (C) He has not received training이다.

48 ■ 세부 사항 관련 문제 특정 세부 사항   정답 (D)

여자가 필요로 하는 정보를 묻는 문제이므로, 질문의 핵심어구(information ~ woman require)와 관련된 내용을 주의 깊게 듣는다. 여자가 남자에게 "What's the name of the model?"이라며 모델명이 무엇인지를 물었다. 따라서 정답은 (D) A product name이다.

49 ■ 세부 사항 관련 문제 방법   정답 (A)

고객이 할인에 대한 자격을 가질 수 있는 방법을 묻는 문제이므로, 질문의 핵심어구(customer qualify for a discount)와 관련된 내용을 주의 깊게 듣는다. 여자가 "the sale ends tomorrow, so she[customer] needs to pay for the device now to get the discount"라며 내일이면 세일이 끝나기 때문에, 할인을 받으려면 고객은 지금 기기값을 지불해야 한다고 하였다. 따라서 정답은 (A) By submitting a payment이다.

바꾸어 표현하기
pay for ~의 값을 지불하다 → submitting a payment 금액을 지불하기

Questions 50-52 refer to the following conversation.

🔊 미국식 발음 → 호주식 발음

W: Hi, my name is Camilla Robertson. ⁵⁰I'm here to pick up a new debit card. My old one expired last week.

M: Sure thing. Oh, and ⁵¹I should let you know that we are now offering the Gavin Premium Credit Card to our loyal customers. As long as you pay the full balance by the due date each month, you'll be exempted from interest for three months on new purchases. Are you interested?

W: It's a tempting offer, but I already have a credit card that I'm happy with.

M: No problem. But ⁵²please consider taking one of the booklets about the credit card to look through at your convenience. Wait here, and I'll be back with your card.

50 What is the purpose of the woman's visit?
(A) To deposit a check
(B) To replace an item
(C) To inquire about a credit card
(D) To open up an account

51 What is a benefit of using the Gavin Premium Credit Card?
(A) Discounted purchases
(B) Reward points
(C) An interest-free period
(D) A complimentary service

52 What does the man suggest the woman do?
(A) Speak to a bank manager
(B) Read through a pamphlet
(C) Increase a credit limit
(D) Apply for a debit card

50-52번은 다음 대화에 관한 문제입니다.

W: 안녕하세요, 제 이름은 Camilla Robertson입니다. ⁵⁰저는 새 직불카드를 수령하러 왔어요. 예전 것은 지난주에 만료됐거든요.

M: 물론이죠. 아, 그리고 ⁵¹저희가 지금 저희의 단골 고객들께 Gavin Premium 신용카드를 제안드리고 있다는 것을 알려 드려야겠어요. 매월 납기일까지 잔금 전액을 납부하시는 한, 신규 구매에 대해 3개월간 이자가 면제됩니다. 관심 있으신가요?

W: 솔깃한 제안이지만, 저는 이미 만족스러운 신용카드가 있어요.

M: 문제없습니다. 하지만 ⁵²편하실 때 살펴보실 수 있도록 그 신용카드에 관한 소책자 중 하나를 가져가시는 것을 고려해 보시길 바랍니다. 여기서 기다리시면, 귀하의 카드를 가지고 돌아오겠습니다.

50. 여자의 방문 목적은 무엇인가?
(A) 수표를 예금하기 위해
(B) 물품을 교체하기 위해
(C) 신용카드에 관해 문의하기 위해
(D) 계좌를 개설하기 위해

51. Gavin Premium 신용카드를 사용하는 것의 혜택은 무엇인가?
(A) 할인 구매
(B) 보상 포인트
(C) 무이자 기간
(D) 무료 서비스

52. 남자는 여자에게 무엇을 하라고 제안하는가?
(A) 은행 관리자와 이야기한다.
(B) 팸플릿을 읽어본다.
(C) 신용 한도를 늘린다.
(D) 직불카드를 신청한다.

지문 **debit card** 직불카드 **expire** [미 ikspáiər, 영 ikspáiə] 만료되다 **balance** [bǽləns] 잔금 **due date** 납기일, 만기일 **exempt** [igzémpt] 면제하다 **interest** [미 íntərəst, 영 íntrəst] 이자 **tempting** [témptiŋ] 솔깃한 **at one's convenience** 편할 때
50 **deposit** [미 dipázit, 영 dipɔ́zit] 예금하다　51 **complimentary** [미 kà:mpliméntəri, 영 kɔ̀mpliméntəri] 무료의

50 ■ 전체 대화 관련 문제 목적　　　　　　　　　　　　　　　　　　　　　　　　　　　　　　　　　정답 (B)

여자의 방문 목적을 묻는 문제이므로, 대화의 초반을 반드시 듣는다. 여자가 "I'm here to pick up a new debit card. My old one expired last week."이라며 새 직불카드를 수령하러 왔고 예전 것은 지난주에 만료됐다고 하였다. 따라서 정답은 (B) To replace an item이다.

51 ■ 세부 사항 관련 문제 특정 세부 사항　　　　　　　　　　　　　　　　　　　　　　　　　　　　　정답 (C)

Gavin Premium 신용카드를 사용하는 것의 혜택을 묻는 문제이므로, 질문의 핵심어구(Gavin Premium Credit Card)가 언급된 주변을 주의 깊게 듣는다. 남자가 여자에게 "I should let you know that we are now offering the Gavin Premium Credit Card ~."라며 지금 Gavin Premium 신용카드를 제안하고 있다는 것을 알려 줘야겠다고 한 뒤, "As long as you pay the full balance by the due date each month, you'll be exempted from interest for three months on new purchases."라며 매월 납기일까지 잔금 전액을 납부하는 한 신규 구매에 대해 3개월간 이자가 면제된다고 하였다. 따라서 정답은 (C) An interest-free period이다.

52 ■ 세부 사항 관련 문제 제안　　　　　　　　　　　　　　　　　　　　　　　　　　　　　　　　　　정답 (B)

남자가 여자에게 제안하는 것을 묻는 문제이므로, 남자의 말에서 제안과 관련된 표현이 언급된 다음을 주의 깊게 듣는다. 남자가 여자에게 "please consider taking one of the booklets about the credit card to look through at your convenience"라며 편할 때 살펴볼 수 있도록 신용카드에 관한 소책자 중 하나를 가져가는 것을 고려해 보라고 제안하였다. 따라서 정답은 (B) Read through a pamphlet이다.

Questions 53-55 refer to the following conversation.

🎧 호주식 발음 → 영국식 발음

M: ⁵³Are all of the art pieces ready for the event?

W: Yes. ⁵³I'm optimistic that the attendees will be eager to bid on them. We'll likely raise a lot of money from the sale of these works for the aid agencies we support.

M: That's good to hear. I'm worried about how much we're spending on catering and entertainment, though.

W: It's necessary to draw people to our event. Oh, that reminds me . . . ⁵⁴Ms. Holmes has agreed to deliver the opening address.

M: Wonderful. She's such a talented artist, so people will be interested in hearing what she has to say.

W: I agree. ⁵⁵I'll add this information to the event's homepage now.

53 What are the speakers mainly discussing?
(A) A live concert
(B) An awards ceremony
(C) A gallery opening
(D) A charitable auction

54 What is mentioned about Ms. Holmes?
(A) She is arranging the catering.
(B) She organized an event.
(C) She has taught painting.
(D) She will give a talk.

55 What does the woman say she will do?
(A) Contact an artist
(B) Confirm some information
(C) Update a Web site
(D) Set up some equipment

53-55번은 다음 대화에 관한 문제입니다.

M: ⁵³모든 예술 작품들이 행사를 위한 준비가 되었나요?

W: 네. ⁵³저는 참석자들이 입찰하고 싶어 하리라는 것에 낙관적이에요. 우리는 아마 이 작품들의 판매로 우리가 지원하는 원조 단체들을 위한 많은 금액을 모을 거예요.

M: 다행이네요. 하지만, 저는 우리가 음식 조달과 접대에 얼마를 소비하는지가 걱정이에요.

W: 우리의 행사에 사람들을 끌어들이는 것은 필수적이에요. 아, 그러고 보니 생각나는데… ⁵⁴Ms. Holmes가 개회사를 하는 것에 동의했어요.

M: 잘됐네요. 그녀는 대단히 재능 있는 예술가이니, 사람들은 그녀가 무엇을 이야기할 것인지 듣는 데 관심이 있을 거예요.

W: 동의해요. ⁵⁵지금 이 정보를 행사 홈페이지에 추가할게요.

53. 화자들은 주로 무엇에 관해 이야기하고 있는가?
(A) 라이브 콘서트
(B) 시상식
(C) 갤러리 개장
(D) 자선 경매

54. Ms. Holmes에 관해 무엇이 언급되는가?
(A) 그녀는 음식 조달을 준비하고 있다.
(B) 그녀는 행사를 계획했다.
(C) 그녀는 그림을 가르쳤다.
(D) 그녀는 연설을 할 것이다.

55. 여자는 무엇을 할 것이라고 말하는가?
(A) 예술가에게 연락한다.
(B) 일부 정보를 확인한다.
(C) 웹사이트를 업데이트한다.
(D) 일부 장비를 설치한다.

지문 optimistic[à:ptəmístik] 낙관적인 be eager to ~하고 싶어 하다 bid[bid] 입찰하다 aid agency 원조 단체 draw[drɔː] 끌어들이다 deliver[미 dilívər, 영 dilívə] (연설 등을) 하다 opening address 개회사

53 ■ 전체 대화 관련 문제 주제 　　　　　　　　　　　　　　　　　　　　　　　　　정답 (D)

●●●●
최상

대화의 주제를 묻는 문제이므로, 대화의 초반을 주의 깊게 들은 후 전체 맥락을 파악한다. 남자가 "Are all of the art pieces ready for the event?"라며 모든 예술 작품들이 행사를 위한 준비가 되었는지 묻자, 여자가 "I'm optimistic that the attendees will be eager to bid on them. We'll likely raise a lot of money from the sale of these works for the aid agencies we support."라며 자신은 참석자들이 입찰하고 싶어 하리라는 것에 낙관적이고, 아마 이 작품들의 판매로 자신들이 지원하는 원조 단체들을 위한 많은 금액을 모을 것이라고 한 뒤, 자선 경매에 관한 내용으로 대화가 이어지고 있다. 따라서 정답은 (D) A charitable auction이다.

54 ■ 세부 사항 관련 문제 언급 　　　　　　　　　　　　　　　　　　　　　　　　　정답 (D)

○○●●
중

Ms. Holmes에 관해 언급되는 것을 묻는 문제이므로, 질문의 핵심어구(Ms. Holmes)가 언급된 주변을 주의 깊게 듣는다. 여자가 "Ms. Holmes has agreed to deliver the opening address."라며 Ms. Holmes가 개회사를 하는 것에 동의했다고 하였다. 따라서 정답은 (D) She will give a talk이다.

바꾸어 표현하기
deliver the opening address 개회사를 하다 → give a talk 연설을 하다

55 ■ 세부 사항 관련 문제 다음에 할 일 　　　　　　　　　　　　　　　　　　　　　정답 (C)

○○●●
중

여자가 하겠다고 말하는 것을 묻는 문제이므로, 대화의 마지막 부분을 주의 깊게 듣는다. 여자가 "I'll add this information to the event's homepage now."라며 지금 이 정보를 행사 홈페이지에 추가하겠다고 하였다. 따라서 정답은 (C) Update a Web site이다.

Questions 56-58 refer to the following conversation with three speakers.

[영국식 발음 → 캐나다식 발음 → 호주식 발음]

W: ⁵⁶I'm a little concerned about the Very-Berry soda our company released last month.

M1: ⁵⁶It's a great beverage. I'm not sure why sales have been so low. What do you say, Brad?

M2: ⁵⁷I'm pretty sure it's because of our TV commercial. It isn't really effective at attracting the attention of consumers.

M1: That would explain why we haven't seen more visitors to our official Web page or consumer reviews.

M2: ⁵⁷Maybe we should consider using social media to promote our products rather than relying on TV ads.

W: That's going to be a major shift. ⁵⁸Let's gather extra customer feedback before making a decision.

56 What type of product was released last month?
(A) A clothing item
(B) A home appliance
(C) A cooking utensil
(D) A soft drink

57 What does Brad think needs to be changed?
(A) A marketing strategy
(B) An advertising agency
(C) The price of a product
(D) The design of a logo

58 What does the woman suggest?
(A) Hiring a management consultant
(B) Collecting additional opinions
(C) Creating a social media page
(D) Holding a promotional event

56-58번은 다음 세 명의 대화에 관한 문제입니다.

W: ⁵⁶저는 우리 회사가 지난달 출시한 Very-Berry 소다가 좀 걱정스러워요.

M1: ⁵⁶그건 아주 좋은 음료예요. 왜 이렇게 매출이 저조한지 잘 모르겠어요. 어떻게 생각하나요, Brad?

M2: ⁵⁷저는 그것이 우리의 TV 광고 때문임을 꽤나 확신해요. 그것은 소비자의 관심을 끄는 데 그다지 효과적이지 않아요.

M1: 그것이 왜 우리가 공식 웹페이지 방문자들이나 소비자 후기를 더 많이 보지 못했는지 설명할 수 있겠네요.

M2: ⁵⁷어쩌면 우리는 제품을 홍보하기 위해 TV 광고에 의존하기보다는 소셜 미디어를 사용하는 것을 고려해야 할지도 몰라요.

W: 그것은 큰 변화가 되겠네요. ⁵⁸결정을 내리기 전에 추가적인 고객 피드백을 모아 봅시다.

56. 어떤 종류의 제품이 지난달에 출시되었는가?
(A) 의류 품목
(B) 가전제품
(C) 조리기구
(D) 청량음료

57. Brad는 무엇이 바뀔 필요가 있다고 생각하는가?
(A) 마케팅 전략
(B) 광고 대행사
(C) 제품의 가격
(D) 로고의 디자인

58. 여자는 무엇을 제안하는가?
(A) 경영 컨설턴트를 고용하기
(B) 추가 의견을 수집하기
(C) 소셜 미디어 페이지를 만들기
(D) 판촉 행사를 개최하기

지문 release[rilí:s] 출시하다 commercial[미 kəmə́:rʃəl, 영 kəmə́:ʃəl] 광고 shift[ʃift] 변화
56 home appliance 가전제품 cooking utensil 조리기구 57 strategy[strǽtədʒi] 전략 advertising agency 광고 대행사

56 ■ 세부 사항 관련 문제 특정 세부 사항 정답 (D)

지난달에 출시된 제품의 종류를 묻는 문제이므로, 질문의 핵심어구(type of product ~ released last month)와 관련된 내용을 주의 깊게 듣는다. 여자가 "I'm a little concerned about the Very-Berry soda our company released last month."라며 자신들의 회사가 지난달 출시한 Very-Berry 소다가 좀 걱정스럽다고 하자, 남자 1이 "It's a great beverage."라며 그것은 아주 좋은 음료라고 하였다. 따라서 정답은 (D) A soft drink이다.

57 ■ 세부 사항 관련 문제 특정 세부 사항 정답 (A)

Brad 즉, 남자 2가 바뀔 필요가 있다고 생각하는 것을 묻는 문제이므로, 질문의 핵심어구(Brad think needs to be changed)와 관련된 내용을 주의 깊게 듣는다. 남자 2가 "I'm pretty sure it's because of our TV commercial. It isn't really effective at attracting the attention of consumers."라며 자신은 TV 광고 때문임을 꽤나 확신하고, 그것은 소비자의 관심을 끄는 데 그다지 효과적이지 않다고 한 뒤, "Maybe we should consider using social media to promote our products ~."라며 제품을 홍보하기 위해 소셜 미디어를 사용하는 것을 고려해야 할지도 모른다고 하였다. 따라서 정답은 (A) A marketing strategy이다.

58 ■ 세부 사항 관련 문제 제안 정답 (B)

여자가 제안하는 것을 묻는 문제이므로, 여자의 말에서 제안과 관련된 표현이 언급된 다음을 주의 깊게 듣는다. 여자가 "Let's gather extra customer feedback before making a decision."이라며 결정을 내리기 전에 추가적인 고객 피드백을 모아 보자고 하였다. 따라서 정답은 (B) Collecting additional opinions이다.

바꾸어 표현하기
gather extra customer feedback 추가적인 고객 피드백을 모으다 → Collecting additional opinions 추가 의견을 수집하기

Questions 59-61 refer to the following conversation.

🎧 영국식 발음 → 캐나다식 발음

W: ⁵⁹Did you ever contact Wave Seafood Restaurant about hosting our annual corporate party?

M: ⁵⁹Yes. I called there this morning. The person I spoke with was very helpful. She said ⁶⁰they can accommodate our anticipated headcount of 100 people, although that's their maximum capacity.

W: Well, ⁶⁰125 people are now expected to attend. I'm sorry, but you'd better keep looking.

M: Oh, I see. That's OK. I'm sure there are other places in Tampa that would work.

W: Also, ⁶¹Richard Seymore is coming. He has invested a lot of money into our technology firm. He is a vegetarian, so I want to make sure that special arrangements are made for him. Please don't forget.

59 What did the man do this morning?
(A) Contacted an establishment
(B) Mailed out some invitations
(C) Booked some accommodations
(D) Sampled food options

60 What does the woman mean when she says, "you'd better keep looking"?
(A) An item has gone missing.
(B) A larger venue is required.
(C) A service is not suitable.
(D) An executive is not pleased.

61 Who most likely is Richard Seymore?
(A) An advisor
(B) A veterinarian
(C) An investor
(D) An engineer

59-61번은 다음 대화에 관한 문제입니다.

W: ⁵⁹우리의 연례 회사 파티를 개최하는 것에 관해 Wave 해산물 식당에 연락한 적 있나요?

M: ⁵⁹네. 저는 오늘 아침에 그곳에 전화했어요. 제가 이야기를 나눈 사람은 매우 도움이 되었어요. 그녀가 말하길 ⁶⁰그들은 우리의 예상 인원수인 100명을 수용할 수 있지만, 그것이 그들의 최대 정원이기는 해요.

W: 음, ⁶⁰지금은 125명이 참석할 것으로 예상돼요. 미안하지만, 계속 찾아보는 게 좋겠어요.

M: 아, 그렇군요. 괜찮아요. 탬파에는 분명 가능한 다른 장소들이 있을 거예요.

W: 그리고, ⁶¹Richard Seymore가 올 거예요. 그는 우리 기술 회사에 많은 돈을 투자했어요. 그는 채식주의자여서, 저는 그를 위해 특별한 준비가 되도록 확실히 하고 싶어요. 잊지 말아 주세요.

59. 남자는 오늘 아침에 무엇을 했는가?
(A) 시설에 연락했다.
(B) 초대장을 우편으로 보냈다.
(C) 숙박시설을 예약했다.
(D) 음식 선택지를 시식했다.

60. 여자는 "계속 찾아보는 게 좋겠어요"라고 말할 때 무엇을 의도하는가?
(A) 품목이 없어졌다.
(B) 더 큰 장소가 필요하다.
(C) 서비스가 적합하지 않다.
(D) 임원이 만족하지 않는다.

61. Richard Seymore는 누구인 것 같은가?
(A) 고문
(B) 수의사
(C) 투자자
(D) 기술자

지문 accommodate [əkáːmədèit] 수용하다 anticipate [미 æntísəpèit, 영 æntísipeit] 예상하다 capacity [kəpǽsəti] 정원, 수용력
59 accommodation [əkàmədéiʃən] 숙박시설 sample [미 sǽmpl, 영 sáːmpl] 시식하다
60 venue [vénjuː] 장소 executive [igzékjutiv] 임원
61 advisor [ədváizər] 고문 veterinarian [vètərənéəriən] 수의사

59 ■ 세부 사항 관련 문제 특정 세부 사항 정답 (A)

남자가 오늘 아침에 한 것을 묻는 문제이므로, 남자의 말에서 질문의 핵심어구(this morning)가 언급된 주변을 주의 깊게 듣는다. 여자가 남자에게 "Did you ever contact Wave Seafood Restaurant about hosting our annual corporate party?"라며 연례 회사 파티를 개최하는 것에 관해 Wave 해산물 식당에 연락한 적 있는지 묻자, 남자가 "Yes. I called there this morning."이라며 오늘 아침에 그곳에 전화했다고 하였다. 따라서 정답은 (A) Contacted an establishment이다.

60 ■ 세부 사항 관련 문제 의도 파악 정답 (B)

여자가 하는 말의 의도를 묻는 문제이므로, 질문의 인용어구(you'd better keep looking)가 언급된 주변을 주의 깊게 듣는다. 남자가 "they[Wave Seafood Restaurant] can accommodate our anticipated headcount of 100 people, although that's their maximum capacity"라며 Wave 해산물 식당은 자신들의 예상 인원수인 100명을 수용할 수 있지만 그것이 그들의 최대 정원이기는 하다고 하자, 여자가 "125 people are now expected to attend. I'm sorry, but you'd better keep looking"이라며 지금은 125명이 참석할 것으로 예상된다며, 미안하지만 계속 찾아보는 것이 좋겠다고 하였다. 이를 통해 여자는 125명을 수용할 수 있는 더 큰 장소가 필요함을 나타내려는 의도임을 알 수 있다. 따라서 정답은 (B) A larger venue is required이다.

61 ■ 세부 사항 관련 문제 특정 세부 사항 정답 (C)

Richard Seymore의 신분을 묻는 문제이므로, 질문 대상(Richard Seymore)의 신분 및 직업과 관련된 표현을 놓치지 않고 듣는다. 여자가 "Richard Seymore is coming. He has invested a lot of money into our technology firm."이라며 Richard Seymore가 올 것인데, 그는 자신들의 기술 회사에 많은 돈을 투자했다고 하였다. 따라서 정답은 (C) An investor이다.

Questions 62-64 refer to the following conversation and table.

🎧 미국식 발음 → 호주식 발음

W: Excuse me. [62]A business class I enrolled in is only offered online. One of my friends suggested that I get a tablet computer for it.

M: Well, Wind SG is our best seller. It comes with a wireless charging pad.

W: Actually, [63]I don't really care about that accessory. But I definitely need both a stylus and a detachable keyboard.

M: Then this one is perfect for you. And it's currently available at a 10 percent discount.

W: Great. Um, [64]I saw a sign near the store entrance about getting a free pair of headphones with each purchase . . .

M: [64]Unfortunately, this model doesn't qualify for that promotion. It's only for certain laptop brands.

Model	Detachable Keyboard	Stylus	Charging Pad
Wind SG	✓		✓
Blaze		✓	✓
[64]Millennium	✓	✓	
Super Turbo	✓		✓

62 Why does the woman need a tablet computer?
(A) To communicate with clients
(B) To make online purchases
(C) To stay in touch with a friend
(D) To participate in a course

63 Look at the graphic. Which model will the woman most likely buy?
(A) Wind SG
(B) Blaze
(C) Millennium
(D) Super Turbo

64 According to the man, what is the woman unable to receive?
(A) A refund
(B) A discount
(C) A warranty
(D) A gift

62-64번은 다음 대화와 표에 관한 문제입니다.

W: 실례합니다. [62]제가 등록한 경영 수업이 온라인으로만 제공되어서요. 제 친구 중 한 명이 그것을 위해 태블릿 컴퓨터를 사는 것을 추천했어요.

M: 음, Wind SG가 저희의 가장 잘 팔리는 품목입니다. 그것은 무선 충전 패드와 함께 나와요.

W: 사실, [63]저는 그 부속품은 별로 신경 쓰지 않아요. 하지만 스타일러스와 탈부착 가능 키보드는 둘 다 확실히 필요해요.

M: 그렇다면 이것이 안성맞춤이네요. 그리고 이것은 현재 10퍼센트 할인된 가격으로 구매할 수 있어요.

W: 좋네요. 음, [64]제가 가게 입구 근처에서 각 구매 시 무료 헤드폰을 받는 것에 대한 간판을 봤는데요…

M: [64]안타깝게도, 이 모델은 그 판촉 행사의 대상이 아닙니다. 그것은 특정 노트북 브랜드들만을 위한 거예요.

모델	탈부착 가능 키보드	스타일러스	충전 패드
Wind SG	✓		✓
Blaze		✓	✓
[64]Millennium	✓	✓	
Super Turbo	✓		✓

62. 여자는 왜 태블릿 컴퓨터가 필요한가?
(A) 고객과 소통하기 위해
(B) 온라인 구매를 하기 위해
(C) 친구와 계속 연락하기 위해
(D) 강좌에 참여하기 위해

63. 시각 자료를 보시오. 여자는 어느 모델을 구매할 것 같은가?
(A) Wind SG
(B) Blaze
(C) Millennium
(D) Super Turbo

64. 남자에 따르면, 여자는 무엇을 받을 수 없는가?
(A) 환불
(B) 할인
(C) 보증서
(D) 증정품

지문 enroll [미 inróul, 영 inróul] 등록하다   stylus [stáiləs] 스타일러스(컴퓨터 화면에 글을 쓰거나 그림을 그릴 때 쓰는 펜)
detachable [ditétʃəbl] 탈부착이 가능한, 분리할 수 있는
62 stay in touch with ~와 계속 연락하다

62 ■ 세부 사항 관련 문제 이유 정답 (D)

여자가 태블릿 컴퓨터가 필요한 이유를 묻는 문제이므로, 질문의 핵심어구(tablet computer)가 언급된 주변을 주의 깊게 듣는다. 여자가 "A business class I enrolled in is only offered online. One of my friends suggested that I get a tablet computer for it." 이라며 자신이 등록한 경영 수업이 온라인으로만 제공되어서 친구 중 한 명이 그것을 위해 태블릿 컴퓨터를 사는 것을 추천했다고 하였다. 따라서 정답은 (D) To participate in a course이다.

63 ■ 세부 사항 관련 문제 시각 자료 정답 (C)

여자가 구매할 모델을 묻는 문제이므로, 제시된 표의 정보를 확인한 뒤 질문의 핵심어구(model will the woman ~ buy)와 관련된 내용을 주의 깊게 듣는다. 여자가 "I don't really care about that accessory[wireless charging pad]. But I definitely need both a stylus and a detachable keyboard."라며 자신은 무선 충전 패드는 별로 신경 쓰지 않지만 스타일러스와 탈부착 가능 키보드는 둘 다 확실히 필요하다고 하였다. 이를 통해 여자가 탈부착 가능 키보드와 스타일러스가 포함된 Millenium 모델을 구매할 것임을 표에서 알 수 있다. 따라서 정답은 (C) Millennium이다.

64 ■ 세부 사항 관련 문제 특정 세부 사항 정답 (D)

여자가 받을 수 없는 것을 묻는 문제이므로, 질문의 핵심어구(woman unable to receive)와 관련된 내용을 주의 깊게 듣는다. 여자가 "I saw a sign near the store entrance about getting a free pair of headphones with each purchase"라며 가게 입구 근처에서 각 구매 시 무료 헤드폰을 받는 것에 대한 간판을 봤다고 하자, 남자가 "Unfortunately, this model doesn't qualify for that promotion."이라며 안타깝게도 이 모델은 그 판촉 행사의 대상이 아니라고 하였다. 따라서 정답은 (D) A gift이다.

Questions 65-67 refer to the following conversation and map.

🔊 영국식 발음 → 캐나다식 발음

W: Hi. [65]My flight has been pushed back until tomorrow morning due to the typhoon. One of the airline employees said I should ask for a hotel recommendation at this information desk.

M: Sure. As you can see on this map, there are four in the area.

W: The Skyway Hotel and the Express Hotel seem to be the closest ones.

M: Hmm . . . do you have a car? Both are quite distant to walk to from here.

W: No. I already returned my rental.

M: In that case, [66]I would suggest that you stay at the one farthest from the airport. [67]It has a free shuttle bus. Just go through that door, and you will see the bus waiting.

W: [67]Great. Thanks a lot.

65-67번은 다음 대화와 약도에 관한 문제입니다.

W: 안녕하세요. [65]제 비행기가 태풍으로 인해서 내일 아침까지 미뤄졌어요. 항공사 직원 중 한 명이 이 안내 데스크에 호텔 추천을 요청해 보라고 했습니다.

M: 물론이죠. 이 약도에서 보실 수 있듯이, 이 지역에는 네 곳이 있습니다.

W: Skyway 호텔과 Express 호텔이 가장 가까운 것 같네요.

M: 흠… 차가 있으신가요? 둘 다 여기서 걸어가기에는 꽤 멀거든요.

W: 아니요. 저는 이미 제 렌터카를 반납했어요.

M: 그러시다면, [66]공항에서 가장 먼 곳에 머무르시는 것을 추천드려요. [67]그곳에는 무료 셔틀버스가 있거든요. 저 문을 통과하기만 하시면, 버스가 기다리고 있는 것을 보실 수 있을 겁니다.

W: [67]좋네요. 정말 감사합니다.

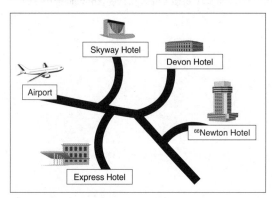

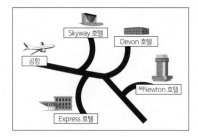

65 What problem does the woman mention?
(A) A flight has been missed.
(B) A vehicle has been damaged.
(C) A departure has been delayed.
(D) A reservation has been lost.

66 Look at the graphic. Which hotel does the man recommend?
(A) Skyway Hotel
(B) Devon Hotel
(C) Express Hotel
(D) Newton Hotel

67 What will the woman probably do next?
(A) Purchase a ticket
(B) Rent a car
(C) Call a hotel
(D) Take a shuttle

65. 여자는 어떤 문제를 언급하는가?
(A) 항공편을 놓쳤다.
(B) 차량이 손상되었다.
(C) 출발이 지연되었다.
(D) 예약이 사라졌다.

66. 시각 자료를 보시오. 남자는 어느 호텔을 추천하는가?
(A) Skyway 호텔
(B) Devon 호텔
(C) Express 호텔
(D) Newton 호텔

67. 여자는 다음에 무엇을 할 것 같은가?
(A) 표를 구매한다.
(B) 차를 빌린다.
(C) 호텔에 전화한다.
(D) 셔틀을 탄다.

지문 push back ~을 미루다 distant[dístənt] 먼
65 vehicle[víːikl] 차량 departure[dipáːrtʃər] 출발

65 ■ 세부 사항 관련 문제 문제점   정답 (C)

여자가 언급하는 문제점을 묻는 문제이므로, 여자의 말에서 부정적인 표현이 언급된 주변을 주의 깊게 듣는다. 여자가 "My flight has been pushed back until tomorrow morning due to the typhoon."이라며 자신의 비행기가 태풍으로 인해서 내일 아침까지 미뤄졌다고 하였다. 따라서 정답은 (C) A departure has been delayed이다.

66 ■ 세부 사항 관련 문제 시각 자료   정답 (D)

남자가 추천하는 호텔을 묻는 문제이므로, 제시된 약도의 정보를 확인한 뒤 질문의 핵심어구(hotel ~ man recommend)와 관련된 내용을 주의 깊게 듣는다. 남자가 "I would suggest that you stay at the one[hotel] farthest from the airport"라며 공항에서 가장 먼 호텔에 머무르는 것을 추천한다고 하였다. 이를 통해 남자가 추천하는 호텔은 공항에서 가장 먼 Newton 호텔임을 약도에서 알 수 있다. 따라서 정답은 (D) Newton Hotel이다.

67 ■ 세부 사항 관련 문제 다음에 할 일   정답 (D)

여자가 다음에 할 일을 묻는 문제이므로, 대화의 마지막 부분을 주의 깊게 듣는다. 남자가 "It[the one farthest from the airport] has a free shuttle bus."라며 공항에서 가장 먼 곳에는 무료 셔틀버스가 있다고 한 뒤, "Just go through that door, and you will see the bus waiting."이라며 저 문을 통과하기만 하면 버스가 기다리고 있는 것을 볼 수 있을 것이라고 하자, 여자가 "Great."이라며 좋다고 하였다. 따라서 정답은 (D) Take a shuttle이다.

Questions 68-70 refer to the following conversation and bill.

영국식 발음 → 호주식 발음

W: ⁶⁸Can I bring you anything else? Maybe some dessert?

M: No, thanks. I just need the check, please.

W: Of course. Here you go. ⁶⁸I hope you enjoyed your meal this evening.

M: I did. ⁶⁹I especially appreciated the jazz band that was playing. They made the dining experience very relaxing.

W: I'm glad you liked them. And keep in mind that we will be opening our patio for the summer soon. There is a great view of the river from there.

M: Thanks for letting me know. Oh, hold on . . . ⁷⁰There seems to be an error with my bill. I didn't order a beverage.

W: I'm sorry, sir. ⁷⁰I will remove that charge right away.

Hilltop Bistro	
Coffee	⁷⁰£1.50
Tomato Soup	£4.00
Roast Beef	£12.00
Salad	£3.50
TOTAL	**£21.00**

68 Who most likely is the woman?

(A) A chef

(B) A waitress

(C) A nutritionist

(D) A cashier

69 What did the man especially like?

(A) The view of the river

(B) The outdoor seating area

(C) The music performance

(D) The affordable prices

70 Look at the graphic. Which amount will be removed from the bill?

(A) £1.50

(B) £4.00

(C) £12.00

(D) £3.50

68-70번은 다음 대화와 계산서에 관한 문제입니다.

W: ⁶⁸무언가 더 가져다드릴까요? 디저트는 어떠세요?

M: 아뇨, 괜찮습니다. 계산서만 부탁드려요.

W: 물론이죠. 여기 있습니다. ⁶⁸오늘 저녁 식사를 즐기셨기를 바랍니다.

M: 그럼요. ⁶⁹저는 특히 연주하고 있던 재즈 밴드를 높이 평가했어요. 그들은 식사 경험을 매우 편안하게 해주었어요.

W: 그들을 좋아하셨다니 기쁘네요. 그리고 저희가 곧 여름을 위해 테라스를 개장할 것이라는 점을 기억해 주세요. 그곳에서 강의 멋진 경치가 보입니다.

M: 알려주셔서 감사합니다. 아, 잠시만요… ⁷⁰제 계산서에 오류가 있는 것 같아요. 저는 음료를 주문하지 않았어요.

W: 죄송합니다, 손님. ⁷⁰그 청구액을 지금 바로 삭제해 드릴게요.

Hilltop 식당	
커피	⁷⁰1.50파운드
토마토 수프	4.00파운드
로스트 비프	12.00파운드
샐러드	3.50파운드
총액	21.00파운드

68. 여자는 누구인 것 같은가?

(A) 요리사

(B) 웨이트리스

(C) 영양사

(D) 계산원

69. 남자는 특히 무엇을 마음에 들어 했는가?

(A) 강의 경치

(B) 야외 좌석 구역

(C) 음악 공연

(D) 적당한 가격

70. 시각 자료를 보시오. 계산서에서 어느 금액이 삭제될 것인가?

(A) 1.50파운드

(B) 4.00파운드

(C) 12.00파운드

(D) 3.50파운드

지문 appreciate [əpríːʃièit] 높이 평가하다, 감사하다 keep in mind 기억하다 charge [미 tʃɑːrdʒ, 영 tʃɑːdʒ] 청구액, 요금

68 nutritionist [미 nutríʃənist, 영 njutríʃənist] 영양사, 영양학자   69 affordable [미 əfɔ́ːrdəbl, 영 əfɔ́ːdəbl] 적당한, 알맞은

68 ■ 전체 대화 관련 문제 화자

정답 (B)

여자의 신분을 묻는 문제이므로, 신분 및 직업과 관련된 표현을 놓치지 않고 듣는다. 여자가 남자에게 "Can I bring you anything else? Maybe some dessert?"라며 무언가 더 가져다줄지와 디저트는 어떤지를 묻고, "I hope you enjoyed your meal this evening."이 라며 남자가 오늘 저녁 식사를 즐겼기를 바란다고 하였다. 이를 통해 여자가 식당의 웨이트리스임을 알 수 있다. 따라서 정답은 (B) A waitress이다.

69 ■ 세부 사항 관련 문제 특정 세부 사항

정답 (C)

남자가 특히 마음에 들어 한 것을 묻는 문제이므로, 질문의 핵심어구(man especially like)와 관련된 내용을 주의 깊게 듣는다. 남자가 "I especially appreciated the jazz band that was playing."이라며 자신은 특히 연주하고 있던 재즈 밴드를 높이 평가했다고 하였다. 따라서 정답은 (C) The music performance이다.

바꾸어 표현하기

jazz band ~ playing 연주하고 있는 재즈 밴드 → music performance 음악 공연

70 ■ 세부 사항 관련 문제 시각 자료

정답 (A)

계산서에서 삭제될 금액을 묻는 문제이므로, 제시된 계산서의 정보를 확인한 뒤 질문의 핵심어구(amount ~ removed from the bill)와 관련된 내용을 주의 깊게 듣는다. 남자가 "There seems to be an error with my bill. I didn't order a beverage."라며 계산서에 오 류가 있는 것 같다고 한 뒤 자신은 음료를 주문하지 않았다고 하자, 여자가 "I will remove that charge right away."라며 그 청구액을 즉시 삭제해 주겠다고 하였다. 이를 통해 음료인 커피의 가격인 1.50파운드만큼의 금액이 삭제될 것임을 계산서에서 알 수 있다. 따라서 정 답은 (A) £1.50이다.

PART 4

71
72
73

Questions 71-73 refer to the following talk.

🔊 영국식 발음

I'd like to begin by welcoming all of you to Whiteford Investment's 10th anniversary celebration. ⁷¹As the founder of this firm, I'm pleased to announce that we are finally going forward with our plan to open new branches in San Francisco. ⁷²This expansion is the result of our success, which I believe is due to the great effort we make to serve our clients. And no one has demonstrated this commitment to our customers more than the head of our sales department, Michael Pearson. ⁷³Before the food is served, he will say a few words about our plans for the coming year. Now, let's welcome him to the stage.

71 Who most likely is the speaker?
(A) A recruiting manager
(B) A sales representative
(C) A business consultant
(D) A company president

72 What does the speaker attribute the company's success to?
(A) Rapid expansion
(B) New employees
(C) Quality service
(D) Reliable products

73 What will most likely happen next?
(A) A performance will be held.
(B) A promotion will be announced.
(C) A demonstration will be given.
(D) A speech will be made.

71-73번은 다음 담화에 관한 문제입니다.

Whiteford 투자사의 10주년 기념 행사에 오신 여러분 모두를 환영하는 것으로 시작해 보겠습니다. ⁷¹이 회사의 설립자로서, 저는 우리가 마침내 샌프란시스코에 새로운 지점을 여는 계획을 진행하고 있다는 것을 발표하게 되어 기쁩니다. ⁷²이 확장은 우리의 성공의 결과이며, 저는 이것이 우리가 고객들을 모시는 데 기울이는 많은 노력 덕분이라고 생각합니다. 그리고 영업 부장인 Michael Pearson만큼 우리 고객들에 대한 이러한 헌신을 입증한 사람은 없습니다. ⁷³음식이 내어지기 전에, 그가 내년 우리의 계획에 관해 몇 마디를 할 것입니다. 이제, 그를 무대로 맞이합시다.

71. 화자는 누구인 것 같은가?
(A) 채용 책임자
(B) 영업 사원
(C) 경영 고문
(D) 기업 회장

72. 화자는 회사의 성공을 무엇의 결과로 보는가?
(A) 신속한 확장
(B) 새로운 직원들
(C) 양질의 서비스
(D) 신뢰할 수 있는 제품

73. 다음에 무슨 일이 일어날 것 같은가?
(A) 공연이 열릴 것이다.
(B) 승진이 발표될 것이다.
(C) 시연이 제공될 것이다.
(D) 연설이 행해질 것이다.

지문 go forward with ~을 진행하다 expansion[ikspǽnʃən] 확장 demonstrate[démənstrèit] 입증하다 commitment[kəmítmənt] 헌신
72 attribute to ~의 결과로 보다 rapid[rǽpid] 신속한 quality[미 kwάləti, 영 kwɔ́liti] 양질의 reliable[riláiəbl] 신뢰할 수 있는
73 demonstration[dèmənstréiʃən] 시연

71 ■ 전체 지문 관련 문제 화자
정답 (D)

화자의 신분을 묻는 문제이므로, 신분 및 직업과 관련된 표현을 놓치지 않고 듣는다. "As the founder of this firm, I'm pleased to announce that we are finally going forward with our plan to open new branches ~."라며 이 회사의 설립자로서 자신들이 마침내 새로운 지점을 여는 계획을 진행하고 있다는 것을 발표하게 되어 기쁘다고 하였다. 이를 통해 화자가 기업 회장임을 알 수 있다. 따라서 정답은 (D) A company president이다.

72 ■ 세부 사항 관련 문제 특정 세부 사항
정답 (C)

화자가 회사의 성공을 무엇의 결과로 보는지를 묻는 문제이므로, 질문의 핵심어구(attribute the company's success to)와 관련된 내용을 주의 깊게 듣는다. "This expansion is the result of our success, which I believe is due to the great effort we make to serve our clients."라며 이 확장은 자신들의 성공의 결과이고 자신은 이것이 고객들을 모시는 데 기울이는 많은 노력 덕분이라고 생각한다고 하였다. 따라서 정답은 (C) Quality service이다.

73 ■ 세부 사항 관련 문제 다음에 할 일
정답 (D)

다음에 일어날 일을 묻는 문제이므로, 지문의 마지막 부분을 주의 깊게 듣는다. "Before the food is served, he[Michael Pearson] will say a few words about our plans for the coming year. Now, let's welcome him to the stage."라며 음식이 내어지기 전에 Michael Pearson이 내년 자신들의 계획에 관해 몇 마디를 할 것이라고 한 뒤 이제 그를 무대로 맞이하자고 하였다. 따라서 정답은 (D) A speech will be made이다.

74
75
76

Questions 74-76 refer to the following advertisement.

[캐나다식 발음]

Are you a business owner looking for a commercial space in downtown Houston? If so, ⁷⁴consider Ventra Tower. Located on Briarwood Street right across from the Plaza Subway Station, this 15-story office building includes an underground parking facility and a state-of-the-art security system. The units come in sizes of up to 2,000 square meters and feature large windows and central air conditioning. Best of all, ⁷⁵sign a five-year lease agreement, and you won't have to pay rent for the first two months. ⁷⁶If you are interested, contact Ventra Management at 555-9029. Don't delay, though. We are already accepting applications.

74 What does the speaker say about Ventra Tower?
(A) It is located on the outskirts of a city.
(B) It includes a multistory parking area.
(C) It is near a public transportation facility.
(D) It contains a variety of residential units.

75 Why does the speaker recommend a five-year lease?
(A) To save on rental expenses
(B) To receive additional services
(C) To reduce a security deposit amount
(D) To gain access to a private space

76 Why does the speaker say, "We are already accepting applications"?
(A) To describe a submission process
(B) To give a reason for a change
(C) To draw attention to a deadline
(D) To encourage prompt action

74-76번은 다음 광고에 관한 문제입니다.

휴스턴 시내에서 상업 공간을 찾고 있는 사업주이신가요? 그렇다면, ⁷⁴Ventra Tower를 고려해보세요. Plaza 지하철역 바로 맞은편 Briarwood가에 위치하여, 이 15층짜리 건물은 지하 주차 시설과 최첨단 보안 시스템을 갖추고 있습니다. 호실들은 최대 2,000평방미터의 규모로 제공되며 큰 창문과 중앙 에어컨을 특징으로 합니다. 무엇보다, ⁷⁵5년 임대 계약을 체결하시면, 첫 2개월간은 임대료를 내지 않으셔도 됩니다. ⁷⁶관심이 있으시다면, 555-9029번으로 Ventra Management사에 연락하십시오. 다만, 지체하지 마세요. 저희는 이미 신청서들을 받고 있습니다.

74. 화자는 Ventra Tower에 관해 무엇을 말하는가?
(A) 도시의 변두리에 위치해 있다.
(B) 여러 층의 주차 공간을 포함한다.
(C) 대중교통 시설 근처에 있다.
(D) 다양한 주거용 호실을 포함한다.

75. 화자는 왜 5년 임대를 추천하는가?
(A) 임대료를 절약하기 위해
(B) 추가 서비스를 받기 위해
(C) 임대 보증금 액수를 줄이기 위해
(D) 개인 공간에 대한 접근권을 얻기 위해

76. 화자는 왜 "저희는 이미 신청서들을 받고 있습니다"라고 말하는가?
(A) 제출 절차를 설명하기 위해
(B) 변경에 대한 이유를 제시하기 위해
(C) 마감일에 관심을 끌기 위해
(D) 신속한 행동을 장려하기 위해

지문 state-of-the-art 최첨단의 feature[미 fíːtʃər, 영 fíːtʃə] ~을 특징으로 하다 lease agreement 임대 계약 application[æpləkéiʃən] 신청서
74 outskirt[áutskərts] 변두리 residential[미 rèzədénʃəl, 영 rèzidénʃəl] 주거용의 75 security deposit 임대 보증금
76 prompt[미 prɑmpt, 영 prɔmpt] 신속한

74 ■ **세부 사항 관련 문제** 언급 정답 (C)

화자가 Ventra Tower에 관해 언급하는 것을 묻는 문제이므로, 질문의 핵심어구(Ventra Tower)가 언급된 주변을 주의 깊게 듣는다. "consider Ventra Tower. Located on Briarwood Street right across from the Plaza Subway Station, this 15-story building includes an underground parking facility ~."라며 Ventra Tower를 고려해보라고 한 뒤, Plaza 지하철역 바로 맞은편 Briarwood가에 위치한 이 15층짜리 사무용 건물은 지하 주차 시설을 갖추고 있다고 하였다. 따라서 정답은 (C) It is near a public transportation facility이다.

바꾸어 표현하기
right across from ~ Subway Station 지하철역 바로 맞은편 → near a public transportation facility 대중교통 시설 근처

75 ■ **세부 사항 관련 문제** 이유 정답 (A)

화자가 5년 임대를 추천하는 이유를 묻는 문제이므로, 질문의 핵심어구(five-year lease)가 언급된 주변을 주의 깊게 듣는다. "sign a five-year lease agreement, and you won't have to pay rent for the first two months"라며 5년 임대 계약을 체결하면 첫 2개월간은 임대료를 내지 않아도 된다고 하였다. 따라서 정답은 (A) To save on rental expenses이다.

76 ■ **세부 사항 관련 문제** 의도 파악 정답 (D)

화자가 하는 말의 의도를 묻는 문제이므로, 질문의 인용어구(We are already accepting applications)가 언급된 주변을 주의 깊게 듣는다. "If you are interested, contact Ventra Management ~."라며 관심이 있다면 Ventra Management사에 연락하라고 한 뒤, "Don't delay, though. We are already accepting applications."라며 다만 지체하지 말라며 자신들은 이미 신청서들을 받고 있다고 한 것을 통해 화자는 청자들의 신속한 행동을 장려하려는 의도임을 알 수 있다. 따라서 정답은 (D) To encourage prompt action이다.

Questions 77-79 refer to the following advertisement.

[3] 미국식 발음

77번~79번은 다음 광고에 관한 문제입니다.

⁷⁷Travelers looking for inexpensive flights to destinations throughout the Western United States now have a new option! ⁷⁷/⁷⁸Rocky Mountain Air began providing service to 15 major population centers on June 10. Our goal is to provide our customers with amazing service at an affordable price. And ⁷⁸to commemorate our first step, we are offering a 20 percent discount on all flights for the remainder of the summer. This offer will end on August 31, so don't miss out! To find out more about our company and ⁷⁹to receive updates on fares and schedules, download our smartphone app today.

⁷⁷미국 서부 전역의 목적지로 가는 저렴한 항공편을 찾는 여행객들은 이제 새로운 선택권을 갖게 되었습니다! ⁷⁷/⁷⁸Rocky Mountain 항공사가 6월 10일에 15개 주요 인구 밀집 지역으로의 서비스를 제공하기 시작했습니다. 저희의 목표는 고객들께 적당한 가격에 놀라운 서비스를 제공하는 것입니다. 그리고 ⁷⁸저희의 첫걸음을 기념하기 위해, 저희는 남은 여름 동안 모든 항공편에 20퍼센트 할인을 제공하고 있습니다. 이 할인은 8월 31일에 끝나니, 놓치지 마세요! 저희 회사에 대해 더 알아보고 ⁷⁹요금과 일정에 대한 업데이트를 받으시려면, 오늘 저희 스마트폰 앱을 다운로드하십시오.

77 What type of business is being advertised?
(A) A shipping company
(B) An airline
(C) A hotel
(D) A travel agency

77. 어떤 종류의 업체가 광고되고 있는가?
(A) 운송 회사
(B) 항공사
(C) 호텔
(D) 여행사

78 What is being offered to celebrate an opening?
(A) A rewards program
(B) A free service
(C) A special sale
(D) A local product

78. 개시를 축하하기 위해 무엇이 제공되고 있는가?
(A) 보상 프로그램
(B) 무료 서비스
(C) 특별 할인
(D) 지역 특산품

79 What can the listeners do with a company's mobile application?
(A) Make changes to reservations
(B) Chat in real-time with a representative
(C) Compare prices with other companies
(D) Acquire some up-to-date information

79. 청자들은 회사의 모바일 애플리케이션으로 무엇을 할 수 있는가?
(A) 예약을 변경한다.
(B) 담당자와 실시간으로 채팅한다.
(C) 다른 회사들과 요금을 비교한다.
(D) 최신 정보를 얻는다.

지문 population center 인구 밀집 지역 commemorate [kəmémərèit] 기념하다 remainder [미 riméindər, 영 riméində] 나머지
79 real-time 실시간의 acquire [미 əkwáiər, 영 əkwáiə] 얻다 up-to-date 최신의

77 ■ 전체 지문 관련 문제 주제   정답 (B)
광고의 주제를 묻는 문제이므로, 지문의 초반을 반드시 듣는다. "Travelers looking for inexpensive flights to destinations throughout the Western United States now have a new option!"이라며 미국 서부 전역의 목적지로 가는 저렴한 항공편을 찾는 여행객들이 이제 새로운 선택권을 갖게 되었다고 한 뒤, "Rocky Mountain Air began providing service to 15 major population centers on June 10."라며 Rocky Mountain 항공사가 6월 10일에 15개 주요 인구 밀집 지역으로의 서비스를 제공하기 시작했다고 하였다. 이를 통해 항공사가 광고되고 있음을 알 수 있다. 따라서 정답은 (B) An airline이다.

78 ■ 세부 사항 관련 문제 특정 세부 사항   정답 (C)
개시를 축하하기 위해 제공되고 있는 것을 묻는 문제이므로, 질문의 핵심어구(being offered to celebrate an opening)와 관련된 내용을 주의 깊게 듣는다. "Rocky Mountain Air began providing service to 15 major population centers on June 10."라며 Rocky Mountain 항공사가 6월 10일에 15개 주요 인구 밀집 지역으로의 서비스를 제공하기 시작했다고 한 뒤, "to commemorate our first step, we are offering a 20 percent discount on all flights for the remainder of the summer"라며 자신들의 첫걸음을 기념하기 위해 남은 여름 동안 모든 항공편에 20퍼센트 할인을 제공하고 있다고 하였다. 따라서 정답은 (C) A special sale이다.

79 ■ 세부 사항 관련 문제 특정 세부 사항   정답 (D)
청자들이 회사의 모바일 애플리케이션으로 할 수 있는 것을 묻는 문제이므로, 질문의 핵심어구(mobile application)와 관련된 내용을 주의 깊게 듣는다. "to receive updates on fares and schedules, download our smartphone app today"라며 요금과 일정에 대한 업데이트를 받으려면 오늘 자신들의 스마트폰 앱을 다운로드하라고 하였다. 따라서 정답은 (D) Acquire some up-to-date information이다.

바꾸어 표현하기
receive updates 업데이트를 받다 → Acquire ~ up-to-date information 최신 정보를 얻다

Questions 80-82 refer to the following telephone message.

[3ᵞᵘ] 호주식 발음

Hi, Ms. Stevenson. It's Gareth Freemont from Freemont Brokerage. ⁸⁰As we discussed in our meeting last weekend, ⁸⁰/⁸¹we need to make an adjustment since there have been no responses to the listing of your business at $225,000. The EZ Clean on Elma Street sold for $190,000. If you are willing to make changes to the price, ⁸²I believe we could find a buyer within a month or so. I have several potential buyers in my database who initially were interested. Let me know what you think. Thanks.

80 Why is the speaker calling?
(A) To explain a delay
(B) To confirm a decision
(C) To request a service
(D) To propose a change

81 Why does the speaker say, "The EZ Clean on Elma Street sold for $190,000"?
(A) To answer an inquiry
(B) To recommend a business
(C) To justify a suggestion
(D) To specify a location

82 What does the speaker mention about the listener's business?
(A) It will find a buyer soon.
(B) It should temporarily shut down.
(C) It should reinvest some profits.
(D) It will be listed for sale.

80-82번은 다음 전화 메시지에 관한 문제입니다.

안녕하세요, Ms. Stevenson. Freemont Brokerage사의 Gareth Freemont입니다. ⁸⁰저희가 지난 주말 회의에서 논의한 바와 같이, ⁸⁰/⁸¹귀사의 22만 5천 달러 상장에 대한 반응이 없기 때문에 우리는 조정을 할 필요가 있습니다. Elma가의 EZ Clean은 19만 달러에 팔렸어요. 만약 귀하께서 가격에 변동을 줄 의향이 있으시다면, ⁸²저는 우리가 한 달 정도 안에 구매자를 찾을 수 있을 것이라고 생각합니다. 제 데이터베이스에는 처음에 관심이 있었던 잠재적인 구매자가 여러 명 있어요. 어떻게 생각하시는지 제게 알려주세요. 감사합니다.

80. 화자는 왜 전화를 하고 있는가?
(A) 지연을 설명하기 위해
(B) 결정을 확인하기 위해
(C) 서비스를 요청하기 위해
(D) 변경을 제안하기 위해

81. 화자는 왜 "Elma가의 EZ Clean은 19만 달러에 팔렸어요"라고 말하는가?
(A) 문의에 답하기 위해
(B) 업체를 추천하기 위해
(C) 제안을 정당화하기 위해
(D) 위치를 명시하기 위해

82. 화자는 청자의 업체에 관해 무엇을 언급하는가?
(A) 곧 구매자를 찾을 것이다.
(B) 일시적으로 폐쇄되어야 한다.
(C) 일부 이윤을 재투자해야 한다.
(D) 판매를 위해 상장될 것이다.

지문 adjustment [ədʒʌ́stmənt] 조정 listing [lístiŋ] 상장(上場) potential [pəténʃəl] 잠재적인 initially [iníʃəli] 처음에
81 inquiry [미 ínkwəri, 영 inkwáiəri] 문의 justify [dʒʌ́stəfài] 정당화하다 82 temporarily [미 tèmpərérəli, 영 témpərərili] 일시적으로

80 ■ 전체 지문 관련 문제 목적   정답 (D)
○○○○●●중
전화의 목적을 묻는 문제이므로, 지문의 초반을 반드시 듣는다. "As we discussed in our meeting last weekend, we need to make an adjustment ~."라며 자신들이 지난 주말 회의에서 논의한 바와 같이 조정을 할 필요가 있다고 하였다. 이를 통해 화자가 변경을 제안하기 위해 전화했음을 알 수 있다. 따라서 정답은 (D) To propose a change이다.

바꾸어 표현하기
adjustment 조정 → change 변경

81 ■ 세부 사항 관련 문제 의도 파악   정답 (C)
○○○○●●상
화자가 하는 말의 의도를 묻는 문제이므로, 질문의 인용어구(The EZ Clean on Elma Street sold for $190,000)가 언급된 주변을 주의 깊게 듣는다. "we need to make an adjustment since there have been no responses to the listing of your business at $225,000"라며 청자의 회사의 22만 5천 달러 상장에 대한 반응이 없기 때문에 조정을 할 필요가 있다고 한 뒤, "The EZ Clean on Elma Street sold for $190,000."라며 Elma가의 EZ Clean은 19만 달러에 팔렸다고 한 말을 통해 조정을 할 필요가 있다는 제안을 정당화하려는 의도임을 알 수 있다. 따라서 정답은 (C) To justify a suggestion이다.

82 ■ 세부 사항 관련 문제 언급   정답 (A)
○○○○●●중
화자가 청자의 업체에 관해 언급하는 것을 묻는 문제이므로, 질문의 핵심어구(business)와 관련된 내용을 주의 깊게 듣는다. "I believe we could find a buyer within a month or so"라며 자신은 한 달 정도 안에 구매자를 찾을 수 있을 것이라고 생각한다고 한 뒤, "I have several potential buyers in my database who initially were interested."라며 자신의 데이터베이스에는 처음에 관심이 있었던 잠재적인 구매자가 여러 명 있다고 하였다. 따라서 정답은 (A) It will find a buyer soon이다.

Questions 83-85 refer to the following talk.

🎧 캐나다식 발음

Thank you everyone for coming today. Our hospital has always been a leader in medical education. To expand on this tradition, [83]we will begin having our interns and residents participate in both theoretical and practical learning sessions under the direct supervision of department heads. Therefore, [84]each of you will be personally responsible for creating a series of workshops and practice sessions. This will provide more direct opportunities for our new talent to learn. [85]Please start brainstorming about what you would like to teach, and send me an outline next Monday. I will be around a bit longer for questions.

83 What is the talk mainly about?
(A) A disciplinary measure
(B) A training program
(C) A recruitment goal
(D) A safety concern

84 According to the speaker, what will the listeners be responsible for?
(A) Completing an evaluation
(B) Approving a plan
(C) Developing a course
(D) Forming a team

85 What does the speaker ask the listeners to do next Monday?
(A) Select a candidate
(B) Give a presentation
(C) Attend a session
(D) Submit a document

83-85번은 다음 담화에 관한 문제입니다.

오늘 와주신 모든 분들께 감사드립니다. 우리 병원은 항상 의학 교육의 선도자였습니다. 이러한 전통을 확대하기 위해, [83]우리는 인턴과 레지던트들이 부서장들의 직접적인 감독하에 이론과 실기 학습에 모두 참여하도록 하기 시작할 것입니다. 따라서, [84]여러분 각자는 직접 일련의 워크숍과 실습수업을 만드는 것을 담당하게 될 것입니다. 이는 우리의 새로운 인재들에게 배울 수 있는 더 직접적인 기회를 제공할 것입니다. [85]여러분이 가르치고 싶은 것에 관해 브레인스토밍을 시작하시고, 다음 주 월요일에 저에게 개요를 보내주십시오. 저는 질문을 위해 조금 더 머무를 것입니다.

83. 담화는 주로 무엇에 관한 것인가?
(A) 징계 조치
(B) 교육 프로그램
(C) 채용 목표
(D) 안전 우려

84. 화자에 따르면, 청자들은 무엇을 담당하게 될 것인가?
(A) 평가를 완료하기
(B) 계획을 승인하기
(C) 수업을 개발하기
(D) 팀을 구성하기

85. 화자는 다음 주 월요일에 청자들에게 무엇을 하라고 요청하는가?
(A) 후보를 선택한다.
(B) 발표를 한다.
(C) 수업에 참석한다.
(D) 문서를 제출한다.

지문 tradition[trədíʃən] 전통 theoretical[θìːərétikəl] 이론의 practical[prǽktikəl] 실기의 supervision[미 sùːpərvíʒən, 영 sùːpəvíʒən] 감독
be responsible for ~을 담당하다, 책임지다 talent[tǽlənt] 인재, 재능 outline[áutlàin] 개요
83 disciplinary[dísəplənèri] 징계의 measure[미 méʒər, 영 méʒə] 조치   84 evaluation[ivæ̀ljuéiʃən] 평가

83 ■ 전체 지문 관련 문제 주제   정답 (B)
담화의 주제를 묻는 문제이므로, 지문의 초반을 반드시 듣는다. "we will begin having our interns and residents participate in both theoretical and practical learning sessions under the direct supervision of department heads"라며 인턴과 레지던트들이 부서장들의 직접적인 감독하에 이론과 실기 학습에 모두 참여하도록 하기 시작할 것이라고 하였다. 따라서 정답은 (B) A training program이다.

84 ■ 세부 사항 관련 문제 특정 세부 사항   정답 (C)
청자들이 담당하게 될 것을 묻는 문제이므로, 질문의 핵심어구(listeners be responsible for)와 관련된 내용을 주의 깊게 듣는다. "each of you will be personally responsible for creating a series of workshops and practice sessions"라며 청자들 각자는 직접 일련의 워크숍과 실습수업을 만드는 것을 담당하게 될 것이라고 하였다. 따라서 정답은 (C) Developing a course이다.

85 ■ 세부 사항 관련 문제 요청   정답 (D)
화자가 다음 주 월요일에 청자들에게 요청하는 것을 묻는 문제이므로, 질문의 핵심어구(next Monday)가 언급된 주변을 주의 깊게 듣는다. "Please start brainstorming about what you would like to teach, and send me an outline next Monday."라며 청자들이 가르치고 싶은 것에 관해 브레인스토밍을 시작하고 다음 주 월요일에 개요를 보내달라고 요청하였다. 따라서 정답은 (D) Submit a document이다.

Questions 86-88 refer to the following announcement.

🔊 미국식 발음

May I have everyone's attention, please? Unfortunately, ⁸⁶the audition for the role of Peter Thompson in HFG Studio's film *Days of Summer* will start a bit later today than planned. I apologize for the delay, but ⁸⁷we are experiencing technical difficulties with the sound system. Fortunately, it should be fixed by noon, so we will proceed as planned right after lunch. While we wait, ⁸⁸I would like all of you to head upstairs. There, a photographer will take several pictures of you. The director asked to be provided with recent pictures of everyone to help him make a final decision.

86 What is the audition for?
(A) An orchestra
(B) A choir
(C) A movie
(D) A play

87 What will most likely be done by noon?
(A) Equipment will be repaired.
(B) A decision will be made.
(C) A contest will be held.
(D) Information will be shared.

88 What does the speaker ask the listeners to do?
(A) Review photographs
(B) Try on different outfits
(C) Meet with a director
(D) Go to another floor

86-88번은 다음 공지에 관한 문제입니다.

모두 주목해 주시겠습니까? 안타깝게도, ⁸⁶HFG Studio의 영화 *Days of Summer*의 Peter Thompson 역을 위한 오디션이 오늘 예정보다 조금 늦게 시작될 것입니다. 지연에 대해 사과드리나, ⁸⁷저희는 음향 시스템에 기술적인 어려움을 겪고 있습니다. 다행히 그것은 정오까지는 고쳐질 것이니, 점심 직후에 예정대로 진행할 것입니다. 기다리는 동안, ⁸⁸모두 위층으로 올라가 주시길 바랍니다. 그곳에서, 사진작가가 여러분의 사진을 여러 장 찍을 것입니다. 감독님께서 최종 결정을 내리는 것에 도움이 되도록 모두의 최근 사진을 제공해 달라고 요청하셨습니다.

86. 오디션은 무엇을 위한 것인가?
(A) 오케스트라
(B) 합창단
(C) 영화
(D) 연극

87. 정오까지 무엇이 완료될 것 같은가?
(A) 장비가 수리될 것이다.
(B) 결정이 내려질 것이다.
(C) 대회가 열릴 것이다.
(D) 정보가 공유될 것이다.

88. 화자는 청자들에게 무엇을 하라고 요청하는가?
(A) 사진을 검토한다.
(B) 다른 옷을 입어본다.
(C) 감독과 만난다.
(D) 다른 층으로 간다.

지문 apologize [미 əpálədʒàiz, 영 əpɔ́lədʒaiz] 사과하다 proceed [prəsíːd] 진행하다
86 choir [kwaiər] 합창단 88 outfit [áutfit] 옷

86 ■ 세부 사항 관련 문제 특정 세부 사항 정답 (C)
○○○○○
●
하
오디션이 무엇을 위한 것인지를 묻는 문제이므로, 질문의 핵심어구(audition)가 언급된 주변을 주의 깊게 듣는다. "the audition for the role of Peter Thompson in HFG Studio's film *Days of Summer* will start a bit later today than planned"라며 HFG Studio의 영화 *Days of Summer*의 Peter Thompson 역을 위한 오디션이 오늘 예정보다 조금 늦게 시작될 것이라고 하였다. 따라서 정답은 (C) A movie이다.

바꾸어 표현하기
film 영화 → movie 영화

87 ■ 세부 사항 관련 문제 특정 세부 사항 정답 (A)
○○○○○
●
하
정오까지 완료될 것을 묻는 문제이므로, 질문의 핵심어구(by noon)가 언급된 주변을 주의 깊게 듣는다. "we are experiencing technical difficulties with the sound system. Fortunately, it should be fixed by noon"이라며 자신들은 음향 시스템에 기술적인 어려움을 겪고 있으나 다행히 그것은 정오까지는 고쳐질 것이라고 하였다. 따라서 정답은 (A) Equipment will be repaired이다.

88 ■ 세부 사항 관련 문제 요청 정답 (D)
○○○○○
●
중
화자가 청자들에게 요청하는 것을 묻는 문제이므로, 지문의 중후반에서 요청과 관련된 표현이 포함된 문장을 주의 깊게 듣는다. "I would like all of you to head upstairs"라며 모두 위층으로 올라가 줄 것을 요청하였다. 따라서 정답은 (D) Go to another floor이다.

Questions 89-91 refer to the following introduction.

🎧 영국식 발음

Welcome to Focus Incorporated's booth at the Delaware Technology Conference. [89]I'd like to now introduce our company's latest product, the XPro II controller. Compatible with most console and PC games, this wireless device features completely programmable buttons and very responsive joysticks. In addition, [90]we signed an agreement with Balefire Software last month to provide a free copy of Speed Run, their popular racing game, to anyone who purchases an XPro II. Visit www.focusincorporated.com to place an order. [91]We guarantee that you will be satisfied with this controller. If not, don't worry. We are now offering a 15-day no-questions-asked return period. There's no risk involved.

89-91번은 다음 소개에 관한 문제입니다.

Delaware 기술 컨퍼런스의 Focus사의 부스에 오신 것을 환영합니다. [89]이제 저희 회사의 최신 제품, XPro II 컨트롤러를 소개하겠습니다. 대부분의 콘솔 및 PC 게임과 호환되는 이 무선 장치는 완전히 프로그램화할 수 있는 버튼과 매우 반응이 빠른 조이스틱을 특징으로 합니다. 게다가, [90]저희는 지난달 Balefire 소프트웨어사와 XPro II를 구매하시는 모든 분들께 그 회사의 인기 있는 레이싱 게임인 Speed Run의 무료본을 제공하기로 계약을 맺었습니다. 주문하시려면 www.focusincorporated.com을 방문하십시오. [91]저희는 여러분이 이 컨트롤러에 만족하시게 될 것임을 보장합니다. 아니더라도, 걱정하지 마세요. 저희는 지금 15일간의 무조건 반품 기간을 제공하고 있습니다. 어떤 위험도 수반되지 않습니다.

89 What type of product is being introduced?
(A) A universal remote
(B) A kitchen appliance
(C) A computer program
(D) A gaming device

89. 어떤 종류의 제품이 소개되고 있는가?
(A) 범용 리모컨
(B) 주방용품
(C) 컴퓨터 프로그램
(D) 게임 기기

90 According to the speaker, what did Focus Incorporated do last month?
(A) Participated in a conference
(B) Reduced a product price
(C) Released a software update
(D) Partnered with a company

90. 화자에 따르면, Focus사는 지난달에 무엇을 했는가?
(A) 한 컨퍼런스에 참가했다.
(B) 제품 가격을 인하했다.
(C) 소프트웨어 업데이트를 공개했다.
(D) 한 회사와 제휴했다.

91 What does the speaker imply when she says, "There's no risk involved"?
(A) A full refund is available.
(B) A contract is not enforceable.
(C) An extended warranty is offered.
(D) A device is not dangerous.

91. 화자는 "어떤 위험도 수반되지 않습니다"라고 말할 때 무엇을 의도하는가?
(A) 전액 환불이 가능하다.
(B) 계약을 강제할 수 없다.
(C) 연장된 보증 기간이 제공된다.
(D) 장치가 위험하지 않다.

지문   compatible[미 kəmpǽtəbl, 영 kəmpǽtibl] 호환되는   responsive[미 rispá:nsiv, 영 rispɔ́nsiv] 반응이 빠른, 민감한   place an order 주문하다
        guarantee[gæ̀rəntí:] 보장하다   no-questions-asked 무조건의
89   universal[jù:nəvə́:rsəl] 범용의, 만능의   91   enforceable[infɔ́:rsəbl] 강제할 수 있는

89 ■ 세부 사항 관련 문제 특정 세부 사항   정답 (D)

소개되고 있는 제품의 종류를 묻는 문제이므로, 질문의 핵심어구(product ~ being introduced)와 관련된 내용을 주의 깊게 듣는다. "I'd like to now introduce our company's latest product, the XPro II controller."라며 이제 자신들의 회사의 최신 제품 XPro II 컨트롤러를 소개하겠다고 한 뒤, "Compatible with most console and PC games, this wireless device features completely programmable buttons and very responsive joysticks."라며 대부분의 콘솔 및 PC 게임과 호환되는 이 무선 장치는 완전히 프로그램화할 수 있는 버튼과 매우 반응이 빠른 조이스틱을 특징으로 한다고 하였다. 따라서 정답은 (D) A gaming device이다.

90 ■ 세부 사항 관련 문제 특정 세부 사항   정답 (D)

Focus사가 지난달에 한 것을 묻는 문제이므로, 질문의 핵심어구(Focus Incorporated do last month)와 관련된 내용을 주의 깊게 듣는다. "we[Focus Incorporated] signed an agreement with Balefire Software last month"라며 Focus사는 지난달 Balefire 소프트웨어사와 계약을 맺었다고 하였다. 따라서 정답은 (D) Partnered with a company이다.

91 ■ 세부 사항 관련 문제 의도 파악   정답 (A)

화자가 하는 말의 의도를 묻는 문제이므로, 질문의 인용어구(There's no risk involved)가 언급된 주변을 주의 깊게 듣는다. "We guarantee that you will be satisfied with this controller. If not, don't worry."라며 청자들이 이 컨트롤러에 만족하게 될 것임을 보장하며 아니더라도 걱정하지 말라고 한 뒤, "We are now offering a 15-day no-questions-asked return period. There's no risk involved."라며 지금 15일간의 무조건 반품 기간을 제공하고 있으며 어떤 위험도 수반되지 않는다고 하였다. 이를 통해 화자는 전액 환불이 가능함을 나타내려는 의도임을 알 수 있다. 따라서 정답은 (A) A full refund is available이다.

Questions 92-94 refer to the following telephone message.

[3 아이콘] 미국식 발음

Hello, Mr. Potter. ⁹²This is Lydia Downing calling from Green Shields. We recently acquired Biomed Group and have been examining the insurance records of our new customers. Our goal is to ensure that everyone gets the best deal possible. ⁹³As you often purchase short-term travel insurance, you are eligible to receive 20 percent off our Global Insurance Package. It provides comprehensive coverage in 33 countries for an entire year. If this appeals to you, ⁹⁴consider checking a number of reviews from satisfied clients on our online page. If you have any questions or would like to sign up, you can reach me at 555-3939. Thank you.

92 What is mentioned about Green Shields?
(A) It purchased another company.
(B) It announced a new service.
(C) It expanded into other countries.
(D) It changed a customer policy.

93 Why does the listener qualify for a discount?
(A) He often posts online reviews.
(B) He recently bought his first insurance policy.
(C) He booked an overseas vacation package.
(D) He frequently buys a product.

94 What does the speaker suggest?
(A) Reading printed information
(B) Viewing digital contents
(C) Signing in to an account
(D) Visiting a nearby business

92-94번은 다음 전화 메시지에 관한 문제입니다.

안녕하세요, Mr. Potter. ⁹²저는 Green Shields사의 Lydia Downing입니다. 저희는 최근에 Biomed 그룹을 인수하여 새로운 고객들의 보험 기록을 검토하고 있습니다. 저희의 목표는 모든 분들께서 가능한 한 최고의 거래를 하실 수 있도록 보장하는 것입니다. ⁹³귀하께서는 단기 여행 보험을 자주 구입하시기 때문에, 저희 Global Insurance Package에 대해 20퍼센트 할인을 받으실 자격이 있습니다. 저것은 1년 내내 33개국에서의 포괄적인 보상을 제공합니다. 만약 이것이 귀하의 관심을 끈다면, ⁹⁴저희의 온라인 페이지에 있는 만족한 고객들의 많은 후기들을 확인하는 것을 고려해보십시오. 문의 사항이 있으시거나 가입하고 싶으시다면, 555-3939로 연락하시면 됩니다. 감사합니다.

92. Green Shields사에 관해 무엇이 언급되는가?
(A) 다른 회사를 인수했다.
(B) 새로운 서비스를 발표했다.
(C) 다른 나라들로 확장했다.
(D) 고객 정책을 변경했다.

93. 청자는 왜 할인에 대한 자격을 갖는가?
(A) 그는 종종 온라인 후기를 게시한다.
(B) 그는 최근에 첫 보험 증권을 구입했다.
(C) 그는 해외 휴가 패키지를 예약했다.
(D) 그는 제품을 자주 구매한다.

94. 화자는 무엇을 제안하는가?
(A) 인쇄된 정보를 읽기
(B) 디지털 콘텐츠를 보기
(C) 계정에 로그인하기
(D) 가까운 업체에 방문하기

지문 acquire[미 əkwáiər, 영 əkwáiə] 인수하다, 얻다 be eligible to ~할 자격이 있다 comprehensive[kɔ̀mprihénsiv] 포괄적인
coverage[kʌ́vəridʒ] 보상
93 overseas[òuvərsíːz] 해외의 frequently[fríːkwəntli] 자주, 빈번히

92 ■ 세부 사항 관련 문제 언급   정답 (A)
Green Shields사에 관해 언급되는 것을 묻는 문제이므로, 질문의 핵심어구(Green Shields)가 언급된 주변을 주의 깊게 듣는다. "This is Lydia Downing calling from Green Shields."라며 자신을 Green Shields사의 Lydia Downing이라고 소개한 뒤, "We recently acquired Biomed Group"이라며 자신들은 최근에 Biomed 그룹을 인수했다고 하였다. 따라서 정답은 (A) It purchased another company이다.

바꾸어 표현하기
acquired 인수했다 → purchased 인수했다

93 ■ 세부 사항 관련 문제 이유   정답 (D)
청자가 할인에 대한 자격을 갖는 이유를 묻는 문제이므로, 질문의 핵심어구(qualify for a discount)와 관련된 내용을 주의 깊게 듣는다. "As you often purchase short-term travel insurance, you are eligible to receive 20 percent off our Global Insurance Package."라며 청자는 단기 여행 보험을 자주 구입하기 때문에 Global Insurance Package에 대해 20퍼센트 할인을 받을 자격이 있다고 하였다. 따라서 정답은 (D) He frequently buys a product이다.

94 ■ 세부 사항 관련 문제 제안   정답 (B)
화자가 제안하는 것을 묻는 문제이므로, 지문의 중후반에서 제안과 관련된 표현이 포함된 문장을 주의 깊게 듣는다. "consider checking a number of reviews from satisfied clients on our online page"라며 자신들의 온라인 페이지에 있는 만족한 고객들의 많은 후기들을 확인하는 것을 고려해보라고 제안하였다. 따라서 정답은 (B) Viewing digital contents이다.

Questions 95-97 refer to the following talk and catalog.

🔊 캐나다식 발음

[95]I hope all of you enjoyed your visit to the museum and the art gallery this morning. You will now have about 30 minutes to buy some souvenirs. This gift shop offers a wide variety of items to remind you of your trip to Quebec. And if you are looking for a great gift for a friend or family member back home, [96]I suggest buying one of the coffee mugs with the Canadian flag on it. They are very popular. Once you have paid for your purchase, head back to the bus in the parking lot. Um, [97]we have a reservation at a traditional Canadian restaurant at 1 P.M., and we shouldn't be late.

95~97번은 다음 담화와 카탈로그에 관한 문제입니다.

[95]여러분 모두 오늘 아침의 박물관과 미술관 방문을 즐기셨기를 바랍니다. 이제 기념품을 구매할 시간을 30분 정도 가지실 거예요. 이 선물 가게는 여러분에게 퀘벡 여행을 상기시킬 매우 다양한 물건들을 제공합니다. 그리고 만약 여러분이 고향에 있는 친구나 가족을 위한 좋은 선물을 찾고 있으시다면, [96]저는 커피 머그잔들 중 캐나다 국기가 그려진 것을 하나 사시는 것을 추천합니다. 그것들은 매우 인기 있어요. 일단 구입품에 대한 값을 치르시고 나면, 주차장에 있는 버스로 돌아가세요. 음, [97]저희는 오후 1시에 캐나다 전통 음식점을 예약했고, 늦으면 안 됩니다.

Product A	Product B
$10.00	[96]$15.00
Product C	**Product D**
$20.00	$25.00

제품 A	제품 B
10.00달러	[96]15.00달러
제품 C	제품 D
20.00달러	25.00달러

95 Who most likely is the speaker?
(A) A travel guide
(B) A museum employee
(C) A store owner
(D) A salesperson

96 Look at the graphic. How much does the product recommended by the speaker cost?
(A) $10.00
(B) $15.00
(C) $20.00
(D) $25.00

97 What will the listeners most likely do at 1 P.M.?
(A) Board a bus
(B) Eat a meal
(C) Make a payment
(D) Visit a park

95. 화자는 누구인 것 같은가?
(A) 여행 가이드
(B) 박물관 직원
(C) 가게 주인
(D) 판매원

96. 시각 자료를 보시오. 화자가 추천하는 제품의 가격은 얼마인가?
(A) 10.00달러
(B) 15.00달러
(C) 20.00달러
(D) 25.00달러

97. 청자들은 오후 1시에 무엇을 할 것 같은가?
(A) 버스에 탑승한다.
(B) 식사를 한다.
(C) 금액을 지불한다.
(D) 공원을 방문한다.

지문 souvenir[sùːvəníər] 기념품

95 ■ 전체 지문 관련 문제 화자

정답 (A)

화자의 신분을 묻는 문제이므로, 신분 및 직업과 관련된 표현을 놓치지 않고 듣는다. "I hope all of you enjoyed your visit to the museum and the art gallery this morning. You will now have about 30 minutes to buy some souvenirs."라며 청자들 모두 오늘 아침의 박물관과 미술관 방문을 즐겼기를 바란다고 한 뒤 이제 기념품을 구매할 시간을 30분 정도 가질 것이라고 하였다. 이를 통해 화자가 여행 가이드라는 것을 알 수 있다. 따라서 정답은 (A) A travel guide이다.

96 ■ 세부 사항 관련 문제 시각 자료

정답 (B)

화자가 추천하는 제품의 가격을 묻는 문제이므로, 제시된 카탈로그의 정보를 확인한 뒤 질문의 핵심어구(product recommended ~ cost)와 관련된 내용을 주의 깊게 듣는다. "I suggest buying one of the coffee mugs with the Canadian flag on it"이라며 자신은 커피 머그잔들 중 캐나다 국기가 그려진 것을 하나 사는 것을 추천한다고 하였으므로, 화자가 추천하는 캐나다 국기가 그려진 제품 B의 가격이 15.00달러임을 카탈로그에서 알 수 있다. 따라서 정답은 (B) $15.00이다.

97 ■ 세부 사항 관련 문제 다음에 할 일

정답 (B)

청자들이 오후 1시에 할 일을 묻는 문제이므로, 질문의 핵심어구(1 P.M.)가 언급된 주변을 주의 깊게 듣는다. "we have a reservation at a traditional Canadian restaurant at 1 P.M."이라며 오후 1시에 캐나다 전통 음식점을 예약했다고 하였다. 따라서 정답은 (B) Eat a meal이다.

Questions 98-100 refer to the following announcement and map.

98-100번은 다음 공지와 약도에 관한 문제입니다.

🎧 호주식 발음

⁹⁸Attention, Oxlade Crossfit members. As workers will be repainting the walls, ⁹⁸our gym's underground parking facility will be closed on May 15. Please note that other workout facilities will be accessible. To minimize the inconvenience, we have made an agreement to allow our customers to use a nearby parking lot. ⁹⁹Simply show your membership card to one of the employees at our information desk to receive a complimentary parking pass. Then, give it to the parking attendant when you leave the lot. ¹⁰⁰Keep in mind that the pass is only valid for May 15. The parking lot is located right next to Winston Bank, where Green Street and 8th Avenue intersect. Thank you.

⁹⁸Oxlade 크로스핏 회원 여러분, 주목해 주세요. 작업자들이 벽을 다시 칠할 예정이기 때문에, ⁹⁸저희 체육관의 지하 주차 시설이 5월 15일에 폐쇄될 것입니다. 다른 운동 시설들은 이용하실 수 있다는 점을 유념해 주세요. 불편을 최소화하기 위해, 저희는 고객분들께서 가까운 주차장을 이용하실 수 있도록 협약을 맺었습니다. ⁹⁹무료 주차권을 받으시려면 저희의 안내 데스크에 있는 직원 중 한 명에게 여러분의 회원 카드를 보여주시기만 하면 됩니다. 그리고, 주차장을 나가실 때 그것을 주차 요원에게 주세요. ¹⁰⁰이 주차권은 5월 15일에만 유효하다는 것을 명심하십시오. 그 주차장은 Winston 은행 바로 옆, Green가와 8번가가 교차하는 곳에 위치해 있습니다. 감사합니다.

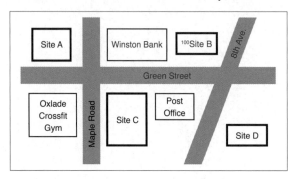

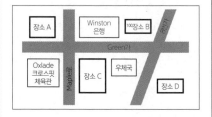

98 Where most likely is the announcement taking place?
(A) In a fitness center
(B) In a shopping complex
(C) In a parking lot
(D) In a financial institution

98. 공지는 어디에서 일어나고 있는 것 같은가?
(A) 피트니스 센터에서
(B) 복합 쇼핑몰에서
(C) 주차장에서
(D) 금융 기관에서

99 According to the speaker, what must the listeners do to receive a parking pass?
(A) Complete a survey
(B) Sign an agreement
(C) E-mail an employee
(D) Present a card

99. 화자에 따르면, 청자들은 주차권을 받기 위해 무엇을 해야 하는가?
(A) 설문조사를 완료한다.
(B) 합의서에 서명한다.
(C) 직원에게 이메일을 보낸다.
(D) 카드를 제시한다.

100 Look at the graphic. Where can the listeners park for free on May 15?
(A) Site A
(B) Site B
(C) Site C
(D) Site D

100. 시각 자료를 보시오. 5월 15일에 청자들은 어디에 무료로 주차할 수 있는가?
(A) 장소 A
(B) 장소 B
(C) 장소 C
(D) 장소 D

지문 accessible[미 æksésəbl, 영 əksésəbl] 이용할 수 있는, 접근 가능한 minimize[mínimàiz] 최소화하다 agreement[əgríːmənt] 협약, 합의서 complimentary[미 kάmpləməntəri, 영 kɔ́mpləmèntəri] 무료의 parking attendant 주차 요원 intersect[ìntərsékt] 교차하다
98 institution[ìnstitúːʃən] 기관   99 present[prizént] 제시하다

98 ■ 전체 지문 관련 문제 장소

공지가 일어나고 있는 장소를 묻는 문제이므로, 장소와 관련된 표현을 놓치지 않고 듣는다. "Attention, Oxlade Crossfit members."라며 Oxlade 크로스핏의 회원들에게 주목해 달라고 한 뒤, "our gym's underground parking facility will be closed on May 15"라며 체육관의 지하 주차 시설이 5월 15일에 폐쇄될 것이라고 하고, "Please note that other workout facilities will be accessible."이라며 다른 운동 시설들은 이용할 수 있다는 점을 유념해 달라고 하였다. 이를 통해 공지가 피트니스 센터에서 일어나고 있음을 알 수 있다. 따라서 정답은 (A) In a fitness center이다.

99 ■ 세부 사항 관련 문제 특정 세부 사항

정답 (D)

청자들이 주차권을 받기 위해 해야 하는 것을 묻는 문제이므로, 질문의 핵심어구(receive a parking pass)와 관련된 내용을 주의 깊게 듣는다. "Simply show your membership card to one of the employees at our information desk to receive a complimentary parking pass."라며 무료 주차권을 받으려면 안내 데스크에 있는 직원 중 한 명에게 청자들의 회원 카드를 보여주기만 하면 된다고 하였다. 따라서 정답은 (D) Present a card이다.

바꾸어 표현하기

show 보여주다 → Present 제시하다

100 ■ 세부 사항 관련 문제 시각 자료

정답 (B)

5월 15일에 청자들이 무료로 주차할 수 있는 장소를 묻는 문제이므로, 제시된 약도의 정보를 확인한 뒤 질문의 핵심어구(park for free on May 15)와 관련된 내용을 주의 깊게 듣는다. "Keep in mind that the pass is only valid for May 15. The parking lot is located right next to Winston Bank, where Green Street and 8th Avenue intersect."라며 주차권은 5월 15일에만 유효하다는 것을 명심하라고 한 뒤, 주차장은 Winston 은행 바로 옆, Green가와 8번가가 교차하는 곳에 위치해 있다고 한 것을 통해 청자들이 5월 15일에 무료로 주차할 수 있는 곳은 장소 B임을 약도에서 알 수 있다. 따라서 정답은 (B) Site B이다.

▌TEST 07

🎧 TEST 07.mp3

실전용·복습용 문제풀이 MP3 무료 다운로드 및 스트리밍 바로듣기 (HackersIngang.com)
* 실제 시험장의 소음까지 재현해 낸 고사장 소음/매미 버전 MP3, 영국식·호주식 발음 집중 MP3, 고속 버전 MP3까지
   구매하면 실전에 더욱 완벽히 대비할 수 있습니다.

무료MP3 바로듣기

1
○○○○●
하

🔊 미국식 발음

(A) She is giving a menu to a guest.
(B) She is setting a table for a meal.
(C) She is pouring water into a glass.
(D) She is flipping a light switch.

(A) 그녀는 손님에게 메뉴판을 주고 있다.
(B) 그녀는 식사를 위해 테이블을 준비하고 있다.
(C) 그녀는 유리잔에 물을 따르고 있다.
(D) 그녀는 전등 스위치를 누르고 있다.

■ **1인 사진**　　　　　　　　　　　　　　　　　　　　　　　　정답 (B)

한 여자가 식사 공간에서 테이블을 준비하고 있는 모습과 주변 사물의 상태를 주의 깊게 살핀다.
(A) [×] 사진에 손님(guest)이 없고, giving a menu(메뉴판을 주고 있다)는 여자의 동작과 무관하므로 오답이다.
(B) [○] 식사 공간에서 테이블을 준비하고 있는 여자의 모습을 가장 잘 묘사한 정답이다.
(C) [×] pouring(따르고 있다)은 여자의 동작과 무관하고, 사진에서 물(water)을 확인할 수 없으므로 오답이다.
(D) [×] flipping(누르고 있다)은 여자의 동작과 무관하고, 사진에서 전등 스위치(light switch)를 확인할 수 없으므로 오답이다.

2
○○○●○
중

🔊 호주식 발음

(A) Some people are removing their hats.
(B) Some people are filling up a basket.
(C) One of the people is moving a food stall.
(D) One of the people is kneeling on the sand.

(A) 몇몇 사람들이 모자를 벗고 있다.
(B) 몇몇 사람들이 바구니를 가득 채우고 있다.
(C) 사람들 중 한 명이 음식 가판대를 옮기고 있다.
(D) 사람들 중 한 명이 모래에 무릎을 꿇고 있다.

■ **2인 이상 사진**　　　　　　　　　　　　　　　　　　　　정답 (D)

가판대를 사이에 두고 한 사람은 앉아 있고 다른 한 사람은 서 있는 모습을 확인한다.
(A) [×] removing(벗고 있다)은 사람들의 동작과 무관하므로 오답이다. 사진에 있는 모자(hats)를 사용하여 혼동을 주었다.
(B) [×] filling up a basket(바구니를 가득 채우고 있다)은 사람들의 동작과 무관하므로 오답이다.
(C) [×] 사진에 음식 가판대를 옮기고 있는(moving a food stall) 사람이 없으므로 오답이다.
(D) [○] 사람들 중 한 명이 모래에 무릎을 꿇고 있는 모습을 가장 잘 묘사한 정답이다. 현재 진행형(is kneeling)으로 사람의 상태를 묘사할 수 있음을 알아둔다.

어휘　remove[rimúːv] (옷 등을) 벗다, 치우다　fill up ~을 가득 채우다　stall[stɔːl] 가판대, 좌판　kneel[niːl] 무릎을 꿇다

3
○○○●○
중

🔊 캐나다식 발음

(A) Some rope is hanging from a cliff.
(B) Some people are camping near a
　　mountain.
(C) Climbing gear is being purchased.
(D) A man is resting his hand on a rock.

(A) 일부 밧줄이 절벽에 매달려 있다.
(B) 몇몇 사람들이 산 근처에서 야영을 하고 있다.
(C) 등산 장비가 구매되고 있다.
(D) 한 남자가 자신의 손을 바위에 두고 있다.

■ **2인 이상 사진**　　　　　　　　　　　　　　　　　　　　정답 (A)

한 남자와 한 여자가 밧줄을 잡고 바위 위에 서 있는 모습을 확인한다.
(A) [○] 일부 밧줄이 절벽에 매달려 있는 상태를 정확히 묘사한 정답이다.
(B) [×] 사진에서 사람들이 산 근처에서 야영을 하고 있는지 알 수 없으므로 오답이다.
(C) [×] 등산 장비가 구매되고 있는 것이 아니라 사람들이 등산 장비를 매고 있으므로 오답이다.
(D) [×] 남자가 손을 밧줄에 두고 있는데 바위에 두고 있다고 잘못 묘사했으므로 오답이다.

어휘　hang[hæŋ] 매달리다　cliff[klif] 절벽　camp[kæmp] 야영하다　gear[giər] 장비, 용구　rest[rest] ~을 두다

4

🔊 영국식 발음

(A) Reading materials have been placed on a rack.
(B) A man is holding a pair of scissors.
(C) One of the women is trimming a client's hair.
(D) One of the women is sitting under a dryer.

(A) 읽을거리들이 선반 위에 놓여 있다.
(B) 한 남자가 가위를 들고 있다.
(C) 여자들 중 한 명이 고객의 머리카락을 손질하고 있다.
(D) 여자들 중 한 명이 건조기 아래에 앉아 있다.

■ 2인 이상 사진

정답 (C)

두 남녀가 서서 다른 두 여자의 머리를 손질하고 있는 모습과 주변 사물의 상태를 주의 깊게 살핀다.
(A) [×] 사진에서 읽을거리들이 선반 위에 놓여 있는지 확인할 수 없으므로 오답이다.
(B) [×] 남자가 가위를 들고 있는 것이 아니라 스프레이와 빗을 들고 있으므로 오답이다. A man is holding(한 남자가 들고 있다)까지만 듣고 정답으로 선택하지 않도록 주의한다.
(C) [○] 여자들 중 한 명이 고객의 머리카락을 손질하고 있는 모습을 가장 잘 묘사한 정답이다.
(D) [×] 사진에서 건조기(dryer)를 확인할 수 없으므로 오답이다. sitting(앉아 있다)만 듣고 정답으로 선택하지 않도록 주의한다.

어휘   rack[ræk] 선반, 걸이   trim[trim] (머리를) 손질하다, 다듬다   dryer[미 dráiər, 영 dráiə] 건조기

5

🔊 호주식 발음

(A) A road sign extends over multiple lanes.
(B) Vehicles have been left in a parking lot.
(C) A median divides a highway.
(D) Traffic cones have been lined up along the street.

(A) 도로 표지판이 여러 개의 차선들에 걸쳐져 있다.
(B) 차량들이 주차장에 놓여 있다.
(C) 중앙 분리대가 고속도로를 가르고 있다.
(D) 원뿔형의 교통 표지들이 도로를 따라 줄지어 있다.

■ 사물 및 풍경 사진

정답 (C)

사진에 사람이 없다는 것과 도로에 차들이 지나다니고 있는 전반적인 모습을 확인한다.
(A) [×] 사진에서 여러 개의 차선들에 걸쳐져 있는 도로 표지판(road sign)을 확인할 수 없으므로 오답이다. extend over가 길게 걸쳐 있는 모습을 나타냄을 알아둔다.
(B) [×] 사진의 장소가 주차장(parking lot)이 아니고, 차량들이 놓여 있지(have been left) 않으므로 오답이다.
(C) [○] 중앙 분리대가 고속도로를 반으로 가르고 있는 모습을 정확히 묘사한 정답이다.
(D) [×] 사진에서 원뿔형의 교통 표지들(Traffic cones)을 확인할 수 없으므로 오답이다.

어휘   median[míːdiən] 중앙 분리대   divide[diváid] 가르다, 나누다   traffic cone 원뿔형의 교통 표지

6

🔊 미국식 발음

(A) The man is carrying some hand tools.
(B) The man is digging a hole with a shovel.
(C) Farming equipment is being put away.
(D) There are structures at the edge of a field.

(A) 남자는 수공구들을 나르고 있다.
(B) 남자는 삽으로 구멍을 파고 있다.
(C) 농기구가 치워지고 있다.
(D) 밭 가장자리에 구조물들이 있다.

■ 1인 사진

정답 (D)

한 남자가 기계를 작동시켜 밭을 갈고 있는 모습과 주변의 전반적인 풍경을 확인한다.
(A) [×] carrying(나르고 있다)은 남자의 동작과 무관하므로 오답이다. 동력이 아닌 수동으로 사용하는 공구를 나타내는 표현 hand tool을 알아둔다.
(B) [×] 남자가 밭을 갈고 있는 모습에서 연상할 수 있는 digging a hole(구멍을 파고 있다)을 사용하여 혼동을 준 오답이다.
(C) [×] 농기구가 치워지고 있는 것이 아니라 사용되고 있으므로 오답이다. Farming equipment(농기구)만 듣고 정답으로 선택하지 않도록 주의한다.
(D) [○] 밭 가장자리에 구조물들이 있는 모습을 정확히 묘사한 정답이다. 구조물이나 건물을 나타내는 표현 structure를 알아둔다.

어휘   shovel[ʃʌ́vəl] 삽   put away 치우다   structure[strʌ́ktʃər] 구조물, 건물   edge[edʒ] 가장자리, 변두리, 끝

PART 2

7
○○○●● 하

🎧 캐나다식 발음 → 미국식 발음

It isn't time for the training session yet, is it?

(A) We have another half an hour.
(B) Ms. Rodriguez is leading it.
(C) I believe it's in the meeting room.

아직 교육 시간이 아니에요, 그렇죠?

(A) 우리에게 아직 삼십 분이 남았어요.
(B) Ms. Rodriguez가 그것을 지도하고 있어요.
(C) 그건 회의실에 있을 거라고 생각해요.

■ 부가 의문문
정답 (A)

아직 교육 시간이 아닌지를 확인하는 부가 의문문이다.
(A) [O] 아직 삼십 분이 남았다는 말로 교육 시간이 아님을 전달했으므로 정답이다.
(B) [×] training session(교육 시간)과 관련 있는 leading(지도하다)을 사용하고, training session(교육 시간)을 나타낼 수 있는 it을 사용하여 혼동을 준 오답이다.
(C) [×] training session(교육 시간)에서 연상할 수 있는 교육 장소와 관련된 meeting room(회의실)을 사용하여 혼동을 준 오답이다.

어휘   session[séʃən] 시간, 회의   lead[liːd] 지도하다, 이끌다   believe[bilíːv] 생각하다, 믿다

8
○○○○● 하

🎧 미국식 발음 → 캐나다식 발음

Would you mind trading seats with me?

(A) Sure, no problem at all.
(B) Oh, up near the stage.
(C) For a trading firm.

저와 자리를 바꿔도 괜찮으신가요?

(A) 물론이죠, 전혀 문제없어요.
(B) 아, 무대 가까이에요.
(C) 무역 회사를 위해서요.

■ 요청 의문문
정답 (A)

자리를 바꿔 달라는 요청 의문문이다. Would you mind가 요청하는 표현임을 이해할 수 있어야 한다.
(A) [O] Sure로 요청을 수락한 뒤, 전혀 문제없다는 부연 설명을 했으므로 정답이다.
(B) [×] seats(자리)에서 연상할 수 있는 자리의 위치와 관련된 up near the stage(무대 가까이)를 사용하여 혼동을 준 오답이다.
(C) [×] 자리를 바꿔 달라고 요청했는데, 이와 관련이 없는 무역 회사를 위해서라는 내용으로 응답했으므로 오답이다. 질문의 trading(바꾸다)을 '무역'이라는 의미로 반복 사용하여 혼동을 주었다.

어휘   trade[treid] 바꾸다, 교환하다, 무역하다   seat[siːt] 자리, 좌석

9
○○○●○ 중

🎧 미국식 발음 → 호주식 발음

What do you want me to bring you from the cafeteria?

(A) I enjoy working as a cook.
(B) Whatever you're eating.
(C) I brought it back yesterday.

제가 구내식당에서 당신에게 무엇을 가져다주길 원하나요?

(A) 저는 요리사로 일하는 것이 좋아요.
(B) 당신이 먹는 것으로 아무거나요.
(C) 제가 어제 그것을 다시 가져왔어요.

■ What 의문문
정답 (B)

구내식당에서 무엇을 가져다주길 원하는지를 묻는 What 의문문이다.
(A) [×] cafeteria(구내식당)와 관련 있는 cook(요리사)을 사용하여 혼동을 준 오답이다.
(B) [O] 상대방이 먹는 것으로 아무거나라는 말로 구내식당에서 가져다주길 원하는 것을 전달했으므로 정답이다.
(C) [×] 구내식당에서 무엇을 가져다주길 원하는지를 물었는데, 이와 관련이 없는 자신이 어제 그것을 다시 가져왔다는 내용으로 응답했으므로 오답이다. 질문의 bring을 brought로 반복 사용하여 혼동을 주었다.

어휘   cafeteria[kæ̀fətíriə] 구내식당

10

🔊 캐나다식 발음 → 미국식 발음

Have you decided on a venue for the marketing convention?

(A) The market is a major tourist attraction.
(B) Yes, but not very much.
(C) I can't find anything suitable.

마케팅 컨벤션을 위한 장소를 정했나요?

(A) 그 시장은 주요 관광 명소예요.
(B) 네, 하지만 많이는 아니에요.
(C) 적합한 곳을 찾을 수가 없어요.

■ 조동사 의문문   정답 (C)

마케팅 컨벤션을 위한 장소를 정했는지를 확인하는 조동사(Have) 의문문이다.
(A) [x] marketing – market의 유사 발음 어휘를 사용하고, venue(장소)와 관련 있는 tourist attraction(관광 명소)을 사용하여 혼동을 준 오답이다.
(B) [x] 마케팅 컨벤션을 위한 장소를 정했는지를 물었는데, 이와 관련이 없는 많이는 아니라는 내용으로 응답했으므로 오답이다. Yes만 듣고 정답으로 선택하지 않도록 주의한다.
(C) [o] 적합한 곳을 찾을 수 없다는 말로 마케팅 컨벤션을 위한 장소를 정하지 못했음을 간접적으로 전달했으므로 정답이다.

어휘   venue[vénju:] 장소   attraction[ətrǽkʃən] 명소, 매력   suitable[sú:təbl] 적합한

11

🔊 영국식 발음 → 호주식 발음

Do you know when our rehearsal is supposed to begin?

(A) We'll start at noon.
(B) The lead actress is Julie Stone.
(C) It will be our rehearsal.

우리 리허설이 언제 시작하기로 되어 있는지 아시나요?

(A) 우리는 정오에 시작할 거예요.
(B) 주연 여배우는 Julie Stone이에요.
(C) 그것은 우리의 리허설이 될 거예요.

■ 의문사를 포함한 일반 의문문   정답 (A)

의문사 when을 포함하여 리허설이 언제 시작하기로 되어 있는지를 묻는 일반 의문문이다.
(A) [o] 정오에 시작할 것이라며 리허설이 시작하기로 되어 있는 시점을 언급했으므로 정답이다.
(B) [x] rehearsal(리허설)에서 연상할 수 있는 출연진과 관련된 lead actress(주연 여배우)를 사용하여 혼동을 준 오답이다.
(C) [x] 리허설이 언제 시작하기로 되어 있는지를 물었는데, 이와 관련이 없는 그것은 우리의 리허설이 될 거라는 내용으로 응답했으므로 오답이다. 질문의 rehearsal을 반복 사용하여 혼동을 주었다.

어휘   be supposed to ~하기로 되어 있다   lead[li:d] 주연, 주인공

12

🔊 캐나다식 발음 → 미국식 발음

Haven't you worked as a corporate lawyer?

(A) Where is the law office?
(B) Only for a few years.
(C) Let's visit the headquarters.

당신은 법인 고문 변호사로 일하신 적이 있지 않나요?

(A) 법률 사무소는 어디에 있나요?
(B) 몇 년 동안만요.
(C) 본사를 방문합시다.

■ 부정 의문문   정답 (B)

법인 고문 변호사로 일한 적이 있는지를 묻는 부정 의문문이다.
(A) [x] lawyer(변호사)와 관련 있는 law office(법률 사무소)를 사용하여 혼동을 준 오답이다.
(B) [o] 몇 년 동안만이라는 말로 법인 고문 변호사로 일한 적이 있다는 것을 간접적으로 전달했으므로 정답이다.
(C) [x] 법인 고문 변호사로 일한 적이 있는지를 물었는데, 이와 관련이 없는 본사를 방문하자는 내용으로 응답했으므로 오답이다. corporate(법인의)과 관련 있는 headquarters(본사)를 사용하여 혼동을 주었다.

어휘   corporate[kɔ́:rpərət] 법인의   law office 법률 사무소   headquarters[hédkwɔ:rtərz] 본사

13

○○○●○ 중

Who do I need to speak with about canceling my reservation?

(A) The resort was just opened.
(B) You need to call our booking department.
(C) I have confirmed your stay.

예약을 취소하는 것에 대해 제가 누구와 이야기해야 하나요?

(A) 리조트는 이제 막 개장했어요.
(B) 저희 예약 담당 부서에 전화를 하셔야 합니다.
(C) 제가 당신이 머무는 것을 확인했어요.

■ Who 의문문   정답 (B)

예약을 취소하는 것에 대해 누구와 이야기해야 하는지를 묻는 Who 의문문이다.
(A) [×] reservation(예약)에서 연상할 수 있는 장소인 resort(리조트)를 사용하여 혼동을 준 오답이다.
(B) [○] 예약 담당 부서에 전화를 해야 한다며 예약을 취소하는 것에 대해 이야기해야 하는 부서를 언급했으므로 정답이다.
(C) [×] reservation(예약)에서 연상할 수 있는 예약 확인과 관련된 confirmed(확인했다)를 사용하여 혼동을 준 오답이다.

어휘   confirm [미 kənfə́:rm, 영 kənfə́:m] 확인하다

14

○○○●○ 중

Why is the videoconference equipment turned on?

(A) It was a very informative conference.
(B) For another couple of hours.
(C) The IT team is conducting a test on it.

영상 회의 장비가 왜 켜져 있나요?

(A) 매우 유익한 회의였어요.
(B) 두 시간 더요.
(C) IT팀에서 그것을 시험해 보고 있어요.

■ Why 의문문   정답 (C)

영상 회의 장비가 왜 켜져 있는지를 묻는 Why 의문문이다.
(A) [×] 질문의 videoconference를 conference로 반복 사용하여 혼동을 준 오답이다.
(B) [×] 영상 회의 장비가 왜 켜져 있는지를 물었는데 기간으로 응답했으므로 오답이다.
(C) [○] IT팀에서 시험해 보고 있다며 장비가 켜져 있는 이유를 언급했으므로 정답이다.

어휘   videoconference [vídioukὰnfərəns] 영상 회의 informative [미 infɔ́:rmətiv, 영 infɔ́:mətiv] 유익한 conduct [kəndʌ́kt] 하다, 시행하다

15

○○○○● 하

Where should I go to photocopy these forms?

(A) The print shop down the block.
(B) They need 10 pages.
(C) No, sign on the dotted line.

제가 이 양식들을 복사하기 위해서 어디로 가야 하나요?

(A) 블록 아래의 인쇄소요.
(B) 그들은 10장이 필요해요.
(C) 아니요, 점선 위에 서명을 해주세요.

■ Where 의문문   정답 (A)

양식들을 복사하기 위해서 어디로 가야 하는지를 묻는 Where 의문문이다.
(A) [○] 블록 아래의 인쇄소라며 양식을 복사할 수 있는 장소를 언급했으므로 정답이다.
(B) [×] photocopy(복사하다)와 관련 있는 10 pages(10장)를 사용하여 혼동을 준 오답이다.
(C) [×] 의문사 의문문에 No로 응답했으므로 오답이다. forms(양식들)와 관련 있는 sign(서명하다)을 사용하여 혼동을 주었다.

어휘   photocopy [미 fóutoukɑ:pi, 영 fɔ́utəukɔ̀pi] 복사하다 form [미 fɔ:rm, 영 fɔ:m] 양식 dotted line (서명할 곳을 나타내는) 점선

16

🔊 미국식 발음 → 호주식 발음

Which cities will Ms. Arden be visiting during her upcoming trip?

(A) At a recent meeting.
(B) Everyone had a lot of fun.
(C) I haven't seen her itinerary.

Ms. Arden은 곧 있을 그녀의 여행 동안에 어느 도시들을 방문할 건가요?

(A) 최근의 회의에서요.
(B) 모든 사람들이 매우 즐거워했어요.
(C) 저는 그녀의 여행 일정을 보지 못했어요.

■ **Which 의문문**

정답 (C)

Ms. Arden이 여행 동안에 어느 도시들을 방문할 것인지를 묻는 Which 의문문이다. Which cities를 반드시 들어야 한다.
(A) [×] upcoming(곧 있을)과 관련 있는 recent(최근의)를 사용하여 혼동을 준 오답이다.
(B) [×] trip(여행)에서 연상할 수 있는 여행 소감과 관련된 fun(즐거운)을 사용하여 혼동을 준 오답이다.
(C) [○] 그녀의 여행 일정을 보지 못했다는 말로 모른다는 간접적인 응답을 했으므로 정답이다.

어휘 recent[ríːsnt] 최근의, 새로운 itinerary[미 aitínəreri, 영 aitínərəri] 여행 일정

17

🔊 영국식 발음 → 캐나다식 발음

How did you learn to speak German so well?

(A) The speaker was very engaging.
(B) By taking classes in college.
(C) We didn't earn much.

당신은 어떻게 독일어를 이렇게 잘하도록 배웠나요?

(A) 그 발표자는 매우 매력적이었어요.
(B) 대학에서 수업들을 들어서요.
(C) 우리는 많이 벌지 못했어요.

■ **How 의문문**

정답 (B)

어떻게 독일어를 잘하도록 배웠는지를 묻는 How 의문문이다. How가 방법을 묻는 것임을 이해할 수 있어야 한다.
(A) [×] 어떻게 독일어를 잘하도록 배웠는지를 물었는데, 이와 관련이 없는 발표자가 매우 매력적이었다는 내용으로 응답했으므로 오답이다. speak – speaker의 유사 발음 어휘를 사용하여 혼동을 주었다.
(B) [○] 대학에서 수업을 들었다며 독일어를 잘하도록 배운 방법을 언급했으므로 정답이다.
(C) [×] 질문의 did를 didn't로 반복 사용하고, learn – earn의 유사 발음 어휘를 사용하여 혼동을 준 오답이다.

어휘 engaging[ingéidʒiŋ] 매력적인 earn[əːrn] 벌다, (수익을) 올리다

18

🔊 호주식 발음 → 영국식 발음

Where do you want to store these boxes of paper?

(A) For the office printers.
(B) I sent out for them.
(C) In the reception area for now.

당신은 이 종이가 든 상자들을 어디에 보관하고 싶나요?

(A) 사무실 프린터들을 위해서요.
(B) 제가 그것들을 배달시켰어요.
(C) 당분간은 응접실에요.

■ **Where 의문문**

정답 (C)

종이가 든 상자들을 어디에 보관하고 싶은지를 묻는 Where 의문문이다.
(A) [×] paper(종이)와 관련 있는 printers(프린터들)를 사용하여 혼동을 준 오답이다.
(B) [×] 종이가 든 상자들을 어디에 보관하고 싶은지를 물었는데, 이와 관련이 없는 그것들을 배달시켰다는 내용으로 응답했으므로 오답이다. 질문의 these boxes(이 상자들)를 나타낼 수 있는 them을 사용하여 혼동을 주었다.
(C) [○] 당분간은 응접실에라며 종이가 든 상자들을 보관하고 싶은 장소를 언급했으므로 정답이다.

어휘 send out for ~을 배달시키다 reception area 응접실, 안내실 for now 당분간은

19

○○○○●
하

③》 캐나다식 발음 → 미국식 발음

When should I print out the contract for you to review?

(A) He will sign the contract.
(B) Anytime this afternoon.
(C) No problem, just pick it up.

당신이 검토할 수 있도록 언제 계약서를 출력해 드려야 하나요?

(A) 그가 계약서에 서명할 거예요.
(B) 오늘 오후 언제든지요.
(C) 문제없어요, 그냥 가져가세요.

■ When 의문문   정답 (B)

상대방이 검토할 수 있도록 언제 계약서를 출력해 주어야 하는지를 묻는 When 의문문이다.
(A) [×] He가 나타내는 대상이 질문에 없으므로 오답이다. 질문의 contract를 반복 사용하여 혼동을 주었다.
(B) [○] 오늘 오후 언제든 지라며 계약서를 출력해 주어야 하는 시점을 언급했으므로 정답이다.
(C) [×] 의문사 의문문에 No problem(문제없어요)으로 응답했으므로 오답이다. 질문의 contract(계약서)를 나타낼 수 있는 it을 사용하여 혼동
을 주었다.

어휘   review[rivjúː] 검토하다

20

○○○○●
중

③》 호주식 발음 → 영국식 발음

These tables will have to be set for the banquet.

(A) Yes, I'm planning to come.
(B) Try adjusting the settings.
(C) How long will that task take?

이 테이블들은 연회를 위해 준비되어야 할 거예요.

(A) 네, 저는 가려고 계획 중이에요.
(B) 설정을 조정해 보세요.
(C) 그 일은 얼마나 걸릴까요?

■ 평서문   정답 (C)

테이블들이 연회를 위해 준비되어야 할 거라는 객관적인 사실을 전달하는 평서문이다.
(A) [×] 테이블들이 연회를 위해 준비되어야 할 거라고 했는데, 이와 관련이 없는 자신이 가려고 계획 중이라는 내용으로 응답했으므로 오답이다.
        Yes, I'm planning to까지만 듣고 정답으로 고르지 않도록 주의한다.
(B) [×] set – settings의 유사 발음 어휘를 사용하여 혼동을 준 오답이다.
(C) [○] 그 일이 얼마나 걸릴지를 되물어 테이블들을 준비하는 일에 대한 추가 정보를 요구하는 정답이다.

어휘   set[set] 준비하다, 설치하다   banquet[bǽŋkwit] 연회   adjust[ədʒʌ́st] 조정하다, 조절하다

21

○○○●○
중

③》 미국식 발음 → 캐나다식 발음

Aren't you conducting a safety inspection next week?

(A) Yes, we got a good evaluation.
(B) He works as a conductor.
(C) I'll have to check my schedule.

당신은 다음 주에 안전 점검을 실시하지 않나요?

(A) 네, 저희는 좋은 평가를 받았어요.
(B) 그는 관리인으로 근무해요.
(C) 제 일정을 확인해 봐야 할 거예요.

■ 부정 의문문   정답 (C)

다음 주에 안전 점검을 실시하는지를 묻는 부정 의문문이다.
(A) [×] inspection(점검)과 관련 있는 good evaluation(좋은 평가)을 사용하여 혼동을 준 오답이다. 질문의 Aren't를 Weren't로 혼동하여
        Weren't you conducting a safety inspection(안전 점검을 실시하지 않았나요)으로 생각해 정답으로 선택하지 않도록 주의한다.
(B) [×] He가 나타내는 대상이 질문에 없으므로 오답이다. conducting – conductor의 유사 발음 어휘를 사용하여 혼동을 주었다.
(C) [○] 일정을 확인해 봐야 할 거라는 말로 모른다는 간접적인 응답을 했으므로 정답이다.

어휘   conduct[kəndʌ́kt] 실시하다, 수행하다   inspection[inspékʃən] 점검, 검사   evaluation[ivæ̀ljuéiʃən] 평가
        conductor[kəndʌ́ktər] 관리인, 지휘자

22

○ ○ ○ ●
중

🔊 영국식 발음 → 호주식 발음

Amy Tran is planning to travel overseas to consult clients, isn't she?

(A) He's our most loyal client.
(B) That's right. She's going to Chile.
(C) The test results still haven't come.

Amy Tran은 고객들을 상담하기 위해 해외로 가려고 계획하고 있어요, 안 그런가요?

(A) 그는 우리의 가장 충성스러운 고객이에요.
(B) 맞아요. 그녀는 칠레로 갈 거예요.
(C) 테스트 결과가 아직 나오지 않았어요.

■ **부가 의문문**

정답 (B)

Amy Tran이 고객들을 상담하기 위해 해외로 가려고 계획하고 있는지를 확인하는 부가 의문문이다.

(A) [×] 질문의 clients를 client로 반복 사용하여 혼동을 준 오답이다.

(B) [○] That's right으로 Amy Tran이 고객들을 상담하기 위해 해외로 가려고 계획하고 있음을 전달한 후, 그녀가 칠레로 갈 것이라는 추가 정보를 제공했으므로 정답이다.

(C) [×] Amy Tran이 고객들을 상담하기 위해 해외로 가려고 계획하고 있는지를 물었는데, 이와 관련이 없는 테스트 결과가 아직 나오지 않았다는 내용으로 응답했으므로 오답이다. consult – results의 유사 발음 어휘를 사용하여 혼동을 주었다.

어휘   overseas[미 ðuvərsíːz, 영 ǝuvǝsíːz] 해외로   loyal[lɔ́iəl] 충성스러운

23

○ ○ ○ ●
상

🔊 캐나다식 발음 → 미국식 발음

I can drop you off at the airport this weekend.

(A) Only if it's convenient for you.
(B) Yes, from my travel agent.
(C) The files are quite important.

저는 이번 주말에 당신을 공항에 내려줄 수 있어요.

(A) 당신에게 편리하다면요.
(B) 네, 제 여행사 직원으로부터요.
(C) 이 서류철들은 꽤 중요해요.

■ **평서문**

정답 (A)

이번 주말에 공항에 내려주겠다고 제안하는 평서문이다.

(A) [○] 상대방에게 편리하다면이라는 말로 제안을 수락한 정답이다.

(B) [×] airport(공항)에서 연상할 수 있는 여행과 관련된 travel agent(여행사 직원)를 사용하여 혼동을 준 오답이다.

(C) [×] 이번 주말에 공항에 내려줄 수 있다고 했는데, 이와 관련이 없는 이 서류철이 꽤 중요하다는 내용으로 응답했으므로 오답이다. airport – important의 유사 발음 어휘를 사용하여 혼동을 주었다.

어휘   drop off 내려주다

24

○ ○ ○ ●
상

🔊 호주식 발음 → 미국식 발음

We require receipts for all exchanges.

(A) To inquire about an event.
(B) You'll be pleased with this item.
(C) OK. I have mine with me.

저희는 모든 교환에 대해 영수증을 요구합니다.

(A) 행사에 관해 문의하기 위해서요.
(B) 당신은 이 제품이 마음에 들 거예요.
(C) 네. 저는 제 것을 갖고 있어요.

■ **평서문**

정답 (C)

모든 교환에 대해 영수증을 제시해달라고 요청하는 평서문이다.

(A) [×] 모든 교환에 대해 영수증을 요구한다고 했는데, 이와 관련이 없는 행사에 관해 문의하기 위해서라는 내용으로 응답했으므로 오답이다. require – inquire의 유사 발음 어휘를 사용하여 혼동을 주었다.

(B) [×] exchanges(교환)와 관련 있는 item(제품)을 사용하여 혼동을 준 오답이다.

(C) [○] OK라는 말로 요청을 수락한 후, 자신이 영수증을 갖고 있다는 부연 설명을 했으므로 정답이다.

어휘   receipt[risíːt] 영수증   exchange[ikstʃéindʒ] 교환   inquire[inkwáiər] 문의하다   please[pliːz] 마음에 들다, 기쁘게 하다

25

○○○● 중

🔊 영국식 발음 → 호주식 발음

Do you want help analyzing the data you collected?

(A) No, Pete took care of that yesterday.
(B) Mr. Mack will distribute the programs.
(C) They're from the questionnaires.

당신이 수집한 자료를 분석하는 데 도움을 원하나요?

(A) 아니요, Pete가 어제 그것을 처리했어요.
(B) Mr. Mack이 진행 순서표를 배부할 거예요.
(C) 그것들은 설문지에서 나왔어요.

■ 조동사 의문문

정답 (A)

수집한 자료를 분석하는 데 도움을 원하는지를 확인하는 조동사(Do) 의문문이다.
(A) [○] No로 도움을 원하지 않음을 전달한 후, Pete가 어제 그것을 처리했다는 추가 정보를 제공했으므로 정답이다.
(B) [×] 질문의 collected(수집했다)와 반대 의미인 distribute(배부하다)를 사용하여 혼동을 준 오답이다.
(C) [×] data(자료)에서 연상할 수 있는 수집 방법과 관련된 questionnaires(설문지)를 사용하여 혼동을 준 오답이다.

어휘 analyze[ǽnəlàiz] 분석하다 collect[kəlékt] 수집하다, 모으다 program[미 próugræm, 영 próugræm] 진행 순서표, 예정표
questionnaire[미 kwèstʃənéər, 영 kwèstʃənéə] 설문지

26

○○○● 상

🔊 캐나다식 발음 → 영국식 발음

Why did you decide to rename your company?

(A) Customers really like that product.
(B) The previous name seemed outdated.
(C) It sells custom jewelry.

당신은 왜 회사의 이름을 다시 짓기로 결정했나요?

(A) 고객들이 그 제품을 정말 좋아해요.
(B) 이전의 이름이 구식인 것 같았어요.
(C) 그곳은 주문 제작한 보석을 판매해요.

■ Why 의문문

정답 (B)

왜 회사의 이름을 다시 짓기로 결정했는지를 묻는 Why 의문문이다.
(A) [×] 왜 회사의 이름을 다시 짓기로 결정했는지를 물었는데, 이와 관련이 없는 고객들이 그 제품을 정말 좋아한다는 내용으로 응답했으므로
오답이다. Customers really like까지만 듣고 정답으로 고르지 않도록 주의한다.
(B) [○] 이전의 이름이 구식인 것 같았다며 회사의 이름을 다시 짓기로 결정한 이유를 언급했으므로 정답이다.
(C) [×] 질문의 company(회사)를 나타낼 수 있는 It을 사용하고, company(회사)와 관련 있는 sells(판매하다)를 사용하여 혼동을 준 오답이다.

어휘 rename[rìːnéim] 이름을 다시 짓다 outdated[àutdéitid] 구식인, 진부한 custom[kʌ́stəm] 주문 제작한, 맞춤의

27

○○○● 중

🔊 미국식 발음 → 캐나다식 발음

Should I close the window, or do you want it open?

(A) Well, it is quite hot in here.
(B) I want to see it too.
(C) It's very close to my apartment.

제가 창문을 닫을까요, 아니면 당신은 그것을 열어두기를 원하
나요?

(A) 음, 이 안이 상당히 덥네요.
(B) 저도 그것을 보고 싶어요.
(C) 그건 제 아파트에서 매우 가까워요.

■ 선택 의문문

정답 (A)

창문을 닫을지 아니면 열어두는 것을 원하는지를 묻는 선택 의문문이다.
(A) [○] 안이 상당히 덥다는 말로 창문을 열어두는 것을 간접적으로 선택했으므로 정답이다.
(B) [×] 질문의 want를 반복 사용하여 혼동을 준 오답이다. I want까지만 듣고 정답으로 고르지 않도록 주의한다.
(C) [×] 질문의 it을 반복 사용하고, 질문의 close(닫다)를 '가까운'이라는 의미의 형용사로 반복 사용하여 혼동을 준 오답이다.

어휘 quite[kwait] 상당히

28

○○○
●●○
●

[3))] 영국식 발음 → 호주식 발음

Could you put together a short presentation for the auto expo?

(A) The car is fully automatic.
(B) Just put them in the showroom.
(C) I think so, but not until Monday.

자동차 전시회를 위한 짧은 발표를 준비해주실 수 있나요?

(A) 그 자동차는 완전히 자동이에요.
(B) 그냥 그것들을 전시실에 놓아주세요.
(C) 그럴 수 있을 것 같은데, 월요일이나 되어야 해요.

■ 요청 의문문   정답 (C)

자동차 전시회를 위한 짧은 발표를 준비해달라는 요청 의문문이다. Could you가 요청하는 표현임을 이해할 수 있어야 한다.
(A) [×] 질문의 auto(자동차)와 같은 의미인 car(자동차)를 사용하고, auto의 다른 의미인 '자동의'와 같은 의미인 automatic(자동의)을 사용하여 혼동을 준 오답이다.
(B) [×] expo(전시회)와 관련 있는 showroom(전시실)을 사용하여 혼동을 준 오답이다.
(C) [○] I think so로 요청을 수락한 후, 하지만 월요일이나 되어야 한다는 부연 설명을 했으므로 정답이다.

어휘   put together 준비하다   automatic[ɔ̀ːtəmǽtik] 자동의   showroom[미 ʃóuruːm, 영 ʃə́uruːm] 전시실

29

●●●●
●

최상

[3))] 미국식 발음 → 캐나다식 발음

What did the realtor say about the condominium?

(A) A property management firm.
(B) No serious offers have been made on it.
(C) The one located in Woodrow Tower.

부동산 중개인이 콘도에 대해 무엇을 말했나요?

(A) 부동산 관리 회사요.
(B) 그것에 대한 어떤 진지한 제안도 없었어요.
(C) Woodrow 타워에 위치한 거요.

■ What 의문문   정답 (B)

부동산 중개인이 콘도에 대해 무엇을 말했는지를 묻는 What 의문문이다.
(A) [×] realtor(부동산 중개인)와 관련 있는 property(부동산)를 사용하여 혼동을 준 오답이다.
(B) [○] 그것에 대한 어떤 진지한 제안도 없었다는 말로 부동산 중개인이 콘도에 대해 말한 것이 없음을 간접적으로 전달했으므로 정답이다.
(C) [×] 부동산 중개인이 콘도에 대해 무엇을 말했는지를 물었는데, 이와 관련이 없는 Woodrow 타워에 위치한 것이라는 내용으로 응답했으므로 오답이다. condominium(콘도)에서 연상할 수 있는 건물 위치와 관련된 located in Woodrow Tower(Woodrow 타워에 위치한)를 사용하여 혼동을 주었다.

어휘   realtor[ríːəltər] 부동산 중개인   property[práːpərti] 부동산, 자산   serious[síriəs] 진지한, 심각한

30

○○○
●●○
●

[3))] 호주식 발음 → 미국식 발음

When is the office dress code going to go into effect?

(A) Let's discuss that at the morning meeting.
(B) Salespeople must wear black shirts.
(C) Our business address has not changed.

사무실 복장 규정은 언제 시행될 건가요?

(A) 그것에 관해 아침 회의에서 논의하도록 해요.
(B) 판매원들은 검은색 셔츠를 입어야 해요.
(C) 우리의 사무실 주소는 바뀌지 않았어요.

■ When 의문문   정답 (A)

사무실 복장 규정이 언제 시행될 것인지를 묻는 When 의문문이다.
(A) [○] 그것에 관해 아침 회의에서 논의하자는 말로 모르겠다는 간접적인 응답을 했으므로 정답이다.
(B) [×] dress code(복장 규정)와 관련 있는 must wear black shirts(검은색 셔츠를 입어야 한다)를 사용하여 혼동을 준 오답이다.
(C) [×] 사무실 복장 규정이 언제 시행될 것인지를 물었는데, 이와 관련이 없는 사무실 주소가 바뀌지 않았다는 내용으로 응답했으므로 오답이다. dress – address의 유사 발음 어휘를 사용하여 혼동을 주었다.

어휘   dress code 복장 규정   go into effect 시행되다, 실시되다   salespeople[séilzpìːpl] 판매원들

31

○
●
●
●
상

🔊 영국식 발음 → 캐나다식 발음

The warehouse equipment has to be upgraded soon.

(A) They know where to go.
(B) The show should begin soon.
(C) But the forklift is only a year old.

창고 장비는 곧 개선돼야 해요.

(A) 그들은 어디로 가야 할지를 알아요.
(B) 행사가 곧 시작될 거예요.
(C) 하지만 그 지게차는 1년밖에 안 됐어요.

■ 평서문

정답 (C)

창고 장비가 곧 개선돼야 한다는 의견을 제시하는 평서문이다.

(A) [×] 창고 장비가 곧 개선돼야 한다고 했는데, 이와 관련이 없는 그들은 어디로 가야 할지를 안다는 내용으로 응답했으므로 오답이다. 질문의 warehouse에서 ware-where의 유사 발음 어휘를 사용하여 혼동을 주었다.
(B) [×] 질문의 soon을 반복 사용하고, has to(~해야 한다)와 같은 의미인 should(~해야 한다)를 사용하여 혼동을 준 오답이다.
(C) [○] 지게차가 1년밖에 안 됐다는 말로 다른 의견을 제시한 정답이다.

어휘 warehouse [미 wéərhaus, 영 wéəhaus] 창고 forklift [fɔ́ːrklìft] 지게차

PART 3

난이도 하 중 상 최상

Questions 32-34 refer to the following conversation.

[3] 영국식 발음 → 호주식 발음

W: Good morning. ³²Do you know who's responsible for editing our company's brochure for the upcoming trade fair? The manager wants to change some of the contact information in it, and he asked me to pass on his request to whoever is working on it.

M: Sorry, I'm not sure. But you should talk to Sun Nam. ³³She's overseeing the team that will be attending the fair, so she can provide you with that information.

W: All right. I believe ³⁴she will be out of the office until the early afternoon, but I'll speak with her once she returns. Thanks.

32 According to the woman, what needs to be changed?
(A) An online database
(B) The details in a brochure
(C) A personnel policy
(D) The date of an event

33 What has Sun Nam been tasked with?
(A) Arranging a consultation
(B) Editing a report
(C) Leading a team
(D) Contacting an executive

34 What does the woman say she will do later today?
(A) Revise the format of a flyer
(B) Bring files to an administrator
(C) Leave for a trade fair
(D) Speak to a colleague

32-34번은 다음 대화에 관한 문제입니다.

W: 안녕하세요. ³²곧 있을 무역 박람회를 위해 우리 회사의 안내 책자를 편집하는 것을 누가 책임지는지 아시나요? 부장님께서 그 안에 있는 연락처 정보 일부를 수정하기를 원해서, 누구든 그 작업을 하고 있는 사람에게 그의 요청을 전달해달라고 제게 부탁했거든요.

M: 죄송하지만, 전 잘 모르겠어요. 하지만 Sun Nam에게 이야기하셔야 해요. ³³그녀가 박람회에 참석할 팀을 감독하고 있어서, 당신에게 그 정보를 줄 수 있어요.

W: 알겠어요. ³⁴그녀가 이른 오후까지 사무실에 없을 것 같지만, 그녀가 돌아오면 그녀와 이야기할게요. 감사합니다.

32. 여자에 따르면, 무엇이 수정되어야 하는가?
(A) 온라인 데이터베이스
(B) 안내 책자의 세부 사항들
(C) 인사 규정
(D) 행사의 날짜

33. Sun Nam은 무슨 업무를 맡았는가?
(A) 상담을 준비하기
(B) 보고서를 편집하기
(C) 팀을 이끌기
(D) 운영 간부에게 연락하기

34. 여자는 오늘 늦게 무엇을 할 것이라고 말하는가?
(A) 전단의 구성 방식을 수정한다.
(B) 관리자에게 파일을 가져다준다.
(C) 무역 박람회로 떠난다.
(D) 동료와 이야기한다.

지문 edit[édit] 편집하다 pass on 전달하다 oversee[미 òuvərsíː, 영 əuvəsíː] 감독하다 once[wʌns] ~하면, ~할 때
33 task[tæsk] 업무를 맡기다 arrange[əréindʒ] 준비하다 consultation[kà:nsəltéiʃən] 상담 executive[igzékjətiv] 운영 간부, 이사
34 revise[rivάiz] 수정하다 flyer[flάiər] 전단 administrator[ədmínistreitər] 관리자, 행정인

32 ■ 세부 사항 관련 문제 특정 세부 사항   정답 (B)

수정되어야 하는 것을 묻는 문제이므로, 여자의 말에서 질문의 핵심어구(changed)와 관련된 내용을 주의 깊게 듣는다. 여자가 "Do you know who's responsible for editing our company's brochure for the upcoming trade fair? The manager wants to change some of the contact information in it"이라며 곧 있을 무역 박람회를 위해 회사의 안내 책자를 편집하는 것을 누가 책임지는지 아느냐고 물은 뒤, 부장이 그 안에 있는 연락처 정보 일부를 수정하기를 원한다고 하였다. 따라서 정답은 (B) The details in a brochure 이다.

33 ■ 세부 사항 관련 문제 특정 세부 사항   정답 (C)

Sun Nam이 맡은 업무를 묻는 문제이므로, 질문의 핵심어구(Sun Nam)와 관련된 내용을 주의 깊게 듣는다. 남자가 "She[Sun Nam]'s overseeing the team"이라며 Sun Nam이 팀을 감독하고 있다고 하였다. 따라서 정답은 (C) Leading a team이다.

바꾸어 표현하기
overseeing the team 팀을 감독하다 → Leading a team 팀을 이끌기

34 ■ 세부 사항 관련 문제 다음에 할 일   정답 (D)

여자가 오늘 늦게 하겠다고 말한 것을 묻는 문제이므로, 질문의 핵심어구(later today)와 관련된 내용을 주의 깊게 듣는다. 여자가 "she[Sun Nam] will be out of the office until the early afternoon, but I'll speak with her once she returns"라며 Sun Nam은 이른 오후까지 사무실에 없지만, 그녀가 돌아오면 그녀와 이야기하겠다고 하였다. 따라서 정답은 (D) Speak to a colleague이다.

35
36
37

Questions 35-37 refer to the following conversation.

🎧 캐나다식 발음 → 미국식 발음

M: Hello. ³⁵I purchased this set of plates here on Monday. When I got home and took them out of the box, ³⁶I noticed that one of them is broken.

W: I can assist you with that. If you can provide proof of purchase, I would be happy to replace the set or give you a refund. Which would you prefer?

M: I'd like to get another set. However, before you complete the transaction, can I grab some wine glasses that I want to purchase as well?

W: Certainly. ³⁷Just come back to the customer service desk once you're ready to check out.

35 What did the man buy on Monday?
(A) Dishware
(B) Beverages
(C) Furniture
(D) Appliances

36 What problem does the man mention?
(A) A warranty has expired.
(B) Some merchandise is too small.
(C) An item is damaged.
(D) A product was not shipped.

37 What is the man told to do?
(A) Return to a service desk
(B) Find a similar item
(C) Ask a supervisor for help
(D) Contact another branch

35-37번은 다음 대화에 관한 문제입니다.

M: 안녕하세요. ³⁵저는 월요일에 여기에서 이 접시 세트를 구입했어요. 제가 집에 가서 그것들을 상자에서 꺼냈을 때, ³⁶그것들 중 하나가 깨진 것을 알아챘어요.

W: 그것에 대해 제가 고객님을 도와드릴 수 있습니다. 고객님께서 구입 증거를 제공하실 수 있으시다면, 제가 기꺼이 세트를 교환해드리거나 환불해드리겠습니다. 어떤 것이 좋으신가요?

M: 저는 다른 세트가 갖고 싶어요. 하지만, 처리를 완료하기 전에, 제가 구입하고 싶은 와인 잔도 몇 개 가져와도 될까요?

W: 물론입니다. ³⁷그냥 고객님께서 계산할 준비가 되셨을 때 고객 서비스 창구로 돌아와 주세요.

35. 남자는 월요일에 무엇을 구매했는가?
(A) 접시류
(B) 음료
(C) 가구
(D) 가전제품

36. 남자는 무슨 문제를 언급하는가?
(A) 품질 보증서가 만료되었다.
(B) 몇몇 상품들이 너무 작다.
(C) 물품이 손상되었다.
(D) 상품이 운송되지 않았다.

37. 남자는 무엇을 하도록 요청되는가?
(A) 서비스 창구로 돌아온다.
(B) 비슷한 물품을 찾는다.
(C) 관리자에게 도움을 요청한다.
(D) 다른 지점에 연락한다.

지문 plate[pleit] 접시 assist[əsíst] 돕다 proof[pru:f] 증거 replace[ripléis] 교환하다, 대신하다 prefer[prifə́:r] ~을 좋아하다
transaction[trænzǽkʃən] 처리, 거래 check out 계산을 하다
35 dishware[díʃwὲər] 접시류, 식기류 appliance[əpláiəns] 가전제품
36 ship[ʃip] 운송하다

35 ■ **세부 사항 관련 문제** 특정 세부 사항 　　　　　　　　　　　　　　　　　　　　　　정답 (A)
남자가 월요일에 구매한 것을 묻는 문제이므로, 질문의 핵심어구(buy on Monday)와 관련된 내용을 주의 깊게 듣는다. 남자가 "I purchased this set of plates here on Monday."라며 월요일에 여기에서 접시 세트를 구입했다고 하였다. 따라서 정답은 (A) Dishware이다.

36 ■ **세부 사항 관련 문제** 문제점 　　　　　　　　　　　　　　　　　　　　　　　　정답 (C)
남자가 언급하는 문제점을 묻는 문제이므로, 대화에서 부정적인 표현이 언급된 다음을 주의 깊게 듣는다. 남자가 "I noticed that one of them[plates] is broken"이라며 접시들 중 하나가 깨진 것을 알아챘다고 하였다. 따라서 정답은 (C) An item is damaged이다.

바꾸어 표현하기
one of them[plates] is broken 접시들 중 하나가 깨졌다 → An item is damaged 물품이 손상되었다

37 ■ **세부 사항 관련 문제** 요청 　　　　　　　　　　　　　　　　　　　　　　　　정답 (A)
남자가 하도록 요청되는 것을 묻는 문제이므로, 대화에서 요청과 관련된 표현이 언급된 다음을 주의 깊게 듣는다. 여자가 "Just come back to the customer service desk once you're ready to check out."이라며 계산할 준비가 되었을 때 고객 서비스 창구로 돌아와달라고 하였다. 따라서 정답은 (A) Return to a service desk이다.

Questions 38-40 refer to the following conversation.

🔊 영국식 발음 → 호주식 발음

W: Dennis, ³⁸how much longer will it be until the entrées for Table 5 are ready?

M: At least 15 minutes. I'm . . . ah . . . ³⁹I'm struggling to keep up with orders since we're short-staffed today.

W: I know it's not your fault, ³⁹but the customers have been waiting for almost an hour . . . One of them just left.

M: Sorry, but I don't know what to tell you. I'm doing the best I can.

W: In that case, ⁴⁰I think we'd better give them a discount to make up for the delay. I'll see if our manager is fine with that.

M: OK. I'll inform you as soon as the food is ready.

38 What does the woman ask about?
    (A) When some dishes will be prepared
    (B) Why some menu items are unavailable
    (C) Where a group should be seated
    (D) What an entrée is served with

39 Why does the woman say, "One of them just left"?
    (A) To explain why a manager is upset
    (B) To emphasize a problem's seriousness
    (C) To criticize a coworker's decision
    (D) To check if a restaurant will close

40 What does the woman suggest?
    (A) Reducing a charge
    (B) Bringing in more staff
    (C) Canceling some orders
    (D) Offering guests a free meal

38-40번은 다음 대화에 관한 문제입니다.

W: Dennis, ³⁸5번 테이블을 위한 주요리가 준비되기까지 얼마나 더 걸릴까요?

M: 적어도 15분이요. 저는… 아… ³⁹오늘 직원이 부족해서 저는 주문을 따라가기 위해 애쓰고 있어요.

W: 이것이 당신의 잘못이 아니라는 것을 알지만, ³⁹그 손님들이 거의 한 시간 동안 기다리고 있어요… 그들 중 한 명은 방금 나갔어요.

M: 죄송하지만, 뭐라고 말씀드려야 할지 모르겠어요. 저는 제가 할 수 있는 최선을 다하고 있어요.

W: 그렇다면, ⁴⁰지연에 대해 보상하기 위해 그들에게 할인을 제공하는 것이 좋을 것 같아요. 제가 우리 매니저가 그것에 대해 괜찮다고 할지 확인할게요.

M: 알겠어요. 음식이 준비되는 즉시 당신에게 알려줄게요.

38. 여자는 무엇에 관해 문의하는가?
    (A) 언제 요리가 준비될지
    (B) 왜 일부 메뉴 품목들을 이용할 수 없는지
    (C) 일행이 어디에 앉아야 하는지
    (D) 주요리가 무엇과 함께 제공되는지

39. 여자는 "그들 중 한 명은 방금 나갔어요"라고 말할 때 무엇을 의도하는가?
    (A) 매니저가 왜 기분이 나쁜지 설명하기 위해
    (B) 문제의 심각성을 강조하기 위해
    (C) 동료의 결정을 비판하기 위해
    (D) 식당이 닫을지 확인하기 위해

40. 여자는 무엇을 제안하는가?
    (A) 요금을 할인해주기
    (B) 더 많은 직원을 데려오기
    (C) 몇몇 주문들을 취소하기
    (D) 손님들에게 무료 식사를 제공하기

지문 entrée [미 á:ntrei, 영 ɔ́ntrei] 주요리 struggle [strʌgl] 애쓰다, 분투하다 keep up with ~을 따라가다
short-staffed [미 ʃɔ́:rtstǽft, 영 ʃɔ́:tstáːft] 직원이 부족한 make up for ~을 보상하다 delay [diléi] 지연 inform [미 infɔ́:rm, 영 infɔ́:m] 알리다
38 unavailable [ʌnəvéiləbəl] 이용할 수 없는 group [gru:p] 일행
39 upset [ʌ̀psét] 기분 나쁜, 화난 criticize [krítisaiz] 비판하다

38 ■ 세부 사항 관련 문제 특정 세부 사항   정답 (A)
○○○○●중 여자가 문의하는 것을 묻는 문제이므로, 여자의 말을 주의 깊게 듣는다. 여자가 "how much longer will it be until the entrées for Table 5 are ready?"라며 5번 테이블을 위한 주요리가 준비되기까지 얼마나 더 걸리는지 물었다. 따라서 정답은 (A) When some dishes will be prepared이다.

39 ■ 세부 사항 관련 문제 의도 파악   정답 (B)
○○○○●중 여자가 하는 말의 의도를 묻는 문제이므로, 질문의 인용어구(One of them just left)가 언급된 주변을 주의 깊게 듣는다. 남자가 "I'm struggling to keep up with orders since we're short-staffed today."라며 오늘 직원이 부족해서 자신이 주문을 따라가기 위해 애쓰고 있다고 하자, 여자가 "but the customers have been waiting for almost an hour ~ One of them just left."라며 하지만 손님들이 거의 한 시간 동안 기다리고 있고, 그들 중 한 명은 방금 나갔다고 했으므로 문제의 심각성을 강조하기 위한 의도임을 알 수 있다. 따라서 정답은 (B) To emphasize a problem's seriousness이다.

40 ■ 세부 사항 관련 문제 제안   정답 (A)
○○○○●중 여자가 제안하는 것을 묻는 문제이므로, 여자의 말에서 제안과 관련된 표현이 언급된 다음을 주의 깊게 듣는다. 여자가 "I think we'd better give them[customers] a discount to make up for the delay"라며 지연에 대해 보상하기 위해 손님들에게 할인을 제공할 것을 제안하였다. 따라서 정답은 (A) Reducing a charge이다.

Questions 41-43 refer to the following conversation with three speakers.

🔊 영국식 발음 → 미국식 발음 → 캐나다식 발음

W1: Wilma, ⁴¹I think our nonprofit organization needs a more effective fund-raising method.

W2: Did you have something in mind?

W1: What about an online campaign?

W2: I'm not sure. Marcus, what do you think about changing to online fund-raising?

M: We could do that. Web-based campaigns cost very little, so it could save money. ⁴²I'm sure it would be better than hosting fund-raising dinners like we do now.

W2: I see. Well . . . I'm open to the idea. However, I'm unfamiliar with the steps we'd need to take.

M: I organized some campaigns at my previous job that were very successful. ⁴³If you want, I can make an initial strategy proposal for you to review.

W1: Would you? That'd be helpful.

41 What is the conversation mainly about?
(A) A partnership with an organization
(B) A way to raise money
(C) An event for volunteers
(D) A method for boosting morale

42 According to the man, what technique does the organization use?
(A) Advertising on television
(B) Giving away gifts
(C) Charging membership fees
(D) Organizing special events

43 What does the man offer to do?
(A) Develop a plan
(B) Announce a decision
(C) Assemble a team
(D) Contact a company

41-43번은 다음 세 명의 대화에 관한 문제입니다.

W1: Wilma, ⁴¹우리 비영리 단체에 더 효과적인 기금 모금 방법이 필요한 것 같아요.

W2: 생각하신 것이 있나요?

W1: 온라인 캠페인은 어때요?

W2: 전 잘 모르겠어요. Marcus, 온라인 기금 모금으로 변경하는 것에 대해 어떻게 생각하세요?

M: 해볼 수 있을 것 같아요. 인터넷을 기반으로 하는 캠페인은 비용이 거의 들지 않아서, 돈을 절약할 수 있어요. ⁴²저는 그것이 우리가 지금 하는 것처럼 기금 모금 만찬을 주최하는 것보다 더 나을 것이라고 확신해요.

W2: 그렇군요. 음… 저는 그 생각대로 할 용의가 있어요. 하지만 우리가 취해야 할 조치들을 잘 모르겠어요.

M: 이전 직장에서 매우 성공적이었던 몇몇 캠페인들을 제가 조직했어요. ⁴³원하시면, 당신이 검토할 수 있도록 제가 초기 전략 기획안을 만들 수 있어요.

W1: 그렇게 해주시겠어요? 그것이 도움이 될 거예요.

41. 대화는 주로 무엇에 관한 것인가?
(A) 단체와의 제휴
(B) 기금을 모으기 위한 방법
(C) 자원봉사자들을 위한 행사
(D) 사기를 북돋우기 위한 방법

42. 남자에 따르면, 단체는 어떤 방법을 사용하는가?
(A) 텔레비전에 광고하기
(B) 선물을 증정하기
(C) 회비를 청구하기
(D) 특별 행사를 조직하기

43. 남자는 무엇을 해주겠다고 제안하는가?
(A) 계획을 수립한다.
(B) 결정을 발표한다.
(C) 팀을 모은다.
(D) 회사에 연락한다.

지문 **nonprofit organization** 비영리 단체 **fund-raising**[fʌ́ndrèiziŋ] 기금 모금 **host**[houst] 주최하다 **take steps** 조치를 취하다 **organize**[ɔ́ːrgənaiz] 조직하다, 준비하다 **initial**[iníʃəl] 초기의 **strategy**[strǽtədʒi] 전략 **proposal**[prəpóuzəl] 기획안

41 **partnership**[páːrtnərʃip] 제휴, 협력 **boost**[buːst] 북돋우다 **morale**[mərǽl] 사기, 의욕

41 ■ 전체 대화 관련 문제 주제 　　　　　　　　　　　　　　　　　　　　　　　　　　　　　　　정답 (B)
대화의 주제를 묻는 문제이므로, 대화의 초반을 반드시 듣는다. 여자 1이 "I think our nonprofit organization needs a more effective fundraising method"라며 비영리 단체에 더 효과적인 기금 모금 방법이 필요한 것 같다고 한 뒤, 새로운 기금 모금 방법에 대한 내용으로 대화가 이어지고 있다. 따라서 정답은 (B) A way to raise money이다.

42 ■ 세부 사항 관련 문제 특정 세부 사항 　　　　　　　　　　　　　　　　　　　　　　　　　　　정답 (D)
남자가 단체에서 사용한다고 말한 방법을 묻는 문제이므로, 남자의 말에서 질문의 핵심어구(technique ~ organization use)와 관련된 내용을 주의 깊게 듣는다. 남자가 "I'm sure it[online campaign] would be better than hosting fund-raising dinners like we do now."라며 온라인 캠페인이 지금 하는 것처럼 기금 모금 만찬을 주최하는 것보다 더 나을 것이라 확신한다고 하였다. 따라서 정답은 (D) Organizing special events이다.

43 ■ 세부 사항 관련 문제 제안 　　　　　　　　　　　　　　　　　　　　　　　　　　　　　　　정답 (A)
남자가 해주겠다고 제안하는 것을 묻는 문제이므로, 남자의 말에서 여자들을 위해 해주겠다고 언급한 내용을 주의 깊게 듣는다. 남자가 "If you want, I can make an initial strategy proposal"이라며 원하면 자신이 초기 전략 기획안을 만들 수 있다고 하였다. 이를 통해 남자가 계획을 수립하겠다고 제안하는 것을 알 수 있다. 따라서 정답은 (A) Develop a plan이다.

Questions 44-46 refer to the following conversation.

🎧 영국식 발음 → 캐나다식 발음

W: Hello, this is Angela calling. I've got some bad news. ⁴⁴I might not be able to join you at the Autumn Festival next Saturday. As it turns out, I have conflicting engagements.

M: I'm sorry to hear that. What do you have to do on Saturday?

W: I just found out that some of my relatives will be in town then. I have to entertain them during their visit.

M: Well, ⁴⁵you're welcome to bring them along. I'm sure they would enjoy the experience, as the festival has a lot of fun activities. ⁴⁶Last year, I even harvested my own pumpkin to carve!

44 What concern does the woman mention?
(A) She might need to leave early.
(B) She cannot afford to buy passes.
(C) She could not reach her relatives.
(D) She may have to miss an event.

45 What does the man recommend?
(A) Gathering more information
(B) Taking time to make a choice
(C) Coming with family members
(D) Getting some vouchers

46 What does the man say he did last year?
(A) Volunteered his services
(B) Harvested produce
(C) Operated a booth
(D) Met up with acquaintances

44-46번은 다음 대화에 관한 문제입니다.

W: 안녕하세요, Angela예요. 안 좋은 소식이 있어요. ⁴⁴다음 주 토요일에 있을 가을 축제에 당신과 함께하지 못할 수도 있어요. 알고 보니, 제가 겹치는 약속이 있어서요.

M: 유감이네요. 토요일에 무엇을 해야 하나요?

W: 제 친척들 몇 명이 그때 이 지역에 있을 거라는 사실을 방금 알았어요. 저는 그들이 방문하는 동안 접대해야 해요.

M: 음, ⁴⁵그들을 데리고 오셔도 돼요. 축제에 재미있는 활동들이 많기 때문에, 그들은 틀림없이 그 경험을 즐길 거예요. ⁴⁶작년에, 저는 조각할 저만의 호박을 수확하기도 했어요!

44. 여자는 무슨 걱정을 언급하는가?
(A) 그녀는 일찍 떠나야 할 수도 있다.
(B) 그녀는 입장권들을 살 형편이 안 된다.
(C) 그녀는 그녀의 친척들에게 연락할 수 없었다.
(D) 그녀는 행사를 빠져야 할 수도 있다.

45. 남자는 무엇을 제안하는가?
(A) 더 많은 정보를 수집하기
(B) 선택하는 데 시간을 갖기
(C) 가족과 함께 오기
(D) 할인권을 얻기

46. 남자는 작년에 무엇을 했다고 말하는가?
(A) 자원봉사를 했다.
(B) 농작물을 수확했다.
(C) 부스를 운영했다.
(D) 지인들과 만났다.

지문 conflicting [kənflíktiŋ] (시간·계획 따위가) 겹치는, 상충하는 engagement [ingéidʒmənt] 약속
entertain [미 èntərtéin, 영 èntətéin] 접대하다, 즐겁게 해주다 bring along ~을 데리고 오다 harvest [háːrvist] 수확하다
carve [kɑːrv] 조각하다, 새기다
44 pass [pæs] 입장권, 통행증 reach [riːtʃ] 연락하다 45 voucher [váutʃər] 할인권, 상품권
46 operate [áːpəreit] 운영하다 acquaintance [əkwéintəns] 지인

44 ■ **세부 사항 관련 문제** 문제점　　　　　　　　　　　　　　　　　　　　　　　　　　　　　　　정답 (D)

여자의 문제점을 묻는 문제이므로, 여자의 말에서 부정적인 표현이 언급된 다음을 주의 깊게 듣는다. 여자가 "I might not be able to join you at the Autumn Festival next Saturday."라며 다음 주 토요일에 있을 가을 축제에 남자와 함께하지 못할 수도 있다고 하였다. 따라서 정답은 (D) She may have to miss an event이다.

바꾸어 표현하기
not be able to join ~ Festival 축제에 함께 하지 못하다 → miss an event 행사를 빠지다

45 ■ **세부 사항 관련 문제** 제안　　　　　　　　　　　　　　　　　　　　　　　　　　　　　　　　정답 (C)

남자가 제안하는 것을 묻는 문제이므로, 남자의 말에서 제안과 관련된 표현이 언급된 다음을 주의 깊게 듣는다. 남자가 "you're welcome to bring them[relatives] along"이라며 친척들을 데리고 올 것을 제안하였다. 따라서 정답은 (C) Coming with family members이다.

바꾸어 표현하기
bring ~ along ~를 데려오다 → Coming with ~와 함께 오기

46 ■ **세부 사항 관련 문제** 특정 세부 사항　　　　　　　　　　　　　　　　　　　　　　　　　　정답 (B)

남자가 작년에 한 것을 묻는 문제이므로, 질문의 핵심어구(last year)가 언급된 주변을 주의 깊게 듣는다. 남자가 "Last year, I even harvested my own pumpkin to carve!"라며 작년에 자신이 조각할 호박을 수확하기도 했다고 하였다. 따라서 정답은 (B) Harvested produce이다.

Questions 47-49 refer to the following conversation.

🔊 미국식 발음 → 호주식 발음

W: Mr. Warner, ⁴⁷I'm wondering if I could have the day off on Thursday. I need to go to the dentist for a checkup.

M: That's not a good day for you to be gone, as ⁴⁸we're having a public relations workshop then. Everyone in our department is required to attend. ⁴⁹You'd better possibly schedule your appointment for Friday or next Monday.

W: That's right! I completely forgot. In that case, I can call the clinic and ask if they have an opening on Friday instead. I'm sure they will be able to accommodate my request.

47 What does the woman ask permission to do?
  (A) Take a personal day
  (B) Attend a dental conference
  (C) Extend a vacation
  (D) Cancel an engagement

48 What will happen on Thursday?
  (A) New employees will be trained.
  (B) A workshop will be conducted.
  (C) A clinic will close for the holidays.
  (D) Course materials will be made.

49 What does the man suggest?
  (A) Asking a supervisor for time off
  (B) Verifying an address
  (C) Rescheduling an appointment
  (D) Taking notes at a seminar

47-49번은 다음 대화에 관한 문제입니다.

W: Mr. Warner, ⁴⁷제가 목요일에 휴가를 낼 수 있는지 궁금해요. 검진을 위해 치과에 가야 하거든요.
M: 그날이 당신이 가기에 좋은 날은 아닌 게, ⁴⁸그때 우리가 홍보 워크숍을 할 거래요. 우리 부서의 모든 사람들이 참석해야 해요. ⁴⁹아마도 예약을 금요일이나 다음 주 월요일로 잡는 것이 좋을 거예요.
W: 그러네요! 제가 완전히 잊어버렸어요. 그렇다면, 제가 병원에 전화해서 대신 금요일에 빈자리가 있는지를 물어볼 수 있어요. 그들이 제 요청을 수용할 수 있을 거라고 확신해요.

47. 여자는 무엇을 하려고 허락을 요청하는가?
  (A) 개인적인 사정으로 하루 쉰다.
  (B) 치과 학회에 참석한다.
  (C) 휴가를 연장한다.
  (D) 약속을 취소한다.

48. 목요일에 무슨 일이 있을 것인가?
  (A) 새로운 직원들이 교육을 받을 것이다.
  (B) 워크숍이 실시될 것이다.
  (C) 병원이 휴일이라 문을 닫을 것이다.
  (D) 강의 자료들이 만들어질 것이다.

49. 남자는 무엇을 제안하는가?
  (A) 상사에게 휴가를 요청하기
  (B) 주소를 확인하기
  (C) 예약 일정을 변경하기
  (D) 세미나에서 필기하기

지문 checkup[tʃékʌp] 검진 public relations 홍보, 선전 appointment[əpɔ́intmənt] 예약, 약속 accommodate[əká:mədeit] 수용하다
47 personal[pə́:rsənl] 개인적인 extend[iksténd] 연장하다, 늘리다
48 train[trein] 교육하다 conduct[kəndʌ́kt] 실시하다 course[kɔːrs] 강의, 강좌
49 verify[vérifai] 확인하다 reschedule[rìːskédʒuːl] 일정을 변경하다 take notes 필기하다

47 ■ 세부 사항 관련 문제 요청　　　　　　　　　　　　　　　　　　　　　　　　　　정답 (A)

여자가 허락을 요청하는 것을 묻는 문제이므로, 여자의 말에서 요청과 관련된 표현이 언급된 다음을 주의 깊게 듣는다. 여자가 "I'm wondering if I could have the day off on Thursday. I need to go to the dentist for a checkup."이라며 목요일에 휴가를 낼 수 있는지 궁금하다고 한 뒤, 검진을 위해 치과에 가야 한다고 하였다. 이를 통해 여자가 개인적인 사정으로 하루 쉬기 위해 허락을 요청하고 있음을 알 수 있다. 따라서 정답은 (A) Take a personal day이다.

바꾸어 표현하기
have the day off 휴가를 내다 → Take a personal day 개인적인 사정으로 하루 쉬다

48 ■ 세부 사항 관련 문제 다음에 할 일　　　　　　　　　　　　　　　　　　　　　　정답 (B)

목요일에 일어날 일을 묻는 문제이므로, 질문의 핵심어구(Thursday)와 관련된 내용을 주의 깊게 듣는다. 남자가 "we're having a public relations workshop then[Thursday]"이라며 목요일에 홍보 워크숍을 할 것이라고 하였다. 따라서 정답은 (B) A workshop will be conducted이다.

49 ■ 세부 사항 관련 문제 제안　　　　　　　　　　　　　　　　　　　　　　　　　정답 (C)

남자가 제안하는 것을 묻는 문제이므로, 남자의 말에서 제안과 관련된 표현이 언급된 다음을 주의 깊게 듣는다. 남자가 "You'd better possibly schedule your appointment for Friday or next Monday."라며 예약을 금요일이나 다음 주 월요일로 잡는 것을 제안하였다. 따라서 정답은 (C) Rescheduling an appointment이다.

Questions 50-52 refer to the following conversation.

[3 캐나다식 발음 → 미국식 발음]

M: Ms. Bont, this is Maurice Martin from Red Publishing.

W: Good morning, Mr. Martin. Are you calling about my manuscript?

M: Yes. 50I read over it last month, and it has a lot of potential. 51We received hundreds of submissions, but have chosen your book for publication.

W: 51Oh, that's great to hear! I'm so honored!

M: However, despite our interest, there are some problems that must be addressed. Nothing too major—mostly stylistic issues.

W: OK. Would you like to meet and further discuss things?

M: Yes. Are you available next Tuesday at 1 P.M.? 52There's a quiet café across the street from my office where we could meet. It's called The Oxford Club.

W: Wonderful. See you then.

50 What did the man do last month?
(A) Reviewed a document
(B) Signed a contract
(C) Contacted a publishing agent
(D) Drafted a manuscript

51 Why is the woman excited?
(A) She is going to give a public reading.
(B) She recently met a famous author.
(C) She was nominated for an award.
(D) She has been selected for publication.

52 What does the man say about The Oxford Club?
(A) It is closed this Tuesday afternoon.
(B) It is often busy during the week.
(C) It is situated near his workplace.
(D) It is one of his favorite cafés.

50-52번은 다음 대화에 관한 문제입니다

M: Ms. Bont, 저는 Red 출판사의 Maurice Martin입니다.

W: 안녕하세요, Mr. Martin. 제 원고에 대해 전화하신 건가요?

M: 네. 50제가 지난달에 그것을 꼼꼼히 읽어 봤는데, 많은 가능성을 지니고 있더군요. 51저희는 수백 건의 제출물들을 받았지만, 귀하의 책을 출판하기로 결정했습니다.

W: 51아, 반가운 얘기네요! 정말 영광이에요!

M: 하지만, 저희의 관심에도 불구하고, 반드시 다뤄져야 할 몇몇 문제들이 있어요. 아주 심각한 것은 아니고, 대부분 문체상의 문제들이죠.

W: 알겠습니다. 만나서 더 논의하시겠어요?

M: 네. 다음 주 화요일 오후 1시에 시간 괜찮으신가요? 52저희 사무실 길 건너편에 우리가 만날 수 있는 조용한 카페가 있어요. The Oxford Club이라고 해요.

W: 좋아요. 그때 봬요.

50. 남자는 지난달에 무엇을 했는가?
(A) 문서를 검토했다.
(B) 계약서에 서명했다.
(C) 출판 대행업체에 연락했다.
(D) 원고 초안을 작성했다.

51. 여자는 왜 들떴는가?
(A) 그녀는 낭독회를 열 것이다.
(B) 그녀는 최근에 유명한 작가를 만났다.
(C) 그녀는 수상 후보로 지명되었다.
(D) 그녀는 출판을 하기로 선정되었다.

52. 남자는 The Oxford Club에 관해 무엇을 말하는가?
(A) 이번 주 화요일 오후에 문을 닫는다.
(B) 주중에 보통 붐빈다.
(C) 그의 직장 근처에 위치해 있다.
(D) 그가 좋아하는 카페 중 하나이다.

지문 manuscript[mǽnjuskript] 원고 potential[pətén∫əl] 가능성, 잠재력 submission[səbmí∫ən] 제출물 publication[pÀblikéi∫ən] 출판 honored[ánərd] 영광스러운 address[ədrés] 다루다, 고심하다 stylistic[stailístik] 문체의
50 draft[drǽft] 초안을 작성하다 51 public reading 낭독회 nominate[ná:mineit] (후보로) 지명하다 52 situate[sít∫ueit] 위치시키다

50 ■ 세부 사항 관련 문제 특정 세부 사항 　　　　　　　　　　　　　　　　　　　　　　　정답 (A)

남자가 지난달에 한 일을 묻는 문제이므로, 질문의 핵심어구(last month)가 언급된 주변을 주의 깊게 듣는다. 남자가 "I read over it[manuscript] last month"라며 자신이 지난달에 원고를 읽어 보았다고 하였다. 따라서 정답은 (A) Reviewed a document이다.

51 ■ 세부 사항 관련 문제 이유 　　　　　　　　　　　　　　　　　　　　　　　　　　정답 (D)

여자가 들뜬 이유를 묻는 문제이므로, 질문의 핵심어구(excited)와 관련된 내용을 주의 깊게 듣는다. 남자가 "We received hundreds of submissions, but have chosen your book for publication."이라며 자신의 회사에서 수백 건의 제출물들을 받았지만, 여자의 책을 출판하기로 결정했다고 하자, 여자가 "Oh, that's great to hear! I'm so honored!"라며 반가운 얘기라면서 영광이라고 하였다. 따라서 정답은 (D) She has been selected for publication이다.

52 ■ 세부 사항 관련 문제 언급 　　　　　　　　　　　　　　　　　　　　　　　　　　정답 (C)

남자가 The Oxford Club에 관해 언급하는 것을 묻는 문제이므로, 남자의 말에서 질문의 핵심어구(The Oxford Club)가 언급된 주변을 주의 깊게 듣는다. 남자가 "There's a quiet café across the street from my office ~. It's called The Oxford Club."이라며 자신의 사무실 길 건너편에 The Oxford Club이라는 조용한 카페가 있다고 하였다. 따라서 정답은 (C) It is situated near his workplace이다.

Questions 53-55 refer to the following conversation with three speakers.

🎧 캐나다식 발음 → 영국식 발음 → 호주식 발음

M1: Gary and Veronica, ⁵³We need to organize the inventory of our grocery store's cold storage on Saturday. Would both of you be interested in working overtime that day?

W: I'm available. I don't have any plans for the weekend.

M1: What about you, Gary? ⁵⁴Can you help on Saturday?

M2: ⁵⁴I'm really sorry. I'm going to the doctor for my annual health checkup.

M1: No problem. Hmm . . . But we still need two more people. Maybe we can get others to help out.

W: ⁵⁵The rest of the staff is stocking the shelves in the bakery section right now. I'm heading that way, so I'll check and see if anyone else is available.

53 Where most likely do the speakers work?
(A) At a warehouse
(B) At a department store
(C) At a supermarket
(D) At a travel agency

54 Why is Gary unable to help on Saturday?
(A) He is going on a family vacation.
(B) He will take a class on baking.
(C) He is attending an annual workshop.
(D) He has a medical appointment.

55 What will the woman most likely do next?
(A) Cancel an order
(B) Talk to coworkers
(C) Write a check
(D) Purchase supplies

53-55번은 다음 세 명의 대화에 관한 문제입니다.

M1: Gary와 Veronica, ⁵³우리는 토요일에 우리 식료품점 냉동 창고의 재고를 정리해야 해요. 두 분 모두 그날 잔업을 하는 것에 관심이 있나요?

W: 저는 가능해요. 주말에 어떤 계획도 없거든요.

M1: 당신은 어떤가요, Gary? ⁵⁴토요일에 도와줄 수 있나요?

M2: ⁵⁴정말 미안해요. 저는 연례 건강검진을 위해 의사를 만나러 가요.

M1: 문제없어요. 흠… 하지만 우리는 여전히 두 사람이 더 필요해요. 아마 도와줄 다른 사람들을 구할 수 있을지도 몰라요.

W: ⁵⁵나머지 직원들은 지금 빵류 구역에서 선반들을 채우고 있어요. 제가 그쪽으로 가는 길이니, 다른 누군가가 가능한지 확인해볼게요.

53. 화자들은 어디에서 일하는 것 같은가?
(A) 창고에서
(B) 백화점에서
(C) 슈퍼마켓에서
(D) 여행사에서

54. Gary는 왜 토요일에 도와줄 수 없는가?
(A) 그는 가족 휴가를 갈 것이다.
(B) 그는 제빵에 관한 수업을 들을 것이다.
(C) 그는 연례 워크숍에 참석할 것이다.
(D) 그는 진료 예약이 있다.

55. 여자는 다음에 무엇을 할 것 같은가?
(A) 주문을 취소한다.
(B) 동료들과 이야기한다.
(C) 수표를 쓴다.
(D) 물품을 구매한다.

지문 organize [미 ɔ́ːrɡənàiz, 영 ɔ́ːɡənaiz] 정리하다 inventory [미 ínvəntɔ̀ːri, 영 ínvəntəri] 재고 grocery store 식료품점 cold storage 냉동 창고 annual [ǽnjuəl] 연례의, 매년의

55 coworker [미 kóuwə̀ːrkər, 영 kə̀uwə́ːkə] 동료 check [tʃek] 수표

---

53 ■ 전체 대화 관련 문제 화자   정답 (C)

화자들이 일하는 장소를 묻는 문제이므로, 신분 및 직업과 관련된 표현을 놓치지 않고 듣는다. 남자 1이 "We need to organize the inventory of our grocery store's cold storage on Saturday"라며 자신들은 토요일에 식료품점 냉동 창고의 재고를 정리해야 한다고 한 말을 통해 화자들이 슈퍼마켓에서 일한다는 것을 알 수 있다. 따라서 정답은 (C) At a supermarket이다.

54 ■ 세부 사항 관련 문제 이유   정답 (D)

Gary 즉, 남자 2가 토요일에 도와줄 수 없는 이유를 묻는 문제이므로, 질문의 핵심어구(unable to help on Saturday)와 관련된 내용을 주의 깊게 듣는다. 남자 1이 남자 2에게 "Can you help on Saturday?"라며 토요일에 도와줄 수 있는지 묻자, 남자 2가 "I'm really sorry. I'm going to the doctor for my annual health checkup."이라며 정말 미안하다고 한 뒤 연례 건강검진을 위해 의사를 만나러 간다고 하였다. 따라서 정답은 (D) He has a medical appointment이다.

55 ■ 세부 사항 관련 문제 다음에 할 일   정답 (B)

여자가 다음에 할 일을 묻는 문제이므로, 대화의 마지막 부분을 주의 깊게 듣는다. 여자가 "The rest of the staff is stocking the shelves in the bakery section right now."라며 나머지 직원들은 지금 빵류 구역에서 선반들을 채우고 있다고 한 뒤, "I'm heading that way, so I'll check and see if anyone else is available."이라며 자신이 그쪽으로 가는 길이니 다른 누군가가 가능한지 확인해보겠다고 하였다. 따라서 정답은 (B) Talk to coworkers이다.

Questions 56-58 refer to the following conversation.

호주식 발음 → 미국식 발음

M: Hello, my name is Raj Shan. ⁵⁶I'm calling because there's an issue with my credit card. Its . . . magnetic strip is worn, and scanners can't read it. So, I need a replacement.

W: Certainly, Mr. Shan. ⁵⁷To get one, you must fill out the necessary form on our Web site.

M: Can't we take care of that over the phone?

W: I'm afraid not. We have a strict procedure for such requests.

M: Oh, I see.

W: Just go to our Web site and then click on the card replacement link. You'll find the necessary instructions there.

M: OK. By the way, ⁵⁸can I adjust the card's credit limit on the Web site too?

W: Yep, you'll be able to do that as well.

M: Great. Thanks for the information.

56. Why is the man calling?
(A) To apply for Internet banking
(B) To request a new credit card
(C) To open a bank account
(D) To report a transaction error

57. What must the man do?
(A) Update his account information
(B) Explain a company policy
(C) Enter an extension number
(D) Complete a form online

58. What does the man want to change?
(A) A billing address
(B) A spending restriction
(C) His credit card provider
(D) His contact information

56-58번은 다음 대화에 관한 문제입니다.

M: 안녕하세요, 제 이름은 Raj Shan입니다. ⁵⁶제 신용 카드에 문제가 있어서 전화드렸습니다. 그것의… 마그네틱 띠가 닳아서, 판독 장치가 인식하지 못해요. 그래서 교체 물품이 필요해요.

W: 물론입니다, Mr. Shan. ⁵⁷교체 물품을 받으시려면, 저희 웹사이트에서 필요한 양식을 작성하셔야 합니다.

M: 전화상으로 그것을 처리할 수는 없나요?

W: 유감이지만 그렇게는 할 수 없습니다. 저희는 그러한 요청들에 대해 엄격한 절차가 있습니다.

M: 아, 알겠습니다.

W: 그저 저희 웹사이트에서 가셔서 카드 교체 링크를 클릭하세요. 거기에서 필요한 설명들을 보실 수 있을 겁니다.

M: 알겠어요. 그런데, ⁵⁸제가 웹사이트에서 카드의 신용 한도도 조정할 수 있나요?

W: 네, 그것 또한 하실 수 있을 거예요.

M: 좋아요. 알려주셔서 감사합니다.

56. 남자는 왜 전화를 하고 있는가?
(A) 인터넷 뱅킹을 신청하기 위해
(B) 새로운 신용 카드를 요청하기 위해
(C) 은행 계좌를 개설하기 위해
(D) 거래 오류를 신고하기 위해

57. 남자는 무엇을 해야 하는가?
(A) 그의 계좌 정보를 업데이트한다.
(B) 회사의 정책을 설명한다.
(C) 내선 번호를 입력한다.
(D) 온라인으로 양식을 작성한다.

58. 남자는 무엇을 변경하고 싶어 하는가?
(A) 청구서 주소
(B) 지출 제한
(C) 그의 신용 카드 공급 업체
(D) 그의 연락처

지문 issue[íʃuː] 문제 magnetic[mægnétik] 마그네틱의, 자성을 띤 strip[strip] 띠, 가늘고 긴 조각 worn[미 wɔːrn, 영 wɔːn] 닳은, 해진 scanner[미 skǽnər, 영 skǽnə] 판독 장치 replacement[ripléismənt] 교체 물품, 교체 procedure[prəsíːdʒər] 절차 instruction[instrʌ́kʃən] 설명 adjust[ədʒʌ́st] 조정하다

56 account[əkáunt] 계좌   57 extension[iksténʃən] 내선 complete[kəmplíːt] (서식을) 작성하다   58 restriction[ristríkʃən] 제한, 규제

---

56 ■ 전체 대화 관련 문제 목적   정답 (B)

남자가 전화를 건 목적을 묻는 문제이므로, 대화의 초반을 반드시 듣는다. 남자가 "I'm calling because there's an issue with my credit card. ~ So, I need a replacement."라며 자신의 신용 카드에 문제가 있어서 교체 물품이 필요하다고 하였다. 따라서 정답은 (B) To request a new credit card이다.

57 ■ 세부 사항 관련 문제 특정 세부 사항   정답 (D)

남자가 해야 하는 일을 묻는 문제이므로, 질문의 핵심어구(must ~ do)와 관련된 내용을 주의 깊게 듣는다. 여자가 "To get one[replacement], you must fill out the necessary form on our Web site."이라며 교체 물품을 받으려면 웹사이트에서 필요한 양식을 작성해야 한다고 하였다. 따라서 정답은 (D) Complete a form online이다.

바꾸어 표현하기
fill out ~ form 양식을 작성하다 → Complete a form 양식을 작성하다

58 ■ 세부 사항 관련 문제 특정 세부 사항   정답 (B)

남자가 변경하고 싶어 하는 것을 묻는 문제이므로, 남자의 말에서 질문의 핵심어구(change)와 관련된 내용을 주의 깊게 듣는다. 남자가 "can I adjust the card's credit limit on the Web site too?"라며 웹사이트에서 카드의 신용 한도도 조정할 수 있는지 물었다. 따라서 정답은 (B) A spending restriction이다.

Questions 59-61 refer to the following conversation.

🎧 캐나다식 발음 → 영국식 발음

M: Eva, [59]are you still looking for a programmer to help you develop that new accounting program?

W: Hi, Brian. Yes, I am. I received some applications, but [60]all of the candidates seem to prefer working from home.

M: Well, [60]I have a friend who might be able to help. Her name is Donna Phillips, and she has over five years of experience developing computer programs. Not only that but she just moved into a house close to your office.

W: All right. [61]Could you ask her to e-mail me her résumé? I can check it out after lunch.

M: I'll tell her to do that right now.

59　What industry does the woman most likely work in?
(A) Advertising
(B) Recruitment
(C) Software development
(D) Smartphone manufacturing

60　What does the man imply when he says, "she just moved into a house close to your office"?
(A) Ms. Phillips got a new temporary job recently.
(B) Ms. Phillips will be able to commute to work.
(C) Ms. Phillips can make it on time.
(D) Ms. Phillips has been relocated to a branch nearby.

61　What does the woman ask for?
(A) A summary of qualifications
(B) A completed application form
(C) A professional certificate
(D) A list of suitable candidates

59-61번은 다음 대화에 관한 문제입니다.

M: Eva, [59]그 새로운 회계 프로그램 개발을 도와줄 프로그래머를 아직 찾고 있나요?

W: 안녕하세요, Brian. 네, 찾고 있어요. 몇몇 지원서들을 받았지만, [60]모든 지원자들이 재택근무를 선호하는 것 같네요.

M: 음, [60]도와줄 수 있을지도 모르는 친구가 한 명 있어요. 그녀의 이름은 Donna Phillips이고, 5년 이상의 컴퓨터 프로그램 개발 경력이 있어요. 그뿐만 아니라 그녀는 마침 당신의 사무실에서 가까운 집으로 이사했어요.

W: 좋아요. [61]그녀에게 이력서를 제게 이메일로 보내달라고 요청해줄 수 있나요? 제가 점심 이후에 확인할 수 있어요.

M: 그녀에게 지금 바로 그렇게 하라고 할게요.

59. 여자는 어떤 산업에서 일하는 것 같은가?
(A) 광고
(B) 인력 알선
(C) 소프트웨어 개발
(D) 스마트폰 제조

60. 남자는 "그녀는 마침 당신의 사무실에서 가까운 집으로 이사했어요"라고 말할 때 무엇을 의도하는가?
(A) Ms. Phillips는 최근에 새로운 임시직을 얻었다.
(B) Ms. Phillips는 통근할 수 있을 것이다.
(C) Ms. Phillips는 제시간에 도착할 수 있다.
(D) Ms. Phillips는 근방의 지사로 이전되었다.

61. 여자는 무엇을 요청하는가?
(A) 자격 요건의 요약
(B) 작성된 지원서
(C) 전문 자격증
(D) 적합한 지원자 명단

지문　candidate [미 kǽndidèit, 영 kǽndidət] 지원자　résumé [미 rézumèi, 영 rézju:mei] 이력서
60　temporary [미 témpərèri, 영 témpərəri] 임시의　commute to work 통근하다　relocate [미 rì:loukéit, 영 rì:ləukéit] 이전하다
61　qualification [kwɑ̀:ləfikéiʃən] 자격 요건　certificate [sərtífikət] 자격증, 증서　suitable [súːtəbl] 적합한

59 ■ 전체 대화 관련 문제 화자

정답 (C)

여자가 일하는 산업을 묻는 문제이므로, 신분 및 직업과 관련된 표현을 놓치지 않고 듣는다. 남자가 여자에게 "are you still looking for a programmer to help you develop that new accounting program?"이라며 새로운 회계 프로그램 개발을 도와줄 프로그래머를 아직 찾고 있는지 질문한 것을 통해 여자가 소프트웨어 개발 산업에서 일하고 있음을 알 수 있다. 따라서 정답은 (C) Software development이다.

60 ■ 세부 사항 관련 문제 의도 파악

정답 (B)

남자가 하는 말의 의도를 묻는 문제이므로, 질문의 인용어구(she just moved into a house close to your office)가 언급된 주변을 주의 깊게 듣는다. 여자가 "all of the candidates seem to prefer working from home"이라며 모든 지원자들이 재택근무를 선호하는 것 같다고 하자, 남자가 "I have a friend who might be able to help. Her name is Donna Phillips"라며 도와줄 수 있을지도 모르는 친구가 한 명 있고 그녀의 이름은 Donna Phillips라고 한 뒤, "she just moved into a house close to your office"라며 그녀가 마침 여자의 사무실에서 가까운 집으로 이사했다고 하였다. 이를 통해 Ms. Phillips가 여자의 사무실로 통근할 수 있을 것임을 나타내려는 의도임을 알 수 있다. 따라서 정답은 (B) Ms. Phillips will be able to commute to work이다.

61 ■ 세부 사항 관련 문제 요청

정답 (A)

여자가 요청하는 것을 묻는 문제이므로, 여자의 말에서 요청과 관련된 표현이 언급된 다음을 주의 깊게 듣는다. 여자가 "Could you ask her[Donna Phillips] to e-mail me her résumé?"라며 Donna Phillips에게 이력서를 자신에게 이메일로 보내달라고 요청해줄 수 있는지 물었다. 따라서 정답은 (A) A summary of qualifications이다.

바꾸어 표현하기

résumé 이력서 → A summary of qualifications 자격 요건의 요약

Questions 62-64 refer to the following conversation and schedule.

🔊 영국식 발음 → 캐나다식 발음

W: You've reached the Wilson Language Academy.

M: Hello. I'm interested in taking Spanish lessons with a private tutor once a week.

W: Have you studied Spanish before?

M: Yes, but I need to improve my business vocabulary. [62]My company merged with a firm in Madrid, and I'll be inspecting its factory next month. I need to be able to communicate with the people showing me around the plant.

W: I see . . . [63]Which day do you want to meet with a tutor?

M: [63]I'm usually busy from Monday to Thursday, so Friday evenings would be best.

W: OK. [64]If you could give me your e-mail address, I'll send you some details about the available tutor and the cost of the lessons.

62-64번은 다음 대화와 일정표에 관한 문제입니다.

W: Wilson 언어 교육원입니다.

M: 안녕하세요. 저는 일주일에 한 번 개인 지도 교사에게 스페인어 수업을 받는 것에 관심이 있어요.

W: 이전에 스페인어를 공부해 보신 적이 있나요?

M: 네, 하지만 저는 비즈니스 어휘를 향상시켜야 해요. [62]저희 회사가 마드리드에 있는 기업과 합병했고, 저는 다음 달에 공장을 점검하게 될 거예요. 저는 공장 주변을 안내해주는 사람들과 소통할 수 있어야 해요.

W: 그렇군요… [63]개인 지도 교사와 어느 요일에 만나고 싶으세요?

M: [63]저는 보통 월요일부터 목요일까지 바빠서, 금요일 저녁이 가장 좋겠어요.

W: 알겠습니다. [64]당신의 이메일 주소를 제게 주신다면, 제가 가능한 개인 지도 교사와 수업료에 대한 세부 사항들을 보내드릴게요.

Wilson Language Academy Spanish Tutors	
Tutor Name	**Available Days**
Diego Lopez	Mondays and Thursdays
Sarah Rodriguez	Wednesdays
[63]Jose Garcia	Fridays
Jennifer Alcon	Saturdays and Sundays

Wilson 언어 교육원 스페인어 개인 지도 교사들	
개인 지도 교사 이름	가능한 날짜들
Diego Lopez	월요일과 목요일
Sarah Rodriguez	수요일
[63]Jose Garcia	금요일
Jennifer Alcon	토요일과 일요일

62 Why is the man going to Madrid?

(A) To take a facility tour
(B) To attend a business conference
(C) To negotiate a merger
(D) To meet with a client

62. 남자는 왜 마드리드에 가는가?

(A) 시설을 견학하기 위해
(B) 업무 회의에 참석하기 위해
(C) 합병을 협상하기 위해
(D) 고객과 만나기 위해

63 Look at the graphic. Who will the man most likely study Spanish with?

(A) Diego Lopez
(B) Sarah Rodriguez
(C) Jose Garcia
(D) Jennifer Alcon

63. 시각 자료를 보시오. 남자는 누구와 스페인어를 공부할 것 같은가?

(A) Diego Lopez
(B) Sarah Rodriguez
(C) Jose Garcia
(D) Jennifer Alcon

64 What does the woman ask the man to do?

(A) Provide contact information
(B) Pay a lesson fee
(C) Contact an instructor
(D) Confirm registration

64. 여자는 남자에게 무엇을 하라고 요청하는가?

(A) 연락처를 준다.
(B) 수업료를 지불한다.
(C) 강사에게 연락한다.
(D) 등록을 확인한다.

지문 lesson[lésn] 수업 private[práivət] 개인의, 사적인 tutor[túːtər] 개인 지도 교사, 개인 교사 merge[məːrdʒ] 합병하다
inspect[inspékt] 점검하다, 시찰하다 usually[júːʒuəli] 보통, 대개
62 negotiate[nigóuʃieit] 협상하다 merger[máːrdʒər] 합병, 통합
64 registration[rèdʒistréiʃən] 등록

62 ■ 세부 사항 관련 문제 이유

정답 (A)

○
●
●
●
상

남자가 마드리드에 가는 이유를 묻는 문제이므로, 질문의 핵심어구(Madrid)가 언급된 주변을 주의 깊게 듣는다. 남자가 "My company merged with a firm in Madrid, and I'll be inspecting its factory next month."라며 자신의 회사가 마드리드에 있는 기업과 합병했고, 자신이 다음 달에 공장을 점검하게 될 거라고 하였다. 따라서 정답은 (A) To take a facility tour이다.

바꾸어 표현하기

inspecting ~ factory 공장을 점검하다 → take a facility tour 시설을 견학하다

63 ■ 세부 사항 관련 문제 시각 자료

정답 (C)

○
○
●
○
중

남자와 스페인어를 공부할 사람을 묻는 문제이므로, 제시된 일정표의 정보를 확인한 뒤 질문의 핵심어구(study Spanish with)와 관련된 내용을 주의 깊게 듣는다. 여자가 "Which day do you want to meet with a tutor?"라며 개인 지도 교사와 어느 요일에 만나고 싶은지 묻자, 남자가 "I'm usually busy from Monday to Thursday, so Friday evenings would be best."라며 보통 월요일부터 목요일까지 바빠서 금요일 저녁이 가장 좋겠다고 하였으므로, 남자가 스페인어를 같이 공부할 사람은 금요일에 가능한 교사인 Jose Garcia임을 일정표에서 알 수 있다. 따라서 정답은 (C) Jose Garcia이다.

64 ■ 세부 사항 관련 문제 요청

정답 (A)

○
○
●
●
중

여자가 남자에게 요청하는 것을 묻는 문제이므로, 여자의 말에서 요청과 관련된 표현이 언급된 다음을 주의 깊게 듣는다. 여자가 남자에게 "If you could give me your e-mail address"라며 이메일 주소를 줄 것을 요청하였다. 따라서 정답은 (A) Provide contact information이다.

바꾸어 표현하기

e-mail address 이메일 주소 → contact information 연락처

Questions 65-67 refer to the following conversation and graph.

🔊 호주식 발음 → 미국식 발음

M: [65]I finally had a chance to meet with the president and tell her about our new advertising idea for smartphone applications.

W: And? How did it go?

M: Not as expected. [66]She feels that the message of the advertisement is too complex. She wants us to make it more straightforward and easy to understand.

W: That seems reasonable. Well, maybe we can make it more like the one from the campaign we launched earlier this year. You know—[67]the previous advertisement that was released in the month in which we had more than 11,000 views for the first time this year.

65-67번은 다음 대화와 그래프에 관한 문제입니다.

M: [65]제가 드디어 회장님을 만나서 스마트폰 애플리케이션에 대한 우리의 새로운 광고 계획을 말씀드릴 기회가 있었어요.

W: 그래서요? 어떻게 되었어요?

M: 기대한 대로는 아니에요. [66]그녀는 광고의 메시지가 너무 복잡하다고 생각해요. 그녀는 우리가 그것을 더 간단하고 이해하기 쉽게 만들기를 원해요.

W: 타당한 것 같네요. 음, 아마도 우리가 그것을 올해 초에 내놓은 캠페인에 더 가깝게 만들 수 있을 거예요. 있잖아요, [67]올해 처음으로 11,000번 이상의 조회가 있었던 달에 공개된 이전 광고요.

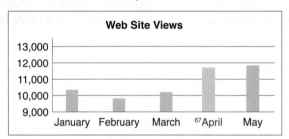

Web Site Views

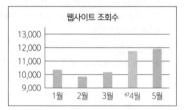

웹사이트 조회수

65 What did the man recently do?
(A) Became a company spokesperson
(B) Created a mobile phone application
(C) Presented a promotional idea
(D) Assigned a task

65. 남자는 최근에 무엇을 했는가?
(A) 회사의 대변인이 되었다.
(B) 휴대 전화 애플리케이션을 만들었다.
(C) 홍보 계획을 제시했다.
(D) 업무를 배정했다.

66 What problem is mentioned?
(A) An advertisement is too long.
(B) Some instructions lack clarity.
(C) A launch event cannot be postponed.
(D) A message is overly complicated.

66. 어떤 문제가 언급되는가?
(A) 광고가 너무 길다.
(B) 일부 설명에 명확성이 부족하다.
(C) 출시 행사가 연기될 수 없다.
(D) 메시지가 너무 복잡하다.

67 Look at the graphic. When was a previous campaign released?
(A) In February
(B) In March
(C) In April
(D) In May

67. 시각 자료를 보시오. 이전의 캠페인은 언제 공개되었는가?
(A) 2월에
(B) 3월에
(C) 4월에
(D) 5월에

지문 **advertising** [미 ǽdvərtaiziŋ, 영 ǽdvətaiziŋ] 광고 **complex** [미 ká:mpleks, 영 kɔ́mpleks] 복잡한
straightforward [미 strèitfɔ́:rwərd, 영 strèitfɔ́:wəd] 간단한 **reasonable** [rí:znəbl] 타당한, 사리에 맞는 **campaign** [kæmpéin] 캠페인, 광고
launch [lɔ:ntʃ] (신제품을) 내보내다 **previous** [prí:viəs] 이전의, 앞선 **release** [rilí:s] 공개하다
65 **spokesperson** [spóukspə̀:rsn] 대변인 **promotional** [prəmóuʃənl] 홍보의 **assign** [əsáin] 배정하다, 부여하다, 할당하다
66 **instruction** [instrʌ́kʃən] 설명 **clarity** [klǽrəti] 명확성 **postpone** [poustpóun] 연기하다, 미루다 **complicated** [ká:mplikeitid] 복잡한

65 ■ 세부 사항 관련 문제 특정 세부 사항

남자가 최근에 한 일을 묻는 문제이므로, 질문의 핵심어구(recently do)와 관련된 내용을 주의 깊게 듣는다. 남자가 "I finally had a chance to meet with the president and tell her about our new advertising idea for smartphone applications."라며 드디어 회장을 만나서 스마트폰 애플리케이션에 대한 새로운 광고 계획을 말할 기회가 있었다고 하였다. 따라서 정답은 (C) Presented a promotional idea이다.

바꾸어 표현하기

tell ~ advertising idea 광고 계획을 말하다 → Presented a promotional idea 홍보 계획을 제시했다

66 ■ 세부 사항 관련 문제 문제점

정답 (D)

언급되는 문제점을 묻는 문제이므로, 대화에서 부정적인 표현이 언급된 다음을 주의 깊게 듣는다. 남자가 "She[president] feels that the message of the advertisement is too complex."라며 회장이 광고의 메시지가 너무 복잡하다고 생각한다고 하였다. 따라서 정답은 (D) A message is overly complicated이다.

바꾸어 표현하기

message ~ is too complex 메시지가 너무 복잡하다 → message is overly complicated 메시지가 너무 복잡하다

67 ■ 세부 사항 관련 문제 시각 자료

정답 (C)

이전의 캠페인이 공개된 시기를 묻는 문제이므로, 제시된 그래프의 정보를 확인한 뒤 질문의 핵심어구(previous campaign released)와 관련된 내용을 주의 깊게 듣는다. 여자가 "the previous advertisement that was released in the month in which we had more than 11,000 views for the first time this year"라며 올해 처음으로 11,000번 이상의 조회가 있었던 달에 공개된 이전의 광고라고 하였으므로, 웹사이트 조회수가 올해 처음으로 11,000번이 넘은 4월에 이전 캠페인이 공개되었음을 그래프에서 알 수 있다. 따라서 정답은 (C) In April이다.

TEST | 01 | 02 | 03 | 04 | 05 | 06 | 07 | 08 | 09 | 10 | 해커스 토익 실전 1000제 2 Listening

TEST 07 PART 3 **299**

Questions 68-70 refer to the following conversation and calendar.

🔊 캐나다식 발음 → 영국식 발음

M: Hello. I'm calling because I heard you're holding special events at your botanical garden in July. Is that correct?

W: Yes. The tour of the facility is especially popular. [68]It's conducted by Myra Lawrence . . . um, an assistant botany professor from a local university.

M: Actually, [69]I'd like to take one of the classes. However, given my work hours, I'll only be able to attend one on the weekend.

W: Certainly. But [70]you'll need to sign up ahead of time on our Web site. Simply click on the day you'd like to attend, and you'll be directed to the registration page.

Schedule of July 1-7

Mon. 1	
Tue. 2	Tour of the Garden
Wed. 3	
Thur. 4	Garden Care Class
Fri. 5	
Sat. 6	Tour of the Garden
[69]Sun. 7	Flower Arranging Class

68 Who is Myra Lawrence?
(A) A university instructor
(B) A professional gardener
(C) A Web site designer
(D) A facility manager

69 Look at the graphic. When will the man probably visit the botanical garden?
(A) On July 2
(B) On July 4
(C) On July 6
(D) On July 7

70 What is the man instructed to do?
(A) Purchase materials in advance
(B) Change an appointment time
(C) Select an online link
(D) E-mail a registration form

68-70번은 다음 대화와 일정표에 관한 문제입니다.

M: 안녕하세요. 7월에 귀하의 식물원에서 특별 행사들을 연다고 들어서 전화드렸습니다. 그것이 맞나요?

W: 네. 시설 투어가 특히 인기가 있습니다. [68]그것은 Myra Lawrence에 의해 안내돼요… 음, 지역 대학의 식물학과 조교수요.

M: 실은, [69]저는 수업들 중 하나를 듣고 싶어요. 그런데, 제 근무 시간을 고려해 봤을 때, 저는 주말에 있는 수업에만 참석할 수 있을 거예요.

W: 물론입니다. 하지만 [70]미리 저희 웹사이트에서 등록을 하셔야 할 겁니다. 귀하께서 참석하기를 원하시는 요일을 클릭만 하시면, 등록 페이지로 안내되실 것입니다.

7월 1일-7일의 일정

1일 월요일	
2일 화요일	정원 투어
3일 수요일	
4일 목요일	정원 관리 수업
5일 금요일	
6일 토요일	정원 투어
[69]7일 일요일	꽃꽂이 수업

68. Myra Lawrence는 누구인가?
(A) 대학 강사
(B) 전문 정원사
(C) 웹사이트 설계자
(D) 시설 관리자

69. 시각 자료를 보시오. 남자는 언제 식물원을 방문할 것 같은가?
(A) 7월 2일에
(B) 7월 4일에
(C) 7월 6일에
(D) 7월 7일에

70. 남자는 무엇을 하도록 안내되는가?
(A) 미리 자료들을 구입한다.
(B) 예약 시간을 변경한다.
(C) 온라인 링크를 선택한다.
(D) 신청서를 이메일로 보낸다.

지문 botanical garden 식물원 facility[fəsíləti] 시설 conduct[kəndʌ́kt] 안내하다, 하다 botany[미 bɑ́:təni, 영 bɔ́təni] 식물학 given[gívən] ~을 고려해 볼 때 attend[əténd] 참석하다 sign up 등록하다, 신청하다 ahead of time 미리, 사전에 direct[미 dirékt, 영 dairékt] 안내하다 registration[rèdʒistréiʃən] 등록, 접수
70 material[mətíriəl] 자료 in advance 미리, 사전에

68 ■ 세부 사항 관련 문제 특정 세부 사항

정답 (A)

Myra Lawrence의 신분을 묻는 문제이므로, 질문 대상(Myra Lawrence)의 신분 및 직업을 나타내는 표현을 놓치지 않고 듣는다. 여자가 "It[The tour of the facility]'s conducted by Myra Lawrence ~, an assistant botany professor from a local university." 라며 시설 투어가 지역 대학의 식물학과 조교수인 Myra Lawrence에 의해 안내가 된다고 하였다. 따라서 정답은 (A) A university instructor이다.

바꾸어 표현하기

professor from a ~ university 대학의 교수 → university instructor 대학 강사

69 ■ 세부 사항 관련 문제 시각 자료

정답 (D)

남자가 식물원을 방문할 날짜를 묻는 문제이므로, 제시된 일정표의 정보를 확인한 뒤 질문의 핵심어구(visit the botanical garden)와 관련된 내용을 주의 깊게 듣는다. 남자가 "I'd like to take one of the classes. However, given my work hours, I'll only be able to attend one on the weekend."라며 자신은 수업들 중 하나를 듣고 싶은데, 근무 시간을 고려해 봤을 때 주말에 있는 수업에만 참석할 수 있을 것이라고 하였으므로, 남자가 수업 중에서 진행되는 꽃꽂이 수업을 들으러 7월 7일에 식물원에 방문할 것임을 일정표에서 알 수 있다. 따라서 정답은 (D) On July 7이다.

70 ■ 세부 사항 관련 문제 특정 세부 사항

정답 (C)

남자가 하도록 안내되는 것을 묻는 문제이므로, 질문의 핵심어구(instructed to do)와 관련된 내용을 주의 깊게 듣는다. 여자가 "you'll need to sign up ahead of time on our Web site. Simply click on the day you'd like to attend"라며 미리 웹사이트에서 등록을 해야 하는데, 남자가 참석하기를 원하는 요일을 클릭만 하면 된다고 하였다. 따라서 정답은 (C) Select an online link이다.

| 71 |
| 72 |
| 73 |

Questions 71-73 refer to the following talk.

🔊 영국식 발음

Welcome to the Masami Teahouse in Kyoto, Japan. The teahouse was built in the late 1700s and originally served as a private club for prestigious members of society. As you can see on this map, ⁷¹the complex includes a large dining area, kitchen, ceremonial rooms, garden, and even sleeping quarters for guests. Moreover, ⁷²the teahouse was also used for numerous special occasions, including weddings, political gatherings, and receptions for members of the royal family. ⁷³It now functions as a popular tourist site.

71 What facility does the teahouse include?
(A) A parking lot
(B) A stage for performances
(C) A private library
(D) An area for sleeping

72 What is mentioned about the teahouse?
(A) It overlooks the entire city.
(B) It hosted many notable events.
(C) It has innovative architectural features.
(D) It was owned by the royal family.

73 According to the speaker, what is the teahouse now used as?
(A) A venue for government ceremonies
(B) A destination for visiting tourists
(C) A location for live shows
(D) A facility for storing historic artifacts

71-73번은 다음 담화에 관한 문제입니다.

일본 교토의 Masami 찻집에 오신 것을 환영합니다. 이 찻집은 1700년대 말에 지어졌으며 원래는 사회의 상류 계층 회원들을 위한 비공개 클럽으로 사용되었습니다. 이 지도에서 볼 수 있듯이, ⁷¹이 복합 건물은 넓은 식사 공간, 주방, 식장, 정원, 그리고 심지어 방문객을 위한 숙소도 포함하고 있습니다. 게다가, ⁷²이 찻집은 결혼식, 정치적인 모임, 그리고 왕실 구성원들을 위한 연회를 포함한 다양한 특별 행사들을 위해서도 사용되었습니다. ⁷³이곳은 이제 인기 있는 관광지로서 역할을 하고 있습니다.

71. 찻집은 어떤 시설을 포함하는가?
(A) 주차장
(B) 공연을 위한 무대
(C) 시설 도서관
(D) 수면 공간

72. 찻집에 관해 무엇이 언급되는가?
(A) 도시 전체를 내려다본다.
(B) 많은 중요한 행사들을 열었다.
(C) 혁신적인 건축 특징들을 가지고 있다.
(D) 왕실에 의해 소유되었었다.

73. 화자에 따르면, 찻집은 이제 무엇으로 사용되는가?
(A) 정부 의식을 위한 장소
(B) 방문 관광객들의 관광지
(C) 라이브 공연을 위한 장소
(D) 역사적 공예품을 보관하는 시설

지문 prestigious[prestídʒəs] 상류의, 고급의 complex[미 káːmpleks, 영 kɔ́mpleks] 복합 건물 quarter[미 kwɔ́ːrtər, 영 kwɔ́ːtə] 숙소
numerous[미 núːmərəs, 영 njúːmərəs] 다양한, 수많은 occasion[əkéiʒən] (특별한) 행사 royal family 왕실, 왕가
function[fʌ́ŋkʃən] 역할을 하다
72 overlook[òuvərlúk] 내려다보다 notable[nóutəbl] 중요한, 유명한 innovative[ínəveitiv] 혁신적인

---

71 ■ 세부 사항 관련 문제 특정 세부 사항 정답 (D)

찻집이 포함하는 시설을 묻는 문제이므로, 질문의 핵심어구(teahouse include)와 관련된 내용을 주의 깊게 듣는다. "the complex [teahouse] includes a large dining area, kitchen, ceremonial rooms, garden, and even sleeping quarters for guests"라며 이 찻집은 넓은 식사 공간, 주방, 식장, 정원, 그리고 심지어 방문객을 위한 숙소도 포함하고 있다고 하였다. 따라서 정답은 (D) An area for sleeping이다.

바꾸어 표현하기
sleeping quarters 숙소 → An area for sleeping 수면 공간

72 ■ 세부 사항 관련 문제 언급 정답 (B)

찻집에 관해 언급되는 것을 묻는 문제이므로, 질문의 핵심어구(teahouse)가 언급된 주변을 주의 깊게 듣는다. "the teahouse was also used for numerous special occasions, including weddings, political gatherings, and receptions for members of the royal family"라며 이 찻집은 결혼식, 정치적인 모임, 그리고 왕실 구성원들을 위한 연회를 포함한 다양한 특별 행사들을 위해 사용되었다고 하였다. 따라서 정답은 (B) It hosted many notable events이다.

73 ■ 세부 사항 관련 문제 특정 세부 사항 정답 (B)

찻집이 이제 무엇으로 사용되는지를 묻는 문제이므로, 질문의 핵심어구(teahouse now used as)와 관련된 내용을 주의 깊게 듣는다. "It[teahouse] now functions as a popular tourist site."이라며 이 찻집은 이제 인기 있는 관광지로서 역할을 하고 있다고 하였다. 따라서 정답은 (B) A destination for visiting tourists이다.

바꾸어 표현하기
tourist site 관광지 → destination for visiting tourists 방문 관광객들의 관광지

74
75
76

Questions 74-76 refer to the following advertisement.

🎧 호주식 발음

Whether you are decorating a reception hall or looking for a simple gift, Green Solutions has the perfect floral arrangement for you! That's because [74]we are one of Edinburgh's largest floral shops. In fact, we have over 3,000 square meters of showroom space full of beautiful plants and vases. [75]To view our huge selection of premade arrangements, come to our store at 341 Vincent Street. [76]Customers who mention this advertisement to one of our cashiers will qualify for a 5 percent discount on any purchase.

74 What kind of business is being advertised?
   (A) A gardening company
   (B) A flower shop
   (C) A banquet hall
   (D) An interior design firm

75 According to the speaker, why should the listeners visit Green Solutions?
   (A) To browse through merchandise
   (B) To make a booking
   (C) To place a customized order
   (D) To get an initial estimate

76 How can the listeners receive a price reduction?
   (A) By printing out a coupon
   (B) By placing a phone call
   (C) By mentioning a commercial
   (D) By making a minimum purchase

74-76번은 다음 광고에 관한 문제입니다.

여러분이 피로연장을 장식하고 있든지 아니면 간단한 선물을 찾고 있든지, Green Solutions에는 여러분을 위한 완벽한 꽃 장식이 있습니다! 그것은 [74]저희가 에든버러의 가장 큰 꽃 가게들 중 하나이기 때문입니다. 실제로, 저희는 아름다운 식물과 꽃병들로 가득한 3천 제곱미터 이상의 전시실 공간이 있습니다. [75]저희의 이미 만들어져 있는 많은 종류의 장식들을 보시려면, Vincent가 341번지에 있는 저희 가게로 오세요. [76]저희 계산원들 중 한 명에게 이 광고를 언급하시는 고객분들은 모든 구매에 대해 5퍼센트 할인 자격을 얻으실 것입니다.

74. 어떤 종류의 업체가 광고되고 있는가?
   (A) 원예 회사
   (B) 꽃 가게
   (C) 연회장
   (D) 실내 장식 회사

75. 화자에 따르면, 청자들은 왜 Green Solutions를 방문해야 하는가?
   (A) 상품을 훑어보기 위해
   (B) 예약을 하기 위해
   (C) 맞춤형 주문을 하기 위해
   (D) 초기 견적을 받기 위해

76. 청자들은 어떻게 가격 할인을 받을 수 있는가?
   (A) 쿠폰을 출력함으로써
   (B) 전화를 함으로써
   (C) 광고를 언급함으로써
   (D) 최소 구매량을 구매함으로써

지문 **decorate**[dékərèit] 장식하다 **floral**[flɔ́:rəl] 꽃의, 꽃으로 만든 **showroom**[미 ʃóuru:m, 영 ʃóuru:m] 전시실 **vase**[미 veis, 영 vɑ:z] 꽃병
      premade[pri:méid] 이미 만들어져 있는 **cashier**[미 kæʃíər, 영 kæʃíə] 계산원, 회계원 **qualify for** ~의 자격을 얻다
  75 **customized**[kʌ́stəmàizd] 맞춤형의, 주문 제작된 **initial**[iníʃəl] 초기의
  76 **minimum purchase** 최소 구매량

74 ■ 전체 지문 관련 문제 주제   정답 (B)

○○○●
　● 광고의 주제를 묻는 문제이므로, 지문의 초반을 반드시 듣는다. "we are one of Edinburgh's largest floral shops"라며 에든버러의 가
하   장 큰 꽃 가게들 중 하나라고 하였다. 따라서 정답은 (B) A flower shop이다.

75 ■ 세부 사항 관련 문제 이유   정답 (A)

○○○●
○●● 청자들이 Green Solutions를 방문해야 하는 이유를 묻는 문제이므로, 질문의 핵심어구(visit Green Solutions)와 관련된 내용을 주의
중   깊게 듣는다. "To view our huge selection of premade arrangements, come to our store[Green Solutions]"라며 이미 만들
     어져 있는 많은 종류의 장식들을 보려면 Green Solutions로 오라고 하였다. 따라서 정답은 (A) To browse through merchandise이
     다.

     바꾸어 표현하기
     view ~ arrangements 장식들을 보다 → browse through merchandise 상품을 훑어보다

76 ■ 세부 사항 관련 문제 방법   정답 (C)

○○○●
　● 청자들이 가격 할인을 받을 수 있는 방법을 묻는 문제이므로, 질문의 핵심어구(price reduction)와 관련된 내용을 주의 깊게 듣는다.
하   "Customers who mention this advertisement to one of our cashiers will qualify for a 5 percent discount on any
     purchase."라며 계산원들 중 한 명에게 이 광고를 언급하는 고객들은 모든 구매에 대해 5퍼센트 할인 자격을 얻을 것이라고 하였다. 따라
     서 정답은 (C) By mentioning a commercial이다.

     바꾸어 표현하기
     advertisement 광고 → commercial 광고

Questions 77-79 refer to the following telephone message.

③ 캐나다식 발음

Hello. My name is Kenneth Ambrose, and I'm the owner of Ambrose Gallery on Shaker Street. ⁷⁷Last Sunday, I had the pleasure of seeing your art on exhibit at the Castillo Park Art Fair. I was very impressed by how lifelike your portraits are. The reason I'm calling is that ⁷⁸I'd like to invite you to display your pieces in my gallery. You would benefit greatly from doing this. Um, it's in a busy location. If you accept my invitation, I propose that we hold a large reception to celebrate the opening of your exhibit. ⁷⁹I could invite people I know in the art industry and publicize the event through the media. Please call me back at 555-3586.

77 What did the speaker do last weekend?
   (A) Bought a painting
   (B) Attended an art fair
   (C) Met with an artist
   (D) Opened an art gallery

78 What does the speaker imply when he says, "it's in a busy location"?
   (A) Some visitors will be late.
   (B) A business will be expanded.
   (C) A fee will be increased.
   (D) Artwork will receive a lot of attention.

79 What does the speaker offer to do?
   (A) Print out some invitations
   (B) Advertise an event
   (C) Create an invoice
   (D) Contact museum curators

77-79번은 다음 전화 메시지에 관한 문제입니다.

안녕하세요. 제 이름은 Kenneth Ambrose이고, Shaker가에 있는 Ambrose 갤러리의 수인입니다. ⁷⁷지난 일요일, Castillo 공원 예술 전시회에서 전시 중인 당신의 미술품을 보게 되어 기뻤습니다. 저는 당신의 초상화가 얼마나 실물과 같은지에 대해 매우 깊은 인상을 받았습니다. 제가 전화를 드리는 이유는 ⁷⁸당신의 작품들을 제 갤러리에 전시하도록 당신을 초청하고 싶기 때문입니다. 당신은 이것을 통해 큰 이익을 얻으실 것입니다. 음, 그것은 번화한 장소에 위치해 있습니다. 만약 제 초청을 수락하신다면, 당신의 전시 개막을 기념하는 대규모 축하 연회를 개최하는 것을 제안합니다. ⁷⁹저는 예술업계에서 제가 아는 사람들을 초대하고 언론을 통해 행사를 홍보할 수 있습니다. 555-3586으로 제게 다시 전화주세요.

77. 화자는 지난 주말에 무엇을 했는가?
   (A) 그림을 한 점 구입했다.
   (B) 예술 전시회에 참석했다.
   (C) 한 예술가와 만났다.
   (D) 미술 갤러리를 개장했다.

78. 화자는 "그것은 번화한 장소에 위치해 있습니다"라고 말할 때 무엇을 의도하는가?
   (A) 몇몇 방문객들이 늦을 것이다.
   (B) 사업이 확장될 것이다.
   (C) 요금이 인상될 것이다.
   (D) 예술품이 많은 관심을 받을 것이다.

79. 화자는 무엇을 해주겠다고 제안하는가?
   (A) 초대장을 출력한다.
   (B) 행사를 광고한다.
   (C) 송장을 제작한다.
   (D) 박물관 전시 책임자들에게 연락한다.

지문 **have the pleasure of** ~을 기뻐하다 **lifelike**[láiflàik] 실물과 같은, 생생한 **portrait**[pɔ́:rtrit] 초상화 **piece**[pi:s] 작품, 조각
     reception[risépʃən] 축하 연회 **celebrate**[séləbrèit] 기념하다, 축하하다 **publicize**[미 pʌ́bləsàiz, 영 pʌ́blisàiz] 홍보하다, 알리다
78 **artwork**[미 á:rtwə:rk, 영 á:twə:k] 예술품
79 **invoice**[ínvɔis] 송장 **curator**[kjuəréitər] 전시 책임자, 큐레이터

77 ■ **세부 사항 관련 문제** 특정 세부 사항   정답 (B)
화자가 지난 주말에 한 것을 묻는 문제이므로, 질문의 핵심어구(last weekend)와 관련된 내용을 주의 깊게 듣는다. "Last Sunday, I had the pleasure of seeing your art on exhibit at the Castillo Park Art Fair."라며 지난 일요일에 Castillo 공원 예술 전시회에서 전시 중인 청자의 미술품을 보게 되어 기뻤다고 하였다. 따라서 정답은 (B) Attended an art fair이다.

78 ■ **세부 사항 관련 문제** 의도 파악   정답 (D)
화자가 하는 말의 의도를 묻는 문제이므로, 질문의 인용어구(it's in a busy location)가 언급된 주변을 주의 깊게 듣는다. "I'd like to invite you to display your pieces in my gallery"라며 청자의 작품들을 자신의 갤러리에 전시하도록 청자를 초청하고 싶다고 한 뒤, "You would benefit greatly from doing this."라며 청자가 이것을 통해 큰 이익을 얻을 것이라고 하고, "it[gallery]'s in a busy location"이라며 갤러리가 번화한 장소에 위치해 있다고 한 것을 통해 청자의 예술품이 많은 관심을 받을 것임을 나타내려는 의도임을 알 수 있다. 따라서 정답은 (D) Artwork will receive a lot of attention이다.

79 ■ **세부 사항 관련 문제** 제안   정답 (B)
화자가 해주겠다고 제안하는 것을 묻는 문제이므로, 지문의 중후반에서 화자가 청자를 위해 해주겠다고 언급한 내용을 주의 깊게 듣는다. "I could invite people I know in the art industry and publicize the event through the media."라며 예술업계에서 자신이 아는 사람들을 초대하고 언론을 통해 행사를 홍보할 수 있다고 하였다. 따라서 정답은 (B) Advertise an event이다.

Questions 80-82 refer to the following news report.

🎧 미국식 발음

In other news, 80/82transportation officials in Austin have temporarily halted construction of the SwiftRail commuter train system. The interruption comes amid criticism from a group of local citizens. Residents from the Kingfield neighborhood are claiming that rail lines are being built too close to their homes. 81Mary Stenos, the head of the transportation department, held a press conference on Wednesday regarding the matter. She stated that residents' complaints were being taken seriously and that work on the SwiftRail would be stopped until the issue is resolved. She also said that 82updates will continue to be posted at www.swiftrail.gov to keep the public informed on the progress of construction.

80 What does the speaker mention about the commuter train system?
(A) It failed a government inspection.
(B) It had to be completely shut down.
(C) It is disliked by some individuals.
(D) It recently underwent repairs.

81 What did Mary Stenos do on Wednesday?
(A) Met with media representatives
(B) Stopped by a construction site
(C) Announced new regulations
(D) Launched an online forum

82 According to the speaker, why should the listeners visit the Web site?
(A) To download some brochures
(B) To check the status of a project
(C) To submit questions about a plan
(D) To view a schedule for a conference

80-82번은 다음 뉴스 보도에 관한 문제입니다.

다른 뉴스로, 80/82오스틴의 교통 공무원들이 SwiftRail 통근 전철의 공사를 일시적으로 중단했습니다. 이 중단은 지역 시민들의 비판 속에 일어났습니다. Kingfield 인근의 주민들은 철로가 그들의 집에 너무 가까이 지어지고 있다고 주장하고 있습니다. 81교통부 장관인 Mary Stenos는 수요일에 이 문제에 관한 기자 회견을 열었습니다. 그녀는 주민들의 항의가 심각하게 받아들여지고 있으며 이 문제가 해결될 때까지 SwiftRail의 해당 작업이 중단될 것이라고 표명했습니다. 그녀는 또한 82대중들이 공사의 진행 상황을 꾸준히 알 수 있도록 www.swiftrail.gov에 최신 정보가 계속해서 게시될 것이라고 말했습니다.

80. 화자는 통근 전철에 관해 무엇을 언급하는가?
(A) 정부 감사에 불합격했다.
(B) 완전히 폐쇄되어야 했다.
(C) 몇몇 사람들로부터 반감을 산다.
(D) 최근에 수리를 받았다.

81. Mary Stenos는 수요일에 무엇을 했는가?
(A) 언론사 직원들을 만났다.
(B) 공사 현장에 들렀다.
(C) 새로운 규정을 발표했다.
(D) 온라인 공개 토론을 시작했다.

82. 화자에 따르면, 청자들은 왜 웹사이트에 방문해야 하는가?
(A) 소책자를 내려받기 위해
(B) 프로젝트의 진행 상황을 확인하기 위해
(C) 계획에 대한 질문을 제출하기 위해
(D) 회의 일정을 보기 위해

지문 halt[hɔːlt] 중단하다 interruption[ìntərʌ́pʃən] 중단 amid[əmíd] ~ 속에서, ~의 한복판에 state[steit] 표명하다 resolve[rizáːlv] 해결하다
81 regulation[règjuléiʃən] 규정, 법규 forum[fɔ́ːrəm] 공개 토론

80 ■ 세부 사항 관련 문제 언급   정답 (C)
화자가 통근 전철에 관해 언급하는 것을 묻는 문제이므로, 질문의 핵심어구(commuter train system)가 언급된 주변을 주의 깊게 듣는다. "transportation officials ~ have temporarily halted construction of the ~ commuter train system. The interruption comes amid criticism from a group of local citizens."라며 교통 공무원들이 통근 전철의 공사를 일시적으로 중단했으며, 이 중단은 지역 시민들의 비판 속에 일어났다고 하였다. 따라서 정답은 (C) It is disliked by some individuals이다.

81 ■ 세부 사항 관련 문제 특정 세부 사항   정답 (A)
Mary Stenos가 수요일에 한 일을 묻는 문제이므로, 질문의 핵심어구(Mary Stenos ~ Wednesday)가 언급된 주변을 주의 깊게 듣는다. "Mary Stenos ~ held a press conference on Wednesday"라며 Mary Stenos가 수요일에 기자 회견을 열었다고 하였다. 따라서 정답은 (A) Met with media representatives이다.

82 ■ 세부 사항 관련 문제 이유   정답 (B)
청자들이 웹사이트에 방문해야 하는 이유를 묻는 문제이므로, 질문의 핵심어구(Web site)와 관련된 내용을 주의 깊게 듣는다. "transportation officials ~ have temporarily halted construction"이라며 교통 공무원들이 공사를 일시적으로 중단했다고 한 뒤, "updates will continue to be posted ~ to keep the public informed on the progress of construction"이라며 대중이 공사의 진행 상황을 꾸준히 알 수 있도록 최신 정보가 계속해서 게시될 것이라고 하였다. 이를 통해 청자들은 프로젝트의 진행 상황을 확인하기 위해 웹사이트를 방문할 것임을 알 수 있다. 따라서 정답은 (B) To check the status of a project이다.

Questions 83-85 refer to the following advertisement.

🎧 호주식 발음

83If you are looking to hire trained security personnel to protect your home or business, contact Ace Solutions today. We can provide access to over 10,000 trained guards throughout the country who are available for employment on a permanent or short-term basis. 84All of the individuals we represent undergo a rigorous screening process to confirm their work experience, educational history, and professional certification. This means that you do not have to worry about searching for qualified applicants. In addition, 85if you sign up for a membership before April 2, you will receive 50 percent off your first month of service. Don't miss out on this great opportunity! Please feel free to call our customer service hotline for more information.

83 What is being advertised?
(A) A staffing company
(B) A talent agency
(C) A legal firm
(D) A consulting service

84 What service does Ace Solutions provide?
(A) Camera installation
(B) Certification courses
(C) Background checks
(D) On-site training

85 What does the speaker recommend that the listeners do?
(A) Provide feedback on a service
(B) Sign up for a newsletter
(C) Renew a membership
(D) Take advantage of an offer

83-85번은 다음 광고에 관한 문제입니다.

83만약 귀하의 집이나 회사를 보호하기 위해 숙련된 보안 직원을 고용하려고 하신다면, 오늘 Ace Solutions에 연락하세요. 저희는 정규직이나 단기 직무로 고용할 수 있는 10,000명이 넘는 숙련된 경비원들에 대한 접근권을 전국적으로 제공할 수 있습니다. 84저희가 대표하는 모든 사람들은 그들의 경력, 학력, 그리고 전문 자격증을 확인하기 위한 엄격한 심사 절차를 거칩니다. 이는 당신이 자격이 있는 후보자들을 찾는 것에 대해 걱정하지 않아도 됨을 의미합니다. 게다가, 854월 2일 이전에 회원으로 등록하시면, 첫 달 서비스의 50퍼센트를 할인받으실 것입니다. 이 좋은 기회를 놓치지 마세요! 더 많은 정보를 원하시면, 언제든지 저희 고객 서비스 상담 전화로 전화주세요.

83. 무엇이 광고되고 있는가?
(A) 인력 회사
(B) 연예 기획사
(C) 법률 회사
(D) 컨설팅 서비스

84. Ace Solutions는 어떤 서비스를 제공하는가?
(A) 카메라 설치
(B) 자격증 강좌
(C) 배경 조사
(D) 현장 교육

85. 화자는 청자들에게 무엇을 하라고 제안하는가?
(A) 서비스에 대한 의견을 제공한다.
(B) 소식지를 신청한다.
(C) 회원권을 갱신한다.
(D) 할인을 이용한다.

지문 trained[treind] 숙련된 personnel[미 pə̀:rsənél, 영 pə̀:sənél] 직원 employment[implɔ́imənt] 고용 rigorous[rígərəs] 엄격한 certification[미 sə̀:rtifikéiʃən, 영 sə̀:tifikéiʃən] 자격증, 증명서 hotline[미 hɑ́:tlain, 영 hɔ́tlain] 상담 전화
83 staffing company 인력 회사 consulting[kənsʌ́ltiŋ] 컨설팅, 자문
84 course[kɔːrs] 강좌, 강의 background[bǽkgraund] 배경 on-site[ɑ́:nsáit] 현장의   85 offer[ɔ́:fər] 할인

83 ■ 전체 지문 관련 문제 주제 　　　　　　　　　　　　　　　　　　　　　　　　　　　　　　　　정답 (A)
광고의 주제를 묻는 문제이므로, 지문의 초반을 반드시 듣는다. "If you are looking to hire trained security personnel to protect your home or business, contact Ace Solutions today."라며 집이나 회사를 보호하기 위해 숙련된 보안 직원을 고용하려고 한다면 오늘 Ace Solutions에 연락하라고 한 뒤, 숙련된 보안 직원의 고용과 관련된 내용을 언급하였다. 따라서 정답은 (A) A staffing company이다.

84 ■ 세부 사항 관련 문제 특정 세부 사항 　　　　　　　　　　　　　　　　　　　　　　　　　　정답 (C)
Ace Solutions가 제공하는 서비스를 묻는 문제이므로, 질문의 핵심어구(Ace Solutions provide)와 관련된 내용을 주의 깊게 듣는다. "All of the individuals we[Ace Solutions] represent undergo a rigorous screening process to confirm their work experience, educational history, and professional certification."이라며 Ace Solutions가 대표하는 모든 사람들은 그들의 경력, 학력, 그리고 전문 자격증을 확인하기 위한 엄격한 심사 절차를 거친다고 하였다. 따라서 정답은 (C) Background checks이다.

85 ■ 세부 사항 관련 문제 제안 　　　　　　　　　　　　　　　　　　　　　　　　　　　　　　　정답 (D)
화자가 청자들에게 제안하는 것을 묻는 문제이므로, 지문의 중후반에서 제안과 관련된 표현이 포함된 문장을 주의 깊게 듣는다. "if you sign up for a membership before April 2, you will receive 50 percent off your first month of service. Don't miss out on this great opportunity!"라며 4월 2일 이전에 회원으로 등록하면, 첫 달 서비스의 50퍼센트를 할인받을 것이라고 한 뒤, 이 좋은 기회를 놓치지 말라고 하였다. 따라서 정답은 (D) Take advantage of an offer이다.

Questions 86-88 refer to the following excerpt from a talk.

🔊 영국식 발음

⁸⁶I'd like to thank Littleton Books for inviting me here this evening. And I'm also grateful to everyone in the audience for showing up. Today, ⁸⁶I'll be sharing several excerpts from my latest book, *Tiger in the Night*. ⁸⁷This work is an autobiography based on my experiences in a South African town, including my troubled teenage years and my struggles in becoming a published writer. ⁸⁸If you like what you hear, the book is currently 10 percent off. Copies have been placed in the back of the room.

86 Where most likely are the listeners?
  (A) At a writing seminar
  (B) At a literary reading
  (C) At an awards ceremony
  (D) At a fiction convention

87 What is the speaker's newest work about?
  (A) Her favorite author
  (B) The history of South Africa
  (C) Her personal experiences
  (D) The psychology of children

88 Why does the speaker say, "Copies have been placed in the back of the room"?
  (A) To make a correction
  (B) To ask for assistance
  (C) To encourage purchases
  (D) To initiate an exercise

86-88번은 다음 담화 발췌록에 관한 문제입니다.

⁸⁶오늘 저녁 여기에 저를 초대해 주신 것에 대해 Littleton Books에 감사드리고 싶습니다. 그리고 저는 또한 모든 청중분들께서 와주신 것에 대해 감사드립니다. 오늘, ⁸⁶저는 저의 최신 도서인 *Tiger in the Night*에서 몇몇 발췌 부분을 공유할 것입니다. ⁸⁷이 작품은 힘들었던 제 십 대 시절과 출판 작가가 되어 가는 저의 분투를 포함하여, 남아프리카공화국 마을에서의 제 경험들을 토대로 하는 자서전입니다. ⁸⁸여러분께서 들으시는 것이 좋으시다면, 이 책은 현재 10퍼센트 할인되고 있습니다. 책들은 이 방의 뒤편에 놓여 있습니다.

86. 청자들은 어디에 있는 것 같은가?
  (A) 글쓰기 세미나에
  (B) 문학 낭독회에
  (C) 시상식에
  (D) 소설 컨벤션에

87. 화자의 최신 작품은 무엇에 관한 것인가?
  (A) 그녀가 가장 좋아하는 저자
  (B) 남아프리카공화국의 역사
  (C) 그녀의 개인적 경험
  (D) 아동들의 심리

88. 화자는 왜 "책들은 이 방의 뒤편에 놓여 있습니다"라고 말하는가?
  (A) 수정하기 위해
  (B) 도움을 요청하기 위해
  (C) 구매를 장려하기 위해
  (D) 활동을 시작하기 위해

지문 excerpt[미 éksə:rpt, 영 éksə:pt] 발췌 부분 autobiography[미 ɔ̀:təbaiɑ́:grəfi, 영 ɔ̀:təbaiɔ́:grəfi] 자서전 struggle[strʌgl] 분투, 몸부림
  published writer 출판 작가
86 fiction[fíkʃən] 소설   87 psychology[saikɑ́:lədʒi] 심리, 심리학
88 correction[kərékʃən] 수정 initiate[iníʃieit] 시작하다

---

86 ■ 전체 지문 관련 문제 장소   정답 (B)

청자들이 있는 장소를 묻는 문제이므로, 장소와 관련된 표현을 놓치지 않고 듣는다. "I'd like to thank Littleton Books for inviting me here this evening."이라며 오늘 저녁 여기에 초대해 준 것에 대해 Littleton Books에 감사드리고 싶다고 한 뒤, "I'll be sharing several excerpts from my latest book"이라며 자신의 최신 도서에서 몇몇 발췌 부분을 공유할 것이라고 한 것을 통해 청자들이 있는 장소가 문학 낭독회임을 알 수 있다. 따라서 정답은 (B) At a literary reading이다.

87 ■ 세부 사항 관련 문제 특정 세부 사항   정답 (C)

화자의 최신 작품이 무엇에 관한 것인지를 묻는 문제이므로, 질문의 핵심어구(newest work)와 관련된 내용을 주의 깊게 듣는다. "This work[my latest book] is ~ based on my experiences"라며 자신의 최신 책은 개인적인 경험들을 토대로 한다고 하였다. 따라서 정답은 (C) Her personal experiences이다.

88 ■ 세부 사항 관련 문제 의도 파악   정답 (C)

화자가 하는 말의 의도를 묻는 문제이므로, 질문의 인용어구(Copies have been placed in the back of the room)가 언급된 주변을 주의 깊게 듣는다. "If you like what you hear, the book is currently 10 percent off."라며 들은 것이 좋다면 이 책은 현재 10퍼센트 할인되고 있다고 한 뒤, "Copies have been placed in the back of the room."이라며 책들은 이 방의 뒤편에 놓여 있다고 했으므로, 화자가 구매를 장려하려는 의도임을 알 수 있다. 따라서 정답은 (C) To encourage purchases이다.

Questions 89-91 refer to the following speech.

🔊 캐나다식 발음

89I am honored to be here on behalf of Lifan Industries at this year's Consumer Electronics Show. Lifan Industries was founded over 25 years ago as a supplier of plastic parts to television manufacturers. Over time, however, we have produced increasingly high-tech products. Today, 90Lifan has exclusive contracts to produce LED screens and chipsets for major corporations such as Silverstar, Vivica, and PTF. What's more, I'm pleased to announce that Lifan Industries will begin producing consumer electronics under its own brand next year. 91If you'll all turn your attention to the screen here, I'll give you a glimpse of some of the products that we plan to launch in January.

89 Where are the listeners?
(A) At a shareholder meeting
(B) At a convention
(C) At an orientation
(D) At a manufacturing plant tour

90 What do some companies contract Lifan to do?
(A) Conduct quality control testing
(B) Promote their products
(C) Ship goods internationally
(D) Manufacture components

91 What most likely will happen next?
(A) A customer survey will be discussed.
(B) A speaker will take the stage.
(C) New products will be revealed.
(D) Additional handouts will be distributed.

89-91번은 다음 연설에 관한 문제입니다.

89저는 올해의 가전제품 전시회에서 Lifan사를 대표하여 이곳에 있게 되어 영광입니다. Lifan사는 25년도 더 전에 텔레비전 제조 업체의 플라스틱 부품 공급 업체로 설립되었습니다. 그러나, 시간이 지나면서 저희는 점점 더 첨단 기술의 부품들을 제조해왔습니다. 오늘날, 90Lifan사는 Silverstar, Vivica, 그리고 PTF와 같은 주요 기업들을 위해 LED 화면과 칩셋을 제조하는 독점 계약을 맺고 있습니다. 더욱이, 저는 Lifan사가 내년에 자사의 브랜드로 가전제품을 제조하기 시작할 것임을 발표하게 되어 기쁩니다. 91여기 화면에 모두 주목해주시면, 1월에 출시할 예정인 제품의 일부를 잠깐 보여드리겠습니다.

89. 청자들은 어디에 있는가?
(A) 주주총회에
(B) 컨벤션에
(C) 오리엔테이션에
(D) 제조 공장 견학에

90. 몇몇 회사들은 Lifan사가 무엇을 하도록 계약하는가?
(A) 품질 관리 검사를 시행한다.
(B) 그들의 제품들을 홍보한다.
(C) 상품을 국제적으로 배송한다.
(D) 부품들을 제조한다.

91. 다음에 무슨 일이 일어날 것 같은가?
(A) 고객 설문 조사가 논의될 것이다.
(B) 화자가 무대에 오를 것이다.
(C) 새로운 제품들이 공개될 것이다.
(D) 추가적인 유인물이 배부될 것이다.

지문 on behalf of ~을 대표하여 supplier[səpláiər] 공급 업체 manufacturer[mænjufǽktʃərər] 제조 업체 high-tech[hàiték] 첨단 기술의 exclusive[iksklú:siv] 독점적인, 유일한 glimpse[glimps] 잠깐 봄 launch[lɔ:ntʃ] 출시하다
89 shareholder[ʃéərhouldər] 주주 manufacturing plant 제조 공장
91 reveal[rivíːl] 공개하다 distribute[distríbjuːt] 배부하다, 나눠주다

89 ■ 전체 지문 관련 문제 장소   정답 (B)
청자들이 있는 장소를 묻는 문제이므로, 장소와 관련된 표현을 놓치지 않고 듣는다. "I am honored to be here on behalf of Lifan Industries at this year's Consumer Electronics Show."라며 올해의 가전제품 전시회에서 Lifan사를 대표하여 이곳에 있게 되어 영광이라고 한 것을 통해 청자들이 있는 장소가 컨벤션임을 알 수 있다. 따라서 정답은 (B) At a convention이다.

90 ■ 세부 사항 관련 문제 특정 세부 사항   정답 (D)
Lifan사가 하도록 계약되는 것을 묻는 문제이므로, 질문의 핵심어구(contract)가 언급된 주변을 주의 깊게 듣는다. "Lifan has exclusive contracts to produce LED screens and chipsets for major corporations such as Silverstar, Vivica, and PTF"라며 Lifan사는 Silverstar, Vivica, 그리고 PTF와 같은 주요 기업들을 위해 LED 화면과 칩셋을 제조하는 독점 계약을 맺고 있다고 하였다. 따라서 정답은 (D) Manufacture components이다.

바꾸어 표현하기
produce 제조하다 → Manufacture 제조하다

91 ■ 세부 사항 관련 문제 다음에 할 일   정답 (C)
다음에 일어날 일을 묻는 문제이므로, 지문의 마지막 부분을 주의 깊게 듣는다. "If you'll all turn your attention to the screen ~ I'll give you a glimpse of some of the products that we plan to launch in January."라며 화면에 모두 주목해주면 1월에 출시할 예정인 제품의 일부를 잠깐 보여주겠다고 하였다. 따라서 정답은 (C) New products will be revealed이다.

Questions 92-94 refer to the following telephone message.

🔊 미국식 발음

Good morning, Mr. Parker. This is Akita Kang from Goldman and Associates. I'm interested in having you audition for a movie that my agency has been hired to do the casting for. ⁹²I was going to speak to your agent about this, but she is apparently on vacation until next month. So, I decided to contact you directly. Anyway, ⁹³it is a supporting role in a romantic comedy. I know . . . Most of your parts have been in action movies. ⁹³But it's a great opportunity to expand your résumé and try something new. You have several days to make a decision. ⁹⁴I'll send you a preliminary copy of the screenplay to look over. Let me know what you think.

92 Why is an agent unable to be reached?
(A) She is taking a leave.
(B) She is at a film festival.
(C) She has turned her mobile phone off.
(D) She has to meet with a client.

93 What does the speaker mean when she says, "Most of your parts have been in action movies"?
(A) A director has voiced some concerns.
(B) A screenplay can still be revised.
(C) A role matches a performer's experience.
(D) A proposal might seem unfitting.

94 What will the speaker provide to the listener?
(A) An audition schedule
(B) A draft of a script
(C) Some legal documents
(D) Some contact information

92-94번은 다음 전화 메시지에 관한 문제입니다.

안녕하세요, Mr. Parker. 저는 Goldman and Associates사의 Akita Kang입니다. 저는 저희 기획사에서 캐스팅을 하게 된 영화에 당신이 오디션을 보도록 하는 것에 관심이 있습니다. ⁹²이에 대해 당신의 대리인에게 이야기하고자 했으나, 듣자 하니 그녀는 다음 달까지 휴가 중인 것 같습니다. 그래서, 제가 당신에게 직접 연락하기로 결정했습니다. 아무튼, ⁹³이것은 로맨틱 코미디의 조연입니다. 알아요… 당신 역할들의 대부분은 액션 영화에서였죠. ⁹³하지만 이것은 당신의 이력을 넓히고 새로운 것에 도전할 아주 좋은 기회입니다. 당신에게는 결정할 시간이 며칠 있습니다. 당신이 살펴볼 수 있도록 ⁹⁴영화의 임시 대본 한 부를 보내드리겠습니다. 어떻게 생각하는지 알려주세요.

92. 대리인은 왜 연락이 되지 않는가?
(A) 그녀는 휴가 중이다.
(B) 그녀는 영화 축제에 있다.
(C) 그녀는 휴대폰을 꺼두었다.
(D) 그녀는 고객과 만나야 한다.

93. 화자는 "당신 역할들의 대부분은 액션 영화에서였죠"라고 말할 때 무엇을 의도하는가?
(A) 감독은 우려를 나타냈다.
(B) 영화 대본이 여전히 수정될 수 있다.
(C) 역할이 연기자의 경험과 어울린다.
(D) 제안이 어울리지 않아 보일 수도 있다.

94. 화자는 청자에게 무엇을 제공할 것인가?
(A) 오디션 일정
(B) 대본 원고
(C) 법률 서류
(D) 연락처

지문 apparently[əpǽrəntli] 듣자 하니 supporting role 조연 preliminary[prilímineri] 임시의 screenplay[skríːnplei] 영화 대본
93 match[mætʃ] 어울리다 unfitting[ʌnfítiŋ] 어울리지 않는 94 draft[dræft] 원고, 초안

92 ■ 세부 사항 관련 문제 이유 정답 (A)
대리인이 연락이 되지 않는 이유를 묻는 문제이므로, 질문의 핵심어구(agent)가 언급된 주변을 주의 깊게 듣는다. "I was going to speak to your agent about this, but she is apparently on vacation until next month."라며 이에 대해 청자의 대리인에게 이야기하고자 했으나, 듣자 하니 그녀는 다음 달까지 휴가 중인 것 같다고 하였다. 따라서 정답은 (A) She is taking a leave이다.

바꾸어 표현하기
vacation 휴가 → leave 휴가

93 ■ 세부 사항 관련 문제 의도 파악 정답 (D)
화자가 하는 말의 의도를 묻는 문제이므로, 질문의 인용어구(Most of your parts have been in action movies)가 언급된 주변을 주의 깊게 듣는다. "it is a supporting role in a romantic comedy"라며 이것은 로맨틱 코미디의 조연이라고 한 뒤, "Most of your parts have been in action movies. But it's a great opportunity to expand your résumé and try something new."라며 청자의 역할들의 대부분은 액션 영화에서였지만 이것은 청자의 이력을 넓히고 새로운 것에 도전할 아주 좋은 기회라고 하였다. 이를 통해 제안이 어울리지 않아 보일 수도 있음을 알 수 있다. 따라서 정답은 (D) A proposal might seem unfitting이다.

94 ■ 세부 사항 관련 문제 특정 세부 사항 정답 (B)
화자가 청자에게 제공할 것을 묻는 문제이므로, 질문의 핵심어구(provide)와 관련된 내용을 주의 깊게 듣는다. "I'll send you a preliminary copy of the screenplay"라며 영화의 임시 대본 한 부를 보내주겠다고 하였다. 따라서 정답은 (B) A draft of a script이다.

바꾸어 표현하기
a preliminary copy of the screenplay 영화의 임시 대본 한 부 → A draft of a script 대본 원고

Questions 95-97 refer to the following talk and floor plan.

[호주식 발음]

⁹⁵Thank you all so much for joining our annual job fair. Your participation will be especially appreciated by our students. Many of them have experienced problems finding companies interested in hiring recent college graduates during this recession. ⁹⁵/⁹⁶We're happy to welcome many new corporate partners this year, including our sponsor, Global Education. Just one quick note. There has been a switch in the room assignments. ⁹⁷We originally planned to have representatives from engineering companies in Hall B, but more of these types of firms sent workers than expected, so we've decided to let them use the larger space next door. OK, feel free to set up your display booths. You have an hour before people start arriving.

95-97번은 다음 담화와 평면도에 관한 문제입니다.

⁹⁵여러분 모두 저희 연례 취업 박람회에 참여해 주셔서 대단히 감사합니다. 여러분의 참여는 특히 저희 학생들에게 감사하게 여겨질 것입니다. 많은 학생들이 이 불경기 동안 최근에 졸업한 대학생들을 고용하고자 하는 회사를 찾는 데 어려움을 겪어왔습니다. ⁹⁵/⁹⁶저희의 후원사인 Global Education사를 포함한 많은 새로운 제휴 업체들을 맞이하게 되어 기쁩니다. 간단히 하나만 말씀드리겠습니다. 장소 배정에 변경이 있었습니다. ⁹⁷저희는 원래 엔지니어링 회사의 대표들이 B홀을 사용하도록 계획했었지만, 이 종류의 회사들이 예상보다 더 많이 직원들을 보냈기 때문에, 그들이 옆의 더 큰 장소를 사용하도록 결정했습니다. 좋습니다, 여러분의 전시 부스를 자유롭게 설치하십시오. 사람들이 도착하기 전까지 한 시간이 남았습니다.

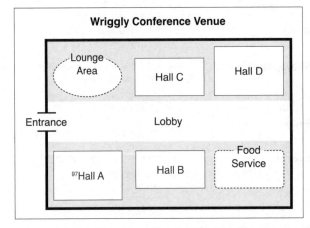

Wriggly Conference Venue

- Lounge Area
- Hall C
- Hall D
- Entrance
- Lobby
- Food Service
- ⁹⁷Hall A
- Hall B

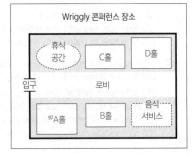

Wriggly 콘퍼런스 장소

- 휴식 공간
- C홀
- D홀
- 입구
- 로비
- 음식 서비스
- ⁹⁷A홀
- B홀

95 Who most likely is the speaker addressing?
(A) Students
(B) Jobseekers
(C) College administrators
(D) Business representatives

96 What is mentioned about Global Education?
(A) It has had difficulty finding employees recently.
(B) It has offices around the world.
(C) It has reserved the largest booth.
(D) It has not participated in the event before.

97 Look at the graphic. Where will engineering staff be located?
(A) In Hall A
(B) In Hall B
(C) In Hall C
(D) In Hall D

95. 화자는 누구에게 말하고 있는 것 같은가?
(A) 학생들
(B) 구직자들
(C) 교직원들
(D) 기업 대표자들

96. Global Education사에 관해 무엇이 언급되는가?
(A) 요즘 직원을 찾는 데에 어려움을 겪고 있다.
(B) 전 세계에 사무실이 있다.
(C) 가장 큰 부스를 예약했다.
(D) 이전에는 행사에 참여하지 않았다.

97. 시각 자료를 보시오. 엔지니어링 직원들은 어디에 있을 것인가?
(A) A홀에
(B) B홀에
(C) C홀에
(D) D홀에

지문   job fair 취업 박람회   graduate[grǽdʒuət] 졸업생   recession[riséʃən] 불경기, 경기 침체
       switch[switʃ] 변경   assignment[əsáinmənt] 배정, 임무   next door 옆의   booth[미 bu:θ, 영 bu:ð] 부스, 노점
95   address[ədrés] 말하다, 연설하다   jobseeker[dʒɑ́:bsì:kər] 구직자   college administrator 교직원
96   recently[rí:sntli] 요즘, 최근에
97   locate[lóukeit] 있다, 위치하고 있다

95 ■ 전체 지문 관련 문제 청자

청자들의 신분을 묻는 문제이므로, 신분 및 직업과 관련된 표현을 놓치지 않고 듣는다. "Thank you all so much for joining our annual job fair. Your participation will be especially appreciated by our students."라며 연례 취업 박람회에 참여해 주어서 대단히 감사하며 청자들의 참여가 특히 학생들에게 감사하게 여겨질 것이라고 한 뒤, "We're happy to welcome many new corporate partners this year, including our sponsor, Global Education."이라며 후원사인 Global Education사를 포함한 많은 새로운 제휴 업체들을 맞이하게 되어 기쁘다고 하였다. 이를 통해 청자들이 기업 대표자들임을 알 수 있다. 따라서 정답은 (D) Business representatives이다.

96 ■ 세부 사항 관련 문제 언급

정답 (D)

Global Education사에 관해 언급되는 것을 묻는 문제이므로, 질문의 핵심어구(Global Education)가 언급된 주변을 주의 깊게 듣는다. "We're happy to welcome many new corporate partners this year, including our sponsor, Global Education."이라며 후원사인 Global Education사를 포함한 많은 새로운 제휴 업체들을 맞이하게 되어 기쁘다고 한 것을 통해 Global Education사가 새로운 제휴 업체임을 알 수 있다. 따라서 정답은 (D) It has not participated in the event before이다.

바꾸어 표현하기

new corporate partners 새로운 제휴업체들 → It has not participated ~ before 이전에는 참여하지 않았다

97 ■ 세부 사항 관련 문제 시각 자료

정답 (A)

엔지니어링 직원들이 있을 장소를 묻는 문제이므로, 제시된 평면도의 정보를 확인한 뒤 질문의 핵심어구(engineering staff)와 관련된 내용을 주의 깊게 듣는다. "We originally planned to have representatives from engineering companies in Hall B, but ~ we've decided to let them use the larger space next door."라며 원래 엔지니어링 회사의 대표들이 B홀을 사용하도록 계획했었지만, 그들이 옆의 더 큰 장소를 사용하도록 결정했다고 하였으므로, 엔지니어링 직원들이 있을 장소가 B홀 옆의 더 큰 장소인 A홀임을 평면도에서 알 수 있다. 따라서 정답은 (A) In Hall A이다.

Questions 98-100 refer to the following telephone message and receipt.

🔊 영국식 발음

Good afternoon. This is Beverly Gilder. I stayed at the . . . um . . . Presidential Palace for the first time when I was in Manila last week. While I enjoyed the experience, I've run into a problem. ⁹⁸I didn't closely examine my bill upon check-out, and I just noticed an error. ⁹⁹I was charged for laundry services that I did not use. I would like you to review your billing records, refund me the amount in question, and e-mail me a corrected bill. This needs to be done as soon as possible because ¹⁰⁰I have to turn in my final expense report on Friday. Thank you.

98-100번은 다음 전화 메시지와 영수증에 관한 문제입니다.

안녕하세요. 저는 Beverly Gilder입니다. 지난주에 마닐라에 있었을 때… 음… Presidential Palace에 처음으로 묵었습니다. 즐거운 경험이었지만, 문제가 하나 생겼습니다. ⁹⁸퇴실할 때 청구서를 유심히 검토하지 않았었는데, 잘못된 것이 있음을 방금 알았습니다. ⁹⁹제가 사용하지 않은 세탁 서비스에 대한 요금이 청구되었습니다. 청구 명세를 확인하셔서, 문제의 금액을 환불해 주시고, 정정된 청구서를 이메일로 발송해 주시기를 바랍니다. ¹⁰⁰금요일에 최종 경비 보고서를 제출해야 하기 때문에 이는 가능한 한 빨리 처리되어야 합니다. 감사합니다.

Presidential Palace - Manila CUSTOMER RECEIPT	
Guest: Beverly Gilder	Room: 1713
Charge	**Amount**
Room Rate	$138.99
Mini-Bar	$8.98
Dry Cleaning	⁹⁹$15.79
Spa Services	$46.00
Tax	$20.97
Total Paid	**$230.73**

Presidential Palace – 마닐라 고객 영수증	
투숙객: Beverly Gilder	호실: 1713
요금	금액
객실 요금	138.99달러
미니 바	8.98달러
드라이클리닝	⁹⁹15.79달러
스파 서비스	46.00달러
세금	20.97달러
지불 총액	230.73달러

98 What did the speaker fail to do?
(A) Book a room in advance
(B) Review some details
(C) Request a copy of a statement
(D) Report an error to a supervisor

99 Look at the graphic. How much will the speaker probably be refunded?
(A) $138.99
(B) $8.98
(C) $15.79
(D) $46.00

100 What will the speaker most likely do on Friday?
(A) Submit a document
(B) Leave for a trip
(C) Contact a hotel
(D) Respond to an e-mail

98. 화자는 무엇을 하지 못했는가?
(A) 객실을 미리 예약한다.
(B) 세부 사항들을 검토한다.
(C) 계산서의 복사본을 요청한다.
(D) 상사에게 오류를 보고한다.

99. 시각 자료를 보시오. 화자는 얼마를 환불받을 것 같은가?
(A) 138.99달러
(B) 8.98달러
(C) 15.79달러
(D) 46.00달러

100. 화자는 금요일에 무엇을 할 것 같은가?
(A) 서류를 제출한다.
(B) 여행을 떠난다.
(C) 호텔에 연락한다.
(D) 이메일에 답장한다.

지문 closely[미 klóusli, 영 kláusli] 유심히, 가까이 charge[미 tʃɑːrdʒ, 영 tʃɑːdʒ] 청구하다; 요금 billing records 청구 명세
in question 문제의, 논의가 되고 있는 expense[ikspéns] 경비
98 in advance 미리, 사전에 statement[stéitmənt] 계산서, 명세서 supervisor[súːpərvaizər] 상사

98 ■ 세부 사항 관련 문제 특정 세부 사항

정답 (B)

화자가 하지 못한 것을 묻는 문제이므로, 질문의 핵심어구(fail to do)와 관련된 내용을 주의 깊게 듣는다. "I didn't closely examine my bill upon check-out"이라며 퇴실할 때 청구서를 유심히 검토하지 않았다고 하였다. 따라서 정답은 (B) Review some details이다.

바꾸어 표현하기

closely examine 유심히 검토하다 → Review ~ details 세부 사항들을 검토하다

99 ■ 세부 사항 관련 문제 시각 자료

정답 (C)

화자가 환불받을 금액을 묻는 문제이므로, 제시된 영수증의 정보를 확인한 뒤 질문의 핵심어구(refunded)와 관련된 내용을 주의 깊게 듣는다. "I was charged for laundry services that I did not use. I would like you to ~ refund me the amount in question"이라며 사용하지 않은 세탁 서비스에 대한 요금이 청구되었다고 한 뒤, 문제의 금액을 환불해달라고 하였으므로, 드라이클리닝 요금인 15.79 달러를 환불받을 것임을 영수증에서 알 수 있다. 따라서 정답은 (C) $15.79이다.

100 ■ 세부 사항 관련 문제 다음에 할 일

정답 (A)

화자가 금요일에 할 일을 묻는 문제이므로, 질문의 핵심어구(Friday)가 언급된 주변을 주의 깊게 듣는다. "I have to turn in my final expense report on Friday"라며 금요일에 최종 경비 보고서를 제출해야 한다고 하였다. 따라서 정답은 (A) Submit a document이다.

바꾸어 표현하기

turn in ~ report 보고서를 제출하다 → Submit a document 서류를 제출하다

▌TEST 08

🎧 TEST 08.mp3

실전용·복습용 문제풀이 MP3 무료 다운로드 및 스트리밍 바로듣기 (HackersIngang.com)

* 실제 시험장의 소음까지 재현해 낸 고사장 소음/매미 버전 MP3, 영국식·호주식 발음 집중 MP3, 고속 버전 MP3까지
구매하면 실전에 더욱 완벽히 대비할 수 있습니다.

무료MP3 바로듣기

1
○○○○
하

🔊 캐나다식 발음

(A) They are traveling along a road.
(B) They are removing their backpacks.
(C) They are biking down a path.
(D) They are walking near some trees.

(A) 그들은 길을 따라 이동하고 있다.
(B) 그들은 배낭을 벗고 있다.
(C) 그들은 자전거를 타고 길을 내려가고 있다.
(D) 그들은 몇몇 나무들 근처에서 걷고 있다.

■ 2인 이상 사진   정답 (A)

사람들이 길을 따라 걸어가고 있는 모습과 주변 환경의 상태를 주의 깊게 살핀다.
(A) [○] 사람들이 길을 따라 이동하고 있는 모습을 가장 잘 묘사한 정답이다.
(B) [×] 사람들이 배낭을 벗고 있는 중이 아니라 매고 있으므로 오답이다. 사진에 있는 배낭(backpacks)을 사용하여 혼동을 주었다.
(C) [×] biking(자전거를 타고 있다)은 사람들의 동작과 무관하므로 오답이다. 사진에 있는 길(path)을 사용하여 혼동을 주었다.
(D) [×] 사진에서 근처의 나무들(trees)을 확인할 수 없으므로 오답이다. They are walking(그들은 걷고 있다)까지만 듣고 정답으로 선택하지 않도록 주의한다.

2
○○○●
중

🔊 영국식 발음

(A) A man is typing on a keyboard.
(B) A man is leaning on an armrest.
(C) A woman is pushing a chair.
(D) A woman is pointing at a monitor.

(A) 한 남자가 키보드 타자를 치고 있다.
(B) 한 남자가 팔걸이에 기대고 있다.
(C) 한 여자가 의자를 밀고 있다.
(D) 한 여자가 모니터를 가리키고 있다.

■ 2인 이상 사진   정답 (B)

컴퓨터 모니터 주변에 모여 있는 사람들과 근처에 서서 이야기를 나누고 있는 사람들의 모습을 확인한다.
(A) [×] 사진에 타자를 치고 있는 남자가 없으므로 오답이다. 사진에 있는 키보드(keyboard)를 사용하여 혼동을 주었다.
(B) [○] 한 남자가 팔걸이에 기대고 있는 모습을 정확히 묘사한 정답이다.
(C) [×] 사진에 의자를 밀고 있는 여자가 없으므로 오답이다. 사진에 있는 의자(chair)를 사용하여 혼동을 주었다.
(D) [×] 사진에 모니터를 가리키고 있는 여자가 없으므로 오답이다. 사진에 있는 모니터(monitor)를 사용하여 혼동을 주었다.

어휘 **type**[taip] 타자를 치다 **armrest**[미 á:rmrest, 영 á:mrest] (의자의) 팔걸이 **point**[pɔint] 가리키다

3
○○●○
중

🔊 미국식 발음

(A) Some dirt is piled next to a shed.
(B) A worker is spraying a stream of water at the ground.
(C) A gardener has grasped a hose with both hands.
(D) A gardener is rinsing a tool near a flower bed.

(A) 흙이 헛간 옆에 쌓여 있다.
(B) 작업자가 토양에 물줄기를 분사하고 있다.
(C) 정원사가 양손으로 호스를 움켜잡았다.
(D) 정원사가 화단 근처에서 도구를 씻고 있다.

■ 1인 사진   정답 (B)

한 남자가 호스로 토양에 물줄기를 분사하고 있는 모습을 확인한다.
(A) [×] 사진에 헛간(shed)이 없으므로 오답이다. Some dirt(흙)만 듣고 정답으로 선택하지 않도록 주의한다.
(B) [○] 작업자가 토양에 물줄기를 분사하고 있는 모습을 정확히 묘사한 정답이다.
(C) [×] 정원사가 양손이 아니라 한 손으로 호스를 잡고 있으므로 오답이다. A gardener has grasped a hose(정원사가 호스를 움켜잡았다)까지만 듣고 정답으로 선택하지 않도록 주의한다.
(D) [×] 사진의 정원사가 도구를 씻고 있지(rinsing a tool) 않으므로 오답이다. 사진의 토양과 관련된 flower bed(화단)를 사용하여 혼동을 주었음에 유의한다.

어휘 **dirt**[də:rt] 흙, 먼지 **shed**[ʃed] 헛간, 오두막 **stream**[striːm] (액체·기체의) 줄기 **rinse**[rins] 씻다, 헹구다 **flower bed** 화단

PART 2

7
○○○○●
하

🎧 호주식 발음 → 미국식 발음

Who can register for the business Spanish class?

(A) Anyone interested may sign up.
(B) It's right by the cash register.
(C) Kendra is our newest instructor.

누가 비즈니스 스페인어 수업에 등록할 수 있나요?

(A) 관심 있는 사람은 누구든지 등록해도 돼요.
(B) 그것은 계산대 바로 옆에 있어요.
(C) Kendra가 우리의 가장 새로운 강사예요.

■ Who 의문문

정답 (A)

비즈니스 스페인어 수업에 누가 등록할 수 있는지를 묻는 Who 의문문이다.
(A) [○] 관심 있는 사람은 누구든지 등록해도 된다며 스페인어 수업에 등록할 수 있는 인물을 언급했으므로 정답이다.
(B) [×] 질문의 register(등록하다)를 '계산대'라는 의미의 명사로 반복 사용하여 혼동을 준 오답이다.
(C) [×] 스페인어 수업에 누가 등록할 수 있는지 물었는데, 이와 관련이 없는 Kendra가 가장 새로운 강사라는 내용으로 응답했으므로 오답이다. 사람 이름인 Kendra를 사용하여 혼동을 주었다.

어휘   register[미 rédʒistər, 영 rédʒistə] 등록하다; 계산대

8
○○○●●
상

🎧 캐나다식 발음 → 영국식 발음

Which of our clients will have to pay increased fees?

(A) They all will.
(B) I processed the payment.
(C) Because of rising costs.

우리 고객들 중 누가 인상된 요금을 지불해야 하나요?

(A) 그들 모두가 그럴 거예요.
(B) 제가 그 지불을 처리했어요.
(C) 인상되는 비용 때문에요.

■ Which 의문문

정답 (A)

고객들 중 누가 인상된 요금을 지불해야 하는지를 묻는 Which 의문문이다. Which of our clients를 반드시 들어야 한다.
(A) [○] 그들 모두가 그럴 것이라며 인상된 요금을 지불해야 하는 고객들을 언급했으므로 정답이다.
(B) [×] fees(요금)와 관련 있는 payment(지불)를 사용하여 혼동을 준 오답이다.
(C) [×] increased fees(인상된 요금)와 관련 있는 rising costs(인상되는 비용)를 사용하여 혼동을 준 오답이다. 질문의 Which of our clients를 Why do our clients로 혼동하여 Why do our clients have to pay increased fees(왜 우리 고객들이 인상된 요금을 지불해야 하나요)로 생각해 정답으로 선택하지 않도록 주의한다.

어휘   client[kláiənt] 고객   fee[fi:] 요금

9
○○○●●
중

🎧 미국식 발음 → 영국식 발음

Have you considered switching to a different bank?

(A) Just a $50 cash withdrawal, please.
(B) You'd better let the accountant know.
(C) I like my current one well enough.

다른 은행으로 바꾸는 것을 생각해 봤나요?

(A) 50달러 현금 인출만 해주세요.
(B) 회계사에게 알려주는 게 좋겠어요.
(C) 저는 지금 것도 충분히 좋아요.

■ 조동사 의문문

정답 (C)

다른 은행으로 바꾸는 것을 생각해 보았는지를 확인하는 조동사(Have) 의문문이다.
(A) [×] bank(은행)와 관련 있는 withdrawal(인출)을 사용하여 혼동을 준 오답이다.
(B) [×] 질문의 you를 반복 사용하고, bank(은행)와 관련 있는 accountant(회계사)를 사용하여 혼동을 준 오답이다.
(C) [○] 지금 것도 충분히 좋다는 말로 다른 은행으로 바꾸는 것을 생각해 보지 않았다는 것을 간접적으로 전달했으므로 정답이다.

어휘   switch[switʃ] 바꾸다   withdrawal[wiðdrɔ́:əl] 인출, 철수   accountant[əkáuntənt] 회계사

10

🔊 캐나다식 발음 → 미국식 발음

Let's take a walk through the park.

(A) I'll go grab my jacket.
(B) It's underneath that tree.
(C) About two miles.

공원에서 산책합시다.

(A) 가서 제 재킷을 가져올게요.
(B) 그건 저 나무 아래에 있어요.
(C) 약 2마일이요.

■ 평서문 　　　　　　　　　　　　　　　　　　　　　　정답 (A)

공원에서 산책을 하자고 제안하는 평서문이다.
(A) [○] 가서 자신의 재킷을 가져오겠다는 말로 제안을 간접적으로 수락한 정답이다.
(B) [×] park(공원)와 관련 있는 tree(나무)를 사용하여 혼동을 준 오답이다.
(C) [×] 공원에서 산책을 하자고 제안했는데 거리로 응답했으므로 오답이다.

어휘　underneath[ʌ̀ndərníːθ] ~의 아래에

11

🔊 영국식 발음 → 캐나다식 발음

I don't know how to fill out the new time sheet.

(A) I think I saw it on your desk.
(B) Ask Sue to give you a hand.
(C) My friend showed me around.

저는 새로운 근무 시간 기록표를 작성하는 방법을 모르겠어요.

(A) 그것을 당신의 책상에서 본 것 같아요.
(B) Sue에게 도와달라고 요청하세요.
(C) 제 친구가 구경시켜 줬어요.

■ 평서문 　　　　　　　　　　　　　　　　　　　　　　정답 (B)

새로운 근무 시간 기록표를 작성하는 방법을 모르겠다는 문제점을 언급하는 평서문이다.
(A) [×] 새로운 근무 시간 기록표를 작성하는 방법을 모르겠다고 했는데, 이와 관련이 없는 그것을 상대방의 책상에서 본 것 같다는 내용으로 응답했으므로 오답이다. 질문의 time sheet(근무 시간 기록표)을 나타낼 수 있는 it을 사용하여 혼동을 주었다.
(B) [○] Sue에게 도와달라고 요청하라는 말로 문제점에 대한 해결책을 제시했으므로 정답이다.
(C) [×] 질문의 don't know how to fill out(작성하는 방법을 모르겠다)에서 연상할 수 있는 도움과 관련된 show(알려주다)의 다른 의미인 '구경시켜 주다'를 사용하여 혼동을 준 오답이다.

어휘　time sheet 근무 시간 기록표　give a hand ~를 도와주다

12

🔊 호주식 발음 → 미국식 발음

Where did you decide to hold the fundraising banquet?

(A) A few options are being discussed.
(B) Most of the guests have arrived.
(C) It will take place next Saturday.

어디에서 기금 모금 연회를 개최하기로 결정했나요?

(A) 몇 가지 선택 사항들이 논의되고 있어요.
(B) 대부분의 손님들이 도착했어요.
(C) 그것은 다음 주 토요일에 개최될 거예요.

■ Where 의문문 　　　　　　　　　　　　　　　　　　정답 (A)

기금 모금 연회를 어디에서 개최하기로 결정했는지를 묻는 Where 의문문이다.
(A) [○] 몇 가지 선택 사항들이 논의되고 있다는 말로 기금 모금 연회를 개최할 장소를 아직 정하지 않았음을 간접적으로 전달했으므로 정답이다.
(B) [×] banquet(연회)과 관련 있는 guests(손님들)를 사용하여 혼동을 준 오답이다.
(C) [×] 질문의 hold(개최하다)와 같은 의미인 take place(개최되다)를 사용하여 혼동을 준 오답이다. It will take place(그것은 개최될 거예요)까지만 듣고 정답으로 선택하지 않도록 주의한다.

어휘　fundraising[fʌ́ndrèiziŋ] 기금 모금　take place 개최되다

13

○○○●○
중

🎧 영국식 발음 → 캐나다식 발음

How much will it cost to have this skirt altered?

(A) That color suits you.
(B) All items of clothing are on sale.
(C) There's no charge for that.

이 치마를 수선하는 데 얼마가 들까요?

(A) 그 색이 당신과 어울리네요.
(B) 모든 의류 품목은 할인 중이에요.
(C) 그것은 무료입니다.

■ How 의문문

정답 (C)

치마를 수선하는 데 얼마가 들지를 묻는 How 의문문이다. How much가 가격을 묻는 것임을 이해할 수 있어야 한다.
(A) [×] 치마를 수선하는 데 얼마가 들지를 물었는데, 이와 관련이 없는 그 색이 상대방과 어울린다는 내용으로 응답했으므로 오답이다.
(B) [×] cost(비용이 들다)와 관련 있는 on sale(할인 중인)을 사용하여 혼동을 준 오답이다.
(C) [○] 그것은 무료라는 말로 치마를 수선하는 데 비용이 들지 않을 것임을 전달했으므로 정답이다.

어휘 alter[미 ɔ́:ltər, 영 ɔ́ltə] (옷을) 수선하다, 고치다 suit[suːt] 어울리다; 정장 clothing[klóuðiŋ] 의류 no charge 무료

14

○○○○○
하

🎧 호주식 발음 → 영국식 발음

Is North Road closed off for street repairs?

(A) Yes, until next week.
(B) No, the shop is on Leland Drive.
(C) That is the quickest route.

North로가 도로 수리로 인해 폐쇄되었나요?

(A) 네, 다음 주까지요.
(B) 아니요, 그 가게는 Leland길에 있어요.
(C) 그게 제일 빠른 경로예요.

■ Be 동사 의문문

정답 (A)

North로가 도로 수리로 인해 폐쇄되었는지를 확인하는 Be 동사 의문문이다.
(A) [○] Yes로 North로가 도로 수리로 인해 폐쇄되었음을 전달한 후, 다음 주까지라는 추가 정보를 제공했으므로 정답이다.
(B) [×] Road(로)와 관련 있는 Drive(길)를 사용하여 혼동을 준 오답이다. No만 듣고 정답으로 고르지 않도록 주의한다.
(C) [×] 질문의 North Road(North로)를 나타낼 수 있는 That을 사용하고, Road(로)와 관련 있는 route(경로)를 사용하여 혼동을 준 오답이다.

어휘 repair[미 ripéər, 영 ripéə] 수리, 보수 route[미 raut, 영 ruːt] 경로, 길

15

○○○○●
하

🎧 미국식 발음 → 캐나다식 발음

Wouldn't you rather have a first class seat for the flight?

(A) No, I wanted coffee instead.
(B) I've already arrived at the Gimpo airport.
(C) Yes, but it's too expensive.

항공편의 일등석을 사는 편이 낫지 않나요?

(A) 아니요, 저는 대신에 커피를 원했어요.
(B) 전 이미 김포 공항에 도착했어요.
(C) 네, 하지만 그건 너무 비싸요.

■ 부정 의문문

정답 (C)

항공편의 일등석을 사는 편이 낫지 않은지를 묻는 부정 의문문이다.
(A) [×] 항공편의 일등석을 사는 편이 낫지 않은지를 물었는데, 이와 관련이 없는 자신은 대신에 커피를 원했다는 내용으로 응답했으므로 오답이다. No만 듣고 정답으로 고르지 않도록 주의한다.
(B) [×] flight(항공편)과 관련 있는 airport(공항)를 사용하여 혼동을 준 오답이다.
(C) [○] Yes로 항공편의 일등석을 사는 편이 낫다는 것을 전달한 후, 하지만 그건 너무 비싸다는 부연 설명을 했으므로 정답이다.

어휘 flight[flait] 항공편, 비행 expensive[ikspénsiv] 비싼

16

○○○●● 중

3))) 호주식 발음 → 미국식 발음

Why are you dissatisfied with these eyeglasses?

(A) We manufacture commercial lenses.
(B) Don't you think the frames are too large?
(C) Customers seem to be happy with the results.

이 안경이 왜 불만족스러운가요?

(A) 저희는 상업용 렌즈들을 생산합니다.
(B) 안경테가 너무 크다고 생각하지 않나요?
(C) 고객들은 결과에 만족하는 것 같아요.

■ Why 의문문   정답 (B)

안경이 왜 불만족스러운지를 묻는 Why 의문문이다.
(A) [×] eyeglasses(안경)와 관련 있는 lenses(렌즈들)를 사용하여 혼동을 준 오답이다.
(B) [○] 안경테가 너무 크다고 생각하지 않는지를 되물어 안경테에 대한 추가 의견을 묻는 정답이다.
(C) [×] 질문의 dissatisfied(불만족스러운)와 반대 의미인 happy(만족하는)를 사용하여 혼동을 준 오답이다.

어휘 dissatisfied[dissǽtisfaid] 불만족스러운 manufacture[mænjufǽktʃər] 생산하다 commercial[kəmə́ːrʃəl] 상업용의

17

○○○●● 중

3))) 영국식 발음 → 호주식 발음

Is the new line of sportswear going to be launched on schedule?

(A) About two months ago.
(B) It is very popular with consumers.
(C) The launch has been pushed back.

새로운 운동복 제품이 예정대로 출시될 건가요?

(A) 약 두 달 전에요.
(B) 그것은 고객들에게 매우 인기 있어요.
(C) 출시는 미뤄졌어요.

■ Be 동사 의문문   정답 (C)

새로운 운동복 제품이 예정대로 출시될 것인지를 확인하는 Be 동사 의문문이다.
(A) [×] launched(출시되다)에서 연상할 수 있는 출시 시점과 관련된 About two months ago(약 두 달 전)를 사용하여 혼동을 준 오답이다.
(B) [×] new line of sportswear(새로운 운동복 제품)를 나타낼 수 있는 It을 사용하고, line(제품)에서 연상할 수 있는 제품에 대한 고객 반응과 관련된 popular(인기 있는)를 사용하여 혼동을 준 오답이다.
(C) [○] 출시가 미뤄졌다는 말로 새로운 운동복 제품이 예정대로 출시되지 않을 것임을 전달했으므로 정답이다.

어휘 launch[lɔːntʃ] 출시하다; 출시 on schedule 예정대로 push back (시간·날짜를 뒤로) 미루다

18

○○○●● 상

3))) 미국식 발음 → 캐나다식 발음

Apparently, Abby from the human resources department was promoted.

(A) I hadn't heard about the outing.
(B) Mr. Richard has named her regional director.
(C) They're promoting a new product.

듣자 하니, 인사부의 Abby가 승진했대요.

(A) 저는 그 야유회에 대해 듣지 못했어요.
(B) Mr. Richard가 그녀를 지역 관리자로 임명했어요.
(C) 그들은 새로운 제품을 홍보하고 있어요.

■ 평서문   정답 (B)

인사부의 Abby가 승진했다는 객관적인 사실을 전달하는 평서문이다.
(A) [×] 듣자 하니 인사부의 Abby가 승진했다고 했는데, 이와 관련이 없는 자신은 그 야유회에 대해 듣지 못했다는 내용으로 응답했으므로 오답이다. I hadn't heard about까지만 듣고 정답으로 선택하지 않도록 주의한다.
(B) [○] Mr. Richard가 그녀를 지역 관리자로 임명했다는 말로 승진에 대한 추가 정보를 제공했으므로 정답이다.
(C) [×] promoted – promoting의 유사 발음 어휘를 사용하여 혼동을 준 오답이다.

어휘 apparently[əpǽrəntli] 듣자 하니, 분명히 outing[áutiŋ] 야유회, 소풍 name[neim] 임명하다; 이름

19

○○○○●
중

Where do you want to get together to plan our backpacking trip?

(A) I don't have a preference.
(B) Our gear must be packed.
(C) Don't you think we should camp for a few nights?

우리의 배낭여행을 계획하기 위해 어디에서 모이고 싶으세요?

(A) 선호하는 곳은 없어요.
(B) 우리의 장비를 챙겨야 해요.
(C) 며칠 밤은 야영해야 한다고 생각하지 않나요?

■ Where 의문문   정답 (A)

배낭여행을 계획하기 위해 어디에서 모이고 싶은지를 묻는 Where 의문문이다.
(A) [o] 선호하는 곳이 없다는 말로 어디에서 모이든 상관없다는 간접적인 응답을 했으므로 정답이다.
(B) [x] 배낭여행을 계획하기 위해 어디에서 모이고 싶은지를 물었는데, 이와 관련이 없는 장비를 챙겨야 한다는 내용으로 응답했으므로 오답이다. backpacking – packed의 유사 발음 어휘를 사용하여 혼동을 주었다.
(C) [x] backpacking trip(배낭여행)과 관련 있는 camp(야영하다)를 사용하여 혼동을 준 오답이다.

어휘   backpacking trip 배낭여행   preference[préfərəns] 선호하는 것   gear[미 giər, 영 giə] 장비   pack[pæk] 챙기다, 싸다   camp[kæmp] 야영하다

20

○●●●○
상

Why don't we carpool to the office from now on?

(A) I usually drive to work.
(B) There are vehicles parked along the street.
(C) That would save us gas money.

이제부터 사무실까지 차를 함께 타고 오는 게 어때요?

(A) 전 주로 운전해서 출근해요.
(B) 차들이 길을 따라서 주차되어 있어요.
(C) 우리가 기름값을 아낄 수 있겠네요.

■ 제안 의문문   정답 (C)

이제부터 사무실까지 차를 함께 타고 오자는 제안 의문문이다. Why don't we가 제안하는 표현임을 이해할 수 있어야 한다.
(A) [x] carpool(차를 함께 타다)과 관련 있는 drive(운전하다)를 사용하여 혼동을 준 오답이다.
(B) [x] carpool(차를 함께 타다)과 관련 있는 vehicles(차들)를 사용하여 혼동을 준 오답이다.
(C) [o] 기름값을 아낄 수 있겠다는 말로 제안을 간접적으로 수락한 정답이다.

어휘   carpool[káːrpuːl] 차를 함께 타다, 합승하다   along[əlɔ́ːŋ] ~을 따라   save[seiv] 아끼다, 절약하다

21

○○○○●
하

When will my raise go into effect?

(A) I'd like to go in, too.
(B) The show begins at 5 P.M.
(C) Within a week or so.

제 임금 인상은 언제 시행될 건가요?

(A) 저도 들어가고 싶어요.
(B) 공연은 오후 5시에 시작해요.
(C) 일주일쯤 이내로요.

■ When 의문문   정답 (C)

임금 인상이 언제 시행될 것인지를 묻는 When 의문문이다.
(A) [x] 임금 인상이 언제 시행될 것인지를 물었는데, 이와 관련이 없는 자신도 들어가고 싶다는 내용으로 응답했으므로 오답이다. go into – go in, too의 유사 발음 어휘를 사용하여 혼동을 주었다.
(B) [x] 임금 인상이 언제 시행될 것인지를 물었는데 공연이 시작하는 시점을 언급했으므로 오답이다. at 5 P.M.만 듣고 정답으로 선택하지 않도록 주의한다.
(C) [o] 일주일쯤 이내라며 임금 인상이 시행되는 시점을 언급했으므로 정답이다.

어휘   raise[reiz] 임금 인상   go into effect 시행되다   within[wiðín] ~ 이내에

22

○○○●○●
하

🔊 미국식 발음 → 호주식 발음

Aren't suitcases supposed to be stored in overhead compartments?

(A) Small ones can be kept under the seats.
(B) The airline has misplaced my luggage.
(C) The store is still open.

여행 가방들은 머리 위 짐칸에 보관하기로 되어 있지 않나요?

(A) 작은 것들은 좌석 아래에 두어도 돼요.
(B) 항공사에서 저의 여행 가방을 잃어버렸어요.
(C) 가게는 아직 열려 있어요.

■ 부정 의문문
정답 (A)

여행 가방들은 머리 위 짐칸에 보관하기로 되어 있지 않은지를 묻는 부정 의문문이다.

(A) [○] 작은 것들은 좌석 아래에 두어도 된다는 말로 여행 가방들을 머리 위 짐칸에 보관하지 않아도 됨을 전달했으므로 정답이다.
(B) [×] 질문의 suitcases(여행 가방들)와 같은 의미인 luggage(여행 가방)를 사용하여 혼동을 준 오답이다.
(C) [×] 여행 가방들을 머리 위 짐칸에 보관하기로 되어 있지 않은지를 물었는데, 이와 관련이 없는 가게는 아직 열려 있다는 내용으로 응답했으므로 오답이다. stored(보관되다)를 '가게'라는 의미의 명사 store로 반복 사용하여 혼동을 준 오답이다.

어휘 overhead compartment 머리 위 짐칸 misplace[mìspléis] 잃어버리다 luggage[lʌ́gidʒ] 여행 가방

23

○○○●○●
상

🔊 호주식 발음 → 영국식 발음

Employees receive a commission on every appliance that they sell.

(A) That model is one of our top sellers.
(B) That's a great incentive for workers.
(C) Actually, we visited a local dealership.

직원들은 그들이 판매하는 모든 기기에 대한 수수료를 받아요.

(A) 그 모델은 저희의 가장 잘 팔리는 물건들 중 하나예요.
(B) 직원들에게 좋은 장려책이네요.
(C) 사실, 우리는 지역 대리점을 방문했어요.

■ 평서문
정답 (B)

직원들은 그들이 판매하는 모든 기기에 대한 수수료를 받는다는 객관적인 사실을 전달하는 평서문이다.

(A) [×] sell – sellers의 유사 발음 어휘를 사용하여 혼동을 준 오답이다.
(B) [○] 직원들에게 좋은 장려책이라는 말로 사실에 대한 의견을 제시했으므로 정답이다.
(C) [×] appliance(기기)에서 연상할 수 있는 판매 장소와 관련된 dealership(대리점)을 사용하여 혼동을 준 오답이다.

어휘 commission[kəmíʃən] 수수료 appliance[əpláiəns] 기기, 가전제품 seller[미 sélər, 영 sélə] 팔리는 물건 incentive[inséntiv] 장려책, 동기 dealership[미 díːlərʃip, 영 díːləʃip] 대리점

24

○○○●○●
중

🔊 미국식 발음 → 캐나다식 발음

How long can I use this transit pass?

(A) You can buy it at the ticket office.
(B) It's good for two more weeks.
(C) Transfer at Stanford Station.

제가 이 통행권을 얼마나 오래 사용할 수 있나요?

(A) 매표소에서 살 수 있어요.
(B) 앞으로 2주는 더 유효해요.
(C) Stanford역에서 환승하세요.

■ How 의문문
정답 (B)

통행권을 얼마나 오래 사용할 수 있는지를 묻는 How 의문문이다. How long이 기간을 묻는 것임을 이해할 수 있어야 한다.

(A) [×] 질문의 transit pass(통행권)를 나타낼 수 있는 it을 사용하고, transit pass(통행권)와 관련 있는 ticket office(매표소)를 사용하여 혼동을 준 오답이다.
(B) [○] 앞으로 2주는 더 유효하다는 말로 통행권을 사용할 수 있는 기간을 언급했으므로 정답이다. 유효한 기간을 나타내는 표현 It's good for(~ 동안 유효하다)를 알아둔다.
(C) [×] transit – Transfer의 유사 발음 어휘를 사용하고, transit pass(통행권)와 관련 있는 Station(역)을 사용하여 혼동을 준 오답이다.

어휘 transit pass 통행권 good[gud] 유효한

25

🎧 호주식 발음 → 캐나다식 발음

Has anyone confirmed tonight's dinner reservations at Denarii Bistro?

(A) Sure, I can make some food for us.
(B) The restaurant on Elm Street.
(C) Didn't your secretary contact the restaurant?

Denarii Bistro에 오늘 저녁 식사 예약을 누군가가 확인했나요?

(A) 그럼요, 제가 우리를 위해 음식을 좀 만들 수 있어요.
(B) Elm가에 있는 식당이요.
(C) 당신의 비서가 식당에 연락하지 않았나요?

■ 조동사 의문문 정답 (C)

Denarii Bistro에 오늘 저녁 식사 예약을 누군가가 확인했는지를 확인하는 조동사(Have) 의문문이다.
(A) [x] dinner(저녁 식사)와 관련 있는 make some food(음식을 만들다)를 사용하여 혼동을 준 오답이다. Sure만 듣고 정답으로 고르지 않도록 주의한다.
(B) [x] dinner(저녁 식사)에서 연상할 수 있는 저녁 식사 장소와 관련된 restaurant(식당)를 사용하여 혼동을 준 오답이다.
(C) [o] 상대방의 비서가 식당에 연락하지 않았는지를 되물어 비서가 저녁 식사 예약을 확인한 것 같다는 의견을 전달했으므로 정답이다.

어휘   confirm[미 kənfə́:rm, 영 kənfə́:m] 확인하다   reservation[미 rèzərvéiʃən, 영 rèzəvéiʃən] 예약

26

🎧 영국식 발음 → 호주식 발음

The CEO offered you a position as a sales manager, didn't she?

(A) I really appreciate your offer.
(B) No, that's just a rumor.
(C) I plan to host the corporate executives.

최고 경영자가 당신에게 영업부장 자리를 제안했죠, 그렇지 않나요?

(A) 당신의 제안에 정말 감사드려요.
(B) 아니요, 그건 그냥 소문이에요.
(C) 저는 회사 임원들을 접대할 계획이에요.

■ 부가 의문문 정답 (B)

최고 경영자가 영업부장 자리를 제안했는지를 확인하는 부가 의문문이다.
(A) [x] 질문의 offered(제안하다)를 '제안'이라는 의미의 명사 offer로 반복 사용하여 혼동을 준 오답이다.
(B) [o] No로 최고 경영자가 자신에게 영업부장 자리를 제안하지 않았음을 전달한 후, 그건 그냥 소문이라는 부연 설명을 했으므로 정답이다.
(C) [x] CEO(최고 경영자)와 관련 있는 corporate executives(회사 임원들)를 사용하여 혼동을 준 오답이다.

어휘   rumor[미 rú:mər, 영 rú:mə] 소문   host[미 houst, 영 həust] 접대하다, 개최하다   executive[igzékjətiv] 임원

27

🎧 캐나다식 발음 → 미국식 발음

What time will the volunteers show up for the event?

(A) At the main entrance.
(B) I'll have to check with Ann.
(C) There are 30 expected guests.

자원봉사자들이 몇 시에 행사에 나타날까요?

(A) 정문에서요.
(B) Ann에게 확인해봐야 할 거예요.
(C) 예상되는 손님이 30명 있어요.

■ What 의문문 정답 (B)

자원봉사자들이 몇 시에 행사에 나타날지를 묻는 What 의문문이다. What time이 시간을 묻는 것임을 이해할 수 있어야 한다.
(A) [x] 자원봉사자들이 몇 시에 행사에 나타날지를 물었는데 장소로 응답했으므로 오답이다.
(B) [o] Ann에게 확인해봐야 할 것이라는 말로 모르겠다는 간접적인 응답을 했으므로 정답이다.
(C) [x] 자원봉사자들이 몇 시에 행사에 나타날지를 물었는데, 이와 관련이 없는 예상되는 손님이 30명 있다는 내용으로 응답했으므로 오답이다. event(행사)에서 연상할 수 있는 참석자와 관련된 guests(손님)를 사용하여 혼동을 주었다.

어휘   show up 나타나다   main entrance 정문

28

⚠️ 영국식 발음 → 캐나다식 발음

Please set up two additional workspaces.

(A) I'll take care of that now.
(B) OK, but subtract the sum from the bill.
(C) Everyone had his or her own station.

두 개의 추가 작업 공간을 설치해주세요.

(A) 제가 지금 처리할게요.
(B) 네, 하지만 청구서에서 그 금액을 빼세요.
(C) 모든 사람들이 자신의 담당 일터를 가지고 있었어요.

■ 평서문
정답 (A)

두 개의 추가 작업 공간을 설치해달라고 요청하는 평서문이다.
(A) [○] 지금 처리하겠다는 말로 요청을 수락한 정답이다.
(B) [×] set up(설치하다)에서 연상할 수 있는 설치 비용과 관련된 bill(청구서)을 사용하여 혼동을 준 오답이다. subtract를 add로 혼동하여
　　　OK, but add the sum to the bill(네, 하지만 청구서에 그 금액을 추가하세요)로 생각해 정답으로 선택하지 않도록 주의한다.
(C) [×] workspaces(작업 공간)와 관련 있는 station(담당 일터)을 사용하여 혼동을 준 오답이다.

어휘　set up 설치하다　subtract[səbtrǽkt] 빼다　sum[sʌm] 금액, 액수　station[stéiʃən] 담당 일터, 부서

29

⚠️ 호주식 발음 → 미국식 발음

Whose fountain pen is sitting on the front desk?

(A) Sign your name on the register.
(B) I've never seen it before.
(C) You may sit anywhere you'd like.

누구의 만년필이 안내 데스크에 놓여 있는 건가요?

(A) 기록부에 서명하세요.
(B) 저는 이전에 그것을 본 적이 없어요.
(C) 당신은 원하는 곳 아무 데나 앉아도 돼요.

■ Who 의문문
정답 (B)

누구의 만년필이 안내 데스크에 놓여 있는 것인지를 묻는 Who(Whose) 의문문이다.
(A) [×] 누구의 만년필이 안내 데스크에 놓여 있는 것인지를 물었는데, 이와 관련이 없는 기록부에 서명하라는 내용으로 응답했으므로 오답이다.
　　　fountain pen(만년필)에서 연상할 수 있는 펜의 용도와 관련된 Sign your name(서명하세요)을 사용하여 혼동을 주었다.
(B) [○] 이전에 그것을 본 적이 없다는 말로 만년필이 누구의 것인지 모르겠다는 간접적인 응답을 했으므로 정답이다.
(C) [×] 질문의 sitting(놓여 있다)을 '앉다'라는 의미의 sit으로 반복 사용하여 혼동을 준 오답이다.

어휘　fountain pen 만년필　sit[sit] 놓여 있다, 앉다　sign[sain] 서명하다　register[rédʒistər] 기록부; 등록하다, 기록하다

30

⚠️ 영국식 발음 → 캐나다식 발음

Are you going to paint the kitchen yourself or hire a contractor?

(A) The same color as the living room.
(B) Put it next to the refrigerator.
(C) I'm too busy these days.

부엌에 직접 페인트를 칠할 건가요, 아니면 하청업자를 고용할 건가요?

(A) 거실이랑 같은 색이요.
(B) 냉장고 옆에 놔주세요.
(C) 저는 요즘 너무 바빠요.

■ 선택 의문문
정답 (C)

부엌에 직접 페인트를 칠할 것인지 아니면 하청업자를 고용할 것인지를 묻는 선택 의문문이다.
(A) [×] paint(페인트를 칠하다)와 관련 있는 color(색)를 사용하여 혼동을 준 오답이다.
(B) [×] 부엌에 직접 페인트를 칠할 것인지 아니면 하청업자를 고용할 것인지를 물었는데, 이와 관련이 없는 냉장고 옆에 놔달라는 내용으로 응
　　　답했으므로 오답이다. kitchen(부엌)과 관련 있는 refrigerator(냉장고)를 사용하여 혼동을 주었다.
(C) [○] 자신이 요즘 너무 바쁘다는 말로 하청업자를 고용하는 것을 간접적으로 선택했으므로 정답이다.

어휘　contractor[미 kántræktər, 영 kəntrǽktə] 하청업자　living room 거실　refrigerator[rifrídʒərèitər] 냉장고

최상

호주식 발음 → 미국식 발음

Did you buy the watch we saw at the department store
yesterday?

(A) I will deliver it soon.
(B) I couldn't resist.
(C) Yes, I thought it was.

우리가 어제 백화점에서 본 그 시계를 샀나요?

(A) 곧 배달해 드릴게요.
(B) 참을 수 없었어요.
(C) 네, 전 그렇다고 생각했어요.

■ 조동사 의문문

정답 (B)

어제 백화점에서 본 시계를 샀는지를 확인하는 조동사(Do) 의문문이다.

(A) [×] buy(사다)에서 연상할 수 있는 서비스와 관련된 deliver(배달하다)를 사용하고, 질문의 watch(시계)를 나타낼 수 있는 it을 사용하여 혼
동을 준 오답이다.

(B) [○] 참을 수 없었다는 말로 어제 백화점에서 본 그 시계를 샀음을 간접적으로 전달했으므로 정답이다.

(C) [×] 어제 백화점에서 본 시계를 샀는지를 물었는데, 이와 관련이 없는 자신이 그렇다고 생각했다는 내용으로 응답했으므로 오답이다. Yes만
듣고 정답으로 선택하지 않도록 주의한다.

어휘   department store 백화점   resist[rizíst] 참다, 저항하다

32
33
34

Questions 32-34 refer to the following conversation.

🎧 미국식 발음 → 호주식 발음

W: Good afternoon. ³²I'm here to drop off the car I rented for the weekend. The vehicle is an SXA 390 sedan, and my name is Jenna Clarkson.

M: OK. I'd just like to ask you a couple of questions regarding the vehicle. First, ³³was the car scratched or otherwise damaged while you were using it? Also, did you refill the gas tank prior to dropping it off, as is stipulated in the rental agreement?

W: The car is undamaged, but ³⁴I unfortunately wasn't able to put gas in the tank before coming here.

M: Oh, ³⁴then I'll have to charge you an additional fee. Please wait a moment while I make the adjustment to your bill.

32 Where most likely are the speakers?
(A) At a car dealership
(B) At a gas station
(C) At an auto mechanic shop
(D) At a rental agency

33 What does the man ask the woman about?
(A) Whether a vehicle was damaged
(B) Why an agreement was not signed
(C) How much fuel she used
(D) What features a car has

34 Why is the woman being charged extra?
(A) She did not arrive on time.
(B) She requested a cleaning service.
(C) She did not refill the gas tank.
(D) She agreed to an upgrade.

32-34번은 다음 대화에 관한 문제입니다.

W: 안녕하세요. ³²저는 주말 동안 빌렸던 차를 반납하러 왔습니다. 차량은 SXA 390 세단이고, 제 이름은 Jenna Clarkson입니다.

M: 알겠습니다. 차량에 관해 몇 가지 질문들을 드리고 싶습니다. 먼저, ³³차를 사용하시는 동안 그것이 긁히거나 만약 그렇지 않더라도 손상이 되었나요? 또한, 임대 계약서에 명시된 대로, 그것을 반납하시기 전에 연료 탱크를 다시 채우셨나요?

W: 차가 손상되지는 않았지만, ³⁴유감스럽게도 제가 여기 오기 전에 탱크에 기름을 넣지 못했어요.

M: 아, ³⁴그러면 제가 손님께 추가 비용을 청구해야 할 거예요. 제가 손님의 청구서를 수정하는 동안 잠시만 기다려 주세요.

32. 화자들은 어디에 있는 것 같은가?
(A) 자동차 판매 대리점에
(B) 주유소에
(C) 자동차 정비소에
(D) 임대 대리점에

33. 남자는 여자에게 무엇에 관해 문의하는가?
(A) 차량이 손상되었는지
(B) 계약서에 왜 서명이 되지 않았는지
(C) 그녀가 연료를 얼마나 사용했는지
(D) 자동차가 어떤 기능들을 갖고 있는지

34. 여자에게 왜 추가로 요금이 청구되고 있는가?
(A) 그녀는 제시간에 도착하지 않았다.
(B) 그녀는 청소 서비스를 요청했다.
(C) 그녀는 연료 탱크를 다시 채우지 않았다.
(D) 그녀는 업그레이드에 동의했다.

지문 vehicle[víːhikl] 차량 scratch[skrætʃ] 긁다 damage[dǽmidʒ] 손상을 주다 refill[riːfíl] 다시 채우다
stipulate[미 stípjuleit, 영 stípjəleit] 명시하다, 규정하다 rental[réntl] 임대의 agreement[əgríːmənt] 계약서
charge[미 tʃɑːrdʒ, 영 tʃɑːdʒ] (요금을) 청구하다 adjustment[ədʒʌ́stmənt] 수정, 조정
32 dealership[díːlərʃip] 판매 대리점 auto mechanic 자동차 정비소   33 feature[fíːtʃər] 기능, 특징

32 ■ 전체 대화 관련 문제 장소   정답 (D)
화자들이 있는 장소를 묻는 문제이므로, 장소와 관련된 표현을 놓치지 않고 듣는다. 여자가 "I'm here to drop off the car I rented for the weekend."라며 자신이 주말 동안 빌렸던 차를 반납하러 왔다고 하였다. 이를 통해 화자들이 임대 대리점에 있음을 알 수 있다. 따라서 정답은 (D) At a rental agency이다.

33 ■ 세부 사항 관련 문제 특정 세부 사항   정답 (A)
남자가 여자에게 문의하는 것을 묻는 문제이므로, 남자의 말을 주의 깊게 듣는다. 남자가 여자에게 "was the car scratched or ~ damaged while you were using it?"이라며 차를 사용하는 동안에 그것이 긁히거나 손상이 되었는지 물었다. 따라서 정답은 (A) Whether a vehicle was damaged이다.

34 ■ 세부 사항 관련 문제 이유   정답 (C)
여자에게 추가로 요금이 청구되는 이유를 묻는 문제이므로, 질문의 핵심어구(charged extra)와 관련된 내용을 주의 깊게 듣는다. 여자가 "I ~ wasn't able to put gas in the tank before coming here"라며 오기 전에 탱크에 기름을 넣지 못했다고 하자, 남자가 "then I'll have to charge you an additional fee"라며 그러면 여자에게 추가 비용을 청구해야 할 거라고 하였다. 따라서 정답은 (C) She did not refill the gas tank이다.

바꾸어 표현하기
put gas in the tank 탱크에 기름을 넣다 → refill the gas tank 연료 탱크를 다시 채우다

Questions 35-37 refer to the following conversation.

🎧 영국식 발음 → 캐나다식 발음

W: ³⁵It seems like the book fair went well overall.

M: For the most part. However, ³⁵fewer people showed up than expected. That was a bit of a letdown.

W: Yeah, I was a little disappointed by that as well. Personally, ³⁶I think we should have better advertised the event in order to attract more participants.

M: I suggested running an online marketing campaign a few months ago. I'm not sure why our boss, Ms. Gabbert, never followed up on my recommendation.

W: ³⁷I think she couldn't allocate any more money for the fair because our advertising budget had already been used for other projects.

35 What does the man say about the book fair?
(A) It was held at a local library.
(B) It was featured in a major magazine.
(C) It provided reading materials to kids.
(D) It had a lower turnout than anticipated.

36 Why does the man say, "I suggested running an online marketing campaign a few months ago"?
(A) To provide a reason for a decision
(B) To express agreement with an opinion
(C) To show concern about a plan
(D) To indicate a preference for an option

37 What was Ms. Gabbert unable to do?
(A) Use more funds for an event
(B) Meet with a financial consultant
(C) Participate in a company event
(D) Review a project budget

35-37번은 다음 대화에 관한 문제입니다.

W: ³⁵전반적으로 도서 박람회가 잘 진행된 것 같아요.

M: 대부분은요. 하지만, ³⁵예상보다 더 적은 사람들이 왔어요. 그게 약간 실망이었어요.

W: 네, 저도 그것 때문에 조금 낙담했어요. 개인적으로, ³⁶저는 더 많은 참석자들을 끌어모으기 위해 우리가 그 행사를 더 잘 홍보해야 했다고 생각해요.

M: 제가 몇 달 전에 온라인 마케팅을 진행하자고 제안했어요. 저는 우리 상사인 Ms. Gabbert가 제 제안에 대해 왜 후속 조치를 취하지 않았는지 모르겠어요.

W: ³⁷저는 우리 광고 예산이 이미 다른 프로젝트들에 사용되었기 때문에 그녀가 그 박람회에 더 이상의 자금을 할당할 수 없었다고 생각해요.

35. 남자는 도서 박람회에 관해 무엇을 말하는가?
(A) 지역 도서관에서 열렸다.
(B) 주요 잡지에 특집으로 실렸다.
(C) 아이들에게 읽을거리들을 제공했다.
(D) 예상보다 참석자 수가 더 적었다.

36. 남자는 왜 "제가 몇 달 전에 온라인 마케팅을 진행하자고 제안했어요"라고 말하는가?
(A) 결정의 이유를 제공하기 위해
(B) 의견에 동의를 표하기 위해
(C) 계획에 관한 우려를 드러내기 위해
(D) 선택 사항에 대한 선호를 나타내기 위해

37. Ms. Gabbert는 무엇을 할 수 없었는가?
(A) 행사에 더 많은 자금을 사용한다.
(B) 재정 자문가와 만난다.
(C) 회사 행사에 참석한다.
(D) 프로젝트 예산을 검토한다.

지문 letdown [létdaun] 실망 follow up 후속 조치를 하다 allocate [준ləkeit] 할당하다, 배분하다 budget [bʎdʒit] 예산
35 feature [fíːtʃər] 특집으로 하다 turnout [tɔ́ːrnaut] 참석자 수 37 fund [fʌnd] 자금

---

35 ■ 세부 사항 관련 문제 언급 정답 (D)

남자가 도서 박람회에 관해 언급하는 것을 묻는 문제이므로, 남자의 말에서 질문의 핵심어구(book fair)가 언급된 주변을 주의 깊게 듣는다. 여자가 "It seems like the book fair went well overall."이라며 전반적으로 도서 박람회가 잘 진행된 것 같다고 하자, 남자가 "fewer people showed up than expected"라며 예상보다 더 적은 사람들이 왔다고 하였다. 따라서 정답은 (D) It had a lower turnout than anticipated이다.

36 ■ 세부 사항 관련 문제 의도 파악 정답 (B)

남자가 하는 말의 의도를 묻는 문제이므로, 질문의 인용어구(I suggested running an online marketing campaign a few months ago)가 언급된 주변을 주의 깊게 듣는다. 여자가 "I think we should have better advertised the event in order to attract more participants"라며 더 많은 참석자들을 끌어모으기 위해 그 행사를 더 잘 홍보했어야 했다고 생각한다고 하자, 남자가 "I suggested running an online marketing campaign a few months ago."라며 몇 달 전에 온라인 마케팅을 진행하자고 제안했다고 하였다. 이를 통해 남자가 여자의 의견에 동의를 표하기 위함임을 알 수 있다. 따라서 정답은 (B) To express agreement with an opinion이다.

37 ■ 세부 사항 관련 문제 특정 세부 사항 정답 (A)

Ms. Gabbert가 할 수 없었던 것을 묻는 문제이므로, 질문의 핵심어구(Ms. Gabbert unable to do)와 관련된 내용을 주의 깊게 듣는다. 여자가 "I think she[Ms. Gabbert] couldn't allocate any more money for the fair because our advertising budget had already been used for other projects."라며 광고 예산이 이미 다른 프로젝트들에 사용되었기 때문에 Ms. Gabbert가 그 박람회에 더 이상의 자금을 할당할 수 없었다고 생각한다고 하였다. 따라서 정답은 (A) Use more funds for an event이다.

Questions 38-40 refer to the following conversation.

호주식 발음 → 미국식 발음

M: Susan, ³⁸I was very impressed with the article you handed in last Thursday about popular Kentsville dining spots. Also, a lot of people have posted on social media about one of the restaurants you mentioned. Uh, ³⁹Lima Kitchen, the Peruvian restaurant that opened just recently . . .

W: Thanks, Chris. It's nice to hear that the public is pleased with what I wrote.

M: Given the positive feedback, maybe you should do something similar. You could write a piece about another new dining establishment in the area.

W: I've been asked to do just that, actually. ⁴⁰I'm about to go to our head editor's office to discuss that assignment right now.

38 What did the woman do last Thursday?
(A) Submitted an article
(B) Created a social media profile
(C) Interviewed a local chef
(D) Hosted an opening event

39 According to the man, what did Lima Kitchen recently do?
(A) Developed an online page
(B) Started business operations
(C) Offered discount coupons
(D) Remodeled a dining area

40 What will the woman most likely do next?
(A) Edit a story
(B) Visit a restaurant
(C) Meet with a colleague
(D) Make an online post

M: Susan, ³⁸저는 Kentsville의 인기 있는 식사 장소들에 관해 당신이 지난 목요일에 제출한 기사에 매우 깊은 인상을 받았어요. 또한, 당신이 언급한 식당들 중 한 곳에 대해 많은 사람들이 소셜 미디어에 게시했어요. 어, ³⁹최근에 막 개업한 페루 식당인 Lima Kitchen이요…

W: 고마워요, Chris. 대중들이 제가 쓴 것을 마음에 들어 한다는 것을 들으니 좋네요.

M: 긍정적인 의견을 고려해 볼 때, 아마도 당신은 유사한 무언가를 해야 할 거예요. 당신은 그 지역에 있는 또 다른 새로운 식당에 관한 기사를 쓸 수 있어요.

W: 실은, 제가 바로 그것을 하도록 요청받았어요. ⁴⁰저는 지금 그 업무에 관해 논의하기 위해 수석 편집장실에 가려는 참이에요.

38. 여자는 지난 목요일에 무엇을 했는가?
(A) 기사를 제출했다.
(B) 소셜 미디어의 프로필을 만들었다.
(C) 지역 요리사를 인터뷰했다.
(D) 개업식을 주최했다.

39. 남자에 따르면, Lima Kitchen은 최근에 무엇을 했는가?
(A) 온라인 페이지를 개발했다.
(B) 영업을 시작했다.
(C) 할인 쿠폰들을 제공했다.
(D) 식사 공간을 개조했다.

40. 여자는 다음에 무엇을 할 것 같은가?
(A) 기사를 편집한다.
(B) 식당을 방문한다.
(C) 동료를 만난다.
(D) 온라인 게시물을 작성한다.

지문 impressed[imprést] 깊은 인상을 받은, 감명을 받은 hand in 제출하다 spot[미 spɑːt, 영 spɔt] 장소 open[미 óupən, 영 óupən] 개업하다
dining establishment 식당
38 submit[səbmít] 제출하다 chef[ʃef] 요리사 host[houst] 주최하다   39 remodel[riːmáːdl] 개조하다
40 edit[édit] 편집하다 colleague[káːliːg] 동료

---

38 ■ 세부 사항 관련 문제 특정 세부 사항 정답 (A)

여자가 지난 목요일에 한 것을 묻는 문제이므로, 질문의 핵심어구(last Thursday)가 언급된 주변을 주의 깊게 듣는다. 남자가 "I was very impressed with the article you handed in last Thursday about popular Kentsville dining spots"라며 여자가 Kentsville의 인기 있는 식사 장소들에 관해 지난 목요일에 제출한 기사에 매우 깊은 인상을 받았다고 하였다. 이를 통해 여자가 지난 목요일에 기사를 제출했다는 것을 알 수 있다. 따라서 정답은 (A) Submitted an article이다.

바꾸어 표현하기
handed in 제출했다 → Submitted 제출했다

39 ■ 세부 사항 관련 문제 특정 세부 사항 정답 (B)

Lima Kitchen이 최근에 한 것을 묻는 문제이므로, 남자의 말에서 질문의 핵심어구(Lima Kitchen)가 언급된 주변을 주의 깊게 듣는다. 남자가 "Lima kitchen, the Peruvian restaurant that opened just recently"라며 최근에 막 개업한 페루 식당인 Lima Kitchen이라고 하였다. 따라서 정답은 (B) Started business operations이다.

40 ■ 세부 사항 관련 문제 다음에 할 일 정답 (C)

여자가 다음에 할 일을 묻는 문제이므로, 대화의 마지막 부분을 주의 깊게 듣는다. 여자가 "I'm about to go to our head editor's office to discuss that assignment right now."라며 지금 그 업무에 관해 논의하기 위해 수석 편집장실에 가려는 참이라고 하였다. 따라서 정답은 (C) Meet with a colleague이다.

Questions 41-43 refer to the following conversation with three speakers.

🎧 캐나다식 발음 → 호주식 발음 → 영국식 발음

M1: ⁴¹There isn't enough space in our garage to do all the repair work that we have been getting. Allen, do you think we need a larger facility?

M2: Hmm . . . I'm not sure. Our customers might not know where our new location is. ⁴²I'm worried our competitors might get some of our business if we move.

W: Actually, ⁴³the vacant lot next door was just put up for sale. If we acquire it, we could have a bigger facility constructed on the land. That way, we would be able to expand right here.

M1: That would be perfect! Let's start by determining how much the parcel of land is being sold for.

41 What are the speakers mainly discussing?
(A) The benefits of employee training
(B) The effects of increased competition
(C) The details of new regulations
(D) The possibility of expansion

42 Why is Allen concerned?
(A) He has received multiple complaints.
(B) He does not want to lose customers.
(C) He is unable to afford some equipment.
(D) He could not find a moving company.

43 What does the woman recommend?
(A) Ordering mechanical equipment
(B) Stopping by a vacant facility
(C) Buying a nearby property
(D) Constructing more branches

41-43번은 다음 세 명의 대화에 관한 문제입니다.

M1: ⁴¹차량 정비소에 우리가 받고 있는 모든 수리 작업을 할 충분한 공간이 없어요. Allen, 당신은 우리가 더 큰 시설이 필요하다고 생각해요?

M2: 흠… 잘 모르겠어요. 우리 고객들은 우리의 새로운 위치가 어디인지 잘 모를 거예요. ⁴²이전하면 우리의 경쟁 업체들이 우리 거래의 일부를 가져갈까 봐 걱정돼요.

W: 실은, ⁴³바로 옆의 비어 있는 부지가 막 매물로 나왔어요. 만약 우리가 그것을 얻는다면, 우리는 그 부지에 더 큰 시설이 세워지게 할 수 있을 거예요. 그렇게 하면, 우리는 바로 이곳에서 확장할 수 있을 것이고요.

M1: 그러면 완벽하겠네요! 그 땅의 한 구획이 얼마에 팔리고 있는지 알아보는 걸로 시작하죠.

41. 화자들은 주로 무엇에 관해 이야기하는가?
(A) 직원 교육의 이점들
(B) 증가된 경쟁의 영향
(C) 새로운 규정에 대한 세부 사항들
(D) 확장의 가능성

42. Allen은 왜 걱정을 하는가?
(A) 그는 다수의 항의를 받았다.
(B) 그는 고객들을 잃고 싶지 않다.
(C) 그는 장비를 살 여유가 없다.
(D) 그는 이삿짐 운송 회사를 찾을 수 없었다.

43. 여자는 무엇을 제안하는가?
(A) 기계 장비를 주문하기
(B) 비어 있는 시설에 들르기
(C) 근처의 토지를 구입하기
(D) 더 많은 지점들을 건설하기

지문 garage[gərá:ʒ] 차량 정비소 competitor[미 kəmpétitər, 영 kəmpétitə] 경쟁 업체 business[bíznis] 거래, 장사 vacant[véikənt] 비어 있는 lot[미 lɑːt, 영 lɔt] 부지 put up for sale 매물로 내놓다 construct[kənstrʎkt] 세우다, 건설하다 determine[ditə́:rmin] 알아내다, 밝히다 parcel[pá:rsəl] (토지 등의) 한 구획
41 regulation[règjuléiʃən] 규정, 법규   42 multiple[mʎltipl] 다수의 complaint[kəmpléint] 항의, 불평
43 property[prá:pərti] 토지, 부동산

---

41 ■ 전체 대화 관련 문제 주제 정답 (D)

대화의 주제를 묻는 문제이므로, 대화의 초반을 반드시 듣는다. 남자 1이 "There isn't enough space in our garage to do all the repair work ~ . Allen, do you think we need a larger facility?"라며 차량 정비소에 모든 수리 작업을 할 충분한 공간이 없다며 남자 2[Allen]에게 더 큰 시설이 필요하다고 생각하는지를 물은 뒤 업체의 확장 가능성에 대한 내용으로 대화가 이어지고 있다. 따라서 정답은 (D) The possibility of expansion이다.

42 ■ 세부 사항 관련 문제 문제점 정답 (B)

Allen 즉, 남자 2의 문제점을 묻는 문제이므로, 남자 2의 말에서 부정적인 표현이 언급된 다음을 주의 깊게 듣는다. 남자 2[Allen]가 "I'm worried our competitors might get some of our business if we move."라며 이전하면 경쟁 업체들이 자신들의 거래의 일부를 가져갈까 봐 걱정된다고 하였다. 따라서 정답은 (B) He does not want to lose customers이다.

43 ■ 세부 사항 관련 문제 제안 정답 (C)

여자가 제안하는 것을 묻는 문제이므로, 여자의 말에서 제안과 관련된 표현이 언급된 다음을 주의 깊게 듣는다. 여자가 "the vacant lot next door was just put up for sale. If we acquire it, we could have a bigger facility constructed on the land."라며 바로 옆의 비어 있는 부지가 막 매물로 나왔는데, 만약 자신들이 그것을 얻는다면 그 부지에 더 큰 시설이 세워지게 할 수 있을 것이라고 하였다. 따라서 정답은 (C) Buying a nearby property이다.

Questions 44-46 refer to the following conversation.

🎧 영국식 발음 → 호주식 발음

W: Stan, ⁴⁴I just watched the promotional video you put together for our bakery.

M: What do you think of it?

W: It looks good, but ⁴⁵I'm worried because the sale we're having on cream-filled donuts isn't mentioned in it.

M: Unfortunately, the advertisement only runs for 30 seconds, so I couldn't include everything.

W: In that case, ⁴⁶could you take out the part at the end that shows the interior of our shop?

M: ⁴⁶Remove the final segment? You specifically asked for that content to be included.

W: I know. But providing information about the sale is more important at this point.

M: OK. I understand now. I'll make those changes this afternoon.

44 Where do the speakers most likely work?
(A) At a supermarket
(B) At an advertising firm
(C) At a movie production company
(D) At a bakery

45 Why is the woman concerned?
(A) A sale is not drawing customers.
(B) A commercial lacks some information.
(C) A video is longer than anticipated.
(D) A store interior is not fully prepared.

46 What does the man mean when he says, "You specifically asked for that content to be included"?
(A) He cannot meet a deadline.
(B) He will not perform a task.
(C) He is confused by a request.
(D) He was misinformed about a project.

44-46번은 다음 대화에 관한 문제입니다.

W: Stan, ⁴⁴저는 당신이 우리 빵집을 위해 만든 홍보 영상을 방금 봤어요.

M: 그것에 대해 어떻게 생각해요?

W: 좋아 보이기는 한데, ⁴⁵우리가 크림이 채워진 도넛들에 대해 진행 중인 할인 판매가 그 안에 언급되어 있지 않아서 걱정돼요.

M: 유감스럽지만, 광고가 30초만 상영이 되기 때문에, 모든 것을 포함할 수는 없었어요.

W: 그런 경우라면, ⁴⁶우리 가게의 내부를 보여주는 마지막 부분을 빼주실 수 있나요?

M: ⁴⁶마지막 부분을 삭제한다고요? 당신이 그 내용이 포함되도록 특별히 요청했잖아요.

W: 알아요. 하지만 할인 판매에 관한 정보를 제공하는 것이 이 시점에서는 더 중요해요.

M: 알겠어요. 이제 이해가 가네요. 제가 오늘 오후에 그것들을 변경할게요.

44. 화자들은 어디에서 일하는 것 같은가?
(A) 슈퍼마켓에서
(B) 광고 회사에서
(C) 영화 제작 회사에서
(D) 빵집에서

45. 여자는 왜 걱정을 하는가?
(A) 할인 판매가 고객들을 끌어모으지 못하고 있다.
(B) 광고에 일부 정보가 부족하다.
(C) 영상이 예상보다 더 길다.
(D) 상점 인테리어가 완전히 준비되지 않았다.

46. 남자는 "당신이 그 내용이 포함되도록 특별히 요청했잖아요"라고 말할 때 무엇을 의도하는가?
(A) 그는 마감 기한을 맞출 수 없다.
(B) 그는 업무를 수행하지 않을 것이다.
(C) 그는 요청으로 인해 혼란스럽다.
(D) 그는 프로젝트에 대해 잘못된 정보를 받았다.

지문 put together 만들다 interior[미 intíriər, 영 intíəriə] 내부 segment[ségmənt] 부분 content[미 kάːntent, 영 kɔ́ntent] 내용
45 commercial[kəmə́ːrʃəl] 광고 anticipate[æntísəpèit] 예상하다, 기대하다 46 misinform[mìsinfɔ́ːrm] 잘못된 정보를 주다

44 ■ 전체 대화 관련 문제 화자   정답 (D)

화자들이 일하는 장소를 묻는 문제이므로, 신분 및 직업과 관련된 표현을 놓치지 않고 듣는다. 여자가 "I just watched the promotional video you put together for our bakery"라며 남자가 자신들의 빵집을 위해 만든 홍보 영상을 봤다고 한 말을 통해 화자들이 일하는 곳이 빵집임을 알 수 있다. 따라서 정답은 (D) At a bakery이다.

45 ■ 세부 사항 관련 문제 문제점   정답 (B)

여자의 문제점을 묻는 문제이므로, 여자의 말에서 부정적인 표현이 언급된 다음을 주의 깊게 듣는다. 여자가 "I'm worried because the sale we're having on cream-filled donuts isn't mentioned in it[promotional video]"이라며 크림이 채워진 도넛에 대해 진행 중인 할인 판매가 홍보 영상에 언급되어 있지 않아서 걱정된다고 하였다. 따라서 정답은 (B) A commercial lacks some information이다.

46 ■ 세부 사항 관련 문제 의도 파악   정답 (C)

남자가 하는 말의 의도를 묻는 문제이므로, 질문의 인용어구(You specifically asked for that content to be included)가 언급된 주변을 주의 깊게 듣는다. 여자가 "could you take out the part at the end that shows the interior of our shop?"이라며 가게의 내부를 보여주는 마지막 부분을 뺄 수 있는지 묻자, 남자가 "Remove the final segment? You specifically asked for that content to be included."라며 마지막 부분을 삭제한다는 것인지 되물으며 여자가 그 내용이 포함되도록 특별히 요청했다고 했으므로, 여자의 요청으로 인해 혼란스러움을 알 수 있다. 따라서 정답은 (C) He is confused by a request이다.

Questions 47-49 refer to the following conversation.

🎧 캐나다식 발음 → 미국식 발음

M: Hello. ⁴⁷This is Danny Martinson calling from Westend Boutique. I'm sorry, but ⁴⁷the evening gown you ordered online was returned to our shipping facility as ⁴⁸the address you entered was inaccurate.

W: I apologize for that. Could you please resend it? I live at 3258 Pleasant Avenue, Denver, Colorado.

M: Certainly. It'll take about five days to reach you.

W: OK, that's acceptable. While I have you on the phone, can you explain how to use discount coupons on your Web site? I've had trouble with them in the past.

M: ⁴⁹Before you complete your order, click the green "Promotions" button on the bottom of the page. Then, type the coupon code into the box that appears to apply the discount, and click "Submit."

47 Who most likely is the man?
(A) A fashion designer
(B) A customer service representative
(C) A Web site developer
(D) A post office worker

48 According to the man, what did the woman fail to do?
(A) Provide payment confirmation
(B) Input correct information
(C) Print a receipt
(D) Log in to a Web page

49 According to the man, what should the woman do with a code?
(A) Submit it online
(B) E-mail it to an employee
(C) Present it to a manager
(D) Write it on a billing statement

47-49번은 다음 대화에 관한 문제입니다.

M: 안녕하세요. ⁴⁷저는 Westend 부티크에서 전화드리는 Danny Martinson입니다. 죄송하지만, ⁴⁸고객님이 입력하신 주소가 부정확하여 ⁴⁷온라인으로 주문하셨던 예복이 저희 배송 시설로 되돌아왔습니다.

W: 죄송해요. 그것을 다시 보내주실 수 있나요? 저는 콜로라도 주의 덴버에 있는 Pleasant가 3258번지에 거주합니다.

M: 물론입니다. 고객님께 도착하는 데 약 5일이 걸릴 거예요.

W: 알겠어요, 괜찮아요. 당신과 통화하는 동안, 웹사이트에서 할인 쿠폰을 사용하는 법을 설명해주실 수 있나요? 저는 이전에 그것과 관련하여 어려움을 겪었어요.

M: ⁴⁹주문을 완료하시기 전에, 페이지 하단에 있는 녹색의 "판촉 상품" 버튼을 클릭하세요. 그러고 나서, 할인을 적용하기 위해 나타나는 박스에 쿠폰 코드를 입력하신 후, "제출"을 클릭하세요.

47. 남자는 누구인 것 같은가?
(A) 패션 디자이너
(B) 고객 서비스 담당자
(C) 웹사이트 개발자
(D) 우체국 직원

48. 남자에 따르면, 여자는 무엇을 하지 못했는가?
(A) 결제 확인서를 제공한다.
(B) 정확한 정보를 입력한다.
(C) 영수증을 출력한다.
(D) 웹페이지에 로그인한다.

49. 남자에 따르면, 여자는 코드로 무엇을 해야 하는가?
(A) 온라인으로 제출한다.
(B) 직원에게 이메일로 보낸다.
(C) 관리자에게 보여준다.
(D) 청구 명세서에 기록한다.

지문 boutique[buːtíːk] 부티크, 양품점 acceptable[əkséptəbl] 괜찮은, 만족스러운 complete[kəmplíːt] 완료하다 apply[əplái] 적용하다
48 input[ínput] 입력하다 print[print] 출력하다, 인쇄하다 receipt[risíːt] 영수증
49 present[prizént] 보여주다 billing statement 청구 명세서, 대금 청구서

47 ■ 전체 대화 관련 문제 화자   정답 (B)
남자의 신분을 묻는 문제이므로, 신분 및 직업과 관련된 표현을 놓치지 않고 듣는다. 남자가 "This is Danny Martinson calling from Westend Boutique."라며 자신이 Westend 부티크에서 전화하는 Danny Martinson이라고 소개한 뒤, "the evening gown you ordered online was returned to our shipping facility"라며 여자가 온라인으로 주문했던 예복이 자신들의 배송 시설로 되돌아왔다고 하였다. 이를 통해 남자가 고객 서비스 담당자임을 알 수 있다. 따라서 정답은 (B) A customer service representative이다.

48 ■ 세부 사항 관련 문제 특정 세부 사항   정답 (B)
여자가 하지 못한 것을 묻는 문제이므로, 남자의 말에서 질문의 핵심어구(fail to do)와 관련된 내용을 주의 깊게 듣는다. 남자가 "the address you entered was inaccurate"라며 여자가 입력한 주소가 부정확했다고 하였다. 따라서 정답은 (B) Input correct information이다.

49 ■ 세부 사항 관련 문제 특정 세부 사항   정답 (A)
여자가 코드로 해야 하는 것을 묻는 문제이므로, 남자의 말에서 질문의 핵심어구(code)가 언급된 주변을 주의 깊게 듣는다. 남자가 "Before you complete your order ~ type the coupon code into the box that appears to apply the discount, and click "Submit.""이라며 주문을 완료하기 전에 할인을 적용하기 위해 나타나는 박스에 쿠폰 코드를 입력한 후, "제출"을 누르라고 하였다. 이를 통해 코드를 온라인으로 제출해야 한다는 것을 알 수 있다. 따라서 정답은 (A) Submit it online이다.

Questions 50-52 refer to the following conversation.

🎧 호주식 발음 → 영국식 발음

M: OK, Ms. Kelly, what seems to be the problem with your wrist?

W: Well, it's been bothering me a lot at my job lately. ⁵⁰I bend my right wrist repetitively at work, so I think that might be the cause of the pain. ⁵¹I work in a shoe manufacturing facility, and I'm often pulling levers on massive equipment.

M: I see. In that case, I'll prescribe you some pain-killing medication. However, ⁵²I recommend you speak with your boss about ways to ensure that the constant motions aren't causing you any injuries in the meantime.

50 What does the woman say about her work?
   (A) It can be stressful at times.
   (B) It is challenging for new employees.
   (C) It requires regular business trips.
   (D) It involves repetitive movements.

51 What type of business does the woman work in?
   (A) A clothing distributor
   (B) A footwear factory
   (C) A medical facility
   (D) A retail store

52 What does the man suggest the woman do?
   (A) Seek out a physical therapist
   (B) Consider alternative professions
   (C) Discuss a situation with a supervisor
   (D) Request some additional safety equipment

50-52번은 다음 대화에 관한 문제입니다.

M: 자, Ms. Kelly, 손목에 무슨 문제가 있는 것 같으신가요?
W: 음, 그것은 최근에 직장에서 저를 많이 신경 쓰이게 했어요. ⁵⁰제가 직장에서 제 오른쪽 손목을 반복적으로 구부려서, 그것이 통증의 원인일 수도 있다고 생각해요. ⁵¹저는 신발 제조 시설에서 일하는데, 큰 장비의 레버를 종종 당기고 있어요.
M: 알겠습니다. 그렇다면, 제가 진통제를 좀 처방해드릴게요. 하지만, 그동안에 ⁵²지속적인 움직임이 부상을 야기하지 않도록 확실히 하기 위한 방법들에 관해 상사와 이야기해보는 것을 제안드립니다.

50. 여자는 자신의 업무에 대해 무엇을 말하는가?
   (A) 때때로 스트레스가 많을 수 있다.
   (B) 새로운 직원들에게 힘들다.
   (C) 정기적인 출장을 요구한다.
   (D) 반복적인 움직임을 수반한다.

51. 여자는 어떤 종류의 업체에서 일을 하는가?
   (A) 의류 유통업체
   (B) 신발 공장
   (C) 의료 시설
   (D) 소매점

52. 남자는 여자에게 무엇을 하라고 제안하는가?
   (A) 물리 치료사를 구한다.
   (B) 다른 직업들을 고려한다.
   (C) 관리자와 상황을 이야기한다.
   (D) 추가적인 안전 장비를 요청한다.

지문 **bend**[bend] 구부리다 **wrist**[rist] 손목 **repetitively**[ripétətivli] 반복적으로 **massive**[mǽsiv] 큰, 거대한 **prescribe**[priskráib] 처방하다 **medication**[mèdikéiʃən] 약, 약제 **in the meantime** 그동안에
50 **at times** 때때로 51 **distributor**[distríbjətər] 유통업체
52 **physical therapist** 물리 치료사 **alternative**[ɔːltɔ́ːrnətiv] 다른, 대안의 **profession**[prəféʃən] 직업

---

50 ■ 세부 사항 관련 문제 언급 정답 (D)

여자가 자신의 업무에 대해 언급하는 것을 묻는 문제이므로, 질문의 핵심어구(her work)와 관련된 내용을 주의 깊게 듣는다. 여자가 "I bend my right wrist repetitively at work"라며 자신이 직장에서 오른쪽 손목을 반복적으로 구부린다고 하였다. 따라서 정답은 (D) It involves repetitive movements이다.

51 ■ 전체 대화 관련 문제 화자 정답 (B)

여자가 일하는 업체를 묻는 문제이므로, 신분 및 직업과 관련된 표현을 놓치지 않고 듣는다. 여자가 "I work in a shoe manufacturing facility"라며 자신이 신발 제조 시설에서 일한다고 하였다. 따라서 정답은 (B) A footwear factory이다.

바꾸어 표현하기
shoe manufacturing facility 신발 제조 시설 → footwear factory 신발 공장

52 ■ 세부 사항 관련 문제 제안 정답 (C)

남자가 여자에게 제안하는 것을 묻는 문제이므로, 남자의 말에서 제안과 관련된 표현이 언급된 다음을 주의 깊게 듣는다. 남자가 "I recommend you speak with your boss about ways to ensure that the constant motions aren't causing you any injuries"라며 지속적인 움직임이 부상을 야기하지 않도록 확실히 하기 위한 방법들에 관해 여자의 상사와 이야기해보는 것을 제안하였다. 따라서 정답은 (C) Discuss a situation with a supervisor이다.

바꾸어 표현하기
speak with ~ boss 상사와 이야기하다 → Discuss ~ with a supervisor 관리자와 이야기하다

Questions 53-55 refer to the following conversation.

🔊 캐나다식 발음 → 미국식 발음

M: Candace, ⁵³we've been advertising the programmer position for three weeks, but very few people have applied. Plus, none of the candidates have enough relevant work experience.

W: Hmm . . . ⁵⁴I'll tell representatives from the recruitment Web site to run the advertisement for another week. Also, I think we should consider placing the job posting on some social media sites to attract applicants.

M: I agree. Dylan Marks from the human resources department is familiar with those types of sites. After our 10 A.M. staff meeting, I'll ask which ones he feels are most effective.

W: ⁵⁵If he offers specific suggestions, can you let me know after lunch? That way I can upload the posting this afternoon.

53 What issue does the man mention?
(A) A Web site is experiencing a glitch.
(B) A scheduling conflict has occurred.
(C) A job opening has received little interest.
(D) An application was submitted after a due date.

54 What does the woman offer to do?
(A) Contact employees of another company
(B) Redesign a social media site
(C) Arrange an appointment with a recruiter
(D) Review programmer applications

55 What does the woman ask the man to do?
(A) Edit a recruitment posting
(B) Lead an upcoming meeting
(C) Post some information online
(D) Give her an update this afternoon

53-55번은 다음 대화에 관한 문제입니다.

M: Candace, ⁵³우리는 3주 동안 프로그래머 직무를 광고해 왔는데, 지원한 사람이 거의 없어요. 게다가, 후보자들 중 아무도 충분한 관련 업무 경력을 갖고 있지 않아요.

W: 흠… ⁵⁴제가 채용 웹사이트의 직원들에게 광고를 한 주 더 실어 달라고 말할게요. 또한, 저는 우리가 지원자들을 모으기 위해 몇몇 소셜 미디어 사이트들에 채용 공고를 내는 것을 고려해야 한다고 생각해요.

M: 동의해요. 인사부의 Dylan Marks가 그러한 종류의 사이트들을 잘 알고 있어요. 오전 10시 직원회의 이후에, 그가 생각하기에 어느 곳들이 가장 효과적일 것 같은지 제가 물어볼게요.

W: ⁵⁵그가 구체적인 제안들을 해준다면, 점심 이후에 제게 알려주시겠어요? 그렇게 하면 제가 오늘 오후에 게시글을 업로드할 수 있을 거예요.

53. 남자는 어떤 문제를 언급하는가?
(A) 웹사이트가 작은 기술상의 문제를 겪고 있다.
(B) 일정이 겹치는 일이 발생했다.
(C) 직원 모집이 그다지 관심을 받지 못했다.
(D) 신청서가 마감일 이후에 제출되었다.

54. 여자는 무엇을 해주겠다고 제안하는가?
(A) 다른 회사의 직원들에게 연락한다.
(B) 소셜 미디어 사이트를 다시 디자인한다.
(C) 채용 담당자와의 약속을 잡는다.
(D) 프로그래머 지원서들을 검토한다.

55. 여자는 남자에게 무엇을 하도록 요청하는가?
(A) 채용 공고를 수정한다.
(B) 곧 있을 회의를 이끈다.
(C) 몇몇 정보를 온라인에 게시한다.
(D) 오늘 오후에 그녀에게 최신 정보를 제공한다.

지문 advertise[ǽdvərtàiz] 광고하다, 홍보하다 apply[əplái] 지원하다 candidate[kǽndidèit] 후보자, 지원자 relevant[réləvənt] 관련된, 적절한 recruitment[rikrú:tmənt] 채용, 신규 모집 applicant[ǽplikənt] 지원자 be familiar with ~을 잘 알다
53 glitch[glitʃ] 작은 기술상의 문제 due date 마감일 54 application[æplikéiʃən] 지원서 55 update[λpdéit] 최신 정보

53 ■ 세부 사항 관련 문제 문제점   정답 (C)

남자가 언급하는 문제점을 묻는 문제이므로, 남자의 말에서 부정적인 표현이 언급된 다음을 주의 깊게 듣는다. 남자가 "we've been advertising the programmer position for three weeks, but very few people have applied"라며 3주 동안 프로그래머 직무를 광고해 왔는데 지원한 사람이 거의 없다고 하였다. 따라서 정답은 (C) A job opening has received little interest이다.

바꾸어 표현하기
very few people applied 지원한 사람이 거의 없다 → received little interest 그다지 관심을 받지 못했다

54 ■ 세부 사항 관련 문제 제안   정답 (A)

여자가 해주겠다고 제안하는 것을 묻는 문제이므로, 여자의 말에서 남자를 위해 해주겠다고 언급한 내용을 주의 깊게 듣는다. 여자가 "I'll tell representatives from the recruitment Web site to run the advertisement for another week"이라며 자신이 채용 웹사이트의 직원들에게 광고를 한 주 더 실어 달라고 말하겠다고 하였다. 따라서 정답은 (A) Contact employees of another company이다.

55 ■ 세부 사항 관련 문제 요청   정답 (D)

여자가 남자에게 요청하는 것을 묻는 문제이므로, 여자의 말에서 요청과 관련된 표현이 언급된 주변을 주의 깊게 듣는다. 여자가 "If he[Dylan Marks] offers specific suggestions, can you let me know after lunch?"라며 Dylan Marks가 구체적인 제안들을 해준다면, 점심 이후에 알려달라고 요청하였다. 따라서 정답은 (D) Give her an update this afternoon이다.

56 / 57 / 58

Questions 56-58 refer to the following conversation with three speakers.

🎧 미국식 발음 → 호주식 발음 → 캐나다식 발음

W: Did you see the weather report? ⁵⁶A blizzard with at least six inches of snow is expected tonight.

M1: ⁵⁶That will be dangerous for our emergency patients. They could slip and fall if the walkway leading to the entrance of the hospital is covered in snow.

W: Right. We need to make sure that any snow is cleared right away. Do we have shovels, by the way?

M2: No, we don't. ⁵⁷There's a hardware store less than a mile away. Could you drive there and buy some, Shawn? I'll reimburse you.

M1: ⁵⁷Sure, I can do that.

W: Great. In the meantime, ⁵⁸I'll write an announcement on our Web site telling people to be cautious when coming here.

56 Where most likely is the conversation taking place?
(A) At a hardware store
(B) At an auto repair shop
(C) At a snow removal company
(D) At a medical center

57 What does Shawn say he will do?
(A) Borrow some equipment
(B) Take a bus home
(C) Make a purchase
(D) Pay back some money

58 What will the woman most likely do next?
(A) Transport items to another location
(B) Post a message online
(C) Change the hours of operation
(D) Check the weather forecast

56-58번은 다음 세 명의 대화에 관한 문제입니다.

W: 일기예보를 보셨나요? ⁵⁶오늘 밤 최소 6인치의 눈을 동반하는 눈보라가 예상돼요.

M1: ⁵⁶그것은 우리의 응급 환자들에게 위험하겠네요. 만약 병원 입구로 향하는 도보가 눈으로 덮인다면 그들은 미끄러지거나 넘어질 수도 있어요.

W: 맞아요. 우리는 반드시 모든 눈이 곧바로 치워지도록 해야 해요. 그런데, 우리에게 삽이 있나요?

M2: 아뇨, 없어요. ⁵⁷1마일도 안 되는 거리에 철물점이 있어요. 그곳에 운전해 가서 몇 자루 사다 줄 수 있나요, Shawn? 변제해드릴게요.

M1: ⁵⁷물론이죠, 그렇게 할 수 있습니다.

W: 좋아요. 그동안, ⁵⁸저는 우리의 웹사이트에 여기로 올 때 조심하라고 알리는 공지를 작성할게요.

56. 대화는 어디에서 일어나고 있는 것 같은가?
(A) 철물점에서
(B) 자동차 정비소에서
(C) 제설 회사에서
(D) 의료 센터에서

57. Shawn은 무엇을 할 것이라고 말하는가?
(A) 몇몇 장비를 빌린다.
(B) 버스를 타고 귀가한다.
(C) 구매를 한다.
(D) 약간의 돈을 상환한다.

58. 여자는 다음에 무엇을 할 것 같은가?
(A) 물품들을 다른 장소로 이동시킨다.
(B) 온라인에 메시지를 게시한다.
(C) 운영 시간을 변경한다.
(D) 일기예보를 확인한다.

지문 blizzard[blízərd] 눈보라 patient[péiʃənt] 환자 shovel[ʃʌvəl] 삽 hardware store 철물점
reimburse[미 rìːimbə́ːrs, 영 rìːimbə́ːs] 변제하다, 상환하다

56 ■ 전체 대화 관련 문제 장소　　　　　　　　　　　　　　　　　　　　　　　　　　　　　　　　　　　정답 (D)

대화가 일어나는 장소를 묻는 문제이므로, 장소와 관련된 표현을 놓치지 않고 듣는다. 여자가 "A blizzard ~ is expected tonight."이라며 오늘 밤 눈보라가 예상된다고 하자, 남자 1이 "That will be dangerous for our emergency patients."라며 그것은 자신들의 응급 환자들에게 위험할 것이라고 한 뒤, "They could slip and fall if the walkway leading to the entrance of the hospital is covered in snow."라며 만약 병원 입구로 향하는 도보가 눈으로 덮인다면 그들은 미끄러지거나 넘어질 수도 있다고 하였다. 이를 통해 의료 센터에서 대화가 일어나고 있음을 알 수 있다. 따라서 정답은 (D) At a medical center이다.

57 ■ 세부 사항 관련 문제 다음에 할 일　　　　　　　　　　　　　　　　　　　　　　　　　　　　　　　　정답 (C)

Shawn 즉, 남자 1이 하겠다고 말한 것을 묻는 문제이므로, 남자 1의 말에서 질문의 핵심어구(will do)와 관련된 내용을 주의 깊게 듣는다. 남자 2가 남자 1에게 "There's a hardware store less than a mile away. Could you drive there and buy some[shovels], Shawn?"이라며 1마일도 안 되는 거리에 철물점이 있는데 그곳에 운전해 가서 삽을 몇 자루 사다 줄 수 있는지 묻자, 남자 1이 "Sure, I can do that."이라며 물론 그렇게 할 수 있다고 하였다. 따라서 정답은 (C) Make a purchase이다.

58 ■ 세부 사항 관련 문제 다음에 할 일　　　　　　　　　　　　　　　　　　　　　　　　　　　　　　　　정답 (B)

여자가 다음에 할 일을 묻는 문제이므로, 대화의 마지막 부분을 주의 깊게 듣는다. 여자가 "I'll write an announcement on our Web site"라며 웹사이트에 공지를 작성하겠다고 하였다. 따라서 정답은 (B) Post a message online이다.

바꾸어 표현하기
write an announcement on ~ Web site 웹사이트에 공지를 작성하다 → Post a message online 온라인에 메시지를 게시하다

Questions 59-61 refer to the following conversation.

🎧 캐나다식 발음 → 영국식 발음

M: ⁵⁹You're watching Priority Home Shopping. Today, I'll be talking to Madeline Hartman about her firm's best-selling product.

W: That's right. ⁶⁰Braxton Industries' ES32 is the first suitcase with a magnetic luggage tag, a protective cover, and a removable travel pouch.

M: Amazing! This item certainly offers some great features.

W: We've even added a built-in battery charger. With this suitcase, travelers can charge their phones on the go.

M: Wow! Is it available now?

W: Yes. And we are offering it to Priority Home Shopping viewers at 50 percent off its regular price. Interested shoppers should order soon, however, as this discount will be applicable for a limited time.

M: ⁶¹When, exactly, will the sale end?

W: ⁶¹On October 1.

59 Who most likely is the man?
(A) A marketing manager
(B) A television host
(C) A company president
(D) A luggage designer

60 What is unique about the ES32 suitcase?
(A) Its fabric options
(B) Its portability
(C) Its accessories
(D) Its durability

61 What will probably happen in October?
(A) A product will be updated.
(B) A bag line will be introduced.
(C) A discount will be discontinued.
(D) A suitcase will be recalled.

59-61번은 다음 대화에 관한 문제입니다.

M: ⁵⁹여러분은 Priority 홈쇼핑을 시청하고 계십니다. 오늘, 저는 Madeline Hartman과 그녀 회사의 가장 잘 팔리는 제품에 관해 이야기를 나눌 것입니다.

W: 맞아요. ⁶⁰Braxton사의 ES32는 자석으로 된 수하물 꼬리표, 보호 덮개, 그리고 탈부착이 가능한 여행용 파우치가 딸려 있는 최초의 여행 가방이에요.

M: 놀랍네요! 이 제품은 확실히 멋진 기능들을 제공하네요.

W: 저희는 심지어 내장용 배터리 충전기를 추가했어요. 이 여행 가방으로, 여행객들은 그들의 휴대 전화를 이동 중에 충전할 수 있습니다.

M: 우아! 그것을 지금 구입할 수 있나요?

W: 네. 그리고 저희는 이것을 정가에서 50퍼센트 할인된 가격으로 Priority 홈쇼핑 시청자분들께 제공해드리고 있습니다. 하지만 이 할인은 한정된 기간에만 해당될 것이기 때문에, 관심이 있으신 쇼핑객들께서는 곧 주문을 하셔야 합니다.

M: ⁶¹정확히 언제 할인 판매가 끝날 예정이죠?

W: ⁶¹10월 1일입니다.

59. 남자는 누구인 것 같은가?
(A) 마케팅부장
(B) 텔레비전 진행자
(C) 회사 회장
(D) 여행 가방 디자이너

60. ES32 여행 가방에 관해 무엇이 특별한가?
(A) 직물 선택 사항
(B) 휴대성
(C) 부속품
(D) 내구성

61. 10월에 무슨 일이 일어날 것 같은가?
(A) 제품이 업데이트될 것이다.
(B) 가방 제품이 선보여질 것이다.
(C) 할인이 종료될 것이다.
(D) 여행 가방이 회수될 것이다.

지문 suitcase[미 súːtkeis, 영 sjúːtkeis] 여행 가방　magnetic[mægnétik] 자석의　feature[fíːtʃər] 기능, 특징　built-in[bìltín] 내장된 charger[미 tʃáːrdʒər, 영 tʃáːdʒə] 충전기　on the go 이동 중에

59 luggage[lʌ́gidʒ] 여행 가방　60 portability[pɔ̀ːrtəbíləti] 휴대성　durability[djùərəbíləti] 내구성

61 discontinue[dìskəntínjuː] 종료하다, 중단되다　recall[rikɔ́ːl] 회수하다

59 ■ **전체 대화 관련 문제** 화자   정답 (B)

남자의 신분을 묻는 문제이므로, 신분 및 직업과 관련된 표현을 놓치지 않고 듣는다. 남자가 "You're watching Priority Home Shopping. Today, I'll be talking to Madeline Hartman about her firm's best-selling product."라며 청자들이 Priority 홈쇼핑을 시청하고 있고, 오늘 자신이 Madeline Hartman과 그녀 회사의 가장 잘 팔리는 제품에 관해 이야기를 나눌 것이라고 하였다. 이를 통해 남자가 텔레비전 진행자임을 알 수 있다. 따라서 정답은 (B) A television host이다.

60 ■ **세부 사항 관련 문제** 특정 세부 사항   정답 (C)

ES32 여행 가방에 관해 특별한 것을 묻는 문제이므로, 질문의 핵심어구(ES32 suitcase)와 관련된 내용을 주의 깊게 듣는다. 여자가 "Braxton Industries' ES32 is the first suitcase with a magnetic luggage tag, a protective cover, and a removable travel pouch."라며 Braxton사의 ES32는 자석으로 된 수하물 꼬리표, 보호 덮개, 그리고 탈부착이 가능한 여행용 파우치가 딸려 있는 최초의 여행 가방이라고 하였다. 따라서 정답은 (C) Its accessories이다.

61 ■ **세부 사항 관련 문제** 다음에 할 일   정답 (C)

10월에 일어날 일을 묻는 문제이므로, 질문의 핵심어구(October)가 언급된 주변을 주의 깊게 듣는다. 남자가 "When, exactly, will the sale end?"라며 정확히 언제 할인 판매가 끝날 예정인지 묻자, 여자가 "On October 1."라며 10월 1일이라고 하였다. 따라서 정답은 (C) A discount will be discontinued이다.

바꾸어 표현하기

sale 할인 판매 → discount 할인

Questions 62-64 refer to the following conversation and schedule.

미국식 발음 → 캐나다식 발음

W: Excuse me. ⁶²I bought a ticket for one of today's screenings at the film festival, but I seem to have lost it.

M: Well, if you paid by credit card, I can print you a replacement.

W: I did . . . Um, here is my card.

M: Great. Now, just to confirm . . . ⁶³The film you want to watch is *Low Horizon*, right?

W: ⁶³That's correct.

M: OK, here is your ticket. Is there anything else I can help you with?

W: Actually, there is. ⁶⁴I parked my car on the street next to the theater. How long can I leave it there?

M: Oh, you should move it. Parking is not permitted there. I suggest using the garage across the street.

Newark Film Festival Schedule – Friday, July 18	
Film Name	**Time**
Hazard	12:30 – 2:00 P.M.
Low Horizon	⁶³2:30 – 4:00 P.M.
City Stories	4:30 – 6:00 P.M.
Chords	6:30 – 8:00 P.M.

62 What is the woman's problem?
   (A) She misplaced an item.
   (B) She cannot make a payment.
   (C) She cannot locate a venue.
   (D) She arrived late for an event.

63 Look at the graphic. What time will the movie the woman will watch begin?
   (A) At 12:30 P.M.
   (B) At 2:30 P.M.
   (C) At 4:30 P.M.
   (D) At 6:30 P.M.

64 What does the woman ask about?
   (A) A theater location
   (B) A parking regulation
   (C) A ticket cost
   (D) A screening time

62-64번은 다음 대화와 일정표에 관한 문제입니다.

W: 실례합니다. ⁶²저는 이 영화제의 오늘 상영작 중 하나에 대한 표를 샀는데, 그것을 잃어버린 것 같아요.

M: 음, 신용 카드로 결제하셨다면, 제가 대체물을 출력해드릴 수 있어요.

W: 네… 음, 제 카드 여기 있어요.

M: 좋아요. 이제, 단지 확인하려고 하는데… ⁶³손님께서 보고 싶어 하시는 영화는 *Low Horizon*이죠, 맞나요?

W: ⁶³맞아요.

M: 알겠습니다, 표는 여기 있습니다. 제가 더 도와드릴 것이 있나요?

W: 사실, 있어요. ⁶⁴저는 극장 옆길에 제 차를 주차했어요. 제가 그것을 거기에 얼마나 오래 둘 수 있나요?

M: 아, 옮기셔야 해요. 그곳은 주차가 허용되지 않아요. 저는 길 맞은편의 주차장을 이용하시기를 권해드려요.

Newark 영화제 일정 – 7월 18일 금요일	
영화 제목	시간
Hazard	오후 12시 30분 – 2시
Low Horizon	⁶³오후 2시 30분 – 4시
City Stories	오후 4시 30분 – 6시
Chords	오후 6시 30분 – 8시

62. 여자의 문제는 무엇인가?
   (A) 그녀는 물건을 두고 잊어버렸다.
   (B) 그녀는 대금을 지불할 수 없다.
   (C) 그녀는 장소를 찾을 수 없다.
   (D) 그녀는 행사에 늦게 도착했다.

63. 시각 자료를 보시오. 여자가 볼 영화는 몇 시에 시작할 것인가?
   (A) 오후 12시 30분
   (B) 오후 2시 30분
   (C) 오후 4시 30분
   (D) 오후 6시 30분

64. 여자는 무엇에 관해 문의하는가?
   (A) 극장 위치
   (B) 주차 규정
   (C) 표 가격
   (D) 상영 시간

지문 screening[skríːniŋ] 상영작, 상영 replacement[ripléismənt] 대체물, 교체 confirm[kənfə́ːrm] 확인하다
62 misplace[mìspléis] 두고 잊어버리다 locate[lóukeit] (장소를) 찾다, 발견하다 venue[vénjuː] 장소
64 regulation[règjuléiʃən] 규정, 규제

62 ■ 세부 사항 관련 문제 문제점

정답 (A)

여자의 문제점을 묻는 문제이므로, 여자의 말에서 부정적인 표현이 언급된 다음을 주의 깊게 듣는다. 여자가 "I bought a ticket for one of today's screenings at the film festival, but I seem to have lost it."이라며 이 영화제의 오늘 상영작 중 하나에 대한 표를 샀는데, 그것을 잃어버린 것 같다고 하였다. 따라서 정답은 (A) She misplaced an item이다.

바꾸어 표현하기

lost 잃어버렸다 → misplaced 두고 잊어버렸다

63 ■ 세부 사항 관련 문제 시각 자료

정답 (B)

여자가 볼 영화가 시작하는 시간을 묻는 문제이므로, 제시된 일정표의 정보를 확인한 뒤 질문의 핵심어구(the movie ~ begin)와 관련된 내용을 주의 깊게 듣는다. 남자가 "The film you want to watch is *Low Horizon*, right?"이라며 여자가 보고 싶어하는 영화가 *Low Horizon*이 맞는지 묻자, 여자가 "That's correct."라며 맞다고 하였으므로, 여자가 볼 영화인 *Low Horizon*이 시작하는 시간이 오후 2시 30분임을 일정표에서 알 수 있다. 따라서 정답은 (B) At 2:30 P.M.이다.

64 ■ 세부 사항 관련 문제 특정 세부 사항

정답 (B)

여자가 문의하는 것을 묻는 문제이므로, 여자의 말을 주의 깊게 듣는다. 여자가 "I parked my car on the street next to the theater. How long can I leave it there?"라며 극장 옆길에 자신의 차를 주차했는데 그것을 거기에 얼마나 오래 둘 수 있는지 물었다. 따라서 정답은 (B) A parking regulation이다.

Questions 65-67 refer to the following conversation and receipt.

🎧 호주식 발음 → 미국식 발음

M: Hello, and welcome to Engel's Department Store. Is there anything I can help you with?

W: There is. I recently purchased some clothing here, and [65]I noticed this pair of shoes was incorrectly scanned in as the more expensive deluxe version of the Wriggly line.

M: Let me confirm the error quickly . . . Yes, you're right. I apologize for the mistake. [66]I can give you a slip indicating store credit for the difference.

W: That'll do. Oh . . . by the way, [67]I wanna return this shirt, which I purchased at the same time.

M: Sorry, but [67]sale items can't be refunded.

W: Actually, [67]this one wasn't discounted.

65-67번은 다음 대화와 영수증에 관한 문제입니다.

M: 안녕하세요, Engel's 백화점에 오신 것을 환영합니다. 제가 도와드릴 일이 있나요?

W: 네. 제가 최근에 여기에서 의류를 몇 벌 구매했는데, [65]이 신발 한 켤레가 Wriggly 제품의 더 비싼 고급형으로 잘못 읽힌 것을 알아차렸어요.

M: 제가 신속하게 오류를 확인해 보겠습니다… 네, 고객님이 맞으시네요. 과실에 대해 사과드립니다. [66]제가 차액만큼의 상점 내 사용 가능 금액을 나타내는 전표를 드릴 수 있습니다.

W: 그거면 되겠네요. 아… 그건 그렇고, [67]저는 함께 구입한 이 셔츠를 반품하고 싶어요.

M: 죄송하지만, [67]할인 품목은 환불받으실 수 없습니다.

W: 사실, [67]이것은 할인을 받지 않았어요.

Engel's Department Store

Purchase Date: July 17

Item	Price
Wriggly deluxe sneakers...	$24.99
JPX T-shirt (*Sale Item*)......	$35.32
[67]Kent dress shirt..............	$25.14
Teton shorts....................	$22.25

Sales Tax: 8%

Total: $116.32

Payment Method: Credit Card

Engel's 백화점

구입 날짜: 7월 17일

품목	가격
Wriggly 고급 운동화...............	24.99달러
JPX 티셔츠 (*할인 품목*)...........	35.32달러
[67]Kent 와이셔츠..................	25.14달러
Teton 반바지.....................	22.25달러

판매세: 8퍼센트

합계: 116.32달러

지불 수단: 신용 카드

---

65 What is the conversation mainly about?
(A) An incorrect charge
(B) A return policy
(C) A damaged garment
(D) An employee discount

66 What does the man offer to do?
(A) Exchange some clothing
(B) Provide a voucher
(C) Mark down an item
(D) Print out a new receipt

67 Look at the graphic. What brand does the woman want to return?
(A) Wriggly
(B) JPX
(C) Kent
(D) Teton

65. 대화는 주로 무엇에 관한 것인가?
(A) 부정확한 청구 금액
(B) 환불 정책
(C) 손상된 의류
(D) 직원 할인

66. 남자는 무엇을 해주겠다고 제안하는가?
(A) 의류를 교환한다.
(B) 상품권을 제공한다.
(C) 제품의 가격을 인하한다.
(D) 새 영수증을 인쇄한다.

67. 시각 자료를 보시오. 여자는 어떤 브랜드를 반품하고 싶어 하는가?
(A) Wriggly
(B) JPX
(C) Kent
(D) Teton

지문 **notice**[nóutis] 알아차리다 **deluxe**[dəlʌ́ks] 고급의 **confirm**[미 kənfə́:rm, 영 kənfə́:m] 확인하다
apologize[미 əpá:lədʒàiz, 영 əpɔ́lədʒaiz] 사과하다 **slip**[slip] 전표 **indicate**[índikeit] 나타내다, 표시하다 **difference**[dífrəns] 차액
discount[diskáunt] 할인하다 **dress shirt** 와이셔츠 **shorts**[ʃɔːrts] 반바지

65 **charge**[tʃɑːrdʒ] 청구 금액, 요금 **damaged**[dǽmidʒd] 손상된 **garment**[gáːrmənt] 의류, 옷

66 **voucher**[váutʃər] 상품권 **mark down** ~의 가격을 인하하다

65 ■ 전체 대화 관련 문제 주제

정답 (A)

대화의 주제를 묻는 문제이므로, 대화의 초반을 반드시 듣는다. 여자가 "I noticed this pair of shoes was incorrectly scanned in as the more expensive deluxe version of the Wriggly line"이라며 신발 한 켤레가 Wriggly 제품의 더 비싼 고급형으로 잘못 읽힌 것을 알아차렸다고 한 뒤, 부정확한 청구 금액에 관한 내용으로 대화가 이어지고 있다. 따라서 정답은 (A) An incorrect charge이다.

66 ■ 세부 사항 관련 문제 제안

정답 (B)

남자가 해주겠다고 제안하는 것을 묻는 문제이므로, 남자의 말에서 여자를 위해 해주겠다고 언급한 내용을 주의 깊게 듣는다. 남자가 "I can give you a slip indicating store credit for the difference."라며 차액만큼의 상점 내 사용 가능 금액을 나타내는 전표를 줄 수 있다고 하였다. 따라서 정답은 (B) Provide a voucher이다.

바꾸어 표현하기

slip indicating store credit 상점 내 사용 가능 금액을 나타내는 전표 → voucher 상품권

67 ■ 세부 사항 관련 문제 시각 자료

정답 (C)

여자가 반품하고 싶어 하는 브랜드를 묻는 문제이므로, 제시된 영수증의 정보를 확인한 뒤 질문의 핵심어구(brand ~ want to return)와 관련된 내용을 주의 깊게 듣는다. 여자가 "I wanna return this shirt, which I purchased at the same time"이라며 함께 구입한 셔츠를 반품하고 싶다고 하자, 남자가 "sale items can't be refunded"라며 할인 품목은 환불을 받을 수 없다고 하였다. 그러자 여자가 "this one wasn't discounted"라며 이것은 할인을 받지 않았다고 하였으므로, 여자가 구입한 두 가지 셔츠의 브랜드인 JPX와 Kent 중 여자가 반품하고 싶어 하는 브랜드는 할인 품목에 해당되지 않는 Kent임을 영수증에서 알 수 있다. 따라서 정답은 (C) Kent이다.

<table>
<tr><td>68</td></tr>
<tr><td>69</td></tr>
<tr><td>70</td></tr>
</table>

Questions 68-70 refer to the following conversation and map.

캐나다식 발음 → 영국식 발음

M: Good morning, Casey. [68]Can you tell me exactly where the meeting will be? I will be taking the metro.

W: [68]Get off at Greenwood Station. The building is on Humphrey Avenue, right across the street from the hospital. I will wait for you in the lobby.

M: Thanks. Oh, and unfortunately, [69]I can't attend the lunch with the new clients afterward.

W: That won't be a problem. I'll take care of that. [69]What are you planning to do, though?

M: [69/70]Mr. Chen wants to meet me to sign some paperwork for my upcoming promotion. [70]I am really excited about it.

W: Congratulations! It's about time, and you absolutely deserve it.

68-70번은 다음 대화와 약도에 관한 문제입니다.

M: 좋은 아침이에요, Casey. [68]회의가 정확히 어디에서 열릴지 알려줄 수 있나요? 저는 지하철을 탈 거예요.

W: [68]Greenwood역에서 내리세요. 그 건물은 병원의 바로 건너편, Humphrey가에 있어요. 저는 로비에서 당신을 기다릴게요.

M: 고마워요. 아, 그리고 안타깝게도, [69]저는 그 이후에 신규 고객들과의 점심에 참석할 수 없어요.

W: 문제없을 거예요. 그건 제가 해결할게요. [69]그런데, 당신은 무엇을 할 계획인가요?

M: [69/70]Mr. Chen이 다가오는 제 승진을 위한 서류에 서명하기 위해 저를 만나고 싶어 해요. [70]저는 그것에 매우 들떠 있어요.

W: 축하해요! 그럴 때가 되었고, 당신은 정말 자격이 있어요.

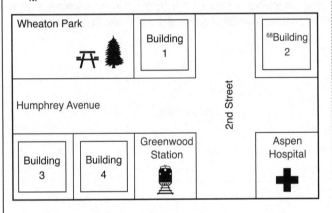

68 Look at the graphic. Where will the speakers most likely meet?
(A) Building 1
(B) Building 2
(C) Building 3
(D) Building 4

69 Why is the man unable to go to a lunch appointment?
(A) He has to sign some papers.
(B) He needs more time for a task.
(C) He will assist a client.
(D) He is working from home.

70 What is the man excited about?
(A) He will be promoted.
(B) He will receive a bonus.
(C) He will take a vacation.
(D) He will be transferred.

68. 시각 자료를 보시오. 화자들은 어디에서 만날 것 같은가?
(A) 1동
(B) 2동
(C) 3동
(D) 4동

69. 남자는 왜 점심 약속에 갈 수 없는가?
(A) 그는 서류에 서명해야 한다.
(B) 그는 업무에 시간이 더 필요하다.
(C) 그는 고객을 도울 것이다.
(D) 그는 자택에서 근무하고 있다.

70. 남자는 무엇에 들떠 있는가?
(A) 그는 승진할 것이다.
(B) 그는 상여금을 받을 것이다.
(C) 그는 휴가를 갈 것이다.
(D) 그는 전근될 것이다.

지문 metro[métrou] 지하철 afterward[金ftərwərd] 그 이후에, 나중에 promotion[prəmóuʃən] 승진
69 assist[əsíst] 돕다
70 transfer[미 trænsfɔ́:r, 영 trænsfɔ́:] 전근시키다

무료 토익 학습자료 및 취업정보 Hackers.co.kr

68 ■ 세부 사항 관련 문제 시각 자료

정답 (B)

화자들이 만날 장소를 묻는 문제이므로, 제시된 약도의 정보를 확인한 뒤 질문의 핵심어구(meet)와 관련된 내용을 주의 깊게 듣는다. 남자가 여자에게 "Can you tell me exactly where the meeting will be? I will be taking the metro."라며 회의가 정확히 어디에서 열릴지 알려줄 수 있는지 묻고, 자신은 지하철을 탈 것이라고 하자, 여자가 "Get off at Greenwood Station. The building is on Humphrey Avenue, right across the street from the hospital. I will wait for you in the lobby."라며 Greenwood역에서 내리라고 한 뒤, 그 건물은 병원의 바로 건너편인 Humphrey가에 있으며 자신은 로비에서 남자를 기다리겠다고 하였다. 이를 통해 화자들이 병원의 바로 건너편이자 Humphrey가에 있는 2동의 로비에서 만날 것임을 약도에서 알 수 있다. 따라서 정답은 (B) Building 2이다.

69 ■ 세부 사항 관련 문제 이유

정답 (A)

남자가 점심 약속에 갈 수 없는 이유를 묻는 문제이므로, 질문의 핵심어구(lunch appointment)와 관련된 내용을 주의 깊게 듣는다. 남자가 "I can't attend the lunch with the new clients"라며 새로운 고객들과의 점심에 참석할 수 없다고 하자, 여자가 "What are you planning to do, though?"라며 그런데 무엇을 할 계획인지 묻고, 남자가 이에 대해 "Mr. Chen wants to meet me to sign some paperwork for my upcoming promotion."이라며 Mr. Chen이 다가오는 자신의 승진을 위한 서류에 서명하러 자신을 만나고 싶어 한다고 하였다. 따라서 정답은 (A) He has to sign some papers이다.

70 ■ 세부 사항 관련 문제 특정 세부 사항

정답 (A)

남자가 무엇에 들떠 있는지를 묻는 문제이므로, 질문의 핵심어구(excited about)가 언급된 주변을 주의 깊게 듣는다. 남자가 "Mr. Chen wants to meet me to sign some paperwork for my upcoming promotion."이라며 Mr. Chen이 다가오는 남자의 승진을 위한 서류에 서명하기 위해 자신을 만나고 싶어 한다고 한 뒤, "I am really excited about it."이라며 자신은 그것에 매우 들떠 있다고 하였다. 따라서 정답은 (A) He will be promoted이다.

PART 4

71
72
73

Questions 71-73 refer to the following talk.

🔊 캐나다식 발음

⁷¹I'm very excited to be here at the National Restaurant Association's annual trade show at the Brighton Exhibition Hall, and I'd like to take this opportunity to tell you about Vend Corporation's newest commercial dishwasher, the Clear Flow XS. Made almost entirely of stainless steel, the Clear Flow XS is durable and easy to clean. In addition, because of its innovative design, ⁷²this appliance uses significantly less power than other models, which saves money and benefits the environment. And, of course, it is covered by Vend Corporation's comprehensive, five-year warranty. Now, I'm sure many of you are wondering about cost, and I'll go over that in detail soon. ⁷³But first, I'd like to give a brief demonstration of this amazing product in action.

71 Where is the talk most likely taking place?
   (A) In corporate office
   (B) In a shopping mall
   (C) In a repair shop
   (D) In a convention center

72 According to the speaker, what is a feature of the Clear Flow XS?
   (A) It has speed settings.
   (B) It is self-cleaning.
   (C) It has multiple racks.
   (D) It is energy efficient.

73 What will the speaker probably do next?
   (A) Answer people's questions
   (B) Pass out some pamphlets
   (C) Show how a dishwasher works
   (D) Discuss some payment options

71-73번은 다음 담화에 관한 문제입니다.

⁷¹저는 여기 Brighton 전시회장에서 열리는 전국 음식점 협회의 연례 무역 박람회에 참석하게 되어 매우 기쁘며, 이를 기회로 삼아 Vend사의 최신 상업용 식기세척기인 Clear Flow XS에 대해 이야기하고 싶습니다. 거의 전부 스테인리스강으로 만들어진 Clear Flow XS는 내구성이 있으며 청소하기 쉽습니다. 게다가, 혁신적인 디자인 때문에, ⁷²이 가전제품은 다른 모델들에 비해 훨씬 더 적은 에너지를 소모하는데, 이는 돈도 절약하고 환경에도 이롭습니다. 그리고 당연히 Vend사의 종합적인 5년 품질 보증에 의해 보장됩니다. 자, 여러분 중 많은 분이 가격에 대해 궁금할 거라고 확신하기에, 곧 그것을 세부적으로 살펴볼 것입니다. ⁷³하지만 먼저, 이 놀라운 제품이 작동하는 간단한 시연을 보여드리고 싶습니다.

71. 담화는 어디에서 일어나고 있는 것 같은가?
   (A) 회사 사무실에서
   (B) 쇼핑몰에서
   (C) 수리점에서
   (D) 컨벤션 센터에서

72. 화자에 따르면, Clear Flow XS의 특징은 무엇인가?
   (A) 속도 조절기가 있다.
   (B) 자동 세척식이다.
   (C) 많은 받침대가 있다.
   (D) 에너지 효율이 좋다.

73. 화자는 다음에 무엇을 할 것 같은가?
   (A) 사람들의 질문에 답변한다.
   (B) 안내 책자를 배포한다.
   (C) 식기 세척기가 어떻게 작동하는지 보여준다.
   (D) 지불 방법들에 대해 이야기한다.

지문 durable[djúərəbl] 내구성 있는 innovative[ínəvèitiv] 혁신적인 comprehensive[kàːmprihénsiv] 종합적인 go over 살펴보다, 검토하다
in action 작동을 하는
72 rack[ræk] 받침대 energy efficient 에너지 효율이 좋은
73 pass out 배포하다 dishwasher[díʃwàːʃər] 식기 세척기

71 ■ 전체 지문 관련 문제 장소
정답 (D)

담화가 일어나고 있는 장소를 묻는 문제이므로, 장소와 관련된 표현을 놓치지 않고 듣는다. "I'm very excited to be here at the National Restaurant Association's annual trade show at the Brighton Exhibition Hall"이라며 여기 Brighton 전시회장에서 열리는 전국 음식점 협회의 연례 무역 박람회에 참석하게 되어 매우 기쁘다고 한 것을 통해 담화가 일어나고 있는 장소가 컨벤션 센터임을 알 수 있다. 따라서 정답은 (D) In a convention center이다.

72 ■ 세부 사항 관련 문제 특정 세부 사항
정답 (D)

Clear Flow XS의 특징을 묻는 문제이므로, 질문의 핵심어구(feature of the Clear Flow XS)와 관련된 내용을 주의 깊게 듣는다. "this appliance[Clear Flow XS] uses significantly less power than other models"라며 Clear Flow XS는 다른 모델들에 비해 훨씬 더 적은 에너지를 소모한다고 하였다. 따라서 정답은 (D) It is energy efficient이다.

바꾸어 표현하기
uses ~ less power 더 적은 에너지를 소모하다 → is energy efficient 에너지 효율이 좋다

73 ■ 세부 사항 관련 문제 다음에 할 일
정답 (C)

화자가 다음에 할 일을 묻는 문제이므로, 대화의 마지막 부분을 주의 깊게 듣는다. 화자가 "But first, I'd like to give a brief demonstration of this amazing product in action."이라며 먼저 이 놀라운 제품이 작동하는 간단한 시연을 보여주고 싶다고 하였다. 따라서 정답은 (C) Show how a dishwasher works이다.

74
75
76

Questions 74-76 refer to the following telephone message.

🔊 호주식 발음

Hi, Ryan. It's Martin Dickey from the International Business Institute. ⁷⁴I just received a copy of the speech you plan to give for our lecture series on infrastructure investment and overseas development. Overall, I'm very pleased with it. However, ⁷⁵I do have a recommendation. You might want to use visual materials to illustrate the data in your report—photographs or charts, for example. One other thing . . . ⁷⁶I just found out that Carol Wilkins has to give her lecture on Friday given her travel plans. So, regarding your talk, June 15 works best for us. I'm hoping that will be fine since you said you'll be in New York City through Sunday.

74-76번은 다음 전화 메시지에 관한 문제입니다.

안녕하세요, Ryan. 국제 사업 협회의 Martin Dickey입니다. 기반 시설 투자와 해외 개발에 관한 ⁷⁴우리의 강연 시리즈에서 당신이 발표할 예정인 연설문의 사본을 방금 받았습니다. 전반적으로, 저는 매우 만족스럽습니다. 하지만, ⁷⁵한 가지 제안이 있습니다. 당신의 보고서에 있는 정보를 설명하기 위해 시각 자료들을, 예를 들면 사진이나 도표 같은 것을 사용하는 게 좋을 것 같습니다. 다른 한 가지는… ⁷⁶저는 Carol Wilkins의 여행 계획을 고려할 때 그녀가 금요일에 강연을 해야 한다는 것을 방금 알았습니다. 그래서, 당신의 강연에 관해서는, 6월 15일이 저희에게 가장 좋습니다. 당신이 일요일까지 뉴욕시에 있을 것이라고 했으니 그것이 괜찮기를 바랍니다.

74 What does the speaker say he received?
(A) A copy of a talk
(B) Some photographs
(C) Some charts
(D) An event program

74. 화자는 그가 무엇을 받았다고 하는가?
(A) 연설문의 사본
(B) 사진들
(C) 도표들
(D) 행사 일정표

75 What does the speaker recommend?
(A) Discussing an investment strategy
(B) Including some graphics
(C) Checking the accuracy of some data
(D) Increasing the length of a speech

75. 화자는 무엇을 제안하는가?
(A) 투자 전략을 논의하기
(B) 시각 자료들을 포함하기
(C) 몇몇 정보의 정확성을 확인하기
(D) 연설의 시간을 늘리기

76 What does the speaker mean when he says, "June 15 works best for us"?
(A) A venue space will be available.
(B) A proposed date has been accepted.
(C) A presentation must be rescheduled.
(D) A meeting can continue as planned.

76. 화자는 "6월 15일이 저희에게 가장 좋습니다"라고 말할 때 무엇을 의도하는가?
(A) 행사 장소가 이용 가능할 것이다.
(B) 제안된 날짜가 수락되었다.
(C) 발표 일정이 변경되어야 한다.
(D) 회의는 예정된 대로 계속될 수 있다.

지문 infrastructure[미 ínfrəstrʌktʃər, 영 ínfrəstrʌktʃə] 기반 시설 investment[invéstmənt] 투자 overseas[미 òuvərsíːz, 영 əuvəsíːz] 해외의
overall[미 òuvərɔ́ːl, 영 əuvərɔ́ːl] 전반적으로 illustrate[íləstreit] 설명하다
75 strategy[strǽtədʒi] 전략 accuracy[ǽkjərəsi] 정확성 length[leŋθ] 시간, 길이

74 ■ 세부 사항 관련 문제 특정 세부 사항   정답 (A)
화자가 받은 것을 묻는 문제이므로, 질문의 핵심어구(received)가 언급된 주변을 주의 깊게 듣는다. "I just received a copy of the speech you plan to give for our lecture series"라며 강연 시리즈에서 청자가 발표할 예정인 연설문의 사본을 방금 받았다고 하였다. 따라서 정답은 (A) A copy of a talk이다.

75 ■ 세부 사항 관련 문제 제안   정답 (B)
화자가 제안하는 것을 묻는 문제이므로, 지문의 중후반에서 제안과 관련된 표현이 포함된 문장을 주의 깊게 듣는다. "I do have a recommendation. You might want to use visual materials to illustrate the data in your report"라며 한 가지 제안이 있다고 한 뒤, 보고서에 있는 정보를 설명하기 위해 시각 자료들을 사용할 것을 제안하였다. 따라서 정답은 (B) Including some graphics이다.

바꾸어 표현하기
use visual materials 시각 자료들을 사용하다 → Including ~ graphics 시각 자료들을 포함하기

76 ■ 세부 사항 관련 문제 의도 파악   정답 (C)
화자가 하는 말의 의도를 묻는 문제이므로, 질문의 인용어구(June 15 works best for us)가 언급된 주변을 주의 깊게 듣는다. "I just found out that Carol Wilkins has to give her lecture on Friday given her travel plans. So, regarding your talk, June 15 works best for us."라며 Carol Wilkins의 여행 계획을 고려할 때 그녀가 금요일에 강연을 해야 한다는 것을 방금 알았다며 청자의 강연에 관해서는 6월 15일이 자신들에게 가장 좋다고 말했다. 따라서 정답은 (C) A presentation must be rescheduled이다.

Questions 77-79 refer to the following advertisement.

🔊 미국식 발음

If you're planning on building your own home, then now is the time to buy property! 77Silver Property Management is selling a large number of undeveloped, one-acre lots along Lake Brandon at reasonable prices. These lots have spectacular views and ample space for a range of landscaping possibilities. 78Another advantage is that while these properties have never had homes erected on them, they are ready to be connected to Hartford County's water, electric, and sewer systems. There is a great deal of interest in these lots, and we expect them to sell out quickly. Don't miss out on this great opportunity! 79If you would like someone to show you around our site on Lake Brandon, call our office at 555-9000 to make an appointment.

77 What is being advertised?
(A) Landscaping services
(B) Financial products
(C) Luxury homes
(D) Lakefront land

78 What added benefit is available to buyers?
(A) Free property inspections
(B) Ready access to utilities
(C) Special mortgage rates
(D) Professional consultations

79 According to the speaker, why would the listeners contact the office?
(A) To set up a customer account
(B) To gain entry to a building
(C) To arrange a tour of a location
(D) To inquire about some rates

77-79번은 다음 광고에 관한 문제입니다.

만약 당신이 당신만의 집을 지을 계획이라면, 지금이 토지를 살 시기입니다! 77Silver 부동산 관리 회사는 Brandon 호숫가를 끼고 있는 개발되지 않은 1에이커 크기의 부지들 다수를 합리적인 가격에 판매하고 있습니다. 이 부지들에는 다양한 조경이 가능한 굉장히 멋진 전망과 넓은 공간이 있습니다. 78또 다른 이점은 이 부지 위에 집이 지어진 적이 없음에도, 하트퍼드 주의 수도와 전기, 그리고 하수도에 연결될 준비가 되어 있다는 것입니다. 이 부지들에 엄청난 관심이 쏠리고 있으므로, 저희는 이들이 빠르게 다 팔릴 것이라고 예상합니다. 이 좋은 기회를 놓치지 마세요! 79Brandon 호숫가에 있는 저희 부지를 둘러보도록 안내해드릴 누군가가 필요하시다면, 555-9000으로 저희 사무실에 전화하셔서 예약하세요.

77. 무엇이 광고되고 있는가?
(A) 조경 서비스
(B) 금융 상품
(C) 호화로운 주택
(D) 호숫가 땅

78. 구매자들이 이용할 수 있는 추가 혜택은 무엇인가?
(A) 무료 토지 점검
(B) 공공시설의 즉각적인 이용
(C) 특별 주택 자금 대출 금리
(D) 전문적인 상담

79. 화자에 따르면, 청자들은 왜 사무실에 연락할 것인가?
(A) 고객의 계좌를 만들기 위해
(B) 건물 입장 허가를 얻기 위해
(C) 장소의 견학을 계획하기 위해
(D) 금리에 대해 문의하기 위해

지문 property[prά:pərti] 토지, 부동산 lot[lɑːt] 부지 reasonable[ríːznəbl] 합리적인 spectacular[spektǽkjələr] 굉장히 멋진, 장관의, 화려한 ample[ǽmpl] 넓은, 충분한 erect[irékt] 짓다, 건립하다 county[káunti] 주, 군 sewer[súːər] 하수도 sell out 다 팔리다, 매진되다
77 luxury[lʌ́kʃəri] 호화로운
78 benefit[bénəfit] 혜택 inspection[inspékʃən] 점검, 검사, 조사 access[ǽkses] 이용, 출입 consultation[kὰːnsəltéiʃən] 상담, 협의

77 ■ 전체 지문 관련 문제 주제

정답 (D)

광고의 주제를 묻는 문제이므로, 지문의 초반을 반드시 듣는다. "Silver Property Management is selling a large number of undeveloped, one-acre lots along Lake Brandon"이라며 Silver 부동산 관리 회사는 Brandon 호숫가를 끼고 있는 개발되지 않은 1에이커 크기의 부지들 다수를 판매하고 있다고 한 뒤, 이 부지들과 관련된 내용을 언급하였다. 따라서 정답은 (D) Lakefront land이다.

78 ■ 세부 사항 관련 문제 특정 세부 사항

정답 (B)

구매자들이 이용할 수 있는 추가 혜택을 묻는 문제이므로, 질문의 핵심어구(added benefit)와 관련된 내용을 주의 깊게 듣는다. "Another advantage is that ~ they[these properties] are ready to be connected to Hartford County's water, electric, and sewer systems."라며 또 다른 이점은 이 부지들이 하트퍼드 주의 수도와 전기, 그리고 하수도에 연결될 준비가 되어 있는 것이라고 하였다. 이를 통해 구매자들이 이용할 수 있는 추가 혜택은 공공시설의 즉각적인 이용임을 알 수 있다. 따라서 정답은 (B) Ready access to utilities이다.

79 ■ 세부 사항 관련 문제 이유

정답 (C)

청자들이 사무실에 연락하는 이유를 묻는 문제이므로, 질문의 핵심어구(contact the office)와 관련된 내용을 주의 깊게 듣는다. "If you would like someone to show you around our sites on Lake Brandon, call our office ~ to make an appointment."라며 Brandon 호숫가에 있는 부지들을 둘러보도록 안내해줄 누군가가 필요하다면, 사무실에 전화해서 예약하라고 하였다. 따라서 정답은 (C) To arrange a tour of a location이다.

Questions 80-82 refer to the following talk.

🎧 호주식 발음

As the volunteer coordinator, ⁸⁰I'd like to welcome you to the Fairfield Senior Center. Our facility is on a tight budget, so your assistance is greatly appreciated. First, I would like to briefly explain your duties. ⁸¹You will be expected to organize activities, which means, you'll be tasked with scheduling and setting up events at our facility. These activities are aimed at helping residents improve their mental and physical health. OK, ⁸²if anyone wants to ask me anything, now is a good time. Otherwise, we'll head to the lounge to watch a short video detailing past activities we've arranged at our center.

80 Where are the listeners?
(A) At a senior facility
(B) At a public school
(C) At a community center
(D) At a medical clinic

81 What is mentioned about the listeners?
(A) They will work on weekdays only.
(B) They will plan various events.
(C) They have received certification.
(D) They have watched a video.

82 What does the speaker offer to do?
(A) Modify a program
(B) Distribute copies of a handbook
(C) Lead a brainstorming session
(D) Respond to questions

80-82번은 다음 담화에 관한 문제입니다.

자원봉사 진행자로서, ⁸⁰Fairfield 노인 복지관에 오신 여러분을 환영하고 싶습니다. 저희 시설은 예산이 빠듯해서, 여러분의 도움이 매우 감사드립니다. 먼저, 여러분이 하실 일을 간단히 설명드리고 싶습니다. ⁸¹여러분은 활동들을 준비하도록 기대될 것이며, 이는 여러분이 저희 시설에서 하는 행사들의 일정 수립과 기획 업무를 맡게 될 것임을 의미합니다. 이 활동들은 거주자들이 정신적 및 육체적 건강을 향상시키도록 돕는 것을 목표로 합니다. 좋습니다, ⁸²만약 저에게 물어보고 싶으신 것이 있으시다면, 지금이 좋은 기회입니다. 없으시다면, 우리는 휴게실로 가서 저희 복지관에서 준비했던 이전 활동들을 자세히 보여주는 짧은 영상을 보겠습니다.

80. 청자들은 어디에 있는가?
(A) 노인 복지관에
(B) 공립 학교에
(C) 시민 문화 회관에
(D) 병원에

81. 청자들에 관해 무엇이 언급되는가?
(A) 그들은 주중에만 일할 것이다.
(B) 그들은 다양한 행사들을 계획할 것이다.
(C) 그들은 증명서를 받았다.
(D) 그들은 영상을 시청했다.

82. 화자는 무엇을 해주겠다고 제안하는가?
(A) 프로그램을 수정한다.
(B) 안내 책자 사본들을 나누어 준다.
(C) 브레인스토밍 교육을 이끈다.
(D) 질문들에 답변한다.

지문 coordinator[미 kouɔ́ːrdənèitər, 영 kəuɔ́ːdineitə] 진행자, 책임자 tight[tait] 빠듯한, 엄격한 assistance[əsístəns] 도움 set up 기획하다
head[hed] 가다, 향하다 lounge[laundʒ] 휴게실
81 weekday[wíːkdei] 주중, 평일 certification[sə̀ːrtəfikéiʃən] 증명서
82 modify[máːdifai] 수정하다 distribute[distríbjuːt] 나누어 주다 respond[rispáːnd] 답변하다, 응답하다

TEST | 01 | 02 | 03 | 04 | 05 | 06 | 07 | **08** | 09 | 10 | 해커스 토익 실전 1000제 2 Listening

80 ■ 전체 지문 관련 문제 장소   정답 (A)
청자들이 있는 장소를 묻는 문제이므로, 장소와 관련된 표현을 놓치지 않고 듣는다. "I'd like to welcome you to the Fairfield Senior Center"라며 Fairfield 노인 복지관에 온 청자들을 환영한다고 하였다. 따라서 정답은 (A) At a senior facility이다.

81 ■ 세부 사항 관련 문제 언급   정답 (B)
청자들에 관해 언급되는 것을 묻는 문제이므로, 질문의 핵심어구(listeners)와 관련된 내용을 주의 깊게 듣는다. "You will be expected to organize activities, which means, you'll be tasked with scheduling and setting up events"라며 청자들은 활동들을 준비하도록 기대될 것이며, 이는 행사들의 일정 수립과 기획 업무를 맡게 될 것임을 의미한다고 하였다. 따라서 정답은 (B) They will plan various events이다.

바꾸어 표현하기
organize activities 활동들을 준비하다 → plan ~ events 행사들을 계획하다

82 ■ 세부 사항 관련 문제 제안   정답 (D)
화자가 해주겠다고 제안하는 것을 묻는 문제이므로, 지문의 중후반에서 화자가 해주겠다고 언급한 내용을 주의 깊게 듣는다. "if anyone wants to ask me anything, now is a good time"이라며 만약 물어보고 싶은 것이 있다면 지금이 좋은 기회라고 하였다. 따라서 정답은 (D) Respond to questions이다.

Questions 83-85 refer to the following talk.

[🎧] 미국식 발음

Before we get started, let me just remind you of one thing really quickly. ⁸³An extra rehearsal for our orchestra will be held tonight. Please note that the current seating arrangement will stay the way it is until tomorrow. Also, ⁸³/⁸⁴please come to the hall with two copies of the musical score in case something happens. ⁸⁵We need to keep in mind that everything must go as smoothly as possible. This season's gala show will be attended by our main donors. If you still have questions, come see me in my office. Let's get started now.

83 Who most likely are the listeners?
(A) Audio engineers
(B) Opera singers
(C) Security guards
(D) Instrument players

84 What does the speaker ask the listeners to bring with them?
(A) An instrument case
(B) Some copies of notes
(C) A seating plan
(D) Some invitation cards

85 Why does the speaker say, "This season's gala show will be attended by our main donors"?
(A) To justify the cost of an upcoming performance
(B) To point out some changes to a guest list
(C) To emphasize the importance of an event
(D) To suggest a need for additional funding

83-85번은 다음 담화에 관한 문제입니다.

시작하기 전, 매우 빠르게 한 가지만 상기시켜드리고자 합니다. ⁸³오늘 밤 우리 오케스트라를 위한 추가 리허설이 있을 것입니다. 현재 좌석 배치가 내일까지 그대로 유지될 것임을 유념해주세요. 또한, ⁸³/⁸⁴무슨 일이 생기는 경우에 대비하여 두 부의 악보를 가지고 강당에 와주세요. ⁸⁵우리는 모든 것이 가능한 한 매끄럽게 진행되어야만 한다는 것을 명심해야 합니다. 이번 시즌의 갈라 쇼에는 우리의 주요 기부자들이 참석할 것입니다. 아직 문의 사항이 있다면, 제 사무실로 와서 저를 만나주세요. 이제 시작해 봅시다.

83. 청자들은 누구인 것 같은가?
(A) 음향 엔지니어들
(B) 오페라 가수들
(C) 보안 요원들
(D) 악기 연주자들

84. 화자는 청자들에게 무엇을 가지고 오라고 요청하는가?
(A) 악기 케이스
(B) 악보 복사본들
(C) 좌석 배치도
(D) 초대장들

85. 화자는 왜 "이번 시즌의 갈라 쇼에는 우리의 주요 기부자들이 참석할 것입니다"라고 말하는가?
(A) 다가오는 공연의 비용을 정당화하기 위해
(B) 손님 명단의 몇몇 변경 사항들을 언급하기 위해
(C) 행사의 중요성을 강조하기 위해
(D) 추가적인 자금 지원의 필요성을 시사하기 위해

지문 arrangement[əréindʒmənt] 배치, 준비 musical score 악보 keep in mind 명심하다, 유념하다 donor[dóunər] 기부자, 기증자
83 instrument[ínstrəmənt] 악기, 기구 84 invitation[ìnvitéiʃən] 초대
85 justify[dʒʌ́stəfài] 정당화하다 emphasize[émfəsàiz] 강조하다 funding[fʌ́ndiŋ] 자금 지원

83 ■ 전체 지문 관련 문제 청자　　　　　　　　　　　　　　　　　　　　　　　　　　　　　　　　　　정답 (D)

청자들의 신분을 묻는 문제이므로, 신분 및 직업과 관련된 표현을 놓치지 않고 듣는다. "An extra rehearsal for our orchestra will be held tonight."이라며 오늘 밤 자신들의 오케스트라를 위한 추가 리허설이 있을 것이라고 하고, "please come to the hall with two copies of the musical score ~"라며 두 부의 악보를 가지고 강당에 와달라고 하였다. 이를 통해 청자들이 오케스트라의 악기 연주자들임을 알 수 있다. 따라서 정답은 (D) Instrument players이다.

84 ■ 세부 사항 관련 문제 요청　　　　　　　　　　　　　　　　　　　　　　　　　　　　　　　　　　정답 (B)

화자가 청자들에게 가지고 오라고 요청하는 것을 묻는 문제이므로, 지문의 중후반에서 요청과 관련된 표현이 포함된 문장을 주의 깊게 듣는다. "please come to the hall with two copies of the musical score in case something happens"라며 무슨 일이 생기는 경우에 대비하여 두 부의 악보를 가지고 강당에 와달라고 하였다. 따라서 정답은 (B) Some copies of notes이다.

85 ■ 세부 사항 관련 문제 의도 파악　　　　　　　　　　　　　　　　　　　　　　　　　　　　　　　정답 (C)

화자가 하는 말의 의도를 묻는 문제이므로, 질문의 인용어구(This season's gala show will be attended by our main donors)가 언급된 주변을 주의 깊게 듣는다. "We need to keep in mind that everything must go as smoothly as possible."이라며 모든 것이 가능한 한 매끄럽게 진행되어야만 한다는 것을 명심해야 한다고 한 뒤, "This season's gala show will be attended by our main donors."라며 이번 시즌의 갈라 쇼에는 자신들의 주요 기부자들이 참석할 것이라고 하였다. 이를 통해 화자가 행사의 중요성을 강조하려는 의도임을 알 수 있다. 따라서 정답은 (C) To emphasize the importance of an event이다.

Questions 86-88 refer to the following talk.

🎧 영국식 발음

As you know, the Star Resort chain is planning to develop several sites throughout the country next year. And this will open up management positions at the new hotels. ⁸⁶I received an e-mail from the CEO this morning stating that he would prefer to promote existing employees to fill these roles. He wants each hotel to implement a mentorship program for employees who demonstrate leadership skills. ⁸⁷This will guarantee a large pool of suitable management candidates. To begin with, ⁸⁸I would like each of you to provide a list of employees in your departments that have management potential. Um, e-mail it to me by Wednesday.

86 What did the speaker do this morning?
   (A) Posted an advertisement for a job opening
   (B) Met with the owner of prominent resort
   (C) Read a message from an executive
   (D) Assigned staff members to new roles

87 What is mentioned about the mentorship program?
   (A) It has been used at a headquarters office.
   (B) It will require extensive staff training.
   (C) It has been successful at other companies.
   (D) It will ensure there are many candidates for promotion.

88 What does the speaker ask the listeners to do?
   (A) Conduct performance evaluations
   (B) Review a list of candidates for promotion
   (C) Develop a manual for management trainees
   (D) Recommend participants for a program

86-88번은 다음 담화에 관한 문제입니다.

아시다시피, Star 리조트 체인은 내년에 나라 전역에 여러 부지를 개발할 계획입니다. 그리고 이는 새로운 호텔들에 경영 직책 공석을 만들어 낼 것입니다. ⁸⁶저는 오늘 아침에 최고 경영자로부터 그 직무들을 채우기 위해 기존의 직원들을 승진시키는 것을 선호한다고 밝히는 이메일을 받았습니다. 그는 각 호텔에서 지도자 기량을 보여주는 직원들을 위한 멘토십 프로그램을 시행하기를 원합니다. ⁸⁷이것은 적합한 경영직 후보자들에 가능한 인력이 많도록 보장할 것입니다. 우선, ⁸⁸각자 자신의 부서에서 잠재적 경영 능력이 있는 직원들의 목록을 제공해 주시길 바랍니다. 음, 저에게 수요일까지 그것을 이메일로 보내주세요.

86. 화자는 오늘 아침에 무엇을 했는가?
   (A) 공석에 관한 광고를 게시했다.
   (B) 유명한 리조트의 소유주와 만났다.
   (C) 임원으로부터 받은 메시지를 읽었다.
   (D) 직원들에게 새로운 직무를 맡겼다.

87. 멘토십 프로그램에 관해 무엇이 언급되는가?
   (A) 본사 사무실에서 활용되었다.
   (B) 대규모의 직원 교육을 필요로 할 것이다.
   (C) 다른 회사들에서 성공적이었다.
   (D) 승진을 위한 많은 후보자들이 있도록 보장할 것이다.

88. 화자는 청자들에게 무엇을 하라고 요청하는가?
   (A) 수행 평가를 시행한다.
   (B) 승진 후보자 명단을 검토한다.
   (C) 관리직 교육생들을 위한 안내서를 만든다.
   (D) 프로그램을 위한 참가자들을 추천한다.

지문 open up 만들어 내다 promote[미 prəmóut, 영 prəmóut] 승진시키다 pool[pu:l] 이용 가능 인력 candidate[kǽndideit] 후보자, 지원자
86 post[poust] 게시하다 prominent[prá:minənt] 유명한 executive[igzékjətiv] 임원 assign[əsáin] 맡기다
87 extensive[iksténsiv] 대규모의, 광범위한 ensure[inʃúər] 보장하다
88 evaluation[ivæljuéiʃən] 평가 manual[mǽnjuəl] 안내서 trainee[trèiní:] 교육생

86 ■ 세부 사항 관련 문제 특정 세부 사항   정답 (C)

화자가 오늘 아침에 한 일을 묻는 문제이므로, 질문의 핵심어구(this morning)가 언급된 주변을 주의 깊게 듣는다. "I received an e-mail from the CEO this morning"이라며 오늘 아침에 최고 경영자로부터 이메일을 받았다고 하였다. 따라서 정답은 (C) Read a message from an executive이다.

87 ■ 세부 사항 관련 문제 언급   정답 (D)

멘토십 프로그램에 관해 언급되는 것을 묻는 문제이므로, 질문의 핵심어구(mentorship program)와 관련된 내용을 주의 깊게 듣는다. "This[mentorship program] will guarantee a large pool of suitable management candidates."라며 멘토십 프로그램은 적합한 경영직 후보자들에 가능한 인력이 많도록 보장할 것이라고 하였다. 따라서 정답은 (D) It will ensure there are many candidates for promotion이다.

바꾸어 표현하기

guarantee a large pool of ~ candidates 후보자들에 가능한 인력이 많도록 보장하다 → ensure there are many candidates 많은 후보자들이 있도록 보장하다

88 ■ 세부 사항 관련 문제 요청   정답 (D)

화자가 청자들에게 요청하는 것을 묻는 문제이므로, 지문의 중후반에서 요청과 관련된 표현이 포함된 문장을 주의 깊게 듣는다. "I would like each of you to provide a list of employees in your departments that have management potential"이라며 각자 자신의 부서에서 잠재적 경영 능력이 있는 직원들의 목록을 제공해 주길 바란다고 하였다. 따라서 정답은 (D) Recommend participants for a program이다.

Questions 89-91 refer to the following radio broadcast.

[🔊] 호주식 발음

You're listening to *Melbourne Today* on 103.9 FM. My guest this afternoon is [89]Marsha Summers, a world-renowned explorer who has been featured on the Adventure Channel and the Outdoor Channel, as well as in countless magazines and newspapers. For the past year, she's been making her way across the world in a privately owned sailboat with a crew of only three people. She landed in Australia two days ago and departs for Thailand tomorrow. [90]I plan to ask Ms. Summers about Marine Protectors, a nonprofit organization she founded that is dedicated to protecting the wildlife in the world's oceans. [91]We urge all of our listeners to support this group's efforts. Information on how to make a contribution is available at www.marineprotectors.com.

89 According to the speaker, what did Marsha Summers do?
(A) Appeared on television programs
(B) Arranged a business trip
(C) Wrote an article for a magazine
(D) Conducted some scientific research

90 What will the speaker ask Ms. Summers about?
(A) A media organization
(B) A fundraising event
(C) An environmental group
(D) A business venture

91 What does the speaker recommend the listeners do?
(A) Make a donation
(B) Purchase a publication
(C) Download a schedule
(D) Post a question

89-91번은 다음 라디오 방송에 관한 문제입니다.

여러분은 103.9 FM의 *Melbourne Today*를 듣고 계십니다. 오늘 오후에 모실 손님은 셀 수 없이 많은 잡지와 신문들에 실렸을 뿐만 아니라, [89]Adventure 채널과 Outdoor 채널에 출연해온 세계적으로 유명한 탐험가 Marsha Summers입니다. 지난 한 해 동안, 그녀는 단 세 명의 선원과 함께 개인 소유의 보트를 타고 세계 일주를 해왔습니다. 그녀는 호주에 이틀 전에 도착했으며, 내일 태국으로 떠납니다. [90]저는 Ms. Summers에게 세계 바다의 야생 동물을 보호하는 데 헌신하는, 그녀가 설립한 비영리 단체인 Marine Protectors에 대해 물어볼 것입니다. [91]저희는 모든 청취자들이 이 단체의 활동들을 후원해주시도록 권유드립니다. 기부를 하는 방법에 대한 정보는 www.marineprotectors.com에서 찾으실 수 있습니다.

89. 화자에 따르면, Marsha Summers는 무엇을 했는가?
(A) 텔레비전 프로그램들에 출연했다.
(B) 출장을 준비했다.
(C) 잡지에 기사를 작성했다.
(D) 과학 연구를 진행했다.

90. 화자는 Ms. Summers에게 무엇에 관해 물어볼 것인가?
(A) 대중 매체 기관
(B) 기금 모금 행사
(C) 환경 단체
(D) 벤처 기업

91. 화자는 청자들에게 무엇을 하라고 제안하는가?
(A) 기부를 한다.
(B) 출간물을 구입한다.
(C) 일정을 다운로드한다.
(D) 질문을 게시한다.

지문 feature[미 fí:tʃər, 영 fí:tʃə] 출연하다, 특징이 되다 countless[미 káuntlis, 영 káuntləs] 셀 수 없이 많은 privately owned 개인이 소유하는 crew[kru:] 선원 depart[미 dipá:rt, 영 dipá:t] 떠나다 nonprofit organization 비영리 단체 found[faund] 설립하다 wildlife[wáildlaif] 야생 동물 urge[미 ə:rdʒ, 영 ə:dʒ] 권유하다, 권고하다 support[미 səpɔ́:rt, 영 səpɔ́:t] (금전적으로) 후원하다 contribution[미 kà:ntrəbjú:ʃən, 영 kɔ̀ntribjú:ʃən] 기부
89 arrange[əréindʒ] 준비하다 conduct[kəndʌ́kt] 진행하다　　89 donation[dounéiʃən] 기부 publication[pʌ̀bləkéiʃən] 출간물

89 ■ **세부 사항 관련 문제** 특정 세부 사항　　　　　　　　　　　　　　　　　　　　　　　　　　　정답 (A)

Marsha Summers가 한 것을 묻는 문제이므로, 질문의 핵심어구(Marsha Summers)가 언급된 주변을 주의 깊게 듣는다. "Marsha Summers ~ has been featured on the Adventure Channel and the Outdoor Channel"이라며 Marsha Summers가 Adventure 채널과 Outdoor 채널에 출연해왔다고 하였다. 따라서 정답은 (A) Appeared on television programs이다.

90 ■ **세부 사항 관련 문제** 특정 세부 사항　　　　　　　　　　　　　　　　　　　　　　　　　　　정답 (C)

화자가 Ms. Summers에게 물어볼 것을 묻는 문제이므로, 질문의 핵심어구(ask Ms. Summers)가 언급된 주변을 주의 깊게 듣는다. "I plan to ask Ms. Summers about Marine Protectors, a nonprofit organization ~ that is dedicated to protecting the wildlife in the world's oceans."라며 Ms. Summers에게 세계 바다의 야생 동물을 보호하는 데 헌신하는 비영리 단체인 Marine Protectors에 대해 물어볼 것이라고 하였다. 따라서 정답은 (C) An environmental group이다.

91 ■ **세부 사항 관련 문제** 제안　　　　　　　　　　　　　　　　　　　　　　　　　　　　　　　정답 (A)

화자가 청자들에게 제안하는 것을 묻는 문제이므로, 지문의 중후반에서 제안과 관련된 표현이 포함된 문장을 주의 깊게 듣는다. "We urge all of our listeners to support this group's efforts. Information on how to make a contribution is available"이라며 모든 청취자들이 이 단체의 활동들을 후원해주도록 권유한다고 한 뒤, 기부하는 방법에 대한 정보에 대해 언급하였다. 따라서 정답은 (A) Make a donation이다.

Questions 92-94 refer to the following talk.

③》 영국식 발음

Everyone, please gather round. ⁹²I have a few details to share about today's plan before leading you on your Norwegian Heritage Tour. ⁹³Please note that there's been a small change to our plan. Ottosen Castle was supposed to be our first stop, but the building was badly damaged in a recent storm. ⁹³However, we can begin our morning with a stop at an old fishing village nearby called Anker Village. Then, we'll make our way to Oslo City Hall, which is known for its incredible wall paintings. We'll easily be able to spend a couple of hours at that site alone. All right, ⁹⁴let's walk over to the shuttle bus. We've got a great day ahead of us.

92 What is the talk mainly about?
(A) A historical landmark
(B) A restoration project
(C) A tour itinerary
(D) A fundraising campaign

93 What does the speaker mean when she says, "the building was badly damaged in a recent storm"?
(A) An assessment needs to be made.
(B) A destination will not be visited.
(C) A repair effort has been stopped.
(D) A fundraiser will be launched soon.

94 What will the listeners probably do next?
(A) Participate in an auction
(B) Take out their passes
(C) Learn about a structure
(D) Head to a vehicle

92-94번은 다음 담화에 관한 문제입니다.

여러분, 모여주십시오. ⁹²노르웨이 문화유산 투어를 시작하기 전에 오늘의 계획에 대해 공유할 몇 가지 세부 사항들이 있습니다. ⁹³우리의 계획에 작은 변동이 생겼다는 것을 유념해주십시오. Ottosen 성은 우리의 첫 번째 방문지가 될 예정이었으나, 건물이 최근의 폭풍으로 인해 심하게 손상되었습니다. ⁹³그러나, 우리는 Anker 마을이라고 불리는 근처의 오래된 낚시 마을을 들르는 것으로 우리의 아침을 시작할 수 있습니다. 그 후에, 우리는 놀라운 벽화로 잘 알려진 오슬로 시청으로 갈 것입니다. 우리는 그 장소에서만 몇 시간을 수월하게 보낼 수 있을 것입니다. 좋아요, ⁹⁴셔틀버스로 함께 걸어가시죠. 멋진 하루가 우리를 기다리고 있습니다.

92. 담화는 주로 무엇에 관한 것인가?
(A) 역사적인 명소
(B) 복원 프로젝트
(C) 여행 일정
(D) 모금 캠페인

93. 화자는 "건물이 최근의 폭풍으로 인해 심하게 손상되었습니다"라고 말할 때 무엇을 의도하는가?
(A) 평가가 이루어져야 한다.
(B) 목적지를 방문하지 않을 것이다.
(C) 수리 활동이 중단되었다.
(D) 기금 모금이 곧 시작될 것이다.

94. 청자들은 다음에 무엇을 할 것 같은가?
(A) 경매에 참가한다.
(B) 그들의 입장권을 꺼낸다.
(C) 건축물에 대해 배운다.
(D) 차량으로 향한다.

지문 heritage[héritidʒ] 문화유산 supposed to be 예정이다, ~하기로 되어 있다 badly[bædli] 심하게 stop[미 staːp, 영 stɔp] 들르기, 정차 make one's way 가다, 나아가다
92 landmark[lǽndmɑːrk] 명소 restoration[rèstəréiʃən] 복원 itinerary[aitínəreri] 일정
93 assessment[əsésmənt] 평가 effort[éfərt] 활동 94 auction[ɔ́ːkʃən] 경매 structure[strʌ́ktʃər] 건축물

92 ■ 전체 지문 관련 문제 주제 　　　　　　　　　　　　　　　　　　　　　　　　　　　　　정답 (C)
담화의 주제를 묻는 문제이므로, 대화의 초반을 반드시 듣는다. 화자가 청자에게 "I have a few details to share about today's plan before leading you on your Norwegian Heritage Tour."라며 노르웨이 문화 유산 투어를 시작하기 전에 오늘의 계획에 대해 공유할 몇 가지 세부 사항들이 있다고 하였다. 따라서 정답은 (C) A tour itinerary이다.

93 ■ 세부 사항 관련 문제 의도 파악 　　　　　　　　　　　　　　　　　　　　　　　　　　　　정답 (B)
화자가 하는 말의 의도를 묻는 문제이므로, 질문의 인용어구(the building was badly damaged in a recent storm)가 언급된 주변을 주의 깊게 듣는다. 화자가 "Please note that there's been a small change to our plan. Ottosen Castle was supposed to be our first stop, but the building was badly damaged in a recent storm."이라며 자신들의 계획에 작은 변동이 생겼다는 것을 유념해달라고 한 뒤, Ottosen 성은 첫 번째 방문지가 될 예정이었으나 건물이 최근의 폭풍으로 인해 건물이 심하게 손상되었다고 하였다. 이어서 "However, we can begin our morning with a stop at ~ Anker Village."라며 Anker 마을을 들르는 것으로 아침을 시작할 수 있다고 한 것을 통해 목적지를 방문하지 않을 것임을 알 수 있다. 따라서 정답은 (B) A destination will not be visited이다.

94 ■ 세부 사항 관련 문제 다음에 할 일 　　　　　　　　　　　　　　　　　　　　　　　　　　정답 (D)
청자가 다음에 할 일을 묻는 문제이므로, 대화의 마지막 부분을 주의 깊게 듣는다. 화자가 "let's walk over to the shuttle bus"라며 셔틀 버스로 함께 걸어가자고 하였다. 따라서 정답은 (D) Head to a vehicle이다.

바꾸어 표현하기
walk over to ~로 걸어가다 → Head to ~로 향하다

Questions 95-97 refer to the following announcement and schedule.

🎧 미국식 발음

Attention, passengers. ⁹⁵We have been notified that Highway 45 has been closed due to a collision involving several automobiles. It had been announced that the road would be reopened at noon, but that now looks unlikely. As a result, ⁹⁶the bus that departs at 10:40 is expected to run behind schedule. We apologize for any inconvenience this may cause, and will update you on the new departure time as soon as possible. ⁹⁷While you wait, we would like to remind all passengers that the transit lounge opened on the second floor of the terminal. It includes free Wi-Fi, comfortable seating, and a café. Make sure to check it out.

Bus No.	Destination	Departure Time
4491	Antoine Bridge	09:20
⁹⁶4619	Tigerville	10:40
5518	Suzuki Stadium	12:00
6675	Hawthorne Park	14:30

95 Why is Highway 45 closed?
(A) A bridge is being inspected.
(B) An accident has occurred.
(C) A structure is being repaired.
(D) A parade has begun.

96 Look at the graphic. Which bus does the speaker refer to?
(A) Bus 4491
(B) Bus 4619
(C) Bus 5518
(D) Bus 6675

97 What does the speaker remind the listeners about?
(A) An upcoming event
(B) An additional fee
(C) A changed policy
(D) A new facility

95~97번은 다음 공지와 일정표에 관한 문제입니다.

승객 여러분, 주목해주세요. ⁹⁵저희는 45번 고속도로가 몇 대의 자동차들이 연루된 충돌로 인해 폐쇄되었다고 통지받았습니다. 도로는 정오에 재개방될 것이라고 공지되었지만, 지금으로서는 그럴 것 같지 않아 보입니다. 결과적으로, ⁹⁶10시 40분에 출발하는 버스는 일정보다 늦게 운행될 것으로 예상됩니다. 이것이 초래할 모든 불편에 대해 사과드리며, 새로운 출발 시각을 최대한 빠르게 갱신해드리겠습니다. ⁹⁷기다리시는 동안, 저희는 모든 승객들께 터미널 2층에 대합실이 개장했다는 것을 상기시켜드리고자 합니다. 그것은 무료 와이파이, 편안한 좌석, 그리고 카페를 포함합니다. 꼭 확인해보시길 바랍니다.

버스 번호	목적지	출발 시각
4491	Antoine 다리	09:20
⁹⁶4619	Tigerville	10:40
5518	Suzuki 경기장	12:00
6675	Hawthorne 공원	14:30

95. 45번 고속도로는 왜 폐쇄되었는가?
(A) 다리가 점검되고 있다.
(B) 사고가 일어났다.
(C) 구조물이 수리되고 있다.
(D) 퍼레이드가 시작되었다.

96. 시각 자료를 보시오. 화자는 어느 버스를 언급하는가?
(A) 4491번 버스
(B) 4619번 버스
(C) 5518번 버스
(D) 6675번 버스

97. 화자는 청자들에게 무엇에 관해 상기시키는가?
(A) 다가오는 행사
(B) 추가 요금
(C) 변경된 정책
(D) 새로운 시설

지문 passenger [미 pǽsəndʒər, 영 pǽsəndʒə] 승객 collision [kəlíʒən] 충돌 automobile [ɔ́ːtəməbìːl] 자동차 inconvenience [미 ìnkənvíːnjəns, 영 ìnkənvíːniəns] 불편 seating [síːtiŋ] 좌석
95 inspect [inspékt] 점검하다, 검사하다 occur [미 əkə́ːr, 영 əkə́ː] 일어나다, 발생하다

95 ■ 세부 사항 관련 문제 이유

정답 (B)

45번 고속도로가 폐쇄된 이유를 묻는 문제이므로, 질문의 핵심어구(Highway 45 closed)가 언급된 주변을 주의 깊게 듣는다. "We have been notified that Highway 45 has been closed due to a collision involving several automobiles."라며 45번 고속도로가 몇 대의 자동차들이 연루된 충돌로 인해 폐쇄되었다고 통지받았다고 하였다. 따라서 정답은 (B) An accident has occurred이다.

96 ■ 세부 사항 관련 문제 시각 자료

정답 (B)

화자가 언급하는 버스를 묻는 문제이므로, 제시된 일정표의 정보를 확인한 뒤 질문의 핵심어구(bus)가 언급된 주변을 주의 깊게 듣는다. "the bus that departs at 10:40 is expected to run behind schedule"이라며 10시 40분에 출발하는 버스는 일정보다 늦게 운행될 것으로 예상된다고 한 것을 통해 화자가 언급한 버스는 10시 40분에 출발하는 4619번 버스임을 일정표에서 알 수 있다. 따라서 정답은 (B) Bus 4619이다.

97 ■ 세부 사항 관련 문제 특정 세부 사항

정답 (D)

화자가 청자들에게 상기시키는 것을 묻는 문제이므로, 질문의 핵심어구(remind ~ listeners)와 관련된 내용을 주의 깊게 듣는다. "While you wait, we would like to remind all passengers that the transit lounge opened on the second floor of the terminal."이라며 청자들이 기다리는 동안 모든 승객들에게 터미널 2층에 대합실이 개장했다는 것을 상기시켜주고자 한다고 하였다. 따라서 정답은 (D) A new facility이다.

98 **99** **100**	

Questions 98-100 refer to the following telephone message and sign.

🎧 캐나다식 발음

Hi, Sandra. ⁹⁸I got your message about the team-building exercise you're arranging for our department. I really like your idea of playing a soccer game at a park. ⁹⁹Actually, there's a great spot where we can play just a few miles from our workplace—Berkley Park. Maybe you've heard of it? It has a large field that can be reserved in advance. The only downside is that there's very limited parking. People will have to use the nearby East Street Garage. We'll probably only play for an hour, but I imagine we'll want to hang out a bit afterward, so ¹⁰⁰people will have to pay for two hours. Hopefully, that won't be an issue.

98-100번은 다음 전화 메시지와 표지판에 관한 문제입니다.

안녕하세요, Sandra. ⁹⁸우리 부서를 위해 당신이 준비하고 있는 단합 활동에 관한 당신의 메시지를 받았어요. 공원에서 축구를 하자는 당신의 의견은 매우 좋아요. ⁹⁹사실, 우리 회사에서 겨우 몇 마일 떨어진 곳에 우리가 경기를 할 수 있는 아주 좋은 장소인 Berkley 공원이 있어요. 아마도 당신은 들어본 적이 있을걸요? 그곳에는 미리 예약할 수 있는 넓은 운동장이 있어요. 유일한 단점은 매우 제한적인 주차 공간이 있다는 거예요. 사람들은 근처의 East가 주차장을 사용해야 할 거예요. 우리는 아마 한 시간 동안만 축구를 할 것이지만, 제 생각엔 그 후에 우리가 조금 더 어울리고 싶어 할 것이기 때문에, ¹⁰⁰사람들은 두 시간에 대한 가격을 지불해야 할 거예요. 바라건대, 그것이 문제가 되지 않길 바라요.

East Street Parking Garage Fees

1 hr. – $3
2 hrs. – ¹⁰⁰$6
3 hrs. – $8
4 hrs. – $10

(4 hrs. max)

East가 주차장 요금

1시간 – 3달러
2시간 – ¹⁰⁰6달러
3시간 – 8달러
4시간 – 10달러

(최대 4시간)

---

98 What task was the listener given?

(A) Looking up an exercise class
(B) Organizing a company event
(C) Coaching a soccer team
(D) Promoting a sports competition

99 According to the speaker, what is located near a workplace?

(A) A park
(B) An arena
(C) A community center
(D) A workout facility

100 Look at the graphic. What amount will the listeners most likely be charged for parking?

(A) $3
(B) $6
(C) $8
(D) $10

98. 청자는 무슨 업무를 받았는가?

(A) 운동 수업을 찾아보기
(B) 회사 행사를 준비하기
(C) 축구팀을 지도하기
(D) 운동 경기를 홍보하기

99. 화자에 따르면, 회사 근처에 무엇이 위치해 있는가?

(A) 공원
(B) 경기장
(C) 주민 회관
(D) 운동 시설

100. 시각 자료를 보시오. 청자들에게 얼마의 주차 요금이 부과될 것 같은가?

(A) 3달러
(B) 6달러
(C) 8달러
(D) 10달러

지문 exercise[éksərsàiz] 활동, 운동 arrange[əréindʒ] 준비하다, 정리하다 reserve[rizéːrv] 예약하다 in advance 미리
downside[dáunsàid] 단점 hang out 어울리다 issue[íʃuː] 문제

98 organize[ɔ́ːrɡənàiz] 준비하다, 조직하다 coach[koutʃ] 지도하다

99 arena[əríːnə] 경기장 community center 주민 회관

98 ■ 세부 사항 관련 문제 특정 세부 사항

정답 (B)

청자가 받은 업무를 묻는 문제이므로, 질문의 핵심어구(task ~ listener given)와 관련된 내용을 주의 깊게 듣는다. "I got your message about the team-building exercise you're arranging for our department."라며 부서를 위해 청자가 준비하고 있는 단합 활동에 관한 메시지를 받았다고 하였다. 따라서 정답은 (B) Organizing a company event이다.

바꾸어 표현하기

team-building exercise ~ for ~ department 부서를 위한 단합 활동 → company event 회사 행사

99 ■ 세부 사항 관련 문제 특정 세부 사항

정답 (A)

회사 근처에 위치해 있는 것을 묻는 문제이므로, 질문의 핵심어구(near a workplace)와 관련된 내용을 주의 깊게 듣는다. "Actually, there's a great spot where we can play just a few miles from our workplace—Berkley Park."라며 회사에서 겨우 몇 마일 떨어진 곳에 자신들이 경기를 할 수 있는 아주 좋은 장소인 Berkley 공원이 있다고 하였다. 따라서 정답은 (A) A park이다.

100 ■ 세부 사항 관련 문제 시각 자료

정답 (B)

청자들에게 부과될 주차 요금을 묻는 문제이므로, 제시된 표지판의 정보를 확인한 뒤 질문의 핵심어구(amount ~ be charged for parking)와 관련된 내용을 주의 깊게 듣는다. 화자가 "people will have to pay for two hours"라며 사람들이 두 시간에 대한 가격을 지불해야 할 거라고 하였으므로, 청자들에게 부과될 주차 요금은 두 시간의 요금인 6달러임을 표지판에서 알 수 있다. 따라서 정답은 (B) $6이다.

▌TEST 09

🎧 TEST 09.mp3

실전용·복습용 문제풀이 MP3 무료 다운로드 및 스트리밍 바로듣기 (HackersIngang.com)
* 실제 시험장의 소음까지 재현해 낸 고사장 소음/매미 버전 MP3, 영국식·호주식 발음 집중 MP3, 고속 버전 MP3까지
  구매하면 실전에 더욱 완벽히 대비할 수 있습니다.

무료MP3 바로듣기

1

○○○○●
하

🔊 캐나다식 발음

(A) The woman is folding a document.
(B) The woman is operating a machine.
(C) The woman is installing equipment.
(D) The woman is reading a newspaper.

(A) 여자는 서류를 접고 있다.
(B) 여자는 기계를 작동시키고 있다.
(C) 여자는 장비를 설치하고 있다.
(D) 여자는 신문을 읽고 있다.

■ 1인 사진

정답 (B)

한 여자가 손에 서류를 들고 복사기 앞에 서 있는 모습을 확인한다.
(A) [×] folding(접고 있다)은 여자의 동작과 무관하므로 오답이다. 사진에 있는 서류(document)를 사용하여 혼동을 주었다.
(B) [○] 여자가 기계를 작동시키고 있는 모습을 가장 잘 묘사한 정답이다.
(C) [×] 사진에서 여자가 장비를 설치하고 있는지 확인할 수 없으므로 오답이다.
(D) [×] 사진에 신문(newspaper)이 없고, reading(읽고 있다)은 여자의 동작과 무관하므로 오답이다.

어휘   fold[fould] 접다   install[instɔ́ːl] 설치하다

2

○○○●○
중

🔊 미국식 발음

(A) The man is plugging in a cord.
(B) The man is handling a power tool.
(C) A hard hat is sitting on a shelf.
(D) Tiles are being laid on the floor.

(A) 남자는 전기 코드를 꽂고 있다.
(B) 남자는 전기 장비를 다루고 있다.
(C) 안전모가 선반에 놓여 있다.
(D) 타일들이 바닥에 깔리고 있다.

■ 1인 사진

정답 (B)

안전모를 쓴 남자가 전기 장비를 다루고 있는 모습과 주변 사물들의 상태를 파악한다.
(A) [×] plugging in(전기 코드를 꽂고 있다)은 남자의 동작과 무관하므로 오답이다. 사진에 있는 전기 코드(cord)를 사용하여 혼동을 주었다.
(B) [○] 전기 장비를 다루고 있는 남자의 모습을 정확히 묘사한 정답이다.
(C) [×] 사진에 선반(shelf)이 없으므로 오답이다. 사진에 있는 안전모(hard hat)를 사용하여 혼동을 주었다.
(D) [×] 이미 타일들이 바닥에 깔려 있는 상태인데, 진행 수동형(are being laid)을 사용해 타일들이 바닥에 깔리고 있다고 잘못 묘사했으므로 오답이다.

어휘   cord[kɔːrd] 전기 코드   handle[hǽndl] 다루다, 조종하다   power[páuər] 전기, 동력   hard hat 안전모   lay[lei] (벽돌 등을) 깔다, 놓다

3

○○○●○
중

🔊 호주식 발음

(A) A customer has approached a check-in counter.
(B) A customer is unpacking a suitcase.
(C) Ticketing agents are stationed across from each other.
(D) Ticketing agents are inspecting some baggage.

(A) 한 고객이 탑승 수속 카운터에 다가가 있다.
(B) 한 고객이 여행 가방을 풀고 있다.
(C) 발권 담당 직원들이 서로 맞은편에 배치되어 있다.
(D) 발권 담당 직원들이 몇몇 짐을 검사하고 있다.

■ 2인 이상 사진

정답 (A)

한 여자가 탑승 수속 카운터에 서 있고, 직원들이 맞은편에 서 있는 모습을 확인한다.
(A) [○] 한 고객이 탑승 수속 카운터에 다가가 있는 모습을 정확히 묘사한 정답이다.
(B) [×] unpacking(짐을 풀고 있다)은 여자의 동작과 무관하므로 오답이다. 사진에 있는 여행 가방(suitcase)을 사용하여 혼동을 주었다.
(C) [×] 발권 담당 직원들이 나란히 서 있는데 서로 맞은편에 배치되어 있다고 잘못 묘사했으므로 오답이다.
(D) [×] inspecting some baggage(몇몇 짐을 검사하고 있다)는 발권 담당 직원들의 동작과 무관하므로 오답이다.

어휘   approach[미 əpróutʃ, 영 əpróutʃ] 다가가다   unpack[ʌnpǽk] (짐을) 풀다   agent[éidʒənt] 직원, 대리인   station[stéiʃən] 배치하다, 두다

4

🔊 영국식 발음

(A) Curtains are hanging from both walls.
(B) A stage is prepared for a concert.
(C) Chairs are arranged in a classroom.
(D) A microphone is being set up at a podium.

(A) 커튼들이 양쪽 벽에 걸려 있다.
(B) 무대가 콘서트를 위해 준비되어 있다.
(C) 의자들이 강의실 안에 정렬되어 있다.
(D) 마이크가 연단에 설치되고 있다.

■ 사물 및 풍경 사진　　　　　　　　　　　　　　　　　　　　　　　　　　정답 (C)

사진에 사람이 없다는 것과 테이블과 의자가 정렬되어 있는 모습을 확인한다.
(A) [×] 커튼들이 양쪽 벽에 걸려 있는 것이 아니라 한쪽 벽에만 걸려 있으므로 오답이다. Curtains are hanging from(커튼들이 ~에 걸려 있다)
　　까지만 듣고 정답으로 선택하지 않도록 주의한다.
(B) [×] 사진에서 무대(stage)를 확인할 수 없으므로 오답이다.
(C) [○] 의자들이 강의실 안에 정렬되어 있는 모습을 정확히 묘사한 정답이다.
(D) [×] 사진에서 마이크(microphone)와 연단(podium)을 확인할 수 없으므로 오답이다. 사진의 장소인 강의실에서 연상할 수 있는 물체인
　　microphone(마이크)과 podium(연단)을 사용하여 혼동을 주었다.

어휘　both[미 bouθ, 영 bəuθ] 양쪽의　prepare[미 pripéər, 영 pripéə] 준비하다　podium[미 póudiəm, 영 pɔ́udiəm] 연단, 연설대

5

🔊 미국식 발음

(A) The man is crouching on the ground.
(B) The man is adjusting the handlebars.
(C) The woman is walking along the road.
(D) A helmet is lying on the pavement.

(A) 남자는 땅에 쪼그리고 앉아 있다.
(B) 남자는 손잡이를 조정하고 있다.
(C) 여자는 길을 따라 걷고 있다.
(D) 헬멧이 포장도로에 놓여 있다.

■ 2인 이상 사진　　　　　　　　　　　　　　　　　　　　　　　　　　정답 (A)

두 남녀가 자전거를 살펴보고 있는 모습과 주변 사물의 상태를 주의 깊게 살핀다.
(A) [○] 남자가 땅에 쪼그리고 앉아 있는 모습을 정확히 묘사한 정답이다. crouch가 쪼그리고 앉아 있는 모습을 나타냄을 알아둔다.
(B) [×] 남자가 손잡이가 아닌 바퀴를 조정하고 있으므로 오답이다. The man is adjusting(남자는 조정하고 있다)까지만 듣고 정답으로 선택하
　　지 않도록 주의한다.
(C) [×] walking(걷고 있다)은 여자의 동작과 무관하므로 오답이다. 사진에 있는 길(road)을 사용하여 혼동을 주었다.
(D) [×] 사진에서 헬멧이 보이지만 놓여 있는(is lying) 모습은 아니므로 오답이다.

어휘　crouch[krautʃ] 쪼그리고 앉다, 웅크리다　adjust[ədʒʌ́st] 조정하다　handlebar[hǽndəlbár] 손잡이, 핸들　pavement[péivmənt] 포장도로

6

🔊 호주식 발음

(A) A vendor is pushing a fruit cart in front of
　　a shop.
(B) Some produce has been put on display.
(C) A salesperson is assisting a customer at
　　a market.
(D) Some baskets have been stacked in a
　　truck.

(A) 한 상인이 가게 앞에서 과일 수레를 밀고 있다.
(B) 농산물이 진열되어 있다.
(C) 한 점원이 시장에서 손님을 돕고 있다.
(D) 바구니들이 트럭에 쌓여 있다.

■ 2인 이상 사진　　　　　　　　　　　　　　　　　　　　　　　　　　정답 (B)

한 사람이 가게 앞에서 과일이 담긴 바구니들을 내려다보고 있는 모습과 주변 사물의 상태를 주의 깊게 살핀다.
(A) [×] 사진에 수레를 밀고 있는 상인(vendor)이 없으므로 오답이다. 사진에 있는 과일(fruit)과 가게(shop)를 사용하여 혼동을 주었다.
(B) [○] 농산물이 진열되어 있는 모습을 정확히 묘사한 정답이다.
(C) [×] 사진에 손님을 돕고 있는 점원(salesperson)이 없으므로 오답이다.
(D) [×] 바구니들이 바닥에 쌓여 있는데 트럭에 쌓여 있다고 잘못 묘사했으므로 오답이다.

어휘　vendor[미 véndər, 영 véndə] 상인, 판매인　produce[미 prádjuːs, 영 prɔ́dʒuːs] 농산물　stack[stæk] 쌓다

PART 2

7
○○○○●하

🔊 호주식 발음 → 영국식 발음

How far is the drive to Los Angeles?

(A) I've lived there for a long time.
(B) We decided to ride together.
(C) It's about 50 kilometers from here.

로스앤젤레스까지 주행 거리가 얼마나 되나요?

(A) 저는 그곳에서 오랫동안 살았어요.
(B) 우리는 같이 타고 가기로 결정했어요.
(C) 이곳에서부터 50킬로미터 정도예요.

■ How 의문문   정답 (C)

로스앤젤레스까지 주행 거리가 얼마나 되는지를 묻는 How 의문문이다. How far가 거리를 묻는 표현임을 이해할 수 있어야 한다.
(A) [×] 로스앤젤레스까지 주행 거리가 얼마나 되는지를 물었는데, 이와 관련이 없는 자신이 그곳에서 오랫동안 살았다는 내용으로 응답했으므로 오답이다. 질문의 Los Angeles(로스앤젤레스)를 나타낼 수 있는 there를 사용하여 혼동을 주었다.
(B) [×] drive(주행 거리)와 관련 있는 ride(타다)를 사용하여 혼동을 준 오답이다.
(C) [○] 이곳에서부터 50킬로미터 정도라며 로스앤젤레스까지의 주행 거리를 언급했으므로 정답이다.

어휘 **drive**[draiv] (자동차로 가는) 거리 **ride**[raid] 타다

8
○○○●○하

🔊 캐나다식 발음 → 미국식 발음

What assignment were you given?

(A) Proofreading some articles.
(B) Sam was appointed to the position.
(C) There is still a lot to do.

당신은 무슨 업무를 받았나요?

(A) 기사들을 교정보는 것이요.
(B) Sam이 그 자리에 임명되었어요.
(C) 아직도 할 게 많아요.

■ What 의문문   정답 (A)

무슨 업무를 받았는지를 묻는 What 의문문이다. What assignment를 반드시 들어야 한다.
(A) [○] 기사들을 교정보는 것이라는 말로 자신이 받은 업무를 언급했으므로 정답이다.
(B) [×] assignment were ~ given(업무를 받다)에서 연상할 수 있는 업무를 받은 원인과 관련된 appointed to the position(자리에 임명되었다)을 사용하여 혼동을 준 오답이다.
(C) [×] assignment(업무)와 관련 있는 a lot to do(많은 할 것)를 사용하여 혼동을 준 오답이다.

어휘 **proofread**[prú:fri:d] 교정보다 **appoint**[əpɔ́int] 임명하다, 정하다 **still**[stil] 아직도, 여전히

9
○○○○●상

🔊 미국식 발음 → 캐나다식 발음

Will there be an additional charge for a large group?

(A) The venue adds an extra 10 percent to the bill.
(B) No, the large size will be too big.
(C) We're making an addition to our team.

대규모 단체에 대한 추가 요금이 있을 것인가요?

(A) 그 장소는 계산서에 추가적인 10퍼센트를 더해요.
(B) 아니요, 라지 사이즈는 너무 클 거예요.
(C) 우리는 팀에 인원을 추가할 거예요.

■ 조동사 의문문   정답 (A)

대규모 단체에 대한 추가 요금이 있을 것인지를 확인하는 조동사(Will) 의문문이다.
(A) [○] 그 장소는 계산서에 추가적인 10퍼센트를 더한다는 말로 추가 요금이 있을 것임을 간접적으로 전달했으므로 정답이다.
(B) [×] 질문의 large를 반복 사용하여 혼동을 준 오답이다. No만 듣고 정답으로 고르지 않도록 주의한다.
(C) [×] 대규모 단체에 대한 추가 요금이 있을 것인지를 물었는데, 이와 관련이 없는 팀에 인원을 추가할 것이라는 내용으로 응답했으므로 오답이다. additional – addition의 유사 발음 어휘를 사용하여 혼동을 주었다.

어휘 **venue**[vénju:] 장소

10

🎧 영국식 발음 → 호주식 발음

Where will the workshop be conducted?

(A) Right after lunch.
(B) Yes, I thought it was interesting.
(C) In meeting room four.

워크숍은 어디에서 진행될 건가요?

(A) 점심 직후에요.
(B) 네, 저는 그것이 흥미롭다고 생각했어요.
(C) 4호 회의실에서요.

■ Where 의문문

정답 (C)

워크숍이 어디에서 진행될지를 묻는 Where 의문문이다.
(A) [×] 워크숍이 어디에서 진행될지를 물었는데 시점으로 응답했으므로 오답이다. 질문의 Where을 When으로 혼동하여 When will the workshop be conducted(워크숍은 언제 진행될 건가요)로 생각해 정답으로 선택하지 않도록 주의한다.
(B) [×] 의문사 의문문에 Yes로 응답했으므로 오답이다. workshop(워크숍)에서 연상할 수 있는 워크숍에 대한 의견과 관련된 it was interesting(그것이 흥미로웠다)을 사용하여 혼동을 주었다.
(C) [○] 4호 회의실이라며 워크숍이 진행될 장소를 언급했으므로 정답이다.

어휘 conduct[kəndʌ́kt] 진행하다, 수행하다 right after ~ 직후에 interesting[íntrəstiŋ] 흥미로운

11

🎧 미국식 발음 → 호주식 발음

Is Ms. Landrey going to wait for us in the lobby or come up to the office?

(A) I think she'll meet us in the lobby.
(B) The lady in the blue jacket.
(C) She can ask the waiter about the specials.

Ms. Landrey가 로비에서 우리를 기다릴 건가요, 아니면 사무실로 올라올 건가요?

(A) 그녀는 로비에서 우리를 만날 것 같아요.
(B) 파란 재킷을 입은 여자요.
(C) 그녀는 웨이터에게 특별 요리에 대해 물어볼 수 있어요.

■ 선택 의문문

정답 (A)

Ms. Landrey가 로비에서 화자들을 기다릴 것인지 아니면 사무실로 올라올 것인지를 묻는 선택 의문문이다.
(A) [○] 그녀가 로비에서 우리를 만날 것 같다는 말로 Ms. Landrey가 로비에서 화자들을 기다릴 것임을 선택했으므로 정답이다.
(B) [×] Ms. Landrey가 로비에서 화자들을 기다릴 것인지 아니면 사무실로 올라올 것인지를 물었는데, 이와 관련이 없는 파란 재킷을 입은 여자라는 내용으로 응답했으므로 오답이다. 질문의 Ms. Landrey를 나타낼 수 있는 The lady를 사용하여 혼동을 주었다.
(C) [×] 질문의 Ms. Landrey를 나타낼 수 있는 She를 사용하고, wait – waiter의 유사 발음 어휘를 사용하여 혼동을 준 오답이다.

어휘 wait for ~을 기다리다 special[spéʃəl] 특별 요리

12

🎧 캐나다식 발음 → 미국식 발음

I was wondering if you have an available room for two nights.

(A) Yes, this is the hotel's Web site.
(B) There are no more vacancies, sorry.
(C) To pay for the accommodations.

2박 동안 이용 가능한 객실이 있는지 궁금해요.

(A) 네, 이게 호텔의 웹사이트예요.
(B) 빈방이 더는 없습니다, 죄송합니다.
(C) 숙박 시설에 대해 지불하기 위해서요.

■ 평서문

정답 (B)

2박 동안 이용 가능한 객실이 있는지 알려달라고 요청하는 의도의 평서문이다.
(A) [×] available room(이용 가능한 객실)과 관련 있는 hotel(호텔)을 사용하여 혼동을 준 오답이다. Yes만 듣고 정답으로 고르지 않도록 주의한다.
(B) [○] 빈방이 더는 없다는 말로 이용 가능한 객실이 없다는 것을 전달했으므로 정답이다.
(C) [×] available room(이용 가능한 객실)과 관련 있는 accommodations(숙박 시설)를 사용하여 혼동을 준 오답이다.

어휘 vacancy[véikənsi] 빈방 accommodation[əkà:mədéiʃən] 숙박 시설

13

○○○○●하

🎧 영국식 발음 → 캐나다식 발음

Would you like to go on an island tour?

(A) That would be a lot of fun.
(B) We walked down the beach.
(C) They should take the boat.

섬 여행을 가시겠어요?

(A) 그거 정말 재미있겠네요.
(B) 우리는 해변을 따라 걸었어요.
(C) 그들은 배를 타야 해요.

■ 제안 의문문

정답 (A)

섬 여행을 가자는 제안 의문문이다. Would you like to가 제안하는 표현임을 이해할 수 있어야 한다.
(A) [○] 정말 재미있겠다는 말로 제안을 간접적으로 수락한 정답이다.
(B) [×] island(섬)와 관련 있는 beach(해변)를 사용하여 혼동을 준 오답이다.
(C) [×] island tour(섬 여행)에서 연상할 수 있는 교통수단인 boat(배)를 사용하여 혼동을 준 오답이다.

어휘 beach[biːtʃ] 해변

14

○○○●○중

🎧 호주식 발음 → 미국식 발음

Who can I talk to about this faulty product?

(A) What's the phone number?
(B) I'll call a manager over.
(C) All our devices come with a warranty.

이 결함 있는 제품에 대해 누구와 이야기할 수 있나요?

(A) 전화번호가 뭔가요?
(B) 제가 관리자를 불러올게요.
(C) 저희의 모든 기기는 품질 보증서가 딸려 있어요.

■ Who 의문문

정답 (B)

결함 있는 제품에 대해 누구와 이야기할 수 있는지를 묻는 Who 의문문이다.
(A) [×] 결함 있는 제품에 대해 누구와 이야기할 수 있냐는 질문에 답변할 수 있는 '~에게 전화하시면 돼요'에 대한 응답이므로 오답이다.
(B) [○] 관리자를 불러오겠다며 결함 있는 제품에 대해 이야기할 수 있는 인물을 언급했으므로 정답이다.
(C) [×] product(제품)와 관련 있는 warranty(품질 보증서)를 사용하여 혼동을 준 오답이다.

어휘 faulty[fɔ́ːlti] 결함이 있는 warranty[wɔ́ːrənti] 품질 보증서

15

○○○○●하

🎧 캐나다식 발음 → 영국식 발음

Is Ms. Yoon going to make an announcement?

(A) I already told her about them.
(B) No, someone else made the coffee.
(C) Yes, within the next hour.

Ms. Yoon이 공지를 할 건가요?

(A) 제가 이미 그녀에게 그것들에 대해 말했어요.
(B) 아니요, 다른 사람이 커피를 만들었어요.
(C) 네, 앞으로 한 시간 내로요.

■ Be 동사 의문문

정답 (C)

Ms. Yoon이 공지를 할 것인지를 확인하는 Be 동사 의문문이다.
(A) [×] Ms. Yoon이 공지를 할 것인지를 물었는데, 이와 관련이 없는 자신이 이미 그녀에게 그것들에 대해 말했다는 내용으로 응답했으므로 오답이다. 질문의 Ms. Yoon을 나타낼 수 있는 her를 사용하여 혼동을 주었다.
(B) [×] 질문의 make를 made로 반복 사용하여 혼동을 준 오답이다. No, someone else made까지만 듣고 정답으로 고르지 않도록 주의한다.
(C) [○] Yes로 Ms. Yoon이 공지를 할 것임을 전달한 후, 앞으로 한 시간 내에 할 것이라는 추가 정보를 제공했으므로 정답이다.

어휘 announcement[ənáunsmənt] 공지 within[wiðín] (시간) 내에

16 미국식 발음 → 캐나다식 발음

I should talk with a financial advisor.

(A) I can recommend someone to you.
(B) It was a profitable investment.
(C) Let's talk about the party later.

저는 재정 자문가와 이야기해야겠어요.

(A) 제가 당신에게 누군가를 추천해줄 수 있어요.
(B) 그것은 수익성이 있는 투자였어요.
(C) 파티에 대해 나중에 이야기하도록 해요.

■ 평서문   정답 (A)

재정 자문가와 이야기해야겠다는 의견을 제시하는 평서문이다.
(A) [○] 누군가를 추천해줄 수 있다는 말로 재정 자문가와 이야기해야겠다는 의견에 대해 추가 의견을 제공했으므로 정답이다.
(B) [×] financial(재정의)과 관련 있는 profitable(수익성이 있는)을 사용하여 혼동을 준 오답이다.
(C) [×] 재정 자문가와 이야기해야겠다는 의견을 제시했는데, 이와 관련이 없는 파티에 대해 나중에 이야기하자는 내용으로 응답했으므로 오답이다. 질문의 talk을 반복 사용하여 혼동을 주었다.

어휘   financial[fainǽnʃəl] 재정의   profitable[prάːfitəbl] 수익성이 있는

17 호주식 발음 → 영국식 발음

Why did the organizer cancel the seminar?

(A) Not enough people signed up.
(B) He'll need to get a refund.
(C) Two weeks after the event.

주최자는 왜 세미나를 취소했나요?

(A) 충분한 사람들이 등록하지 않았어요.
(B) 그는 환불을 받아야 할 거예요.
(C) 행사 2주 후에요.

■ Why 의문문   정답 (A)

주최자가 왜 세미나를 취소했는지를 묻는 Why 의문문이다.
(A) [○] 충분한 사람들이 등록하지 않았다며 주최자가 세미나를 취소한 이유를 언급했으므로 정답이다.
(B) [×] 질문의 organizer를 나타낼 수 있는 He를 사용하고, cancel(취소하다)에서 연상할 수 있는 구매 취소와 관련된 get a refund(환불을 받다)를 사용하여 혼동을 준 오답이다.
(C) [×] 주최자가 세미나를 취소한 이유를 물었는데 시점으로 응답했으므로 오답이다. seminar(세미나)와 관련 있는 event(행사)를 사용하여 혼동을 주었다.

어휘   organizer[미 ɔ́ːrgənàizər, 영 ɔ́ːgənaizə] 주최자   sign up 등록하다

18 캐나다식 발음 → 미국식 발음

This is the final edition of the journal, isn't it?

(A) Yes, we finally arrived.
(B) A new addition to the team.
(C) Yes, it's the last one.

이것이 이 잡지의 최종판이죠, 그렇지 않나요?

(A) 네, 우리는 마침내 도착했어요.
(B) 팀에 새로 추가된 인력이요.
(C) 네, 그게 가장 최근의 것이에요.

■ 부가 의문문   정답 (C)

이것이 이 잡지의 최종판인지를 확인하는 부가 의문문이다.
(A) [×] final – finally의 유사 발음 어휘를 사용하여 혼동을 준 오답이다. Yes만 듣고 정답으로 고르지 않도록 주의한다.
(B) [×] 이것이 이 잡지의 최종판인지를 물었는데, 이와 관련이 없는 팀에 새로 추가된 인력이라는 내용으로 응답했으므로 오답이다. edition – addition의 유사 발음 어휘를 사용하여 혼동을 주었다.
(C) [○] Yes로 이것이 이 잡지의 최종판임을 전달한 후, 그게 가장 최근의 것이라는 부연 설명을 했으므로 정답이다.

어휘   edition[idíʃən] 판   journal[dʒə́ːrnl] 잡지   addition[ədíʃən] 추가된 사람   last[læst] 가장 최근의, 마지막의

19

🎧 호주식 발음 → 영국식 발음

When does your new fitness class start?

(A) I witnessed an accident.
(B) At Macy's Gym.
(C) I decided not to take it.

당신의 새로운 운동 수업은 언제 시작하나요?

(A) 저는 사고를 목격했어요.
(B) Macy's 체육관에서요.
(C) 저는 그것을 수강하지 않기로 결정했어요.

■ When 의문문
정답 (C)

새로운 운동 수업이 언제 시작하는지를 묻는 When 의문문이다.
(A) [x] 새로운 운동 수업이 언제 시작하는지를 물었는데, 이와 관련이 없는 자신이 사고를 목격했다는 내용으로 응답했으므로 오답이다. fitness – witnessed의 유사 발음 어휘를 사용하여 혼동을 주었다.
(B) [x] 새로운 운동 수업이 언제 시작하는지를 물었는데 장소로 응답했으므로 오답이다. fitness class(운동 수업)와 관련 있는 Gym(체육관)을 사용하여 혼동을 주었다.
(C) [o] 그것을 수강하지 않기로 결정했다는 말로 운동 수업을 시작하지 않을 것임을 간접적으로 전달했으므로 정답이다.

어휘 fitness[fítnəs] 운동 witness[wítnəs] 목격하다

20

🎧 영국식 발음 → 호주식 발음

How many of these files do you need to copy?

(A) Just fill out this information card.
(B) All of them, actually.
(C) No, it's the original copy.

당신은 이 파일들 중 몇 개를 복사해야 하나요?

(A) 이 정보 카드만 작성해 주세요.
(B) 사실, 전부 다요.
(C) 아니요, 그게 원본이에요.

■ How 의문문
정답 (B)

파일들 중 몇 개를 복사해야 하는지를 묻는 How 의문문이다. How many가 수량을 묻는 것임을 이해할 수 있어야 한다.
(A) [x] 파일들 중 몇 개를 복사해야 하는지를 물었는데 이 정보 카드만 작성해달라는 내용으로 응답했으므로 오답이다. files(파일들)에서 연상할 수 있는 문서 종류와 관련된 information card(정보 카드)를 사용하여 혼동을 주었다.
(B) [o] 사실 전부 다라며 복사해야 할 파일의 수량을 언급했으므로 정답이다.
(C) [x] 의문사 의문문에 No로 응답했으므로 오답이다. 질문의 copy(복사하다)를 '한 부'라는 의미의 명사로 사용하여 혼동을 주었다.

어휘 original copy 원본

21

🎧 미국식 발음 → 캐나다식 발음

Wouldn't it take less time if we sent the letters by courier?

(A) Yes, but have you considered the cost?
(B) I'm sending them the goods.
(C) They only have carry-on luggage.

편지들을 급송 택배로 보내면 시간이 덜 걸리지 않을까요?

(A) 네, 하지만 비용은 고려해 보셨나요?
(B) 저는 그들에게 상품들을 보낼 거예요.
(C) 그들은 기내 반입용 수화물만 갖고 있어요.

■ 부정 의문문
정답 (A)

편지들을 급송 택배로 보내면 시간이 덜 걸리지 않을지를 묻는 부정 의문문이다.
(A) [o] Yes로 급송 택배로 보내면 시간이 덜 걸릴 것임을 전달한 후, 하지만 비용을 고려해 보았는지를 되물으며 추가 정보를 요구하는 정답이다.
(B) [x] 질문의 sent를 sending으로 반복 사용하여 혼동을 준 오답이다.
(C) [x] 편지들을 급송 택배로 보내면 시간이 덜 걸리는지를 물었는데, 이와 관련이 없는 그들은 기내 반입용 수화물만 갖고 있다는 내용으로 응답했으므로 오답이다. courier(급송 택배)에서 연상할 수 있는 배송품과 관련된 luggage(수화물)를 사용하여 혼동을 주었다.

어휘 courier[kúriər] 급송 택배, 배달원 consider[kənsídər] 고려하다, 생각하다 carry-on[kǽriàn] 기내 반입용의 luggage[lʌ́gidʒ] 수화물, 짐

22

🔊 영국식 발음 → 미국식 발음

The last article Michael wrote was very entertaining.

(A) I can't wait to read the next one.
(B) Yes, I can write that story for you.
(C) It only lasted a few minutes.

Michael이 쓴 가장 최근의 기사는 매우 재미있었어요.

(A) 저는 빨리 그 다음 것을 읽고 싶어요.
(B) 네, 제가 당신을 위해 그 이야기를 써줄 수 있어요.
(C) 그것은 몇 분 동안만 지속되었어요.

■ 평서문

정답 (A)

Michael이 쓴 가장 최근의 기사가 매우 재미있었다는 의견을 제시하는 평서문이다.
(A) [○] 빨리 그다음 것을 읽고 싶다는 말로 기사가 재미있었다는 의견에 간접적으로 동의한 정답이다.
(B) [×] 질문의 wrote을 write으로 반복 사용하고, article(기사)과 관련 있는 story(이야기)를 사용하여 혼동을 준 오답이다. Yes만 듣고 정답으로 고르지 않도록 주의한다.
(C) [×] 질문의 The last article(가장 최근의 기사)을 나타낼 수 있는 It을 사용하고, 질문의 last(가장 최근의)를 '지속하다'라는 의미의 동사로 반복 사용하여 혼동을 준 오답이다.

어휘 article[미 á:rtikl, 영 á:tikl] 기사 entertaining[미 èntərtéiniŋ, 영 entətéiniŋ] 재미있는

23

🔊 호주식 발음 → 캐나다식 발음

How much do opera tickets cost on the opening day?

(A) Some tickets are still available on the Web site.
(B) They're twice as expensive as usual.
(C) The theater will remain open until 10 P.M.

개막일에 오페라 티켓은 얼마인가요?

(A) 몇몇 티켓들은 아직 웹사이트에서 구할 수 있어요.
(B) 평소보다 두 배 비싸요.
(C) 극장은 오후 10시까지 열려 있을 거예요.

■ How 의문문

정답 (B)

개막일에 오페라 티켓이 얼마인지를 묻는 How 의문문이다. How much가 가격을 묻는 것임을 이해할 수 있어야 한다.
(A) [×] 질문의 tickets를 반복 사용하여 혼동을 준 오답이다.
(B) [○] 평소보다 두 배 비싸다는 말로 오페라 티켓의 가격을 간접적으로 언급했으므로 정답이다.
(C) [×] 오페라 티켓이 얼마인지를 물었는데, 이와 관련 없는 극장이 오후 10시까지 열려 있을 것이라는 내용으로 응답했으므로 오답이다.

어휘 opening day 개막일, 개장일

24

🔊 미국식 발음 → 호주식 발음

Don't you normally use a travel agent to arrange business trips?

(A) No, it has been canceled.
(B) I usually book tickets online.
(C) To inspect the new production plant.

당신은 출장을 준비하기 위해 보통 여행사를 이용하지 않나요?

(A) 아니요, 그것은 취소됐어요.
(B) 저는 보통 온라인으로 표를 예약해요.
(C) 새로운 생산 공장을 점검하기 위해서요.

■ 부정 의문문

정답 (B)

출장을 준비하기 위해 보통 여행사를 이용하지 않는지를 묻는 부정 의문문이다.
(A) [×] 질문의 business trips(출장)를 나타낼 수 있는 it을 사용하고, business trips(출장)에서 연상할 수 있는 출장 일정과 관련된 canceled (취소됐다)를 사용하여 혼동을 준 오답이다. No만 듣고 정답으로 고르지 않도록 주의한다.
(B) [○] 보통 온라인으로 표를 예약한다는 말로 출장을 준비하기 위해 보통 여행사를 이용하지 않음을 간접적으로 전달했으므로 정답이다.
(C) [×] business trips(출장)에서 연상할 수 있는 출장 이유와 관련된 To inspect(점검하기 위해서)를 사용하여 혼동을 준 오답이다.

어휘 normally[nɔ́:rməli] 보통 travel agent 여행사 arrange[əréindʒ] 준비하다 business trip 출장 inspect[inspékt] 점검하다
production[prədʌ́kʃən] 생산 plant[미 plænt, 영 plɑːnt] 공장

25
○○○●○ 중

🔊 영국식 발음 → 캐나다식 발음

Have you been to the company's new offices yet?

(A) We have been to that cinema.
(B) These records are old.
(C) I visited them yesterday.

회사의 새로운 사무실들에 벌써 가보셨나요?

(A) 우리는 그 영화관에 가봤어요.
(B) 이 기록들은 오래되었어요.
(C) 저는 어제 그곳들을 방문했어요.

■ **조동사 의문문**   정답 (C)

회사의 새로운 사무실들에 벌써 가봤는지를 확인하는 조동사(Have) 의문문이다.

(A) [×] 질문의 Have ~ been to를 반복 사용하여 혼동을 준 오답이다. We have been to까지만 듣고 정답으로 고르지 않도록 주의한다.
(B) [×] 회사의 새로운 사무실들에 벌써 가봤는지를 물었는데, 이와 관련이 없는 이 기록들이 오래되었다는 내용으로 응답했으므로 오답이다.
　　질문의 new와 반대 의미인 old를 사용하여 혼동을 주었다.
(C) [○] 그곳들을 어제 방문했다는 말로 회사의 새로운 사무실들에 가봤음을 전달했으므로 정답이다.

어휘　cinema[sínəmə] 영화관　record[rékərd] 기록

26
○○○○○ 하

🔊 호주식 발음 → 영국식 발음

Would you like some help with your suitcase, ma'am?

(A) I'll help Matt around noon.
(B) Be sure to bring enough clothes.
(C) That won't be necessary.

여행 가방 드는 걸 도와드릴까요, 손님?

(A) 제가 정오쯤에 Matt을 도울게요.
(B) 반드시 옷을 충분히 가져오도록 하세요.
(C) 그럴 필요 없어요.

■ **제공 의문문**   정답 (C)

여행 가방을 들어주겠다는 제공 의문문이다. Would you like이 제공하는 표현임을 이해할 수 있어야 한다.

(A) [×] 여행 가방 드는 걸 도와줄지를 물었는데, 이와 관련이 없는 정오쯤에 Matt을 돕겠다는 내용으로 응답했으므로 오답이다. 질문의 help를
　　반복 사용하여 혼동을 주었다.
(B) [×] suitcase(여행 가방)와 관련 있는 clothes(옷)를 사용하여 혼동을 준 오답이다.
(C) [○] 그럴 필요 없다는 말로 제공을 거절한 정답이다.

어휘　suitcase[sú:tkeis] 여행 가방　be sure to 반드시 ~하다

27
●●●●○ 최상

🔊 미국식 발음 → 호주식 발음

As far as I know, this lot doesn't require a parking pass.

(A) Why are there markings on the contract?
(B) Really? I always thought it did.
(C) The valet is retrieving your vehicle.

제가 아는 한은, 이 부지는 주차권을 요구하지 않아요.

(A) 계약서에 왜 표시들이 있나요?
(B) 정말요? 저는 항상 요구했다고 생각했어요.
(C) 주차원이 당신의 차량을 되찾아오고 있어요.

■ **평서문**   정답 (B)

이 부지는 주차권을 요구하지 않는다는 객관적인 사실을 전달하는 평서문이다.

(A) [×] 이 부지는 주차권을 요구하지 않는다고 했는데, 이와 관련이 없는 계약서에 왜 표시들이 있냐는 내용으로 되물었으므로 오답이다.
　　parking – markings의 유사 발음 어휘를 사용하여 혼동을 주었다.
(B) [○] 항상 요구했다고 생각했다는 말로 이 부지가 주차권을 요구하지 않는다는 사실에 대한 의견을 제시했으므로 정답이다.
(C) [×] parking(주차)과 관련 있는 valet(주차원)과 vehicle(차량)을 사용하여 혼동을 준 오답이다.

어휘　lot[lɑ:t] 부지, 집터　marking[미 mɑ́:rkiŋ, 영 mɑ́:kiŋ] 표시　valet[vǽlei] 주차원　retrieve[ritrí:v] 되찾아오다

28
○○○●
상

🎧 캐나다식 발음 → 영국식 발음

How did the new employees' training go for everyone?

(A) Because it's raining outside.
(B) To learn about our computer systems.
(C) There haven't been any problems yet.

신입 직원 교육이 모두에게 어땠나요?

(A) 밖에 비가 오기 때문이에요.
(B) 우리의 컴퓨터 시스템에 대해 배우기 위해서요.
(C) 아직까지 아무 문제도 없었어요.

■ How 의문문

정답 (C)

신입 직원 교육이 모두에게 어땠는지를 묻는 How 의문문이다.
(A) [×] 신입 직원 교육이 모두에게 어땠는지를 물었는데 이유로 응답했으므로 오답이다. training – raining의 유사 발음 어휘를 사용하여 혼동을 주었다.
(B) [×] 신입 직원 교육이 모두에게 어땠는지를 물었는데 목적으로 응답했으므로 오답이다. training(교육)과 관련 있는 learn(배우다)을 사용하여 혼동을 주었다.
(C) [○] 아직까지 아무 문제도 없었다는 말로 신입 직원 교육이 잘 진행되었음을 간접적으로 전달했으므로 정답이다.

어휘 training [tréiniŋ] 교육, 훈련 outside [àutsáid] 밖에

29
○○○●
상

🎧 호주식 발음 → 미국식 발음

Do you need someone to pick you up at the airport?

(A) I picked out a second necktie.
(B) No, the flight was very affordable.
(C) Oh, I'll just find a taxi there.

당신을 공항으로 마중 나갈 사람이 필요한가요?

(A) 저는 두 번째 넥타이를 골랐어요.
(B) 아니요, 그 항공편은 가격이 매우 적당했어요.
(C) 아, 제가 그냥 거기서 택시를 알아볼게요.

■ 조동사 의문문

정답 (C)

공항으로 마중 나갈 사람이 필요한지를 확인하는 조동사(Do) 의문문이다.
(A) [×] 공항으로 마중 나갈 사람이 필요한지를 물었는데, 이와 관련이 없는 두 번째 넥타이를 골랐다는 내용으로 응답했으므로 오답이다. 질문의 pick을 picked로 반복 사용하여 혼동을 주었다.
(B) [×] airport(공항)와 관련 있는 flight(항공편)을 사용하여 혼동을 준 오답이다. No만 듣고 정답으로 고르지 않도록 주의한다.
(C) [○] 자신이 그냥 거기서 택시를 알아보겠다는 말로 공항으로 마중 나올 사람이 필요하지 않음을 간접적으로 전달했으므로 정답이다.

어휘 pick up 마중 나가다 pick out ~을 고르다 affordable [əfɔ́:rdəbl] (가격이) 적당한, 알맞은

30
○○○●
상

🎧 영국식 발음 → 캐나다식 발음

Where can I sign up for the tour?

(A) Do you mean the one of the factory?
(B) Sign at the bottom of the contract.
(C) We should hire a guide.

투어를 어디에서 신청할 수 있나요?

(A) 공장 투어를 말씀하시는 건가요?
(B) 계약서의 맨 아래에 서명해 주세요.
(C) 우리는 가이드를 고용해야 해요.

■ Where 의문문

정답 (A)

투어를 어디에서 신청할 수 있는지를 묻는 Where 의문문이다.
(A) [○] 공장 투어를 말하는 것인지를 되물어 투어에 대한 추가 정보를 요구하는 정답이다.
(B) [×] 투어를 어디에서 신청할 수 있는지를 물었는데, 이와 관련이 없는 계약서의 맨 아래에 서명해달라는 내용으로 응답했으므로 오답이다.
      질문의 sign을 반복 사용하여 혼동을 주었다.
(C) [×] tour(투어)와 관련 있는 guide(가이드)를 사용하여 혼동을 준 오답이다.

어휘 contract [kάːntrækt] 계약서 hire [háiər] 고용하다

31

최상

🎧 캐나다식 발음 → 미국식 발음

The Spanish clothing firm requested more marketing services, right?

(A) Isn't the company based in Portugal?
(B) The fashion show features new designers.
(C) We have fewer staff now than before.

스페인 의류 기업이 더 많은 마케팅 서비스를 요청했어요, 그렇죠?

(A) 그 회사는 포르투갈에 본사를 두고 있지 않나요?
(B) 그 패션쇼는 신입 디자이너들을 출연시켜요.
(C) 우리는 이전보다 지금 직원이 더 적어요.

■ 부가 의문문   정답 (A)

스페인 의류 기업이 더 많은 마케팅 서비스를 요청했는지를 확인하는 부가 의문문이다.

(A) [○] 그 회사가 포르투갈에 본사를 두고 있지 않은지를 되물으며 스페인 의류 기업이 아닌 것 같다는 의견을 전달했으므로 정답이다.
(B) [×] clothing(의류)과 관련 있는 fashion show(패션쇼)와 designers(디자이너들)를 사용하여 혼동을 준 오답이다.
(C) [×] firm(기업)과 관련 있는 staff(직원)를 사용하여 혼동을 준 오답이다.

어휘 firm[fə:rm] 기업; 단단한 based in ~에 본사를 둔 feature[fí:tʃər] 출연시키다, 특색으로 삼다

32
33
34

Questions 32-34 refer to the following conversation.

🎧 호주식 발음 → 미국식 발음

M: Ms. Wheeler, I'm calling from Bernard Flooring. Unfortunately, ³²we have to postpone your Tuesday appointment to have new carpet laid in your home. We're going to be understaffed for the next couple of days and won't be able to make it then. Thursday is the earliest we can come.

W: That's going to be inconvenient for me, as I'll be busy on that day. ³³Could you possibly do the work on Wednesday instead?

M: No, we're fully booked on Wednesday as well. To make up for the inconvenience, though, ³⁴I can take 15 percent off your final bill.

W: OK. I'll make time on Thursday then.

32 Why is the man calling?
(A) To discuss carpet samples
(B) To change a schedule
(C) To inquire about a company
(D) To report a shipment delay

33 What request does the woman make?
(A) That a specific product be used
(B) That staff call before arriving
(C) That work be done on a different day
(D) That she be given more color options

34 What does the man offer to do?
(A) Show up early
(B) Expedite a delivery
(C) Refund a payment
(D) Provide a discount

32-34번은 다음 대화에 관한 문제입니다.

M: Ms. Wheeler, Bernard Flooring사에서 전화드립니다. 유감스럽게도, ³²저희는 고객님의 집에 새 카펫을 깔기로 한 화요일 약속을 미뤄야 합니다. 저희는 앞으로 며칠간 인력이 부족할 것이라서 그날 시간을 맞출 수 없을 것 같습니다. 목요일이 저희가 갈 수 있는 가장 빠른 날입니다.

W: 그날은 제가 바쁠 거라서, 그건 곤란할 것 같아요. ³³혹시 대신 수요일에 작업을 해주실 수 있나요?

M: 아니요, 저희는 수요일에도 예약이 다 찼어요. 하지만 불편을 드린 걸 보상하기 위해, ³⁴제가 최종 청구서에서 15퍼센트를 할인해드릴 수 있어요.

W: 알겠어요. 제가 그럼 목요일에 시간을 낼게요.

32. 남자는 왜 전화를 하고 있는가?
(A) 카펫 견본을 논의하기 위해
(B) 일정을 변경하기 위해
(C) 회사에 관해 문의하기 위해
(D) 배송 지연을 알리기 위해

33. 여자는 무엇을 요청하는가?
(A) 특정 제품이 사용될 것
(B) 직원이 도착 전에 전화할 것
(C) 작업이 다른 날에 행해질 것
(D) 그녀에게 더 많은 색상 선택권이 주어질 것

34. 남자는 무엇을 해주겠다고 제안하는가?
(A) 일찍 나타난다.
(B) 배송을 신속히 처리한다.
(C) 지불금을 환불한다.
(D) 할인을 제공한다.

지문 postpone[미 poustpóun, 영 pəustpə́un] 미루다, 연기하다, 지연시키다 understaffed[미 ʌ̀ndərstǽft, 영 ʌ̀ndəstɑ́:ft] 인력이 부족한
inconvenient[ìnkənví:niənt] 곤란한, 불편한 make up for ~을 보상하다
32 report[ripɔ́:rt] 알리다, 보고하다 shipment[ʃípmənt] 배송, 수송 33 specific[spəsífik] 특정한, 구체적인
34 expedite[ékspədait] 신속히 처리하다 payment[péimənt] 지불금, 지불

32 ■ 전체 대화 관련 문제 목적   정답 (B)

○○○○
● 하

남자가 전화를 건 목적을 묻는 문제이므로, 대화의 초반을 반드시 듣는다. 남자가 "we have to postpone your Tuesday appointment"라며 화요일 약속을 미뤄야 한다고 하였다. 이를 통해 남자가 일정을 변경하기 위해 전화했음을 알 수 있다. 따라서 정답은 (B) To change a schedule이다.

바꾸어 표현하기

postpone ~ appointment 약속을 미루다 → change a schedule 일정을 변경하다

33 ■ 세부 사항 관련 문제 요청   정답 (C)

○○○○
● 하

여자가 요청하는 것을 묻는 문제이므로, 여자의 말에서 요청과 관련된 표현이 언급된 다음을 주의 깊게 듣는다. 여자가 "Could you possibly do the work on Wednesday instead?"라며 대신 수요일에 작업을 해달라고 요청하였다. 따라서 정답은 (C) That work be done on a different day이다.

34 ■ 세부 사항 관련 문제 제안   정답 (D)

○○○○
● 하

남자가 해주겠다고 제안하는 것을 묻는 문제이므로, 남자의 말에서 여자를 위해 해주겠다고 언급한 내용을 주의 깊게 듣는다. 남자가 "I can take 15 percent off your final bill"이라며 최종 청구서에서 15퍼센트를 할인해줄 수 있다고 하였다. 따라서 정답은 (D) Provide a discount이다.

Questions 35-37 refer to the following conversation.

🎧 캐나다식 발음 → 영국식 발음

M: A group of investors will be stopping by the office in five days. While they're here, ³⁵I want someone to give a presentation to them on our recent expansion into the South American market. Would you be willing to do that?

W: Normally, I would be. However, ³⁶my team is working on another assignment, which is due in a few days. Unfortunately, I won't have enough time to take on both tasks before the investors arrive.

M: Oh, that's right! ³⁶I forgot you're conducting research for a financial analysis. Well, ³⁷the presentation is more pressing than the analysis, so please prioritize that. You should work on the other assignment later.

35 What does the man ask the woman to give a talk about?
(A) Returns on recent investments
(B) International manufacturing
(C) A company expansion
(D) A new consumer trend

36 Why is the woman unable to prepare a presentation?
(A) She is going to meet investors.
(B) She is working on an analysis.
(C) She has to go on a business trip.
(D) She has to run errands.

37 What does the man suggest?
(A) Postponing a task
(B) Consulting with a team leader
(C) Requesting a coworker's help
(D) Updating a schedule

35-37번은 다음 대화에 관한 문제입니다.

M: 5일 후에 투자자들이 사무실에 들를 거예요. 그들이 이곳에 있는 동안, ³⁵누군가가 그들에게 남미 시장으로의 우리의 최근 확장에 관한 발표를 해줬으면 좋겠어요. 당신이 기꺼이 그것을 하실 의향이 있으신가요?

W: 보통 때라면 그럴 거예요. 하지만, ³⁶제 팀이 며칠 후에 마감인 다른 업무를 진행하고 있어요. 유감스럽게도, 저는 투자자들이 도착하기 전에 두 가지 업무를 맡을 시간이 충분하지 않을 거예요.

M: 아, 그렇죠! ³⁶당신이 재무 분석을 위한 조사를 실시하고 계시다는 것을 깜빡했어요. 음, ³⁷발표가 분석보다 더 시급하니, 그것을 우선적으로 처리해주세요. 당신은 그 후에 다른 업무를 진행해야 해요.

35. 남자는 여자에게 무엇에 관해 연설해달라고 요청하는가?
(A) 최근 투자의 수익
(B) 국제 제조업
(C) 회사의 확장
(D) 새로운 소비자 동향

36. 여자는 왜 발표를 준비할 수 없는가?
(A) 그녀는 투자자들을 만날 것이다.
(B) 그녀는 분석을 진행하고 있다.
(C) 그녀는 출장을 가야 한다.
(D) 그녀는 심부름을 해야 한다.

37. 남자는 무엇을 제안하는가?
(A) 업무를 연기하기
(B) 팀장과 상의하기
(C) 동료의 도움을 요청하기
(D) 일정을 업데이트하기

지문 **investor**[invéstər] 투자자 **expansion**[ikspǽnʃən] 확장 **be willing to** 기꺼이 ~하다 **normally**[미 nɔ́ːrməli, 영 nɔ́ːməli] 보통 때는, 보통은 **conduct**[kəndʌ́kt] 실시하다 **pressing**[présiŋ] 시급한, 긴급한 **prioritize**[praiɔ́ːrətaiz] 우선적으로 처리하다
35 **return**[ritə́ːrn] 수익 **manufacturing**[mǽnjufǽktʃəriŋ] 제조업 36 **run errands** 심부름을 하다

35 ■ **세부 사항 관련 문제** 특정 세부 사항 　　　　　　　　　　　　　　　　　　　　　　　　　　　　　　　정답 (C)

남자가 여자에게 연설해달라고 요청하는 것을 묻는 문제이므로, 질문의 핵심어구(give a talk about)와 관련된 내용을 주의 깊게 듣는다. 남자가 "I want someone to give a presentation to them[investors] on our recent expansion into the South American market. Would you be willing to do that?"이라며 누군가가 투자자들에게 남미 시장으로의 최근 확장에 관한 발표를 해줬으면 좋겠다고 한 뒤, 여자에게 기꺼이 그것을 할 의향이 있는지를 물었다. 따라서 정답은 (C) A company expansion이다.

36 ■ **세부 사항 관련 문제** 이유 　　　　　　　　　　　　　　　　　　　　　　　　　　　　　　　　　　정답 (B)

여자가 발표를 준비할 수 없는 이유를 묻는 문제이므로, 질문의 핵심어구(unable to prepare a presentation)와 관련된 내용을 주의 깊게 듣는다. 여자가 "my team is working on another assignment ~. Unfortunately, I won't have enough time to take on both tasks"라며 자신의 팀이 다른 업무를 진행하고 있어서, 유감스럽게도 자신이 두 가지 업무를 맡을 시간이 충분하지 않을 거라고 하자, 남자가 "I forgot you're conducting research for a financial analysis."라며 여자가 재무 분석을 위한 조사를 실시하고 있다는 것을 깜빡했다고 하였다. 따라서 정답은 (B) She is working on an analysis이다.

37 ■ **세부 사항 관련 문제** 제안 　　　　　　　　　　　　　　　　　　　　　　　　　　　　　　　　　　정답 (A)

남자가 제안하는 것을 묻는 문제이므로, 남자의 말에서 제안과 관련된 표현이 언급된 다음을 주의 깊게 듣는다. 남자가 "the presentation is more pressing than the analysis, so please prioritize that. You should work on the other assignment later."라며 발표가 분석보다 더 시급하므로 그것을 우선적으로 처리해달라고 한 뒤, 그 후에 다른 업무를 진행하는 것을 제안하였다. 따라서 정답은 (A) Postponing a task이다.

Questions 38-40 refer to the following conversation.

🔊 미국식 발음 → 호주식 발음

W: Hello. You've reached Lotus Restaurant. How can I help you?

M: Hi. My name is George Anderson, and ³⁸I have a lunch reservation this Thursday at 12 P.M. I'd like to add two people. So, there will be eight instead of six.

W: Just a minute, please . . . Um, ³⁹the only big tables we have available at that time are on the outside patio. Would you like me to book one for you?

M: Well . . . It's supposed to rain on Thursday.

W: Oh, I see. In that case, ⁴⁰I suggest that you consider coming here at 1 P.M. instead of at noon. If that is acceptable, I can book you a table in the main dining area.

M: That's fine. Thank you.

38 Why is the man calling?
(A) To order some lunch
(B) To confirm an appointment
(C) To change a booking
(D) To ask for directions

39 What does the man imply when he says, "It's supposed to rain on Thursday"?
(A) He cannot reschedule his lunch.
(B) He needs another option to consider.
(C) He knows other restaurants to visit.
(D) He would like to make a new proposal.

40 What does the woman suggest?
(A) Arriving at a later time
(B) Going to a different branch
(C) Speaking to a manager
(D) Reserving a private room

38-40번은 다음 대화에 관한 문제입니다.

W: 안녕하세요. Lotus 레스토랑입니다. 어떻게 도와드릴까요?

M: 안녕하세요. 제 이름은 George Anderson이고, ³⁸이번 주 목요일 오후 12시에 점심 예약을 했어요. 저는 두 명을 추가하고 싶습니다. 그러니까, 6명이 아니라 8명이 갈 거예요.

W: 잠시만 기다려주세요… 음, ³⁹그 시간에 이용 가능한 유일한 큰 테이블은 야외 테라스에 있습니다. 예약해드릴까요?

M: 음… 목요일에는 비가 오기로 되어 있어요.

W: 아, 알겠습니다. 그렇다면, ⁴⁰정오 대신 오후 1시에 여기 오는 것을 고려해 보시길 제안드립니다. 만약 그것이 괜찮으시다면, 주요 식사 공간에 테이블을 예약해드릴 수 있습니다.

M: 좋습니다. 감사합니다.

38. 남자는 왜 전화를 하고 있는가?
(A) 점심을 주문하기 위해
(B) 약속을 확정하기 위해
(C) 예약을 변경하기 위해
(D) 길을 묻기 위해

39. 남자는 "목요일에는 비가 오기로 되어 있어요"라고 말할 때 무엇을 의도하는가?
(A) 그는 점심 일정을 변경할 수 없다.
(B) 그는 고려할 다른 선택지가 필요하다.
(C) 그는 방문할 다른 레스토랑들을 안다.
(D) 그는 새로운 제안을 하고자 한다.

40. 여자는 무엇을 제안하는가?
(A) 더 늦은 시간에 도착하기
(B) 다른 지점으로 가기
(C) 지배인과 이야기하기
(D) 개인실을 예약하기

지문 reservation[미 rèzərvéiʃən, 영 rèzəvéiʃən] 예약 patio[pǽtiòu] 테라스, 베란다 acceptable[미 ækséptəbl, 영 əkséptəbl] 괜찮은, 수용할 수 있는
39 reschedule[미 rì:skédʒu:l, 영 ri:ʃédju:l] 일정을 변경하다

---

38 ■ 전체 대화 관련 문제 목적 정답 (C)

남자가 전화를 건 목적을 묻는 문제이므로, 대화의 초반을 반드시 듣는다. 남자가 "I have a lunch reservation this Thursday at 12 P.M."이라며 이번 주 목요일 오후 12시에 점심 예약을 했다고 한 뒤, "I'd like to add two people."이라며 두 명을 추가하고 싶다고 하였다. 이를 통해 남자가 예약을 변경하기 위해 전화했음을 알 수 있다. 따라서 정답은 (C) To change a booking이다.

39 ■ 세부 사항 관련 문제 의도 파악 정답 (B)

남자가 하는 말의 의도를 묻는 문제이므로, 질문의 인용어구(It's supposed to rain on Thursday)가 언급된 주변을 주의 깊게 듣는다. 여자가 "the only big tables we have available at that time[Thursday at 12 P.M.] are on the outside patio"라며 목요일 오후 12시에 이용 가능한 유일한 큰 테이블은 야외 테라스에 있다고 하고, "Would you like me to book one for you?"라며 예약해줄지를 묻자, 남자가 "It's supposed to rain on Thursday."라며 목요일에는 비가 오기로 되어 있다고 하였다. 이를 통해 남자는 고려할 다른 선택지가 필요함을 나타내려는 의도임을 알 수 있다. 따라서 정답은 (B) He needs another option to consider이다.

40 ■ 세부 사항 관련 문제 제안 정답 (A)

여자가 제안하는 것을 묻는 문제이므로, 여자의 말에서 제안과 관련된 표현이 언급된 다음을 주의 깊게 듣는다. 여자가 남자에게 "I suggest that you consider coming here[Lotus Restaurant] at 1 P.M. instead of at noon"이라며 정오 대신 오후 1시에 Lotus 레스토랑에 오는 것을 고려해 보길 제안한다고 하였다. 따라서 정답은 (A) Arriving at a later time이다.

Questions 41-43 refer to the following conversation.

🎧 캐나다식 발음 → 영국식 발음

M: It's Mitchell Joyce calling. ⁴¹Is the consumer research report for Vector Shoes ready yet? I'll be consulting with the company's director tomorrow, and I'd like to show it to him.

W: The report is nearly finished. ⁴²I'm just waiting for some additional statistics from a colleague before I can finalize it. Everything will be completed by this afternoon.

M: Great. ⁴³It would be best if you could bring a hard copy of the final report to my assistant. He'll pass it on to me when I return to the office.

W: OK. I'll get one to him no later than 3 o'clock.

41 Why does the man need the report by tomorrow?
(A) He has to take it to a workshop.
(B) He has to submit it for publication.
(C) He wants to show it to an executive.
(D) He wants to proofread a section.

42 What information is the woman waiting for?
(A) Survey results
(B) Numerical data
(C) Financial estimates
(D) Product descriptions

43 What does the man want the woman to do?
(A) Deliver an item to an employee
(B) Share some data with a client
(C) Print copies of a contract
(D) Get help from a coworker

41~43번은 다음 대화에 관한 문제입니다.

M: 저는 Mitchell Joyce예요. ⁴¹Vector Shoes사를 위한 소비자 조사 보고서가 준비되었나요? 저는 내일 회사의 중역과 상담을 할 건데, 그것을 그에게 보여주고 싶어요.

W: 보고서는 거의 완료되었습니다. 저는 보고서를 마무리 짓기 전에 동료 직원으로부터 ⁴²몇몇 추가 통계 자료를 받기만을 기다리고 있어요. 오늘 오후까지는 모든 게 완성될 거예요.

M: 좋아요. ⁴³최종 보고서 한 부를 제 비서에게 가져다주시면 가장 좋겠어요. 제가 사무실에 돌아가면 그가 제게 그것을 전해줄 거예요.

W: 알겠습니다. 제가 늦어도 3시까지 그에게 한 부를 전달하게요.

41. 남자는 왜 내일까지 보고서가 필요한가?
(A) 그는 그것을 워크숍에 가져가야 한다.
(B) 그는 그것을 출판을 위해 제출해야 한다.
(C) 그는 그것을 임원에게 보여주고 싶어 한다.
(D) 그는 한 부분을 교정 보고 싶어 한다.

42. 여자는 무슨 정보를 기다리고 있는가?
(A) 설문 조사 결과
(B) 수치 자료
(C) 재정 견적서
(D) 제품 설명

43. 남자는 여자가 무엇을 하기를 원하는가?
(A) 직원에게 물품을 넘겨준다.
(B) 고객과 자료를 공유한다.
(C) 계약서 사본을 출력한다.
(D) 직장 동료로부터 도움을 받는다.

지문 consult[kənsʌ́lt] 상담하다 nearly[미 níərli, 영 níəli] 거의 statistics[stətístiks] 통계 자료 finalize[fáinəlaiz] 마무리 짓다
41 submit[səbmít] 제출하다 publication[pʌ̀blikéiʃən] 출판, 출판물 proofread[prúːfriːd] 교정을 보다
42 numerical[nuːmérikəl] 수치의 estimate[éstimət] 견적서, 추산
43 deliver[dilívər] 넘겨주다

41 ■ 세부 사항 관련 문제 이유   정답 (C)
남자가 내일까지 보고서가 필요한 이유를 묻는 문제이므로, 질문의 핵심어구(tomorrow)가 언급된 주변을 주의 깊게 듣는다. 남자가 "Is the consumer research report ~ ready yet? I'll be consulting with the company's director tomorrow, and I'd like to show it to him."이라며 소비자 조사 보고서가 준비되었는지를 물은 뒤, 내일 회사의 중역과 상담을 할 건데 그것을 그에게 보여주고 싶다고 하였다. 따라서 정답은 (C) He wants to show it to an executive이다.

42 ■ 세부 사항 관련 문제 특정 세부 사항   정답 (B)
여자가 기다리고 있는 정보를 묻는 문제이므로, 질문의 핵심어구(waiting for)가 언급된 주변을 주의 깊게 듣는다. 여자가 "I'm just waiting for some additional statistics"라며 몇몇 추가 통계 자료를 받기만을 기다리고 있다고 하였다. 따라서 정답은 (B) Numerical data이다.

바꾸어 표현하기
statistics 통계 자료 → Numerical data 수치 자료

43 ■ 세부 사항 관련 문제 특정 세부 사항   정답 (A)
남자가 여자에게 원하는 것을 묻는 문제이므로, 남자의 말을 주의 깊게 듣는다. 남자가 "It would be best if you could bring a hard copy of the final report to my assistant."라며 최종 보고서 한 부를 자신의 비서에게 가져다주면 가장 좋겠다고 하였다. 따라서 정답은 (A) Deliver an item to an employee이다.

바꾸어 표현하기
bring ~ report to ~ assistant 비서에게 보고서를 가져다주다 → Deliver an item to an employee 직원에게 물품을 넘겨주다

Questions 44-46 refer to the following conversation.

🎧 미국식 발음 → 호주식 발음

W: Hello, Greg. ⁴⁴Didn't you order the supplies that our resort needs for next month's Hotels & Accommodation Expo in Las Vegas?

M: Yes. Is something wrong?

W: Well, ⁴⁵I can't find the pamphlets we were supposed to bring. I thought they were in the storage room, but I don't see them anywhere.

M: Oh, ⁴⁶the pamphlets were sent to our Las Vegas branch. That will make things more convenient for us.

W: I see. ⁴⁶How many did you send?

M: ⁴⁶Around six boxes. But I intend to order six more to be printed. We'll attend another expo in Miami next month.

44 What industry do the speakers most likely work in?
(A) Event planning
(B) Hospitality
(C) Shipping
(D) Publishing

45 What problem does the woman mention?
(A) A venue has not been confirmed.
(B) Some clients did not receive a package.
(C) A pamphlet is missing some information.
(D) Some materials cannot be found.

46 Why does the man say, "We'll attend another expo in Miami next month"?
(A) To explain a decision
(B) To indicate a problem
(C) To get a plan approved
(D) To suggest a location

44-46번은 다음 대화에 관한 문제입니다.

W: 안녕하세요, Greg. ⁴⁴당신이 다음 달 라스베이거스에서 있을 호텔 및 숙박 시설 박람회를 위해 우리 리조트가 필요한 물품들을 주문하지 않았었나요?

M: 네. 무언가 잘못되었나요?

W: 음, ⁴⁵우리가 가져가기로 되어 있던 소책자들을 못 찾겠어요. 창고에 있다고 생각했는데, 어디에도 보이지 않네요.

M: 아, ⁴⁶그 소책자들은 우리 라스베이거스 지사로 보내졌어요. 그게 우리에게 더 편할 테니까요.

W: 그렇군요. ⁴⁶몇 부를 보냈나요?

M: ⁴⁶여섯 상자 정도요. 하지만 저는 여섯 상자가 더 출력되도록 주문할 생각이에요. 우리는 다음 달에 마이애미에서 또 다른 엑스포에 참가할 거예요.

44. 화자들은 어떤 산업에서 일하는 것 같은가?
(A) 행사 기획
(B) 접객
(C) 운송
(D) 출판

45. 여자는 무슨 문제를 언급하는가?
(A) 장소가 확정되지 않았다.
(B) 몇몇 고객들이 소포를 받지 못했다.
(C) 소책자에 일부 정보가 빠져있다.
(D) 일부 자료를 찾을 수 없다.

46. 남자는 왜 "우리는 다음 달에 마이애미에서 또 다른 엑스포에 참가할 거예요"라고 말하는가?
(A) 결정을 설명하기 위해
(B) 문제점을 나타내기 위해
(C) 계획을 승인받기 위해
(D) 장소를 제안하기 위해

지문 accommodation[əkáːmədèiʃən] 숙박 시설, 거처 pamphlet[pǽmflət] 소책자, 팸플릿 convenient[kənvíːnjənt] 편한, 편리한
44 hospitality[미 hàspətǽləti, 영 hɔ̀spitǽləti] 접객, 접대 46 approve[əprúːv] 승인하다

44 ■ 전체 대화 관련 문제 화자 　　　　　　　　　　　　　　　　　　　　　　　　　　　　　　　　　　　　　　정답 (B)

화자들이 일하는 산업을 묻는 문제이므로, 신분 및 직업과 관련된 표현을 놓치지 않고 듣는다. 여자가 남자에게 "Didn't you order the supplies that our resort needs for next month's Hotels & Accommodation Expo in Las Vegas?"라며 남자가 다음 달 라스베이거스에서 있을 호텔 및 숙박 시설 박람회를 위해 자신들의 리조트가 필요한 물품들을 주문하지 않았었는지를 물었다. 이를 통해 화자들이 접객 산업에서 일하고 있음을 알 수 있다. 따라서 정답은 (B) Hospitality이다.

45 ■ 세부 사항 관련 문제 문제점 　　　　　　　　　　　　　　　　　　　　　　　　　　　　　　　　　　　　　　정답 (D)

여자가 언급하는 문제점을 묻는 문제이므로, 여자의 말에서 부정적인 표현이 언급된 주변을 주의 깊게 듣는다. 여자가 "I can't find the pamphlets we were supposed to bring"이라며 가져가기로 되어 있던 소책자들을 못 찾겠다고 하였다. 따라서 정답은 (D) Some materials cannot be found이다.

46 ■ 세부 사항 관련 문제 의도 파악 　　　　　　　　　　　　　　　　　　　　　　　　　　　　　　　　　　　정답 (A)

남자가 하는 말의 의도를 묻는 문제이므로, 질문의 인용어구(We'll attend another expo in Miami next month)가 언급된 주변을 주의 깊게 듣는다. 남자가 "the pamphlets were sent to our Las Vegas branch"라며 그 소책자들이 라스베이거스 지사로 보내졌다고 하자, 여자가 "How many did you send?"라며 몇 부를 보냈는지 묻고, 남자가 "Around six boxes. But I intend to order six more to be printed."라며 여섯 상자 정도지만 여섯 상자가 더 출력되도록 주문할 생각이라고 한 뒤, "We'll attend another expo in Miami next month."라며 자신들은 다음 달에 마이애미에서 또 다른 엑스포에 참가할 것이라고 하였다. 이를 통해 남자가 소책자를 더 출력하는 결정을 설명하려는 의도임을 알 수 있다. 따라서 정답은 (A) To explain a decision이다.

47
48
49

Questions 47-49 refer to the following conversation with three speakers.

🎧 캐나다식 발음 → 호주식 발음 → 미국식 발음

M1: Fred, ⁴⁷we need to test the stage lighting. The play starts in less than two hours.

M2: I was just doing that. But ⁴⁸the main spotlight doesn't seem to be working. I changed the bulb, but that didn't help.

M1: Hmm . . . The director will want to use that light. We need to figure something out.

W: ⁴⁹Why don't I see if there is another spotlight in the storeroom? If there is one, you'll have enough time to install it before the audience members take their seats.

M2: That's a good idea, Michelle.

W: Okay. I'll do that now and report back in about 10 minutes.

47 Who most likely are the speakers?
(A) Stage engineers
(B) Performers
(C) Sound directors
(D) Security personnel

48 What problem does Fred mention?
(A) A device has malfunctioned.
(B) An event has been delayed.
(C) A tool has been misplaced.
(D) A room is inaccessible.

49 What does the woman offer to do?
(A) Move some furniture
(B) Check a storage area
(C) Install some equipment
(D) Move an arrival time forward

47-49번은 다음 세 명의 대화에 관한 문제입니다.

M1: Fred, ⁴⁷우리는 무대 조명을 테스트해야 해요. 연극이 2시간 이내에 시작할 거예요.

M2: 마침 그걸 하고 있었어요. 그런데 ⁴⁸메인 스포트라이트가 작동하지 않는 것 같아요. 전구를 교체했지만, 소용이 없었어요.

M1: 흠… 감독님이 그 조명을 사용하고 싶어 할 거예요. 무언가 방법을 찾아야 해요.

W: ⁴⁹제가 창고에 다른 스포트라이트가 있는지 확인해보면 어떨까요? 만약 그곳에 있다면, 청중들이 자리에 앉기 전 여러분이 그것을 설치할 충분한 시간이 있을 거예요.

M2: 그거 좋은 생각이네요, Michelle.

W: 네. 지금 그렇게 하고 10분 정도 후에 다시 보고드릴게요.

47. 화자들은 누구인 것 같은가?
(A) 무대 기술자들
(B) 연기자들
(C) 음향 감독들
(D) 보안 요원들

48. Fred는 무슨 문제를 언급하는가?
(A) 장치가 오작동했다.
(B) 행사가 연기되었다.
(C) 도구가 잘못된 곳에 있다.
(D) 방에 들어갈 수 없다.

49. 여자는 무엇을 해주겠다고 제안하는가?
(A) 가구들을 옮긴다.
(B) 창고를 확인한다.
(C) 장비들을 설치한다.
(D) 도착 시간을 앞당긴다.

지문 lighting[láitiŋ] 조명 bulb[bʌlb] 전구 director[미 diréktər, 영 dairéktə] 감독 storeroom[stɔ́:ru:m] 창고 install[instɔ́:l] 설치하다
47 engineer[èndʒiníər] 기술자, 공학자 security personnel 보안 요원
48 malfunction[mælfʌ́ŋkʃən] 오작동하다 misplace[mispléis] 잘못된 곳에 두다
    inaccessible[미 ìnəksésəbl, 영 ìnəksésibl] 들어갈 수 없는, 접근하기 어려운

---

47 ■ **전체 대화 관련 문제** 화자   정답 (A)

화자들의 신분을 묻는 문제이므로, 신분 및 직업과 관련된 표현을 놓치지 않고 듣는다. 남자 1이 남자 2에게 "we need to test the stage lighting"이라며 무대 조명을 테스트해야 한다고 한 뒤, "The play starts in less than two hours."라며 연극이 2시간 이내에 시작할 것이라고 하였다. 이를 통해 화자들이 무대 기술자들임을 알 수 있다. 따라서 정답은 (A) Stage engineers이다.

48 ■ **세부 사항 관련 문제** 문제점   정답 (A)

Fred 즉, 남자 2가 언급하는 문제점을 묻는 문제이므로, 남자 2의 말에서 부정적인 표현이 언급된 주변을 주의 깊게 듣는다. 남자 2가 "the main spotlight doesn't seem to be working"이라며 메인 스포트라이트가 작동하지 않는 것 같다고 하였다. 따라서 정답은 (A) A device has malfunctioned이다.

49 ■ **세부 사항 관련 문제** 제안   정답 (B)

여자가 해주겠다고 제안하는 것을 묻는 문제이므로, 여자의 말에서 남자들을 위해 해주겠다고 언급한 내용을 주의 깊게 듣는다. 여자가 "Why don't I see if there is another spotlight in the storeroom?"이라며 자신이 창고에 다른 스포트라이트가 있는지 확인해보는 것이 어떨지 제안하였다. 따라서 정답은 (B) Check a storage area이다.

Questions 50-52 refer to the following conversation.

🔊 영국식 발음 → 캐나다식 발음

W: Hi. I recently bought a protective cover for my laptop computer on your Web site. However, I'd like to exchange it. ⁵⁰The one I purchased is too small.

M: So long as the item isn't damaged, ⁵¹we're happy to exchange it for you. However, you'll be charged for the extra shipping and handling fees related to your request.

W: That's fine. I'm also hoping you can help me figure out which case will fit my computer.

M: ⁵²If you provide the brand name and model of your laptop, I can look up the proper item code. You can then use the code to search for the product on our Web site.

50 What is the woman's problem?
(A) She ordered the wrong item.
(B) She cannot redeem a voucher.
(C) Her computer stopped working.
(D) Her laptop case is broken.

51 According to the man, what requires an additional charge?
(A) Extending a warranty
(B) Repairing a computer
(C) Upgrading a device
(D) Shipping a product

52 What does the man ask for?
(A) A home address
(B) A product name
(C) A warranty number
(D) A purchase receipt

50-52번은 다음 대화에 관한 문제입니다.

W: 안녕하세요. 저는 최근에 당신의 웹사이트에서 제 노트북 컴퓨터를 위한 보호 덮개를 구매했어요. 하지만, 그것을 교환하고 싶어요. ⁵⁰제가 구매한 건 너무 작아요.

M: 물품이 손상되지 않은 한, ⁵¹저희는 고객님께 기꺼이 그것을 교환해드릴 수 있습니다. 하지만, 고객님의 요청에 관련된 추가 배송비가 부과될 거예요.

W: 그건 괜찮아요. 또한 어느 케이스가 제 컴퓨터에 맞을지 알아내는 걸 도와주셨으면 좋겠어요.

M: ⁵²고객님의 노트북 컴퓨터의 브랜드명과 모델을 주시면, 제가 적절한 물품 번호를 찾아드릴 수 있습니다. 그러면 고객님께서 그 번호로 저희 웹사이트에서 상품을 검색하시면 됩니다.

50. 여자의 문제점은 무엇인가?
(A) 그녀는 잘못된 물품을 주문했다.
(B) 그녀는 쿠폰을 상품으로 교환할 수 없다.
(C) 그녀의 컴퓨터가 작동을 멈췄다.
(D) 그녀의 노트북 컴퓨터 케이스가 깨졌다.

51. 남자에 따르면, 무엇이 추가 요금을 필요로 하는가?
(A) 품질 보증을 연장하는 것
(B) 컴퓨터를 수리하는 것
(C) 기기를 업그레이드하는 것
(D) 상품을 배송하는 것

52. 남자는 무엇을 요청하는가?
(A) 집 주소
(B) 상품명
(C) 품질 보증 번호
(D) 구매 영수증

지문 protective[prətéktiv] 보호하는, 보호용의 exchange[ikstʃéindʒ] 교환하다 shipping and handling fee 배송비
related[riléitid] 관련된 figure out 알아내다 look up 찾아보다
50 redeem[ridí:m] 상품으로 교환하다, 보완하다 voucher[váutʃər] 쿠폰, 할인권
51 extend[iksténd] 연장하다 warranty[wɔ́:rənti] 품질 보증(서)

50 ■ 세부 사항 관련 문제 문제점 정답 (A)

여자의 문제점을 묻는 문제이므로, 여자의 말에서 부정적인 표현이 언급된 다음을 주의 깊게 듣는다. 여자가 "The one[protective cover] I purchased is too small."이라며 자신이 구매한 보호 덮개가 너무 작다고 하였다. 따라서 정답은 (A) She ordered the wrong item 이다.

51 ■ 세부 사항 관련 문제 특정 세부 사항 정답 (D)

추가 요금을 필요로 하는 것을 묻는 문제이므로, 남자의 말에서 질문의 핵심어구(additional charge)와 관련된 내용을 주의 깊게 듣는다. 남자가 "we're happy to exchange it[protective cover] for you. However, you'll be charged for the extra shipping and handling fees"라며 여자에게 기꺼이 상품을 교환해 줄 수 있지만, 추가 배송비가 부과될 것이라고 하였다. 따라서 정답은 (D) Shipping a product이다.

바꾸어 표현하기
additional charge 추가 요금 → extra ~ fees 추가 비용

52 ■ 세부 사항 관련 문제 요청 정답 (B)

남자가 요청하는 것을 묻는 문제이므로, 남자의 말에서 요청과 관련된 표현이 언급된 다음을 주의 깊게 듣는다. 남자가 "If you provide the brand name and model of your laptop, I can look up the proper item code."라며 노트북 컴퓨터의 브랜드명과 모델을 주면, 적절한 물품 번호를 찾아줄 수 있다고 하였다. 이를 통해 남자가 여자에게 노트북 컴퓨터의 상품명을 요청하고 있음을 알 수 있다. 따라서 정답은 (B) A product name이다.

Questions 53-55 refer to the following conversation with three speakers.

영국식 발음 → 호주식 발음 → 미국식 발음

W1: Please stand over here and raise your arms. ⁵³I need to take one final measurement for your jacket.
M: Certainly. But, before I forget . . . ⁵⁴how much will everything cost?
W1: Just one second. Hailey, ⁵⁴can you check the work estimate?
W2: Sure. Hmm . . . ⁵⁴About $75. However, if it takes longer than two hours to alter, it'll be slightly more.
M: I see. When will the suit be ready?
W1: ⁵³/⁵⁵I should be done altering it by next Tuesday.
M: That's actually convenient since ⁵⁵I need to consult with a customer in this neighborhood then anyway.
W2: Great. Just note that we don't open until 11 A.M.

53 Where most likely are the speakers?
(A) At a clothing retailer
(B) At a tailor shop
(C) At a dry cleaner
(D) At a design studio

54 What information does Hailey provide?
(A) A cost estimate
(B) A delivery date
(C) A business address
(D) An order number

55 What will the man probably do next Tuesday?
(A) Take a measurement
(B) Call an establishment
(C) Meet with a client
(D) Cancel an appointment

53-55번은 다음 세 명의 대화에 관한 문제입니다.

W1: 여기에 서서 팔을 들어주세요. ⁵³고객님의 재킷을 위해 마지막으로 치수 하나를 재야 합니다.
M: 물론이죠. 그런데, 제가 잊기 전에… ⁵⁴총 비용이 얼마나 들까요?
W1: 잠시만요. Hailey, ⁵⁴작업 견적서를 확인해줄 수 있나요?
W2: 물론이죠. 흠… ⁵⁴75달러 정도요. 하지만, 수선하는 데 두 시간 이상이 걸린다면, 살짝 더 많이 나올 거예요.
M: 그렇군요. 언제 정장이 준비될까요?
W1: ⁵³/⁵⁵다음 주 화요일까지 그것을 수선하는 것을 끝낼 거예요.
M: 어차피 ⁵⁵제가 그때 이 근처에서 고객과 상담해야 해서 그건 정말 편하네요.
W2: 좋아요. 단지 저희가 오전 11시나 되어서야 문을 연다는 것만 유념해주세요.

53. 화자들은 어디에 있는 것 같은가?
(A) 의류 소매점에
(B) 맞춤 양복점에
(C) 세탁소에
(D) 디자인 작업실에

54. Hailey는 무슨 정보를 제공하는가?
(A) 비용 견적
(B) 배송 날짜
(C) 업체 주소
(D) 주문 번호

55. 남자는 다음 주 화요일에 무엇을 할 것 같은가?
(A) 치수를 잰다.
(B) 영업소에 전화한다.
(C) 고객과 만난다.
(D) 약속을 취소한다.

지문 measurement[미 mézərmənt, 영 méʒəmənt] 치수, 크기 estimate[éstimət] 견적서, 견적 alter[미 ɔ́:ltər, 영 ɔ́ltə] (옷을) 수선하다, 고치다
53 retailer[rí:teilər] 소매점 tailor shop 맞춤 양복점 55 establishment[istǽbliʃmənt] 영업소, 시설

53 ■ 전체 대화 관련 문제 장소 정답 (B)
대화가 일어나는 장소를 묻는 문제이므로, 장소와 관련된 표현을 놓치지 않고 듣는다. 여자 1이 남자에게 "I need to take one final measurement for your jacket."이라며 남자의 재킷을 위해 마지막으로 치수 하나를 재야 한다고 한 뒤, "I should be done altering it[suit] by next Tuesday."라며 다음 주 화요일까지 정장을 수선하는 것을 끝낼 것이라고 하였다. 따라서 정답은 (B) At a tailor shop 이다.

54 ■ 세부 사항 관련 문제 특정 세부 사항 정답 (A)
Hailey 즉, 여자 2가 제공하는 정보를 묻는 문제이므로, 질문의 핵심어구(information ~ Hailey provide)와 관련된 내용을 주의 깊게 듣는다. 남자가 "how much will everything cost?"라며 총 비용이 얼마나 들지 묻자, 여자 1이 여자 2에게 "can you check the work estimate?"라며 작업 견적서를 확인해줄 수 있는지 묻고, 여자 2가 "About $75. However, if it takes longer than two hours to alter, it'll be slightly more."라며 75달러 정도이지만 수선하는 데 두 시간 이상이 걸린다면 살짝 더 많이 나올 것이라고 하였다. 따라서 정답은 (A) A cost estimate이다.

55 ■ 세부 사항 관련 문제 다음에 할 일 정답 (C)
남자가 다음 주 화요일에 할 일을 묻는 문제이므로, 질문의 핵심어구(next Tuesday)가 언급된 주변을 주의 깊게 듣는다. 여자 1이 남자에게 "I should be done altering it[suit] by next Tuesday."라며 다음 주 화요일까지 정장을 수선하는 것을 끝낼 것이라고 하자, 남자가 "I need to consult with a customer in this neighborhood then"이라며 자신이 그때 이 근처에서 고객과 상담해야 한다고 하였다. 따라서 정답은 (C) Meet with a client이다.

Questions 56-58 refer to the following conversation.

🎧 캐나다식 발음 → 미국식 발음

M: This is Liam Gates calling from Ondine Bank. ⁵⁶We are hosting our annual awards ceremony next month, and my associate strongly suggested using your company. ⁵⁷I was wondering if we could meet this week to discuss the possibility of your business catering the event.

W: I would be happy to do that, Mr. Gates. Most of my afternoons this week are free.

M: ⁵⁷What about tomorrow? Could you meet me here at our headquarters on Larson Avenue at two?

W: ⁵⁷That's fine. But, before we meet, ⁵⁸I suggest you take a look at our Web site. There are examples of menus we've prepared in the past as well as price lists. It should give you a better idea of what types of food we offer.

56 Why does the man want to hire the woman's company?
(A) He was impressed by an advertisement.
(B) He enjoyed its food in the past.
(C) It offers a diverse menu.
(D) It was highly recommended.

57 What will most likely happen tomorrow?
(A) Some prices will be adjusted.
(B) Some entrées will be sampled.
(C) A business meeting will take place.
(D) A function date will be announced.

58 What does the woman suggest the man do?
(A) Call her company's supervisor
(B) Browse some information online
(C) Make a reservation in advance
(D) Send out invitations to guests

56-58번은 다음 대화에 관한 문제입니다.

M: 저는 Ondine 은행에서 전화드리는 Liam Gates입니다. ⁵⁶저희는 다음 달에 연례 시상식을 열 건데, 제 동료가 당신의 회사를 이용하는 것을 적극적으로 제안했어요. ⁵⁷당신의 업체에서 그 행사에 음식을 제공할 가능성에 대해 논의하기 위해 저희가 이번 주에 만날 수 있을지 궁금해요.

W: 기꺼이 그렇게 하겠습니다, Mr. Gates. 저는 이번 주 오후 대부분이 한가해요.

M: ⁵⁷내일은 어때요? 두 시에 여기 Larson가에 있는 저희 본사에서 만날 수 있을까요?

W: ⁵⁷좋습니다. 하지만, 우리가 만나기 전에, ⁵⁸저희 웹사이트를 살펴보시기를 권해드려요. 가격 목록뿐만 아니라 저희가 과거에 준비했던 메뉴의 예시들이 있거든요. 저희가 어떤 종류의 음식을 제공하는지 더 잘 알게 되실 거예요.

56. 남자는 왜 여자의 회사를 고용하고 싶어 하는가?
(A) 그는 광고에서 깊은 인상을 받았다.
(B) 그는 과거에 그 회사의 음식을 즐겼다.
(C) 다양한 메뉴를 제공한다.
(D) 적극적으로 추천되었다.

57. 내일 무슨 일이 일어날 것 같은가?
(A) 몇몇 가격들이 조정될 것이다.
(B) 몇몇 주요리들이 시식될 것이다.
(C) 업무 회의가 있을 것이다.
(D) 행사 날짜가 공지될 것이다.

58. 여자는 남자에게 무엇을 하라고 제안하는가?
(A) 그녀의 회사 상사에게 전화한다.
(B) 온라인으로 몇몇 정보를 훑어본다.
(C) 사전에 예약을 한다.
(D) 손님들에게 초대장을 보낸다.

지문 host[houst] 열다, 주최하다 annual[ǽnjuəl] 연례의 associate[əsóuʃiət] 동료 cater[kéitər] 음식을 제공하다
headquarters[hédkwɔːrtərz] 본사
56 diverse[daivə́ːrs] 다양한   57 adjust[ədʒʌ́st] 조정하다 function[fʌ́ŋkʃən] 행사, 의식
58 browse[brauz] 훑어보다

56 ■ 세부 사항 관련 문제 이유   정답 (D)

남자가 여자의 회사를 고용하고 싶어 하는 이유를 묻는 문제이므로, 질문의 핵심어구(hire ~ company)와 관련된 내용을 주의 깊게 듣는다. 남자가 "We are hosting our annual awards ceremony next month, and my associate strongly suggested using your company."라며 다음 달에 연례 시상식을 열 건데, 자신의 동료가 여자의 회사를 이용하는 것을 적극적으로 제안했다고 하였다. 따라서 정답은 (D) It was highly recommended이다.

57 ■ 세부 사항 관련 문제 다음에 할 일   정답 (C)

내일 일어날 일을 묻는 문제이므로, 질문의 핵심어구(tomorrow)가 언급된 주변을 주의 깊게 듣는다. 남자가 "I was wondering if we could meet this week to discuss the possibility of your business catering the event."라며 여자의 업체에서 그 행사에 음식을 제공할 가능성에 대해 논의하기 위해 이번 주에 만날 수 있을지 궁금하다고 한 뒤, "What about tomorrow?"라며 내일은 어떤지를 묻자, 여자가 "That's fine."이라며 좋다고 하였다. 따라서 정답은 (C) A business meeting will take place이다.

58 ■ 세부 사항 관련 문제 제안   정답 (B)

여자가 남자에게 제안하는 것을 묻는 문제이므로, 여자의 말에서 제안과 관련된 표현이 언급된 다음을 주의 깊게 듣는다. 여자가 남자에게 "I suggest you take a look at our Web site. There are examples of menus we've prepared in the past as well as price lists."라며 웹사이트를 살펴보기를 권한다고 한 뒤, 가격 목록뿐만 아니라 자신들이 과거에 준비했던 메뉴의 예시들이 있다고 하였다. 따라서 정답은 (B) Browse some information online이다.

Questions 59-61 refer to the following conversation.

🔊 캐나다식 발음 → 영국식 발음

M: I just had a meeting with our restaurant manager. He said that [59]all the staff working in the dining area will have to wear uniforms starting next month. What do you think about that?

W: Why not? Employees in other establishments wear them to look more presentable and organized. And [60]think of the time it'll save us every morning. We won't have to figure out what to wear to work anymore.

M: You're probably right. It'll also be easier for customers to identify staff if we're all wearing the same type of clothing.

W: [61]I just hope the uniforms aren't uncomfortable to wear.

59 What is the business planning to do?
(A) Hire more employees
(B) Open another department
(C) Introduce a new policy
(D) Make arrangements for a conference

60 What is the woman looking forward to?
(A) Receiving another promotion
(B) Sharing duties with colleagues
(C) Spending less on uniforms
(D) Saving time before work

61 What is the woman worried about?
(A) Some complaints from customers
(B) The comfort of the new clothing
(C) A meeting with the restaurant manager
(D) The cost of new materials

59-61번은 다음 대화에 관한 문제입니다.

M: 저는 방금 우리의 식당 매니저와 회의를 했어요. 그가 [59]식당 구역 내에서 일하는 모든 직원들은 다음 달부터 유니폼을 입어야 할 거라고 말했어요. 이것에 대해 어떻게 생각하세요?

W: 안 될 거 있나요? 다른 시설의 직원들은 더 단정하고 조직적으로 보이려고 유니폼을 입어요. 그리고 [60]그것이 매일 아침 우리에게 절약해 줄 시간을 생각해보세요. 우리는 직장에 무엇을 입고 가야 할지 더는 생각하지 않아도 될 거예요.

M: 당신 말이 맞는 것 같아요. 또한 우리 모두가 똑같은 종류의 옷을 입고 있으면, 고객들이 직원들을 알아보기가 더 쉬울 거예요.

W: [61]저는 그저 유니폼이 입기에 불편하지만 않기를 바라요.

59. 업체는 무엇을 하려고 계획하고 있는가?
(A) 직원을 더 고용한다.
(B) 다른 부서를 개설한다.
(C) 새로운 정책을 도입한다.
(D) 회의를 준비한다.

60. 여자는 무엇을 기대하고 있는가?
(A) 또 다른 승진을 하는 것
(B) 직장 동료들과 업무를 나누는 것
(C) 유니폼에 덜 소비하는 것
(D) 출근 전에 시간을 아끼는 것

61. 여자는 무엇에 관해 걱정하는가?
(A) 고객들로부터의 항의
(B) 새로운 옷의 편안함
(C) 식당 매니저와의 회의
(D) 새로운 소재의 비용

지문 establishment[istǽbliʃmənt] 시설 presentable[prizéntəbl] 외모가 단정한, 보기에 좋은 organized[미 ɔ́:rgənaizd, 영 ɔ́:gənaizd] 조직적인 figure out 생각해 내다 identify[aidéntəfai] 알아보다, 확인하다 uncomfortable[미 ʌnkʌ́mfərtəbəl, 영 ʌnkʌ́mfətəbl] 불편한
59 introduce[ìntrədú:s] 도입하다 make arrangements for ~을 준비하다
60 duty[dú:ti] 업무, 직무 save[seiv] 아끼다, 절약하다
61 complaint[kəmpléint] 항의, 불만 comfort[kʌ́mfərt] 편안함 clothing[klóuðiŋ] 옷, 복장 material[mətíriəl] 소재, 옷감

59 ■ 세부 사항 관련 문제 특정 세부 사항 정답 (C)

업체가 하려고 계획하고 있는 것을 묻는 문제이므로, 질문의 핵심어구(business planning to do)와 관련된 내용을 주의 깊게 듣는다. 남자가 "all the staff working in the dining area will have to wear uniforms starting next month"라며 식당 구역 내에서 일하는 모든 직원들은 다음 달부터 유니폼을 입어야 할 것이라고 하였다. 이를 통해 업체가 직원들의 복장에 관해 새로운 정책을 도입할 계획임을 알 수 있다. 따라서 정답은 (C) Introduce a new policy이다.

60 ■ 세부 사항 관련 문제 특정 세부 사항 정답 (D)

여자가 기대하고 있는 것을 묻는 문제이므로, 여자의 말에서 질문의 핵심어구(looking forward to)와 관련된 내용을 주의 깊게 듣는다. 여자가 "think of the time it[wear uniforms]'ll save us every morning. We won't have to figure out what to wear to work anymore."라며 유니폼을 입는 것이 매일 아침 절약해 줄 시간을 생각해보라고 한 뒤, 직장에 무엇을 입고 가야 할지 더는 생각하지 않아도 될 것이라고 하였다. 따라서 정답은 (D) Saving time before work이다.

61 ■ 세부 사항 관련 문제 문제점 정답 (B)

여자가 걱정하고 있는 것을 묻는 문제이므로, 여자의 말에서 부정적인 표현이 언급된 다음을 주의 깊게 듣는다. 여자가 "I just hope the uniforms aren't uncomfortable to wear."라며 그저 유니폼이 입기에 불편하지만 않기를 바란다고 하였다. 따라서 정답은 (B) The comfort of the new clothing이다.

바꾸어 표현하기
uniforms 유니폼 → clothing 옷

Questions 62-64 refer to the following conversation and design.

🔊 호주식 발음 → 미국식 발음

M: Hi, Ms. Wright. It's Garrett McKenzie. ⁶²Did you take a look at the company sign examples I sent you yesterday?

W: Yes, I did. ⁶²I would like to use one of the simpler designs, but could we try a variation on it?

M: Of course. What would you like me to do?

W: ⁶³I'd like to put our logo below the Web site URL, at the bottom, instead of to the right of the company's name.

M: Oh, we can do that. I'll send you the rough design through e-mail when I'm done.

W: Thanks. Um, actually, ⁶⁴could you just send it to all of my team at once? I'll send you a list of their e-mail addresses now.

62-64번은 다음 대화와 디자인에 관한 문제입니다.

M: 안녕하세요, Ms. Wright, Garrett McKenzie입니다. ⁶²제가 어제 보내드린 회사 간판 견본들을 확인하셨나요?

W: 네, 확인했습니다. ⁶²저는 보다 단순한 디자인 중 하나를 사용하고 싶은데, 그것을 변형해 볼 수 있을까요?

M: 물론이죠. 제가 어떻게 하길 원하시나요?

W: ⁶³저는 저희 로고를 회사명 오른쪽 대신 아래쪽에, 웹사이트 주소 밑에 배치하고 싶어요.

M: 아, 그렇게 할 수 있죠. 완료되면 이메일로 개략적인 디자인을 보내드릴게요.

W: 고맙습니다. 음, 사실, ⁶⁴그냥 저희 팀 전체에게 한 번에 보내주실 수 있나요? 제가 지금 그들의 이메일 주소 목록을 보내드릴게요.

62 Who most likely is the man?
(A) A research assistant
(B) A graphic designer
(C) A business partner
(D) A human resources employee

62. 남자는 누구인 것 같은가?
(A) 연구 보조원
(B) 그래픽 디자이너
(C) 사업 파트너
(D) 인사부 직원

63 Look at the graphic. Where will the company logo be placed?
(A) Spot A
(B) Spot B
(C) Spot C
(D) Spot D

63. 시각 자료를 보시오. 회사 로고는 어디에 배치될 것인가?
(A) A 지점
(B) B 지점
(C) C 지점
(D) D 지점

64 What will the woman probably do next?
(A) Revise the company logo
(B) Order some business cards
(C) Send a list of contact information
(D) Share some feedback

64. 여자는 다음에 무엇을 할 것 같은가?
(A) 회사 로고를 수정한다.
(B) 약간의 명함을 주문한다.
(C) 연락처 정보 목록을 보낸다.
(D) 몇몇 피드백을 공유한다.

지문 variation[vὲəriéiʃən] 변형, 변화 rough[rʌf] 개략적인, 거친
62 assistant[əsístənt] 보조원, 조수

62 ■ 전체 대화 관련 문제 화자

정답 (B)

남자의 신분을 묻는 문제이므로, 신분 및 직업과 관련된 표현을 놓치지 않고 듣는다. 남자가 여자에게 "Did you take a look at the company sign examples I sent you yesterday?"라며 자신이 어제 보내준 회사 간판 견본들을 확인했는지 묻자, 여자가 "I would like to use one of the simpler designs, but could we try a variation on it?"이라며 보다 단순한 디자인 중 하나를 사용하고 싶은데 그것을 변형해 볼 수 있을지 되물었다. 이를 통해 남자가 그래픽 디자이너임을 알 수 있다. 따라서 정답은 (B) A graphic designer이다.

63 ■ 세부 사항 관련 문제 시각 자료

정답 (C)

회사 로고가 배치될 위치를 묻는 문제이므로, 제시된 디자인의 정보를 확인한 뒤 질문의 핵심어구(company logo be placed)와 관련된 내용을 주의 깊게 듣는다. 여자가 "I'd like to put our logo below the Web site URL ~ instead of to the right of the company's name."이라며 로고를 회사명 오른쪽 대신 웹사이트 주소 밑에 배치하고 싶다고 하였으므로, 회사 로고는 웹사이트 주소 밑의 C 지점에 배치될 것임을 디자인에서 알 수 있다. 따라서 정답은 (C) Spot C이다.

64 ■ 세부 사항 관련 문제 다음에 할 일

정답 (C)

여자가 다음에 할 일을 묻는 문제이므로, 대화의 마지막 부분을 주의 깊게 듣는다. 여자가 "could you ~ send it[rough design] to all of my team at once? I'll send you a list of their e-mail addresses now."라며 개략적인 디자인을 자신의 팀 전체에게 한 번에 보내줄 수 있는지 물은 뒤, 지금 그들의 이메일 주소 목록을 보내주겠다고 하였다. 따라서 정답은 (C) Send a list of contact information이다.

Questions 65-67 refer to the following conversation and product manual.

🎧 영국식 발음 → 캐나다식 발음

W: Hello. ⁶⁵I'm calling to express my dissatisfaction with a tent I purchased from your sporting goods store yesterday.

M: OK. I can assist you with that. What seems to be the problem?

W: Well, ⁶⁶neither of the two largest poles came in the box. I have the other poles and pegs but am unable to assemble the tent.

M: I apologize for the inconvenience, ma'am. ⁶⁷We'll gladly provide you with the missing parts if you bring your receipt to our shop within 30 days.

W: ⁶⁷All right. I'll do that this afternoon since my office is near the shopping center your store is in.

Box Comes With:

Parts A: 3-foot poles
⁶⁶Parts B: 7-foot poles
Parts C: 2-inch pegs
Parts D: 5-inch pegs

65 Why is the woman calling?
(A) To purchase a product
(B) To confirm a delivery
(C) To make a complaint
(D) To request a refund

66 Look at the graphic. What was not included in the box?
(A) Parts A
(B) Parts B
(C) Parts C
(D) Parts D

67 What will the woman probably do later today?
(A) Visit a retail establishment
(B) Shop for a similar product online
(C) Receive a store gift certificate
(D) Return a recently purchased item

65-67번은 다음 대화와 상품 설명서에 관한 문제입니다.

W: 안녕하세요. ⁶⁵제가 어제 귀하의 스포츠용품섬에서 구매한 텐트에 관해 불만을 표하기 위해 전화드립니다.

M: 네. 제가 그것에 관해 도와드릴 수 있습니다. 무엇이 문제인 것 같으신가요?

W: 음, ⁶⁶길이가 가장 긴 장대 두 개 중 어느 것도 상자에 들어 있지 않았어요. 다른 장대와 말뚝들은 있지만 텐트를 조립할 수가 없습니다.

M: 불편을 드려서 죄송합니다, 손님. ⁶⁷손님께서 30일 이내에 영수증을 가지고 저희 매장에 오시면, 빠진 부품들을 기꺼이 제공해 드리겠습니다.

W: ⁶⁷알겠습니다. 제 사무실이 당신의 매장이 있는 쇼핑센터 근처에 있으니 오늘 오후에 그렇게 할게요.

상자에 포함된 항목:

부품 A: 3피트 장대들
⁶⁶부품 B: 7피트 장대들
부품 C: 2인치 말뚝들
부품 D: 5인치 말뚝들

65. 여자는 왜 전화를 하고 있는가?
(A) 상품을 구매하기 위해
(B) 배송을 확인하기 위해
(C) 항의를 하기 위해
(D) 환불을 요청하기 위해

66. 시각 자료를 보시오. 무엇이 상자에 포함되지 않았는가?
(A) 부품 A
(B) 부품 B
(C) 부품 C
(D) 부품 D

67. 여자는 오늘 늦게 무엇을 할 것 같은가?
(A) 소매점을 방문한다.
(B) 비슷한 상품을 온라인으로 산다.
(C) 상점 상품권을 받는다.
(D) 최근에 구매한 제품을 반품한다.

지문 dissatisfaction[dìssætisfǽkʃən] 불만 pole[미 poul, 영 pəul] 장대 peg[peg] 말뚝 assemble[əsémbl] 조립하다
missing[mísiŋ] 빠진, 분실된
65 confirm[kənfɔ́:rm] 확인하다 complaint[kəmpléint] 항의, 불만
67 retail[rí:teil] 소매의 establishment[istǽbliʃmənt] 상점, 점포 shop[ʃɑ:p] (물건을) 사다, 쇼핑하다 gift certificate 상품권

65 ■ 전체 대화 관련 문제 목적 정답 (C)

여자가 전화를 건 목적을 묻는 문제이므로, 대화의 초반을 반드시 듣는다. 여자가 "I'm calling to express my dissatisfaction with a tent I purchased from your sporting goods store yesterday."라며 자신이 어제 남자의 스포츠용품점에서 구매한 텐트에 관해 불만을 표하기 위해 전화한다고 하였다. 따라서 정답은 (C) To make a complaint이다.

바꾸어 표현하기

express ~ dissatisfaction 불만을 표하다 → make a complaint 항의를 하다

66 ■ 세부 사항 관련 문제 시각 자료 정답 (B)

상자에 포함되지 않은 것을 묻는 문제이므로, 제시된 상품 설명서의 정보를 확인한 뒤 질문의 핵심어구(not included in the box)와 관련된 내용을 주의 깊게 듣는다. 여자가 "neither of the two largest poles came in the box"라며 길이가 가장 긴 장대 두 개 중 어느 것도 상자에 들어있지 않았다고 하였으므로, 장대들 중 가장 길이가 긴 부품 B가 상자에 포함되지 않았음을 상품 설명서에서 알 수 있다. 따라서 정답은 (B) Parts B이다.

67 ■ 세부 사항 관련 문제 다음에 할 일 정답 (A)

여자가 오늘 늦게 할 일을 묻는 문제이므로, 질문의 핵심어구(later today)와 관련된 내용을 주의 깊게 듣는다. 남자가 "We'll gladly provide you with the missing parts if you bring your receipt to our shop within 30 days."라며 여자가 30일 이내에 영수증을 가지고 매장에 오면 빠진 부품들을 기꺼이 제공해 주겠다고 하자, 여자가 "All right. I'll do that this afternoon"이라며 알겠다고 한 뒤 오늘 오후에 그렇게 하겠다고 하였다. 따라서 정답은 (A) Visit a retail establishment이다.

바꾸어 표현하기

shop 매장 → retail establishment 소매점

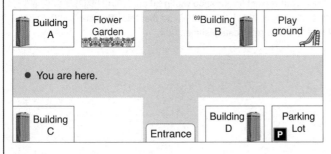

Questions 68-70 refer to the following conversation and map.

🎧 호주식 발음 → 미국식 발음

M: Excuse me. ⁶⁸I've got a package for one of the tenants of this apartment complex, but I can't find the building. Here is the address.

W: Let me see . . . Oh, ⁶⁹that's the one between the playground and the flower garden. Just follow the path through the flower garden to get to it. Um, wasn't there a security guard at the entrance to give you directions?

M: There was, but I didn't think to ask. This complex is a lot bigger than I expected.

W: Yeah, it is quite large. And ⁷⁰it is going to get even bigger. A building with another 100 units will be going up in front of the parking lot next January.

68 Who most likely is the man?
(A) A security guard
(B) A property manager
(C) A construction worker
(D) A delivery person

69 Look at the graphic. Which building is the man going to?
(A) Building A
(B) Building B
(C) Building C
(D) Building D

70 What does the woman say about the complex?
(A) It will be inspected in January.
(B) It has many vacant units.
(C) It has several new tenants.
(D) It will be expanded next year.

68-70번은 다음 대화와 약도에 관한 문제입니다.

M: 실례합니다. ⁶⁸저는 이 아파트 단지의 세입자 한 분을 위한 소포를 가지고 있는데, 이 동을 찾을 수가 없네요. 여기 주소가 있습니다.

W: 한번 볼게요… 아, ⁶⁹그건 놀이터와 화원 사이에 있는 거네요. 거기에 가려면 화원을 지나서 이 길을 쭉 따라가세요. 음, 당신에게 방향을 알려줄 수 있는 경비원이 입구에 없었나요?

M: 있었지만, 제가 물어볼 생각을 하지 않았어요. 이 단지는 제가 예상했던 것보다 훨씬 크네요.

W: 네, 꽤 크죠. 그리고 ⁷⁰이건 심지어 더 커질 거예요. 또 다른 100가구가 있는 동이 내년 1월에 주차장 앞에 세워질 거예요.

68. 남자는 누구인 것 같은가?
(A) 경비원
(B) 부동산 관리인
(C) 공사 작업자
(D) 배달원

69. 시각 자료를 보시오. 남자는 어느 동으로 가고 있는가?
(A) A동
(B) B동
(C) C동
(D) D동

70. 여자는 단지에 관해 무엇을 말하는가?
(A) 1월에 점검될 것이다.
(B) 비어 있는 가구가 많다.
(C) 여러 명의 새로운 세입자들이 있다.
(D) 내년에 확장될 것이다.

지문 **package**[pǽkidʒ] 소포 **tenant**[ténənt] 세입자 **complex**[미 káːmpleks, 영 kɔ́mpleks] (아파트) 단지 **path**[pǽθ] 길, 통로
through[θruː] 지나서, 통하여 **unit**[júːnit] (아파트 같은 공동 주택 내의) 가구 **go up** 세워지다
68 **property**[práːpərti] 부동산 **construction**[kənstrʌ́kʃən] 공사 **delivery**[dilívəri] 배달
70 **inspect**[inspékt] 점검하다, 조사하다 **vacant**[véikənt] 비어 있는, 텅 빈 **tenant**[ténənt] 세입자

68 ■ 전체 대화 관련 문제 화자

정답 (D)

남자의 신분을 묻는 문제이므로, 신분 및 직업과 관련된 표현을 놓치지 않고 듣는다. 남자가 "I've got a package for one of the tenants of this apartment complex, but I can't find the building."이라며 자신이 이 아파트 단지의 세입자 한 명을 위한 소포를 가지고 있는데, 이 동을 찾을 수가 없다고 하였다. 이를 통해 남자가 배달원임을 알 수 있다. 따라서 정답은 (D) A delivery person이다.

69 ■ 세부 사항 관련 문제 시각 자료

정답 (B)

남자가 가고 있는 동을 묻는 문제이므로, 제시된 약도의 정보를 확인한 뒤 질문의 핵심어구(building ~ the man going to)와 관련된 내용을 주의 깊게 듣는다. 여자가 "that[the building]'s the one between the playground and the flower garden. Just follow the path through the flower garden ~ ."이라며 이 동은 놀이터와 화원 사이에 있는 거라고 한 뒤, 화원을 지나서 이 길을 쭉 따라가라고 하였으므로, 남자가 가고 있는 동은 놀이터와 화원 사이에 있는 B동임을 약도에서 알 수 있다. 따라서 정답은 (B) Building B이다.

70 ■ 세부 사항 관련 문제 언급

정답 (D)

여자가 단지에 관해 언급하는 것을 묻는 문제이므로, 여자의 말에서 질문의 핵심어구(complex)와 관련된 내용을 주의 깊게 듣는다. 여자가 "it[complex] is going to get even bigger. A building with another 100 units will be going up in front of the parking lot next January."라며 단지가 심지어 더 커질 거라며 또 다른 100가구가 있는 동이 내년 1월에 주차장 앞에 세워질 거라고 하였다. 따라서 정답은 (D) It will be expanded next year이다.

바꾸어 표현하기

is going to get ~ bigger 더 커질 것이다 → will be expanded 확장될 것이다

PART 4

71
72
73

Questions 71-73 refer to the following announcement.

🔊 영국식 발음

Welcome to the Stanbridge Museum of History. ⁷¹Drop by our information counter in the lobby to pick up a facility map and a brochure with details on our current exhibits. Also, ⁷²don't forget to check out our newest display, *Art of the Ancient Egyptians*, located on the second floor in Hall D. ⁷²This exhibit runs for this month only, with artifacts on loan from museums around the globe. And at the end of your visit at the museum, browse through our gift shop. As guests, ⁷³you will qualify for 10 percent off any purchase if you present your admission ticket!

71 What is available at the information counter?
(A) Event calendars
(B) Entrance passes
(C) Venue maps
(D) Sign-up sheets

72 What does the speaker recommend the listeners do?
(A) Become museum members
(B) Go to a special display
(C) Take pictures of artifacts
(D) Meet in the lobby

73 According to the speaker, what do people qualify for?
(A) A gift bag
(B) A private tour
(C) A price reduction
(D) A parking permit

71-73번은 다음 공지에 관한 문제입니다.

Stanbridge 역사 박물관에 오신 것을 환영합니다. ⁷¹로비에 있는 저희의 안내 창구에 들르셔서 시설 지도와 저희의 현재 전시들에 관한 세부 사항들을 포함하고 있는 안내 책자를 받아 가십시오. 또한, D홀의 2층에 있는 ⁷²저희의 가장 최신 전시인 *고대 이집트인들의 예술*을 확인하는 걸 잊지 마십시오. ⁷²이 전시는 이번 달에만 진행되며, 전 세계의 박물관들에서 대여한 전시품들로 이루어져 있습니다. 그리고 박물관 방문의 마지막에는 저희의 기념품 가게를 둘러보십시오. 손님으로서, ⁷³여러분은 입장권을 제시하시면 무엇을 구매하시든 10퍼센트 할인을 받을 자격이 되실 것입니다!

71. 안내 창구에서 무엇이 이용 가능한가?
(A) 행사 달력
(B) 입장권
(C) 현장 지도
(D) 참가 신청서

72. 화자는 청자들에게 무엇을 하라고 권하는가?
(A) 박물관 회원이 된다.
(B) 특별 전시에 간다.
(C) 전시품들의 사진을 찍는다.
(D) 로비에서 만난다.

73. 화자에 따르면, 사람들은 무슨 자격을 얻는가?
(A) 선물 가방
(B) 비공개 투어
(C) 가격 할인
(D) 주차 허가

지문 **drop by** ~에 들르다 **exhibit**[igzíbit] 전시 **check out** 확인하다 **run**[rʌn] 진행하다, 운영하다 **artifact**[미 ɑ́:rtəfækt, 영 ɑ́:təfækt] 전시품 **on loan** 대여하여 **browse**[brauz] 둘러보다, 훑어보다 **qualify**[미 kwɑ́:lifai, 영 kwɔ́lifai] 자격이 있다 **admission**[ədmíʃən] 입장
71 **venue**[vénju:] 현장, 장소   72 **display**[displéi] 전시
73 **private**[práivət] 비공개의 **permit**[pə́rmit] 허가; 허가하다

---

71 ■ **세부 사항 관련 문제** 특정 세부 사항
정답 (C)
안내 창구에서 이용 가능한 것을 묻는 문제이므로, 질문의 핵심어구(information counter)가 언급된 주변을 주의 깊게 듣는다. "Drop by our[Museum] information counter in the lobby to pick up a facility map and a brochure"라며 박물관 로비에 있는 안내 창구에 들러서 시설 지도와 안내 책자를 받아 가라고 한 말을 통해 안내 창구에서 현장 지도가 이용 가능함을 알 수 있다. 따라서 정답은 (C) Venue maps이다.

바꾸어 표현하기
facility 시설 → Venue 현장

72 ■ **세부 사항 관련 문제** 제안
정답 (B)
화자가 청자들에게 제안하는 것을 묻는 문제이므로, 지문의 중후반에서 제안과 관련된 표현이 포함된 문장을 주의 깊게 듣는다. "don't forget to check out our newest display"라며 가장 최신 전시를 확인하는 것을 잊지 말라고 한 뒤, "This exhibit runs for this month only"라며 이 전시는 이번 달에만 진행된다며 이 전시에 갈 것을 제안하였다. 따라서 정답은 (B) Go to a special display이다.

73 ■ **세부 사항 관련 문제** 특정 세부 사항
정답 (C)
사람들이 얻을 자격을 묻는 문제이므로, 질문의 핵심어구(qualify for)가 언급된 내용을 주의 깊게 듣는다. "you[guests] will qualify for 10 percent off any purchase if you present your admission ticket!"이라며 입장권을 제시하면 무엇을 구매하든 10퍼센트 할인을 받을 자격이 될 것이라고 하였다. 따라서 정답은 (C) A price reduction이다.

74
75
76

Questions 74-76 refer to the following announcement.

🔊 캐나다식 발음

Okay, everyone. Before we end today's meeting, I'd like to make a final announcement. I want to remind everyone that we are pushing through with our plan to move to the new office on August 1. That is just three weeks away, so ⁷⁴make sure you are ready and have packed everything in boxes before the moving company comes. Now, ⁷⁵I realize many of you were unhappy about leaving this office. And that is understandable as we've been here for many years. ⁷⁵But, well . . . there are 500 staff members now. Besides, our new office is in a wonderful area. ⁷⁶Westport has lots of quality restaurants, and it's easy to get to by bus and subway.

74 What does the speaker ask the listeners to do?
   (A) Provide feedback on a plan
   (B) Send an e-mail to clients
   (C) Check the deadline for a project
   (D) Prepare items for transport

75 What does the speaker imply when he says, "there are 500 staff members now"?
   (A) A new office is more spacious.
   (B) A workforce will be expanded.
   (C) A policy will be implemented.
   (D) A hiring plan is effective.

76 What is mentioned about the Westport area?
   (A) It attracts visitors from other cities.
   (B) It contains lots of free parking spaces.
   (C) It includes great dining establishments.
   (D) It features public recreation facilities.

74-76번은 다음 공지에 관한 문제입니다.

좋습니다, 여러분. 오늘의 회의를 끝마치기 전에, 최종 공지를 하고자 합니다. 우리가 8월 1일에 새로운 사무실로 이전하는 계획을 추진 중이라는 것을 모두에게 상기시키고 싶습니다. 3주밖에 남지 않았으니, ⁷⁴확실히 준비하시고 이삿짐 운송 회사가 오기 전에 모든 것을 상자에 포장해 두도록 하세요. 자, ⁷⁵저는 여러분들 중 다수가 이 사무실을 떠나는 것에 불만이었던 것을 압니다. 그리고 우리가 수년간 이곳에 있었기 때문에 그것은 이해할만합니다. ⁷⁵하지만, 음... 지금은 500명의 직원이 있습니다. 그뿐만 아니라, 우리의 새로운 사무실은 멋진 지역에 있습니다. ⁷⁶Westport에는 훌륭한 레스토랑들이 많고, 버스와 지하철로 접근이 용이합니다.

74. 화자는 청자들에게 무엇을 하라고 요청하는가?
   (A) 계획에 대한 의견을 제공한다.
   (B) 고객들에게 이메일을 보낸다.
   (C) 프로젝트의 마감일을 확인한다.
   (D) 수송을 위해 물품들을 준비한다.

75. 화자는 "지금은 500명의 직원이 있습니다"라고 말할 때 무엇을 의도하는가?
   (A) 새로운 사무실은 더 넓다.
   (B) 노동 인원이 확대될 것이다.
   (C) 정책이 시행될 것이다.
   (D) 채용 계획이 효과적이다.

76. Westport 지역에 관해 무엇이 언급되는가?
   (A) 다른 도시들로부터의 방문객들을 끌어들인다.
   (B) 많은 무료 주차 구역들이 있다.
   (C) 훌륭한 식사 시설들을 포함한다.
   (D) 공공 오락시설들을 특징으로 한다.

지문 push through 추진하다, 밀어붙이다 moving company 이삿짐 운송 회사 understandable [ʌ̀ndərstǽndəbl] 이해할만한, 정상적인
75 spacious [spéiʃəs] 넓은, 널찍한 workforce [wɔ́:rkfɔ̀:rs] 노동 인원, 노동력 implement [미 ímpləmənt, 영 ímpliment] 시행하다
76 attract [ətrǽkt] 끌어들이다 recreation [rèkriéiʃən] 오락, 휴양

74 ■ 세부 사항 관련 문제 요청   정답 (D)
○○○●
●   화자가 청자들에게 요청하는 것을 묻는 문제이므로, 요청과 관련된 표현이 포함된 문장을 주의 깊게 듣는다. "make sure you ~ have
중   packed everything in boxes before the moving company comes"라며 이삿짐 운송 회사가 오기 전에 모든 것을 상자에 포장해
        두도록 하라고 하였다. 따라서 정답은 (D) Prepare items for transport이다.

75 ■ 세부 사항 관련 문제 의도 파악   정답 (A)
○○○●
●   화자가 하는 말의 의도를 묻는 문제이므로, 질문의 인용어구(there are 500 staff members now)가 언급된 주변을 주의 깊게 듣는다. "I
중   realize many of you were unhappy about leaving this office"라며 청자들 중 다수가 이 사무실을 떠나는 것에 불만이었던 것을 안
        다고 한 뒤, "But ~ there are 500 staff members now."라며 하지만 지금은 500명의 직원이 있다고 한 것을 통해 새로운 사무실은 현
        재 사무실보다 더 넓다는 것을 알 수 있다. 따라서 정답은 (A) A new office is more spacious이다.

76 ■ 세부 사항 관련 문제 언급   정답 (C)
○○○○●
●   Westport 지역에 관해 언급되는 것을 묻는 문제이므로, 질문의 핵심어구(Westport area)와 관련된 내용을 주의 깊게 듣는다.
하   "Westport has lots of quality restaurants"라며 Westport에는 훌륭한 레스토랑들이 많다고 하였다. 따라서 정답은 (C) It includes
        great dining establishments이다.

Questions 77-79 refer to the following telephone message.

🔊 미국식 발음

⁷⁷This is Gwen Stevens from Horizon Landscaping calling for Paul Carranza. We've come up with several proposals for the design of your building's courtyard. ⁷⁸I would like to install a decorative fountain in the middle of the space. I also suggest planting a variety of flowers along the courtyard's main path. That will make the space feel very relaxing. If you don't care for that idea, however, I have sketches of other possible designs as well. ⁷⁹Could you call me back and let me know what would be a good time for us to meet and go through the proposals? Thank you for this opportunity, and I look forward to getting started.

⁷⁷저는 Paul Carranza께 전화드리는 Horizon 조경의 Gwen Stevens입니다. 저희는 귀하의 건물 뜰 디자인에 대한 몇 가지 제안을 생각해냈습니다. ⁷⁸저는 장식용 분수를 공간의 가운데에 설치하고자 합니다. 또한 뜰의 주요 보도를 따라 다양한 꽃들을 심는 것을 제안합니다. 그것은 그 공간이 굉장히 편안하게 느껴지도록 만들 것입니다. 그러나, 이 방안이 마음에 들지 않으신다면, 다른 가능한 디자인들의 밑그림들도 있습니다. ⁷⁹제게 다시 전화주셔서 우리가 만나서 제안들을 검토하기에 언제가 좋은 시간일지를 알려주시겠어요? 이 기회에 감사드리며, 저는 착수하기를 고대하겠습니다.

77 What field does the speaker work in?
(A) Interior decoration
(B) Construction management
(C) Event planning
(D) Landscaping design

78 What does the speaker recommend?
(A) Hiring another specialist
(B) Touring a park for inspiration
(C) Redecorating an indoor space
(D) Installing a fountain

79 What does the speaker ask Mr. Carranza to do?
(A) Return a phone call
(B) Decide on a meeting place
(C) Look over a planned budget
(D) Start working on a project

77. 화자는 어떤 분야에서 일하는가?
(A) 실내 장식
(B) 건설 관리
(C) 행사 기획
(D) 조경 디자인

78. 화자는 무엇을 제안하는가?
(A) 다른 전문가를 고용하기
(B) 영감을 얻기 위해 공원 둘러보기
(C) 실내 공간을 새로 장식하기
(D) 분수를 설치하기

79. 화자는 Mr. Carranza에게 무엇을 하라고 요청하는가?
(A) 회신 전화를 한다.
(B) 회의 장소를 정한다.
(C) 계획된 예산을 검토한다.
(D) 프로젝트 작업을 시작한다.

지문 come up with 생각해내다, 떠올리다 proposal[prəpóuzəl] 제안 courtyard[kɔ́:rtjɑːrd] 뜰, 마당 decorative[dékəreitiv] 장식용의 fountain[fáuntn] 분수 relaxing[rilǽksiŋ] 편안한 care for ~을 마음에 들어하다 sketch[sketʃ] 밑그림 go through 검토하다, 살펴보다 get started 착수하다, 시작하다
77 landscaping[lǽndskèipiŋ] 조경 78 inspiration[ìnspəréiʃən] 영감 redecorate[rì:dékəreit] 새로 장식하다
79 look over 검토하다 budget[bʌ́dʒit] 예산

77 ■ 전체 지문 관련 문제 화자
정답 (D)
화자가 일하는 분야를 묻는 문제이므로, 신분 및 직업과 관련된 표현을 놓치지 않고 듣는다. "This is Gwen Stevens from Horizon Landscaping"이라며 자신이 Horizon 조경의 Gwen Stevens라고 한 뒤, 청자의 건물 뜰 디자인에 대한 제안 사항들을 언급하였다. 이를 통해 화자가 조경 디자인 분야에서 일하고 있음을 알 수 있다. 따라서 정답은 (D) Landscaping design이다.

78 ■ 세부 사항 관련 문제 제안
정답 (D)
화자가 제안하는 것을 묻는 문제이므로, 지문의 중후반에서 제안과 관련된 표현이 포함된 문장을 주의 깊게 듣는다. "I would like to install a decorative fountain"이라며 장식용 분수를 설치하고자 한다고 제안하였다. 따라서 정답은 (D) Installing a fountain이다.

79 ■ 세부 사항 관련 문제 요청
정답 (A)
화자가 Mr. Carranza 즉, 청자에게 요청하는 것을 묻는 문제이므로, 지문의 중후반에서 요청과 관련된 표현이 포함된 문장을 주의 깊게 듣는다. "Could you call me back"이라며 자신에게 다시 전화해 달라고 요청하였다. 따라서 정답은 (A) Return a phone call이다.

바꾸어 표현하기
call ~ back 다시 전화하다 → Return a phone call 회신 전화를 하다

Questions 80-82 refer to the following introduction.

🎧 호주식 발음

Welcome to the annual Olympia Health Association meeting. ⁸⁰It's surprising that so many of you made it despite the storm. I'm happy to say that we have a very special guest with us tonight—Dr. Mildred Jenkins. ⁸¹Not only was Dr. Jenkins the first female heart surgeon to set up a practice in Olympia, but she was also our association's first female president and the founder of our program to improve heart health among children in the city. However, I'm sure most of you already knew that. As for tonight, ⁸²Dr. Jenkins will give us an update about her ongoing initiative to remove unhealthy snacks from local schools. Now, without further ado, let's welcome Dr. Jenkins to the stage.

80 Why is the speaker surprised?
(A) The weather did not affect attendance.
(B) The guest speaker canceled at the last minute.
(C) The association was recently formed.
(D) Many new members came to the meeting.

81 What does the speaker mean when he says, "I'm sure most of you already knew that"?
(A) A study has been published.
(B) An organization plans to expand.
(C) A guest is well known.
(D) A project was previously announced.

82 What is the focus of the initiative?
(A) Increasing exercise among youth
(B) Promoting better student diets
(C) Updating educational standards
(D) Improving heart attack recovery

80-82번은 다음 소개에 관한 문제입니다.

Olympia 건강 협회의 연례 회의에 오신 것을 환영합니다. ⁸⁰태풍에도 불구하고 이렇게 많은 분들이 참석해주셔서 놀랍습니다. 저는 오늘 밤 아주 특별한 손님인 Dr. Mildred Jenkins를 모시게 됨을 알려드리게 되어 기쁩니다. ⁸¹Dr. Jenkins는 Olympia에 개업한 첫 여성 심장 전문 외과 의사였을 뿐만 아니라, 우리 협회의 첫 여성 대표이자 도시 내 아이들의 심장 건강을 개선하기 위한 저희 프로그램의 창시자였습니다. 그러나, 저는 여러분 대부분이 이것을 이미 알고 계셨을 것이라 확신합니다. 오늘 밤, ⁸²Dr. Jenkins는 지역 학교들에서 건강에 해로운 간식을 없애기 위해 진행 중인 그녀의 계획에 대한 최신 정보를 알려줄 것입니다. 이제, 더 이상의 지체 없이 Dr. Jenkins를 무대로 모시겠습니다.

80. 화자는 왜 놀라는가?
(A) 날씨가 참석률에 영향을 주지 않았다.
(B) 초대 연사가 막판에 취소했다.
(C) 협회가 최근에 결성되었다.
(D) 많은 신규 회원들이 회의에 참석했다.

81. 화자는 "저는 여러분 대부분이 이것을 이미 알고 있을 것이라 확신합니다"라고 말할 때 무엇을 의도하는가?
(A) 연구가 발표되었다.
(B) 단체가 확장할 계획이다.
(C) 손님은 꽤 유명하다.
(D) 프로젝트가 이전에 발표되었다.

82. 계획의 중점은 무엇인가?
(A) 젊은 사람들 사이에서 운동을 증진시키기
(B) 더 나은 학생 식습관을 장려하기
(C) 교육 기준을 업데이트하기
(D) 심장마비 회복을 향상시키기

지문 association[미 əsòuʃiéiʃən, 영 əsə̀usiéiʃən] 협회 heart surgeon 심장 전문 외과 의사 set up a practice 개업하다
founder[미 fáundər, 영 fáundə] 창시자, 설립자 initiative[iníʃətiv] 계획 without further ado 더 이상 지체 없이
80 attendance[əténdəns] 참석률, 출석
82 promote[prəmóut] 장려하다, 조장하다 diet[dáiət] 식습관, 음식 heart attack 심장마비

---

80 ■ 세부 사항 관련 문제 이유   정답 (A)

○
○
●
● 중

화자가 놀라는 이유를 묻는 문제이므로, 질문의 핵심어구(surprised)와 관련된 내용을 주의 깊게 듣는다. "It's surprising that so many of you made it despite the storm."이라며 태풍에도 불구하고 이렇게 많은 사람들이 참석해주어서 놀랍다고 하였다. 따라서 정답은 (A) The weather did not affect attendance이다.

81 ■ 세부 사항 관련 문제 의도 파악   정답 (C)

○
●
●
● 상

화자가 하는 말의 의도를 묻는 문제이므로, 질문의 인용어구(I'm sure most of you already knew that)가 언급된 주변을 주의 깊게 듣는다. "Not only was Dr. Jenkins the first female heart surgeon to set up a practice in Olympia, but she was also our association's first female president and the founder of our program ~ ."이라며 Dr. Jenkins는 Olympia에 개업한 첫 여성 심장 전문 외과 의사였을 뿐만 아니라 협회의 첫 여성 대표이자 자신들의 프로그램의 창시자라고 한 뒤, "However, I'm sure most of you already knew that."이라며 하지만 청자들 대부분이 이것을 이미 알고 있었을 것이라 확신한다고 하였다. 이를 통해 Dr. Jenkins가 꽤 유명함을 알 수 있다. 따라서 정답은 (C) A guest is well known이다.

82 ■ 세부 사항 관련 문제 특정 세부 사항   정답 (B)

○
●
●
● 상

계획의 중점을 묻는 문제이므로, 질문의 핵심어구(initiative)가 언급된 주변을 주의 깊게 듣는다. "Dr. Jenkins will give us an update about her ongoing initiative to remove unhealthy snacks from local schools"라며 Dr. Jenkins가 지역 학교들에서 건강에 해로운 간식을 없애기 위해 진행 중인 그녀의 계획에 대한 최신 정보를 알려줄 것이라고 하였다. 이를 통해 계획의 중점이 더 나은 학생 식습관을 장려하는 것임을 알 수 있다. 따라서 정답은 (B) Promoting better student diets이다.

Questions 83-85 refer to the following announcement.

[캐나다식 발음]

Could I have everyone's attention for a few moments? [83]I just want to go over a couple of reminders before we start our shift. First, [84]our order of new protective goggles has arrived. So, please pick up a pair before heading to the factory floor. Also, we have an inspection on Friday, so make sure to report any equipment problems to the technical department as soon as possible. That way, they will have sufficient time to make repairs before the inspection takes place. Finally, [85]please ensure that your work areas are tidy and in order before you go home today.

83 Why is the announcement being given?
(A) To explain a new system
(B) To introduce an inspector
(C) To provide some reminders
(D) To review safety regulations

84 What items will the listeners most likely pick up?
(A) New tools
(B) Order forms
(C) Shift schedules
(D) Safety goggles

85 What are the listeners asked to do before leaving?
(A) Make some repairs
(B) Clean their workspaces
(C) Get approval from a supervisor
(D) Set up some equipment

83-85번은 다음 공지에 관한 문제입니다.

잠시 모두 주목해 주시겠습니까? 우리의 교대 근무를 시작하기 전에 [83]저는 몇 가지 상기시켜 드릴 사항에 대해 논하고 싶습니다. 먼저, [84]우리가 주문한 새 보호 안경들이 도착했습니다. 그러니, 공장 층으로 향하시기 전에 한 쌍을 찾아가시길 바랍니다. 또한, 우리는 금요일에 점검이 있기 때문에, 반드시 모든 장비 문제는 가능한 한 빨리 기술부에 보고하도록 하십시오. 그렇게 함으로써, 점검이 이루어지기 전에 그들은 수리를 할 수 있는 충분한 시간을 가지게 될 것입니다. 마지막으로, [85]오늘 집에 가시기 전에 반드시 여러분의 작업 구역이 깔끔하고 잘 정돈되도록 해주시기 바랍니다.

83. 공지는 왜 제공되고 있는가?
(A) 새로운 시스템을 설명하기 위해
(B) 감독관을 소개하기 위해
(C) 상기시킬 사항들을 제공하기 위해
(D) 안전 규정을 검토하기 위해

84. 청자들은 어떤 물품들을 찾아갈 것 같은가?
(A) 새로운 도구
(B) 주문서
(C) 교대 근무 일정표
(D) 보호 안경

85. 청자들은 떠나기 전에 무엇을 하도록 요청받는가?
(A) 수리를 한다.
(B) 그들의 작업장을 청소한다.
(C) 감독관으로부터 승인을 받는다.
(D) 몇몇 장비를 설치한다.

지문 go over 논하다, 검토하다 reminder[rimáindər] 상기시키는 것 shift[ʃift] 교대 근무 goggle[gάːgl] 안경, 고글
head[hed] 향하다 sufficient[səfíʃənt] 충분한 tidy[táidi] 깔끔한, 단정한 in order 정돈되어, 정리되어
83 inspector[inspéktər] 감독관, 조사관 regulation[règjuléiʃən] 규정, 규제
85 workspace[wə́ːrkspeis] 작업장 supervisor[súːpərvaizər] 감독관

83 ■ 전체 지문 관련 문제 목적   정답 (C)
공지의 목적을 묻는 문제이므로, 지문의 초반을 반드시 듣는다. "I just want to go over a couple of reminders"라며 몇 가지 상기시켜 줄 사항에 대해 논하고 싶다고 하였다. 따라서 정답은 (C) To provide some reminders이다.

84 ■ 세부 사항 관련 문제 특정 세부 사항   정답 (D)
청자들이 찾아갈 물품들을 묻는 문제이므로, 질문의 핵심어구(pick up)가 언급된 주변을 주의 깊게 살핀다. "our order of new protective goggles has arrived. So, please pick up a pair"라며 주문한 새 보호 안경들이 도착했으니 한 쌍을 찾아가길 바란다고 하였다. 따라서 정답은 (D) Safety goggles이다.

바꾸어 표현하기
protective goggles 보호 안경 → Safety goggles 보호 안경

85 ■ 세부 사항 관련 문제 요청   정답 (B)
청자들이 떠나기 전에 하도록 요청받는 것을 묻는 문제이므로, 지문의 중후반에서 요청과 관련된 표현이 포함된 문장을 주의 깊게 듣는다. "please ensure that your work areas are tidy and in order before you go home today"라며 오늘 집에 가기 전에 반드시 청자들의 작업 구역이 깔끔하고 잘 정돈되도록 해달라고 요청하였다. 따라서 정답은 (B) Clean their workspaces이다.

바꾸어 표현하기
ensure ~ work areas are tidy and in order 반드시 작업 구역이 깔끔하고 잘 정돈되도록 하다 → Clean ~ workspaces 작업장을 청소하다

Questions 86-88 refer to the following excerpt from a meeting.

[음성] 미국식 발음

Hi, everyone. [86]I have an update on the YT-90 Air Cleaner that we created the print advertisements for. The product has received positive reviews on technology Web sites. However, [87]the sales department manager reported that fewer people than expected are buying it. To address this issue, we are going to start a new major project right away. Unfortunately, this means our company get-together will be canceled. The CEO wants to make sure that consumers are aware of the YT-90 Air Cleaner's many innovative features. To achieve this goal, [88]we're going to design a brochure with detailed product information. It'll be handed out in stores where the air cleaner is sold.

86 Which department do the listeners most likely work in?
(A) Sales
(B) Research
(C) Marketing
(D) Finance

87 Why does the speaker say, "this means our company get-together will be canceled"?
(A) To introduce an alternative location
(B) To suggest that workers will be busy
(C) To indicate that a forecast has changed
(D) To emphasize the importance of team-building activity

88 According to the speaker, what will the listeners do?
(A) Visit a retail outlet
(B) Distribute samples
(C) Contact customers
(D) Produce a document

86-88번은 다음 회의 발췌록에 관한 문제입니다.

모두들, 안녕하세요. [86]우리가 인쇄 광고를 만들었던 YT-90 공기청정기에 관한 최신 정보가 있습니다. 그 제품은 기술 웹사이트들에서 긍정적인 후기를 받아왔습니다. 그러나, [87]판매부 관리자는 예상했던 것보다 더 적은 사람이 그것을 구매하고 있다고 보고했습니다. 이 문제를 해결하기 위해, 우리는 즉시 새로운 주요 프로젝트를 시작할 것입니다. 안타깝게도, 이것은 우리 회사 모임이 취소될 것임을 의미합니다. 최고 경영자는 소비자들이 반드시 YT-90 공기청정기의 많은 혁신적인 특징들을 알게끔 하고자 합니다. 이 목표를 달성하기 위해, [88]우리는 자세한 제품 정보가 담긴 책자를 디자인할 것입니다. 그것은 그 공기청정기가 판매되는 매장들에서 배포될 것입니다.

86. 청자들은 어느 부서에서 일하는 것 같은가?
(A) 판매
(B) 연구
(C) 마케팅
(D) 재무

87. 화자는 왜 "이것은 우리 회사 모임이 취소될 것임을 의미합니다"라고 말하는가?
(A) 대체 장소를 소개하기 위해
(B) 직원들이 바빠질 것임을 시사하기 위해
(C) 예측이 변경되었음을 나타내기 위해
(D) 팀 단합 활동의 중요성을 강조하기 위해

88. 화자에 따르면, 청자들은 무엇을 할 것인가?
(A) 소매점을 방문한다.
(B) 샘플을 배부한다.
(C) 고객들에게 연락한다.
(D) 문서를 제작한다.

지문 major[미 méidʒər, 영 méidʒə] 주요한, 중대한 get-together 모임 consumer[kənsú:mər] 소비자 achieve[ətʃí:v] 달성하다, 이루다 hand out 배포하다, 나눠주다
87 alternative[ɔ:ltə́:rnətiv] 대체의, 대안이 되는 forecast[미 fɔ́:rkæst, 영 fɔ́:kɑ:st] 예측, 예보 emphasize[émfəsàiz] 강조하다
88 distribute[distríbju:t] 배부하다, 나눠주다

86 ■ 전체 지문 관련 문제 청자   정답 (C)

● ● ● ○ 상
청자들이 일하는 부서를 묻는 문제이므로, 신분 및 직업과 관련된 표현을 놓치지 않고 듣는다. "I have an update on the YT-90 Air Cleaner that we created the print advertisements for."라며 자신들이 인쇄 광고를 만들었던 YT-90 공기청정기에 관한 최신 정보가 있다고 하였다. 이를 통해 청자들이 마케팅 부서에서 일한다는 것을 알 수 있다. 따라서 정답은 (C) Marketing이다.

87 ■ 세부 사항 관련 문제 의도 파악   정답 (B)

● ● ● ○ 중
화자가 하는 말의 의도를 묻는 문제이므로, 질문의 인용어구(this means our company get-together will be canceled)가 언급된 주변을 주의 깊게 듣는다. "the sales department manager reported that fewer people than expected are buying it[YT-90 Air Cleaner]"라며 판매부 관리자가 예상했던 것보다 더 적은 사람들이 YT-90 공기청정기를 구매하고 있다고 보고했다고 한 뒤, "To address this issue, we are going to start a new major project right away."라며 이 문제를 해결하기 위해 자신들은 즉시 새로운 주요 프로젝트를 시작할 것이라고 하고, "Unfortunately, this means our company get-together will be canceled."라며 안타깝게도 이것은 회사 모임이 취소될 것임을 의미한다고 한 것을 통해 화자는 직원들이 바빠질 것임을 시사하려는 의도임을 알 수 있다. 따라서 정답은 (B) To suggest that workers will be busy이다.

88 ■ 세부 사항 관련 문제 다음에 할 일   정답 (D)

● ● ● ○ 중
청자들이 할 일을 묻는 문제이므로, 지문의 마지막 부분을 주의 깊게 듣는다. "we're going to design a brochure with detailed product information"이라며 자신들은 자세한 제품 정보가 담긴 책자를 디자인할 것이라고 하였다. 따라서 정답은 (D) Produce a document이다.

Questions 89-91 refer to the following advertisement.

🎧 영국식 발음

⁸⁹Are you looking for a bargain on furniture? Look no further than Fair Value. Located in downtown Astoria, Fair Value stocks quality pre-owned merchandise for the office and home. ⁹⁰Nowhere else will you find items like conference tables and sofas at such affordable prices. Not only that, but ⁹¹all paying customers receive instant membership to our online auction site at www.fairvalue.com. Come into Fair Value this holiday weekend, and we'll also include free delivery for purchases of $600 or more.

89 What kind of business is being advertised?
(A) A used clothing outlet
(B) A furniture store
(C) A moving company
(D) A computer repair shop

90 According to the advertisement, what is provided to customers?
(A) Brand-new merchandise
(B) Customizable services
(C) Reasonably priced products
(D) Partial rebates

91 According to the speaker, how can customers receive membership?
(A) By completing a purchase
(B) By paying an annual fee
(C) By filling out an application form
(D) By submitting an item for auction

89-91번은 다음 광고에 관한 문제입니다.

⁸⁹싸게 살 수 있는 좋은 가구를 찾고 계십니까? 다른 곳 말고 Fair Value를 찾으세요. 아스토리아의 도심부에 위치한 Fair Value는 사무실과 가정을 위한 양질의 중고 상품을 보유하고 있습니다. ⁹⁰그 어디에서도 이렇게 알맞은 가격에 회의실 테이블과 소파 같은 물품들을 찾으실 수 없을 것입니다. 그뿐만 아니라, ⁹¹구매하시는 모든 고객께서는 저희의 온라인 경매 사이트 www.fairvalue.com의 즉석 회원권을 받으시게 됩니다. 이번 휴일 주말에 Fair Value를 찾아 주시면, 저희가 600달러 이상의 구매에 대해 무료 배송도 포함해드리겠습니다.

89. 어떤 종류의 업체가 광고되고 있는가?
(A) 중고 의류 판매점
(B) 가구점
(C) 이삿짐 운송 회사
(D) 컴퓨터 수리점

90. 광고에 따르면, 고객들에게 무엇이 제공되는가?
(A) 신상품
(B) 맞춤형 서비스
(C) 적정하게 값이 매겨진 상품들
(D) 부분 환불

91. 화자에 따르면, 고객들은 어떻게 회원권을 받을 수 있는가?
(A) 구매를 완료함으로써
(B) 연회비를 지불함으로써
(C) 신청서를 작성함으로써
(D) 경매를 위해 물품을 제출함으로써

지문 bargain[미 báːrgən, 영 báːgin] 싸게 산 좋은 물건, 흥정 stock[미 stɑːk, 영 stɔk] 보유하다 quality[미 kwɑ́ːləti, 영 kwɔ́ləti] 양질의, 고급의
pre-owned[미 priːóund, 영 priːə́und] 중고의 affordable[미 əfɔ́ːrdəbl, 영 əfɔ́ːdəbl] (가격이) 알맞은, 적당한
90 customizable[kʌ́stəmàizəbəl] 맞춤형의 reasonably[ríːznəbli] 적정하게 rebate[ríːbeit] 환불
91 fill out 작성하다, 기입하다 submit[səbmít] 제출하다

89 ■ 전체 지문 관련 문제 주제   정답 (B)
광고의 주제를 묻는 문제이므로, 지문의 초반을 반드시 듣는다. "Are you looking for a bargain on furniture? Look no further than Fair Value."라며 싸게 살 수 있는 좋은 가구를 찾고 있는지를 물은 뒤, 다른 곳 말고 Fair Value를 찾으라고 하였다. 이를 통해 가구점이 광고되고 있음을 알 수 있다. 따라서 정답은 (B) A furniture store이다.

90 ■ 세부 사항 관련 문제 특정 세부 사항   정답 (C)
고객들에게 제공되는 것을 묻는 문제이므로, 질문의 핵심어구(provided to customers)와 관련된 내용을 주의 깊게 듣는다. "Nowhere else will you find items ~ at such affordable prices."라며 그 어디에서도 이렇게 알맞은 가격에 물품들을 찾을 수 없을 것이라고 하였다. 따라서 정답은 (C) Reasonably priced products이다.

바꾸어 표현하기
items ~ at ~ affordable prices 알맞은 가격의 물품들 → Reasonably priced products 적정하게 값이 매겨진 상품들

91 ■ 세부 사항 관련 문제 방법   정답 (A)
고객들이 회원권을 받을 수 있는 방법을 묻는 문제이므로, 질문의 핵심어구(receive membership)가 언급된 주변을 주의 깊게 듣는다. "all paying customers receive instant membership"이라며 구매하는 모든 고객은 즉석 회원권을 받게 된다고 하였다. 따라서 정답은 (A) By completing a purchase이다.

Questions 92-94 refer to the following talk.

🔊 캐나다식 발음

As most of you are aware, ⁹²the provincial government has hired our firm to develop a new tourism campaign for British Columbia. It will target consumers in the US, Mexico, and Canada. We will emphasize how British Columbia can offer travelers a fairly priced, enjoyable holiday. ⁹³We plan to launch the campaign this spring, so we need to get everything set up soon. Our team will be responsible for finding corporate sponsors. ⁹⁴We plan to work in partnership with airlines, hotel chains, and other tourism-based businesses to develop a special promotional campaign. So, for our next meeting, ⁹⁴you all need to come up with lists of potential companies that we should get in touch with.

92 What is the topic of the talk?
(A) A new promotional project
(B) International travel destinations
(C) Accommodation options
(D) A corporate retreat

93 What does the speaker say will happen in the spring?
(A) An agency will hire staff.
(B) A company will downsize.
(C) A policy will be enacted.
(D) A campaign will begin.

94 What are the listeners instructed to do?
(A) Finalize some tourism handouts
(B) Draft a preliminary budget
(C) Create a list of potential partners
(D) Contact prospective customers

92-94번은 다음 담화에 관한 문제입니다.

여러분 대부분이 아시다시피, ⁹²지방 정부는 브리티시 컬럼비아를 위한 새로운 관광 캠페인을 개발하기 위해 우리 회사를 고용했습니다. 그것은 미국, 멕시코, 그리고 캐나다의 소비자들을 대상으로 삼을 것입니다. 우리는 브리티시 컬럼비아가 어떻게 여행객들에게 적당한 가격의 즐거운 휴가를 제공할 수 있는지를 강조할 것입니다. ⁹³우리는 이번 봄에 캠페인을 시작할 계획이라서, 곧 모든 것의 준비를 갖추도록 해야 합니다. 우리 팀은 기업 후원자들을 찾는 일을 책임지게 될 것입니다. ⁹⁴우리는 특별한 홍보 캠페인을 개발하기 위해 항공사, 호텔 체인, 그리고 다른 관광 기반 업체들과 제휴하여 일할 계획입니다. 그러니, 우리의 다음 회의를 위해 ⁹⁴여러분 모두는 우리가 연락을 취해야 할 잠재적인 회사들의 목록을 제시해야 합니다.

92. 담화의 주제는 무엇인가?
(A) 새로운 홍보 프로젝트
(B) 국제적인 관광지들
(C) 숙박 시설 선택권
(D) 사내 수련회

93. 화자는 봄에 무엇이 발생할 것이라 말하는가?
(A) 대행사가 직원을 고용할 것이다.
(B) 회사가 인원을 축소할 것이다.
(C) 정책이 제정될 것이다.
(D) 캠페인이 시작될 것이다.

94. 청자들은 무엇을 하라고 안내되는가?
(A) 몇몇 관광 유인물들을 마무리한다.
(B) 임시 예산안의 초안을 작성한다.
(C) 잠재적인 동업자들의 목록을 만든다.
(D) 예상 고객들과 연락한다.

지문 provincial[prəvínʃəl] 지방의 target[tá:rgit] 대상으로 삼다, 겨냥하다 come up with 제시하다, 제안하다
potential[pəténʃəl] 잠재적인, 가능성 있는 get in touch with ~와 연락을 취하다, ~와 접촉하다
92 travel destination 관광지 93 downsize[dáunsaiz] (인원을) 축소하다 enact[inǽkt] 제정하다
94 preliminary[prilímineri] 임시의

92 ■ 전체 지문 관련 문제 주제
정답 (A)

담화의 주제를 묻는 문제이므로, 지문의 초반을 반드시 듣는다. "the provincial government has hired our firm to develop a new tourism campaign"이라며 지방 정부가 새로운 관광 캠페인을 개발하기 위해 자신들의 회사를 고용했다고 한 뒤, 캠페인과 관련된 내용을 언급하였다. 따라서 정답은 (A) A new promotional project이다.

바꾸어 표현하기
a new tourism campaign 새로운 관광 캠페인 → A new promotional project 새로운 홍보 프로젝트

93 ■ 세부 사항 관련 문제 다음에 할 일
정답 (D)

봄에 발생할 것을 묻는 문제이므로, 질문의 핵심어구(happen in the spring)와 관련된 내용을 주의 깊게 듣는다. "We plan to launch the campaign this spring"이라며 이번 봄에 캠페인을 시작할 것이라고 하였다. 따라서 정답은 (D) A campaign will begin이다.

94 ■ 세부 사항 관련 문제 특정 세부 사항
정답 (C)

청자들이 하도록 안내되는 것을 묻는 문제이므로, 질문의 핵심어구(instructed to do)와 관련된 내용을 주의 깊게 듣는다. "We plan to work in partnership with airlines, hotel chains, and other tourism-based businesses"라며 항공사, 호텔 체인, 그리고 다른 관광 기반 업체들과 제휴하여 일할 계획이라고 한 뒤, "you all need to come up with lists of potential companies that we should get in touch with"라며 청자 모두가 자신들이 연락을 취해야 할 잠재적인 회사들의 목록을 제시해야 한다고 하였다. 따라서 정답은 (C) Create a list of potential partners이다.

Questions 95-97 refer to the following talk and graph.

[3ெ] 호주식 발음

Thank you all for joining Synergy's trial session. As you know, [95]we produce bookkeeping programs for small companies such as yours. Well, [96]in February, we're replacing our best-selling program with a successor. Ledger Pro—the new application— builds upon the strengths of our top program and adds features that were requested in the customer experience surveys we conducted last quarter. For the test session, we'll update your systems to Ledger Pro, and you will simply continue to perform your bookkeeping duties as you have in the past. [97]If you come across any unfamiliar features, just let someone from our firm know, and we'll walk you through them.

95~97번은 다음 담화와 그래프에 관한 문제입니다.

여러분 모두 Synergy사의 사용 기간에 참여해주셔서 감사합니다. 아시다시피, [95]저희는 여러분의 기업과 같은 소규모 기업들을 위한 회계 장부 프로그램을 만듭니다. 음, [96]2월에, 저희는 가장 잘 팔리는 프로그램을 후속작으로 교체할 것입니다. 새로운 애플리케이션인 Ledger Pro는 저희의 최고 프로그램의 장점들을 기반으로 하여 만들어졌으며 지난 분기에 시행한 고객 경험 조사에서 요청받은 기능들을 추가했습니다. 테스트 기간을 위해, 저희는 여러분의 시스템을 Ledger Pro로 업데이트해 드릴 것이며, 여러분은 그저 이전에 하시던 대로 회계 장부 업무들을 계속 수행하시면 됩니다. [97]만약 어떤 익숙하지 않은 특징들을 우연히 발견하시는 경우에는 저희 회사의 누군가에게 알려 주시면 저희가 그것들을 처리해드리겠습니다.

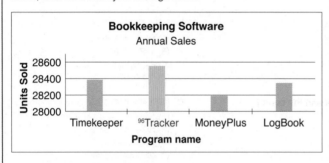

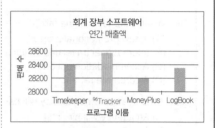

95 Who most likely are the listeners?
    (A) Computer programmers
    (B) Accountants
    (C) Small business owners
    (D) Board members

96 Look at the graphic. Which program will be replaced in February?
    (A) Timekeeper
    (B) Tracker
    (C) MoneyPlus
    (D) LogBook

97 According to the speaker, what should the listeners do?
    (A) Suggest new features
    (B) Install an application
    (C) Break up into groups
    (D) Speak with a representative

95. 청자들은 누구인 것 같은가?
    (A) 컴퓨터 프로그래머들
    (B) 회계사들
    (C) 소기업 소유주들
    (D) 이사회 구성원들

96. 시각 자료를 보시오. 어느 프로그램이 2월에 교체될 것인가?
    (A) Timekeeper
    (B) Tracker
    (C) MoneyPlus
    (D) LogBook

97. 화자에 따르면, 청자들은 무엇을 해야 하는가?
    (A) 새로운 기능들을 제안한다.
    (B) 애플리케이션을 설치한다.
    (C) 그룹으로 나뉜다.
    (D) 직원에게 이야기한다.

지문 produce [미 prədúːs, 영 prədʒúːs] 만들다 bookkeeping [búkkìːpiŋ] 회계 장부 successor [미 səksésər, 영 səksésə] 후속, 후임자
      strength [streŋθ] 장점 feature [미 fíːtʃər, 영 fíːtʃə] 기능, 특징 duty [미 dúːti, 영 dʒúːti] 업무 come across 우연히 발견하다
95 accountant [əkáuntənt] 회계사
97 install [instɔ́ːl] 설치하다

95 ■ 전체 지문 관련 문제 청자

정답 (C)

청자들의 신분을 묻는 문제이므로 신분 및 직업과 관련된 표현을 놓치지 않고 듣는다. "we produce bookkeeping programs for small companies such as yours"라며 청자들의 기업과 같은 소규모 기업들을 위한 회계 장부 프로그램을 만든다는 말을 통해 청자들이 소기업의 소유주들임을 알 수 있다. 따라서 정답은 (C) Small business owners이다.

바꾸어 표현하기

small companies 소규모 기업들 → Small business 소기업

96 ■ 세부 사항 관련 문제 시각 자료

정답 (B)

2월에 교체될 프로그램을 묻는 문제이므로, 제시된 그래프의 정보를 확인한 뒤 질문의 핵심어구(in February)가 언급된 주변을 주의 깊게 듣는다. "in February, we're replacing our best-selling program with a successor"라며 2월에 가장 잘 팔리는 프로그램을 후속작으로 교체할 것이라고 하였으므로, 판매량이 가장 많은 프로그램인 Tracker가 후속작으로 교체될 것임을 그래프에서 알 수 있다. 따라서 정답은 (B) Tracker이다.

97 ■ 세부 사항 관련 문제 특정 세부 사항

정답 (D)

청자들이 해야 하는 것을 묻는 문제이므로, 질문의 핵심어구(listeners do)와 관련된 내용을 주의 깊게 듣는다. "If you come across any unfamiliar features, just let someone from our firm know, and we'll walk you through them."이라며 만약 어떤 익숙하지 않은 특징들을 우연히 발견하는 경우에는 자신들의 회사의 누군가에게 알려주면 그것들을 처리해주겠다고 하였다. 따라서 정답은 (D) Speak with a representative이다.

바꾸어 표현하기

let someone from ~ firm know 회사의 누군가에게 알리다 → Speak with a representative 직원에게 이야기하다

Questions 98-100 refer to the following telephone message and order form.

98-100번은 다음 전화 메시지와 주문서에 관한 문제입니다.

🔊 영국식 발음

Good morning. This is Glenda Brown from LMZ Investments. I need to change an order that I recently placed on your Web site. ⁹⁸Christina Chine, the manager of our new office in Miami, just notified me that she will have a larger staff than planned. We have some extra desks that can be used, and we won't require additional cubicle partitions or file cabinets . . . but ⁹⁹I need to double the number of seats. We'll need, uh, 30 in total. ¹⁰⁰The accounting manager wants me to use a different company credit card to pay for the new charges, so please call me back for the number and expiration date. My contact details are included on the original order form. Thank you.

안녕하세요. 저는 LMZ 투자사의 Glenda Brown입니다. 최근에 제가 당신의 웹사이트에서 한 주문을 변경해야 합니다. ⁹⁸마이애미에 새로 여는 사무실의 관리자인 Christina Chine이 예정된 것보다 더 많은 직원들을 두게 될 거라고 방금 저에게 알려주었습니다. 저희에게는 사용할 수 있는 여분의 책상들이 몇 개 있으며, 추가의 칸막이나 서류 보관함은 필요하지 않을 것입니다만… ⁹⁹의자의 수량을 두 배로 해야 합니다. 저희는, 어, 총 30개가 필요할 것입니다. ¹⁰⁰재무 관리자는 제가 새로운 비용을 지불하는 데 다른 법인 카드를 사용하기를 원하기 때문에, 번호와 만료일에 대해 저에게 다시 전화해 주시기 바랍니다. 기존 주문서에 저의 연락처가 포함되어 있습니다. 감사합니다.

Office Mark	Order #18240
Item	**Quantity**
Edge Cubical Partition	30
Coleman Desk	10
Brentwood File Cabinet	5
Aero Chair	⁹⁹15

Office Mark	주문 번호 18240
품목	**수량**
Edge 칸막이	30
Coleman 책상	10
Brentwood 서류 보관함	5
Aero 의자	⁹⁹15

98 What did the speaker recently learn about?
(A) The condition of some furniture
(B) An opening of an office
(C) The costs of some upgrades
(D) An increase in staff size

98. 화자는 최근에 무엇에 대해 알게 되었는가?
(A) 몇몇 가구들의 상태
(B) 사무실의 개방
(C) 업그레이드의 비용
(D) 직원 규모의 증가

99 Look at the graphic. Which quantity is no longer accurate?
(A) 5
(B) 10
(C) 15
(D) 30

99. 시각 자료를 보시오. 어느 수량이 더 이상 정확하지 않은가?
(A) 5
(B) 10
(C) 15
(D) 30

100 What information will the speaker provide?
(A) Payment details
(B) A discount code
(C) A delivery address
(D) Contact number

100. 화자는 무슨 정보를 제공할 것인가?
(A) 지불 정보
(B) 할인 코드
(C) 배송 주소
(D) 연락처 번호

지문 place[pleis] (주문 등을) 하다 notify[미 nóutifai, 영 nə́utifai] 알리다 cubicle partition 칸막이 double[dʌbl] 두 배로 하다 seat[siːt] 의자 charge[미 tʃɑːrdʒ, 영 tʃɑːdʒ] 비용 expiration[èkspəréiʃən] 만료, 만기
98 cost[kɔːst] 비용
99 accurate[ǽkjərət] 정확한, 틀림없는

98 ■ 세부 사항 관련 문제 특정 세부 사항 정답 (D)

화자가 최근에 알게 된 것을 묻는 문제이므로, 질문의 핵심어구(learn about)와 관련된 내용을 주의 깊게 듣는다. "Christina Chine, the manager of our new office in Miami, just notified me that she will have a larger staff than planned."이라며 마이애미에 새로 여는 사무실의 관리자인 Christina Chine이 예정된 것보다 더 많은 직원들을 두게 될 거라고 방금 화자에게 알려주었다고 하였다. 따라서 정답은 (D) An increase in staff size이다.

바꾸어 표현하기

have a larger staff 더 많은 직원을 두다 → increase in staff size 직원 규모의 증가

99 ■ 세부 사항 관련 문제 시각 자료 정답 (C)

더 이상 정확하지 않은 수량을 묻는 문제이므로, 제시된 주문서의 정보를 확인한 뒤 질문의 핵심어구(quantity ~ no longer accurate)와 관련된 내용을 주의 깊게 듣는다. "I need to double the number of seats. We'll need ~ 30 in total."이라며 의자의 수량을 두 배로 해야 하며 총 30개가 필요할 것이라고 하였으므로, 의자의 수량인 15가 더 이상 정확하지 않은 수량임을 주문서에서 알 수 있다. 따라서 정답은 (C) 15이다.

100 ■ 세부 사항 관련 문제 특정 세부 사항 정답 (A)

화자가 제공할 정보를 묻는 문제이므로, 질문의 핵심어구(information)와 관련된 내용을 주의 깊게 듣는다. "The accounting manager wants me to use a different company credit card ~ , so please call me back for the number and expiration date."이라며 재무 관리자가 자신이 다른 법인 카드를 사용하기를 원하기 때문에 번호와 만료일에 대해 자신에게 다시 전화해달라고 하였다. 따라서 정답은 (A) Payment details이다.

바꾸어 표현하기

the number and expiration date 번호와 만료일 → Payment details 지불 정보

∎TEST 10

PART 1   스크립트·해석·해설

PART 2   스크립트·해석·해설

PART 3   스크립트·해석·해설

PART 4   스크립트·해석·해설

🎧 TEST 10.mp3

실전용·복습용 문제풀이 MP3 무료 다운로드 및 스트리밍 바로듣기 (HackersIngang.com)
* 실제 시험장의 소음까지 재현해 낸 고사장 소음/매미 버전 MP3, 영국식·호주식 발음 집중 MP3, 고속 버전 MP3까지
  구매하면 실전에 더욱 완벽히 대비할 수 있습니다.

무료MP3 바로듣기

1
○○○○●

🔊 캐나다식 발음

(A) The woman is closing a window.
(B) The woman is setting down some bags.
(C) The woman is adjusting her coat.
(D) The woman is leaving a store.

(A) 여자가 창문을 닫고 있다.
(B) 여자가 가방들을 내려놓고 있다.
(C) 여자가 자신의 코트 매무새를 정돈하고 있다.
(D) 여자가 상점을 떠나고 있다.

■ 1인 사진

정답 (D)

한 여자가 상점 문을 열고 밖으로 나오고 있는 모습을 확인한다.
(A) [×] 여자가 상점 문을 열고 있는 모습인데 창문을 닫고 있다고 잘못 묘사했으므로 오답이다.
(B) [×] 여자가 가방들을 들고 있는 상태인데 내려놓고 있다는 동작으로 잘못 묘사했으므로 오답이다.
(C) [×] adjusting(매무새를 정돈하다)은 여자의 동작과 무관하므로 오답이다. 사진의 여자가 입은 코트(coat)를 사용하여 혼동을 주었다.
(D) [○] 여자가 상점을 떠나는 모습을 가장 잘 묘사한 정답이다.

어휘 set down ~을 내려놓다 adjust [ədʒʌ́st] (매무새를) 정돈하다

2
○○○●
○○

🔊 영국식 발음

(A) They are installing flooring in a room.
(B) Supplies are leaning against a wall.
(C) Some carpeting is being torn out.
(D) They are climbing a set of steps.

(A) 그들은 방에서 바닥재를 설치하고 있다.
(B) 물품들이 벽에 기대어 있다.
(C) 카펫 천이 잡아 뜯겨지고 있다.
(D) 그들은 계단을 오르고 있다.

■ 2인 이상 사진

정답 (A)

두 남자가 방 안에서 작업을 하는 모습과 방 안의 사물의 상태를 주의 깊게 살핀다.
(A) [○] 바닥재를 설치하고 있는 두 사람의 모습을 가장 잘 묘사한 정답이다. 바닥재를 나타내는 표현 flooring을 알아둔다.
(B) [×] 물품들이 벽에 기대어 있는 것이 아니라 바닥 위에 있으므로 오답이다. Supplies(물품들)와 wall(벽)만 듣고 정답으로 선택하지 않도록 주의한다.
(C) [×] 사진에서 카펫 천(carpeting)을 확인할 수 없으므로 오답이다. 두 남자가 바닥재를 잡고 있는 모습에서 연상할 수 있는 행동과 관련된 being torn out(잡아 뜯겨지고 있다)을 사용하여 혼동을 주었다.
(D) [×] 사진에 계단(steps)이 없고, climbing(오르고 있다)은 사람들의 동작과 무관하므로 오답이다.

어휘 install [instɔ́ːl] 설치하다 flooring [flɔ́ːriŋ] 바닥재 supply [səplái] 물품 carpeting [미 káːrpitiŋ, 영 káːpitiŋ] 카펫 천 tear out 잡아 뜯다

3
○○○●
○○

🔊 미국식 발음

(A) A man is taking a book from a shelf.
(B) Some papers have been placed on a table.
(C) Cups have been stacked up.
(D) Some people are looking at a screen.

(A) 한 남자가 선반에서 책을 꺼내고 있다.
(B) 종이가 탁자 위에 놓여 있다.
(C) 컵들이 쌓여 있다.
(D) 몇몇 사람들이 화면을 보고 있다.

■ 2인 이상 사진

정답 (B)

책상에 둘러앉아 회의를 하고 있는 사람들의 모습과 주변 사물들의 상태를 확인한다.
(A) [×] 사진에 선반에서 책을 꺼내고 있는(taking a book from a shelf) 남자가 없으므로 오답이다. 사진에 있는 선반(shelf)을 사용하여 혼동을 주었다.
(B) [○] 종이가 탁자 위에 놓여 있는 모습을 가장 잘 묘사한 정답이다.
(C) [×] 사진에서 컵들은 보이지만 쌓여 있는(stacked up) 모습은 아니므로 오답이다.
(D) [×] looking at a screen(화면을 보고 있다)은 사람들의 동작과 무관하므로 오답이다.

어휘 shelf [ʃelf] 선반 stack [stæk] 쌓다

4
○○○
상

🔊 캐나다식 발음

(A) A cabinet is being filled with items.
(B) A piece of furniture is being dusted.
(C) The woman is hanging up a clock.
(D) The woman is folding a hand towel.

(A) 수납장이 물품들로 가득 채워지고 있다.
(B) 가구 한 점이 먼지가 닦이고 있다.
(C) 여자는 시계를 걸고 있다.
(D) 여자는 손을 닦는 타월을 접고 있다.

■ 1인 사진   정답 (B)

한 여자가 타월로 가구의 먼지를 닦는 모습과 주변 사물의 상태 및 위치를 주의 깊게 살핀다.
(A) [×] 사진에서 수납장은 보이지만 채워지고 있는(is being filled) 모습은 아니므로 오답이다.
(B) [○] 가구의 먼지가 닦이고 있는 모습을 가장 잘 묘사한 정답이다. 진행 수동형(is being dusted)을 사용하여 사람의 동작을 묘사하고 있음을 확인한다.
(C) [×] 시계가 이미 벽에 걸려 있는 상태인데 여자가 시계를 걸고 있다고 잘못 묘사한 오답이다.
(D) [×] folding(접고 있다)은 여자의 동작과 무관하므로 오답이다. 타월이 접혀 있는 상태와 관련 있는 fold(접다)를 사용해 혼동을 주었다.

어휘   fill with ~으로 가득 채우다   dust[dʌst] 먼지를 닦다   hang up 걸다   fold[fould] 접다

5
●●●●
최상

🔊 영국식 발음

(A) Structures have been built near a hillside.
(B) Passengers are boarding vessels from the dock.
(C) A passenger boat is sailing out to sea.
(D) A flag has been attached to a pole.

(A) 건물들이 산비탈 근처에 지어져 있다.
(B) 승객들이 부두에서 배들에 탑승하고 있다.
(C) 여객선 한 대가 바다를 향해 항해하고 있다.
(D) 깃발이 기둥에 달려 있다.

■ 사물 및 풍경 사진   정답 (A)

사진에 사람이 없다는 것과 선박들이 부두에 줄지어 정착해 있는 모습을 확인한다.
(A) [○] 건물들이 산비탈 근처에 지어져 있는 상태를 정확히 묘사한 정답이다.
(B) [×] 사람이 없는 사진에 사람을 나타내는 Passengers(승객들)를 사용했으므로 오답이다.
(C) [×] 사진에 바다를 향해 항해하고 있는 여객선이 없으므로 오답이다. A passenger boat까지만 듣고 정답으로 선택하지 않도록 주의한다.
(D) [×] 사진에 깃발(flag)이 없으므로 오답이다. 사진에 있는 배의 기둥(pole)을 사용하여 혼동을 주었다.

어휘   hillside[hílsaid] 산비탈   vessel[vésəl] 배   dock[미 dɑːk, 영 dɔk] 부두   pole[미 poul, 영 pəul] 기둥, 막대

6
○○○
중

🔊 호주식 발음

(A) A cord has been removed from a keyboard.
(B) The man is pointing at a monitor.
(C) A guitar has been set against the wall.
(D) The man is sitting in front of a window.

(A) 건반 악기에서 코드가 제거되었다.
(B) 남자는 모니터를 가리키고 있다.
(C) 기타 한 대가 벽에 기대어져 있다.
(D) 남자는 창문 앞에 앉아 있다.

■ 1인 사진   정답 (D)

남자가 의자에 앉아 악기를 다루고 있는 모습과 주변 사물들의 상태를 확인한다.
(A) [×] 건반 악기에 코드가 연결되어 있는데 제거되었다고 잘못 묘사했으므로 오답이다. cord(코드)와 keyboard(건반 악기)만 듣고 정답으로 선택하지 않도록 주의한다.
(B) [×] pointing at a monitor(모니터를 가리키고 있다)는 남자의 동작과 무관하므로 오답이다. 사진에 있는 모니터(monitor)를 사용하여 혼동을 주었다.
(C) [×] 사진에서 기타 한 대는 보이지만 벽에 기대어져 있는(set against the wall) 모습은 아니므로 오답이다.
(D) [○] 남자가 창문 앞에 앉아 있는 모습을 정확히 묘사한 정답이다.

PART 2

7

🔊 영국식 발음 → 호주식 발음

Who represented our firm at the recent expo?

(A) It was held in Chicago.
(B) Mr. Dawkins will be going.
(C) The head of the marketing department.

누가 최근 박람회에서 우리 회사를 대표했나요?

(A) 그것은 시카고에서 개최되었어요.
(B) Mr. Dawkins가 갈 거예요.
(C) 마케팅 부서의 부장이요.

■ Who 의문문   정답 (C)

최근 박람회에서 누가 회사를 대표했는지를 묻는 Who 의문문이다.
(A) [×] expo(박람회)에서 연상할 수 있는 개최 장소와 관련된 held in Chicago(시카고에서 개최되었다)를 사용하여 혼동을 준 오답이다.
(B) [×] 최근 박람회에서 누가 회사를 대표했는지를 물었는데, Mr. Dawkins가 갈 것이라는 미래 시점으로 응답했으므로 오답이다. 사람 이름인 Mr. Dawkins를 사용하여 혼동을 주었다.
(C) [○] 마케팅 부서의 부장이라며 최근 박람회에서 회사를 대표한 인물을 언급했으므로 정답이다.

어휘   represent[rèprizént] 대표하다, 대신하다   hold[미 hould, 영 həuld] 개최하다, 열다

8

🔊 캐나다식 발음 → 미국식 발음

You're going to the welcoming party for the new interns, right?

(A) Everyone from our team will be there.
(B) I'm glad it has been going well.
(C) I sent out invitations last week.

당신은 새로운 인턴들을 위한 환영 파티에 갈 예정이죠, 그렇죠?

(A) 우리 팀 모두가 그곳에 갈 거예요.
(B) 그것이 잘 되어 간다니 기쁘네요.
(C) 제가 지난주에 초대장을 보냈어요.

■ 부가 의문문   정답 (A)

새로운 인턴들을 위한 환영 파티에 갈 예정인지를 확인하는 부가 의문문이다.
(A) [○] 팀 모두가 그곳에 갈 거라는 말로 새로운 인턴들을 위한 환영 파티에 갈 것임을 간접적으로 전달했으므로 정답이다.
(B) [×] 새로운 인턴들을 위한 환영 파티에 갈 예정인지를 물었는데, 이와 관련이 없는 그것이 잘 되어 간다니 기쁘다는 내용으로 응답했으므로 오답이다. 질문의 going을 반복 사용하여 혼동을 주었다.
(C) [×] party(파티)와 관련 있는 invitations(초대장)를 사용하여 혼동을 준 오답이다.

어휘   glad[glæd] 기쁜   invitation[ìnvitéiʃən] 초대장

9

🔊 호주식 발음 → 미국식 발음

What problem are you having with the cash machine?

(A) We accept checks too.
(B) The maintenance person has one.
(C) My debit card was rejected.

당신은 현금 인출기에 관해 어떤 문제를 겪고 계시는가요?

(A) 저희는 수표도 받습니다.
(B) 정비 직원이 하나 갖고 있어요.
(C) 제 현금 카드가 거부됐어요.

■ What 의문문   정답 (C)

현금 인출기에 관해 어떤 문제를 겪고 있는지를 묻는 What 의문문이다. What problem을 반드시 들어야 한다.
(A) [×] cash(현금)와 관련 있는 checks(수표)를 사용하여 혼동을 준 오답이다.
(B) [×] problem ~ with the cash machine(현금 인출기에 관한 문제)과 관련 있는 maintenance(정비)를 사용하여 혼동을 준 오답이다.
(C) [○] 자신의 현금 카드가 거부됐다며 현금 인출기에 관해 겪고 있는 문제를 언급했으므로 정답이다.

어휘   cash machine 현금 인출기   accept[əksépt] 받다, 수락하다   maintenance[méintənəns] 정비, 보수   debit card 현금 카드, 직불 카드

10
○○○○●하

🔊 캐나다식 발음 → 영국식 발음

Hasn't Ben decided on a vacation destination?

(A) No, we stayed in Brisbane.
(B) I don't believe so.
(C) A vacation package.

Ben이 휴가지를 결정하지 않았나요?

(A) 아니요, 우리는 브리즈번에 머물렀어요.
(B) 아닌 것 같아요.
(C) 휴가 패키지요.

■ 부정 의문문   정답 (B)

Ben이 휴가지를 결정했는지를 묻는 부정 의문문이다.

(A) [×] vacation destination(휴가지)과 관련 있는 Brisbane(브리즈번)을 사용하여 혼동을 준 오답이다. No만 듣고 정답으로 고르지 않도록 주의한다.
(B) [○] 아닌 것 같다는 말로 Ben이 휴가지를 결정하지 않았음을 전달했으므로 정답이다.
(C) [×] Ben이 휴가지를 결정했는지를 물었는데, 이와 관련이 없는 휴가 패키지라는 내용으로 응답했으므로 오답이다. 질문의 vacation을 반복 사용하여 혼동을 주었다.

어휘   vacation[veikéiʃən] 휴가   stay[stei] 머무르다

11
○○○●●중

🔊 호주식 발음 → 영국식 발음

Jamie, would you schedule me an appointment with the director?

(A) Yes, let me draw you a map.
(B) Your reservation was canceled.
(C) I'll get on it right away.

Jamie, 관리자와 저의 약속 일정을 잡아주시겠어요?

(A) 네, 제가 약도를 그려드릴게요.
(B) 당신의 예약은 취소되었어요.
(C) 지금 바로 할게요.

■ 요청 의문문   정답 (C)

관리자와 약속 일정을 잡아달라는 요청 의문문이다. would you가 요청하는 표현임을 이해할 수 있어야 한다.

(A) [×] 관리자와 약속 일정을 잡아달라고 요청했는데, 이와 관련이 없는 자신이 약도를 그려주겠다는 내용으로 응답했으므로 오답이다. Yes, let me까지만 듣고 정답으로 고르지 않도록 주의한다.
(B) [×] appointment(약속)와 관련 있는 reservation(예약)을 사용하여 혼동을 준 오답이다.
(C) [○] 지금 바로 하겠다는 말로 요청을 수락한 정답이다.

어휘   schedule[미 skédʒuːl, 영 ʃédjuːl] 일정을 잡다, 예정하다   cancel[kǽnsəl] 취소하다   get on (답하는 말에서) 하다, 지내다

12
○○○●●중

🔊 미국식 발음 → 캐나다식 발음

You have this shirt also available in small, don't you?

(A) Actually, that size is sold out.
(B) I often visit this mall.
(C) The red dress is cheaper.

이 셔츠는 작은 사이즈로도 있죠, 그렇지 않나요?

(A) 사실, 그 사이즈는 다 팔렸어요.
(B) 저는 종종 이 쇼핑몰을 방문해요.
(C) 빨간색 드레스가 더 저렴해요.

■ 부가 의문문   정답 (A)

셔츠가 작은 사이즈로도 있는지를 확인하는 부가 의문문이다.

(A) [○] 그 사이즈는 다 팔렸다는 말로 셔츠가 작은 사이즈로 없다는 것을 간접적으로 전달했으므로 정답이다.
(B) [×] 셔츠가 작은 사이즈로도 있는지를 물었는데, 이와 관련이 없는 자신은 종종 이 쇼핑몰을 방문한다는 내용으로 응답했으므로 오답이다. small – this mall의 유사 발음 어휘를 사용하여 혼동을 주었다.
(C) [×] shirt(셔츠)에서 연상할 수 있는 의류와 관련된 dress(드레스)를 사용하여 혼동을 준 오답이다.

어휘   sold out 다 팔린

13

○○○●○ 상

🔊 미국식 발음 → 호주식 발음

When will the acquisition be announced?

(A) Not for another week.
(B) The merger was very profitable.
(C) I start the position tomorrow.

기업 인수는 언제 발표될까요?

(A) 다음 주까지는 아니에요.
(B) 합병은 매우 수익성이 있었어요.
(C) 저는 내일 그 일자리를 시작해요.

■ When 의문문

정답 (A)

기업 인수가 언제 발표될지를 묻는 When 의문문이다. When will을 반드시 들어 미래 시점을 묻는 것임을 확인한다.
(A) [○] 다음 주까지는 아니라는 말로 기업 인수가 다음 주가 지나야 발표될 것임을 간접적으로 전달했으므로 정답이다.
(B) [×] acquisition(기업 인수)과 관련 있는 merger(합병)를 사용하여 혼동을 준 오답이다.
(C) [×] 기업 인수가 언제 발표될지를 물었는데, 이와 관련이 없는 자신이 내일 그 일자리를 시작한다는 내용으로 응답했으므로 오답이다. 시간을 나타내는 tomorrow(내일)를 사용하여 혼동을 주었다.

어휘 acquisition[æ̀kwizíʃən] 기업 인수, 매입 merger[미 mə́:rdʒər, 영 mə́:dʒə] 합병 profitable[미 práfitəbl, 영 prɔ́fitəbl] 수익성이 있는
      position[pəzíʃən] (일)자리, 위치

14

○○○●○ 상

🔊 캐나다식 발음 → 영국식 발음

Is someone sitting here, or can I take this chair?

(A) I've been there before.
(B) It will take about an hour.
(C) My friend is using it, I'm afraid.

누가 여기 앉나요, 아니면 제가 이 의자에 앉아도 되나요?

(A) 저는 전에 그곳에 가본 적이 있어요.
(B) 그것은 1시간 정도 걸릴 거예요.
(C) 죄송하지만, 제 친구가 그걸 사용하고 있어요.

■ 선택 의문문

정답 (C)

누가 여기 앉는지 아니면 자신이 이 의자에 앉아도 되는지를 묻는 선택 의문문이다.
(A) [×] 질문의 here(여기)를 나타낼 수 있는 there(그곳)를 사용하여 혼동을 준 오답이다.
(B) [×] 누가 여기 앉는지 아니면 자신이 이 의자에 앉아도 되는지를 물었는데, 이와 관련이 없는 그것은 1시간 정도 걸릴 것이라는 내용으로 응답했으므로 오답이다. 질문의 take을 반복 사용하여 혼동을 주었다.
(C) [○] 죄송하지만 자신의 친구가 그걸 사용하고 있다는 말로 누가 여기 앉는다는 것을 선택했으므로 정답이다.

15

○○○○● 하

🔊 호주식 발음 → 미국식 발음

Who's receiving the Employee of the Month Award?

(A) Later this evening.
(B) Mr. Kenichi, most likely.
(C) Just forward them to me.

누가 이달의 직원상을 받나요?

(A) 오늘 저녁 늦게요.
(B) 아마도, Mr. Kenichi일 거예요.
(C) 그냥 그것들을 제게 보내주세요.

■ Who 의문문

정답 (B)

누가 이달의 직원상을 받는지를 묻는 Who 의문문이다.
(A) [×] 누가 상을 받는지를 물었는데 시간으로 응답했으므로 오답이다. 질문의 Who's receiving을 When's he receiving으로 혼동하여 When's he receiving the Employee of the Month Award(그는 이달의 직원상을 언제 받나요)로 생각해 정답으로 선택하지 않도록 주의한다.
(B) [○] 아마도 Mr. Kenichi일 거라며 이달의 직원상을 받을 인물을 언급했으므로 정답이다.
(C) [×] 누가 이달의 직원상을 받는지를 물었는데, 이와 관련이 없는 그냥 그것들을 자신에게 보내 달라는 내용으로 응답했으므로 오답이다. Award – forward의 유사 발음 어휘를 사용하여 혼동을 주었다.

어휘 most likely 아마도 forward[fɔ́:rwərd] 보내다, 전달하다

16

○○○●○

🔊 캐나다식 발음 → 영국식 발음

Why don't you buy an extra monitor for your computer?

(A) I already bought tickets for that.
(B) I'd like that, but my budget is too tight.
(C) That sounds like a good bargain.

당신의 컴퓨터를 위한 추가의 모니터를 구매하는 게 어떤가요?

(A) 그것을 위한 표를 벌써 구매했어요.
(B) 그러고 싶지만, 제 예산이 너무 빠듯해요.
(C) 싸게 잘 산 물건인 것 같네요.

■ 제안 의문문

정답 (B)

컴퓨터를 위한 추가의 모니터를 구매하라는 제안 의문문이다. Why don't you가 제안하는 표현임을 이해할 수 있어야 한다.
(A) [×] 질문의 buy를 bought로 반복 사용하여 혼동을 준 오답이다. I already bought까지만 듣고 정답으로 고르지 않도록 주의한다.
(B) [○] 그러고 싶지만 자신의 예산이 너무 빠듯하다는 말로 제안을 거절했으므로 정답이다.
(C) [×] buy(구매하다)와 관련 있는 bargain(싸게 잘 산 물건)을 사용하여 혼동을 준 오답이다. bargain을 idea로 혼동하여 That sounds like a good idea(좋은 생각인 것 같네요)로 생각해 정답으로 고르지 않도록 주의한다.

어휘 budget[bʌ́dʒit] 예산 tight[tait] 빠듯한, 꽉 끼는 bargain[미 báːrgən, 영 báːgin] 싸게 잘 산 물건, 특가품

17

○○○●○

🔊 호주식 발음 → 미국식 발음

Did we get the results from last week's audit?

(A) You're right. It's pretty odd.
(B) Yes, it's occurring in the auditorium.
(C) We'll receive them later today.

우리가 지난주 회계 감사의 결과를 받았나요?

(A) 맞아요. 그건 좀 이상해요.
(B) 네, 강당에서 시행되고 있어요.
(C) 오늘 늦게 받을 거예요.

■ 조동사 의문문

정답 (C)

지난주 회계 감사의 결과를 받았는지를 확인하는 조동사(Do) 의문문이다.
(A) [×] 지난주 회계 감사의 결과를 받았는지를 물었는데, 이와 관련이 없는 그건 좀 이상하다는 내용으로 응답했으므로 오답이다. audit – odd 의 유사 발음 어휘를 사용하여 혼동을 주었다.
(B) [×] audit – auditorium의 유사 발음 어휘를 사용하여 혼동을 준 오답이다. Yes만 듣고 정답으로 고르지 않도록 주의한다.
(C) [○] 오늘 늦게 받을 것이라는 말로 지난주 회계 감사의 결과를 받지 못했음을 간접적으로 전달했으므로 정답이다.

어휘 audit[ɔ́ːdit] 회계 감사 auditorium[ɔ̀ːditɔ́ːriəm] 강당 receive[risíːv] 받다, 얻다

18

○○○●○

🔊 캐나다식 발음 → 영국식 발음

When did Amit originally establish his business?

(A) The store opens at 8 A.M.
(B) A little over two years ago.
(C) Just around the corner.

Amit은 그의 사업체를 언제 처음 설립했나요?

(A) 그 가게는 오전 8시에 문을 열어요.
(B) 2년 남짓 전에요.
(C) 바로 모퉁이만 돌면요.

■ When 의문문

정답 (B)

Amit이 사업체를 언제 처음 설립했는지를 묻는 When 의문문이다.
(A) [×] establish(설립하다)와 관련 있는 opens(개업하다)를 '문을 열다'라는 의미로 사용하고, 시간을 나타내는 8 A.M.(오전 8시)을 사용하여 혼동을 준 오답이다.
(B) [○] 2년 남짓 전이라며 Amit이 사업체를 처음 설립한 시점을 언급했으므로 정답이다.
(C) [×] 사업체를 언제 설립했는지를 물었는데 장소로 응답했으므로 오답이다.

어휘 originally[ərídʒənəli] 처음, 원래

19

🔊 미국식 발음 → 캐나다식 발음

Which of these briefcases should I buy?

(A) They're both very nice.
(B) Yes, to replace my old one.
(C) Thanks. I got them online.

이 서류 가방들 중 제가 어느 것을 사야 할까요?

(A) 그것들 둘 다 아주 좋네요.
(B) 네, 제 낡은 것을 교체하기 위해서요.
(C) 감사합니다. 전 그것들을 온라인에서 샀어요.

■ **Which 의문문**

정답 (A)

서류 가방들 중 어느 것을 사야 할지를 묻는 Which 의문문이다. Which of these briefcases를 반드시 들어야 한다.
(A) [○] 그것들 둘 다 아주 좋다는 말로 두 서류 가방 모두 살 만하다는 것을 간접적으로 전달했으므로 정답이다.
(B) [×] 의문사 의문문에 Yes로 응답했으므로 오답이다. buy(사다)에서 연상할 수 있는 구매 목적과 관련된 to replace(교체하기 위해)를 사용하여 혼동을 주었다.
(C) [×] 질문의 buy(사다)와 같은 의미인 got(샀다)을 사용하고, briefcases(서류 가방들)를 나타낼 수 있는 them을 사용하여 혼동을 준 오답이다.

어휘 briefcase[brí:fkeis] 서류 가방 replace[ripléis] 교체하다

20

🔊 영국식 발음 → 호주식 발음

Which applicant do you think we should hire?

(A) It depends on the interview results.
(B) Several people have applied for the position.
(C) The company is opening a new branch.

우리가 어떤 지원자를 채용해야 한다고 생각하시나요?

(A) 그건 면접 결과에 달려 있어요.
(B) 여러 사람들이 그 일자리에 지원했어요.
(C) 회사는 새로운 지사를 열 거예요.

■ **Which 의문문**

정답 (A)

어떤 지원자를 채용해야 한다고 생각하는지를 묻는 Which 의문문이다. Which applicant를 반드시 들어야 한다.
(A) [○] 그것은 면접 결과에 달려 있다는 말로 어떤 지원자를 채용해야 할지 아직 결정하지 않았다는 간접적인 응답을 했으므로 정답이다.
(B) [×] applicant – applied의 유사 발음 어휘를 사용하고, hire(채용하다)와 관련 있는 position(일자리)을 사용하여 혼동을 준 오답이다.
(C) [×] hire(채용하다)에서 연상할 수 있는 채용 이유와 관련된 The company is opening a new branch(회사는 새로운 지사를 열 것이다)를 사용하여 혼동을 준 오답이다.

어휘 applicant[ǽplikənt] 지원자 branch[미 bræntʃ, 영 brɑːntʃ] 지사

21

🔊 호주식 발음 → 미국식 발음

Everyone seemed to enjoy the gathering last night.

(A) At George's house in the country.
(B) A reservation for three nights.
(C) Yes, they had a good time.

모든 사람들이 어젯밤 모임을 즐기는 것 같았어요.

(A) 시골에 있는 George의 집에서요.
(B) 3박 예약이요.
(C) 네, 그들은 좋은 시간을 보냈어요.

■ **평서문**

정답 (C)

모든 사람들이 어젯밤의 모임을 즐기는 것 같았다는 의견을 제시하는 평서문이다.
(A) [×] 모든 사람들이 어젯밤의 모임을 즐기는 것 같았다는 의견을 제시했는데 장소로 응답했으므로 오답이다. gathering(모임)에서 연상할 수 있는 모임 장소와 관련된 At George's house(George의 집에서)를 사용하여 혼동을 주었다.
(B) [×] 모든 사람들이 어젯밤의 모임을 즐기는 것 같았다는 의견을 제시했는데, 이와 관련이 없는 3박 예약이라는 내용으로 응답했으므로 오답이다. 질문의 night을 nights로 반복 사용하여 혼동을 주었다.
(C) [○] Yes로 의견에 동의한 후, 그들이 좋은 시간을 보냈다는 부연 설명을 했으므로 정답이다.

어휘 gathering[gǽðəriŋ] 모임, 수집 country[kʌ́ntri] 시골

22 🎧 캐나다식 발음 → 미국식 발음

Why don't we take a 10-minute coffee break?

(A) Can you wait half an hour?
(B) He has been coughing all day.
(C) About two days ago.

우리 10분간 휴식 시간을 갖는 게 어때요?

(A) 30분 정도 기다려주시겠어요?
(B) 그는 온종일 기침을 하고 있어요.
(C) 2일 전쯤이에요.

■ 제안 의문문   정답 (A)

10분간 휴식 시간을 갖자는 제안 의문문이다. Why don't we가 제안하는 표현임을 이해할 수 있어야 한다.
(A) [○] 30분 정도 기다려줄 수 있는지를 되물어 10분간 휴식 시간을 갖자는 제안을 간접적으로 수락한 정답이다.
(B) [×] He가 나타내는 대상이 질문에 없으므로 오답이다. coffee – coughing의 유사 발음 어휘를 사용하여 혼동을 주었다.
(C) [×] 10분간 휴식 시간을 갖자고 했는데 2일 전쯤이라는 과거 시점으로 응답했으므로 오답이다.

어휘 coffee break 휴식 시간 cough[kɔːf] 기침하다

---

23 🎧 영국식 발음 → 호주식 발음

A customer accidentally left her purse at the register.

(A) You can sign up online.
(B) Place it under the counter for now.
(C) There are some on the display rack.

한 고객이 우연히 자신의 지갑을 금전 등록기에 두고 갔어요.

(A) 당신은 온라인으로 등록할 수 있어요.
(B) 그것을 우선 계산대 아래에 두세요.
(C) 진열용 선반 위에 몇 개 있어요.

■ 평서문   정답 (B)

고객이 지갑을 금전 등록기에 두고 갔다는 문제점을 언급하는 평서문이다.
(A) [×] register(금전 등록기)의 다른 의미인 '등록하다'와 같은 의미인 sign up(등록하다)을 사용하여 혼동을 준 오답이다.
(B) [○] 그것을 우선 계산대 아래에 두라는 말로 문제점에 대한 해결책을 제시했으므로 정답이다.
(C) [×] purse(지갑)에서 연상할 수 있는 쇼핑과 관련된 display rack(진열용 선반)을 사용하여 혼동을 준 오답이다.

어휘 accidentally[미 æ̀ksədéntəli, 영 æ̀ksidéntəli] 우연히 register[미 rédʒistər, 영 rédʒistə] (금전) 등록기 rack[ræk] 선반, 받침대

---

24 🎧 영국식 발음 → 캐나다식 발음

How did everything go at the real estate convention in Shanghai?

(A) Property values remain the same.
(B) I made some business connections.
(C) Near the downtown convention center.

상하이에서의 부동산 컨벤션은 어땠나요?

(A) 부동산 가치는 여전히 그대로예요.
(B) 제가 몇몇 사업상 거래처들을 만들었어요.
(C) 도심의 컨벤션 센터 근처요.

■ How 의문문   정답 (B)

상하이에서의 부동산 컨벤션이 어땠는지를 묻는 How 의문문이다. How did ~ go가 상태나 의견을 묻는 것임을 이해할 수 있어야 한다.
(A) [×] real estate(부동산)와 같은 의미인 Property(부동산)를 사용하여 혼동을 준 오답이다.
(B) [○] 몇몇 사업상 거래처들을 만들었다는 말로 상하이에서의 부동산 컨벤션에서 성과가 있었다는 것을 간접적으로 전달했으므로 정답이다.
(C) [×] 상하이에서의 부동산 컨벤션이 어땠는지를 물었는데 장소로 응답했으므로 오답이다. 질문의 convention을 반복 사용하여 혼동을 주었다.

어휘 real estate 부동산 property[prá:pərti] 부동산 connection[kənékʃən] 거래처, 단골

25

○○●●●
상

Should we rearrange the layout of the shop?

(A) This is her favorite boutique.
(B) Yes, a few of them.
(C) I'd rather not.

우리가 가게의 배치를 바꿔야 할까요?

(A) 이곳은 그녀가 가장 좋아하는 부티크예요.
(B) 네, 그것들 중 몇 개요.
(C) 안 하는 편이 낫겠어요.

■ **조동사 의문문**   정답 (C)

가게의 배치를 바꿔야 하는지를 확인하는 조동사(Should) 의문문이다.
(A) [×] her가 나타내는 대상이 질문에 없으므로 오답이다. shop(가게)과 관련 있는 boutique(부티크)를 사용하여 혼동을 주었다.
(B) [×] 가게의 배치를 바꿔야 하는지를 물었는데, 이와 관련이 없는 그것들 중 몇 개라는 내용으로 응답했으므로 오답이다. Yes만 듣고 정답으로 고르지 않도록 주의한다.
(C) [○] 안 하는 편이 낫겠다는 말로 가게의 배치를 바꾸지 않는 게 좋겠다는 의견을 전달했으므로 정답이다.

어휘 rearrange[rìːəréindʒ] 바꾸다 layout[léiaut] 배치

26

○○○●●●
중

Why aren't the salespeople at their desks?

(A) Let's have the sales team help.
(B) Some additional telemarketers.
(C) They are in the conference room.

판매원들이 왜 그들의 판매대에 있지 않나요?

(A) 영업팀이 도와주게 하죠.
(B) 추가 텔레마케터들이요.
(C) 그들은 회의실에 있어요.

■ **Why 의문문**   정답 (C)

판매원들이 왜 판매대에 있지 않은지를 묻는 Why 의문문이다.
(A) [×] salespeople(판매원들)과 관련 있는 sales team(영업팀)을 사용하여 혼동을 준 오답이다.
(B) [×] salespeople(판매원들)과 관련 있는 telemarketers(텔레마케터들)를 사용하여 혼동을 준 오답이다.
(C) [○] 그들이 회의실에 있다며 판매원들이 판매대에 있지 않은 이유를 언급했으므로 정답이다.

어휘 salespeople[séilzpìːpl] 판매원들 additional[ədíʃənl] 추가의

27

●●●●●
최상

Landscapers are going to plant rose bushes out front this morning.

(A) Why wasn't I informed sooner?
(B) Yesterday afternoon.
(C) The gardening course has a fee.

오늘 아침에 조경사들이 입구 쪽에 장미 덤불을 심을 거예요.

(A) 왜 미리 알려주지 않았나요?
(B) 어제 오후요.
(C) 원예 강좌는 수업료가 있어요.

■ **평서문**   정답 (A)

오늘 아침에 조경사들이 입구 쪽에 장미 덤불을 심을 것이라는 객관적인 사실을 전달하는 평서문이다.
(A) [○] 왜 미리 알려주지 않았는지를 되물어 사실에 대한 추가 정보를 요구하는 정답이다.
(B) [×] this morning(오늘 아침)과 관련 있는 Yesterday afternoon(어제 오후)을 사용하여 혼동을 준 오답이다.
(C) [×] plant rose bushes(장미 덤불을 심다)와 관련 있는 gardening(원예)을 사용하여 혼동을 준 오답이다.

어휘 landscaper[미 lǽndskèipər, 영 lǽndskèipə] 조경사 out front 입구 쪽에 fee[fiː] 수업료, 요금

28

[3배] 미국식 발음 → 호주식 발음

Haven't you already been accepted to a college?

(A) Here are your course materials.
(B) Yes, it's been filled out.
(C) Quite a few, actually.

당신은 이미 대학에 합격하지 않았나요?

(A) 여기 당신의 강의 자료들이 있어요.
(B) 네, 그것은 작성됐어요.
(C) 사실은, 꽤 여러 군데에요.

■ 부정 의문문   정답 (C)

이미 대학에 합격했는지를 확인하는 부정 의문문이다.
(A) [×] college(대학)와 관련 있는 course materials(강의 자료들)를 사용하여 혼동을 준 오답이다.
(B) [×] 이미 대학에 합격했는지를 물었는데, 이와 관련이 없는 그것이 작성됐다는 내용으로 응답했으므로 오답이다. Yes만 듣고 정답으로 고르지 않도록 주의한다.
(C) [○] 꽤 여러 군데라는 말로 이미 대학에 합격했다는 것을 간접적으로 전달했으므로 정답이다.

어휘   course[미 kɔːrs, 영 kɔːs] 강의, 강좌   quite[kwait] 꽤

29

[3배] 영국식 발음 → 캐나다식 발음

Beginning next month, all personnel will be required to use security badges.

(A) We'd better notify the employees soon then.
(B) The president is obligated to attend.
(C) State safety regulations.

다음 달부터, 모든 직원들이 보안 신분증을 사용하도록 요구될 거예요.

(A) 그렇다면 우리는 직원들에게 빨리 알리는 게 좋겠어요.
(B) 회장님은 참석하실 의무가 있어요.
(C) 주 보안 규정들이요.

■ 평서문   정답 (A)

다음 달부터 모든 직원들이 보안 신분증을 사용하도록 요구될 것이라는 객관적인 사실을 전달하는 평서문이다.
(A) [○] 그렇다면 직원들에게 빨리 알리는 게 좋겠다는 말로 사실에 대한 의견을 제시했으므로 정답이다.
(B) [×] personnel(직원들)과 관련 있는 president(회장)를 사용하고, required(요구되다)와 관련 있는 obligated(의무가 있는)를 사용하여 혼동을 준 오답이다.
(C) [×] 다음 달부터 모든 직원들이 보안 신분증을 사용하도록 요구될 것이라고 했는데, 이와 관련이 없는 주 보안 규정들이라는 내용으로 응답했으므로 오답이다. security(보안)와 같은 의미인 safety(보안)를 사용하여 혼동을 주었다.

어휘   personnel[미 pàːrsənél, 영 pàːsənél] 직원들   be obligated to ~할 의무가 있다

30

[3배] 미국식 발음 → 캐나다식 발음

Aren't our subscription levels continuing to increase?

(A) You have to refill your prescription.
(B) According to the head accountant.
(C) I'm continuing to review applications.

우리의 기부금 규모가 지속적으로 증가하고 있지 않나요?

(A) 당신은 처방전대로 약을 다시 지어야 해요.
(B) 수석 회계사에 따르면요.
(C) 저는 신청서들을 계속 검토하고 있어요.

■ 부정 의문문   정답 (B)

기부금 규모가 지속적으로 증가하고 있는지를 확인하는 부정 의문문이다.
(A) [×] 기부금 규모가 지속적으로 증가하고 있는지를 물었는데, 이와 관련이 없는 처방전대로 약을 다시 지어야 한다는 내용으로 응답했으므로 오답이다. subscription-prescription의 유사 발음 어휘를 사용하여 혼동을 주었다.
(B) [○] 수석 회계사에 따르면이라는 말로 기부금 규모가 지속적으로 증가하고 있음을 간접적으로 전달했으므로 정답이다.
(C) [×] 질문의 continuing to를 반복 사용하고, subscription(기부금)의 다른 의미인 '구독'과 관련된 applications(신청서들)를 사용하여 혼동을 준 오답이다.

어휘   subscription[səbskrípʃən] 기부금, 구독   refill a prescription (처방전대로) 약을 다시 짓다   accountant[əkáuntənt] 회계사

[음] 호주식 발음 → 영국식 발음

What did the manufacturer do when you asked for a refund?

(A) One of the warehouses at the factory.
(B) They accommodated my request.
(C) We changed the return policy.

당신이 환불을 요청했을 때 제조사는 무엇을 했나요?

(A) 공장에 있는 창고들 중 하나요.
(B) 그들은 제 요청을 수용했어요.
(C) 우리는 반품 정책을 변경했어요.

■ What 의문문
정답 (B)

환불을 요청했을 때 제조사가 무엇을 했는지를 묻는 What 의문문이다.
(A) [×] manufacturer(제조사)와 관련 있는 warehouses(창고들)와 factory(공장)를 사용하여 혼동을 준 오답이다.
(B) [○] 그들이 자신의 요청을 수용했다며 환불 요청에 대해 제조사가 취한 행동을 언급했으므로 정답이다.
(C) [×] refund(환불)와 관련 있는 return policy(반품 정책)를 사용하여 혼동을 준 오답이다. We를 They로 혼동하여 They changed the return policy(그들은 반품 정책을 변경했어요)로 생각해 정답으로 선택하지 않도록 주의한다.

어휘 manufacturer[미 mænjufǽktʃərər, 영 mænjəfǽktʃərə] 제조사 warehouse[미 wérhaus, 영 wéəhaus] 창고
accommodate[미 əkɑ́:mədèit, 영 əkɔ́mədeit] 수용하다

PART 3

난이도 하 중 상 최상

Questions 32-34 refer to the following conversation.

🎧 영국식 발음 → 호주식 발음

W: I heard that you just returned from your business trip to Cape Town. How did it go?

M: Everything related to work went well, but ³²the rest of my time there was a bit disappointing. It rained throughout my stay, so ³²I didn't get a chance to walk around the city.

W: That's a shame. ³³Cape Town has various public parks and some really beautiful monuments. I suppose you weren't able to see any of them.

M: No, I had to spend most of my free time in my hotel room. ³⁴On the day before my departure, I watched a traditional dance at a nearby cultural center, though. It was very interesting.

32 Why was the man's trip disappointing?
(A) He could not attend a business seminar.
(B) He was unable to explore a city.
(C) He had to return home early.
(D) He was not able to secure a deal.

33 What is mentioned about Cape Town?
(A) It features a new public monument.
(B) It charges an admission fee for parks.
(C) It has several outdoor recreational spaces.
(D) It offers tourists free walking tours.

34 What did the man do in Cape Town?
(A) Attended a lecture
(B) Photographed a monument
(C) Visited a park
(D) Watched a performance

32-34번은 다음 대화에 관한 문제입니다.

W: 당신이 케이프타운으로 간 출장에서 막 돌아왔다고 들었어요. 어땠나요?

M: 업무와 관련된 모든 것은 잘 진행되었는데, ³²그곳에서의 나머지 시간은 좀 실망스러웠어요. 제가 머무는 동안 내내 비가 와서, ³²도시를 돌아다닐 기회를 얻지 못했어요.

W: 아쉽네요. ³³케이프타운에는 다양한 공원들과 매우 아름다운 기념물들이 있어요. 당신은 그것들 중 어느 것도 볼 수 없었겠네요.

M: 네, 자유 시간의 대부분을 호텔 방에서 보내야 했어요. 하지만 ³⁴출발하기 하루 전날에, 저는 근처 문화 센터에서 전통 무용을 관람했어요. 정말 즐거웠어요.

32. 남자의 여행은 왜 실망스러웠는가?
(A) 그는 사업 세미나에 참석하지 못했다.
(B) 그는 도시를 답사할 수 없었다.
(C) 그는 집으로 일찍 돌아와야 했다.
(D) 그는 거래를 따낼 수 없었다.

33. 케이프타운에 관해 무엇이 언급되는가?
(A) 새로운 공공 기념물을 특징으로 한다.
(B) 공원들에 대해 입장료를 부과한다.
(C) 몇몇 야외 휴양 공간들이 있다.
(D) 관광객들에게 무료 도보 투어를 제공한다.

34. 남자는 케이프타운에서 무엇을 했는가?
(A) 강연에 참석했다.
(B) 기념물의 사진을 찍었다.
(C) 공원을 방문했다.
(D) 공연을 관람했다.

TEST | 01 | 02 | 03 | 04 | 05 | 06 | 07 | 08 | 09 | 10

해커스 토익 실전 1000제 2 Listening

지문 **business trip** 출장 **shame**[ʃeim] 아쉬운 일, 애석한 일 **monument**[미 máːnjumənt, 영 mɔ́njəmənt] 기념물, 건축물
32 **explore**[iksplɔ́ːr] 답사하다 **secure a deal** 거래를 따내다 33 **recreational**[rèkriéiʃənl] 휴양의, 오락의
34 **attend**[əténd] 참석하다 **photograph**[fóutəgræf] 사진을 찍다

32 ■ **세부 사항 관련 문제** 이유 정답 (B)

○○○●○ 중

남자의 여행이 실망스러웠던 이유를 묻는 문제이므로, 질문의 핵심어구(disappointing)가 언급된 주변을 주의 깊게 듣는다. 남자가 "the rest of my time there[Cape Town] was a bit disappointing"이라며 케이프타운에서의 나머지 시간은 좀 실망스러웠다고 한 뒤, "I didn't get a chance to walk around the city"라며 도시를 돌아다닐 기회를 얻지 못했다고 하였다. 따라서 정답은 (B) He was unable to explore a city이다.

바꾸어 표현하기
walk around the city 도시를 돌아다니다 → explore a city 도시를 답사하다

33 ■ **세부 사항 관련 문제** 언급 정답 (C)

○○○○● 최상

케이프타운에 관해 언급되는 것을 묻는 문제이므로, 질문의 핵심어구(Cape Town)가 언급된 주변을 주의 깊게 듣는다. 여자가 "Cape Town has various public parks and some really beautiful monuments."라며 케이프타운에는 다양한 공원들과 매우 아름다운 기념물들이 있다고 하였다. 따라서 정답은 (C) It has several outdoor recreational spaces이다.

34 ■ **세부 사항 관련 문제** 특정 세부 사항 정답 (D)

○○○●○ 중

남자가 케이프타운에서 한 것을 묻는 문제이므로, 질문의 핵심어구(do in Cape Town)와 관련된 내용을 주의 깊게 듣는다. 남자가 "On the day before my departure, I watched a traditional dance at a nearby cultural center"라며 출발하기 하루 전날에, 근처 문화 센터에서 전통 무용을 관람했다고 하였다. 따라서 정답은 (D) Watched a performance이다.

Questions 35-37 refer to the following conversation.

캐나다식 발음 → 미국식 발음

M: ³⁵This launch for our firm's GPS navigation device is going very well. It might be the most successful event that I've overseen since I started working as the manager of the product development team.

W: Yes, ³⁶a lot of technology bloggers and industry figures have shown up. They all seem very impressed with the device. Hopefully, they'll bring positive attention to it as well as our firm.

M: I think they will. In fact, I just spoke with Emily Scott, a staff writer from *Everyday Science*. ³⁷She intends to publish a favorable review about our product on her company's Web site.

35 What is being launched?
(A) A trade magazine
(B) A company Web site
(C) A clothing collection
(D) An electronic device

36 What is mentioned about the event?
(A) It has attracted many online writers.
(B) It was organized by several teams.
(C) It has impressed the company president.
(D) It was promoted in a local newspaper.

37 According to the man, what does Emily Scott plan to do?
(A) Publish an article
(B) Try out a product
(C) Attend a future launch
(D) Review a Web site

35-37번은 다음 대화에 관한 문제입니다.

M: ³⁵우리 회사의 GPS 내비게이션 기기의 이번 출시 행사가 아주 잘 진행되고 있어요. 제가 제품 개발팀의 관리자로서 일하기 시작한 이래로 제가 감독한 가장 성공적인 행사일 것 같아요.

W: 네, ³⁶많은 기술 블로그 운영자들과 업계의 중요한 인물들이 모습을 드러냈어요. 그들은 모두 그 기기에 깊은 인상을 받은 것 같아요. 그들이 우리 회사뿐만 아니라 그것에도 긍정적인 관심을 가지면 좋겠네요.

M: 그럴 거라고 생각해요. 사실, 제가 방금 *Everyday Science*지의 전속 기자인 Emily Scott과 이야기를 나누었어요. ³⁷그녀는 그녀의 회사 웹사이트에 우리 제품에 대한 호의적인 논평을 게재하려고 생각 중이에요.

35. 무엇이 출시되고 있는가?
(A) 무역 잡지
(B) 회사 웹사이트
(C) 의류 컬렉션
(D) 전자 기기

36. 행사에 관해 무엇이 언급되는가?
(A) 많은 온라인 작가들을 끌어모았다.
(B) 여러 팀들에 의해 조직되었다.
(C) 회사 사장에게 깊은 인상을 주었다.
(D) 지역 신문에 홍보되었다.

37. 남자에 따르면, Emily Scott은 무엇을 할 계획인가?
(A) 기사를 게재한다.
(B) 제품을 시험적으로 사용해 본다.
(C) 향후 출시 행사에 참석한다.
(D) 웹사이트를 검토한다.

지문 launch[lɔːntʃ] 출시 행사; 출시하다 oversee[òuvərsíː] 감독하다 figure[fígjər] (중요한) 인물, 명사 show up 모습을 드러내다
staff writer 전속 기자, 전속 작가 favorable[féivərəbl] 호의적인
36 impress[imprés] 깊은 인상을 주다 promote[prəmóut] 홍보하다 37 try out 시험적으로 사용해 보다

35 ■ **세부 사항 관련 문제** 특정 세부 사항 정답 (D)
출시되고 있는 것을 묻는 문제이므로, 질문의 핵심어구(launched)와 관련된 내용을 주의 깊게 듣는다. 남자가 "This launch for our firm's GPS navigation device is going very well."이라며 회사의 GPS 내비게이션 기기의 출시 행사가 잘 진행되고 있다고 하였다. 따라서 정답은 (D) An electronic device이다.

바꾸어 표현하기
GPS navigation device GPS 내비게이션 기기 → electronic device 전자 기기

36 ■ **세부 사항 관련 문제** 언급 정답 (A)
행사에 관해 언급되는 것을 묻는 문제이므로, 질문의 핵심어구(the event)와 관련된 내용을 주의 깊게 듣는다. 남자가 "a lot of technology bloggers and industry figures have shown up. They all seem very impressed with the device."라며 많은 기술 블로그 운영자들과 업계의 중요한 인물들이 모습을 드러냈으며, 그들은 모두 그 기기에 깊은 인상을 받은 것 같다고 하였다. 따라서 정답은 (A) It has attracted many online writers이다.

37 ■ **세부 사항 관련 문제** 특정 세부 사항 정답 (A)
Emily Scott이 하려고 계획하는 것을 묻는 문제이므로, 남자의 말에서 질문의 핵심어구(Emily Scott plan to do)와 관련된 내용을 주의 깊게 듣는다. 남자가 "She[Emily Scott] intends to publish a favorable review"라며 Emily Scott이 호의적인 논평을 게재하려고 생각 중이라고 하였다. 따라서 정답은 (A) Publish an article이다.

Questions 38-40 refer to the following conversation with three speakers.

🔊 호주식 발음 → 캐나다식 발음 → 영국식 발음

M1: As you know, ³⁸there's a lot of consumer demand for hiking boots these days. Our CEO thinks the company should release its own line.

M2: I agree. ³⁸We need to capitalize on this trend.

W: But we mainly produce sneakers. ³⁹None of our staff members has the necessary knowledge or skills to design a hiking boot.

M1: Hmm . . . Good point. Sam, do you have any ideas on what to do about this issue?

M2: I think the only option is to hire a designer who has experience with this type of footwear. ⁴⁰I could create a rough draft of a job posting for the position now and then send it to you two for review.

W: OK. That would be helpful.

38 What is the conversation mainly about?
(A) Conducting a survey
(B) Addressing a complaint
(C) Analyzing a trend
(D) Developing a product

39 What problem does the woman mention?
(A) Employees lack expertise.
(B) Demand has declined.
(C) Workers are expressing frustration.
(D) Information seems inaccurate.

40 What will Sam most likely do next?
(A) Meet with a designer
(B) Train a recent hire
(C) Write a job advertisement
(D) Review an application

38-40번은 다음 세 명의 대화에 관한 문제입니다.

M1: 아시다시피, ³⁸요즘 등산화에 대한 소비자 수요가 많아요. 우리 최고 경영자는 회사가 자체 제품을 출시해야 한다고 생각하십니다.

M2: 동의해요. ³⁸우리는 이 유행을 기회로 삼아야 해요.

W: 그런데 우리는 주로 운동화를 생산하잖아요. ³⁹우리 직원들 중 누구도 등산화를 디자인하는 데 필수적인 지식이나 기술을 가지고 있지 않아요.

M1: 흠… 좋은 지적이에요. Sam, 이 문제에 대해 무엇을 해야 할지 의견이 있나요?

M2: 제 생각에 유일한 선택지는 이러한 종류의 신발에 관한 경력이 있는 디자이너를 고용하는 거예요. ⁴⁰제가 지금 그 직책에 대한 채용 공고의 초안을 만들고 검토를 위해 두 분께 보내드릴 수 있습니다.

W: 좋아요. 그러면 도움이 될 것 같아요.

38. 대화는 주로 무엇에 관한 것인가?
(A) 설문조사를 실시하기
(B) 항의를 해결하기
(C) 유행을 분석하기
(D) 제품을 개발하기

39. 여자는 어떤 문제를 언급하는가?
(A) 직원들은 전문성이 부족하다.
(B) 수요가 감소했다.
(C) 근로자들이 불만을 표출하고 있다.
(D) 정보가 부정확한 것 같다.

40. Sam은 다음에 무엇을 할 것 같은가?
(A) 디자이너를 만난다.
(B) 새로운 직원을 교육시킨다.
(C) 구인 광고를 작성한다.
(D) 지원서를 검토한다.

지문 demand[미 dimǽnd, 영 dimá:nd] 수요, 요구 release[rilí:s] 출시하다 capitalize on ~을 기회로 삼다 rough draft 초안
38 conduct[kəndʎkt] 실시하다, 행하다 complaint[kəmpléint] 항의, 불평 analyze[ǽnəlàiz] 분석하다
39 expertise[미 èkspərtí:z, 영 èkspə:tí:z] 전문성, 전문 기술 decline[dikláin] 감소하다
frustration[frʌstréiʃən] 불만, 좌절 inaccurate[inǽkjurət] 부정확한

38 ■ 전체 대화 관련 문제 주제   정답 (D)

○
●
●
●
상
대화의 주제를 묻는 문제이므로, 대화의 초반을 반드시 듣는다. 남자 1이 "there's a lot of consumer demand for hiking boots these days. Our CEO thinks the company should release its own line."이라며 요즘 등산화에 대한 소비자 수요가 많고 자신들의 최고 경영자는 회사가 자체 제품을 출시해야 한다고 생각한다고 하자, 남자 2가 "We need to capitalize on this trend."라며 이 유행을 기회로 삼아야 한다고 한 뒤, 등산화 개발에 관한 내용으로 대화가 이어지고 있다. 따라서 정답은 (D) Developing a product이다.

39 ■ 세부 사항 관련 문제 문제점   정답 (A)

○
○
●
●
중
여자가 언급하는 문제점을 묻는 문제이므로, 여자의 말에서 부정적인 표현이 언급된 주변을 주의 깊게 듣는다. 여자가 "None of our staff members has the necessary knowledge or skills to design a hiking boot."이라며 직원들 중 누구도 등산화를 디자인하는 데 필수적인 지식이나 기술을 가지고 있지 않다고 하였다. 따라서 정답은 (A) Employees lack expertise이다.

40 ■ 세부 사항 관련 문제 다음에 할 일   정답 (C)

○
○
●
●
중
Sam 즉, 남자 2가 다음에 할 일을 묻는 문제이므로, 대화의 마지막 부분을 주의 깊게 듣는다. 남자 2가 "I could create a rough draft of a job posting for the position[designer] now"라며 자신이 지금 디자이너 직책에 대한 채용 공고의 초안을 만들 수 있다고 하였다. 따라서 정답은 (C) Write a job advertisement이다.

Questions 41-43 refer to the following conversation.

🎧 미국식 발음 → 호주식 발음

W: Good morning. I'm planning to take golf lessons, and ⁴¹I'd like to rent a set of clubs from your shop. ⁴²I'll need them for three months, starting from today.

M: Not a problem. Our rental prices are quite competitive, and the fee includes damage insurance for the clubs. However, we recently modified our rental rules, so ⁴²you'll have to rent them for at least six months, which is a bit too long for you, I think.

W: Hmm . . . I can practice with them after I complete the lessons.

M: All right. ⁴³A piece of photo ID is required to rent our equipment, so I'll need to look at that first.

41 Why does the woman visit the shop?
(A) To upgrade her insurance
(B) To have a tool repaired
(C) To rent some equipment
(D) To enroll in some classes

42 What does the woman mean when she says, "I can practice with them after I complete the lessons"?
(A) She accepts a requirement.
(B) She will extend a contract.
(C) She is willing to pay extra.
(D) She wants a rule to be changed.

43 What will the man probably do next?
(A) Explain a lesson schedule
(B) Process a fee payment
(C) Provide some insurance forms
(D) Examine an identification card

41-43번은 다음 대화에 관한 문제입니다.

W: 안녕하세요. 골프 수업을 받으려고 계획 중이라서, ⁴¹당신의 가게에서 골프채 세트를 빌리고 싶습니다. 저는 오늘부터 ⁴²석 달 동안 그것들이 필요할 거예요.

M: 물론이죠. 저희 대여 비용은 상당히 경쟁력 있고, 이 요금은 골프채에 대한 손해 보험도 포함합니다. 하지만, 저희가 최근에 대여 규정을 변경해서, ⁴²적어도 여섯 달 동안은 대여하셔야 할 텐데, 제 생각에 당신에게 조금 긴 것 같네요.

W: 흠… 저는 수업을 끝마친 후에 그것들로 연습할 수 있어요.

M: 좋습니다. ⁴³저희 장비를 대여하시려면 사진이 있는 신분증이 필요하기 때문에, 먼저 그것부터 봐야 합니다.

41. 여자는 왜 가게에 방문하는가?
(A) 보험을 업그레이드하기 위해
(B) 도구를 수리받기 위해
(C) 장비를 대여하기 위해
(D) 수업에 등록하기 위해

42. 여자는 "저는 수업을 끝마친 후에 그것들로 연습할 수 있어요"라고 말할 때 무엇을 의도하는가?
(A) 그녀는 요구 사항을 받아들인다.
(B) 그녀는 계약을 연장할 것이다.
(C) 그녀는 추가 요금을 낼 의사가 있다.
(D) 그녀는 규정이 바뀌기를 원한다.

43. 남자는 다음에 무엇을 할 것 같은가?
(A) 수업 일정을 설명한다.
(B) 요금 지불을 진행한다.
(C) 보험 양식을 제공한다.
(D) 신분증을 살펴본다.

지문 club[klʌb] 골프채 competitive[미 kəmpétətiv, 영 kəmpétitiv] 경쟁력이 있는 modify[미 máːdəfài, 영 mɔ́difai] 변경하다
41 repair[ripéər] 수리하다 enroll in ~에 등록하다
42 extend[iksténd] 연장하다 contract[kántrækt] 계약
43 examine[igzǽmin] 살펴보다 identification card 신분증

41 ■ 전체 대화 관련 문제 목적   정답 (C)

여자가 가게에 방문한 목적을 묻는 문제이므로, 대화의 초반을 반드시 듣는다. 여자가 "I'd like to rent a set of clubs from your shop"이라며 남자의 가게에서 골프채 세트를 빌리고 싶다고 하였다. 따라서 정답은 (C) To rent some equipment이다.

42 ■ 세부 사항 관련 문제 의도 파악   정답 (A)

여자가 하는 말의 의도를 묻는 문제이므로, 질문의 인용어구(I can practice with them after I complete the lessons)가 언급된 주변을 주의 깊게 듣는다. 여자가 "I'll need them[clubs] for three months"라며 골프채들이 석 달 동안 필요할 것이라고 하였는데, 남자가 "you'll have to rent them for at least six months, which is a bit too long for you"라며 적어도 여섯 달 동안은 대여해야 하는데 이는 여자에게 조금 긴 것 같다고 하자, 여자가 "I can practice with them after I complete the lessons."라며 수업을 끝마친 후에 그 것들로 연습할 수 있다고 하였다. 이를 통해 여자가 요구 사항을 받아들인다는 의도임을 알 수 있다. 따라서 정답은 (A) She accepts a requirement이다.

43 ■ 세부 사항 관련 문제 다음에 할 일   정답 (D)

남자가 다음에 할 일을 묻는 문제이므로, 대화의 마지막 부분을 주의 깊게 듣는다. 남자가 "A piece of photo ID is required to rent our equipment, so I'll need to look at that first."라며 장비를 대여하려면 사진이 있는 신분증이 필요하기 때문에, 먼저 그것부터 봐야 한다고 하였다. 따라서 정답은 (D) Examine an identification card이다.

Questions 44-46 refer to the following conversation.

🎧 영국식 발음 → 캐나다식 발음

W: ⁴⁴Sorry I'm a few minutes late, but it took me almost two hours to drive to the office today. ⁴⁴Traffic on the freeway was extremely slow.

M: Really? I can't believe it took you so long. Why don't you just use public transportation? I'm sure it would be a lot faster than driving.

W: Well, the nearest subway or bus station from my apartment is 20 minutes on foot. ⁴⁵With the cold weather here, I prefer not to walk. So, I usually end up taking my car.

M: Actually, the Transport Authority just changed its city bus routes. I think bus 402 now stops in your neighborhood, so that would be really convenient for you. ⁴⁶I'll forward you a link to the city Web site for you to review.

44 What caused the woman to be late?
(A) An extended meeting
(B) Road congestion
(C) Inclement weather
(D) An automobile accident

45 Why does the woman drive to work?
(A) She carpools with other coworkers.
(B) She commutes from a different town.
(C) She does not like walking in cold weather.
(D) She does not like riding public transportation.

46 What does the man say he will do for the woman?
(A) Give her a map
(B) Drive her to the office
(C) Send her a link
(D) Meet her at a station

44-46번은 다음 대화에 관한 문제입니다.

W: ⁴⁴좀 늦어서 죄송해요, 그런데 오늘 사무실까지 운전해서 오는 데 거의 2시간이나 걸렸어요. ⁴⁴고속도로의 교통이 너무 느렸어요.

M: 정말이에요? 그렇게 오래 걸렸다니 믿을 수 없네요. 그냥 대중교통을 이용하는 게 어때요? 분명히 운전하는 것보다 훨씬 더 빠를 거예요.

W: 글쎄요, 제 아파트에서 가장 가까운 지하철역이나 버스 정류장은 걸어서 20분이 걸려요. ⁴⁵이곳의 추운 날씨 때문에, 저는 걷지 않는 걸 선호해요. 그래서, 저는 보통 결국 제 차를 가져오게 돼요.

M: 사실, 교통 당국이 막 시내버스 노선을 변경했어요. 이제 402번 버스가 당신 동네에 서는 것 같으니, 당신에게 매우 편리할 거예요. ⁴⁶당신이 확인할 수 있도록 시 웹사이트 링크를 보내줄게요.

44. 무엇이 여자가 지각하도록 야기했는가?
(A) 길어진 회의
(B) 도로 혼잡
(C) 궂은 날씨
(D) 자동차 사고

45. 여자는 왜 차로 출근하는가?
(A) 그녀는 다른 동료들과 합승한다.
(B) 그녀는 다른 도시에서 통근한다.
(C) 그녀는 추운 날씨에 걷는 것을 좋아하지 않는다.
(D) 그녀는 대중교통을 타는 것을 좋아하지 않는다.

46. 남자는 여자를 위해 무엇을 해주겠다고 말하는가?
(A) 그녀에게 지도를 준다.
(B) 그녀를 사무실까지 태워 준다.
(C) 그녀에게 링크를 보낸다.
(D) 그녀를 역에서 만난다.

지문 freeway[fríːwei] 고속도로 public transportation 대중교통 on foot 걸어서 end up 결국 ~하다 route[ruːt] 노선, 길
   forward[fɔ́ːrwərd] 보내다, 전송하다
44 extended[iksténdid] 길어진 congestion[kəndʒéstʃən] 혼잡 inclement[inklémənt] 궂은, 혹독한
45 carpool[káːrpuːl] 합승하다, 승용차를 함께 타다 commute[kəmjúːt] 통근하다

---

44 ■ 세부 사항 관련 문제 특정 세부 사항   정답 (B)

여자가 지각하도록 야기한 것을 묻는 문제이므로, 질문의 핵심어구(late)가 언급된 주변을 주의 깊게 듣는다. 여자가 "Sorry I'm a few minutes late"라며 늦어서 미안하다고 한 뒤, "Traffic on the freeway was extremely slow."라며 고속도로의 교통이 너무 느렸다고 하였다. 따라서 정답은 (B) Road congestion이다.

45 ■ 세부 사항 관련 문제 이유   정답 (C)

여자가 차로 출근하는 이유를 묻는 문제이므로, 질문의 핵심어구(drive to work)와 관련된 내용을 주의 깊게 듣는다. 여자가 "With the cold weather here, I prefer not to walk. So, I usually end up taking my car."라며 이곳의 추운 날씨 때문에 걷지 않는 걸 선호해서, 보통 결국 차를 가져오게 된다고 하였다. 따라서 정답은 (C) She does not like walking in cold weather이다.

46 ■ 세부 사항 관련 문제 특정 세부 사항   정답 (C)

남자가 여자를 위해 해주겠다고 말한 것을 묻는 문제이므로, 남자의 말에서 질문의 핵심어구(will do for the woman)와 관련된 내용을 주의 깊게 듣는다. 남자가 "I'll forward you a link to the city Web site for you to review."라며 여자가 확인할 수 있도록 시 웹사이트 링크를 보내주겠다고 하였다. 따라서 정답은 (C) Send her a link이다.

바꾸어 표현하기
forward ~ a link 링크를 보내다 → Send ~ a link 링크를 보내다

Questions 47-49 refer to the following conversation.

🎧 캐나다식 발음 → 미국식 발음

M: Rochester Convention Center. How can I help you?

W: Good morning. I'm calling about the Westgate Auto Show on May 18. I know that tickets are $20 per person, but I will be attending with the other members of my auto club. ⁴⁷Is it possible for us to get a group rate?

M: Yes. But ⁴⁸you'll need to discuss it with Carol Humphrey who is in charge of group ticket sales. Her e-mail address is carol@conventionpro.com.

W: Great. We're really excited about the upcoming exhibit of antique cars.

M: ⁴⁹We have some promotional material from the company that is organizing that event. Why don't I send it to you?

W: I picked up a brochure yesterday. ⁴⁹But thanks.

47 Why is the woman calling?
(A) To check an event date
(B) To cancel a reservation
(C) To request a ticket refund
(D) To inquire about a discount

48 What does the man suggest the woman do?
(A) Attend an exhibit
(B) Download a coupon
(C) Contact another employee
(D) Submit some online forms

49 Why does the woman say, "I picked up a brochure yesterday"?
(A) To explain a decision
(B) To reject a suggestion
(C) To confirm a plan
(D) To point out an error

47-49번은 다음 대화에 관한 문제입니다.

M: Rochester 컨벤션 센터입니다. 무엇을 도와드릴까요?

W: 안녕하세요. 5월 18일에 있을 Westgate 자동차 쇼에 관해 전화드립니다. 입장권이 한 사람당 20달러인 것을 알고 있지만, 저는 자동차 동호회의 다른 회원들과 함께 참석할 거예요. ⁴⁷제가 단체 요금을 적용받는 것이 가능할까요?

M: 네. 하지만 ⁴⁸단체 입장권 판매를 담당하는 Carol Humphrey와 그것을 논의하셔야 할 겁니다. 그녀의 이메일 주소는 carol@conventionpro.com입니다.

W: 좋아요. 저희는 곧 있을 골동품 자동차 전시회에 대해 정말 들떠 있어요.

M: ⁴⁹저희가 그 행사를 주최하는 회사의 홍보 자료들을 갖고 있어요. 제가 당신에게 보내드릴까요?

W: 저는 어제 소책자를 얻었어요. ⁴⁹그렇지만 감사합니다.

47. 여자는 왜 전화를 하고 있는가?
(A) 행사 날짜를 확인하기 위해
(B) 예약을 취소하기 위해
(C) 입장권 환불을 요청하기 위해
(D) 할인에 대해 문의하기 위해

48. 남자는 여자에게 무엇을 하라고 제안하는가?
(A) 전시회에 참석한다.
(B) 쿠폰를 내려받는다.
(C) 다른 직원에게 연락한다.
(D) 온라인 양식을 제출한다.

49. 여자는 왜 "저는 어제 소책자를 얻었어요"라고 말하는가?
(A) 결정 사항을 설명하기 위해
(B) 제안을 거절하기 위해
(C) 계획을 확인하기 위해
(D) 오류를 지적하기 위해

지문 auto[ɔ́ːtou] 자동차 attend[əténd] 참석하다 in charge of ~을 담당하는 upcoming[ʌ́pkʌmiŋ] 곧 있을 exhibit[igzíbit] 전시회 antique[æntíːk] 골동품인, 오래된 organize[ɔ́ːrgənàiz] 주최하다, 준비하다 brochure[brouʃúər] 소책자, 안내서
49 confirm[kənfə́ːrm] 확인하다 point out 지적하다

---

47 ■ 전체 대화 관련 문제 목적 　　　　　　　　　　　　　　　　　　　　　　　　　　　　　　　정답 (D)

여자가 전화를 건 목적을 묻는 문제이므로, 대화의 초반을 반드시 듣는다. 여자가 "Is it possible for us to get a group rate?"라며 단체 요금을 적용받는 것이 가능한지를 물었다. 따라서 정답은 (D) To inquire about a discount이다.

48 ■ 세부 사항 관련 문제 제안 　　　　　　　　　　　　　　　　　　　　　　　　　　　　　　　정답 (C)

남자가 여자에게 제안하는 것을 묻는 문제이므로, 남자의 말에서 제안과 관련된 표현이 언급된 다음을 주의 깊게 듣는다. 남자가 "you'll need to discuss it with Carol Humphrey who is in charge of group ticket sales"라며 단체 입장권 판매를 담당하는 Carol Humphrey와 그것을 논의하라고 제안하였다. 따라서 정답은 (C) Contact another employee이다.

49 ■ 세부 사항 관련 문제 의도 파악 　　　　　　　　　　　　　　　　　　　　　　　　　　　　　정답 (B)

여자가 하는 말의 의도를 묻는 문제이므로, 질문의 인용어구(I picked up a brochure yesterday)가 언급된 주변을 주의 깊게 듣는다. 남자가 "We have some promotional material from the company that is organizing that event. Why don't I send it to you?"라며 그 행사를 주최하는 회사의 홍보 자료들을 갖고 있다며 여자에게 그것을 보내줄지 묻자 여자가 "I picked up a brochure yesterday. But thanks."라며 어제 소책자를 얻었다고 한 뒤 그렇지만 감사하다고 했다. 이를 통해 여자가 제안을 거절하기 위한 의도임을 알 수 있다. 따라서 정답은 (B) To reject a suggestion이다.

Questions 50-52 refer to the following conversation with three speakers.

🔊 미국식 발음 → 호주식 발음 → 캐나다식 발음

W: **50**Oh, no. One of our shoppers accidentally dropped a jar of pickles, and it shattered on the floor.

M1: I'll take care of that. But I just started working here, so I don't know where the mop is.

W: Hmm . . . Gustavo, can you show him where the mop is?

M2: Sure, I can. **51**I'll show him where the storage with all the cleaning supplies is.

W: Thank you very much. Also, **52**can you two please restock the cereal shelves after lunch? It needs to be done this afternoon.

M1: **52**No problem. We'll let you know when we're finished.

50 What problem does the woman mention?
(A) Some goods are placed in the wrong aisle.
(B) A customer created a mess in the store.
(C) A client is complaining about a charge.
(D) A warehouse is missing some supplies.

51 What does Gustavo offer to do?
(A) Provide a colleague with training materials
(B) Check on a delivery's arrival time
(C) Clean out a storage area
(D) Show a coworker an item's location

52 What will the men most likely do after lunch?
(A) Speak to an executive
(B) Repair a broken mop
(C) Place some products on shelves
(D) Order some new cereals

50-52번은 다음 세 명의 대화에 관한 문제입니다.

W: **50**아, 이런. 우리의 쇼핑객 중 한 명이 뜻하지 않게 피클 한 병을 떨어뜨려서, 바닥에서 산산조각이 났어요.

M1: 제가 처리할게요. 그런데 저는 여기서 막 일을 시작해서, 대걸레가 어디에 있는지 몰라요.

W: 흠… Gustavo, 그에게 대걸레가 어디 있는지 보여줄 수 있나요?

M2: 물론이죠. **51**그에게 모든 청소용품이 있는 창고가 어디 있는지 보여줄게요.

W: 정말 고마워요. 그리고, **52**두 분이 점심 이후에 시리얼 선반들을 다시 채워줄 수 있나요? 그것은 오늘 오후에 완료되어야 해요.

M1: **52**문제없어요. 끝내면 알려드리겠습니다.

50. 여자는 어떤 문제를 언급하는가?
(A) 몇몇 물품들이 잘못된 통로에 놓여 있다.
(B) 한 고객이 가게를 엉망으로 만들었다.
(C) 한 고객이 청구액에 관해 불평하고 있다.
(D) 창고에서 몇몇 물품이 사라졌다.

51. Gustavo는 무엇을 해주겠다고 제안하는가?
(A) 동료에게 교육 자료를 제공한다.
(B) 배달의 도착 시간을 확인한다.
(C) 창고 공간을 청소한다.
(D) 동료에게 물품의 위치를 보여준다.

52. 남자들은 점심 이후에 무엇을 할 것 같은가?
(A) 임원과 이야기한다.
(B) 부러진 대걸레를 수리한다.
(C) 몇몇 제품들을 선반에 놓는다.
(D) 몇몇 새로운 시리얼을 주문한다.

지문 accidentally[æksidéntəli] 뜻하지 않게, 우연히　shatter[ʃǽtər] 산산조각이 나다　restock[ristάk] 다시 채우다
50 aisle[ail] 통로, 복도　mess[mes] 엉망　charge[미 tʃɑːrdʒ, 영 tʃɑːdʒ] 청구액, 요금

50 ■ 세부 사항 관련 문제 문제점　정답 (B)
여자가 언급하는 문제점을 묻는 문제이므로, 여자의 말에서 부정적인 표현이 언급된 다음을 주의 깊게 듣는다. 여자가 "Oh, no. One of our shoppers accidentally dropped a jar of pickles, and it shattered on the floor."라며 쇼핑객 중 한 명이 뜻하지 않게 피클 한 병을 떨어뜨려서 그것이 바닥에서 산산조각이 났다고 하였다. 따라서 정답은 (B) A customer created a mess in the store이다.

51 ■ 세부 사항 관련 문제 제안　정답 (D)
Gustavo 즉, 남자 2가 해주겠다고 제안하는 것을 묻는 문제이므로, 남자 2의 말에서 해주겠다고 언급한 내용을 주의 깊게 듣는다. 남자 2가 "I'll show him where the storage with all the cleaning supplies is."라며 남자 1에게 모든 청소용품이 있는 창고가 어디 있는지 보여주겠다고 하였다. 따라서 정답은 (D) Show a coworker an item's location이다.

52 ■ 세부 사항 관련 문제 다음에 할 일　정답 (C)
남자들이 점심 이후에 할 일을 묻는 문제이므로, 질문의 핵심어구(after lunch)가 언급된 주변을 주의 깊게 듣는다. 여자가 남자들에게 "can you two please restock the cereal shelves after lunch?"라며 점심 이후에 시리얼 선반들을 다시 채워줄 수 있는지 묻자, 남자 1이 "No problem."이라며 문제없다고 하였다. 따라서 정답은 (C) Place some products on shelves이다.

바꾸어 표현하기
restock the ~ shelves 선반들을 다시 채우다 → Place ~ products on shelves 제품들을 선반에 놓다

Questions 53-55 refer to the following conversation.

🔊 미국식 발음 → 캐나다식 발음

W: ⁵³A few of the convention attendees are curious whether video or audio clips of today's talks will be posted online. Do you know if that is going to happen?

M: Only some of them will be shared following the event. Is there a particular lecture that people are inquiring about?

W: Yes, ⁵⁴a number of attendees have asked about Lillian Kraft's talk on investing in foreign markets. Many of them seem to have been quite impressed.

M: She is the keynote speaker, so ⁵⁵video clips including her talk will definitely be uploaded to the Web site. You can inform anyone who inquires about it that they will be able to access them later on.

53 What type of event is taking place?
(A) A convention
(B) An investors meeting
(C) A corporate outing
(D) A marketing class

54 According to the woman, what were attendees impressed with?
(A) A foreign product
(B) An online service
(C) A finance talk
(D) An investment opportunity

55 According to the man, what will be uploaded to a Web site?
(A) Video recordings
(B) Event photos
(C) Lecture transcripts
(D) Attendee feedback

53-55번은 다음 대화에 관한 문제입니다.

W: ⁵³컨벤션 참석자들 몇 명이 오늘 강연의 비디오나 음성 클립들이 온라인으로 게시될지 궁금해해요. 그렇게 될지 알고 계시나요?

M: 그것들 중 일부만 행사 이후에 공유될 거예요. 사람들이 문의하고 있는 특정 강연이 있나요?

W: 네, ⁵⁴많은 참석자들이 Lillian Kraft의 외국 시장 투자에 관한 강연에 대해 물어봤어요. 그들 중 많은 사람들이 꽤 깊은 인상을 받은 것 같았어요.

M: 그녀는 기조연설자라서, ⁵⁵그녀의 강연을 포함한 비디오 클립들은 웹사이트에 분명히 올라갈 거예요. 누구든 그것에 관해 문의하는 사람들에게 나중에 그것들을 이용할 수 있을 거라고 알려주시면 돼요.

53. 어떤 종류의 행사가 열리고 있는가?
(A) 컨벤션
(B) 투자자 모임
(C) 회사 야유회
(D) 마케팅 수업

54. 여자에 따르면, 참석자들은 무엇에 깊은 인상을 받았는가?
(A) 해외 상품
(B) 온라인 서비스
(C) 재무 강연
(D) 투자 기회

55. 남자에 따르면, 무엇이 웹사이트에 올라갈 것인가?
(A) 비디오 녹화물
(B) 행사 사진
(C) 강연 원고
(D) 참가자 의견

지문 attendee[ətendí:] 참석자 curious[kjúəriəs] 궁금한 following[fá:louiŋ] ~후에 inquire[inkwáiər] 문의하다, 질문을 하다 invest[invést] 투자하다 foreign[fɔ́:rən] 외국의 keynote speaker 기조연설자 access[ǽkses] 이용하다, 접근하다

55 transcript[trǽnskript] 원고, 글로 옮긴 기록

53 ■ 세부 사항 관련 문제 특정 세부 사항 　　　　　　　　　　　　　　　　　　　　　　　　　　　　　　정답 (A)

○○○○● 하 열리고 있는 행사의 종류를 묻는 문제이므로, 질문의 핵심어구(event)와 관련된 내용을 주의 깊게 듣는다. 여자가 "A few of the convention attendees are curious whether video or audio clips of today's talks will be posted online."이라며 컨벤션 참석자들 몇 명이 오늘 강연의 비디오나 음성 클립들이 온라인으로 게시될지 궁금해한다고 하였다. 이를 통해 컨벤션이 열리고 있음을 알 수 있다. 따라서 정답은 (A) A convention이다.

54 ■ 세부 사항 관련 문제 특정 세부 사항 　　　　　　　　　　　　　　　　　　　　　　　　　　　　　　정답 (C)

○○○●○ 중 참석자들이 깊은 인상을 받은 것을 묻는 문제이므로, 여자의 말에서 질문의 핵심 어구(attendees impressed with)와 관련된 내용을 주의 깊게 듣는다. 여자가 "a number of attendees have asked about Lillian Kraft's talk on investing in foreign markets. Many of them seem to have been quite impressed."라며 많은 참석자들이 Lillian Kraft의 외국 시장 투자에 관한 강연에 대해 물어봤다며 그들 중 많은 사람들이 꽤 깊은 인상을 받은 것 같았다고 하였다. 따라서 정답은 (C) A finance talk이다.

55 ■ 세부 사항 관련 문제 특정 세부 사항 　　　　　　　　　　　　　　　　　　　　　　　　　　　　　　정답 (A)

○○○○● 하 남자가 웹사이트에 올라갈 거라고 말한 것을 묻는 문제이므로, 남자의 말에서 질문의 핵심어구(uploaded to a Web site)가 언급된 주변을 주의 깊게 듣는다. 남자가 "video clips including her[Lillian Kraft] talk will definitely be uploaded to the Web site"이라며 Lillian Kraft의 강연을 포함한 비디오 클립들이 웹사이트에 분명히 올라갈 것이라고 하였다. 따라서 정답은 (A) Video recordings이다.

Questions 56-58 refer to the following conversation.

ᵃᵈ 호주식 발음 → 영국식 발음

M: ⁵⁶Felicity Gifford, who is one of the students coming to the library for today's job-search workshop, uses a wheelchair. We need to make sure she's able to comfortably pull her wheelchair up to a table.

W: Nick and I can take care of that since we're planning to shift some of the furniture around anyway. ⁵⁷More people than anticipated registered for the class, so the tables and chairs must be rearranged to make better use of the space.

M: All right. Also, if a lot of people are coming, ⁵⁸we should have one of our staff members welcome participants at the front door and help them find their seats.

56 Who is Felicity Gifford?
(A) A workshop teacher
(B) A class participant
(C) A university professor
(D) A library employee

57 Why will the woman rearrange some furniture?
(A) An event will have many attendees.
(B) A venue has been changed.
(C) An activity has been planned by the instructor.
(D) A classroom will be cleaned.

58 What does the man recommend?
(A) Removing unnecessary seating
(B) Keeping a door open
(C) Handing out library brochures
(D) Having an employee at the door

56-58번은 다음 대화에 관한 문제입니다.

M: ⁵⁶오늘의 구직 워크숍을 위해 도서관에 오는 학생들 중 한 명인 Felicity Gifford는 휠체어를 사용해요. 그녀가 책상까지 수월하게 휠체어를 밀고 올 수 있도록 확실히 해야 합니다.

W: Nick과 제가 어차피 몇 가지 가구를 옮기려고 계획하고 있기 때문에 그것을 처리할 수 있어요. ⁵⁷예상보다 더 많은 사람들이 수업에 등록해서, 공간을 더 잘 활용할 수 있도록 책상과 의자들이 재배치되어야 해요.

M: 좋아요. 또한, 만약 많은 사람들이 온다면, ⁵⁸우리 직원들 중 한 명이 정문에서 참석자들을 맞이하고 그들이 자리를 찾는 것을 도와주도록 해야 해요.

56. Felicity Gifford는 누구인가?
(A) 워크숍 강사
(B) 수업 참석자
(C) 대학교수
(D) 도서관 직원

57. 여자는 왜 몇몇 가구를 재배치할 것인가?
(A) 행사에 많은 참석자들이 올 것이다.
(B) 장소가 변경되었다.
(C) 강사에 의해 활동이 계획되었다.
(D) 교실이 청소될 것이다.

58. 남자는 무엇을 제안하는가?
(A) 불필요한 좌석을 치우기
(B) 문을 열어두기
(C) 도서관 소책자들을 나누어 주기
(D) 입구에 직원을 두기

지문 comfortably[미 kʌ́mfərtəbli, 영 kʌ́mftəbli] 수월하게, 편안하게 take care of ~을 처리하다 shift[ʃift] 옮기다, 이동하다 anticipate[æntísipeit] 예상하다, 기대하다 register for ~에 등록하다 rearrange[rìːəréindʒ] 재배치하다 make use of ~을 활용하다 participant[미 pɑːrtísəpənt, 영 pɑːtísipənt] 참석자

58 hand out ~을 나누어 주다

56 ■ 세부 사항 관련 문제 특정 세부 사항 　　　　　　　　　　　　　　　　　　　　　　　　　　　　　　정답 (B)

Felicity Gifford의 신분을 묻는 문제이므로, 질문 대상(Felicity Gifford)의 신분 및 직업을 나타내는 표현을 놓치지 않고 듣는다. 남자가 "Felicity Gifford, who is one of the students coming to the library for today's job-search workshop"이라며 Felicity Gifford는 오늘의 구직 워크숍을 위해 도서관에 오는 학생들 중 한 명이라고 하였다. 따라서 정답은 (B) A class participant이다.

57 ■ 세부 사항 관련 문제 이유 　　　　　　　　　　　　　　　　　　　　　　　　　　　　　　　　　　　정답 (A)

여자가 가구를 재배치할 이유를 묻는 문제이므로, 질문의 핵심어구(rearrange some furniture)와 관련된 내용을 주의 깊게 듣는다. 여자가 "More people than anticipated registered for the class, so the tables and chairs must be rearranged"라며 예상보다 더 많은 사람들이 수업에 등록해서 책상과 의자들이 재배치되어야 한다고 하였다. 따라서 정답은 (A) An event will have many attendees이다.

58 ■ 세부 사항 관련 문제 제안 　　　　　　　　　　　　　　　　　　　　　　　　　　　　　　　　　　　정답 (D)

남자가 제안하는 것을 묻는 문제이므로, 남자의 말에서 제안과 관련된 표현이 언급된 다음을 주의 깊게 듣는다. 남자가 "we should have one of our staff members welcome participants at the front door"라며 직원들 중 한 명이 정문에서 참석자들을 맞이하도록 하는 것을 제안하였다. 따라서 정답은 (D) Having an employee at the door이다.

바꾸어 표현하기
have one of ~ staff members welcome participants at the front door 직원들 중 한 명이 정문에서 참석자들을 맞이하도록 하다 → Having an employee at the door 입구에 직원을 두기

Questions 59-61 refer to the following conversation.

🔊 미국식 발음 → 호주식 발음

W: ⁵⁹I'm looking for someone to help me create a poster to increase awareness of our community association. Another member told me that you are a graphic designer. But ⁶⁰I thought that you work at a law firm.

M: ⁶⁰Yes, I'm a legal assistant at Beale and Associates here in town. However, I do freelance graphic design to make extra money on the side.

W: Great. Well, we want to place the poster in cafes and other businesses in the neighborhood. Hopefully, it will draw in more people to our weekly meetings. ⁶¹Would you be willing to make it?

M: ⁶¹Of course! I'd be happy to volunteer my time to the association. I'll begin working on it this evening.

59 What are the speakers mainly discussing?
(A) Membership levels
(B) Contract negotiations
(C) A poster for an association
(D) A brochure for a festival

60 Where does the man most likely work?
(A) At a graphic design firm
(B) At a community center
(C) At a law office
(D) At a print shop

61 What does the man agree to do?
(A) Volunteer his services
(B) Join an association
(C) Coordinate with a business
(D) Read over a document

59-61번은 다음 대화에 관한 문제입니다.

W: ⁵⁹저는 우리의 지역 협회의 인지도를 높이기 위한 포스터를 만드는 데 도움을 줄 사람을 찾고 있는데요. 다른 회원이 당신이 그래픽 디자이너라는 걸 저에게 말해주었어요. 그런데 ⁶⁰저는 당신이 법률 회사에서 일하는 줄 알았어요.

M: ⁶⁰맞아요, 저는 이 지역에 있는 Beale and Associates사의 법률 보조예요. 하지만, 추가의 돈을 벌기 위해 부업으로 자유 계약의 그래픽 디자인을 해요.

W: 좋아요. 음, 저희는 우리 인근의 카페들과 다른 업체들에 포스터를 배치하고 싶어요. 바라건대, 그건 우리의 주간 모임에 더 많은 사람들을 끌어올 거예요. ⁶¹그것을 만들어주실 생각이 있으신가요?

M: ⁶¹당연하죠! 저는 기꺼이 제 시간을 협회에 지원하고 싶어요. 오늘 저녁에 작업을 시작하도록 할게요.

59. 화자들은 주로 무엇에 관해 이야기하고 있는가?
(A) 회원 등급
(B) 계약 협상
(C) 협회를 위한 포스터
(D) 축제를 위한 소책자

60. 남자는 어디에서 일하는 것 같은가?
(A) 그래픽 디자인 회사에서
(B) 지역 센터에서
(C) 법률 사무소에서
(D) 인쇄소에서

61. 남자는 무엇을 하기로 동의하는가?
(A) 자원봉사를 한다.
(B) 협회에 가입한다.
(C) 업체와 협력한다.
(D) 서류를 꼼꼼히 읽는다.

지문 community association 지역 협회, 지역 자치회 legal assistant 법률 보조 freelance[미 frí:læns, 영 frí:lɑːns] 자유 계약의 on the side 부업으로 place[pleis] 배치하다, 두다 draw[drɔː] 끌어모으다, 끌어당기다 volunteer[미 vàːləntíər, 영 vɔ̀ləntíə] 지원하다
59 negotiation[nigòuʃiéiʃən] 협상
61 coordinate[kouɔ́ːrdineit] 협력하다 read over ~을 꼼꼼히 읽다

59 ■ 전체 대화 관련 문제 주제

정답 (C)

대화의 주제를 묻는 문제이므로, 대화의 초반을 주의 깊게 들은 후 전체 맥락을 파악한다. 여자가 "I'm looking for someone to help me create a poster to increase awareness of our community association."이라며 지역 협회의 인지도를 높이기 위한 포스터를 만드는 데 도움을 줄 사람을 찾고 있다고 한 뒤, 협회를 위한 포스터 제작에 대한 내용으로 대화가 이어지고 있다. 따라서 정답은 (C) A poster for an association이다.

60 ■ 전체 대화 관련 문제 화자

정답 (C)

남자가 일하는 장소를 묻는 문제이므로, 신분 및 직업과 관련된 표현을 놓치지 않고 듣는다. 여자가 "I thought that you work at a law firm"이라며 남자가 법률 회사에서 일하는 줄 알았다고 하자, 남자가 "Yes, I'm a legal assistant at Beale and Associates"라며 그렇다고 한 뒤 자신이 Beale and Associates사의 법률 보조라고 한 말을 통해 남자가 일하는 장소가 법률 사무소임을 알 수 있다. 따라서 정답은 (C) At a law office이다.

61 ■ 세부 사항 관련 문제 특정 세부 사항

정답 (A)

남자가 하기로 동의하는 것을 묻는 문제이므로, 질문의 핵심어구(agree to do)와 관련된 내용을 주의 깊게 듣는다. 여자가 "Would you be willing to make it[poster]?"이라며 포스터를 만들어줄 생각이 있는지 묻자, 남자가 "Of course! I'd be happy to volunteer my time to the association."이라며 당연하다며 기꺼이 자신의 시간을 협회에 지원하고 싶다고 하였다. 따라서 정답은 (A) Volunteer his services이다.

바꾸어 표현하기

volunteer ~ time 시간을 지원하다 → Volunteer ~ services 자원봉사를 하다

Questions 62-64 refer to the following conversation and table.

🎧 캐나다식 발음 → 영국식 발음

M: Thank you for calling EZ Home Cleaning. What can I assist you with today?

W: [62]My uncle referred me to your company, and I'm interested in your services. [63]I need my floors vacuumed, my furniture dusted, and my bathrooms cleaned.

M: [63]We can do that for $70. If you'd like your windows cleaned as well, we have another package that costs $80.

W: [63]That won't be necessary. [64]Would you be able to send someone to my house this Saturday or Sunday?

M: [64]Actually, we are fully booked for the weekend, but we can do it on Monday at 10:00 A.M. or Tuesday at 7:00 P.M.

W: [64]Monday would work best for me.

EZ Home Cleaning Packages			
Basic	Standard	[63]Superior	Ultimate
$50	$60	$70	$80

62 How did the woman learn about a cleaning service?
(A) By using a search engine
(B) By checking social media
(C) By reading a flyer
(D) By talking to a relative

63 Look at the graphic. Which package will the woman probably choose?
(A) Basic
(B) Standard
(C) Superior
(D) Ultimate

64 When will workers most likely visit the woman's home?
(A) On Saturday
(B) On Sunday
(C) On Monday
(D) On Tuesday

62-64번은 다음 대화와 표에 관한 문제입니다.

M: EZ Home Cleaning사에 전화해주셔서 감사합니다. 오늘 무엇을 도와드릴까요?

W: [62]제 삼촌이 귀사를 추천해주셔서, 귀사의 서비스에 관심이 있어요. [63]저는 바닥을 진공청소기로 청소하고, 가구의 먼지를 털고, 화장실을 청소해야 해요.

M: [63]저희는 그것들을 70달러에 해드릴 수 있습니다. 창문도 청소하고 싶으시다면, 80달러의 다른 패키지가 있습니다.

W: [63]그건 필요하지 않을 것 같아요. [64]토요일이나 일요일에 저희 집으로 사람을 보내주실 수 있나요?

M: [64]실은, 주말 예약은 다 찼습니다만, 월요일 오전 10시나 화요일 오후 7시에 해드릴 수 있습니다.

W: [64]월요일이 저에게 가장 좋을 것 같네요.

EZ Home Cleaning사 패키지			
기본	일반	[63]우수	최고
50달러	60달러	70달러	80달러

62. 여자는 어떻게 청소 서비스에 관해 알게 되었는가?
(A) 검색 엔진을 이용함으로써
(B) 소셜 미디어를 확인함으로써
(C) 전단을 읽음으로써
(D) 친척과 이야기함으로써

63. 시각 자료를 보시오. 여자는 어느 패키지를 고를 것 같은가?
(A) 기본
(B) 일반
(C) 우수
(D) 최고

64. 작업자들은 언제 여자의 집을 방문할 것 같은가?
(A) 토요일에
(B) 일요일에
(C) 월요일에
(D) 화요일에

지문 assist[əsíst] 돕다 refer[미 rifə́ːr, 영 rifə́] 추천하다 vacuum[미 vǽkjuəm, 영 vǽkjuːm] 진공청소기로 청소하다 dust[dʌst] 먼지를 털다
book[buk] 예약하다
62 flyer[fláiər] 전단 relative[rélətiv] 친척

62 ■ 세부 사항 관련 문제 방법   정답 (D)

여자가 청소 서비스에 관해 알게 된 방법을 묻는 문제이므로, 질문의 핵심어구(learn about a cleaning service)와 관련된 내용을 주의 깊게 듣는다. 여자가 "My uncle referred me to your company[EZ Home Cleaning]"라며 삼촌이 EZ Home Cleaning사를 추천 해 주었다고 하였다. 따라서 정답은 (D) By talking to a relative이다.

바꾸어 표현하기
uncle 삼촌 → relative 친척

63 ■ 세부 사항 관련 문제 시각 자료   정답 (C)

여자가 고를 패키지를 묻는 문제이므로, 제시된 표의 정보를 확인한 뒤 질문의 핵심어구(package ~ choose)와 관련된 내용을 주의 깊게 듣는다. 여자가 "I need my floors vacuumed, my furniture dusted, and my bathrooms cleaned."라며 바닥을 진공청소기로 청 소하고 가구의 먼지를 털고 화장실을 청소해야 한다고 하자, 남자가 "We can do that for $70. If you'd like your windows cleaned as well, we have another package that costs $80."라며 그것들을 70달러에 해줄 수 있다고 한 뒤, 창문도 청소하고 싶다면 80달러 의 다른 패키지가 있다고 하였다. 그러자, 여자가 "That won't be necessary."라며 그건 필요하지 않을 것 같다고 하였으므로, 여자가 고 를 패키지는 70달러인 우수 패키지임을 표에서 알 수 있다. 따라서 정답은 (C) Superior이다.

64 ■ 세부 사항 관련 문제 특정 세부 사항   정답 (C)

작업자들이 여자의 집을 방문할 요일을 묻는 문제이므로, 질문의 핵심어구(workers ~ visit the woman's home)와 관련된 내용을 주의 깊게 듣는다. 여자가 "Would you be able to send someone to my house this Saturday or Sunday?"라며 토요일이나 일요일에 자신의 집으로 사람을 보내줄 수 있는지 묻자, 남자가 "Actually, we are fully booked for the weekend, but we can do it on Monday at 10:00 A.M. or Tuesday at 7:00 P.M."이라며 실은 주말 예약은 다 찼지만 월요일 오전 10시나 화요일 오후 7시에 해줄 수 있다고 하였다. 그러자, 여자가 "Monday would work best for me."라며 월요일이 자신에게 가장 좋을 것 같다고 하였다. 따라서 정답은 (C) On Monday이다.

Questions 65-67 refer to the following conversation and survey results.

🔊 호주식 발음 → 미국식 발음

M: ⁶⁵Have you heard that one of our studio's movies made the top five on *New York Daily*'s reader poll?

W: Yes. The chief producer just e-mailed that news out to everyone. ⁶⁵We placed just above *In and Out*! Everyone thought that movie was going to get the number one spot. ⁶⁶I guess this year's increased marketing budget really paid off.

M: Right. We should promote this information as soon as possible.

W: Agreed. ⁶⁷Mary said she would post a link to the reader's poll's results on our social media page later today.

New York Daily: Reader's Poll
TOP FILMS OF THE YEAR

1. *South of London*
2. ⁶⁵*The Escapee*
3. *In and Out*
4. *Wanderers*
5. *Running Out of Time*

---

65 Look at the graphic. Which film did the speakers' company make?

(A) *South of London*
(B) *The Escapee*
(C) *Wanderers*
(D) *Running Out of Time*

66 What did the speakers' company do this year?

(A) Raised its advertising budget
(B) Produced numerous commercials
(C) Screened films before a test audience
(D) Delayed the release of a movie

67 According to the woman, what will happen later today?

(A) A new film will be announced.
(B) A meeting will be convened.
(C) A survey will be publicized online.
(D) A celebration will take place.

65-67번은 다음 대화와 설문조사 결과에 관한 문제입니다.

M: ⁶⁵우리 스튜디오의 영화 중 하나가 *New York Daily*지의 독자 투표에서 상위 5위 안에 들었다는 것을 들었나요?

W: 네. 총괄 프로듀서가 방금 그 소식을 모두에게 이메일로 보냈어요. ⁶⁵우리는 *In and Out* 바로 위에 위치했어요! 모두 그 영화가 1위를 차지할 거라고 생각했잖아요. ⁶⁶저는 올해 늘어난 마케팅 예산이 정말 성과를 거두었다고 생각해요.

M: 맞아요. 우리는 가능한 한 빠르게 이 정보를 홍보해야 해요.

W: 동의해요. ⁶⁷Mary가 오늘 늦게 우리의 소셜 미디어 페이지에 독자 투표 결과로 이어지는 링크를 게시하겠다고 했어요.

---

*New York Daily*지: 독자 투표
올해 최고의 영화들

1. *South of London*
2. ⁶⁵*The Escapee*
3. *In and Out*
4. *Wanderers*
5. *Running Out of Time*

---

65. 시각 자료를 보시오. 화자들의 회사는 어느 영화를 제작했는가?

(A) *South of London*
(B) *The Escapee*
(C) *Wanderers*
(D) *Running Out of Time*

66. 화자들의 회사는 올해 무엇을 했는가?

(A) 광고 예산을 늘렸다.
(B) 많은 광고를 제작했다.
(C) 시험 관객들 앞에서 영화를 상영했다.
(D) 영화의 개봉을 연기했다.

67. 여자에 따르면, 오늘 늦게 무슨 일이 일어날 것인가?

(A) 새로운 영화가 발표될 것이다.
(B) 회의가 소집될 것이다.
(C) 설문조사가 온라인에 홍보될 것이다.
(D) 축하 행사가 개최될 것이다.

지문 poll[poul] 투표, 여론조사 budget[bʌ́dʒit] 예산 pay off 성과를 거두다, 성공하다

66 commercial[미 kəmə́ːrʃəl, 영 kəmə́ːʃəl] 광고 screen[skriːn] 상영하다 audience[ɔ́ːdiəns] 관객, 청중

67 convene[kənvíːn] 소집하다, 회합하다 publicize[미 pʌ́bləsàiz, 영 pʌ́blisaiz] 홍보하다, 광고하다 celebration[sèləbrèiʃən] 축하 행사, 축하

65 ■ 세부 사항 관련 문제 시각 자료

화자들의 회사가 제작한 영화를 묻는 문제이므로, 제시된 설문조사 결과의 정보를 확인한 뒤 질문의 핵심어구(film ~ speaker's company make)와 관련된 내용을 주의 깊게 듣는다. 남자가 여자에게 "Have you heard that one of our studio's movies made the top five on ~ reader poll?"이라며 자신들의 스튜디오의 영화 중 하나가 독자 투표에서 상위 5위 안에 들었다는 것을 들었는지 묻자, 여자가 "We placed just above *In and Out*!"이라며 자신들이 *In and Out* 바로 위에 위치했다고 하였다. 이를 통해 화자들의 회사가 제작한 영화는 *In and Out* 바로 위에 위치한 *The Escapee*임을 설문조사 결과에서 알 수 있다. 따라서 정답은 (B) *The Escapee*이다.

66 ■ 세부 사항 관련 문제 특정 세부 사항

화자들의 회사가 올해 한 것을 묻는 문제이므로, 질문의 핵심어구(this year)가 언급된 주변을 주의 깊게 듣는다. 여자가 "I guess this year's increased marketing budget really paid off."라며 자신은 올해 늘어난 마케팅 예산이 정말 성과를 거두었다고 생각한다고 하였다. 따라서 정답은 (A) Raised its advertising budget이다.

67 ■ 세부 사항 관련 문제 다음에 할 일

오늘 늦게 일어날 일을 묻는 문제이므로, 질문의 핵심어구(later today)가 언급된 주변을 주의 깊게 듣는다. 여자가 "Mary said she would post a link to the reader's poll's results on our social media page later today."라며 Mary가 오늘 늦게 소셜 미디어 페이지에 독자 투표 결과로 이어지는 링크를 게시하겠다고 했다고 하였다. 따라서 정답은 (C) A survey will be publicized online이다.

Questions 68-70 refer to the following conversation and map.

🎧 캐나다식 발음 → 영국식 발음

M: Juliana, two new animals are being transferred to our zoo tomorrow.

W: The pandas—I heard. ⁶⁸When will they get here?

M: About an hour before the zoo opens. Anyway, could you put some bamboo shoots in these buckets? That way, they'll have food when they arrive.

W: No problem.

M: And after that, ⁶⁹/⁷⁰please check whether the panda enclosure is clean. If not, we should wash it out this afternoon.

W: ⁷⁰Do you mean the enclosure near the back exit on Lee Drive or the one near the sea life exhibit?

M: ⁷⁰I'm talking about the one on Parker Lane.

68-70번은 다음 대화와 약도에 관한 문제입니다.

M: Juliana, 내일 우리 동물원에 새로운 동물 두 마리가 이송될 거예요.

W: 판다들이라고 들었어요. ⁶⁸그들은 언제 이곳에 도착할까요?

M: 동물원이 개장하기 약 한 시간 전이요. 어쨌든, 이 양동이들에 죽순을 좀 넣어 주시겠어요? 그러면, 그들이 도착했을 때 먹을 것이 있을 거예요.

W: 물론이죠.

M: 그리고 그다음에, ⁶⁹/⁷⁰판다 우리가 깨끗한지 확인해주세요. 만약 아니라면, 우리가 오늘 오후에 그곳을 물로 씻어 내야 해요.

W: ⁷⁰Lee길에 있는 후문 근처의 우리를 말씀하시는 건가요 아니면 해양 생물 전시회 근처에 있는 것을 말하시는 건가요?

M: ⁷⁰저는 Parker길에 있는 것을 말하는 거예요.

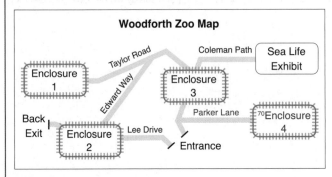

Woodforth Zoo Map

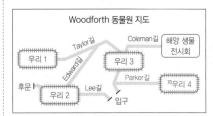

Woodforth 동물원 지도

68 What does the woman inquire about?
(A) The reason for a transfer
(B) The time of an arrival
(C) The origin of some animals
(D) The location of a zoo

69 What does the man request the woman do?
(A) Check a facility's condition
(B) Transport a food container
(C) Clean a building exterior
(D) Train an animal for a show

70 Look at the graphic. Where will the new animals live?
(A) In Enclosure 1
(B) In Enclosure 2
(C) In Enclosure 3
(D) In Enclosure 4

68. 여자는 무엇에 관해 문의하는가?
(A) 이송의 이유
(B) 도착 시간
(C) 몇몇 동물의 출생지
(D) 동물원의 위치

69. 남자는 여자에게 무엇을 해달라고 요청하는가?
(A) 시설의 상태를 확인한다.
(B) 먹이통을 옮긴다.
(C) 건물 외부를 청소한다.
(D) 공연을 위해 동물을 훈련시킨다.

70. 시각 자료를 보시오. 새로운 동물들은 어디에서 생활할 것인가?
(A) 우리 1에서
(B) 우리 2에서
(C) 우리 3에서
(D) 우리 4에서

지문 transfer[trænsfə:r] 이송하다, 옮기다; 이송 bamboo shoot 죽순 bucket[bʌ́kit] 양동이 enclosure[inklóuʒər] 우리, 울타리
wash out 물로 씻어 내다

69 transport[trænspɔ́:rt] 옮기다, 나르다 container[kəntéinər] 통, 용기 exterior[ikstíəriər] 외부 train[trein] 훈련시키다

68 ■ 세부 사항 관련 문제 특정 세부 사항
정답 (B)

여자가 문의하는 것을 묻는 문제이므로, 여자의 말을 주의 깊게 듣는다. 여자가 "When will they[pandas] get here[zoo]?"라며 판다들이 언제 동물원에 도착할지 물었다. 따라서 정답은 (B) The time of an arrival이다.

69 ■ 세부 사항 관련 문제 요청
정답 (A)

남자가 여자에게 요청하는 것을 묻는 문제이므로, 남자의 말에서 요청과 관련된 표현이 언급된 다음을 주의 깊게 듣는다. 남자가 여자에게 "please check whether the panda enclosure is clean"이라며 판다 우리가 깨끗한지 확인해줄 것을 요청하였다. 따라서 정답은 (A) Check a facility's condition이다.

바꾸어 표현하기

check whether the ~ enclosure is clean 우리가 깨끗한지 확인하다 → Check a facility's condition 시설의 상태를 확인하다

70 ■ 세부 사항 관련 문제 시각 자료
정답 (D)

새로운 동물들이 생활할 장소를 묻는 문제이므로, 제시된 약도의 정보를 확인한 뒤 질문의 핵심어구(new animals live)와 관련된 내용을 주의 깊게 듣는다. 남자가 "please check whether the panda enclosure is clean"이라며 판다 우리가 깨끗한지 확인해달라고 하자, 여자가 "Do you mean the enclosure near the back exit on Lee Drive or the one near the sea life exhibit?"이라며 Lee길에 있는 후문 근처의 우리를 말하는 것인지, 아니면 해양 생물 전시관 근처에 있는 것을 말하는 것인지 물었다. 이에 남자가 "I'm talking about the one on Parker Lane."이라며 Parker길에 있는 것을 말하는 것이라고 하였으므로, 새로운 동물들이 생활할 장소는 Parker길에 있는 우리 4임을 약도에서 알 수 있다. 따라서 정답은 (D) In Enclosure 4이다.

PART 4

71
72
73

Questions 71-73 refer to the following announcement.

🎧 호주식 발음

71Welcome to the annual South Hill Library Book Fair. Each autumn, we host a variety of special activities to encourage reading among local residents. In addition to 72offering a vast variety of both new and used books for sale, we are pleased to present a special event this year—an exhibition of rare first-edition books by early American authors. These publications are on loan from the University of Minneapolis and will be displayed in the lobby for the duration of the fair. And 73I would like to thank this year's corporate sponsor, Camdale Enterprises, for their financial support.

71 Where most likely are the listeners?
(A) At a bookstore
(B) At a university
(C) At a museum
(D) At a library

72 What does the speaker say will take place?
(A) Library cards will be distributed.
(B) Books will be sold to visitors.
(C) Attendees will compete in a contest.
(D) Prices will be reduced.

73 Why does the speaker thank Camdale Enterprises?
(A) For funding an event
(B) For creating a scholarship
(C) For promoting a fair
(D) For sending novels

71-73번은 다음 공지에 관한 문제입니다.

71South Hill 도서관의 연례 도서 박람회에 오신 것을 환영합니다. 매년 가을에, 저희는 지역 주민들 사이에 독서를 장려하기 위해 다양한 특별 활동들을 주최합니다. 72판매를 위해 방대한 종류의 신간 및 중고 서적들을 제공하는 것에 더하여, 저희는 올해 특별 행사로 초기 미국 작가들의 희귀한 초판 책 전시를 보여드리게 되어 기쁩니다. 이 서적들은 미니애폴리스 대학교에서 대여했으며 박람회 기간 동안 로비에 전시될 것입니다. 그리고 73저는 올해의 기업 후원 업체인 Camdale사에 재정 후원에 대해 감사드리고 싶습니다.

71. 청자들은 어디에 있는 것 같은가?
(A) 서점에
(B) 대학교에
(C) 박물관에
(D) 도서관에

72. 화자는 무슨 일이 일어날 것이라고 말하는가?
(A) 도서관 카드가 배부될 것이다.
(B) 책들이 방문자들에게 판매될 것이다.
(C) 참가자들이 경연에서 겨룰 것이다.
(D) 가격이 할인될 것이다.

73. 화자는 왜 Camdale사에 감사하는가?
(A) 행사를 후원한 것에 대해
(B) 장학금을 만든 것에 대해
(C) 박람회를 홍보한 것에 대해
(D) 소설들을 보낸 것에 대해

지문 **fair**[미 feər, 영 feə] 박람회 **a variety of** 다양한, 여러 가지의 **encourage**[미 inkə́:ridʒ, 영 inkʌ́ridʒ] 장려하다
vast[미 væst, 영 vɑːst] 방대한, 막대한 **rare**[미 reər, 영 reə] 희귀한 **loan**[미 loun, 영 ləun] 대여, 대출
corporate[미 kɔ́ːrpərət, 영 kɔ́ːpərət] 기업의 **sponsor**[미 spɑ́ːnsər, 영 spʌ́nsə] 후원 업체
72 **distribute**[distríbjuːt] 배부하다, 분배하다 **compete**[kəmpíːt] 겨루다, 경쟁하다

---

71 ■ **전체 지문 관련 문제** 장소 정답 (D)

청자들이 있는 장소를 묻는 문제이므로, 장소와 관련된 표현을 놓치지 않고 듣는다. "Welcome to the annual South Hill Library Book Fair."라며 South Hill 도서관의 연례 도서 박람회에 온 것을 환영한다고 하였다. 따라서 정답은 (D) At a library이다.

72 ■ **세부 사항 관련 문제** 특정 세부 사항 정답 (B)

화자가 일어날 것이라고 말한 일을 묻는 문제이므로, 질문의 핵심어구(take place)와 관련된 내용을 주의 깊게 듣는다. "offering a vast variety of both new and used books for sale"이라며 판매를 위해 방대한 종류의 신간 및 중고 서적들을 제공한다고 하였다. 따라서 정답은 (B) Books will be sold to visitors이다.

바꾸어 표현하기
offering ~ books for sale 판매를 위해 서적들을 제공하다 → Books will be sold 책들이 판매될 것이다

73 ■ **세부 사항 관련 문제** 이유 정답 (A)

화자가 Camdale사에 감사하는 이유를 묻는 문제이므로, 질문의 핵심어구(thank Camdale Enterprises)가 언급된 주변을 주의 깊게 듣는다. "I would like to thank this year's corporate sponsor, Camdale Enterprises, for their financial support"라며 올해의 기업 후원 업체인 Camdale사에 재정 후원에 대해 감사드리고 싶다고 하였다. 따라서 정답은 (A) For funding an event이다.

74
75
76

Questions 74-76 refer to the following radio broadcast.

🎧 캐나다식 발음

You're listening to WRP 99.9. The 20th annual Harrisburg Fireworks Fest is set to take place on Saturday evening. It will be held on the north end of Keaton Lake. [74]The celebration, which has been made possible through funding by the municipal government, will feature an hour-long firework show. [75]The city's hotel and restaurant industry are looking forward to the event, as thousands of people are expected to travel to Harrisburg over the weekend. [76]Now, stay tuned for details about road congestion throughout the metro area.

74-76번은 다음 라디오 방송에 관한 문제입니다.

여러분은 WRP 99.9를 듣고 계십니다. 20번째 연례 해리스버 그 불꽃놀이 축제가 토요일 저녁에 개최될 준비가 되었습니다. 이 축제는 Keaton 호수의 북쪽 끝에서 열릴 것입니다. [74]시 정 부에 의한 재정 지원을 통해 가능할 수 있었던 이 축제는 한 시 간의 불꽃놀이 쇼를 특별히 포함할 것입니다. [75]수천 명의 사람 들이 주말 동안 해리스버그로 여행을 올 것이라 예상되기 때문 에, 이 도시의 호텔과 식당 업계는 이 행사를 기대하고 있습니 다. [76]이제, 도시 전역에 걸친 도로 정체에 관한 세부 사항들을 위해 채널을 고정해 주십시오.

74 What does the speaker say about the municipal government?
(A) It provided funds for an event.
(B) It launched a promotional campaign.
(C) It regulated the use of fireworks.
(D) It invited industry leaders to a gathering.

74. 화자는 시 정부에 관해 무엇을 말하는가?
(A) 행사에 자금을 제공했다.
(B) 홍보 캠페인을 시작했다.
(C) 폭죽의 사용을 규제했다.
(D) 업계 지도자들을 모임에 초대했다.

75 What does the speaker imply when he says, "thousands of people are expected to travel to Harrisburg over the weekend"?
(A) A show has grown in size.
(B) A festival has economic benefits.
(C) Tourists will have limited hotel options.
(D) Organizers need to change arrangements.

75. 화자는 "수천 명의 사람들이 주말 동안 해리스버그로 여행 을 올 것이라 예상됩니다"라고 말할 때 무엇을 의도하는가?
(A) 쇼의 규모가 성장했다.
(B) 축제는 경제적인 이익을 가진다.
(C) 관광객들은 제한된 호텔 선택권들을 가질 것이다.
(D) 주최자들은 계획을 수정해야 한다.

76 What will the listeners probably hear next?
(A) An interview
(B) A commercial
(C) A talk show
(D) A traffic report

76. 청자들은 다음에 무엇을 들을 것 같은가?
(A) 인터뷰
(B) 광고
(C) 토크쇼
(D) 교통 정보

지문 firework[fáiərwə:rk] 불꽃놀이, 폭죽 fest[fest] 축제 funding[fʌ́ndiŋ] 재정 지원 municipal[mju:nísipəl] 시의, 도시의
feature[fí:tʃər] 특별히 포함하다, 특징으로 하다 look forward to 기대하다 congestion[kəndʒéstʃən] 정체
74 regulate[régjuleit] 규제하다 75 arrangement[əréindʒmənt] 계획
76 commercial[kəmə́:rʃəl] 광고

---

74 ■ **세부 사항 관련 문제** 언급 정답 (A)
○ 화자가 시 정부에 관해 언급하는 것을 묻는 문제이므로, 질문의 핵심어구(municipal government)가 언급된 주변을 주의 깊게 듣는다.
● "The celebration, which has been made possible through funding by the municipal government"라며 이 축제가 시 정부에
상 의한 재정 지원을 통해 가능할 수 있었다고 하였다. 따라서 정답은 (A) It provided funds for an event이다.

75 ■ **세부 사항 관련 문제** 의도 파악 정답 (B)
○ 화자가 하는 말의 의도를 묻는 문제이므로, 질문의 인용어구(thousands of people are expected to travel to Harrisburg over the
● weekend)가 언급된 주변을 주의 깊게 듣는다. "The city's hotel and restaurant industry are looking forward to the event, as
상 thousands of people are expected to travel to Harrisburg over the weekend."라며 수천 명의 사람들이 주말 동안 해리스버그
로 여행을 올 것이라 예상되기 때문에, 도시의 호텔과 식당 업계는 이 행사를 기대하고 있다고 하였다. 이를 통해 축제가 경제적인 이익을
가진다는 것을 알 수 있다. 따라서 정답은 (B) A festival has economic benefits이다.

76 ■ **세부 사항 관련 문제** 특정 세부 사항 정답 (D)
○ 청자들이 다음에 들을 것을 묻는 문제이므로, 질문의 핵심어구(next)와 관련된 내용을 주의 깊게 듣는다. "Now, stay tuned for details
● about road congestion throughout the metro area."라며 이제 도시 전역에 걸친 도로 정체에 관한 세부 사항들을 위해 채널을 고정
중 해 달라고 하였다. 따라서 정답은 (D) A traffic report이다.

바꾸어 표현하기
details about road congestion 도로 정체에 관한 세부 사항들 → traffic report 교통 정보

Questions 77-79 refer to the following announcement.

🎧 영국식 발음

Before we explore the Chakra Wildlife Park, I want you to listen closely to the following instructions and information. First, food is not permitted inside the park. Second, photographs are allowed, but ⁷⁷please do not use a flash because the light scares the animals. Third, ⁷⁸do not exit the shuttle at any time during the tour. As a reminder, ⁷⁹there will be an hour lunch break at the Jungle Café after we're done touring the African wildlife compound. Once everyone has finished eating, we will resume the tour by continuing on to our Asian wildlife compound. OK, if you'll please follow me, we will begin our tour.

77 Why are camera flashes prohibited?
(A) They upset the performers.
(B) They distract the guide.
(C) They frighten the wildlife.
(D) They bother other guests.

78 What does the speaker tell the listeners to do?
(A) Leave their bags at the entrance
(B) Meet at the snack bar
(C) Take some beverages along
(D) Remain on the shuttle

79 According to the speaker, what can the listeners do after seeing the African wildlife compound?
(A) Get something to eat
(B) Browse through some souvenirs
(C) Look at some displays
(D) Watch a demonstration

77-79번은 다음 공지에 관한 문제입니다.

우리가 Chakra 야생 동물 공원을 탐험하기 전에, 저는 여러분께서 다음의 설명들과 정보를 주의 깊게 들으시길 바랍니다. 첫째로, 공원 안에서 음식은 허용되지 않습니다. 둘째로, 사진은 허용되지만, ⁷⁷빛이 동물들을 겁먹게 하기 때문에 플래시는 사용하지 말아 주십시오. 셋째로, ⁷⁸관광 중 어느 때든지 셔틀버스에서 내리지 마십시오. 다시 한번 상기시켜 드리자면, ⁷⁹아프리카 야생 동물 지역을 관광하는 것이 끝난 후에 Jungle 카페에서 1시간의 점심시간이 있을 것입니다. 모든 분들이 식사를 마치시면, 우리는 아시아 야생 동물 지역으로 계속 가면서 관광을 다시 시작할 것입니다. 자, 저를 따라오시면, 관광을 시작하겠습니다.

77. 카메라 플래시는 왜 금지되는가?
(A) 공연자들을 당황하게 한다.
(B) 가이드의 주의를 산만하게 한다.
(C) 야생 동물을 겁먹게 만든다.
(D) 다른 손님들을 신경 쓰이게 한다.

78. 화자는 청자들에게 무엇을 하라고 말하는가?
(A) 그들의 가방을 입구에 둔다.
(B) 매점에서 만난다.
(C) 음료를 가지고 간다.
(D) 셔틀버스에 머무른다.

79. 화자에 따르면, 청자들은 아프리카 야생 동물 지역을 본 뒤에 무엇을 할 수 있는가?
(A) 먹을 것을 먹는다.
(B) 기념품들을 훑어본다.
(C) 전시들을 본다.
(D) 시연을 본다.

지문 permit[미 pərmít, 영 pəmít] 허용하다 scare[미 skeər, 영 skeə] 겁먹게 하다, 겁주다 reminder[미 rimáindər, 영 rimáində] 상기시키는 것
compound[미 káːmpaund, 영 kɔ́mpaund] (벽 등으로 둘러싸인) 지역 resume[미 rizúːm, 영 rizjúːm] 다시 시작하다
77 prohibit[prouhíbit] 금지하다 upset[ʌpsét] 당황하게 하다 distract[distrǽkt] 주의를 산만하게 하다, 집중이 안 되게 하다
frighten[fraitn] 겁먹게 만들다 bother[báðər] 신경 쓰이게 하다, 괴롭히다
79 souvenir[sùːvəníər] 기념품 demonstration[dèmənstréiʃən] 시연, 설명

77 ■ 세부 사항 관련 문제 이유   정답 (C)
○○○○○
●
하
카메라 플래시가 금지되는 이유를 묻는 문제이므로, 질문의 핵심어구(camera flashes prohibited)와 관련된 내용을 주의 깊게 듣는다. "please do not use a flash because the light scares the animals"라며 빛이 동물들을 겁먹게 하기 때문에 플래시를 사용하지 말아 달라고 하였다. 따라서 정답은 (C) They frighten the wildlife이다.

바꾸어 표현하기
scares the animals 동물들을 겁먹게 하다 → frighten the wildlife 야생 동물을 겁먹게 만들다

78 ■ 세부 사항 관련 문제 요청   정답 (D)
○○○○○
●
하
화자가 청자들에게 요청하는 것을 묻는 문제이므로, 지문의 중후반에서 요청과 관련된 표현이 포함된 문장을 주의 깊게 듣는다. "do not exit the shuttle at any time during the tour"라며 관광 중 어느 때든지 셔틀버스에서 내리지 말라고 하였다. 따라서 정답은 (D) Remain on the shuttle이다.

79 ■ 세부 사항 관련 문제 특정 세부 사항   정답 (A)
○○○○○
●
하
청자들이 아프리카 야생 동물 지역을 본 뒤에 할 수 있는 것을 묻는 문제이므로, 질문의 핵심어구(after seeing the African wildlife compound)와 관련된 내용을 주의 깊게 듣는다. "there will be an hour lunch break at the Jungle Café after we're done touring the African wildlife compound"라며 아프리카 야생 동물 지역을 관광하는 것이 끝난 후에 Jungle 카페에서 1시간의 점심시간이 있을 것이라고 하였다. 따라서 정답은 (A) Get something to eat이다.

Questions 80-82 refer to the following advertisement.

🎧 미국식 발음

Are you looking for something fun to do this weekend? Then
⁸⁰stop by Plaza Mall to celebrate the grand opening of our new
food hall on Saturday, April 14! ⁸¹Located beside our indoor
playground on the fifth floor, the food hall includes 17 restaurants
serving a variety of dishes from all over the world. ⁸²Still not sure
if you should stop by? Singer Jacob Keeve will be on site this
Saturday. ⁸²He will be signing copies of his latest album on the
ground floor. Visit our Web site for details about this event.

80   What will open on April 14?
     (A) A department store
     (B) A performance arts theater
     (C) A dining facility
     (D) A child care center

81   According to the speaker, what is located on the fifth floor?
     (A) An exhibit space
     (B) An information booth
     (C) A clothing boutique
     (D) A play area

82   Why does the speaker say, "Singer Jacob Keeve will be on site
     this Saturday"?
     (A) To announce a concert
     (B) To attract some shoppers
     (C) To confirm some rumors
     (D) To correct a mistake

80~82번은 다음 광고에 관한 문제입니다.

이번 주말에 할 재미있는 무언가를 찾고 계시는가요? 그렇다면
⁸⁰4월 14일 토요일에 저희의 새로운 식품관 개장을 기념하기
위해 Plaza 쇼핑몰에 들르십시오! ⁸¹5층에 있는 실내 놀이터 옆
에 위치한 식품관은 전 세계의 다양한 음식들을 제공하는 17개
의 음식점들을 포함합니다. ⁸²아직도 들러야 할지 확실하지 않
으신가요? 가수 Jacob Keeve가 이번 주 토요일에 현장에 있
을 것입니다. ⁸²그는 1층에서 자신의 최신 앨범들에 사인을 할
것입니다. 이 행사에 대한 자세한 사항을 위해서는 저희 웹사이
트를 방문해 주세요.

80. 4월 14일에 무엇이 개업할 것인가?
     (A) 백화점
     (B) 공연 예술 극장
     (C) 식당 시설
     (D) 보육원

81. 화자에 따르면, 5층에 무엇이 위치해 있는가?
     (A) 전시 공간
     (B) 안내소
     (C) 의류 부티크
     (D) 놀이터

82. 화자는 왜 "가수 Jacob Keeve가 이번 주 토요일에 현장
     에 있을 것입니다"라고 말하는가?
     (A) 콘서트를 발표하기 위해
     (B) 쇼핑객들을 끌어모으기 위해
     (C) 소문을 확인하기 위해
     (D) 실수를 바로잡기 위해

지문   stop by 들르다   celebrate[séləbreit] 기념하다   indoor[índɔːr] 실내의   playground[pléigraund] 놀이터   latest[léitist] 최신의
80   dining facility 식당 시설
81   exhibit[igzíbit] 전시   boutique[buːtíːk] 부티크, 양품점
82   announce[ənáuns] 발표하다, 알리다

80   ■ 세부 사항 관련 문제 다음에 할 일   정답 (C)

4월 14일에 개업하는 것을 묻는 문제이므로, 질문의 핵심어구(April 14)가 언급된 주변을 주의 깊게 듣는다. "stop by Plaza Mall to
celebrate the grand opening of our new food hall on Saturday, April 14!"라며 4월 14일 토요일에 새로운 식품관 개장을 기념
하기 위해 Plaza 쇼핑몰에 들르라고 하였다. 이를 통해 4월 14일에 식당 시설이 개업할 것임을 알 수 있다. 따라서 정답은 (C) A dining
facility이다.

바꾸어 표현하기
food hall 식품관 → dining facility 식당 시설

81   ■ 세부 사항 관련 문제 특정 세부 사항   정답 (D)

5층에 위치한 것을 묻는 문제이므로, 질문의 핵심어구(fifth floor)가 언급된 주변을 주의 깊게 듣는다. "Located beside our indoor
playground on the fifth floor, the food hall includes 17 restaurants"라며 5층에 있는 실내 놀이터 옆에 위치한 식품관은 17개의
음식점들을 포함한다고 하였다. 따라서 정답은 (D) A play area이다.

82   ■ 세부 사항 관련 문제 의도 파악   정답 (B)

화자가 하는 말의 의도를 묻는 문제이므로, 질문의 인용어구(Singer Jacob Keeve will be on site this Saturday)가 언급된 주변을 주
의 깊게 듣는다. "Still not sure if you should stop by?"라며 아직도 들러야 할지 확실하지 않은지 물은 뒤, "Singer Jacob Keeve
will be on site this Saturday. He will be signing copies of his latest album on the ground floor."라며 가수 Jacob Keeve가
이번 주 토요일에 현장에 있을 것이며, 1층에서 자신의 최신 앨범들에 사인을 할 것이라고 하였다. 이를 통해 쇼핑객들을 끌어모으기 위한
의도임을 알 수 있다. 따라서 정답은 (B) To attract some shoppers이다.

Questions 83-85 refer to the following telephone message.

🎧 호주식 발음

Hello, Kathryn. This is James Hartman from the editorial office. [83]The human resources department just notified me that they've approved your leave request. However, [84]your article on extreme sports activities must be finished before you complete your shift on Friday. This is very important, as the piece is going to be included in next month's magazine edition. Also, your team member, Joanne Marr, is going to take over responsibility for your other work while you're away. So, [85]please share any notes or unfinished versions of next month's story that you have with her. Feel free to drop by my office if you have any questions. Otherwise, we'll talk again when you return.

83 According to the speaker, what did the listener do?
(A) Published a story
(B) Asked for time off
(C) Returned from a trip
(D) Met with a supervisor

84 What must be completed by the end of the week?
(A) A business report
(B) A project proposal
(C) A movie review
(D) A magazine article

85 What is the listener told to give a colleague?
(A) Uncompleted drafts
(B) Contact details
(C) Office keys
(D) Itinerary information

83-85번은 다음 전화 메시지에 관한 문제입니다.

안녕하세요, Kathryn. 지는 편집실의 James Hartman입니다. [83]방금 인사부에서 당신의 휴가 요청을 승인했다는 것을 저에게 알려주었습니다. 하지만, [84]극한 스포츠 활동에 대한 당신의 기사는 금요일에 근무 시간을 마치기 전에 반드시 완료돼야 합니다. 그 기사가 잡지의 다음 달 호에 포함될 것이기 때문에, 이것은 매우 중요합니다. 또한, 당신의 팀원인 Joanne Marr가 당신이 떠나 있는 동안 당신의 다른 업무에 대한 책임을 인계받을 것입니다. 따라서, [85]당신이 가지고 있는 메모나 다음 달 이야기의 미완성된 버전들을 그녀에게 공유해주세요. 질문이 있으시면 언제든 제 사무실에 들르세요. 그렇지 않으면, 당신이 돌아온 후에 다시 이야기합시다.

83. 화자에 따르면, 청자는 무엇을 했는가?
(A) 소설을 출판했다.
(B) 휴가를 요청했다.
(C) 여행에서 돌아왔다.
(D) 상사와 만났다.

84. 이번 주말까지 무엇이 완료되어야 하는가?
(A) 사업 보고서
(B) 프로젝트 제안서
(C) 영화 비평
(D) 잡지 기사

85. 청자는 동료에게 무엇을 주도록 요청되는가?
(A) 완성되지 않은 원고
(B) 상세 연락처
(C) 사무실 열쇠
(D) 여행 일정 정보

지문 editorial[èditɔ́:riəl] 편집의 notify[미 nóutəfai, 영 nə́utifai] 알리다, 통보하다 approve[əprúːv] 승인하다 piece[piːs] 기사
edition[idíʃən] 호, 판 take over 인계받다 story[stɔ́:ri] 이야기, 소설 drop by ~에 들르다
83 publish[pʌ́bliʃ] 출판하다 time off 휴가
85 colleague[káːliːg] 동료 draft[dræft] 원고, 초안 itinerary[aitínəreri] 여행 일정

83 ■ 세부 사항 관련 문제 특정 세부 사항 | 정답 (B)
청자가 한 것을 묻는 문제이므로, 질문의 핵심어구(listener do)와 관련된 내용을 주의 깊게 듣는다. "The human resources department just notified me that they've approved your leave request."라며 방금 인사부에서 청자의 휴가 요청을 승인했다는 것을 알려주었다고 한 말을 통해 청자가 휴가를 요청했음을 알 수 있다. 따라서 정답은 (B) Asked for time off이다.

84 ■ 세부 사항 관련 문제 특정 세부 사항 | 정답 (D)
이번 주말까지 완료되어야 하는 것을 묻는 문제이므로, 질문의 핵심어구(by the end of the week)와 관련된 내용을 주의 깊게 듣는다. "your article on extreme sports activities must be finished before you complete your shift on Friday"라며 극한 스포츠 활동에 대한 기사가 금요일에 근무 시간을 마치기 전에 반드시 완료돼야 한다고 하였다. 따라서 정답은 (D) A magazine article이다.

85 ■ 세부 사항 관련 문제 요청 | 정답 (A)
청자가 동료에게 주도록 요청되는 것을 묻는 문제이므로, 대화에서 요청과 관련된 표현이 언급된 다음을 주의 깊게 듣는다. "please share any notes or unfinished versions of next month's story that you have with her[your team member, Joanne Marr]"라며 청자가 가지고 있는 메모나 다음 달 이야기의 미완성된 버전들을 청자의 팀원인 Joanne Marr에게 공유해달라고 하였다. 따라서 정답은 (A) Uncompleted drafts이다.

Questions 86-88 refer to the following talk.

🎧 영국식 발음

[86]It is my pleasure to welcome you all to the opening day of Keller University's scientific lecture series. [87]We have invited a variety of scientific experts from the fields of biology, chemistry, and physics to elaborate on their most current studies and findings. I am sure you will find all four of today's talks very educational. [88]I encourage everyone to pick up programs for today's event at the information booth near the main entrance. Also, we request that you wait until the conclusion of each lecture to ask questions. Each speaker will have an opportunity to address inquiries following his or her talk. Thank you, and I hope you enjoy the event.

86 What is taking place?
 (A) A corporate gathering
 (B) A teaching workshop
 (C) A lecture series
 (D) A college orientation

87 What is mentioned about the event?
 (A) It was organized by students.
 (B) It will be streamed online.
 (C) It has been extended considerably.
 (D) It will feature several presenters.

88 What does the speaker recommend the listeners do?
 (A) Get a handout from a booth
 (B) Select their own seats
 (C) Register for a special event
 (D) Ask questions during a talk

86-88번은 다음 담화에 관한 문제입니다.

[86]Keller 대학의 과학 강연 시리즈의 첫날에 여러분 모두를 환영하게 되어 기쁩니다. [87]저희는 자신들의 가장 최근의 연구와 조사 결과들에 대해 상세히 설명해 주실 생물학, 화학, 그리고 물리학 분야의 다양한 과학 전문가들을 초청했습니다. 저는 여러분이 오늘의 네 가지 강연 모두 매우 교육적이라고 여기실 것을 확신합니다. [88]저는 모든 분들이 중앙 출입구 근처의 안내 부스에서 오늘 행사의 일정표를 가져오실 것을 권합니다. 또한, 저희는 여러분이 질문을 하기 위해 각 강연의 끝까지 기다려주시기를 요청합니다. 각 발표자는 자신의 강연 뒤에 질문들을 다룰 기회를 가질 것입니다. 감사드리며, 행사를 즐기시기 바랍니다.

86. 무엇이 일어나고 있는가?
 (A) 회사 모임
 (B) 교육 워크숍
 (C) 강연 시리즈
 (D) 대학 오리엔테이션

87. 행사에 관해 무엇이 언급되는가?
 (A) 학생들에 의해 준비되었다.
 (B) 온라인으로 재생될 것이다.
 (C) 상당히 확장되어왔다.
 (D) 몇몇 발표자들을 특별히 포함할 것이다.

88. 화자는 청자들에게 무엇을 하라고 권하는가?
 (A) 부스에서 인쇄물을 받는다.
 (B) 자신의 자리를 직접 고른다.
 (C) 특별 행사에 등록한다.
 (D) 강연 중에 질문을 한다.

지문 elaborate[ilǽbəreit] 상세히 설명하다 finding[fáindiŋ] 조사 결과 educational[èdʒukéiʃənl] 교육적인 program[미 próugræm, 영 próugræm] 일정, 진행표 address[ədrés] 다루다, 처리하다 inquiry[미 ínkwəri, 영 inkwáiəri] 질문, 문의
87 stream[stri:m] 재생하다 considerably[kənsídərəbli] 상당히 presenter[prizéntər] 발표자

86 ■ 세부 사항 관련 문제 특정 세부 사항 　　　　　정답 (C)
일어나고 있는 일을 묻는 문제이므로, 질문의 핵심어구(taking place)와 관련된 내용을 주의 깊게 듣는다. "It is my pleasure to welcome you all to the ~ lecture series."라며 강연 시리즈에 모두를 환영하게 되어 기쁘다고 한 뒤, 강연 시리즈와 관련된 내용을 언급하였다. 따라서 정답은 (C) A lecture series이다.

87 ■ 세부 사항 관련 문제 언급 　　　　　정답 (D)
행사에 관해 언급되는 것을 묻는 문제이므로, 질문의 핵심어구(the event)와 관련된 내용을 주의 깊게 듣는다. "We have invited a variety of scientific experts from the fields of biology, chemistry, and physics to elaborate on their most current studies and findings."라며 자신들의 가장 최근의 연구와 조사 결과들에 대해 상세히 설명해 줄 생물학, 화학, 그리고 물리학 분야의 다양한 과학 전문가들을 초청했다고 하였다. 따라서 정답은 (D) It will feature several presenters이다.

88 ■ 세부 사항 관련 문제 제안 　　　　　정답 (A)
화자가 청자들에게 제안하는 것을 묻는 문제이므로, 지문의 중후반에서 제안과 관련된 표현이 포함된 문장을 주의 깊게 듣는다. "I encourage everyone to pick up programs for today's event at the information booth near the main entrance."라며 청자들이 중앙 출입구 근처의 안내 부스에서 오늘 행사의 일정표를 가져올 것을 제안하였다. 따라서 정답은 (A) Get a handout from a booth이다.

바꾸어 표현하기
pick up programs 일정표를 가져오다 → Get a handout 인쇄물을 받다

Questions 89-91 refer to the following telephone message.

🔊 캐나다식 발음

Hi, [89]this is Tim Kerensky from FV Auto Repair. We've been looking at your car, and we think we've identified the problem. It looks like the oil hasn't been changed in a long time, so it was clogging up the engine. [90]We can perform an oil change for you right now at the sale price of just $40. [91]If you don't change your oil every 10,000 kilometers or so, it causes a lot of problems. Please call us back and let us know if you want us to do that. The whole operation should take around 30 minutes.

89 Who most likely is the speaker?
(A) A driving instructor
(B) A vehicle rental agent
(C) A car dealer
(D) An automobile mechanic

90 What does the speaker offer to do?
(A) Contact another auto repair shop
(B) Check a vehicle's oil quality
(C) Provide a service at a discounted price
(D) Order a part from a manufacturer

91 Why does the speaker say, "The whole operation should take around 30 minutes"?
(A) To point out that an engine is not operable
(B) To encourage the listener to approve a procedure
(C) To warn the listener against driving the car
(D) To suggest buying a replacement part

89-91번은 다음 전화 메시지에 관한 내용입니다.

안녕하세요, [89]저는 FV 자동차 정비소의 Tim Kerensky입니다. 저희는 귀하의 차량을 살펴보았고, 문제를 찾아낸 것 같습니다. 오일이 오랫동안 교체되지 않아서, 엔진을 꽉 막고 있었던 것 같습니다. [90]저희는 지금 바로 귀하를 위해 불과 40달러의 할인가에 오일 교체를 실시할 수 있습니다. [91]오일을 1만 킬로미터 정도마다 교체하지 않으면, 많은 문제를 야기합니다. 다시 전화 주셔서 저희가 그렇게 하기를 원하시는지 알려주세요. 전체 작업은 30분 정도 소요될 것입니다.

89. 화자는 누구인 것 같은가?
(A) 운전 강사
(B) 차량 대여업자
(C) 자동차 판매업자
(D) 자동차 정비공

90. 화자는 무엇을 해주겠다고 제안하는가?
(A) 다른 자동차 정비소에 연락한다.
(B) 차량의 오일 품질을 확인한다.
(C) 서비스를 할인된 가격에 제공한다.
(D) 제조사로부터 부품을 주문한다.

91. 화자는 왜 "전체 작업은 30분 정도 소요될 것입니다"라고 말하는가?
(A) 엔진이 작동 불가능하다는 점을 지적하기 위해
(B) 청자가 절차를 승인하도록 권장하기 위해
(C) 청자에게 차량을 운전하는 것에 대해 경고하기 위해
(D) 대체 부품을 구매하는 것을 제안하기 위해

지문 identify[aidéntəfài] 찾다, 확인하다 clog up 꽉 막다 operation[미 àpəréiʃən, 영 ɔ̀pəréiʃən] 작업, 수술
89 instructor[instrʌ́ktər] 강사, 지도자 automobile[ɔ́ːtəməbìːl] 자동차 mechanic[məkǽnik] 정비공, 기계공
91 operable[미 ɑ́ːpərəbl, 영 ɔ́pərəbl] 작동하는, 사용 가능한 approve[əprúːv] 승인하다 replacement[ripléismənt] 대체

89 ■ 전체 지문 관련 문제 화자   정답 (D)

○ ○ ○ ● ● 중 화자의 신분을 묻는 문제이므로, 신분 및 직업과 관련된 표현을 놓치지 않고 듣는다. "this is Tim Kerensky from FV Auto Repair"라며 자신을 FV 자동차 정비소의 Tim Kerensky라고 소개한 뒤, "We've been looking at your car, and we think we've identified the problem."이라며 청자의 차량을 살펴보았고 문제를 찾아낸 것 같다고 하였다. 이를 통해 화자가 자동차 정비공임을 알 수 있다. 따라서 정답은 (D) An automobile mechanic이다.

90 ■ 세부 사항 관련 문제 제안   정답 (C)

○ ○ ○ ● ● 중 화자가 해주겠다고 제안하는 것을 묻는 문제이므로, 지문의 중후반에서 화자가 청자를 위해 해주겠다고 언급한 내용을 주의 깊게 듣는다. "We can perform an oil change for you right now at the sale price of just $40."라며 지금 바로 청자를 위해 불과 40달러의 할인가에 오일 교체를 실시할 수 있다고 하였다. 따라서 정답은 (C) Provide a service at a discounted price이다.

91 ■ 세부 사항 관련 문제 의도 파악   정답 (B)

○ ○ ○ ● ● 중 화자가 하는 말의 의도를 묻는 문제이므로, 질문의 인용어구(The whole operation should take around 30 minutes)가 언급된 주변을 주의 깊게 듣는다. "If you don't change your oil every 10,000 kilometers or so, it causes a lot of problems."라며 오일을 1만 킬로미터 정도마다 교체하지 않으면 많은 문제를 야기한다고 한 뒤, "Please call us back and let us know if you want us to do that[oil change]. The whole operation should take around 30 minutes."라며 다시 전화해서 자신들이 오일 교체를 하길 원하는지 알려달라고 하며 전체 작업은 30분 정도 소요될 것이라고 말한 것을 통해, 화자는 청자가 오일 교체 절차를 승인하도록 권장하려는 의도임을 알 수 있다. 따라서 정답은 (B) To encourage the listener to approve a procedure이다.

Questions 92-94 refer to the following television broadcast.

🔊 미국식 발음

Good morning. I'm Sandra Choi with Channel 11 News. [92]On Saturday, August 3, an organization called Our Natural Resources will be holding a five-kilometer run in Chicago. The goal of the event is to raise funds for the maintenance of public parks around the city. Organizers expect thousands of people to participate in the race and hope to generate nearly one million dollars. [93]Online registration for the run will remain open until August 1, so there are still three weeks to sign up. [94]Financial contributions are also being accepted from those who cannot attend the event but would like to offer support.

92　What has been planned for August 3?
　(A) A gardening convention
　(B) An annual banquet
　(C) A grand opening
　(D) A charity run

93　What can the listeners do online?
　(A) Look up some directions
　(B) Learn about a community project
　(C) Complete a registration process
　(D) Join an organization

94　According to the speaker, what are people able to do?
　(A) Share ideas with city officials
　(B) Support a cause financially
　(C) Design some event flyers
　(D) Encourage others to participate

92-94번은 다음 텔레비전 방송에 관한 문제입니다.

안녕하세요. Channel 11 뉴스의 Sandra Choi입니다. [92]8월 3일 토요일에, Our Natural Resources라고 불리는 한 단체가 시카고에서 5킬로미터 달리기를 개최할 예정입니다. 행사의 목적은 도시 주변 공원들의 보수를 위한 기금을 모으는 것입니다. 주최자들은 수천 명의 사람들이 경주에 참가할 것으로 예상하며, 거의 백만 달러를 만들어 내기를 기대합니다. [93]달리기를 위한 온라인 등록은 8월 1일까지 열려 있을 것이므로, 등록하려면 아직 3주가 있습니다. [94]행사에 참석하지 못하지만 후원을 제공하고자 하시는 분들로부터 재정적 기부도 받고 있습니다.

92.　8월 3일에 무엇이 계획되어 있는가?
　(A) 정원 컨벤션
　(B) 연례 만찬
　(C) 개업
　(D) 자선 달리기

93.　청자들은 온라인으로 무엇을 할 수 있는가?
　(A) 위치를 찾아본다.
　(B) 지역 사회 프로젝트에 관해 배운다.
　(C) 등록 절차를 완료한다.
　(D) 단체에 가입한다.

94.　화자에 따르면, 사람들은 무엇을 할 수 있는가?
　(A) 시 공무원들과 의견을 공유한다.
　(B) 대의를 재정적으로 후원한다.
　(C) 행사 전단을 디자인한다.
　(D) 다른 사람들이 참여하도록 장려한다.

지문　generate[dʒénəreit] 만들어 내다, 산출하다　nearly[níərli] 거의　registration[rèdʒistréiʃən] 등록　sign up 등록하다
　　　contribution[kàːntrəbjúːʃən] 기부, 기여
　92　banquet[bǽŋkwit] 만찬, 연회　charity[tʃǽrəti] 자선, 관용
　93　look up 찾아보다
　94　cause[kɔːz] 대의

92　■ 세부 사항 관련 문제 특정 세부 사항　　　　　　　　　　　　　　　　　　　　　　　　　　정답 (D)
8월 3일에 계획되어 있는 것을 묻는 문제이므로, 질문의 핵심어구(August 3)가 언급된 주변을 주의 깊게 듣는다. "On Saturday, August 3, an organization ~ will be holding a five-kilometer run ~. The goal of the event is to raise funds"라며 8월 3일에 한 단체가 5킬로미터 달리기를 개최할 예정이라고 한 뒤, 행사의 목적은 기금을 모으는 것이라고 하였다. 이를 통해 8월 3일에 자선 달리기가 계획되어 있음을 알 수 있다. 따라서 정답은 (D) A charity run이다.

93　■ 세부 사항 관련 문제 특정 세부 사항　　　　　　　　　　　　　　　　　　　　　　　　　　정답 (C)
청자들이 온라인으로 할 수 있는 것을 묻는 문제이므로, 질문의 핵심어구(online)가 언급된 주변을 주의 깊게 듣는다. "Online registration for the run will remain open until August 1, so there are still three weeks to sign up."이라며 달리기를 위한 온라인 등록은 8월 1일까지 열려 있을 것이므로, 등록하려면 아직 3주가 있다고 하였다. 따라서 정답은 (C) Complete a registration process이다.

94　■ 세부 사항 관련 문제 특정 세부 사항　　　　　　　　　　　　　　　　　　　　　　　　　　정답 (B)
사람들이 할 수 있는 것을 묻는 문제이므로, 질문의 핵심어구(people able to do)와 관련된 내용을 주의 깊게 듣는다. "Financial contributions are also being accepted from those who cannot attend the event but would like to offer support."라며 행사에 참석하지 못하지만 후원을 제공하고자 하는 사람들로부터 재정적 기부도 받고 있다고 하였다. 따라서 정답은 (B) Support a cause financially이다.

Questions 95-97 refer to the following recorded message and staff directory.

95-97번은 다음 녹음 메시지와 직원 전화번호부에 관한 문제입니다.

🔊 영국식 발음

Thank you for calling Fanli Technologies. To learn more about our home entertainment systems, [95]please visit our Web site at www.fanlitech.com, where you will find product descriptions, manuals, and warranty information. If you know the extension of the person to whom you wish to speak, you may dial it at any time. To speak to one of our product management team, please dial 1099. [96]To speak to a member of our corporate sales team, please dial 1220. To speak to someone in our accounting department about billing or payments, please dial 1330. For general inquiries, press 0 to be connected to the next available operator. [97]If you are calling after business hours, please stay on the line to record a message. Thank you.

Fanli Technologies사에 전화주셔서 감사합니다. 저희의 가정용 오락 기기 시스템에 대해 더 알고 싶으시다면, [95]제품 설명, 설명서, 그리고 품질 보증 정보를 확인하실 수 있는 저희의 웹 사이트 www.fanlitech.com을 방문해 주세요. 통화하고자 하시는 사람의 내선 번호를 알고 계신다면, 언제든지 누르셔도 됩니다. 저희의 제품 관리팀 중 한 명에게 이야기하시려면, 1099번을 눌러주세요. [96]기업 영업팀의 직원과 이야기하시기 위해서는, 1220번을 눌러주세요. 청구서 발부나 납부에 대해 회계 부서의 누군가와 이야기하시기 위해서는, 1330번을 눌러주세요. 일반적인 문의들을 위해서는, 전화를 받을 수 있는 다음 교환원에게 연결될 수 있도록 0번을 누르세요. [97]영업시간 이후에 전화를 하셨다면, 메시지를 녹음하기 위해 전화를 끊지 말고 기다려주세요. 감사합니다.

Fanli Technologies
Staff directory

Extension	Name
1099	Peter Gold
1220	[96]Laura Hargroder
1320	Sven Harma
1330	Margaret Carruth

Fanli Technologies사
직원 전화번호부

내선 번호	이름
1099	Peter Gold
1220	[96]Laura Hargroder
1320	Sven Harma
1330	Margaret Carruth

95 According to the speaker, what is available online?
(A) Product information
(B) Billing support
(C) Purchasing assistance
(D) Telephone numbers

95. 화자에 따르면, 온라인에서 무엇이 이용 가능한가?
(A) 제품 정보
(B) 청구서 발부 지원
(C) 구매 보조
(D) 전화번호

96 Look at the graphic. Who is on the corporate sales team?
(A) Peter Gold
(B) Laura Hargroder
(C) Sven Harma
(D) Margaret Carruth

96. 시각 자료를 보시오. 누가 기업 영업팀에 있는가?
(A) Peter Gold
(B) Laura Hargroder
(C) Sven Harma
(D) Margaret Carruth

97 According to the speaker, why should the listeners stay on the line?
(A) To check an order
(B) To submit a payment
(C) To reach an employee
(D) To leave a message

97. 화자에 따르면, 청자들은 왜 전화를 끊지 말고 기다려야 하는가?
(A) 주문을 확인하기 위해
(B) 납부를 하기 위해
(C) 직원에게 연락하기 위해
(D) 메시지를 남기기 위해

지문 description[diskrípʃən] 설명 manual[mǽnjuəl] 설명서 warranty[wɔ́ːrənti] 품질 보증 extension[iksténʃən] 내선 번호 dial[dáiəl] 누르다, 전화를 걸다 corporate[미 kɔ́ːrpərət, 영 kɔ́ːpərət] 기업의 billing[bíliŋ] 청구서 발부 payment[péimənt] 납부 inquiry[미 ínkwəri, 영 inkwáiəri] 문의 operator[미 áːpərèitər, 영 ɔ́pəreitə] 교환원 stay on the line (전화를) 끊고 있지 않고 기다리다

95 purchasing[pə́ːrtʃəsiŋ] 구매

97 reach[riːtʃ] 연락하다

95 ■ 세부 사항 관련 문제 특정 세부 사항

정답 (A)

온라인에서 이용 가능한 것을 묻는 문제이므로, 질문의 핵심어구(available online)와 관련된 내용을 주의 깊게 듣는다. "please visit our Web site ~ where you will find product descriptions, manuals, and warranty information"이라며 제품 설명, 설명서, 그리고 품질 보증 정보를 확인할 수 있는 웹사이트를 방문해달라고 하였다. 따라서 정답은 **(A) Product information**이다.

96 ■ 세부 사항 관련 문제 시각 자료

정답 (B)

기업 영업팀에 있는 인물을 묻는 문제이므로, 제시된 직원 전화번호부의 정보를 확인한 뒤 질문의 핵심어구(corporate sales team)가 언급된 주변을 주의 깊게 듣는다. "To speak to a member of our corporate sales team, please dial 1220."라며 기업 영업팀의 직원과 이야기하기 위해서는 1220번을 눌러 달라고 하였으므로, 내선 번호 1220번의 Laura Hargroder가 기업 영업팀에 있음을 직원 전화번호부에서 알 수 있다. 따라서 정답은 **(B) Laura Hargroder**이다.

97 ■ 세부 사항 관련 문제 이유

정답 (D)

청자들이 전화를 끊지 말고 기다려야 하는 이유를 묻는 문제이므로, 질문의 핵심어구(stay on the line)가 언급된 주변을 주의 깊게 듣는다. "If you are calling after business hours, please stay on the line to record a message."라며 영업시간 이후에 전화를 했다면, 메시지를 녹음하기 위해 전화를 끊지 말고 기다려달라고 하였다. 따라서 정답은 **(D) To leave a message**이다.

바꾸어 표현하기
record a message 메시지를 녹음하다 → leave a message 메시지를 남기다

Questions 98-100 refer to the following report and consumer ratings.

98-100번은 다음 보도와 고객 평가에 관한 문제입니다.

🔊 캐나다식 발음

Now for our morning business update on WKSR Talk Radio. Oregon-based car manufacturer Aster attracted attention over the weekend when a letter it sent to shareholders was leaked to the press. ⁹⁸The letter primarily addressed the company's ongoing financial struggles. But that's not all. In addition to detailing persistent quarterly losses, ⁹⁹Aster CEO Giselle Bram outlined the company's plan for the future. To the surprise of many, ¹⁰⁰the most poorly reviewed hatchback model is expected to be dropped from production this summer. Although Aster has yet to publicly respond to inquiries regarding the matter, experts who are familiar with the company believe the reports are likely to be true.

이제 저희 WKSR 토크 라디오의 아침 경제 최신 정보 시간입니다. 오리건에 기반을 둔 자동차 제조업체인 Aster사는 그들이 주주들에게 보낸 편지가 언론에 유출된 주말 동안 화제가 되었습니다. ⁹⁸그 편지는 주로 그 회사의 진행 중인 재정적 분투를 다루었습니다. 그러나 그것이 전부가 아닙니다. 지속적인 분기별 적자를 열거하는 것과 더불어, ⁹⁹Aster사의 최고 경영자인 Giselle Bram은 미래에 대한 회사의 계획의 윤곽을 보여주었습니다. 많은 사람들에게 놀랍게도, ¹⁰⁰가장 안 좋게 평가된 해치백 모델이 이번 여름에 생산에서 배제될 것으로 예상됩니다. 비록 Aster사가 이 문제에 관한 문의들에 대해 아직 공식적으로 답변하지는 않았지만, 이 회사에 대해 잘 아는 전문가들은 그 보고서가 사실인 것 같다고 생각하고 있습니다.

Aster Hatchback Lineup Consumer Ratings

¹⁰⁰Edge	Veer EX
$16,000 ★★	$17,500 ★★★★★
Sabra	Nexus I
$18,000 ★★★★	$19,500 ★★★

Aster사 해치백 전 제품 고객 평가

¹⁰⁰Edge	Veer EX
16,000달러 ★★	17,500달러 ★★★★★
Sabra	Nexus I
18,000달러 ★★★★	19,500달러 ★★★

98 According to the speaker, what was discussed in a letter?
(A) A newly launched lineup
(B) A firm's financial difficulties
(C) A company's expansion plans
(D) A quarterly profit goal

98. 화자에 따르면, 편지에서 무엇이 논해졌는가?
(A) 새로 출시된 전 제품
(B) 기업의 재정적 어려움
(C) 회사의 확장 계획
(D) 분기별 수익 목표

99 What is mentioned about Giselle Bram?
(A) She arranged a press conference.
(B) She was hired earlier this month.
(C) She hopes to hear from stakeholders.
(D) She is a business leader.

99. Giselle Bram에 관해 무엇이 언급되는가?
(A) 그녀는 기자 간담회를 마련했다.
(B) 그녀는 이번 달 초에 고용되었다.
(C) 그녀는 주주들로부터 연락을 받기를 원한다.
(D) 그녀는 회사 지도자이다.

100 Look at the graphic. Which model is going to be eliminated?
(A) Edge
(B) Veer EX
(C) Sabra
(D) Nexus I

100. 시각 자료를 보시오. 어느 모델이 없어질 것인가?
(A) Edge
(B) Veer EX
(C) Sabra
(D) Nexus I

지문 shareholder[ʃéərhòuldər] 주주 leak[liːk] 유출하다 primarily[praimérəli] 주로 struggle[strʌ́gl] 분투, 어려움
persistent[pərsístənt] 지속적인 quarterly[kwɔ́ːrtərli] 분기의 outline[áutlain] 윤곽을 보여주다, 약술하다 publicly[pʌ́blikli] 공식적으로
98 launch[[lɔːntʃ] 출시하다, 공개하다 lineup[lainʌ́p] 전 제품, 제품 일람표 profit[prɑ́ːfit] 수익, 이익
99 arrange[əréindʒ] 마련하다, 준비하다 stakeholder[stéikhòuldər] 주주
100 eliminate[ilímineit] 없애다

98 ■ 세부 사항 관련 문제 특정 세부 사항

정답 (B)

편지에서 논해진 것을 묻는 문제이므로, 질문의 핵심어구(discussed in a letter)와 관련된 내용을 주의 깊게 듣는다. "The letter primarily addressed the company's ongoing financial struggles."라며 편지는 주로 그 회사의 진행 중인 재정적 분투를 다루었다고 하였다. 따라서 정답은 (B) A firm's financial difficulties이다.

99 ■ 세부 사항 관련 문제 언급

정답 (D)

Giselle Bram에 대해 언급되는 것을 묻는 문제이므로, 질문의 핵심어구(Giselle Bram)가 언급된 주변을 주의 깊게 듣는다. "Aster CEO Giselle Bram"이라며 Aster사의 최고 경영자인 Giselle Bram이라고 한 말을 통해 그녀가 회사 지도자임을 알 수 있다. 따라서 정답은 (D) She is a business leader이다.

100 ■ 세부 사항 관련 문제 시각 자료

정답 (A)

없어질 모델을 묻는 문제이므로, 제시된 고객 평가의 정보를 확인한 뒤 질문의 핵심어구(model ~ eliminated)와 관련된 내용을 주의 깊게 듣는다. "the most poorly reviewed hatchback model is expected to be dropped from production this summer"라며 가장 안 좋게 평가된 해치백 모델이 이번 여름에 생산에서 배제될 것으로 예상된다고 하였으므로, 가장 평가가 안 좋은 Edge가 없어질 모델임을 고객 평가에서 알 수 있다. 따라서 정답은 (A) Edge이다.

바꾸어 표현하기

be eliminated 없어지다 → be dropped from production 생산에서 배제되다

정답

정답

▌TEST 01

1 (C)	2 (A)	3 (D)	4 (D)	5 (C)
6 (C)	7 (C)	8 (B)	9 (A)	10 (C)
11 (A)	12 (C)	13 (A)	14 (B)	15 (C)
16 (A)	17 (B)	18 (A)	19 (C)	20 (B)
21 (C)	22 (C)	23 (A)	24 (C)	25 (B)
26 (C)	27 (B)	28 (B)	29 (B)	30 (A)
31 (C)	32 (B)	33 (D)	34 (B)	35 (D)
36 (C)	37 (A)	38 (D)	39 (B)	40 (D)
41 (D)	42 (D)	43 (C)	44 (C)	45 (A)
46 (A)	47 (C)	48 (C)	49 (D)	50 (A)
51 (D)	52 (B)	53 (D)	54 (A)	55 (B)
56 (D)	57 (C)	58 (A)	59 (B)	60 (A)
61 (D)	62 (D)	63 (D)	64 (A)	65 (D)
66 (A)	67 (D)	68 (C)	69 (A)	70 (A)
71 (B)	72 (D)	73 (C)	74 (B)	75 (A)
76 (D)	77 (C)	78 (A)	79 (D)	80 (D)
81 (B)	82 (A)	83 (D)	84 (A)	85 (B)
86 (B)	87 (B)	88 (C)	89 (C)	90 (D)
91 (A)	92 (C)	93 (D)	94 (A)	95 (B)
96 (C)	97 (A)	98 (D)	99 (A)	100 (A)

▌TEST 02

1 (D)	2 (C)	3 (B)	4 (C)	5 (B)
6 (A)	7 (A)	8 (B)	9 (C)	10 (B)
11 (C)	12 (B)	13 (A)	14 (B)	15 (C)
16 (A)	17 (C)	18 (B)	19 (B)	20 (B)
21 (C)	22 (A)	23 (A)	24 (B)	25 (C)
26 (B)	27 (A)	28 (C)	29 (B)	30 (B)
31 (C)	32 (D)	33 (B)	34 (C)	35 (C)
36 (D)	37 (C)	38 (D)	39 (A)	40 (B)
41 (D)	42 (C)	43 (C)	44 (B)	45 (B)
46 (C)	47 (B)	48 (D)	49 (B)	50 (D)
51 (C)	52 (D)	53 (B)	54 (C)	55 (B)
56 (D)	57 (D)	58 (C)	59 (D)	60 (B)
61 (C)	62 (D)	63 (B)	64 (A)	65 (D)
66 (B)	67 (B)	68 (C)	69 (D)	70 (A)
71 (B)	72 (D)	73 (C)	74 (B)	75 (B)
76 (D)	77 (A)	78 (C)	79 (B)	80 (B)
81 (D)	82 (A)	83 (B)	84 (A)	85 (D)
86 (C)	87 (B)	88 (D)	89 (C)	90 (D)
91 (B)	92 (D)	93 (C)	94 (B)	95 (D)
96 (C)	97 (A)	98 (B)	99 (B)	100 (C)

▌TEST 03

1 (B)	2 (A)	3 (C)	4 (B)	5 (D)
6 (C)	7 (B)	8 (C)	9 (C)	10 (B)
11 (A)	12 (A)	13 (B)	14 (A)	15 (B)
16 (B)	17 (A)	18 (C)	19 (B)	20 (C)
21 (B)	22 (A)	23 (A)	24 (B)	25 (C)
26 (C)	27 (B)	28 (B)	29 (C)	30 (A)
31 (C)	32 (A)	33 (C)	34 (B)	35 (D)
36 (B)	37 (C)	38 (A)	39 (A)	40 (B)
41 (A)	42 (B)	43 (C)	44 (D)	45 (C)
46 (D)	47 (B)	48 (C)	49 (B)	50 (C)
51 (C)	52 (A)	53 (A)	54 (B)	55 (B)
56 (D)	57 (A)	58 (B)	59 (D)	60 (B)
61 (C)	62 (B)	63 (A)	64 (C)	65 (B)
66 (D)	67 (D)	68 (C)	69 (C)	70 (B)
71 (A)	72 (C)	73 (D)	74 (C)	75 (B)
76 (B)	77 (A)	78 (D)	79 (B)	80 (C)
81 (C)	82 (A)	83 (C)	84 (D)	85 (B)
86 (C)	87 (B)	88 (C)	89 (A)	90 (B)
91 (B)	92 (D)	93 (B)	94 (D)	95 (D)
96 (C)	97 (C)	98 (D)	99 (B)	100 (C)

▌TEST 04

1 (C)	2 (B)	3 (A)	4 (C)	5 (D)
6 (D)	7 (A)	8 (A)	9 (C)	10 (A)
11 (A)	12 (B)	13 (B)	14 (C)	15 (C)
16 (B)	17 (A)	18 (C)	19 (B)	20 (A)
21 (A)	22 (A)	23 (B)	24 (A)	25 (B)
26 (C)	27 (A)	28 (B)	29 (A)	30 (C)
31 (B)	32 (A)	33 (C)	34 (A)	35 (D)
36 (C)	37 (B)	38 (D)	39 (A)	40 (B)
41 (A)	42 (B)	43 (C)	44 (B)	45 (D)
46 (B)	47 (C)	48 (B)	49 (D)	50 (D)
51 (C)	52 (B)	53 (D)	54 (A)	55 (C)
56 (D)	57 (C)	58 (D)	59 (D)	60 (B)
61 (B)	62 (D)	63 (A)	64 (A)	65 (C)
66 (D)	67 (C)	68 (B)	69 (C)	70 (D)
71 (B)	72 (C)	73 (A)	74 (D)	75 (B)
76 (B)	77 (B)	78 (A)	79 (C)	80 (D)
81 (C)	82 (A)	83 (A)	84 (A)	85 (D)
86 (D)	87 (C)	88 (D)	89 (D)	90 (D)
91 (B)	92 (C)	93 (B)	94 (D)	95 (B)
96 (B)	97 (C)	98 (B)	99 (C)	100 (A)

TEST 05

1 (C)	2 (B)	3 (D)	4 (B)	5 (B)
6 (A)	7 (C)	8 (B)	9 (B)	10 (B)
11 (C)	12 (B)	13 (A)	14 (B)	15 (A)
16 (C)	17 (B)	18 (A)	19 (B)	20 (A)
21 (B)	22 (A)	23 (C)	24 (C)	25 (B)
26 (B)	27 (A)	28 (B)	29 (A)	30 (C)
31 (B)	32 (C)	33 (C)	34 (A)	35 (C)
36 (B)	37 (D)	38 (B)	39 (C)	40 (A)
41 (D)	42 (B)	43 (A)	44 (C)	45 (B)
46 (B)	47 (A)	48 (B)	49 (D)	50 (C)
51 (D)	52 (C)	53 (D)	54 (B)	55 (A)
56 (B)	57 (C)	58 (D)	59 (D)	60 (A)
61 (B)	62 (A)	63 (C)	64 (D)	65 (B)
66 (D)	67 (B)	68 (D)	69 (C)	70 (A)
71 (A)	72 (C)	73 (B)	74 (C)	75 (B)
76 (C)	77 (D)	78 (A)	79 (B)	80 (B)
81 (C)	82 (D)	83 (D)	84 (C)	85 (B)
86 (D)	87 (C)	88 (D)	89 (B)	90 (D)
91 (C)	92 (C)	93 (C)	94 (B)	95 (D)
96 (B)	97 (C)	98 (B)	99 (B)	100 (A)

TEST 06

1 (B)	2 (A)	3 (C)	4 (B)	5 (B)
6 (D)	7 (B)	8 (C)	9 (B)	10 (A)
11 (C)	12 (A)	13 (C)	14 (A)	15 (C)
16 (A)	17 (B)	18 (B)	19 (A)	20 (B)
21 (B)	22 (A)	23 (B)	24 (B)	25 (B)
26 (A)	27 (C)	28 (B)	29 (C)	30 (C)
31 (B)	32 (A)	33 (C)	34 (A)	35 (A)
36 (C)	37 (D)	38 (A)	39 (D)	40 (D)
41 (D)	42 (C)	43 (D)	44 (D)	45 (A)
46 (B)	47 (C)	48 (D)	49 (A)	50 (B)
51 (C)	52 (B)	53 (D)	54 (D)	55 (C)
56 (D)	57 (A)	58 (B)	59 (A)	60 (B)
61 (C)	62 (D)	63 (C)	64 (D)	65 (B)
66 (D)	67 (D)	68 (B)	69 (C)	70 (A)
71 (D)	72 (C)	73 (D)	74 (C)	75 (A)
76 (D)	77 (B)	78 (C)	79 (D)	80 (D)
81 (C)	82 (A)	83 (B)	84 (C)	85 (D)
86 (C)	87 (A)	88 (D)	89 (D)	90 (D)
91 (A)	92 (A)	93 (D)	94 (B)	95 (A)
96 (B)	97 (B)	98 (A)	99 (D)	100 (B)

TEST 07

1 (B)	2 (D)	3 (A)	4 (C)	5 (C)
6 (D)	7 (A)	8 (A)	9 (B)	10 (C)
11 (A)	12 (B)	13 (B)	14 (C)	15 (A)
16 (C)	17 (B)	18 (C)	19 (B)	20 (C)
21 (C)	22 (B)	23 (A)	24 (C)	25 (A)
26 (B)	27 (A)	28 (C)	29 (B)	30 (A)
31 (C)	32 (B)	33 (C)	34 (D)	35 (A)
36 (C)	37 (A)	38 (A)	39 (B)	40 (A)
41 (B)	42 (D)	43 (A)	44 (D)	45 (C)
46 (B)	47 (A)	48 (B)	49 (C)	50 (A)
51 (D)	52 (C)	53 (C)	54 (D)	55 (B)
56 (B)	57 (D)	58 (B)	59 (C)	60 (B)
61 (A)	62 (A)	63 (C)	64 (A)	65 (C)
66 (D)	67 (C)	68 (A)	69 (D)	70 (C)
71 (D)	72 (B)	73 (B)	74 (B)	75 (A)
76 (C)	77 (B)	78 (D)	79 (B)	80 (C)
81 (A)	82 (B)	83 (A)	84 (C)	85 (D)
86 (B)	87 (C)	88 (C)	89 (B)	90 (D)
91 (C)	92 (A)	93 (D)	94 (B)	95 (D)
96 (D)	97 (A)	98 (B)	99 (C)	100 (A)

TEST 08

1 (A)	2 (B)	3 (B)	4 (C)	5 (B)
6 (D)	7 (A)	8 (A)	9 (C)	10 (A)
11 (B)	12 (A)	13 (C)	14 (A)	15 (C)
16 (B)	17 (C)	18 (B)	19 (A)	20 (C)
21 (C)	22 (A)	23 (B)	24 (B)	25 (C)
26 (B)	27 (B)	28 (A)	29 (B)	30 (C)
31 (B)	32 (D)	33 (A)	34 (C)	35 (D)
36 (B)	37 (A)	38 (A)	39 (B)	40 (C)
41 (D)	42 (B)	43 (C)	44 (D)	45 (B)
46 (C)	47 (B)	48 (B)	49 (A)	50 (D)
51 (B)	52 (C)	53 (C)	54 (A)	55 (D)
56 (D)	57 (C)	58 (B)	59 (B)	60 (C)
61 (C)	62 (A)	63 (B)	64 (B)	65 (A)
66 (B)	67 (C)	68 (B)	69 (A)	70 (A)
71 (D)	72 (D)	73 (C)	74 (A)	75 (B)
76 (C)	77 (D)	78 (B)	79 (C)	80 (A)
81 (B)	82 (D)	83 (D)	84 (B)	85 (C)
86 (C)	87 (D)	88 (D)	89 (A)	90 (C)
91 (A)	92 (C)	93 (B)	94 (D)	95 (B)
96 (B)	97 (D)	98 (B)	99 (A)	100 (B)

▌TEST 09

1 (B)	2 (B)	3 (A)	4 (C)	5 (A)
6 (B)	7 (C)	8 (A)	9 (A)	10 (C)
11 (A)	12 (B)	13 (A)	14 (B)	15 (C)
16 (A)	17 (A)	18 (C)	19 (C)	20 (B)
21 (A)	22 (A)	23 (B)	24 (B)	25 (C)
26 (C)	27 (B)	28 (C)	29 (C)	30 (A)
31 (A)	32 (B)	33 (C)	34 (D)	35 (C)
36 (B)	37 (A)	38 (C)	39 (B)	40 (A)
41 (C)	42 (B)	43 (A)	44 (B)	45 (D)
46 (A)	47 (A)	48 (A)	49 (B)	50 (A)
51 (D)	52 (B)	53 (B)	54 (A)	55 (C)
56 (D)	57 (C)	58 (B)	59 (C)	60 (D)
61 (B)	62 (B)	63 (C)	64 (C)	65 (C)
66 (B)	67 (A)	68 (D)	69 (B)	70 (D)
71 (C)	72 (B)	73 (C)	74 (D)	75 (A)
76 (C)	77 (D)	78 (D)	79 (A)	80 (A)
81 (C)	82 (B)	83 (C)	84 (D)	85 (B)
86 (C)	87 (B)	88 (D)	89 (B)	90 (C)
91 (A)	92 (A)	93 (D)	94 (C)	95 (C)
96 (B)	97 (D)	98 (D)	99 (C)	100 (A)

▌TEST 10

1 (D)	2 (A)	3 (B)	4 (B)	5 (A)
6 (D)	7 (C)	8 (A)	9 (C)	10 (B)
11 (C)	12 (A)	13 (A)	14 (C)	15 (B)
16 (B)	17 (C)	18 (B)	19 (A)	20 (A)
21 (C)	22 (A)	23 (B)	24 (B)	25 (C)
26 (C)	27 (A)	28 (C)	29 (A)	30 (B)
31 (B)	32 (B)	33 (C)	34 (D)	35 (D)
36 (A)	37 (A)	38 (D)	39 (A)	40 (C)
41 (C)	42 (A)	43 (D)	44 (B)	45 (C)
46 (C)	47 (D)	48 (C)	49 (B)	50 (B)
51 (D)	52 (C)	53 (A)	54 (C)	55 (A)
56 (B)	57 (A)	58 (D)	59 (C)	60 (C)
61 (A)	62 (D)	63 (C)	64 (C)	65 (B)
66 (A)	67 (C)	68 (B)	69 (A)	70 (D)
71 (D)	72 (B)	73 (A)	74 (A)	75 (B)
76 (D)	77 (C)	78 (D)	79 (A)	80 (C)
81 (D)	82 (B)	83 (B)	84 (D)	85 (A)
86 (C)	87 (D)	88 (A)	89 (D)	90 (C)
91 (B)	92 (D)	93 (C)	94 (B)	95 (A)
96 (B)	97 (D)	98 (B)	99 (D)	100 (A)

최신 기출유형으로 실전 완벽 마무리

해커스
토익 LC
실전 1000제 2
LISTENING 해설집

개정 3판 2쇄 발행 2024년 8월 19일

개정 3판 1쇄 발행 2023년 1월 2일

지은이	해커스 어학연구소
펴낸곳	㈜해커스 어학연구소
펴낸이	해커스 어학연구소 출판팀
주소	서울특별시 서초구 강남대로61길 23 ㈜해커스 어학연구소
고객센터	02-537-5000
교재 관련 문의	publishing@hackers.com
동영상강의	HackersIngang.com
ISBN	978-89-6542-541-0 (13740)
Serial Number	03-02-01

외국어인강 1위, 해커스인강
HackersIngang.com

해커스인강

· 해커스 토익 스타강사의 **본 교재 인강**
· 단기 리스닝 점수 향상을 위한 **무료 받아쓰기&쉐도잉 프로그램**
· 최신 출제경향이 반영된 **무료 온라인 실전모의고사**
· 들으면서 외우는 **무료 단어암기장 및 단어암기 MP3**
· 빠르고 편리하게 채점하는 **무료 정답녹음 MP3**

영어 전문 포털, 해커스토익
Hackers.co.kr

해커스토익

· **무료 매월 적중예상특강 및 실시간 토익시험 정답확인/해설강의**
· 매일 실전 RC/LC 문제 및 토익 기출보카 TEST, 토익기출 100단어 등 다양한 무료 학습 콘텐츠

헤럴드 선정 2018 대학생 선호브랜드 대상 '대학생이 선정한 외국어인강' 부문 1위